全国优秀博士学位论文作者专项“中国教育社会学百年：历程、经验及前景”、江苏省“333工程”中青年首席科学家项目“海峡两岸暨港澳教育社会学学科发展研究”成果。

中国教育社会学百年：学科、学术与学问

程天君　著

人民出版社

目　录

上篇　学科简史

中篇 基本学术问题

下篇 学理问对

序

吴康宁

中国教育社会学的发端若从陶孟和 1922 年所著《社会与教育》(商务印书馆)算起,迄今已整整百年。在这百年更迭之际,套用一下国人如今在谈及有关身份认同问题时常喜欢挂在嘴边的三个问句的句式,或可这样来发问:中国教育社会学究竟是一个什么样的学科?它从哪里来?将到哪里去?

这三个问题看似很有点哲学味道,却需要给予言之有据的回答。说实话,我对上述三个问题一直很感兴趣,也曾想过要对中国教育社会学的前世今生进行一番言之有据的细致梳理,并对其可能前景来一点言之有据的负责任的展望。我以为,这对中国教育社会学的发展来说,实在是一项立功积德的事情。但限于时间、精力及能力,一直未敢动笔。

现在,这件事终于由程天君做成了,这是非常值得庆贺的。

我猜想,程天君在作出撰写《中国教育社会学百年:学科、学术与学问》这一决定时,应该是拿出了十二分的勇气。因为,这实在是一件吃力不讨好的苦差事:第一,它对于中国教育社会学百年发展历程的叙述既需要统揽全局全程,又需要依靠真凭实据。或许,统揽全局全程并非难事,但依靠真凭实据就绝非轻而易举了。国内有些学者对于一门学科的发展所进行的回顾与展望,往往是看似框架十分大气,标题相当诱人,但阅读之后,常使人有论多述少、缺少实证、许多内容近乎空手套白狼之感。依我个人判断,那些所谓的回顾与展望,不是鹦鹉学舌的产物,便是自说自话的结果。第二,它对于相关具体(而不是总体)成果及具体事项的评价,既需要实事求是,又需要拿捏分寸。而顾及有关当事人的感受,尽量避免产生不必要的误解,这在中国学术场域中实在是一个回避不了的难题。对于辈分不高的学人来说，尤其困难。因此，对于程天君的这份勇气，值得点赞。

当然，光有勇气是不够的，还得看看最终拿出的究竟是一项什么样的成果。对此，程天君在本书开头之“前言”中以对原初期许加以对照的方式对本书有三点自我评价：一是“填补我国教育社会学史研究领域的空白”，二是“开‘中文（海峡两岸暨港澳）教育社会学’联合攻关与形象展示的先河”，三是“建立中文（海峡两岸暨港澳）教育社会学数据库”。粗读全书之后，觉得这三点自我评价实事求是，并不夸张。作为对中国教育社会学百年历程相对比较了解且亲身经历了改革开放后中国大陆教育社会学 40 多年发展过程的一名读者，我以为本书至少有以下三个值得称道之处。

第一，本书具有十分重要的史料价值。作为一本学科史著作，本书稳稳当当地建立在真凭实据基础之上。通览全书，没有虚言玄句、没有凭空臆断，一切都言之有物、言之有据，所引资料极为丰富、翔实，其实证性在本学科同类成果中前所未有。这就为后人了解与继续研究中国教育社会学百年历程提供了极大方便。可以想见，撰写这样一本大部头的实证性极强的学科史著作，要耗去多少时间和精力。在这个意义上，撰写本书也就近乎一项善举了。且令人欣慰的是，本书还收录了中国台湾、中国香港及中国澳门的学者专门撰写的各自所在地区的教育社会学发展概况，这就使得本书区别于已有的其他同类论著，其论述对象不再仅仅是“中国大陆”了，而是“整个中国”。

第二，本书不仅清楚展现了中国教育社会学百年发展的“阶段性”过程，而且深入探讨了纠缠于这一过程中的有关教育社会学学科身份的若干基本理论问题，包括教育社会学的学科性质、研究视角、研究对象、研究方法论等。这就克服了迄今诸多学科史著作存在的有史无论或史碎论浅的缺陷，使得读者不仅可以了解到中国教育社会学这一路究竟怎样走来，而且可以知道中国教育社会学界对于这门学科究竟是什么的问题已经有着怎样的认识、怎样的争鸣以及进一步探讨的空间在哪里。

第三，本书提出了实现中国教育社会学范式转移这一重要命题。本书在纵览中国教育社会学百年历程之后，并在对教育与社会的“关系说”加以反思，对“学校教育消亡论”“过度教育论”“文凭贬值论”予以清思，对“教育万能/无用论”“教育解放论”“教育压迫论”进行再思的基础上，借鉴国外学者关于“教育社会”（“the schooled society”是否可有他译，另当别论）的论说，提出教育社会学有必要从“教育/社会”学转向“教育社会”学。我以为，这对处于第一个百年之末与第二个百年之初的中国教育社会学当下发展来说，具有重要启迪意义。

现在，《中国教育社会学百年：学科、学术与学问》已经悄然问世，即将摆放到书店的书架上，摆放到学校图书馆或资料室的书架上，相信也会摆放到对中国教育社会学究竟是什么、它从哪里来、将到哪里去之类的问题感兴趣的读者的书架上。你承认也好，不承认也罢，它都已成为了解中国教育社会学第一个百年所绕不过去的一个文本。当然，这是程天君个人的《中国教育社会学百年：学科、学术与学问》，是程天君对于中国教育社会学第一个百年的个人梳理与个人见解，尽管其中吸收了学界诸多同仁的已有成果。王天君、李天君、张天君等等，同样可以展示自己对中国教育社会学第一个百年的个人梳理与个人见解。但无论如何，只有了解、识读、反思已经走过的第一个百年，才有可能走好第二个百年乃至更远。就此而论，这一本、也是第一本《中国教育社会学百年》对于中国教育社会学界，可谓功莫大焉！

是为序①。

① 本序初稿完成于2017年3月，2022年3月进行了修订。

前　　言

最初写作构成本书的诸篇论文时，并未打算写成一部有连贯章节的著作。因此，那种期望这些论文现在的排列会展现出一个由严谨的内部联系所主导的自然演进过程的想法是徒劳的。然而，我还是不愿相信这本书完全没有连贯、统一和重点突出等诸种优点。①

——罗伯特·K.默顿：《社会理论和社会结构》

21世纪第二个十年，我国教育社会学将走过百年历程。百年来，有先驱对源于西方之教育社会学的舶来和草创，亦有新中国前30年间我国教育社会学之取缔与停滞，更有改革开放后教育社会学的重建与发展。在此过程之中，始终伴随着借鉴和吸收西方教育社会学理论、方法与坚持本土意识、尝试理论原创的双重努力，同时也不乏夹杂其间的困惑与焦虑。为此，借"全国优秀博士学位论文作者专项资金资助项目"（FANEDD）之机缘，笔者——说好听点是胸怀"知难而进"之志，说不好听点则是逞"无知无畏"之勇——以"中国教育社会学百年：历程、经验及前景"为题进行申报，于2011年获准立项，并随即投入课题研究至今。

寒来暑往，春秋十度，权以"十年磨一剑"聊以自慰。

伴随着"人到中年"之累而来的，是推进这项课题研究的日益之难。

① ［美］罗伯特·K.默顿：《社会理论和社会结构》，唐少杰、齐心等译，南京：译林出版社2006年版，"1968年增订版序言"，第1页。

当初的研究抱负，是要通览我国教育社会学百年历程，调查全国教育社会学课程开设状况，走访学术前辈，考察学会与会员状态，全面梳理既有文献，总结重大成就，检视主要问题，探寻可行路向，从而呈现我国教育社会学的历史长卷，把握学科发展的通感和大势，并致力建设我国教育社会学“数据库”，为后续研究及学科发展积累资料与经验。

受江苏省政府留学基金的资助，我于2013年元月至2014年元月赴威斯康星大学麦迪逊校区访学一年，2017年又获江苏省“333工程”一层次人才（中青年首席科学家）资助项目“海峡两岸暨港澳教育社会学学科发展研究”的支持。这促发我再添学术抱负，遂生增加国际视野与比较研究，并把课题研究对象拓展至我国台湾、香港、澳门三地区教育社会学发展的念想。在此，要感谢威斯康星大学麦迪逊校区提供的优美环境和应有尽有的研究资料①，特别感谢台湾教育社会学同仁张建成先生、李锦旭先生和郑英杰兄，香港中文大学曾荣光教授，澳门大学黄素君教授的抬爱与倾情襄助，没有他们，我的念想是断不能付诸行动的！虑及方方面面的原因，并承蒙他们的惠允，台港澳地区教育社会学部分作为“附录”收入拙著。

在项目研究过程中，亦得到了很多前辈、同仁及师友的鼓励和支持。在2015年4月17日举行的“中国教育社会学百年”项目专家咨询会上，全国教育社会学专业委员会前三任理事长广州大学张人杰教授、南京师范大学吴康宁教授和吴永军教授，时任理事长华东师范大学马和民教授、副理事长南京大学贺晓星教授和北京大学刘云杉教授，以及青岛大学王有升教授、南京师范大学胡金平教授等，在充分肯定本项目研究的意义和项目研究取得前期成果的基础上，就“中国教育社会学百年”项目研究内涵与外延的把握、古与今的权重、主题与线索的提炼、学科史与学术史的关联等方面提出了宝贵意见，特别是就如何做到预期成果（专著）的个性化表述与可读性预期效果相结合、书写中的“目中无人”（不以身份论英雄）和阅读时的“目中有人”相结合、文本史与口述史相结合等方面提出了完善建议。尤难忘，张人杰先生用“大气”“深

① 这一点，在本书第二章“教育社会学停滞时期”进行国际教育社会学历史比较中发挥了关键作用。

度”“艰难”对于本项目研究的评价①——尽管越到后来，我越有“艰难”的感慨而渐少“大气”“深度”之自豪，乃至有点“悔不当初”的疲倦。

打虎还得亲兄弟，上阵须是父子兵。幸有博士后许刘英，博士生龚伯韬、陈栋、李金刚、李晓萱根据框架分别参与了第一至五章所涉史料的查寻和整理。感谢博士生李晓萱、洪晨参与对书稿的校对。尤为欣慰的是，他们不以为烦或累，反乐得“做中学”。其实，回首人生，如今我之所以能够忝列为博士生导师并勉力收徒授业，不也正是得益于有幸多年跟随业师吴康宁先生“做中学”的福分?！择日不如撞日，谨此便以此曲向吴康宁老师致敬——并感谢他拨冗为本书作序②：

长大后我就成了你，
才知道那个讲台，
举起的是别人，
奉献的是自己。③

接下来要感谢的是人民出版社，特别是责任编辑杨瑞勇，是他的热情邀约、耐心等待和再三提醒，拙著得以在人民出版社出版。在与人民出版社签约的过程中，我不得不为拙著做了一则“老王卖瓜，自卖自夸”式的广告。这，也是我对本项目研究及其最终成果(专著)抱持的三项期许。假如这三项期许实现了，端赖上述业已提及的和诸多未提及的人士、基金和机构的支持；假如未能很好地实现，则全责在我，容来日再努力。

最后，就附上这则广告，内含三项期许：

第一，填补我国教育社会学史研究领域的空白。

本研究本着遵循教育社会学学科自身演进历程与发展逻辑、整体呈现教

① “中国教育社会学百年”项目专家咨询暨“教育社会学理论与学科发展”研讨会通讯，http://www.csennu.com/html/2015/xsdt_0424/157.html。

② 尤为感动的是，吴康宁老师在为我作序时，还专门为我提供了一份“勘误表”，指出若干错漏之处，凡14条。这让我想起自己2001年致信吴康宁老师言考博之志时，笔录并呈送了我在研读其《教育社会学》(人民教育出版社1998年版)时发现的24条手民误植之处。一瞬二十载，两头师生情。

③ 歌词来自1994年春晚宋祖英演唱的《长大后我就成了你》，歌曲填词宋青松，谱曲王佑贵。

育社会学发展、深入剖析发展中实存问题之精神,整体通览我国教育社会学百年历程,调查学科实际状况,总结重大成就,检视主要问题,探寻可行路向,从而呈现我国教育社会学的历史长卷,把握学科发展的通感和大势,最终成果《中国教育社会学百年:学科、学术与学问》填补了我国教育社会学学科史研究领域的空白。作者既在史料上狠下功夫,力求把研究建立在丰富、翔实、客观的史料之上,力使本著具有史料性;又具有清醒的问题意识,力戒史料堆积和码故纸堆,力争史论结合、论从史出。此一研究,对学科建设与持续发展有所助益,富有重要研究价值。

第二,开"中文(海峡两岸暨港澳)教育社会学"联合攻关与形象展示的先河。

本项目主持人多年潜心教育社会学理论与学科发展研究,现任全国首家省级重点教育社会学研究机构——江苏高校哲学社会科学重点研究基地南京师范大学教育社会学研究中心主任,兼任全国教育社会学专业委员会副理事长。在项目组成员中,既有全国教育社会学专业委员会前任理事长吴康宁教授作研究指导;也有台湾教育社会学会前任理事长、国际社会学学会教育社会学研究委员会副主席张建成教授,被誉为"台湾教育社会学活字典"的李锦旭教授及台湾教育社会学青年学者郑英杰的联合攻关;更有香港中文大学客座教授曾荣光教授、澳门大学黄素君教授的鼎力支持。可以说,这是一项由项目主持人主导、海峡两岸暨港澳学术骨干联袂打造的成果,也是海峡两岸暨港澳同仁共襄教育社会学学科发展大事的创举,开了中文(海峡两岸暨港澳)教育社会学合作研究与成果展示的先河。

第三,建立中文(海峡两岸暨港澳)教育社会学数据库。

在调查研究和充分挖掘史料的基础上,系统梳理百年来中国教育社会学的历程、经验及问题,并本着尊重学术、尊重事实、尊重史实的原则,建立了"中文(海峡两岸暨港澳)教育社会学数据库"。数据库的主要内容涉及:中国大陆教育社会学和台港澳地区教育社会学发展历程中的经验、问题、史料和史实两大部分。其中,大陆部分包含"中国教育学会教育社会学专业委员会历届年会一览表""中国社会学会教育社会学专业委员会历届年会一览表""主要中文教育社会学著作目录""主要中文教育社会学研究丛书目录""主要中文教育社会学基本文选、辞书、手册目录”“主要中文教育社会学译著目录”“全国主要高校教育社会学课程开设情况一览表（含民国和新中国两个部分）”等翔实内容。台港澳地区尤其是中国台湾地区教育社会学部分的数据库，更是应有尽有。这将为后续教育社会学研究积累资料、搭建台阶、提供借鉴。

程天君

2022 年 3 月

绪论　中国教育社会学“学科论”百年概要

虽然这些论文很大程度上要讨论以前社会学家们的著作，但它们不是要论述社会学理论的历史，而是要论述现今社会学家们所运用的特定理论的体系化实质。①

——罗伯特·K.默顿：《社会理论和社会结构》

对于创立一门学科而言，还没有被普遍承认的标准，所以这仍然是一个观念问题。这个未验证的假设认为——根据生物学的比喻说法——每一门学科都象征性地有一位创立者。事实上，科学史表明了多元发生说是一种规律。然而，对于孔德在1839年创造出“社会学”这一术语，从此这个丑陋的混合词（部分是英文词、部分是希腊词）开始指称关于社会的科学，是没有什么疑问的。② 而从学科大厦“奠基”的角度来看，“教育社会学”受惠于社会学之处显然要大大多于受惠于教育学之处，其中尤为值得一提的两个著名社会学家便是沃德（Ward，L.F.）和涂尔干（Durkheim，E.），因为他们与以下两个重要“史实”联系在一起：沃德被誉为“美国社会学之父”，并于1883年首次提出“教育社会学”这一概念；涂尔干被公认为教育社会学奠基人，其最大贡献在于通过自身的研究，第一次向人们展示了什么叫教育社会学视角。③

---

① ［美］罗伯特·K.默顿：《社会理论和社会结构》，唐少杰、齐心等译，南京：译林出版社2006年版，第3、5—6页。

② ［美］罗伯特·K.默顿：《社会理论和社会结构》，唐少杰、齐心等译，南京：译林出版社2006年版，第4页。

③ 吴康宁：《教育社会学》，北京：人民教育出版社1998年版，第9、23—24页。

在这种惯常的思维之下,多年来,学界通常把陶孟和所著《社会与教育》(商务印书馆 1922 年版①)算作我国教育社会学的开山之作,尽管也有学者持不同观点。笔者以为,采用“我国教育社会学产生于 20 世纪一二十年代”这一笼统的说法似乎更为适宜(容详下文)。即便从陶孟和《社会与教育》一书算起,我国教育社会学不觉已有百年历程。百年来,“学科论”作为一门学科的教育社会学的主要论域、基本理论和学科框架,贯穿其中,绵延不断。纵查综观我国教育社会学百年来的学科论,可概括其大要为如下四则:“一涉”,即研究方法论上的“价值涉性”;“二说”,即研究对象上的“社会化过程说”与“相互关系说”;“三论”,即学科性质上的“规范学科论”“事实学科论”及“事实与规范兼有论”;“四段”,即学科发展史上的“初创”“停滞”“重建”及“转型”四个阶段。本着历史与逻辑的统一,以下宜反其序而逐作探讨,权作本书绪论。

一、学科发展的“四个阶段”

迄今为止,关于我国教育社会学学科历史的划分,盖不脱三大粗略阶段:初创时期(? —1949)、停滞时期(1949—1979)及重建时期(1979—?)。这样的划分,大致不错。事实上,由于受西学东渐、新中国最初 30 年特殊历史时期以及改革开放以来的“拨乱反正”等的影响,不独教育社会学,其他诸多人文社会科学的发展阶段均可照此划分。也正因如此,对于教育社会学学科历史的如此划分,显得大而无当,至少失之粗放和含混,这是我国教育社会学学科论百年中第一个困扰性问题。为此,本书尝试划分为四个阶段。

---

① 陶孟和在《社会与教育》(1922)序言中说:“本书内容曾在北京大学讲过两次。”有学者认为,20 世纪一二十年代,陶孟和率先在北大开设“教育社会学”课程,并在授课讲义的基础上编撰了《社会与教育》一书(见肖朗、许刘英:《陶孟和与中国大学教育社会学学科的发端》,《高等教育研究》2010 年第 1 期);另有学者估计,“陶孟和大体上是 1920 年在北京大学开始讲授教育社会学”(杨昌勇:“特约编辑前言”第 7 页,载陶孟和:《社会与教育》,福州:福建教育出版社 2008 年版)。

（一）学科初创时期（20世纪一二十年代—1949）

学科初创时期，有三个问题需要探讨。其一是初创时期的起讫时间，特别是我国教育社会学的"发端"或创建"标志"问题。尽管有学者断言，1922年陶孟和著《社会与教育》一书被公认为我国教育社会学的开端①，但也有学者提出，20世纪20年代前后是中国教育社会学的起步阶段，若从较宽泛的意义上讲，可归入教育社会学的较早的一部著作，应是朱元善1917年出版的《学校之社会训练》（商务印书馆）②，而这与美国教育社会学的发轫相差不到十年③。还有学者甚至把我国教育社会学的孕育创建期划定为"20世纪初到1949年"④。对此，有学者坚称，1917年朱元善编撰的《学校之社会训练》一书并没有明确提出教育社会学概念，而且主要介绍的是西方学校教育的社会训练方式，对教育社会学的学科建设并无直接贡献，因此陶孟和1922年出版的《社会与教育》一书才是我国教育社会学创立的标志⑤。除以上比较肯定的观点以外，还有一些学者在论及这一问题时采用了诸如"若从陶孟和1922年所著中文第一本教育社会学专著《社会与教育》算起……"⑥"如果将朱元善1917年出版《学校之社会训练》一书作为教育社会学著作的话……"⑦之类的说法，此种审慎而有余地的表述方式，本身就说明我国教育社会学的发端问题尽管"不是个令人感兴趣的问题"⑧，却是一个不那么十分确定的问题。

---

① 刘精明、张丽：《改革开放三十年来我国教育社会学的发展》，《清华大学教育研究》2008年第6期。

② 胡金平：《雷通群与中国教育社会学的学术传统》，《南京晓庄学院学报》2008年第2期。

③ 闫广芬、苌庆辉：《中国教育社会学的发端——一种知识社会学的视角》，《河北师范大学学报》（教育科学版）2008年第2期。

④ 李长伟、杨昌勇：《20世纪中国大陆教育社会学的回顾》，《河北师范大学学报》（教育科学版）2003年第3期。

⑤ 叶澜：《二十世纪中国社会科学·教育学卷》，上海：上海人民出版社2005年版，第233页；肖朗、许刘英：《陶孟和与中国大学教育社会学学科的发端》，《高等教育研究》2010年第1期。

⑥ 吴康宁：《教育社会学》，北京：人民教育出版社1998年版，第46页；张人杰：《中国大陆教育社会学的二十年建设（1979—2009年）》，《华东师师范大学学报》（教育科学版）2001年第2期。

⑦ 闫广芬、苌庆辉：《中国教育社会学的发端——一种知识社会学的视角》，《河北师范大学学报》（教育科学版）2008年第2期。

⑧ 此为笔者与中国台湾学者李锦旭先生通信时，他用以概括中国台湾学界对此问题的态度的观点。

把陶孟和《社会与教育》视为我国教育社会学诞生的标志,除了它提出教育社会学概念之外,更重要的理由就在于它系统阐述了"教育与社会之关系",该书内容基本上可分为社会对教育的影响和教育对社会的作用两大部分。问题是,朱元善 1917 年出版的《学校之社会训练》也探讨了教育与社会的关系。也正是基于此种逻辑,还有学者认为:教育社会学是在辛亥革命后从欧美传入中国的,此后,我国的教育家、社会学家、文艺家如蔡元培、陶行知、胡适、鲁迅、叶圣陶、费孝通、徐特立等人,开始重视从教育的角度研究社会与从社会的角度研究教育了;甚至认为,在中国古代的教育史上,虽然没有像欧美教育史上出现过系统的教育社会学的专著,但是许多教育家如孔子、墨子、孟子、董仲舒、王阳明、黄宗羲、顾炎武、康有为、梁启超等人,都十分重视教育问题与社会问题的内在联系,他们的论著中有着丰富的教育社会学的思想资料。① 此说虽有"古已有之"的嫌疑,但不能说毫不符合"教育与社会之关系"这一考察逻辑。因此,根据教育社会学研究对象观上的这种"关系说"来判别我国教育社会学的诞生标志,疑虑在所难免。

鉴此,似可认为:第一,考察我国教育社会学的"发端"问题,需看从何种角度来谈:教育社会学思想、教育社会学研究(其中又可区分为学科概论性论述还是基本理论问题研究)、教育社会学著作还是学科制度?或者是综合考虑、笼统处理?第二,我国教育社会学的"发端"较难找到一个确切的令人信服的诞生"标志",笼统地说,似乎采用"产生于 20 世纪一二十年代"这一说法更为适宜。本书标题中所言的"百年",即是在此种意义上而言的。

其二是我国教育社会学初创时期的历史贡献问题。对此,有学者衡诸一门学科在制度形式上建立的三个主要标志(在有关大学普遍开设课程或系列讲座、成立全国性学术团体及出版学术刊物)和其时我国教育社会学"总体特质"(大体可视为关于教育的社会哲学),认为虽然 1949 年之前我国教育社会学就已有近 30 年的发展,但它既没有在制度形式上成为一门独立学科,也未及在学术内涵上真正有自己的较多积累,换言之,彼时的教育社会学尚未走出"初级阶段",只是日后学科重建的一个"几近空白的基础";对学科初创时期

① 韩钟文:《陶行知的教育社会学思想述评》,《上饶师范学院学报》1986 年第 1 期。

的历史遗产，很难也不宜一味通过对历史的所谓“挖掘”而“牵强附会”或“加工放大”式地“建构”出来。① 对此观点，有学者进行了历史同情性的辩护，认为由于时代原因和研究团体规模的限制，初创时期主要在第一个方面即课程设置上，我国教育社会学的制度化已迈出重要一步，作出了较大历史贡献，教育社会学在其时已得到教育机构广泛的认可；从第二和第三个方面来看，虽然没有设立专门的学术团体和发行专业刊物，但当时许多学术团体都关注教育调查，许多社会学团体将教育作为社会的一部分来进行调查研究，发表了许多成果。② 还有学者明确肯定，这一时期我国学人自著的教育社会学著作具有较高的学术价值，认为其在学习吸收西方教育社会学的同时开始尝试创造性的转换，以创建中国的教育社会学，陶孟和所著《社会与教育》便是这一尝试的“标志性著作”。③

鉴此，似乎可发问：第一，对于教育社会学学科的创立，是否要严格衡以一门学科在制度形式上建立的三个主要标志——在有关大学普遍开设课程或系列讲座、成立全国性学术团体及出版学术刊物④？中国教育社会学初创时期究竟是“只在部分学校开设了教育社会学课程”⑤还是“教育社会学在其时已得到教育机构广泛的认可”⑥？学科重建以来的课程开设情况又如何，达到“普遍开设”程度与否？尤其是随着教育学专业本科生的锐减乃至停招，如今的教育社会学课程开设情况是更普遍了还是减少了？与初创时期相比哪个时期相对更为“普遍”？还有，中国大陆至今尚无正式的教育社会学刊物，倒有举世罕见的两个学会，无论初建时期的教育社会学还是重建已逾 40 年的教育

① 吴康宁：《我国教育社会学的三十年发展（1979—2008）》，《华东师范大学学报》（教育科学版）2009 年第 2 期。

② 闫广芬、苌庆辉：《中国教育社会学的发端——一种知识社会学的视角》，《河北师范大学学报》（教育科学版）2008 年第 2 期。

③ 李长伟、杨昌勇：《20 世纪中国大陆教育社会学的回顾》，《河北师范大学学报》（教育科学版）2003 年第 3 期。

④ Michiya Shimbori，“Sociology of Education”，*International Review of Education*，1979，Vol.25，No.2/3，pp.93-413.

⑤ 吴康宁：《教育社会学》，北京：人民教育出版社 1998 年版，第 47 页。

⑥ 闫广芬、苌庆辉：《中国教育社会学的发端——一种知识社会学的视角》，《河北师范大学学报》（教育科学版）2008 年第 2 期。

社会学,能否严格地算一门独立的学科?恐怕不能严格用上述标准来衡量,否则也就无所谓“初创时期”和“学科重建”之类的说法了。第二,我国教育社会学究竟是以“西学东渐”背景下诞生的陶孟和《社会与教育》(1922)为嚆矢,还是依据中国自身传统进行适当的追溯性的挖掘为宜?进一步,倘如前者,初创时期的教育社会学遗产亦有待据实整理和客观对待。倘若后者,教育社会学的基础学科社会学已有较好的尝试可资借鉴,譬如,费孝通晚年念兹在兹的是“社会学的传统界限的扩展”①,刘少杰则身体力行,创造性地“回溯”了中国教育社会学的“发端”问题②。当然,这后一种做法也面临着一种值得警惕的危险,那就是,对于诸如社会学、教育社会学这类原本是“西学东渐”的产物,如何克服我们“古已有之”的古怪心理与运思逻辑③。

其三是初创时期的教育社会学的“学科论”遗产问题。若严格衡以一门学科在制度形式上建立的三个主要标志——在有关大学普遍开设课程或系列讲座、成立全国性学术团体及出版学术刊物,1949 年之前的中国教育社会学的确未在制度形式上成为一门独立的学科。但此一时期,却不乏教育社会学“学科论”的探讨,毋宁说,初创时期的教育社会学,更多或主要是对教育社会学学科性质、研究对象、理论框架及学科历史之类的属于“学科论范畴”的问题之探讨。此一时期移译的十多本有影响的西方教育社会学著作和我国学者自著的 20 多部教育社会学著作,大都对教育社会学的学科性质、学科体系、研究方法及发展状况进行了交代和阐述,唯多是编译或转述自西方教育社会学的学科论而已。譬如,陶孟和《社会与教育》一书就主要取材于史密斯

---

① 费孝通:《试谈扩展社会学的传统界限》,《北京大学学报》(哲学社会科学版)2003 年第 3 期;《费孝通在 2003:世纪学人遗稿》,北京:中国社会科学出版社 2005 年版。

② 刘少杰:《中国社会学的发端与扩展》,北京:中国人民大学出版社 2007 年版。

③ 譬如,有学者就明确提出并大张旗鼓地论证了“荀子群学就是中国古已有之的社会学”这一宏旨。见景天魁等:《中国社会学:起源与绵延》(上、下册),北京:社会科学文献出版社 2017 年版。值得注意的是,这种“古已有之”的大胆追溯,一定程度上是和现阶段中国政界及学界对“形成中国风格、中国气派的话语体系”的期待和呼吁相关联的。正是在此背景之下,与“追溯”这一“话语正确”形成一个光谱并处于光谱另一端的是“呼唤”(呼唤“中国××学”)这一“话语正确”,譬如可见潘凤、闫振坤:《中国崛起与中国经济学的构建》,《江海学刊》2019 年第 6 期;李政涛:《走向世界的中国教育学:目标、挑战与展望》,《教育研究》2018 年第 9 期;刘昌:《中国心理学:何以可能? 如何建立?》,《南京师范大学学报》(社会科学版)2018 年第 4 期。

(Smith,W.R.)所著*An Introduction to Educational Sociology*(1917)之上半部分理论篇,以及克劳(Clow,F.R.)所著*Principles of Educational Application*(1920)①,界定了教育社会学的学科性质和研究范围,指出教育社会学是教育学的基础,旨在应用社会学的材料、方法、原理,以解决教育问题②。再譬如,堪称初创时期有水平之作的卢绍稷《教育社会学》③,亦广泛吸取国外教育社会学理论,对学科的基本问题进行了较为详尽的探讨,论及教育社会学的基础、原理及研究方法等学科论问题,并专辟一章“教育社会学小史”(第十九章)对欧美的教育社会学发展进行总结,同时兼及中国教育社会学著作。又譬如,陈科美应世界书局之请,对教育社会学“给予综合性的介绍及鸟瞰式的总结以为研究的基础”④。有学者甚至断言,旧中国的教育社会学已经确立了独立的学科地位,建构了基本的理论框架,并对学科性质、研究对象以及教育与社会的某些方面进行了不懈的探讨,取得了丰硕的成果,为今后的教育社会学发展奠定了较好的基础⑤。

(二) 教育社会学停滞时期(1949—1979)

1949—1979年,照理说应该得到迅速、顺利发展的中国大陆教育社会学,却进入了学科史上长达30年之久的“停滞时期”。其间,相关教学与研究完全中断,因此,笔者称之为“教育社会学停滞期”。对于这段历史及其成因,鲜有详论;偶有提及,则多以“众所周知”一笔略过,仿佛此段历史只是需要批判或遗忘的对象。正如有学者注意到的那样,直到21世纪初年,经检索我国教育社会学重建以来的共计2000多篇教育社会学论文和20多部教育社会学著作,仍鲜见对之进行详细研究的专论,偶尔言及,也语焉不详⑥。

---

① 李锦旭:《中文教育社会学的回顾与展望》,《佛光学刊》1996年创刊号。

② 陶孟和:《社会与教育》,上海:商务印书馆1922年版。

③ 卢绍稷:《教育社会学》,上海:商务印书馆1933年版。

④ 闫广芬、苌庆辉:《中国教育社会学的发端——一种知识社会学的视角》,《河北师范大学学报》(教育科学版)2008年第2期。

⑤ 叶澜:《二十世纪中国社会科学·教育学卷》,上海:上海人民出版社2005年版,第242页。

⑥ 杨昌勇、李长伟:《中国大陆教育社会学三十年停滞沉沦之反思》,《教育理论与实践》2003年第1期。

在学科史的研究与书写上,能否将我国教育社会学“停滞期”(1949—1979)一笔带过?如何把它从“批判和遗忘的对象”转换成“研究和记忆的对象”?其本身是否真的完全停滞?如果不是,如何记忆、解读和尊重这段历史?如果是,其后果与损失若何,可否借助一定的参照对象(比如国外以及我国台港澳地区的教育社会学)进行必要的评估?

在此方面,已有难得一见的尝试。杨昌勇和李长伟对我国教育社会学1949—1979年这30年的历史时期进行了耳目一新的界定,名曰“停滞沉沦”:所谓“停滞”,是指受苏联笼统地视社会学为资产阶级伪科学的教条主义的影响以及“左”的思想的推动,在1952年开始的高等院校院系调整中,社会学系和社会学课程、教学及科研被强制取消,教育社会学也同时被迫中止活动,由此开始了长达30年之久的中断;所谓“沉沦”,是指教育社会学作为一门独立的学科虽被强制取消中止,以致人们难觅真正的教育社会学研究,但以政治哲学和其他社会科学的名义对中国社会教育进行探讨的工作并没有中断,可以说是处于“名亡实存”的状态,尽管乏善可陈。二人还不无启发地解析了停滞沉沦的两个原因:第一,创建时期两种教育社会学观——以孔德、斯宾塞、涂尔干为代表的占主流的、被视为正宗的非马克思主义教育社会学和马克思主义的教育社会学——的冲突为后来教育社会学的停滞沉沦埋下了种子;第二,1949年以后,解放前提倡改良的占主流的非马克思主义教育社会学因不符合革命需求而被马克思主义教育社会学彻底改造,但为革命服务的要求实际上等于取消了社会学和教育社会学存在,教育社会学在中国就此消亡了。①

但这里似有两个矛盾:一是停滞期究竟是从1949年还是1952年算起?作者的文题似乎不符。② 二是作者一方面说此一时期教育社会学“并没有中断,处于‘名亡实存’的状态”,即所谓“沉沦”(果真如此,何来“重建”?),另一方面又说“教育社会学在中国消亡了”。此外还有一个问题:作者把这一时期教育社会学的“停滞沉沦”归因于“学科本身发展的历史和精英的思想观念的

① 杨昌勇、李长伟:《中国大陆教育社会学三十年停滞沉沦之反思》,《教育理论与实践》2003年第1期。

② 在社会学界有一种说法是,“中国社会学中断了27年(1952—1979)”。参见景天魁:《中国社会学不可绕过的根本问题——从“社会学的春天”谈起》,《学术界》2014年第9期。

重要作用"而一笔带过"外部的政治因素"，这是否高估了前者而忽视抑或回避了后者？无论如何都难免有主观解读历史之嫌，因而也就因顾此失彼而无法实现"窥探其全部原因"的研究抱负。

30 年的停滞期造成三个明显后果：一是使我国教育社会学失去了初创时期学科发展的连续性，中断了学科发展的历史，以致在 20 世纪 70 年代末 80 年代初我们不得不进行教育社会学发展史上迄今闻所未闻的所谓"学科重建"①。二是使我国教育社会学游离和隔绝于世界教育社会学发展的主流，这 30 年可是西方教育社会学群雄四起、学派林立、蓬勃发展的 30 年；即便台湾、香港地区的教育社会学，此时也处于缓慢而持续的发展阶段②。与它们相比，中国大陆教育社会学的中断与停滞是不言而喻的，也十分可惜。三是使得初创时期的教育社会学同 20 世纪 70 年代末 80 年代初开始的学科重建之间实际上处于一种"隔断"状态，且这一状态因学科重建时所面对的与西方教育社会学的巨大差距这一严峻事实而得到强化，对于重建初期的一些学人来说，我国教育社会学初创时期近 30 年的历史仿佛并不存在，让他们感叹与羡慕的，只是西方教育社会学经过二战之前 30 年稳步发展及战后 30 年迅猛发展所呈现出的波澜壮阔的学科景观③。此种情状至今尚未完全改观。这被有的学者批评为"民族虚无主义"，呼吁我国教育社会学要"补中国传统的教育社会学思想的课"，并对传统文本（传统学科思想史和近代学科思想史）持一种解释学意义上的"同情理解"，并在此基础上建立"中国教育社会学"④。

（三）**学科重建时期**（1979—1992）

中国教育社会学经历了 20 世纪一二十年代至 1949 年的初创时期之后，

---

① 吴康宁：《教育社会学丛书》"总序"，南京：南京师范大学出版社 1999 年版。

② 叶澜：《二十世纪中国社会科学 · 教育学卷》，上海：上海人民出版社 2005 年版，第 243—244 页。

③ 吴康宁：《我国教育社会学的三十年发展（1979—2008）》，《华东师范大学学报》（教育科学版）2009 年第 2 期。

④ 郑金洲：《中国教育学 60 年：1949—2009》，上海：华东师范大学出版社 2009 年版，第 140 页。

在大陆继之而来的是长达30年的停滞时期。从1979年起,中国大陆教育社会学开始进入了重建时期。是年,一些学者开始编译介绍国外教育社会学发展情况①,1981年12月《教育研究》杂志编辑部与中国社科院社会学研究所联合召开座谈会,邀请社会学与教育学的部分专家、学者共商教育社会学重建事宜②,中国大陆教育社会学重建的序幕由此拉开。但迄今为止,恢复重建的程度如何、"恢复重建"本身有无时段的划分或者标志性的起讫事件等问题尚无定论。事实上,笼而统之地把1979年迄今的40多年称之为"重建时期",既无法总结我国教育社会学过往40多年来的既有发展与成就,也不利于启迪其今后的建设与展望。一言以蔽之,学科发展史上传统的"三段论"已然失之粗放混乱,有待更细致的考究。

这里,我们遇到了与学科初创时期需要明确的问题(即我国教育社会学的"发端"或创建"标志")相反的问题,重建时期需要明确的,则是我国教育社会学"完成重建"的时间节点。检视相关文献,对于"重建时期"的划分,可谓五花八门。究其原因,盖在于将"重建形式"(即学科制度建设)、"基本文献的积累"(即学科基本建设)和"学术研究的进展"(研究领域、研究方法及研究成果)三者混为一谈,以致到了剪不断、理还乱的状态。笔者以为,判别中国大陆教育社会学"重建时期"的时间节点,应该以学科制度建设(形式上的建立)为主要衡量标准,同时参照学科基本建设(基本文献的积累)情况,因为此二者是一门学科独立的门面和"硬件";倘若衡诸"学术研究"这一永无止境的"软件",则"重建时期"便成了永无止境的过程,那也就无所谓"重建时期"了。

从学科制度建设来看,主要包括三个方面。一是大学课程的开设。1982年2月南京师范大学在全国率先开设本科生的教育社会学课程。1992年夏季起,南京师范大学、华东师范大学相继有教育社会学方向的博士研究生毕

---

① 主要有:张人杰的《教育科学中的几个新领域》(《教育研究》1979年第3期);钟启泉译述的《教育社会学的发展》,张人杰译的《教育社会学的四个研究趋向》,马孝川译的《皮埃尔·布迪厄:社会不平等的文化传授》(均见《外国教育资料》1979年第3期);马骥雄的《"教育成层论"简介》(《外国教育资料》1979年第4期)。

② 《教育与社会·座谈纪要》,《教育研究》1982年第3期。

业。至此,教育社会学大学课程的开设已实现从本科生到博士生的层次覆盖。二是全国性学术团体的成立。1989 年 4 月,我国第一个全国性教育社会学学术团体——全国教育社会学专业委员会在杭州成立;1991 年 8 月,另一个全国性教育社会学学术团体——中国社会学会教育社会学研究会在天津成立。三是学术刊物的出版。1991 年 11 月,全国教育社会学专业委员会主办的《教育社会学简讯》开始印发;中国社会学会教育社会学研究会主办的《中国教育社会学研究会通讯》也于 1992 年 6 月开始印发(后改名为《中国社会学会教育社会学研究会、全国社区教育委员会通讯》)。在学科制度建设的同时,学科基本建设工作也取得了重要进展。这主要表现在三个方面:一是始于 1979 年的对国内外教育社会学发展状况的评介,至 1992 年,此类评介已基本上涉及教育社会学比较发达的主要国家①;二是编辑出版了教育社会学重要文选,至 1992 年完成②;三是出版了中国大陆学者自撰的教育社会学教科书③和辞书④,主要工作也完成于 1992 年及之前⑤。综合来看,“1992 年”不失为划分我国教育社会学“重建时期”的一个时间节点。可以说,至 1992 年,我国教育社会学的重建工作大致完成;至少可以说,至 1992 年,我国教育社会学已经在制度上基本成为一门相对独立的学科。而且正如有学者所发现的,在学科基本制度建设方面,1992 年之后再未见有实质性的较大发展⑥。

---

① 吴康宁:《我国教育社会学的三十年发展(1979—2008)》,《华东师范大学学报》(教育科学版)2009 年第 2 期。

② 其一是张人杰主编的《国外教育社会学基本文选》,上海:华东师范大学出版社 1989 年版;其二是厉以贤与白杰端、李锦旭合编的《西方教育社会学文选》,台北:台湾五南图书出版股份有限公司 1992 年版。

③ 1986 年第一本《教育社会学概论》(裴时英编著,天津:南开大学出版社)问世;1990 年全国高等学校文科教材《教育社会学》(鲁洁主编,北京:人民教育出版社)发行。

④ 我国学者自己编撰的第一本教育社会学工具书出版于 1992 年,即顾明远主编的《教育大辞典》(上海:上海教育出版社),第 6 卷为“教育哲学、教育经济学、教育社会学、教育边缘学科”合卷,张人杰为其中的“教育社会学”学科主编。

⑤ 据统计,从 1979 年到 2005 年我国出版的主要的教育社会学概论性教材类著作有 18 部之多,其中 1992 年之前就有 9 本。见董泽芳、张国强:《我国大陆教育社会学研究的特点与演变(1979—2005)——基于对教育社会学重建以来概论性著作的文本分析》,《高等教育研究》2007 年第 7 期。

⑥ 吴康宁:《我国教育社会学的三十年发展(1979—2008)》,《华东师范大学学报》(教育科学版)2009 年第 2 期。

（四）研究的转型时期（1992—2012）

对于学科重建以来，特别是学科制度重建（1992 年）以来我国教育社会学的发展，不同学者进行了不同的阶段划分，诸如“恢复重建阶段”（1979—1991）、“研究拓展时期”（1992—1998）和“研究深化时期”（1999 年以后）①；“制度化前的准备时期”（1979—1982）、“恢复重建时期”（1982—1991）和“初步繁荣时期”（1992—2001）②；“学科体系的探索与建构阶段”（1979—1998）和“学科体系的拓展阶段”（1998— ）③；等等。撇开具体的时间节点不论，这些基于不同视角的阶段划分虽不无一定的道理，但总有不过瘾的缺憾和笼而统之的感觉，比如“拓展”“深化”“探索”“繁荣”之类的表达，恐难收画龙点睛之效。而且笔者以为，制度重建（1992 年）以后的学科发展阶段的划分，似当主要以学术研究进展态势及其主要特征为衡量尺度——尽管这些特征是基于学科恢复重建之初的研究特征并与之比较而言的，而不宜、也无法再以此前的标准如创立、停滞、重建之类来划分。对此有比较精到的概括认为，重建以来我国教育社会学研究的总体性质首先经历了“两次转型”：从“学科概论性研究为主、分支领域性研究为辅”阶段（20 世纪 70 年代末至 80 年代中期），到“学科概论性研究与分支领域性研究齐头并进”阶段（80 年代后期至 90 年代中期），再到“分支领域性研究为主、学科概论性研究为辅”阶段（90 年代后期至今）。④

似需斟酌和说明的是：第一，“学科概论性研究为主、分支领域性研究为辅”阶段似当从 20 世纪 70 年代末一直持续到 90 年代初，特别是学科制度建立起来的 1992 年。除了学科重建之初教育社会学论作必然多为概论性研究之外，另一个有力的证据就是，自 1986 年至 1992 年，每年均有我国学者自著

① 董泽芳、张国强：《我国大陆教育社会学研究的特点与演变（1979—2005）——基于对教育社会学重建以来概论性著作的文本分析》，《高等教育研究》2007 年第 7 期。

② 李长伟、杨昌勇：《中国大陆教育社会学二十年：回顾与反思》，《教育理论与实践》2003 年第 3 期。

③ 叶澜：《二十世纪中国社会科学 · 教育学卷》，上海：上海人民出版社 2005 年版，第 248 页。

④ 参见吴康宁：《现代教育社会学丛书》“总序”，北京：北京师范大学出版社 2003 年版；《我国教育社会学的三十年发展（1979—2008）》，《华东师范大学学报》（教育科学版）2009 年第 2 期。

的概论性著作(译著除外)密集出版,7年间达9本之多①,而1992年之后的5年几乎停滞,直到1997年以后才陆续有概论性著作偶尔问世②。故笔者把1992年视为“转型时期”的一个时间节点。而“学科概论性研究与分支领域性研究齐头并进”阶段当大致是80年代末期至90年代末期。1988年至1997年这10年间发表的教育社会学论文共有84篇,其中属于分支领域性研究的共41篇,占48.8%③;与此同时,此一阶段概论性研究亦有重大进展,如吴康宁的《教育社会学》(人民教育出版社1998年版),标志着我国教育社会学学科体系具有自身特色的系统化建构④,也是迄今为止教育社会学概论性著作中结构最合理、体系最完善的一部⑤。“分支领域性研究为主、学科概论性研究为辅”阶段则是90年代后期至今,1999年问世的“教育社会学丛书”(鲁洁主编,南京师范大学出版社)可视为这一阶段的一个显著标记⑥,《知识演化与社会控制:中国教育知识史的比较社会学分析》⑦和《新教育社会学:连

① 主要有:裴时英编著:《教育社会学概论》,天津:南开大学出版社1986年版;桂万宏、苏玉兰:《教育社会学》,天津:天津人民出版社1987年版;刘慧珍:《教育社会学》,沈阳:辽宁教育出版社1988年版;卫道治、沈煜峰:《人·关系·文化——教育社会学观略》,长沙:湖南教育出版社1988年版;厉以贤、毕诚:《教育社会学引论》,哈尔滨:黑龙江教育出版社1989年版;鲁洁主编:《教育社会学》,北京:人民教育出版社1990年版;董泽芳编著:《教育社会学》,武汉:华中师范大学出版社1990年版;吴铎、张人杰编:《教育与社会》,北京:中国科学技术出版社1991年版;金一鸣主编:《教育社会学》,南京:江苏教育出版社1992年版。

② 主要有:傅松涛:《教育社会学新论》,石家庄:河北大学出版社1997年版;吴康宁:《教育社会学》,北京:人民教育出版社1998年版;马和民、高旭平:《教育社会学研究》,上海:上海教育出版社1998年版;谢维和:《教育活动的社会学分析——一种教育社会学的研究》,北京:教育科学出版社2000年版;钱扑编著:《教育社会学的理论与实践》,桂林:广西教育出版社2001年版;钱民辉:《教育社会学——现代性的思考与建构》,北京:北京大学出版社2004年版;杨昌勇、郑淮:《教育社会学》,广州:广东人民出版社2005年版;徐瑞、刘慧珍:《教育社会学》,北京:北京师范大学出版社2010年版。

③ 吴康宁:《我国教育社会学的三十年发展(1979—2008)》,《华东师范大学学报》(教育科学版)2009年第2期。

④ 马和民、何芳:《中国教育社会学面临的问题及取舍》,《教育研究与实验》2007年第1期。

⑤ 杜时忠、卢旭:《我国教育社会学研究的回顾与前瞻》,《高等教育研究》2004年第3期。

⑥ 张人杰:《中国大陆教育社会学的二十年建设(1979—2009年)》,《华东师范大学学报》(教育科学版)2001年第2期。

⑦ 吴刚:《知识演化与社会控制:中国教育知识史的比较社会学分析》,北京:教育科学出版社2002年版。

续与断裂的学术历程》①也是该时期重要的分支领域的研究②。第二，若进一步观察，“分支领域性研究为主、学科概论性研究为辅”阶段（90 年代后期至今）“本身”又经历了第三和第四次转型，第三次转型为：在分支领域研究中实现从“以概论性研究为主、具体问题为辅”到“以具体问题研究为主、概论性研究为辅”的转换③，2003 年开始出版的“现代教育社会学丛书”（吴康宁主编，北京师范大学出版社）不失为显著标记；而随着这第三次转型——“从强分支领域到弱分支领域”“从有分支领域到无分支领域”——的推进，实现了我国教育社会学研究的第四次转型，即：出现了对我国具体教育问题的“跨分支领域的”“融通的”社会学解释方面的研究成果，2006 年开始出版的“社会学视野中的教育丛书”（吴康宁主编，南京师范大学出版社）或可视为其代表。在打下上述比较充分的“分化”的基础上，会否在这种“高度分化而又突破特定分支领域界限”之类的研究之后，出现新的、高度综合的可能？④ 在新时代的第一个十年里，教育社会学无论是在宏观的学科体系研究方面，还是在微观的教育现实研究方面，都出现了研究取向、研究方法、研究范式与研究领域上的综合化趋势，由此可以展望未来的教育社会学学科发展，能够在科学性与人文性、量化与质性以及国际化与本土化等方面，实现高度的综合。

---

① 杨昌勇：《新教育社会学：连续与断裂的学术历程》，北京：中国社会科学出版社 2004 年版。

② 叶澜：《二十世纪中国社会科学·教育学卷》，上海：上海人民出版社 2005 年版，第 257 页。

③ 吴康宁：《现代教育社会学丛书》“总序”，北京：北京师范大学出版社 2003 年版。

④ 早在十年前，吴康宁提出“‘社会理论’的兴起对教育社会学意味着什么”之问，旨在强调教育社会学有必要因应人文社会学科之间日增的交叉、互涉、综合而兼容并蓄其他学科的滋养，以便为解释与“解决”当下中国教育现实问题作出更加“切实有效”的贡献。其“综合论”的意味跃然纸上。见吴康宁：《“社会理论”的兴起对教育社会学意味着什么》，《教育研究与实验》2010 年第 4 期。近十年后，笔者在给南京师范大学出版的第四套教育社会学丛书作总序时，罕见地为总序如此命名——“九九归一：教育与社会”。这，也是心系“综合”的苦心孤诣所在吧。见程天君：《九九归一：教育与社会——〈教育与社会研究丛书〉总序》，载桑志坚：《现代学校教育时间的社会学》，南京：南京师范大学出版社 2019 年版。

二、学科性质的“三种论点”

关于教育社会学的学科性质，无论欧美、日本等国还是中国，均有长期争论，至今不绝。此情此景，中国尤甚。争论围绕一个归属——教育社会学属于教育学的一门分支学科，还是属于社会学的一门分支学科？牵扯两大关系——教育社会学同教育学、社会学的关系及其同教育哲学、教育心理学等教育学之基础学科的关系，形成三种论点——“规范学科论”“事实学科论”及“事实与规范兼有论”，透露一个隐性差别——欧美及日本等国的“学术之争”与中国的非“纯”学术之争，并逼近一个悖论式结果——所谓教育社会学学科性质的“主流取向”问题：要么无所谓主流，要么就是不可能的“事实学科论”。

规范学科论的基本取向是应用社会学理论解决教育实践问题，强调的是社会学知识在教育实践中的直接运用，确立“行动指南与规范理论”①（action prescription and normative theory），其研究过程基本上是个价值判断的过程。事实学科论强调事实判断，摒弃价值判断，主张教育社会学只负有认识与分析教育现象的使命而无阐述教育实践规范的义务，不判断应该如何，而只陈述事实。事实与规范兼有论则认为教育社会学兼顾示明事实与阐述规范二任于一身。

此“三论”在西方教育社会历史上长期存在争鸣。传统教育社会学（educational sociology）时代的学者多数持此类观点，譬如美国的布朗（Brown，F. J.）、佩恩（Payne，E.G.）、苏扎罗（Suzzalo，H.）、史密斯（Smith，W.R.）等。需注意的是，这些学者虽持规范学科论，却认为教育社会学不是教育学的分支学科，而是社会学的分支学科，确切地说是社会学的应用学科。与之不同，在我国教育社会学重建之初期（1989年前），关于教育社会学学科性质的争论之焦点在于，它是属于教育学的一门分支学科，还是属于社会学的一门分支学科，

① 吴康宁：《教育社会学》，北京：人民教育出版社1998年版，第10页。

抑或是一门相对独立的边缘学科①。

我国初创时期的教育社会学，如陶孟和的《社会与教育》、雷同群的《教育社会学》及卢绍稷的《教育社会学》等，都带有浓厚的编译色彩，多是对美国学者史密斯学科体系的因袭，强调社会学知识在教育问题上的应用，属规范学科论取向。据张人杰考察②，在重建之初期（1989 年以前），关于教育社会学学科性质有过并非正面交锋的争论，视教育社会学为教育学分支的有教育学者卫纯③等，视之为社会学分支的有社会学者雷洁琼④等，而更多的学者则把教育社会学视为一门相对独立的边缘学科⑤。综合来看，我国教育社会学自恢复以来，形成了两种理论视角，即社会学视角的教育社会学和教育学视角的教育社会学，前者以吴康宁《教育社会学》（1998）为典例，后者以傅松涛《教育社会学新论》（1997）和谢维和《教育活动的社会学分析——一种教育社会学的研究》（2000）为代表。⑥ 特别是，谢维和《教育活动的社会学分析》（第 22—25 页）提出，相对于“教育学原理”这一宏观性的学科（即他所说的“教育学科群中的最高或最基础的学科”），教育社会学是一门中观性学科；相对于其他具体教育学科如教育政治学、教育经济学、教育法学等单科性学科，教育社会学是一门综合性学科。

20 世纪 90 年代中后期以来，盛行于此前的“边缘学科论”被吴康宁在其《教育社会学》（1998）中提出的“中介学科论”（教育社会学是教育学与社会学的中介学科）所取代⑦。中介学科论认为：第一，教育社会学

---

① 吴钢：《教育社会学篇》，载《社会科学争鸣大系（1949—1989）·教育学卷》，上海：上海人民出版社 1992 年版，第 706 页。

② 张人杰：《中国大陆教育社会学的二十年建设（1979—2009 年）》，《华东师范大学学报》（教育科学版）2001 年第 2 期。

③ 卫纯：《欧美各国教育社会学简介》，《教育研究》1981 年第 10 期。

④ 雷洁琼：《用社会学观点来研究教育问题》，《教育研究》1982 年第 3 期。

⑤ 主要有：厉以贤：《试谈教育社会学的学科性质和研究对象》，《北京师范大学学报》（社会科学版）1985 年第 2 期；裴时英编：《教育社会学概论》，天津：南开大学出版社 1986 年版；桂万宏、苏玉兰：《教育社会学》，天津：天津人民出版社 1987 年版。

⑥ 杜时忠、卢旭：《我国教育社会学研究的回顾与前瞻》，《高等教育研究》2004 年第 3 期。

⑦ 叶澜：《二十世纪中国社会科学·教育学卷》，上海：上海人民出版社 2005 年版，第 256 页。此后的不少著作，譬如马和民《新编教育社会学》（华东师范大学出版社 2002 年版），则遵从并照单录用了该中介学科论。

是教育学的基础学科，是教育社会学给予教育学以理论滋养而不是相反。第二，教育社会学是社会学的特殊理论学科或分支，而不是其简单应用学科。第三，中介学科不等于“事实与规范兼有学科”，也不等于“边缘学科”，因为教育社会学是社会学用于“教育领域”的产物，而非“教育学”与社会学结合或交叉所产生的“交叉学科”或“边缘（际）学科”。① 中介学科论可谓“一石四鸟”：②一是在现代科学的意义上成就教育社会学获得与教育哲学、教育心理学三足鼎立的学科地位——同为教育学的基础学科；二是破解了“事实与规范兼有论”“双母学科论”或“边际（缘）学科论”的认识论判断；三是扬弃了“教育社会学就是社会学的纯粹应用学科”的简化论认识以及“简单套用社会学理论来解释教育现象”式的粗陋研究，从而避免了与 educational sociology 方向相反而性质同种的另一种“徒有虚名”的教育社会学。但就其精神特质而言，中介学科论属于事实学科论，它明确提出，规范学科论的致命缺陷便在于将教育社会学与教育学混为一谈，从而在实际上取消了教育社会学的学科独立地位；事实学科论与规范学科论不宜也不可能兼容一体。

中介学科论被广泛认可并不意味着此前“兼有学科论”“边际（缘）学科论”的式微。即便到了 21 世纪初年，诸如“综合学科论”（教育社会学乃交叉、边缘学科）③、“（社会学的一门）具体学科+（教育学的一门）子学科论”④及“边缘+基础学科论”⑤等观点，万变不离其宗，均可视为“事实与规范兼有论”的变异体或改良式。张人杰更是明确提出，我国教育社会学主流取向应当“重新作出抉择”，“现在看来，将‘事实与规范兼有论’列为应有的一种主流取向似更合适”；因为所谓的“价值中立”只是一种虚假现象，想使研究更具客观性的事实论学科事实上不能成立；同一逻辑的分析也适用于规范论

① 吴康宁：《教育社会学》，北京：人民教育出版社 1998 年版，第 9—16 页。

② 程天君：《教育社会学的学科发展及其生存困境》，《教育研究与实验》2007 年第 1 期。

③ 钱民辉：《教育社会学——现代性的思考与建构》，北京：北京大学出版社 2004 年版，第 9 页。

④ 楚江亭：《教育社会学研究与发展的困境及应重视的问题》，《当代教育论坛》2003 年第 1 期。

⑤ 杨昌勇、郑淮：《教育社会学》，广州：广东人民出版社 2005 年版，第 8 页。

学科论。① 对此,笔者进行了推进一步的研究,得出悖论式结果:一方面,既然没有纯粹的脱离价值判断的事实判断,亦没有纯粹的脱离事实判断的价值判断("价值中立"不可能),那么在教育社会学的学科性质上,就不存在"选择"的问题,更谈不上在"三论"中抉择何者为"主流"的问题;全部的理由就在于,只剩下"无可奈何"的"事实与规范兼有论"这一个结果。另一方面,从学科自立的需要出发,教育社会学的学科性质必须是、也只能是"事实学科论";尽管这不可能(因"价值中立"不可能),但在向着"事实学科论"目标迈进的方向与道路上,需要也只能保持"尽量的"价值中立和"最接近的"事实学科论的态度。②

值得留意的是,关于教育社会学学科性质的争论,总的来说,欧美及日本等国的教育社会学者最关心的与其说是这门学科的学科性质及其自律性的问题,不如说是这门学科的研究究竟能"创造"出什么东西的问题③。以美国为例,20 世纪 50 年代之前,其学科制度迅速发展与理论建树乏善可陈并存,原因就在于其时规范学科论占据主流地位;而此后的大发展,则得益于调整了教育社会学的学科归属(从教育学到社会学),更换了机关刊物名号(*The Journal of Educational Sociology* 被易名为 *Sociology of Education*),确立了新的主流学科性质(事实学科论取代规范学科论)。相较而言,中国的相关争论涉及教育社会学的任务和方法论,因此,这不是一场"纯"学术争论④。个中原委,既有"外忧",亦不乏"内患"。从外部来说,由于"失范"的学科建制——中国大陆教育社会学隶属"一级学科"教育学之下的二级学科教育学原理再下的一个"研究方向",连带地,其学会(其中一个)也因"一条鞭"色彩浓厚而国际罕见:名曰"中国教育学会教育学分会教育社会学专业委员会"——的原因,视教育社会学为教育学之分支学科者自然人多势众,甚至同化了部分教育社会

---

① 张人杰:《教育社会学研究对象探索中需要澄清的三个问题》,《教育研究》2009 年第 9 期。

② 程天君:《价值中立与价值关联的交织——教育社会学学科性质的一个内在焦虑》,《教育研究》2010 年第 12 期。

③ 吴康宁:《教育社会学》,北京:人民教育出版社 1998 年版,第 9 页。

④ 张人杰:《中国大陆教育社会学的二十年建设(1979—2009 年)》,《华东师范大学学报》(教育科学版)2001 年第 2 期。

学从业者。而这与国际上普遍认同的教育社会学乃是与教育哲学、教育心理学并驾齐驱的教育学的三大支柱学科赫然不同①。从内部而言，由于我国教育社会学从业人员多来自教育学而无社会学的学术背景及“学以致用”的心理期待，加上研究者本身的社会职位等多重因素的交错影响，在“三论”的认同或选择上，夹杂非学术因素的做法在所难免，甚至出现“屁股决定脑袋”“知行分裂”等现象。这就是为什么在中国大陆，“虽然现实的学术实践和高校的人才培养大多经由教育学出身的学者和教育学院（系、所）来进行，却几无学者明确表示自己是持‘教育学分支学科说’”②（规范学科论），也是为什么有的学者一方面认同事实学科论（作为学者），另一方面又自我矛盾地主张事实与规范兼有论（作为政策咨询者）。

三、研究对象的“两类界说”

教育社会学是否拥有独特的研究对象？教育社会学是否必须拥有独特的研究对象？教育社会学的研究对象是什么、应该是什么？这些都是自有教育社会学以来就争论不休的问题。撇开“有无统一正确的研究对象是教育社会学是否成熟的重要标志”③与“教育社会学没有、也不必有独特的研究对象”④之类的两极争论不说，首先有必要呈现“教育社会学研究对象（应该）是什么”的观点，因为关于研究对象，双方都说了很多。纵然繁多，却不外“社会化过程说”与“相互关系说”两大类界说⑤，尤以后者为甚。

也许是有意或无意地受到教育社会学奠基者涂尔干（Durkheim，E.）“教

---

① 从教育社会学诞生以来，它就是教育学科群中最具思想活力、提供批判反思并指引路标的“母学科”之一。见刘云杉：《国外教育社会学的新发展》，《比较教育研究》2002 年第 12 期。

② 杨昌勇、郑淮：《教育社会学》，广州：广东人民出版社 2005 年版，第 9—10 页。

③ 譬如，见董泽芳、黄学文：《教育社会学研究对象新论》，《华中师范大学学报》（人文社会科学版）1998 年第 3 期。

④ 譬如，见徐瑞、刘慧珍：《教育社会学》，北京：北京师范大学出版社 2010 年版，第 9—10 页。

⑤ 吴康宁：《教育社会学》，北京：人民教育出版社 1998 年版，第 2—5 页。

育在于使年轻一代系统地社会化”这一“社会化说”教育观[①]的影响，早期的一些教育社会学家，如美国的佩恩、布朗等都将社会化过程视为教育社会学的研究对象。我国教育社会学初创时期的雷同群也持类似观点，认为教育社会学旨在“研究个人在团体中如何生活，尤其是要研究个人在团体中得到何种教训及团体生活上所需何种教育”[②]。“社会化过程说”研究对象观虽然历史悠久，却远不及“相互关系说”那样影响普遍。正如有学者所总结，尽管教育社会学自诞生以来，有关其研究对象的问题一直是“众说纷纭”“千姿百态”“五花八门”以至难以把握，但这些形形色色的对象观具有一个共同的特性，那就是它们无一不涉及“教育与社会的基本关系”[③]（简称“关系说”）；而由于不同学者关注的“教育”的层面不同，因而便存在着几种有所区别的“关系说”，如“教育制度与社会相互关系说”“教育活动（过程）与社会相互关系说”及“教育与社会相互关系说”[④]等。

学科制度化之前的教育社会学家涂尔干曾有论断，教育“主要是一个社会问题”，理解教育的任何方面都不能不考虑它的社会动力和社会结果[⑤]。或许，迄今为止的教育社会学人显意识或潜意识里受到了这一论断的牵引或影响，在教育社会学研究对象的界说上，不管西方的还是中国的，无论传统的抑或新兴的，其主流的研究对象界定便是“关系说”。譬如，“美国社会学之父”沃德（Ward，L.F.）在其《动态社会学》（1883）中提出了“教育社会学”这一概念的同时，也提出了著名的“社会导进论”，设专章阐述了教育与社会进步的关系[⑥]。英国《新社会科学辞典》说：“教育社会学通常是研究教育同社会其他大型制度（经济、政治、宗教和亲属）之间功能关系。”[⑦]苏联《应用社会学辞

---

① ［法］爱弥儿·涂尔干：《教育及其性质与作用》，载张人杰：《国外教育社会学基本文选》，上海：华东师范大学出版社 1989 年版，第 9 页。

② 雷同群：《教育社会学》，上海：商务印书馆 1931 年版，第 14 页。

③ 钱扑：《教育社会学的理论与实践》，南宁：广西教育出版社 2001 年版，第 43—44 页。

④ 吴康宁：《教育社会学》，北京：人民教育出版社 1998 年版，第 2—5 页。

⑤ ［瑞典］胡森等：《教育大百科全书》第 2 卷，张斌贤等译，重庆：西南师大出版社、海口：海南出版社 2006 年版，第 348 页。

⑥ 吴康宁：《教育社会学》，北京：人民教育出版社 1998 年版，第 23—24 页。

⑦ ［英］G.邓肯·米切尔：《新社会（科）学辞典》，蔡振扬译，上海：上海译文出版社 1987 年版，第 354 页。

典》中“教育社会学”辞条为:“教育社会学是研究与其他社会过程具有广泛联系的教育过程的规则、规律性和趋势的专门社会学理论”①。有学者通过国外教育社会学研究对象观近百年的梳理(始于 1883 年美国沃德首次使用“教育社会学”这一概念,直至苏联学者费里波夫 1980 年给出的定义)发现:尽管各主要的教育社会学学者对研究对象的表述有所不同,但基本上都倾向于教育社会学是研究教育与社会及其亚系统相互作用的学科②。亦有学者统计,在 20 世纪 80 年代的《教育社会学期刊》(英国)及《教育社会学》(美国)这两份学术刊物中,主题为“教育与社会关系”(包括“社会化与教育”“社会结构与教育”“社会阶层化与教育”“社会问题与教育”“社会变迁与教育”等)的论文占据前一刊物的近三分之一(29%)容量,占据后一刊物的大半江山(52.9%)③。

在中国,陶孟和 1922 年所著《社会与教育》之所以被视为教育社会学创建之起点,原因盖在于其系统阐述了“教育与社会之关系”。即便在中国大陆教育社会学 30 年的“停滞期”,对“教育与社会关系”的“研究”也一直在进行着④,只是“相对停滞”⑤或进入“沉沦”,唯陷入了“极端的偏颇”,以教育与政治的关系为甚并取代了教育与其他制度的关系,进而又将之简化为教育与阶级斗争的关系⑥而已;而就在此间,中国台湾教育社会学的主流观点也认为教育社会学是研究教育与社会交互关系的学说⑦。1981 年 12 月《教育研究》杂志编辑部与中国社会科学院社会学研究所联合召开座谈会,共商教育社会学重建事宜,而此次会议纪要的主题即为“教育与社会”⑧。此后,“关系说”对

① 吴康宁:《教育社会学》,北京:人民教育出版社 1998 年版,第 4 页。

② 钱民辉:《对国外教育社会学知识体系的思考》,《北京大学学报》(哲学社会科学版)2003 年第 1 期。

③ 李锦旭:《20 世纪 80 年代英美教育社会学的发展趋势:两份教育社会学期刊的分析比较》,《现代教育》1991 年第 2 期。

④ 鲁洁:《教育社会学》,北京:人民教育出版社 2001 年版,第 18 页。

⑤ 叶澜:《二十世纪中国社会科学·教育学卷》,上海:上海人民出版社 2005 年版,第 242 页。

⑥ 杨昌勇、李长伟:《中国大陆教育社会学三十年停滞沉沦之反思》,《教育理论与实践》2003 年第 1 期。

⑦ 林清江:《教育社会学》,台北:台湾编译馆 1975 年版,第 21 页;陈奎憙:《教育社会学》(第 3 版),台北:三民书局 1986 年版,第 16 页。

⑧ 《教育与社会·座谈纪要》,《教育研究》1982 年第 3 期。

象观在学科重建以来得到高度认同,在学科恢复期尤为明显[①]。譬如,20世纪80年代,《辞海》中"教育社会学"辞条便是:教育社会学是以社会学的原理研究教育问题的一门学科,它研究社会生活的各个方面同教育的关系[②];《中国大百科全书》中"教育社会学"辞条也认为,教育社会学是从社会学角度研究各种教育现象、教育问题及其与社会之间相互制约关系的学科。[③] 这一时期,不少学者提出类似观点。譬如,厉以贤认为教育社会学是一门新兴的边缘学科,它的对象是从宏观和微观两个方面研究教育和社会之间的关系[④];裴英时认为,教育社会学是系统研究与学校有关的各种社会环境、社会群体等,从而探索社会与教育的关系及其规律的学科[⑤];刘慧珍也将教育社会学定义为"研究教育活动之社会过程及其与其他社会过程相互影响的学说体系"[⑥]。进入90年代,"关系说"对象观依然强劲。我国广泛使用的高等学校文科教材《教育社会学》在归纳教育社会学的学科性质及其研究对象时强调,当前我国所要建立的教育社会学应总结当代教育社会学的研究成果,从宏观方面研究教育与整体社会之间的关系及其功能;从中观方面研究教育与区域社会之间的功能性关系及学校内部的关系;从微观方面研究教育过程中有关社会学的问题[⑦]。的确,统观整本教材,除了前两章("绪论""教育的社会学研究方法")及第十一至第十三章("学校组织的社会学分析""班级的社会学分析"及"教师的社会学分析"这三章系从中、微观方面研究教育过程中有关社会学的问题)以外,其余11章篇幅探讨的均是宏观的社会整体、中观的区域社会与教育的关系问题,章目一律为"××与教育"(在我国,以"××与教育"或类似表述为章节标题乃至题目的著述屡见不鲜)。"关系说"的研究对象观跃然纸上。

---

① 董泽芳、张国强:《我国大陆教育社会学研究的特点与演变(1979—2005)——基于教育社会学重建以来概论性著作的文本分析》,《高等教育研究》2007年第7期。

② 《辞海》(教育、心理分册),上海:上海辞书出版社1980年版,第1—2页。

③ 《中国大百科全书》(教育),北京:中国大百科全书出版社1985年版,第173—174页。

④ 厉以贤:《试谈教育社会学的学科性质和研究对象》,《北京师范大学学报》(哲学社会科学版)1985年第2期。

⑤ 裴时英:《教育社会学概论》,天津:南开大学出版社1988年版,第1页。

⑥ 刘慧珍:《教育社会学》,沈阳:辽宁教育出版社1988年版,第10页。

⑦ 鲁洁:《教育社会学》,北京:人民教育出版社2001年版,第27页。

《教育大辞典》对于教育社会学研究对象的界定实质上也是“关系说”①。即便到了21世纪,教育社会学学者谢维和仍然明言:“与其他学科相比,教育社会学独特之处在于它是通过教育与社会的关系来研究教育活动和教育现象的。”②钱民辉更是断言,教育社会学在今天是研究什么的?就是“教育与现代性”的!③ 撇开“教育与现代性”对象观本身的问题不说,所谓“教育与现代性”这一教育社会学对象观的“新时代”,操持的依然是“关系说”的老思路。

当然,自学科恢复重建以来,伴随着“关系说”对象观持续流行的,是对其微弱却从未间断的质疑,质疑既来自教育社会学从业者,也来自其他专业学者。从20世纪80年代对“关系说”的较早批评④,到90年代对“关系说”合理性的反思⑤,直至21世纪初以来对“关系说”完善性辩护⑥与全面质疑⑦,均未能提出更为明确的且令人信服的研究对象来。在此情境之下,张人杰在其力作《教育社会学研究对象探索中需要澄清的三个问题》中推举(重申)吴康宁1998年在其《教育社会学》提出的“社会层面说”⑧作为教育社会学的判定标准或原则,认为它更直截了当,且更概念化。“社会层面说”认为,教育社会学研究对象的特点在于它既姓“教”,又姓“社”:所谓姓“教”是指教育社会学研究对象必须是教育现象或教育问题,要害在于防止“泛化”与“窄化”研究对象两种倾向,如“社会化过程说”同时兼具此二种倾向;所谓姓“社”是指教育社

---

① 顾明远主编:《教育大辞典》,上海:上海教育出版社1998年版,第771页。

② 全国教育科学规划领导小组办公室:《教育科研大家谈》,北京:教育科学出版社2007年版,第162页。

③ 钱民辉:《教育社会学——现代性的思考与建构》,北京:北京大学出版社2004年版,第4—5页。

④ 卫道治、沈煜峰:《人·关系·文化——教育社会学观略》,长沙:湖南教育出版社1988年版。

⑤ 刘生全:《教育社会学研究什么——“关系说”的思考》,《上饶师专学报》1998年第1—2期。

⑥ 张人杰:《教育社会学研究对象探索中需要澄清的三个问题》,《教育研究》2009年第9期。

⑦ 程天君:《教育社会学就是研究“教育与社会关系”的学科吗——从“教学要点”到“教学难点”》,《教育研究与实验》2010年第4期。

⑧ 吴康宁《教育社会学》(1998)当时的界定是“社会学层面”;在第253期南京师范大学教育社会学沙龙(2016年9月14日)上,吴康宁提出,其实应该是“社会层面”,而不是“社会学层面”。据此,本书在引用“社会学层面”时一律修订为“社会层面”。

会学的研究对象必须具有社会学意味,教育社会学虽然与其他教育学科同样研究教育现象或教育问题,但它只研究具有社会学意味的教育现象与教育问题,或者说它只研究教育现象或教育问题的社会层面。① 不过,当我们统观该部《教育社会学》的整体框架时不难发现,它有力地抓住了教育社会学的精髓(承认教育是一种社会现象,具有明显的社会性),并紧紧围绕这种社会性的三大体现——教育受制于社会(从"社会到教育")、形成自身"小社会"("教育自身社会化系统")、作用于社会("从教育到社会")——而谋篇布局为"四编":除首编"教育社会学学科论"外,其余三编依次为"教育的社会背景""教育自身的社会系统"及"教育的社会功能"。这种颇似"投入—过程—产出"的逻辑与架构②,其内容虽说并不完全属于"关系"的范围,但依然透露着"关系说"的基本底色。

四、研究方法论的"价值涉性"

"价值中立"(value-free)与"价值关联"(value-relevance)是社会学中一对牵一发而动全身的经典命题。可以说,正是这对命题,从根本上牵掣乃至决定了迄今为止关于教育社会学研究对象、学科性质及方法论等学科论问题"是何、如何、奈何"等一系列的观点呈现与理论交锋。质言之,在关于教育社会学学科性质的"三论"中,"事实学科论"奉行价值中立(事实判断),摒弃价值判断;"规范学科论"强调社会学知识在教育实践中的直接运用以及对教育行为进行价值判断,"事实与规范兼有论"则在价值判断与事实判断之间调和、折中抑或摇摆。教育社会学的学科发展史,一定程度上也是由这对经典命题制导的"三论"的争论史。相关研究聚集于此的问题意识,除却上文已述之"三论"孰是孰非以及何为"主流"之外,更有两个前提性的追问:作为一门学科的教育社会学究竟能否弃守"事实学科论"?"事实学科论"本身又是否可能?

---

① 吴康宁:《教育社会学》,北京:人民教育出版社 1998 年版,第 5—9 页。

② 李锦旭、张建成:《台湾教育社会学研究的回顾与前瞻》,载《教育科学的国际化和本土化》,台北:台湾扬智文化事业股份有限公司 1999 年版,第 293 页。

这两个问题绕不过教育社会学的学科独特性问题。前文已提及,研究对象观上的“关系说”在相当程度上被视作教育社会学的“门牌号码”。问题是,正如一位非教育社会学学者所言,所有与教育有关的学科的理论体系不外乎“起始于两个基本问题,即教育与社会发展的关系问题和教育与个人发展的关系问题”①。这样一来,“关系说”至少有两点障碍:第一,“教育与社会关系”本身就是个矛盾用语,因为教育本身亦是社会之组成部分,它要表达的无非是作为一种社会要素或现象的教育同其他社会要素或现象(如政治、经济、文化等)之间的关系。第二也是至关重要的,“关系说”并未切中要害,教育政治学、教育经济学、教育文化学等学科不都是关涉教育与社会(的政治方面、经济方面、文化方面等)的关系的嘛!或许正是基于“关系说”这种未及肯綮的模糊界说的印象,有学者批评说“教育社会学的研究对象尚不明确,从而与教育学及其各门分支学科颇多重复”②。这里带出的是我国教育社会学学科论百年中第二个困扰性问题:教育社会学研究对象上长期主导的“关系说”其实并不能标示教育社会学的学科独特性。

对此,张人杰推举(重申)吴康宁提出的“社会层面说”为教育社会学的“门牌号码”。要问的是,教育现象或教育问题的“社会层面”如何体现?或者,“具有社会学意味”的教育现象或教育问题如何彰显?就此问题,笔者不赞同不少学者要么就研究对象来讨论研究对象,要么割裂研究对象与方法论的关系来讨论研究对象,抑或主张研究对象决定研究方法论的致思路径;而主张研究对象必须与方法论关联起来探讨,进一步说就是要由方法论决定(确保)研究对象。③ 因为“研究方法的定位和取舍(方法论)几乎成了教育社会学研究‘社会事实’(社会层面)的主要标志”④。教育现象或教育问题的“社会层面”是由其研究方法论——摒弃价值判断、奉行事实判断,以及由这种方法论主导的“事实学科论”——来确保并体现的。吴康宁提出的“社会层面”

① 劳凯声:《中国教育学研究的问题转向——20世纪80年代以来教育学发展的新生长点》,《教育研究》2004年第4期。

② 潘懋元:“序”,载张德祥、周润智:《高等教育社会学》,北京:高等教育出版社2002年版。

③ 程天君:《价值中立与价值关联的交织——教育社会学学科性质的一个内在焦虑》,《教育研究》2010年第12期。

④ 胡宗仁:《教育社会学研究的困境》,《南京师范大学学报》(社会科学版)2005年第3期。

研究对象观,是与他同时提出的“价值中立”方法论、“事实学科性质论”以及相应的“学科关系观”(教育社会学是教育学的基础学科而非相反)是一个有机的整体。① 其中的关键或内核,笔者以为就是“摒弃价值判断、奉行事实判断”的研究方法论,其他部分均依循于此并由此决定、确保。说到底,教育社会学要想能够成为一门真正科学意义上的学科,至少是作为一门区别于教育学的教育社会学,那么,在其学科性质的识别上似乎不存在“选择”的余地,而必须坚守一条吴康宁所提出的“学术底线”:就教育社会学的研究本身而言,其本职任务只有一个,即揭示事实,这就是教育社会学区别于教育学的一条学术底线;倘若教育社会学既揭示教育事实也阐明教育实践规范,那就变成了“不务正业”,并通过这种“不务正业”而使自身同教育学的关系变得混乱不堪,这既是“失职”,更会失去其自身的独立性以及它作为教育学之基础性学科而存在的合法性理由②。

以此来说,在“三论”中就不存在抉择何为主流的问题,因为“规范学科论”直接把教育社会学等同于教育学而使教育社会学失去了自立的合理性与存在的合法性,而“事实与规范兼有论”则将教育社会学同教育学的关系变得混乱不堪,并最终也把教育社会学混同于教育学。那么,由“价值中立”确保而命悬一线的“事实学科论”是否可能呢?笔者的相关研究曾提出,教育社会学研究解不开价值中立与价值关联的交织,没有彻底脱离价值判断的事实判断,也没有彻底脱离事实判断的价值判断,纯粹的“事实学科论”与纯粹的“规范学科论”因而均显露合理性危机。从学科自立的需要出发,教育社会学的学科性质必须是也只能是“事实学科论”(“事实与规范兼有学科论”亦显露合理性危机),但这又不可能。由此,教育社会学学科性质面临一个内在焦虑。这里带出的是我国教育社会学学科论百年中第三个困扰性问题:教育社会学学科性质上不得不坚持的“事实学科论”事实上难以成立。

此外,在教育社会学研究方法论上,还有一个值得注意的研究动向就是

---

① 详见吴康宁:《教育社会学》,北京:人民教育出版社 1998 年版,第 1—20 页。

② 吴康宁:《当前我国教育社会学发展的三个基本问题》,《教育研究与实验》2008 年第 6 期。

“综合论”①。这有一系列的表现，譬如，研究方法上主张从定性研究或定量研究的两极走向二者并用；研究层面上提倡微观、中观及宏观的“贯通”②；推论逻辑上主张演绎与归纳可以并举；学科资源上出现从“长期学习欧美论”③、套解西语或别学科（不少践行者）或必须扎根“本土境脉”“本土化论”（不少论者）的两极，走向“三通论”（“中西融通”“古今贯通”“科际会通”）④、“好猫论”及“教育社会理论”⑤的提倡。不言而喻，走向“综合”是何等困难！仅举“教育社会理论”为例，作者在提出该论后紧接着便坦言，作为研究者个人来说，限于兴趣、时间、精力及个人基础等方面原因，依然固守迄今人们对于教育社会学的通常界定，只想进行单一的“社会层面分析”，这无疑是个人的学术自由，旁人无权干涉……既要继续提高教育社会学的专业化程度，又要尝试超越专业化、建构“教育社会理论”，这近乎一个悖论。⑥ 这里带出的是我国教育社会学学科论百年中第四个困扰性问题：教育社会学研究方法论上的“综合论”实乃说到容易做到难。

---

① 程天君：《从“纯粹主义”到“实用主义”——教育社会学研究方法论的新动向》，《教育研究与实验》2014 年第 1 期。

② 吴康宁：《当前我国教育社会学发展的三个基本问题》，《教育研究与实验》2008 年第 6 期；张人杰：《教育社会学的宏观与微观研究：区别、关系及贯通》，《教育研究与实验》2010 年第 4 期。

③ 钱民辉：《对国外教育社会学知识体系的思考》，《北京大学学报》（哲学社会科学版）2003 年第 1 期。

④ 董泽芳、胡春光：《从二元对立到多元综合——教育社会学方法论的历史演变》，《华中师范大学学报》（人文社会科学版）2006 年第 6 期。

⑤ 吴康宁从 2004 年反对“‘尊奉’西方话语、套解中国现实”，提倡扎根“本土境脉”，到 2008 年提出“‘建设适合于中国的教育社会学’的指导方针”、2009 年认同“好猫论”，再到 2010 年提出“走向‘教育社会理论’”（强调教育社会学有必要因应人文社会学科之间日增的交叉、互涉、综合而兼容并蓄其他学科的滋养，以便为解释与“解决”当下中国教育现实问题作出更加“切实有效”的贡献），可视为“综合论”色彩渐浓的一个典例。分别参见吴康宁：《“有意义的”教育思想从何而来——由教育学界“尊奉”西方话语的现象引发的思考》，《教育研究》2004 年第 5 期；《当前我国教育社会学发展的三个基本问题》，《教育研究与实验》2008 年第 6 期；《我国教育社会学的三十年发展（1978—2008）》，《华东师范大学学报》（教育科学版）2009 年第 2 期；《“社会理论”的兴起对教育社会学意味着什么》，《教育研究与实验》2010 年第 4 期。

⑥ 吴康宁：《“社会理论”的兴起对教育社会学意味着什么》，《教育研究与实验》2010 年第 4 期。

上 篇

学科简史

第一章　教育社会学学科初创时期（20世纪一二十年代—1949）

一门难以忘怀其创立者的学科是迷途的。科学在其早期阶段的特性……就是既在目标上热望于深远，又在细节处理上不厌其烦。①

——艾尔费雷德·斯诺·怀特海：《思想的组织》

绪论中提出，学科初创时期，有三个问题需要探讨。其一便是初创时期的起讫时间，特别是我国教育社会学的"发端"或创建"标志"问题。对此，本书认为，采用"产生于20世纪一二十年代"这一说法更为适宜。本书标题中所言的"百年"，即是在此种意义上而言的。另外两个，就是初创时期的教育社会学"学科论"遗产问题和我国教育社会学初创时期的历史贡献问题，对此二者，见仁见智。鉴此，本章将梳理初创时期国外教育社会学的译介与国人自撰教育社会学著作，整理中国教育社会学的学科草创与初步研究成果，评估其历史贡献。②

---

① 转引自[美]罗伯特·K.默顿：《社会理论和社会结构》，唐少杰、齐心等译，南京：译林出版社2006年版，第3页。

② 本章由许刘英根据章节框架搜集史料，综合参见许刘英：《近代中国教育社会学学科要素之探讨》，《宁波大学学报》(教育科学版)2012年第2期；《近代中国教育社会学在中国的译介与导入》，《南阳师范学院学报》(社会科学版)2012年第4期；《近代中国教育社会学的学科地位及影响》，《南阳师范学院学报》(社会科学版)2015年第11期；《近代中国教育社会学学者群体及其特征》，《江苏师范大学学报》(哲学社会科学版)2016年第3期；《近代中国大学教育社会学课程设置之演变——基于学术史的考察》，《苏州大学学报》(教育科学版)2017年第2期。

一、国外教育社会学的译介与国人自撰著作

作为一门学科的教育社会学诞生于近代欧美。从这个意义上讲,教育社会学对中国而言可谓“舶来品”,对国外教育社会学的译介遂成为中国教育社会学学科初创时期的基础工作和必经步骤。而在国外教育社会学译介的基础上,我国学者也对教育社会学学科体系进行了积极的探索和构建,并有若干反映时代特征的理论著作问世。

(一) 国外教育社会学的译介

在欧美,教育社会学的产生有其特定的历史背景。18 世纪末 19 世纪初,近代资本主义大工业的迅速发展带来的社会剧变,使得西方国家的教育面临各种各样的困境。不过,从社会背景的出现到教育社会学理论体系的形成却经历了漫长的过程。先是与教育社会学相关的一些学科出现了研究方向或研究领域上的重要变化(主要是社会学和教育学),这些变化对教育社会学学科起着理论上的奠基作用,时间大致从 19 世纪后半叶至 20 世纪初。一般认为,1907 年,苏扎罗(Henry Suzzalo)在美国哥伦比亚大学首开教育社会学讲座,教育社会学开始其制度化的历程,从那时起直到第二次世界大战结束前后为教育社会学的学科成形时期。中国教育社会学初创时期所译介的国外教育社会学著作即是其理论奠基和学科成形时期的相关作品。据相关调查,近代中国翻译成中文的国外教育社会学著作共有 14 种,论文有 40 多篇。①

1. 译著概况

这里将这 14 种教育社会学译著摘录如下:

刘衡如于 1921 年翻译美国学者杜威(John Dewey)的 *School and Society*(《学校与社会》)。

① 许刘英:《近代中国教育社会学研究》,浙江大学 2012 年博士学位论文,“附录一”。

朱经农和潘梓年于 1923 年翻译美国学者杜威的 *School of Tomorrow*(《明日之学校》)。

郑国梁于 1923 年翻译美国学者德尔满(E. L. Terman)的 *A Socialized-Project Curriculum for the New Six-year Elementary School*(《初小社会化的学程》)。

刘建阳于 1925 年翻译美国学者伯兹(G.H.Betts)的 *Social Principles of Education*(《教育之社会原理述要》)。

陈启天于 1925 年翻译美国学者史密斯(W.R.Smith)的 *An Introduction to Educational Sociology*(《应用教育社会学》)。

邹恩润于 1929 年翻译美国学者杜威的 *Democracy and Education*(《民本主义与教育》)。

任鸿隽于 1929 年翻译英国学者斯宾塞(Herbert Spencer)的 *On Education*(《教育论》)。

崔载阳于 1930 年翻译法国学者涂尔干(E.Durkheim)的 *Moral Education*(《道德教育论》)。

刘世尧和環家珍于 1932 年翻译日本学者田制佐重的《教育社会学之思潮》(《教育社会学》)。

余家菊于 1933 年翻译美国学者芬尼(R.I.Finney)的 *A Sociological Philosophy of Educational*(《教育社会哲学》)。

鲁继曾于 1937 年翻译美国学者彼得斯(C.C.Peters)的 *Foundations of Educational Sociology*(《教育社会学原论》)。

雷通群于 1938 年翻译日本学者细谷俊夫的《教育环境学》。

孙承光于 1939 年翻译美国学者克伯屈(William. H. Kilpatrick)的 *Education for Changing Civilization*(《教育与现代文明》)。

许梦瀛于 1947 年翻译德国学者鲁塞克(T.S.Roucek)的 *Some Contributions of Sociology to Education*(《社会学与教育》)。

上述 14 种教育社会学著作,大致可分为三类:第一类著作为教育社会学学科的产生奠定了重要的理论基础,此类著作多是教育社会学学科确立之前的代表人物及其代表作,如杜威、斯宾塞、涂尔干等人的著作。第二类著作虽不是严格意义上或狭义的教育社会学著作,但其内容包含了较为丰富的教育社会学思想,如《初小社会化的学程》《教育与现代文明》等。第三类著作多是严格意义上的且为学界公认的教育社会学著作。

2. 译著特点

自 1921 年至 1947 年 20 多年时间里引介的这 14 种教育社会学译著,呈现三方面的特征。

其一,从来源上看,多数译著出自美国。这种状态的形成,一方面与近代中国教育师法美国有关系。中国教育师法美国大约从 1915 年至二战结束前后,尤以 20 世纪 20 年代为高潮。譬如,20 世纪二三十年代,在所翻译的 15 种教育理论著作中,来源于美国的就有 10 种[①]。又譬如,1920—1928 年间,教育学译著共 14 种,译自的美国有 12 种;1929—1948 年间,教育学译著共 29 种,译自美国的达 15 种。[②] 与此同时,中国教育界还多次邀请美国教育家如杜威于 1919 年、孟禄(P.Monroe)于 1921 年、克伯屈于 1927 年来华讲学、调查,也在一定程度上助推了翻译美国的教育著作。另一方面,这与教育社会学学科自身的发展也存在一定的关联。虽然早期欧洲社会学家如孔德(August Comte)、斯宾塞、涂尔干等人都很重视教育的社会功能,但与欧洲教育社会学主要被视为一门学问研究不一样,美国社会学家因深受实用主义哲学的影响,偏重于解决社会问题的教育研究,由此美国社会学家与教育学家频繁接触,将社会学理论与方法在教育学领域广泛推广与应用。在世界教育社会学制度化建设的道路上,美国也是领先一步。因此,美国教育社会学受到各国(包括中国)的追捧和效法亦在情理之中。

其二,从时间上看,译著集中出现于 20 世纪二三十年代,20 年代 7 种,30 年代 6 种,40 年代 1 种。就 20 世纪 20 年代中国教育社会学发展的情况来说,1922 年国人自行撰写的第一本教育社会学专著——陶孟和的《社会与教育》出版,标志着中国教育社会学的诞生。至 1931 年,国人撰写的第二本教育社

① 周谷平:《近代西方教育理论在中国的传播》,广州:广东教育出版社 1996 年版,第 142—143 页。

② 叶志坚:《中国近代教育学原理的知识演进——以文本为线索》,浙江大学 2009 年博士学位论文,第 201 页。

会学著作——雷通群的《教育社会学》才姗姗来迟。[①] 从第一本到第二本专著，前后相距近十年的时间，其间中国教育社会学教学和研究所需的理论资源几乎全靠译著供给。1926年，《教育杂志》第18卷3号曾发表华超的《大学教育用书问题评议》一文，作者在摘要地解读了17种教育用书（包括心理学）后，概括出两个特点：第一，除一种系本国学者自行编制外，其余都是译本；第二，译本的原作者都是美国籍。[②] 30年代，中国教育社会学的教学和研究均取得一定的进展，相继有几种国人自撰的教育社会学著作问世，如沈冠群和吴同福的《教育社会学通论》（1932）、卢绍稷的《教育社会学》（1934）、苏芗雨的《教育社会学》（1934），但这14种译著依然被视为重要的参考资料。[③] 正如时人所指出："我国在学术研究上，要已藉译著之业而随世界各国以俱进。"[④]

其三，从译著自身来看，大多数被翻译过来的教育社会学著作，在确保忠于原著思想的基础上均采取"意译"的方式，这在某种程度上可以说是西方教育社会学在形式上实现了"中国化"。因为这些源自欧美和日本的教育社会学著作，它们的受众对象原本都是针对本国人，运用的是本国的语言文字，这对译者提出了很高的要求。无怪乎当时有人喟叹道："译书实在是一件很难的事体，因为各国文字的特性不同，在甲国文字中只须一句话可以说得清楚的，译成乙国文字每每要用几句话才能把他的意思传达出来；有时在甲国文字中须用许多说话方能把一件事体说明，译成乙国文字便觉得冗长繁琐。"[⑤]所以，为了让国人易于理解和接受这门学科，译者对译著须先进行形式上的"中国化"。诚如罗家伦所极力提倡的"中国若要有科学，科学应当先说中国话"[⑥]。这方面，陈启天翻译美国史密斯《教育社会学的导论》最具代表性。在译该著

① 自陶孟和《社会与教育》一书问世后，孟宪承编写了《教育社会学讲义》，并作为江苏全省师范讲习所联合会上演讲稿，但该讲义未以"著作"的形式公开出版，严格说来不属于国人撰写的"教育社会学著作"。

② 17种教育用书分别是：商务印书馆教育名著7种，师范丛书1种，世界丛书2种，共学社教育丛书1种，南高师范丛书1种，中华书局教育丛书3种，新文化丛书1种，少年中国学会丛书1种。

③ 这一点，只要翻阅任何一本教育社会学著作及其后面的参考文献均会发现。

④ 洪范五：《汉译西文书目索引序》，《浙江图书馆馆刊》1933年第6期。

⑤ ［美］杜威：《明日之学校》，朱经农、潘梓年译，上海：商务印书馆1923年版，"译者序言"。

⑥ 罗家伦：《中国若要有科学科学应当先说中国话》，《图书评论》1932年第1卷第3期。

下半部分时，陈氏并非逐字逐句地翻译原文，而是考虑到中国读者的理解程度及行文习惯，从第三章开始不完全按照原著行文的次序，只是译述其大意，有时夹叙夹议一些中国教育问题以求理论与实际相联系，从而增添读者的兴趣。①

总体来看，20 多年的时间里共翻译 14 种教育社会学著作，数量上确实不多，而且这 14 种译著或许只是西方教育社会学理论资源中的冰山一角，但它们对近代中国教育社会学的发展所起的作用以及它们本身所具备的特征均不容忽视。近代中国学者正是在此基础上，围绕着教育社会学学科在中国的建立和发展，对近代中国的教育社会学学科知识体系进行了探索和构建。也就是说，近代中国学者正是借助这些译著，通过吸收和借鉴其中的理论和方法，建构出中国自己的教育社会学学科理论体系。这是 14 种译著对近代中国教育社会学的发展最为重要的历史贡献。

（二）国人自撰的教育社会学著作

这一时期，我国学者在翻译国外教育社会学著作的同时，也自行编撰了若干本教育社会学著作。学界一般公认陶孟和的《社会与教育》一书是中国第一本教育社会学专著。虽然早在陶孟和出版《社会与教育》之前，1917 年商务印书馆出版了朱元善编撰的《学校之社会训练》一书，该书是由《教育与生活不分离》《社会的生活之性质》《儿童自发的生活之一例》《学校之社会的生活》等 12 篇论文合编而成，侧重于阐述学校作为一个小社会应该如何对学生实施训练，并论述了教育与社会的关系②；尽管也有学者认为，若从较宽泛的意义上讲，可归入教育社会学的较早的一部著作，应是朱元善 1917 年出版的《学校之社会训练》（商务印书馆）③，但鉴于朱元善此书并没有明确提出“教育社会学”概念，且主要介绍的是西方学校教育的社会训练方式，对教育社会学的学科建设并无直接贡献。兹仅从学科建设之角度出发，乃以陶孟和《社

① ［美］史密斯：《应用教育社会学》，陈启天译，上海：中华书局 1925 年版，“译序”。
② 朱元善：《学校之社会训练》，上海：商务印书馆 1917 年版。
③ 胡金平：《雷通群与中国教育社会学的学术传统》，《南京晓庄学院学报》2008 年第 2 期。

会与教育》为学科专著之嚆矢①,陈列近代中国12种教育社会学著作。

1. 专著概况

陶孟和著《社会与教育》,1922年由商务印书馆出版发行,后又两次(1925、1934)再版,1934年被列为"大学丛书"。

程其保著《学务调查》,1930年由商务印书馆出版发行,1933年再版,被列为"师范丛书"。

雷通群著《教育社会学》,1930年由商务印书馆出版发行,1933年再版,被列为"大学丛书"。

邰爽秋著《教育调查》(上卷),1931年由上海教育印书合作社出版发行。

陈德征著《社会化的教学法》,1931年商务印书馆出版发行,被列为"上海教育局丛书"。

沈冠群和吴同福著《教育社会学通论》,1932年由南京书店出版发行。

陈翊林著《教育社会学概论》,1933年由中华书局出版发行。

卢绍稷著《教育社会学》,1934年由商务印书馆出版发行,1935年再版,被列为"师范小丛书"。

苏芗雨著《教育社会学》,1934年由人人书店出版发行。

钱歌川著《社会化的新教育》,1934由中华书局出版发行。

黄敬思著《学校调查》,1937年由中华书局出版发行。

陈科美著《教育社会学讲话》,1944年由世界书局出版发行,被列为"讲话丛书"。

2. 专著特点

上述12种教育社会学专著大致可分为学科类和专题类。学科类的著作有7种,它们是陶孟和《社会与教育》、雷通群《教育社会学》、卢绍稷《教育社会学》、沈冠群和吴同福《教育社会学通论》、苏芗雨《教育社会学》、陈翊林

---

① 陶孟和曾写道:"近年来美国学者更把社会学与教育相关系的一部分划分出来,称为'教育的社会学'(Educational Sociology)。它的范围就是应用社会学的材料、方法、原理以解决教育问题。教育的社会学是一个极新颖的名词,除了美国学者以外,还没有采用他的。本书因为此名字太长,又恐读者不明此名之本意,所以不取此名。"参见孙本文:《当代中国社会学》,重庆:胜利出版社1948年版,第188页。

《教育社会学概论》、陈科美《教育社会学讲话》。这7种学科类教育社会学著作有以下重要的特点。

第一,多数著作被当作教科书而广泛使用。如陶孟和的《社会与教育》是他在北京大学"教育社会学"授课讲义的基础上编撰出版,后又被列为"大学丛书",该书也因此而成为日后各高校开设教育社会学课程重要的参考书之一;雷通群的《教育社会学》是他在厦门大学教育学院讲授"教育社会学"时所使用的教科书;卢绍稷的《教育社会学》是他在江苏省立上海中学师范科所使用的教育社会学教科书,"曾三次作为课本,无甚流弊"①;陈翊林的《教育社会学概论》是他在国立成都大学(后并入四川大学)讲授"教育社会学"课程时所使用的教科书。有的还被其他院校的学者列为教科书,如赵廷为在中央大学教育学院教育系讲授"教育社会学"时就曾用雷通群著的《教育社会学》作为教材。② 作为教科书使用,一方面说明这些著作本身的学术价值已获得学界普遍认可,另一方面也有利于扩大这些著作在该领域的实际影响。

第二,这类著作因袭西方学科体系的痕迹逐渐减少而与中国社会和教育实际问题联系日益紧密。譬如,陶孟和《社会与教育》因西方学科体系痕迹明显(在该书的序言部分作者明言"多取材于英美人的著作"③)而曾一度被人视为"译著"④。虽然作者一再强调该书主要研究实际的社会问题与教育的关系、实际的教育问题与社会的关系这两类问题,但囿于其时中国教育社会学尚处萌芽阶段而理论积累不足、实际经验贫乏,致使该书只是着重论述"普通抽象的社会学原理和教育的关系"⑤而对实际的教育问题几乎未曾提及。譬如,雷通群《教育社会学》虽亦是一本受西方学科体系影响较深的著作——该书的"原理篇"基本上是对西方社会学与教育关系原理的梳理和介绍——而与《社会与教育》相仿;但该书既重视社会学原理在教育实际问题尤其是在中国教育实际问题上的应用,所以在一定程度上克服了《社会与教育》所"甚少涉

① 卢绍稷:《教育社会学》,上海:商务印书馆1934年版,"序言"。
② 《教科用书》,中央大学档案,中国第二历史档案馆,档案号648。
③ 陶孟和:《社会与教育》,上海:商务印书馆1934年版,"序言"。
④ [美]史密斯:《应用教育社会学》,陈启天译,上海:中华书局1925年版,"译序"。
⑤ 浩评:《社会与教育》,《社会学杂志》1930年第5号,第147—148页。

及我国实际的教育问题”的弊端,避免了因袭西方学科体系而导致浓厚的编译色彩,又注重原理的应用,将全书在体例上安排为“原理篇”和“应用篇”,如此便有较为完整的逻辑结构,充分体现了中外融合、原理与实际并重的原则。又譬如,卢绍稷《教育社会学》虽是一本广泛吸取国外教育社会学理论的著作,但作者极力申明它是为适应“中国学术界之需要”而作①,同时也非常重视教育社会学对中国教育实际问题的应用,并将全书分为基础、原理及应用三篇。再譬如,陈翊林在其《教育社会学概论》中明言:“十年来,中国的大学教育学院以及普通师范学校多设有此学科,任学生选习。不过教材多系取诸美国,甚至采用美国的原本,不胜合于中国学生之用。著者有见于此,久有意于撰述一本教育社会学,以中国实际社会为讨论的根据。”②

第三,这类著作由以介绍一般的社会学理论为主发展到以探讨学科理论为主,反映出近代中国学者学科建设的自觉意识日渐明确。陶孟和《社会与教育》虽带有西方学科体系明显的痕迹,但作者导入这门学科的意识非常明确,对教育社会学的学科定义、研究范围和研究方法等学科基本要素问题进行了一定的探讨。该书的问世标志着中国教育社会学的创立,此后教育社会学开始作为一门学科而被更多的人所认识、了解和研究。雷通群《教育社会学》则有较为全面的学科视角,作者认为:“教育社会学之要务,是在研究个人在团体中如何生活,尤要研究个人在团体生活中得到何种教训及团体生活上所需何种教育。若单就社会与教育关系的原理上研究,则可视为纯粹科学之一种,倘应用此原理以改造学校教育及其他团体的教育,则为应用科学。”③最为重要的是,该书已不再满足于西方社会学及教育社会学理论和方法的简单的介绍和运用,而是明确提出建设中国的教育社会学,使教育社会学“中国化”,因而成为近代中国学者重要的教学和研究依据。沈冠群与吴同福《教育社会学通论》学科体系的特色更明显、学科建设的意识更为强烈。该书在体例上首次突破了“原理篇”和“应用篇”二分式的框架这一西方尤其是美国教育社

---

① 卢绍稷:《教育社会学》,上海:商务印书馆1934年版,“序言”。

② 陈翊林:《教育社会学概论》,上海:中华书局1933年版,“叙”。

③ 雷通群:《教育社会学》,上海:商务印书馆1931年版,第14页。

会学著作体系的传统①,而按照教育社会学学科总论、学科思潮、学科主要研究内容等逻辑顺序来安排整体结构。在内容上,该书尽管广泛吸取了国外学者的观点和主张,但仍不乏自己独立的见解。作者认为"教育是社会活动的元素",自有社会生活即有教育,"社会是教育作用的场所",社会中每一个团体都具有教育功能,因此社会与教育互为因果,"社会为教育设施之原因,教育亦为社会更易之张本"②。基于这一逻辑,作者认为教育社会学是联结教育学和社会学的"连锁学科",其本质在于用科学的方法去研究和解决社会上之教育问题,应用社会学之原理于教育上,以解决教育上之社会问题。③ 与前述著作相比,陈科美《教育社会学》是一本"鸟瞰"式的著作,全书内容虽无甚新意,但其体例有严密的逻辑顺序,既有宏观的介绍也有微观的分析;既有历史的梳理也有现状的介绍。从学科建设的角度来看,该书对诸如学科性质、学科对象、学科研究领域以及研究方法等学科要素均有严格而清楚的界定,学科体系的组成部分也较为完备,表明其作者对学科建设具有较为明确的自觉意识。最为显著的特点是该书既不拘泥于西方教育社会学著作体系的模仿,也不局限于中国教育问题的实际应用,而是从追求科学理论的高度来构建中国的教育社会学学科体系,可以说代表了近代中国学者教育社会学学科建设的最高成就。此外,钱歌川《社会化的新教育》、陈德征《社会化的教学法》、程其保《学务调查》、邰爽秋《教育调查》(上卷)、黄敬思《学校调查》等 5 种专题性质的教育社会学研究著作,前两本专就教育社会学中"社会化"问题作了较为深入的探讨,且各有侧重;后三本书就教育社会学密切相关的研究方法进行了系统的论述,各有特色。这些专题性的著作,多是就教育社会学某一方面做深入研究,在不断加深人们对这一学科理解的同时,也有力地推动了近代中国教育社会学理论研究的进一步发展和深化。

---

① 如世界上第一本正式命名为"教育社会学"的著作,即美国史密斯(W.R.Smith)所著的《教育社会学导论》(*An Introduction to Educational Sociology*,Cambridge Massachusetts:The Riversive Press,1917),全书结构即划分为"原理"和"应用"两篇。

② 沈冠群、吴同福:《教育社会学通论》,南京:南京书店 1932 年版,第 4—5 页。

③ 沈冠群、吴同福:《教育社会学通论》,南京:南京书店 1932 年版,第 11 页。

二、中国教育社会学的学科草创与初步研究

若论及教育社会学思想,似可说,中国古代流传至今的文化典籍中蕴含有丰富的教育社会学思想。如《周易》就注重从宏观上特别是从教育与社会的关系上来阐述问题,对教育的育人功能和社会功能以及它们之间的关系都有比较精到的见解①。孔子亦十分重视将政治、法治和德治教化结合起来,他说,“道之以政,齐之以刑,民免而无耻。道之以德,齐之以礼,有耻且格”②,并提出“富民”和“教民”的思想,其办法是“庶、富、教”分步发展,“既庶则富之,既富乃教之”③。但作为一门学科的教育社会学,则起源于欧美,它主要借“西学东渐”之势,通过对国外(主要是欧美和日本)教育社会学著作的译介而传入中国。

自 1922 年陶孟和《社会与教育》问世至 1949 年,其间经过 20 余年的发展,教育社会学作为一门新兴学科得到我国学界的接纳和认可。1928 年中华书局出版的《中国教育辞典》收录了“教育社会学”词条,对其性质、研究对象与内容进行了界定:“Educational sociology,立于社会学的见地以研究教育的理论及实际之科学也。特重个人与环境之关系,教育之社会功用,以及社会之教育需要。”④1930 年商务印书馆出版的《教育大辞书》亦列有“教育社会学”词条,主要从教育目的和教育程序两个方面来具体阐述教育与社会之间的关系,进而指出教育社会学成立的必要。⑤ 1938 年庄泽宣编写的《教育学小词典》⑥、1941 年教育部公布的《教育学名词》⑦和《社会学名词》⑧中都收录了

---

① 杨昌勇:《〈论周易〉的教育社会学思想》,《齐鲁学刊》1994 年第 1 期。

② 北京师联教育科学研究所:《孔丘儒家教育思想与〈论语〉选读》,北京:中国环境科学出版社、学苑音像出版社 2006 年版,第 139 页。

③ 《论语 · 子路》,载刘俊田等:《四书全译》,贵阳:贵州人民出版社 1988 年版,第 245 页。

④ 余家菊、王倘主编:《中国教育辞典》,上海:中华书局 1928 年版,第 669 页。

⑤ 唐钺、朱经农、高觉敷:《教育大辞书》,上海:商务印书馆 1933 年版,第 1048—1049 页。

⑥ 庄泽宣:《教育学小词典》,广州:中华书局 1938 年版。

⑦ 国立编译馆:《教育学名词》,重庆:正中书局 1947 年版。

⑧ 国立编译馆:《社会学名词》,重庆:正中书局 1946 年版。

“教育社会学”学科。大致来说,此时中国教育社会学学科理论构架基本形成,学科研究方法初步确立,从而初步形成其独立的学科地位。

(一)学科要素的初步探讨

一门独立的学科在理论上究竟应由哪些基本要素构成,目前学术界尚无统一的观点。但关于教育社会学学科的基本要素,却有大致的共识,譬如一种观点认为研究对象、学科性质及方法论是其“安身立命”的三大要素①;另一种观点认为学科架构、研究对象、学科性质和方法论是教育社会学的学科要素②。事后来看,虽然初创时期中国教育社会学“尚未建立起现代科学意义上的独立学科的地位”③,但从学科构成要素来看,其时我国学者对教育社会学的研究对象、学科性质及学科功能等基本问题已有较为深入、系统的探讨,同时也存在着一定的论争,且某些论争已触及这门学科的理论核心问题。

1. 研究对象及主题

一般来说,任何一门学科都有自己独特的研究对象,确立研究对象是一门学科得以成立的根据和逻辑起点,因为“一门学科的研究对象,反映着它所研究的范围、领域和课题”④。综观近代中国学者对教育社会学研究对象的界定,可以分为下列四种不同的观点,而不同的研究对象观反映到研究范围或研究领域上也存在着一定的区别。

第一是“应用”说,即将教育社会学的研究对象视为社会学的原理和方法在教育领域的应用。陶孟和指出,教育社会学是“应用社会学的材料、方法、原理,以解决教育问题”⑤。持类似的观点不乏其人,如孟宪承认为教育社会学是“社会学的精神,方法和原理之在教育研究上的应用”⑥;陈翊林说:“教

---

① 吴康宁:《教育社会学》,北京:人民教育出版社 1998 年版,第 1 页。

② 张人杰:《中国大陆教育社会学二十年建设(1979—2000 年)》,《华东师范大学学报》(教育科学版)2001 年第 2 期。

③ 吴康宁:《教育社会学》,北京:人民教育出版社 1998 年版,第 48 页。

④ 厉以贤:《试谈教育社会学的学科性质和研究对象》,《北京师范大学学报》(社会科学版)1985 年第 2 期。

⑤ 陶孟和:《社会与教育》,上海:商务印书馆 1934 年版,第 19 页。

⑥ 孟宪承:《教育社会学讲义》,出版社不详,1923 年出版,第 9 页。

育社会学乃是应用社会学的原理讨论教育问题。”①孙本文也强调道:“教育社会学是把社会学的各种原理,应用到教育上去,以谋教育的改进。”②苏芗雨同样指出,教育社会学旨在应用社会学原理来解决具体的教育实际问题。③ 在此基础上,这些学者无一例外地认为教育社会学的研究领域应大致包括“原理的讨论”与“应用的讨论”两个基本部分。孙本文曾就此作了较为详尽的论述,他指出教育社会学的内容可分为两大部分:第一部分是“教育问题的社会学原理”;第二部分是“社会原理在教育上的应用”。具体地说,“教育问题的社会学原理”可分为以下两点:一是从个人方面来说,研究教育如何能使个人成为社会上最适当最健全最进步的一分子;二是从社会方面来说,研究教育怎样传递社会遗产、增进社会团结、实现社会控制以及敦促社会进步。“社会学原理在教育上的应用”主要研究如何将社会学原理应用在教育四种基本问题上,即教育目标、教育行政、课程内容和教学方法。

第二是“社会化”说,教育即社会化,认为教育社会学的研究对象或主题在于探讨社会化的过程。这种观点将教育的过程等同于社会化的过程,个人接受教育的过程即是社会化的过程。如雷通群指出,“教育社会学之要务,是在研究个人在团体中如何生活,尤要研究个人在团体生活中得到何种教训及团体生活上所需何种教育”;相应地,他认为教育社会学的研究范围应涵盖下述四个方面:当研究团体生活;当研究团体生活所需要的教育;当研究各团体的特殊教育;当认明学校是一种社会团体。④ 沈冠群同样认为,“教育社会学乃系观察社会的优点和缺陷,而以教育的手段,使儿童有适应社会改造社会的能量,并指导儿童以必然趋向之社会的途径”;其研究领域应包括社会学的教育原理、社会中的个人教育、教育与社会本身以及学校教育中的社会价值等四个部分。⑤

第三是“社会价值”说,认为教育社会学的研究对象或主题是教育的社会

---

① 陈翊林:《教育社会学概论》,上海:中华书局 1933 年版,“叙”。

② 孙本文:《教育社会学浅说》,《教育通讯》1938 年第 23 期。

③ 苏芗雨:《教育社会学》,北平:人人书店 1934 年版,第 12 页。

④ 雷通群:《教育社会学》,上海:商务印书馆 1931 年版,第 14 页。

⑤ 沈冠群、吴同福:《教育社会学通论》,南京:南京书店 1932 年版,第 14 页。

价值。持这种观点的学者视教育为一种重要的社会制度,认为教育社会学的研究是用来决定教育过程中的目标和方法;“教育社会化”虽然是教育社会学研究的主要方面,但这仅属于教育方法的层面,而不属于教育目的的层面;它不仅重视学科理论推理和研究,也重视教育实际问题的探讨。卢绍稷是这种观点的主要代表人物,他将教育社会学定义为:“教育社会学者,系用社会学之眼光,以研究教育的理论与实际之科学也”,具体解释为:“在理论方面,乃将教育当作一种社会制度分析研究,并研究其与他种社会制度之关系及影响。至应用方面,则重在研究如何应用社会之概念与活动于学校工作。”在此基础之上,他认为教育社会学的研究范围可分为基础、原理和应用三个部分。①

第四是“兼有”说,认为教育社会学的研究对象既是应用社会学的材料、方法和原理,也应用教育学的材料、方法和原理;既研究教育和解决教育问题,也研究社会和解决社会问题,这种观点所主张的研究范围比前几类要广,但出发点和落脚点仍然在教育层面。正如许梦瀛所说,“教育社会学是以教育作出发点,中间经过社会学的研究,最后仍归到教育本身的立场”②,主张其研究对象大致包括三点:以社会学的眼光批判教育的价值;用教育的眼光研究社会团体,发现其教育的缺点和所需的教育;研究如何以学校的组织作为社会进步的中心。陈科美也是这种观点的典型代表,认为教育社会学的研究对象应当是教育的目标、教育的材料和教育的方法;但对于这些目标的决定、材料的选择和方法的采用,也同样是教育社会学所需研究的。由此,他将教育社会学的研究主题具体归结为六大方面:搜集人类如何生活于社会团体中的原理;说明各种社会团体对于其他社会团体的影响;研究各种社会团体所需要的教育;指出学校对于其他社会团体的使命;了解各种社会团体对于教育的使命;阐释教育和社会制度、遗传以及进步的关系。

上述近代学者对于教育社会学研究对象及研究范围的四种不同解释,大致说来,第一、第二种观点侧重于以社会学为基础来界定教育社会学的研究对象和研究范围;第三、第四种观点则侧重于以教育学为基础来界定教育社会学

---

① 卢绍稷:《教育社会学》,上海:商务印书馆1934年版,第30页。

② [德]鲁塞克:《社会学与教育》,许梦瀛译,上海:商务印书馆1947年版,“译者序言”。

的研究对象和研究范围。究其原因,主要是由于各人的研究侧重点和对问题的不同认识所致。尽管如此,他们都倾向于认为教育与社会之间存在着相互作用和相互影响的关系,把教育与社会之间的关系作为教育社会学的专门研究对象。

2. 学科性质

学科性质与研究对象是紧密相联的,任何一门学科都是由自身特定的研究对象或对同一对象的不同解释而体现出自身的学科性质,这种学科性质反过来又规定和强化了研究对象,使其研究具有独特性、排他性和相对稳定性。① 围绕教育社会学学科性质的问题,近代学者曾就这门学科的隶属问题产生了若干争议和分歧,其焦点在于:教育社会学是属于社会学还是属于教育学?换言之,教育社会学是姓"教"还是姓"社"?综观这些争议和分歧,大致可归纳为三类。

第一,认为教育社会学是属于社会学的一门分支学科。这类观点中以社会学者为多数,如陶孟和、孙本文等人,也有个别教育学者如雷通群。在陶孟和看来,社会学的研究分为四个部分:社会之起源、社会的演化、社会组织及社会改良,前三者为纯粹社会学研究,社会改良属于应用社会学,教育社会学属于应用社会学的一个分支。孙本文更明确指出教育社会学"是一种社会学,而不是教育学"②。雷通群也曾指出:"教育社会学(educational sociology)是社会学之一分科,即是应用社会学之一种。"③从近代中国教育社会学学科发展历史看,这是由于社会学学者先关注教育,对社会学与教育学两者之间的关系进行学术研究,从而为这门学科得以成立奠定了基础。其中,陶孟和是近代中国教育社会学学科的创始人,所以这种观点反映和代表了近代中国学者对教育社会学学科性质的早期阶段的认识和界定,对当时国人认识和界定这门学科性质产生了支配性影响。

第二,认为教育社会学属于教育学的基础学科。持这种观点的人以教育学者居多,他们多倾向于以教育学为出发点来认识和把握这门学科。如卢绍

① 钱民辉:《教育社会学——现代性的思考与建构》,北京:北京大学出版社2005年版。

② 孙本文:《教育社会学浅说》,《教育通讯》1938年第23期。

③ 雷通群:《教育社会学》,上海:商务印书馆1931年版,第6页。

稷就认为,教育社会学是用来说明如何使教育适合于社会之需要,及社会各种现象在教育上有何种关系,其作用应与教育心理学相同;教育心理学决定学习者之个人的要求,教育社会学决定学习者之社会的要求,而"凡属教育上之设施,必须二者之共同研究,始有效果而言,二者诚可谓为教育学之二个基础也"①。陈科美也持同样观点,尽管在研究对象问题上,他曾将教育社会学的研究对象界定为既研究教育和解决教育问题也研究社会和解决社会问题,似有兼顾教育学和社会学两方面的倾向,但在学科性质方面,他坚持认为教育社会学是一门教育科学,是"一门比较后起的教育科学,又是一种比较复杂的教育科学"②。不过,近代中国教育社会学的发展历程似乎表明,尽管教育社会学学科是先由社会学者创立,但真正认可和接纳这门学科却是教育学者或教育学界。余家菊将"教育社会学"作为词条收进其1928年主编的《中国教育辞典》中,并说明教育社会学"实近今教育学之特点"③,便是佐证之一。

第三,认为教育社会学是教育学和社会学的"连锁科学"。这种观点最早出现于沈冠群与吴同福合编的《教育社会学通论》。在他们看来,教育社会学是"说明教育与社会之关系,用科学方法去研究,使成为有系统的科学,一方面用来解决社会上之教育问题,一方面应用社会学上之原理于教育,以解决教育上之社会问题",教育社会学既与教育学有关系,也与社会学有关系,是"联接社会学与教育学而成为之一种'连锁科学',Linking science"。④ 这种观点表明,近代中国学者已意识到教育社会学既不能简单地归结为教育学,也不能片面地归结为社会学,似有顾及教育社会学"双重性格"的倾向。在某种程度上,这可以说是当代学者关于教育社会学是教育学与社会学的"交叉学科"说和"边缘学科"说在近代中国的最初萌芽。

上述关于教育社会学学科性质的争议和分歧,认同教育社会学属于社会学的学者将教育现象纳入社会学的研究视野,作为一种学术进行研究,以丰富社会学理论;认同教育社会学属于教育学的学者旨在为教育理论和实际提供

---

① 卢绍稷:《教育社会学》,上海:商务印书馆1934年版,第75页。

② 陈科美:《教育社会学》,上海:世界书局1947年版,"自序"。

③ 余家菊、王倘主编:《中国教育辞典》,上海:中华书局1928年版,第669页。

④ 沈冠群、吴同福:《教育社会学通论》,南京:南京书店1932年版,第11页。

社会原理和法则的研究;而认同教育社会学是教育学和社会学的“连锁科学”的学者相对来说比较少。然而,自近代学者开始的教育社会学学科性质的争议和分歧还在继续,即便到21世纪的今天,这些争议和分歧依然存在着,而且呈进一步扩大的趋势——其中一个吊诡的主张是,进入21世纪之后,教育社会学学者张人杰明确提出:我国教育社会学主流取向应当“重新作出抉择”,“现在看来,将‘事实与规范兼有论’列为应有的一种主流取向似更合适”。①

3. 学科功能

从中国教育社会学初创时期发展的实际情形来看,学者多倾向于将教育社会学视为一门应用学科。如陶孟和说道,“社会学是教育学的基础,教育的目的与方法,教科的范围与材料都要应用社会学的知识”,教育社会学就是“应用社会学的材料、方法、原理,以解决教育问题”。② 雷通群认为教育社会学是“研究个人在团体中如何生活,尤要研究个人在团体生活中得到何种教训及团体生活上所需何种教育”,因此,“若单就社会与教育关系的原理上研究,则可视为纯粹科学之一种。倘应用此原理以及改造学校教育及其他团体的教育,则为应用科学”,并明确将教育社会学界定为“社会学之一分科,即是应用社会学之一种”。③ 再如,卢绍稷认为,教育社会学是“用社会学之眼光,以研究教育的理论与实际之科学也”,并进一步解释道:“在理论方面,乃将教育当作一种社会制度分析研究,并研究其与他种社会制度之关系及影响。至应用方面,则重在研究如何应用社会之概念与活动于学校工作。”④沈冠群和吴同福两人也持类似的观点,认为教育社会学的本质就在于“说明教育与社会的关系,用科学方法去研究,使成为有系统的科学”⑤。在他们看来,若从学科性质方面而言,教育社会学是“教育学和社会学的连锁科学,是应用社会学原理于教育学的科学”;从学科功用方面而言,教育社会学则有三大目标:第一,从社会历史与社会现状上,观察社会变迁与今后应有之趋向;第二,注意人

① 张人杰:《教育社会学研究对象探索中需要澄清的三个问题》,《教育研究》2009年第9期。

② 陶孟和:《社会与教育》,上海:商务印书馆1934年版,第18—19页。

③ 雷通群:《教育社会学》,上海:商务印书馆1931年版,第6—14页。

④ 卢绍稷:《教育社会学》,上海:商务印书馆1934年版,第30页。

⑤ 沈冠群、吴同福:《教育社会学通论》,南京:南京书店1932年版,第11页。

类社会意志之发展，指导人类社会正当行为；第三，从社会学原理上讨论教育目的，与规定教育之方法。① 孙本文同样强调，教育社会学是“社会学的一分支，他（它）是把社会学的原理应用到教育上去的一种科学研究”，是“要把社会学上各种重要原理应用到教育上去，使全部教育内容，能注重团体关系，注重环境影响，以谋整个教育的改进”。② 总之，教育社会学是一门应用科学，是运用社会学的原理和方法来研究如何制定教育目标、组织教学课程以及改进教学方法等。

有鉴于此，这一时期，我国学者非常重视社会学及教育社会学原理和方法在中国教育问题上的实际应用。例如，关于杜威的《学校与社会》，当时有学者就强调其价值在于能解答中国当前学校和社会严重脱节的重大问题，并极力推荐翻译此书；译者刘衡如本人也是本着“与吾国教育以痛切之针砭”③的宗旨来翻译此书的。这种意识甚至成为近代学者撰写教育社会学研究著作的重要目标。雷通群在其《教育社会学》一书中“例言”中曾明言，该书“尤重中国现时教育界之实用”，并将全书体系严格区分为“原理篇”和“实用篇”；在“实用篇”，他特别强调运用社会学原理和方法对教育（包括学校教育和社会教育）的实际问题进行具体分析，内容包括学校进化的程序、社会进步与学校的关系，以及社会化思想指导下的学校教育目标、教育行政、课程、教学法、职业教育等问题的探讨。④ 卢绍稷《教育社会学》一书特别列出“教育社会学之应用”一篇，其目的在于“将教育社会学原理应用于学校教育与社会教育上，关于学校行政社会化、课程社会化、教学法社会化、训育社会化、与社会教育民众化，以及教育调查方法等，均一一加以论述，使读者得知教育社会学之价值”⑤。有学者甚至强调：“各种教育之有赖于教育社会学，比任何教育科学为甚。”⑥在这种认识指导下，教育社会学成为时人分析、研究中国各种教育实际问题的主要工具，诚如《教育社会学与民众教育》一文所言：“民众教育的目

---

① 沈冠群、吴同福：《教育社会学通论》，南京：南京书店 1932 年版，第 14 页。
② 孙本文：《教育社会学浅说》，《教育通讯》1938 年第 23 期。
③ ［美］杜威：《学校与社会》，刘衡如译，北京：中华书局 1921 年版，“序言”。
④ 雷通群：《教育社会学》，上海：商务印书馆 1931 年版，“例言”。
⑤ 卢绍稷：《教育社会学》，上海：商务印书馆 1934 年版，“序言”。
⑥ 张云缙：《教育社会学与民众教育》，《民众教育季刊》1932 年第 2 卷第 2 号。

标,若不报告社会生存的原则而规定之,则其目标必错误,民众教育的实施,不根据民众社会生活的实际情形,则其结果必不大”,“社会生存的原则是什么?民众生活的现状是怎样?这两个问题,若非请教社会学先生,则无从得到正确的答案”。①

(二)学科方法论初步确立

学科方法论大致包括两方面的内容:一是研究过程中所使用的具体方法;二是针对方法论本身的研究。一般来说,近代西方(主要指欧美)教育社会学的研究方法主要来源于近代社会科学尤其是社会学的研究方法,这种方法在哲学上主要是指实证主义的方法论。

实证主义方法论最早由法国社会学家孔德提出,他认为只有在经验的范围内,理性才是实证的,精确的观察和实际的经验是唯一科学的方法,不仅可用于考察自然界,而且可以用来考察人类社会,并在其四卷本的《实证哲学教程》中详细论述了他的实证主义方法论。但孔德的实证主义方法论是直接比照自然科学的观点和方法来研究社会,带有明显的机械论色彩,真正建立起属于社会学的实证主义方法论的人则是迪尔凯姆。1895年,迪尔凯姆在其《社会学方法的准则》一书中系统阐述了社会学方法的原则。他认为“第一条也是最基本的规则是:要把社会事实作为物来考察”②。与孔德不同的是,他指出不能直接用物理学、生物学等纯粹自然科学的方法来解释社会,必须用社会学的观点来解释社会。为此,迪尔凯姆专门探讨了社会学的研究方法,提倡用社会调查的方法获得经验材料。迪尔凯姆对实证主义的发展,使得他的社会学方法论原则以及社会调查成为20世纪西方社会学理论研究的指导思想,受此影响,社会调查及教育调查成为近代西方教育社会学的主要研究方法。

纵观教育社会学在近代中国的发展历程,中国学者不仅对其理论构架基本构成要素进行了初步的探索,而且对其方法论也进行了相关的研究和论述,这方面尤以陶孟和、卢绍稷和陈科美等人贡献最大,他们分别代表了这一时期

① 张云缙:《教育社会学与民众教育》,《民众教育季刊》1932年第2卷第2号。

② [法]迪尔凯姆:《社会学方法的准则》,狄玉明译,北京:商务印书馆1995年版,第35页。

中国教育社会学方法论研究的三个不同阶段。

陶孟和是中国教育社会学的创始人,也是中国倡导社会调查与教育调查的第一人。他曾在《社会与教育》一书中,辟有专章详细论述了社会调查与教育调查之间的关系,以及二者对于了解和研究教育与社会之间关系的重要性。他认为:“通过社会调查,可以获得决定教育政策、规划教育组织、筹划教育设施的基础认识;通过教育调查,一方面可以知道教育将来的发展,另一方面可以充分发挥教育指导社会、改革社会的能力。”①不过,陶氏只是宽泛地将两者作为一种社会科学方法来介绍,没有与教育科学研究联系起来,更没有意识到要将社会调查及教育调查作为教育社会学的基本研究方法。

卢绍稷也是一位非常重视社会调查与教育调查的学者,在他看来,“社会调查为教育调查之基础;而教育调查又为人类社会活动之一种研究。”②不过两相比较,卢绍稷更为重视教育调查。他认为,教育调查(或称学务调查)是用科学方法调查各地教育实况,其形式有多种,其价值可分为对于教师、教育局、公众、教育科学的研究四个方面,尤以对于教育科学方面最为重要,“对于教育科学之价值——学校调查由专家搜集与整理精确之资料,可以逐渐构成可靠之教育理论,而建设科学的教育学。自教育社会学注重社会方面,以建设适合社会之教育原理。”③显然,卢氏已意识到教育调查对于教育科学研究方面的重要性,并试图将其与教育社会学学科建设联系起来。

与陶孟和和卢绍稷不同的是,陈科美已将教育调查作为教育社会学一种重要的研究方法,并从学科建设的角度对其进行详细论述,从而最终促成了近代中国教育社会学方法论的初步确立。陈科美指出,“教育调查在教育社会学中有其特殊的地位,而有详加说明的必要”④,并就教育调查的地位、内容和贡献分别加以论述。他分析道,“教育调查一方面是教育实施的起点和根据;另一方面又是教育实施的终点和证验”⑤;教育调查的内容,主要包括学校性

---

① 陶孟和:《社会与教育》,上海:商务印书馆 1934 年版,第 32 页。
② 卢绍稷:《教育社会学》,上海:商务印书馆 1934 年版,第 177 页。
③ 卢绍稷:《教育社会学》,上海:商务印书馆 1934 年版,第 179 页。
④ 陈科美:《教育社会学》,上海:世界书局 1947 年版,第 69 页。
⑤ 陈科美:《教育社会学》,上海:世界书局 1947 年版,第 69 页。

质和教育的需要、校舍和设备、行政组织、教师、班级编制、课程、教学、学校和社会关系等八项。① 教育调查的贡献主要在于“教育实施”和“教育学术”两方面。通过教育调查,可以造成健全的舆论和指导教育界人士;可以“使教育行政学术化”和“使教育学术实际化”。教育调查能将教育行政和教育学术打成一片,使教育学术成为“学以致用”的学术。

尽管近代中国教育社会学的理论研究依然存在很多不足,甚至其内容不过是“当时西方也存在的教育的社会哲学的翻版”②,但不可否认的是,近代中国学者对教育社会学作为一门学科所应具备的学科性质、研究对象、研究内容、研究方法等均有一定的探讨,且已形成了相对完整的学科体系和知识系统,只是其呈现出来的体系还比较粗糙而已;对教育社会学基本的研究方法也达成了共识,一致认同社会调查尤其是教育调查对于教育社会学研究至关重要,并从学科建设的角度对社会调查及教育调查进行探讨,从而初步确立了这门学科的方法论。这或许也是当前我国学者将这一时期称为中国教育社会学学科的萌芽期或创建期的依据。③

三、历史贡献:在“薄古”与“厚古”之间

学科历史贡献的问题是学科研究的基本理论问题,也是学科史研究不可忽视的首要问题。目前,学界关于我国教育社会学初创时期历史贡献问题的看法并不完全一致,其中还有两种迥异的观点。

一种观点认为,我国教育社会学初创时期没有在制度形式上成为一门学科,也未在学术内涵上真正有自己的较多积累。持有这种观点的学者,从一门

① 陈科美:《教育社会学》,上海:世界书局 1947 年版,第 73 页。

② 吴康宁:《教育社会学》,北京:人民教育出版社 1998 年版,第 48 页。

③ 当代很多学者都视这一时期为中国教育社会学的初创期或萌芽期,如杨昌勇、李长伟的《20 世纪中国大陆教育社会学的回顾》[《河北师范大学学报》(教育科学版)2003 年第 3 期];闫广芬、苌庆辉的《中国教育社会学的发端——一种知识社会学的视角》[《河北师范大学学报》(教育科学版)2008 年第 5 期];程天君的《中国教育社会学“学科论”百年概要》(《北京大学教育评论》2011 年第 4 期)。

学科在制度形式上建立的三个主要标志(即在大学普遍开设相关课程或系列讲座、成立专门的研究机构或学术团体、出版学术刊物)和其时我国教育社会学的“总体特质”(大体可视为关于教育的社会哲学),认为虽然1949年之前我国教育社会学经过近30年的发展,但它既没有在制度形式上成为一门独立学科,也未在学术内涵上真正有自己的较多积累。换言之,彼时的教育社会学尚未走出“初级阶段”,只是日后学科重建的一个“几近空白的基础”。① 另一种观点则认为,20世纪初至1949年,是中国教育社会学的孕育创建期,其间,国人移译西方有影响力的教育社会学著作为学科的“创建”和教育社会学人才的培养提供了必要的养料和食粮,国人自著的教育社会学论著也具有较高的学术价值,他们在学习吸收西方教育社会学的同时开始尝试创造性的转换,以创建中国的教育社会学,陶孟和所著的《社会与教育》便是这一尝试的“标志性著作”。②

上述两种分歧的观点表明,合理地确定我国教育社会学初创时期的历史贡献问题并不是一件很容易的事情。第一,倘若对于教育社会学学科的创立,一定要严格衡以学科在制度形式上建立的三个主要标志——在有关大学普遍开设课程或系列讲座、成立全国性学术团体、出版学术刊物,那如今的教育社会学能否严格地算一门独立的学科?因为教育社会学虽作为一门课程在许多大学正式开设(且不考虑学生数量的增减),中国大陆至今尚无正式的教育社会学刊物,只有两个学会(中国教育学会教育社会学专业委员会和中国社会学会教育社会学研究会)。显然,无论是初创时期的教育社会学还是重建已逾40年的教育社会学,恐怕都很难用上述标准来严格衡量,否则也就无所谓学科“初创时期”和“重建时期”的说法了。第二,倘若我国教育社会学初创时期就已取得丰富的研究成果,且在中国化方面获得值得称道的进步,然而迄今所见的文本著作似乎不足以就此提供事实依据。事实上,这一时期公开出版的教育社会学著作以教科书为主,且多是作者在日常教学中所使用的授课讲

---

① 吴康宁:《我国教育社会学的三十年发展(1979—2008)》,《华东师范大学学报》(教育科学版)2009年第2期。

② 李长伟、杨昌勇:《20世纪中国大陆教育社会学的回顾》,《河北师范大学学报》(教育科学版)2003年第3期。

义的基础上编撰而成的。①

显然,上述每种观点都既有洞悉,又有所缺遗,因为任何一种角度都只能观照世界的一个方面,所以我们需要提倡一种"整全的多重远近观",它要求研究者"始终能够站在'中道'立场,从各种高低不同的角度设法如实知见诸法实相,而尽量避免任何偏约化的过失"。② 也即,我们既需要依据一门学科建立的标准来衡量,也要充分考虑到学科初创时期特定的时代需求和精神。由此就会发现,从学科在制度形式上建立的三个主要标志来看,初创时期的中国教育社会学则主要在第一个方面即课程设置上作出了较大的历史贡献,其时教育社会学作为一门课程不仅在大学,甚至在中学、师范讲习所开设;从第二和第三个方面来看,虽然没有设立专门的学术团体和发行专业刊物,但当时许多学术团体都关注教育调查,许多社会学团体都将教育作为社会的一部门来进行调查研究,发表了许多成果。③ 从学科理论建设来看,初创时期我国学者在译介西方教育社会学的基础上,围绕着教育社会学的研究对象、学科性质、学科功能等学科基本要素问题,展开了讨论和论争,同时对我国的教育社会学学科体系进行了探索和构建,并有若干本深刻反映时代特征的理论著作先后问世。在此过程中,我国学者逐渐萌发出教育社会学"中国化"意识,并尝试将乡村教育作为构建"中国化"教育社会学理论体系的重要素材和基本内容。

(一) 教育社会学课程设置

我国教育社会学课程的开设与教育学科发展密切相关,最早开设在高等

---

① 《社会与教育》是陶孟和在北京大学讲授"教育社会学"课程所使用的讲义;就连以"教育社会学中国化"为宗旨的雷通群的《教育社会学》也是他在厦门大学教育学院讲授这门课程所用的讲义;20 世纪 40 年代问世的陈科美的《教育社会学》,虽非以教材的形式出版发行,但作者一再强调该书是"一本'鸟瞰'性质的书,也是一本介绍性的书",旨在将近些年有关这方面的研究作一总结,以收"综合的效果"。

② 傅伟勋:《从西方哲学到禅佛教》,北京:生活 · 读书 · 新知三联书店 1989 年版,第 352—353 页。

③ 闫广芬、苌庆辉:《中国教育社会学的发端》,《河北师范大学学报》(教育科学版)2003 年第 3 期。

师范学校。如1918年南京高等师范学校设置旨在“养成教育学教员及学校行政教育行政人才”的教育专修科①,其具体开设包括教育社会学在内的33门课程,分三年时间学完②。这是我国最早将教育社会学列入课程体系的高校。1920年,本着“造成专门人才及教育界领袖的宗旨”③,北京高等师范学校又设置了教育研究科,两年的时间得修完包括“教育社会学”在内的24门课程。④

1929年8月,其时的教育部通过了《大学规程》,对大学的教育学科设置作了更为详细的规定:“大学分文、理、法、教育、农、工、商、医各学院”;“大学教育学院或独立学院教育科,分教育原理、教育心理、教育行政、教育方法及其他各学系,大学或独立学院之有文学院或文科而不设教育学院或教育科者,得设教育学系于文学院或文科”;“大学各学院或独立学院各科得分别附设师范、体育……公共卫生等专修科”。⑤ 这样,教育学科不仅在师范大学、综合性大学设置,而且在私立大学和教会大学也开始兴起,教育学科的设置呈现多元化的格局,一直伴随着教育学科专业化成长和发展的教育社会学也同样在上述院校开设。据相关资料,到20世纪30年代中期,全国共有31所高等院校开设过教育社会学课程。其中公立大学15所⑥,私立大学7所,教会大学9

① 朱有瓛:《中国近代学制史料》第三辑(下册),上海:华东师范大学出版社1992年版,第650页。

② 这33门课程分别是:实践伦理、伦理学、中国伦理学史、西洋伦理学史、心理学、教育心理学、教育学、中国教育史、西洋教育史、东洋教育史、教授法、教育社会学、教育行政、各国教育比较、学校组织及管理法、学校卫生与设备、职业教育、中等教育、初等教育、学务调查报告法、学务统计法、国文、国语、英语、哲学概要、论理学、社会学、应用社会学、乐歌、体育、教育研究报告、实地教授及参观。参见朱有瓛:《中国近代学制史料》第三辑(下册),上海:华东师范大学出版社1992年版,第643—645页。

③ 朱有瓛:《中国近代学制史料》第三辑(下册),上海:华东师范大学出版社1992年版,第625页。

④ 这24门课程分别是:哲学、美学、心理学概论、教育学、教育史、教授法原理、生物学、社会学概论、教育哲学、教育心理、普通实验心理、教育社会学、教育卫生、小学教授法、儿童心理、教育行政、教育统计、哲学史、心理测量、社会问题、道德哲学、实用心理、各国教育制度、教育调查法。参见朱有瓛:《中国近代学制史料》第三辑(下册),上海:华东师范大学出版社1992年版,第626页。

⑤ 中国第二历史档案馆:《中华民国史档案资料汇编》第五辑第二编《教育(一)》,南京:江苏古籍出版社1994年版,第171—178页。

⑥ 此处所说的“公立大学”包括师范大学和国立或省立大学综合性大学。

所,且大多都是以教育学科名义于教育学系内开设。① 另据《第一次中国教育年鉴》统计,各大学设置教育学科的共有42所②,由此可见教育社会学在教育学科中的地位和重要性。

表1-1　20世纪30年代中期前开设教育社会学课程院校一览表

公立大学	私立大学	教会大学
中央大学	厦门大学	东吴大学
北京大学	大夏大学	燕京大学
北平师范大学	广东国民大学	之江文理学院
武汉大学	广州大学	福建协和学院
中山大学	武昌中华大学	华南女子文理学院
山东大学	中国学院	金陵大学
暨南大学	北平民国学院	齐鲁大学
浙江大学		辅仁大学
四川大学		岭南大学
安徽大学		
河南大学		
湖南大学		
勷勤大学		
云南大学		
山西省立教育学院		
15	7	9

资料来源:《全国公私立大学、独立学院、专科学校一览表》(1936年),中国第二历史档案馆:《中国民国史档案资料汇编》第五辑第一编《教育(一)》,南京:江苏古籍出版社1994年版,第300—317页。

① 经对凡是设置社会学系或教育学系的院校进行查阅,发现若设置社会学系而未设置教育学系的学校(如清华大学),并未开设教育社会学课程;而设置教育学系,或同时也设置社会学系的院校,在两系均开设。类情况以私立大学和教会大学为多,后者表现更为突出。不过就整体情况来看,教育社会学此时还是多以教育学科名义且在教育学系开设的。具体开设教育社会学课程的大学名称,参见许刘英:《近代中国教育社会学研究》,北京:中国社会科学出版社2016年版,第64页。

② 教育部教育年鉴编纂委员会:《第一次中国教育年鉴》丙编教育概况,上海:开明书店1934年版,第25—141页。

20世纪30年代中期之后,南京国民政府教育部开始整顿师范教育,实行师范学院制度,以培养中等学校和教育行政人员为主。教育社会学作为教育学的一门基础学科,在1939年颁布《师范学院教育学系必修及选修科目表》中被取消,因此,即便是全国各大学设置教育学科数量不断地增加,①但在教育学系开设教育社会学课程的大学数量却大幅度减少,再也无法与30年代中期前相比拟。但与此同时,教育社会学课程作为社会学的专业课程却得到重视,并随着社会学学科建设的进一步发展,在整个社会学课程体系中的位置日趋上升,直至实现"制度化"。1939年,南京国民政府教育部颁布《大学及独立学院各学系名称》,规定法学院下设"法律、政治、经济、社会学及其他各系"②,"若社会学系与文学院历史学系或其他学系合设则隶属文学院"③。在教育部颁布《文理法农工商各学院分系必修选修科目表》"附注"一栏中规定"教育社会学"成为社会学系学生必选的三门专业社会学课程中可选的课程之一。④

1940年,南京国民政府成立社会部。1943年,社会部增设社会服务事业管理处,并罗致全国各大学教授参与、协助政府制定社会政策及行政措施等实际工作,此举更是激发各高校社会学系设立的高潮。为适应社会学系不断发展的需要,教育部于1944年对社会学系课程设置重新进行修订,明确将"教育社会学"列为社会学系"选修科目"之一,规定在第三、四学年选修,学分为3分,最后以《修订法学院社会学系必修选修科目表》施行于全国,这不仅意味着教育社会学课程可以继续在近代中国各大学及独立学院中开设(事实上当时很多设立社会学系的高校都以"选修"的形式开设过教

---

① 据记载,教育学科在战前有42所,经过抗战,其数量不但没有减少,反而增至63所。参见教育部教育年鉴编纂委员会:《第二次中国教育年鉴》,上海:商务印书馆1948年版,第1409页。

② 中国第二历史档案馆:《中国民国史档案资料汇编》第五辑第二编《教育(一)》,南京:江苏古籍出版社1997年版,第709页。

③ 教育部:《大学科目表》,重庆:正中书局1940年版,第95页。

④ 原文为:"(社会学系)学生至少必选专门社会学三种,如经济社会学、法律社会学、政治社会学、教育社会学、宗教社会学、道德社会学及意识形态学等,每科三学分,每学系至少开设四科。"参见教育部:《大学科目表》,重庆:正中书局1940年版,第95页。

育社会学课程,[①]有的学校甚至将其改为“必修”课,如燕京大学、国立社会教育学院),而且在一定程度上说明教育社会学在近代中国大学课程设置的发展过程中基本实现了“制度化”。

事实上,教育社会学的课程设置还旁及近代中国部分中学和师范讲习所,前者如江苏省立上海中学师范科主任卢绍稷,他根据师范生三年须“训练优良小学教员”的主要目标,[②]于二年级下学期开设教育社会学,学分为2分。后者如当时的东南大学教育科教授孟宪承曾在江苏全省师范讲习所联合会上发表以“教育社会学”为题的演讲。全部演讲时间为六个小时,并编成《教育社会学讲义》于1923年由江苏全省师范讲习所联合会刊印。

尤为值得一提的是,1929年9月,中央大学教育学院增设教育社会学系,“以作专精的探讨”[③]。此举具有里程碑的意义,反映了近代中国教育社会学由单纯的课程设置发展到独立的专业系科,标志着其学科建制已渐趋成熟。总体而言,教育社会学作为一门学科已得到近代中国学界的广泛认可,就课程设置而言,近代中国教育社会学已迈出了学科制度化进程中最为关键性的一步。

(二) 学会、期刊与教育社会学学者群体

在中国教育社会学初创时期的发展历程,既没有组织过专门的学会或学术团体,也没有建立起专业的学术期刊。有学者就认为这一时期我国教育社会学“很难说已经确立起现代意义上的独立学科的地位”[④]。但仔细考究会发现,当时从事教育社会学教学和研究的学者其实在这方面也做了一定的工作,

① 据统计,截至1947年,全国各大学及独立学院设立社会学系的有19所,分别是:中央大学、清华大学、中山大学、复旦大学、云南大学、金陵大学、燕京大学、沪江大学、岭南大学、华西大学、东吴大学、光华大学、辅仁大学、震旦大学、珠海大学、金陵女子文理学院、广东法商学院、乡村建设学院、广州法学院等;设立历史社会学系的有2所,分别是:大夏大学、齐鲁大学;设社会事业行政学系者1所,为国立社会教育学院(参见龙冠海:《社会学与社会问题论丛》,台海:正中书局1980年版,第85—86页)。据此分别查阅,发现中央大学、中山大学、金陵大学等高校都曾在社会学系开设过“教育社会学”课程。

② 卢绍稷:《一个中学教员的自述》,台北:淡江书局1965年版,第41页。

③ 沈冠群、吴同福:《教育社会学通论》,南京:南京书店1932年版,“序言”。

④ 吴康宁:《教育社会学》,北京:人民教育出版社1998年版,第48页。

只是较为零散不太集中而已。他们主要利用教育社会学是由教育学和社会学交叉产生的学科优势，分别以教育学类刊物和团体及社会学类刊物和团体作为团聚本学科研究人员、开展学术交流、促进学术发展的重要平台。

20世纪上半叶，中国教育学和社会学在其学术研究和发展的过程中，分别成立了数量众多且类型各异的专门学会或学术社团①，其中很多学术团体都十分关注社会调查及教育调查。例如，中华教育改进社就将“教育调查”作为其六项社务中的首项②，每年都制订详细的教育调查计划；中华平民教育促进总会为定县平民教育实验所设计的程序为“调查—研究—实验—表证—推行”，第一步就是开展全方位社会调查，教育调查也是其中的一部分；社会调查所也将教育作为社会的一部分来进行调查③，在该所进行的“北平工人生计调查”中就包括调查了北平12家小学教员的生活和收入情况等。

中国教育学会成立于1933年1月，是近代学者组成的一个全国性的、专业性的教育类学术团体。该会聚集了教育界刘廷芳、常道直、庄泽宣、邰爽秋、许恪士、郑晓沧、孟宪承、陈鹤琴、陶行知、郑西谷、刘湛恩、欧元怀、汪懋祖、陈礼江、杨亮功等知名学者。在这些学者学术旨趣的指引下，中国教育学会开展了多项有利于教育社会学学科建设的学术活动。学会成立之初，就拟订了详细的调查计划，进行“乡村民众经济状况及其所需要之教育”的调查。④ 不久又设立中国教育调查所，开展国内实际教育调查研究工作。即便在抗日战争

① 《全国之各类学术团体》，《申报》1935年3月12日。

② 《中华教育改进社简章》规定中华教育改进社社务包括如下六项：一、通信或实地调查各种教育状况；二、依据实际问题研究解决方法；三、辅助个人或机关对于教育之实施或改进事项；四、编译关于教育之书报；五、提倡教育事业之发展及学术之研究；六、其他关于教育改进事项。参见朱有瓛、戚名琇、钱曼倩编：《中国近代教育史资料汇编·教育行政机构及教育团体》，上海：上海教育出版社2007年版，第563—568页。

③ “社会调查所”原名“社会调查部”，1926年2月，美国纽约社会宗教研究院通知中华教育文化基金董事会（简称“中基会”），拟以三年为期，每年以专款赠该会，专供社会调查之用。是年中基会常年大会议决接受此项捐款，增设社会调查部，专事社会调查与研究。1929年6月，纽约社会宗教研究院捐款期满，中基会因社会调查工作方在发展过程中，我国社会实况又正须切实研究之时，故于该年6月经常年大会议决将社会调查部改为自办事业，同时更名为“社会调查所”。参见社会调查所：《社会调查所概况》，芝加哥博览会特刊，1933年。

④ 《（中国教育学会）会务报告》，《中华教育界》1934年第21卷第7期，“中国教育改造专号”。

极为艰苦的条件下,中国教育学会也开展了多项教育调查,①调查结果最后以"调查报告"的形式发表在《中国教育学会年报》上,公诸社会,供国人参考。同时,中国教育学会还紧密结合中国当时的教育现实问题,作为本会年会的研究主题,开展专项研究。② 此外,中国教育学会还开展教育名词审查工作,1941年11月,教育部公布了审查的结果——《教育学名词》。在这本中英文对照的《教育学名词》中,囊括了近代中国教育学各学术门类及分支学科名称,"教育社会学"也在其列。③《教育学名词》的公布和出版,在规范整个教育学界学术研究的同时,也在一定的程度上标志着教育社会学已在教育学术研究中确立其地位。

中国社会学社是一个全国性的社会学学术团体,于1930年2月在上海正式成立,对教育社会学在中国确立和发展所发挥的作用来看,以下几点或许可以说明:其一,教育社会学学者陶孟和不仅是该社的发起人之一,并连续四次(第一、二、三、四届)担任理事会理事;其二,在该社第一届年会所设定的"中心议题"中,教育调查即是其中之一;其三,该社在一年一度的年会上,曾借机邀请政界、学界、教育界等名流来演说,这一举措在促进社会学界与各界人士相互交流的同时,无疑也密切了社会学与教育学两者之间的关系;其四,社会学名词委员会编译出版了《社会学名词》一书,"教育社会学"也被收进其中,在规范整个社会学界学术研究的同时,也正式确立了教育社会学在社会学学科中的地位。

另一方面,中国教育学和社会学在近代发展过程中,创办过很多专业性的期刊,如《教育杂志》《中华教育界》《民众教育季刊》《教育通讯》《社会学杂志》《社会学刊》《社会学讯》等。从当时我国学者所发表的教育社会学研究成

---

① 代表性的有"重庆迁建区小学学生智力学力及体力调查""甘肃省临洮县教育调查"。参见陈志科:《留美生与中国教育学》,天津:南开大学出版社2009年版,第251页。

② 如第二届南京年会(1934年1月)确定的研究主题为"生产教育问题"和"师范教育问题";第三届武昌年会(1936年2月)确定的研究主题为"国难时期教育方案";第四届北平年会(1937年7月)确定的研究主题为"教育学系之目标及课程";第五届重庆年会(1938年11月)确定的研究主题为"缩短现行学制之总年数";第六届重庆年会(1942年2月)确定的研究主题为"今后十年教育建设计划及方案"等。参见陈志科:《留美生与中国教育学》,天津:南开大学出版社2009年版,第154页;中国第二历史档案馆:《中华民国史档案资料汇编》第五辑第二编《教育(二)》,南京:江苏古籍出版社1997年版,第829—837页。

③ 国立编译馆:《教育学名词》,重庆:正中书局1944年版,第11页。

果来看,上述不少期刊都充当过重要的媒介,其中最突出的当推《教育杂志》《中华教育界》《社会学杂志》《社会学刊》四个刊物。众所周知,《教育杂志》和《中华教育界》是中国近代创刊时间较早、发行最久、流行最广、影响最大的两大教育类刊物,我国教育社会学学者亦视之为发表其研究成果的重要平台。如我国最早论述教育与社会关系问题的论著可谓朱元善的《学校之社会训练》①,而该书最初即以论文的形式连载于《教育杂志》1916 年第 8 卷第 7、8 两期。类似的还有陈启天的《应用教育社会学》(译著)和《教育社会学概论》(专著)两本著作,都是先以论文的形式发表在《中华教育界》上,前者分期载于 1923 年第 13 卷第 5—7 期和 1924 年第 13 卷第 8—10 期,后者则载于 1932 年第 19 卷第 9、11 期以及第 20 卷第 3 期。截至 1949 年,这两个刊物共刊载有关教育社会学的文章有几十篇,②有力地促进了教育社会学在近代中国的传播和发展。

而《社会学杂志》和《社会学刊》这两个刊物,同样是我国教育社会学学者发表其研究成果和进行学术交流的重要媒介。《社会学杂志》是中国近代第一份社会学专业期刊,对教育社会学在中国的早期传播更是功不可没。该刊 1922 年 1 月由社会学家余天休创办,曾于第 1 卷第 3、4 号开辟“教育特号”,除了刊载《教育之社会目的》(余天休)、《社会学与教育》(何作霖)、《个人与社会及教育之关系》(何雨农)、《近代教育上社会运动的发展》(汪懋祖)等研究性论文外,在“书评”一栏还发表了关于陶孟和《社会与教育》、斯密斯(即史密斯——笔者注)《教育社会学》等中外教育社会学名著的书评。该专号在社会上引起极大反响,《晨报副刊》曾予以专门报道。③《社会学刊》创刊于 1929 年 7 月,堪称中国近代社会学界持续时间较长、历时较久的全国性专业学术刊物。该刊共有“论著”“书评”“介绍”和“消息”四个栏目,其中“介绍”一栏曾刊载了美国《教育社会学杂志》④所发表的论文情况。虽然前后总共只刊载三期(《教育社会学杂志》四卷八号和五卷一、二号),但其本身足以表明此时中

① 朱元善:《学校之社会训练》,上海:商务印书馆 1917 年版。

② 许刘英:《近代中国教育社会学研究》,北京:中国社会科学出版社 2016 年版,第 89 页。

③ 《晨报副刊》1923 年 3 月 27 日。

④ 美国《教育社会学杂志》(*The Journal of Educational Sociology*)是美国教育社会学研究会的机关刊物,由佩恩(E.G.Payne)于 1927 年创刊。

国教育社会学学人已意识到专业期刊对本学科学术研究的重要性。

(三) 教育社会学“中国化”理论尝试

鉴于学科要素、学科体系著作上述章节已有一定的探讨,此处仅以余家菊、雷通群、卢绍稷三人为例,论述我国学者如何尝试将乡村教育作为构建“中国化”教育社会学理论体系的重要素材和基本内容。

通过运用社会学和教育社会学的原理与方法对近代中国乡村教育进行系统的阐述,作为教育社会学“中国化”的理论尝试,首推余家菊。余家菊是近代中国最早关注乡村教育问题并予以研究者。1919 年,《中华教育界》刊登余家菊的《乡村教育的危机》一文,此为“国中言乡村教育之第一文”①。在余家菊看来,乡村教育直接是乡村的问题,间接就是社会的问题,“这是从社会学立足点看,不能不促进乡村教育的一种理由”,并有感于当时对乡村教育问题“能依学术的见地,为系统的整个搜讨者,既不多见,而能依事实的需要为全盘的筹画者,亦未之前闻”,进而依据社会学和教育社会学的基本原理,分别围绕着乡村教育之社会背景、目的、体系三方面予以专门而深入的研究,在此基础上撰成《乡村教育通论》②一书,成为近代中国教育社会学学者系统研究乡村教育的重要理论成果。有学者读后给予较高的评价:“通论中欲求其言整个的乡村教育能方方顾到而有系统的搜讨者,实不易多觏”,它是“一本可称为‘通论’之书”,并极力向国人推荐此书道:“凡研究乡村教育的人或研究教育的人,都得一读本书。”③余氏也由此成为近代中国教育社会学学者中系统研究乡村教育的突出代表。

雷通群、卢绍稷两人也是近代中国教育社会学学者中关注乡村教育并予以系统分析和论述的代表人物,且同样有乡村教育研究专著问世。雷通群认为,乡村教育是中国教育真正的实际,是现时中国的急需,并强调指出:“现在讨论乡村教育者,须先得正确的社会学观念,庶免蹈于畸形的论调。”④他曾在

---

① 章开沅、余子侠:《余家菊与近代中国》,上海:华东师范大学出版社 2007 年版,第 390 页。

② 余家菊:《乡村教育通论》,上海:中华书局 1934 年版。

③ 石玉昆:《乡村教育通论(书评)》,《中华教育界》1935 年第 22 卷第 11 期。

④ 雷通群:《中国新乡村教育》,上海:新亚书店 1932 年版,第 7 页。

《教育社会学》一书中运用社会学和教育社会学原理分析乡村教育,从而概括地提出了“乡村教育社会化”。后来随着他将教育社会学理论和方法与中国教育实际问题密切结合并进行深入分析和科学研究,他对中国乡村教育中存在的诸多问题有了更为深刻的认识和了解,意识到最好的办法“按照现时中国的乡村实际情形,融贯世界最新的教育原理,另创中国的乡村教育学说”①,而“国内所梓行的乡村教育专书,千篇一律的肤浅谫陋,无足以供大学程度之研究,即以供中等学校的教本,仍多似鸡肋之无味”②,遂撰成《中国新乡村教育》一书。卢绍稷则认为乡村教育是中国社会现实发展的需要,自“教育社会学发达以来,学校之设立于乡村者应‘乡村化’”③。而反观当前关于乡村教育的各种书籍“俱不能使读者得一‘乡村教育’之概念”,尤其是乡村教育的整体观,因而主张从教育社会学的视角来对乡村教育进行系统研究,同时撰成《乡村教育概论》一书。全书以“乡村化”为目标,围绕乡村学校教育、乡村社会教育、乡村教育调查等方面进行详细的论述。不过,雷通群和卢绍稷对乡村教育的研究与余家菊也有着明显的区别,雷、卢两人倾向于将有关乡村教育的论述作为其构建“中国化”教育社会学理论体系的重要素材和基本内容,而余家菊则是专论乡村教育,把乡村教育作为教育社会学“中国化”过程中的专题而展开深入的研究,因而研究的视角和侧重点有所不同。

---

① 雷通群:《中国乡村教育实际问题》,《龙溪教育月刊》1931 年第 7 期。

② 雷通群:《中国新乡村教育》,上海:新亚书店 1932 年版,“序”。

③ 卢绍稷:《乡村教育概论》,上海:大东书局 1932 年版,“序言”。

第二章　教育社会学停滞时期（1949—1979）

所有与我们相似的人，就是“我们”；其他任何人，都是“他们”。①

——鲁德亚德·吉卜林：《我们与他们》

1949年之前的中国教育社会学虽说还难以成为一门独立的学科，但也取得了较大的发展。应该说，中国近代初创时期的教育社会学已经为学科制度化建设和研究的进一步发展奠定了一定的基础。遗憾的是，1949—1979年间，中国大陆教育社会学却没有在前期基础上快速顺利发展，反而进入学科史上长达30年之久的“停滞时期”。此间，教学与研究完全中断②。对于这段历史及其成因，鲜有详论；偶有提及，则多以“众所周知”一笔带过，仿佛此段历史只是需要批判或遗忘的对象。20多年前，吴康宁在其专著《教育社会学》的一个重要脚注中就曾提示：“读者将会注意到，笔者在本书中多次提及‘文化大革命’，这或许会使学界诸多同仁感到不以为然。事实上，迄今所发表与出版的诸多论著（包括教育论著）中，凡涉及到我国建国以来的历史过程，多半对‘文化大革命’这一特殊的‘历史时期’一掠而过，甚至只字不提，颇有不屑一顾之感。如果说这种方式在‘文革’结束后初期完全可以理解的话，那么，在今天似已明显不妥。笔者以为，‘文化大革命’中的种种现象不能只成为‘思想批判’的对象，而且应成为‘科学研究’的对象。我们对于‘文化大革

① ［英］理查德·威尔金森、凯特·皮克特：《公平之怒》，李岩译，北京：新星出版社2017年版，第139页。

② 吴康宁主编：《教育社会学丛书》，南京：南京师范大学出版社1999年版，“总序”。

命’的研究尚处于表浅层次,‘文化大革命’作为一种特殊的历史现象的科学研究价值尚未被充分认识和利用。”①但遗憾的是,直到21世纪初年,有学者检索我国教育社会学重建以来的共计2000多篇教育社会学论文和20多部教育社会学著作,仍鲜见对我国教育社会学学科中断进行详细研究的专论,偶尔言及,也语焉不详。② 此情此景,至今未有大的改观。为此,有必要对这段“停滞期”的前因后果进行考察,或许是最好的纪念。

如何考察?以史为鉴可知兴替;有比较方有鉴别。若仅仅聚焦于我国教育社会学自身发展,而忽略世界上其他地区的发展情况很容易陷入“不识庐山真面目,只缘身在此山中”的困境。因此,将1949—1979年间我国与世界其他地区的教育社会学发展情况置于“历史的天空”之中进行考察变得十分必要。为此,本章将主要围绕1949—1979年间我国教育社会学的停滞状况及原因(以苏联为参照)、同期中国台湾地区教育社会学发展情况及同期国际教育社会学发展情况这三个方面逐作讨论。

一、教育社会学的停滞与“停滞期”研究之停滞

从数量和质量上看,对我国教育社会学“停滞期”的研究不多也不深,更多的是以三两句话简要带过。由于研究不足不深,对“停滞期”一些问题的讨论亦存争议,主要集中在两个方面:一是教育社会学停滞的明确时间节点和具体原因不甚明了;二是对“停滞期”教育社会学研究是否停滞尚存争议。

(一)教育社会学的停滞

1.教育社会学的停滞时间

有学者将社会学的中断起始年份定为1952年③,因为1952年我国开始

① 吴康宁:《教育社会学》,北京:人民教育出版社1998年版,第168页。

② 杨昌勇、李长伟:《中国大陆教育社会学三十年停滞沉沦之反思》,《教育理论与实践》2003年第1期。

③ 在社会学界有一种说法是,“中国社会学中断了27年(1952—1979)”。参见景天魁:《中国社会学不可回避的根本问题——从“社会学的春天”谈起》,《学术界》2014年第9期。

进行高等院校的院系调整,社会学系和社会学的课程、教学和科研被行政命令强制取消。教育社会学也在其中,由此则认为我国教育社会学的停滞时间同样开始于1952年。仔细推敲可以发现,这种论断背后隐含了两个观点:第一,1949—1952年间,社会学的发展并未停滞而是延续了前期发展的路线;第二,我国教育社会学发展与社会学发展遵循着同一时空逻辑,即社会学与教育社会学"一荣俱荣、一损俱损"。还有一个原因也可能导致了这种含糊的时期划分,即现今教育社会学界在谈及教育社会学停滞期时通常概述其起止时间为1949—1979年,而论及具体情况时又同样以1952年我国院系调整为停滞标志①。要厘清其中的模糊之处,有必要回答几个问题:首先,社会学与教育社会学发展是否同步发展?如发展同步,则需弄清在新中国成立到院系调整社会学学科被强制停滞之前,即1949—1952年社会学与教育学的发展如何,是否延续了前期历史的发展;另一方面,如社会学与教育社会学发展并不同步,那么1949—1952年的教育社会学发展又如何?

实际上,教育社会学与社会学的发展并不同步。我国社会学发轫于1891—1910年,经辛亥革命爆发到五四运动时期的萌芽,当时的大学开设了社会学课程,教授自编教材,亦有研究成果和论文公开发表;再经历1914—1927年的幼苗期,我国社会学摸索前进,进入系统的初期发展阶段;然后是1928—1948年的成长期,中国共产党第六次全国代表大会之后,全国掀起新的农村革命运动的高潮,引起一系列有关中国国家、民族、社会往何处去的争论。这时,学校系统的社会学,因革命形势的影响,发展达到一个高峰。② 而1949年前的教育社会学学科发展仍处初创阶段③,这并不是说教育社会学与社会学的不同步发展就必然导致两者不在同一时期停滞;而是想强调,教育社会学除受社会学发展的左右以外,还受到教育学学科发展的影响。况且,对于1949—1952年社会学发展是否停滞到目前仍存争议,如此尝试将模糊的社会学的模糊停滞时间自动视为教育社会学停滞的状况便疑窦丛生。因此,要回

---

① 马和民、高旭平:《教育社会学研究》,上海:上海教育出版社1998年版。

② 韩明谟:《关于中国社会学史的时限、分期及传统问题——与陈树德同志商榷》,《社会学研究》1991年第1期。

③ 程天君:《中国教育社会学"学科论"百年概要》,《北京大学教育评论》2011年第4期。

答教育社会学究竟停滞于何时,对 1949—1952 年教育学及教育社会学发展情况的考察就显得很有必要。

1949—1952 年这一时期是中国新政权的建立和巩固时期,当时新中国的领导人需要面对国家新秩序建立的诸多问题,如统一战线和民主专政、军事的和大区的统治、土地改革、城市群众运动等。① 教育领域也同样面临着全面改造。有三项标志性的改造决定着这一时期不可能继续开展教育社会学的教学、科研和学科建设:一是教育性质的改造。发挥临时宪法作用的《中国人民政治协商会议共同纲领》(1949 年 9 月通过)第四十一条对新中国教育的性质和主要任务有明确规定:中华人民共和国的文化教育为新民民主主义的,即民族的、科学的、大众的文化教育。人民政府的文化教育工作,应以提高人民文化水平,培养国家建设人才,肃清封建的、买办的、法西斯主义的思想,发展为人民服务的思想为主要任务。二是思想改造运动。1951 年中共中央发出《关于在学校中进行思想改造和组织清理的指示》,要求在学校教职员和高中以上学生中普遍开展学习运动,号召他们认真学习马列主义、毛泽东思想,联系实际,开展批评和自我批评,进行自我教育和自我改造;并指出这次运动的目的,主要是分清革命和反革命,树立为人民服务的思想。此后运动由教育界逐步扩展到文艺界和整个知识界。思想改造运动到 1952 年基本结束。三是 1952 年开始的高校院系改造。1952 年中央政府大规模调整了全国高等学校的院系设置(简称"院系调整"),把民国时代的现代高等院校系统改造成"苏联模式"高等教育体系。院系调整的一个动因是经济重工业化的需求,教育的重心被放在与经济建设直接相关的高等教育,尤其是工程和科学技术教育上,致力一种培养"专家"的教育体制,教育与经济紧密相连,按产业部门、行业来甚至按产品设立学院、系科和专业,确定招生和学生分配。另一个动因则是政治整齐化。经此调整和改造,人文社科类专业被正式停止和取消。② 在这种"除旧布新"的大氛围之下,在上述三大改造轰轰烈烈的推行之中,很难

① [美]R.麦克法夸尔、[美]费正清:《剑桥中华人民共和国史》上卷《革命的中国的兴起:1949—1965》,谢亮生等译,北京:中国社会科学出版社 1990 年版,第 61—82 页。

② 程天君:《教育改革的转型与教育政策的调整——基于新中国教育 60 年来的基本经验》,《北京大学教育评论》2012 年第 4 期。

说1949—1952年间教育社会学是能够存活并有所发展的,这点从教育社会学的相关成果——教育社会学著作、论文发表与研究等——几乎为零的事实来看同样成立。所以,可以认定中国大陆教育社会学的停滞起始时间为1949年。

2. 我国教育社会学停滞的原因

对这一时期我国教育社会学停滞的原因,多数学者采用一笔带过的方式进行处理,例如,"由于人为的原因,中国大陆的教育社会学发展停滞了30余年,形成了一个巨大的'断层'"①;"由于政治意识形态等方面原因,教育社会学与社会学一起被打入冷宫,'冻结'了三十年之久"②;"我国教育社会学并没有在新的历史背景下实现从旧到新的转换,走向新生,而是在彻底的国际和国内'左'的思潮影响下陷入了停滞沉沦"③;"建国后,受苏联笼统地视社会学为资产阶级伪科学的教条主义的影响以及'左'的思想的推动,社会学在中国的合法性1952年后被剥夺"④;"由于学习苏联,1952年,全国高等院校进行院系调整,取消了社会学及其相关学科的教学、研究工作,教育社会学也被取消"⑤。这些简略而相似的表述,大都将我国教育社会学停滞的因归结为国内"左"的思想以及学习苏联的教条主义;至于教育社会学为何以及如何受到国内"左"的思想以及学习苏联教条主义,则语焉不详。

对此,杨昌勇和李长伟有难得一见的尝试。他们认为,我国教育社会学停滞除受苏联教条主义的影响及"左"的思想的推动之外,还有两个原因:第一,创建时期两种教育社会学观——以孔德、斯宾塞、涂尔干为代表的占主流的被视为正宗的非马克思主义教育社会学和马克思主义的教育社会学——的冲突,为后来教育社会学的停滞沉沦埋下了种子;第二,1949年以后,新中国成立前提倡改良的占主流的非马克思主义教育社会学因不符合革命需求而被马

---

① 杜时忠、卢旭:《我国教育社会学研究的回顾与前瞻》,《高等教育研究》2004年第3期。

② 吴康宁:《我国教育社会学的三十年发展(1979—2008)》,《华东师范大学学报》(教育科学版)2009年第2期。

③ 李长伟、杨昌勇:《20世纪中国大陆教育社会学的回顾》,《河北师范大学学报》(教育科学版)2003年第3期。

④ 侯怀银、王晋:《20世纪中国学者对教育社会学学科建设的探索》,《华东师范大学学报》(教育科学版)2008年第3期。

⑤ 马和民、高旭平:《教育社会学研究》,上海:上海教育出版社1998年版,第62页。

克思主义教育社会学彻底改造，但为革命服务的要求实际上等于取消了社会学和教育社会学存在。① 实际上，假如双方的批判仅停留在学术领域之内，辩证地看待两种教育社会学的长短得失，并不会导致教育社会学研究的完全停滞。但是，当时的人们由于受激进理想主义的支配，已经不可能以科学的理性的辩证的眼光审视两种教育社会学之争，结果在彻底改造和取消孔德学派教育社会学之后，马克思主义的教育社会学也就没有存在的必要了。② 不难发现，学术之争背后仍然是政治意识形态的强力作用。但是相关研究往往对外部政治因素轻描淡写，这何尝不是一种“避重就轻”抑或“隔靴搔痒”？又何尝不是淡化或者模糊了主要原因？

进一步来说，在外部政治因素中，人们通常把“学习苏联的教条主义”作为我国教育社会学停滞的主要原因，且往往将这个原因排于首位。这就有必要考察一下苏联的教育社会学状况。苏联之前的俄国已经出现了教育社会学研究的萌芽。十月革命前后，列宁曾在《民粹主义空想计划的典型》等著作中对俄国革命前学校事业的状况进行了分析，提出了建立社会主义教育制度的种种设想，对教育制度和社会制度之间关系的理论分析及其使用的社会学统计方法，奠定了以后苏联教育社会学研究的理论基础和基本思想原则。③ 据相关考察，十月革命后，因应把俄国建成社会主义国家的需要，苏联的教育政策发生了根本性的变化，明确要求教育为政治服务，并把培养新一代接班人作为首要任务，原来的教育思想和方法被否定，教学自由、学院自治被取缔。在此背景之下，苏联初期教育社会学研究也被改造：一方面，继承革命前原有的社会学统计研究，其中包括对毕业学生的世界观、教师资格、青年工人的阶级状况等进行调查和研究；另一方面，根据马克思主义原则和党的指示论述教育状况和教育过程，把社会学视为“资产阶级科学”。20 世纪 20 年代，随着“资产阶级社会学”被取缔，有关社会学统计的研究也被禁止，代之以马克思的历史唯物主义。再后来，1929 年苏联政府提出要引导那些科学工作者和教师积

① 杨昌勇、李长伟：《中国大陆教育社会学三十年停滞沉沦之反思》，《教育理论与实践》2003 年第 1 期。

② 徐瑞、刘慧珍：《教育社会学》，北京：北京师范大学出版社 2010 年版，第 43 页。

③ 刘要悟：《苏联的教育社会学研究》，《国外社会科学》1989 年第 5 期。

极参与社会主义建设,由此加大了对教育领域思想监督的力度,1931 年苏联意识形态开始强化对教育和科学的管理,1934 年关闭了 29 个教育学研究机构,这些都对教育社会学的发展产生了消极影响,而 1936 年苏共中央颁布的文件《国民教育体系中的教育学曲解》则在很大程度上对以前的教育理念进行了否定,直到 60 年代之前,有关教育社会学的文献还极少出现。①

作为一门相对独立的学科,教育社会学在苏联于 20 世纪 60—80 年代兴起并得到显著发展②,特别是 60 年代后半叶,关于教育社会学的文章成倍增加,在 70 年代更是进入飞速发展阶段,其中 1975—1979 年教育社会学文章激增,每年达 150 篇之多;当时,苏联一些专业研究所和大学普遍开设教育社会学课程,偏重于实证的教育社会学研究开始在全国各地区开展起来,成立苏联社会学学会,发行专业社会学期刊《社会学研究》,并加强这一领域的国际学术交流。③ 苏联教育社会学发展的主要原因有三:④其一,60 年代,苏联教育社会学研究的普遍开展同苏联教育的大发展密切相关。由教育上的"大飞跃"而产生的许多问题及其社会经济后果,自然引起了苏联社会学工作者和教育理论工作者的注意,并就这些问题展开了广泛的研究和讨论。其二,有些西方评论家认为,苏联教育社会学在 60 年代的大发展是与苏联教育体制某些消极特征的暴露联系在一起的。当时的许多社会学研究,旨在解决社会主义社会的客观需要同青年的理想之间的矛盾,揭露中等学校职业训练组织中的某些重要错误及其社会经济后果。其三。教育社会学这一领域的研究对象和研究方法比较容易被苏联广大教育研究人员所接受。许多大学教师和科研人员认为,对教育问题进行社会学研究,或者说,从社会学角度,用社会学的方法研究教育的社会属性,具有重要的理论意义和实践意义。因此,同其他许多国家相比,苏联的教育社会学比社会学的其他部门发展得更快。

可见,十月革命后,苏联早期的社会学研究也曾经历过被改造、否定和取

---

① 曾晓娟、严建新:《教育社会学在苏联的形成与发展》,《煤炭高等教育》2014 年第 2 期。

② [苏]菲利波夫:《苏联的教育社会学》,翼然译,《现代外国哲学社会科学文摘》1985 年第 6 期,译自苏联《社会科学》杂志英文版 1984 年第 4 期。

③ 曾晓娟、严建新:《教育社会学在苏联的形成与发展》,《煤炭高等教育》2014 年第 2 期。

④ 刘要悟:《苏联的教育社会学研究》,《国外社会科学》1989 年第 5 期。

缔的命运。唯遗憾和吊诡的是,当我们还在“青出于蓝而胜于蓝”地重演“老大哥”的来路之时,苏联的教育社会学却于20世纪60年代——也就是“文化大革命”正酣之际——获得飞速发展并达到了高峰,以至日后苏联教育社会学发展成为整个社会科学最重要的分支之一(one of the most important branches of sociological science as a whole)①;也难怪康斯坦丁诺夫斯基(D.L.Konstantinovskii)信心满满而又有点好了伤疤忘了疼似的这样说:“尽管在某个时候我们国家的社会学几乎不存在了(practically nonexistent),我们不得不追赶、引借和学习(catch up,borrow and learn),但我没看出这有啥毛病(I see nothing wrong in this)”,“我并不认为我们今天落后(lagging behind)于人”。②

回首新中国成立之初,经过对1949年之前革命经验的总结与当时世界格局的分析后,中国开始表现出向苏联学习的热情。这样做的理论依据是,既然西方(即英国和美国)最好的科学技术已被俄国人吸收,因此“最快最好的道路”就是直接从苏联接受提取出来的精华;既然教育和工业是应用科学技术的主要社会机构,它们的组织和管理也要按照苏联的模式来改造。③ 在此政治氛围下,我国于1952年开始“效法”苏联实施高等院校和院系调整,大力发展工科,将社会学等正式取消,与社会学关系密切的社会心理学、人类学、社会工作、人口学等学科亦相继被取消,教育社会学也不例外。教育社会学在苏联复苏,陈达、吴景超、费孝通等我国学术领袖纷纷呼吁我国社会学的恢复,1957年适逢孔德逝世一百周年纪念,在相关主管部门的支持资助下,成立了“社会调查工作委员会”。但这个委员会旋即被冠以“阴谋复辟资本主义”的罪名而遭到禁止,社会学的名称也被称为“帝国主义侦探学”而遭受到重大打击,成为学术“禁区”。于此,教育社会学自然也只有一片空白。④

1952—1957年,我国由上到下地机械搬照苏联模式时引出了教育全盘苏

① Kim Braithwaite,“Methodological Problems of the Present-Day Sociology of Education: A Roundtable,”*Russian Education and Society*,2011,Vol.53,No.5,pp.61-74.

② D.L.Konstantinovskii,“Reflections on the Sociology of Education,”*Russian Education and Society*,2009,Vol.51,No.11,pp.35-49.

③ [美]R.麦克法夸尔、[美]费正清:《剑桥中华人民共和国史》上卷《革命的中国的兴起:1949—1965》,谢亮生等译,北京:中国社会科学出版社1990年版,第61—82页。

④ 马和民、高旭平:《教育社会学研究》,上海:上海教育出版社1998年版,第62页。

化从而错失教育社会学的发展机会让人惋惜。但更为吊诡的是,当20世纪60年代苏联教育社会学起步发展时,中苏关系破裂又一次导致我国教育社会学恢复机会的丧失。完全机械式地照搬苏联或与苏联关系破裂后选择不"效法"苏联而错失教育社会学恢复的原因复杂,但主要仍是因为当时我国受到极左思想的政治力量推动。在这个意义上,也仅仅在这个意义上,很难说是我国教育社会学的中断完全就是学习"老大哥"所致。特别是1957年下半年"反右"斗争开始后,"双百"方针的贯彻执行受到"左"的干扰和损害。由于"左"倾错误的发展,"双百"方针的贯彻执行受到严重挫折。由此,学术与政治的界限被混淆,资产阶级社会学被看作散布改良主义、缓和阶级斗争、消灭和压迫共产党和革命运动、为帝国主义培养走狗的"帝国主义侦探学",恢复我国社会学教研工作的建议则被视为"资本主义复辟"的阴谋,社会学则从此成为"禁区"。① "左"的思想把许多正确的或基本正确的学术观点当作错误的政治主张,把学术问题完全混同于政治问题,而且把学术讨论和批评都当成两个阶级、两条道路和两条路线的大论战,已谈不上执行什么"双百"方针了②。1966年"文化大革命"开始后,在一片打倒声中,在一片砸烂声中,在一片斗争、批判声中,教育学也不例外,这是中国教育学百年中一次大曲折、大破坏。③ 而此时,苏联教育社会学进入了飞速发展阶段。两相对照,值得玩味和深思。

(二)"停滞期"研究之停滞

1949—1979年间中国大陆教育社会学是否中断在学界还尚存争议,"被冻结"④"发展中止"⑤"完全停滞"⑥"名亡实存"⑦等诸说不一,争议的焦点在

① 王康:《中国大陆社会学的重建》,载《中国社会学年鉴》,北京:中国大百科全书出版社1989年版,第1—3页。

② 郑金洲、瞿葆奎:《中国教育学百年》,北京:教育科学出版社2002年版,第160页。

③ 郑金洲、瞿葆奎:《中国教育学百年》,北京:教育科学出版社2002年版,第186页。

④ 吴康宁:《我国教育社会学的三十年发展(1979—2008)》,《华东师范大学学报》(教育科学版)2009年第2期。

⑤ 马和民、高旭平:《教育社会学研究》,上海:上海教育出版社1998年版,第61页。

⑥ 侯怀银、王晋:《20世纪中国学者对教育社会学学科建设的探索》,《华东师范大学学报》(教育科学版)2008年第3期。

⑦ 杨昌勇、李长伟:《中国大陆教育社会学三十年停滞沉沦之反思》,《教育理论与实践》2003年第1期。

于停滞是否完全彻底。杨昌勇和李长伟认为这段时期内我国教育社会学的研究并非“完全停滞”，而是处于一种“名亡实存”的沉沦状态之中，这种沉沦具有一种非本真的状态中蕴涵着返璞归真的冲动和潜力。他们给出的理由（毋宁说是想象的理由）是，国家政治意识形态虽然使教育社会学沉沦不语而代之以充满革命激情、浪漫理想的无产阶级政治学，但这种不正常的状况恰好也推动了有学术良知的知识分子立于边缘，作自觉的理性反思和追问，思考当时中国急风暴雨式的社会文化革命所带来的困境和问题并找寻未来中国社会的出路，从而预示着包括教育社会学在内的社会科学在中国的萌动，这种急流之下的暗流只要条件成熟便会喷涌而出。“在这种意义上，教育社会学非但没有消亡，反而是多产丰富的，有多少教育社会学家，就有多少有关他们的批判研究”。并举例说，如顾准的《从理想主义到经验主义》一书对理想主义的意识形态的批判消解，对民主和科学的理性认识，都潜藏着知识分子的觉醒和社会科学复苏的希望，成为包括教育社会学在内的社会科学的重建的动力和基础；又如 1952 年潘开沛的《陶行知教育思想的批判》、1954 年方与严的《再认识陶行知教育学说并批判自己》、1956 年李达的《梁漱溟政治思想批判》、1957 年刘义章的《晏阳初的真面目》等可以算得上是“另类元教育社会学研究”。①

照此说来，这一时期的我国教育社会学非但没有停滞反倒成果“丰硕”了?！这不禁让人追问，除杨、李二人列举的沉沦时期的研究是否还存在其他研究？而这些研究又是否能真正称得上“另类元教育社会学研究”？我们以“教育”“社会”为主题②在中国知网进行检索，搜得 1949—1979 年间文献共计 8710 篇，分布情况见图 2-1。

由图 2-1 可知，整体而言，该时期以“教育”“社会”为主题的总文献量数量不少，其分布在呈现年份差异：1949—1952 年以及 1967—1973 年期间较

---

① 杨昌勇、李长伟：《中国大陆教育社会学三十年停滞沉沦之反思》，《教育理论与实践》2003 年第 1 期。

② “教育与社会”可谓教育社会学研究的肇端，也是教育社会学研究万变不离之宗。参见程天君：《九九归一：教育与社会——〈教育与社会研究丛书〉总序》，载桑志坚：《学校教育时间的社会逻辑》，南京：南京师范大学出版社 2019 年版。

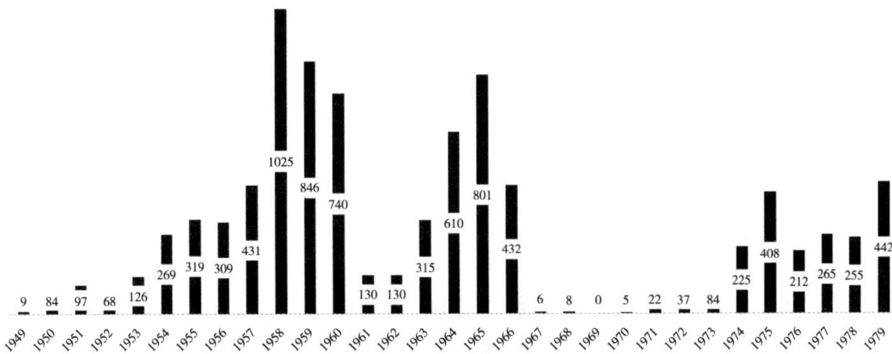

图 2-1　1949—1979 年中国知网“教育”“社会”主题文献篇数分布

少;而 1953 — 1966 年、1974 — 1979 年较多,其中 1958 年最多,有 1025 篇,1959 年、1960 年、1964 年和 1965 年这 4 个年份也相对较多,分别有 846、740、610、801 篇。

尽管总体数量上有近 9000 篇,但这些以“教育”“社会”为研究主题的文献能否算得上教育社会学研究?进一步通过 citespaceⅢ软件对上述 8710 篇文献做词频计量分析发现,这些文章的标题、关键词及摘要的词语使用频率呈现如图 2-2 的规律。

通过图 2-2 可以发现,在 1949—1979 年的 8710 篇文献中,词频分布数量前 20 名的分别是“社会主义教育”“教育工作”“生产劳动”“教育革命”“思想教育”“教育事业”“教育工作者”“政治思想教育”“九六”“教学工作”“农业生产”“文化革命”“党的领导”“工作方法”“教育路线”“战线上”“人民群众”“学校教育”“八年”“思想觉悟”。其中,“社会主义教育”一词被使用频次最多,达 1713 次,远超其他以百为单位的词语数量。从这些词频分布可以看出,在这 30 年里以“教育”“社会”为主题的研究主要集中在政治、意识形态、革命斗争等方面;而教育公平、教育分层、社会分层及流动、师生互动、教育改革、教育与社会的关系等教育社会学关注的经典主题几无涉及。

若进一步缩小范围,以“教育”“社会”为篇名在知网进行检索,共有相关文献 286 篇,分布情况见图 2-3。同样使用 citespaceⅢ软件进行文献做计量处理,发现这些文章的标题、关键词及摘要的词语使用频率呈图 2-4 的分布

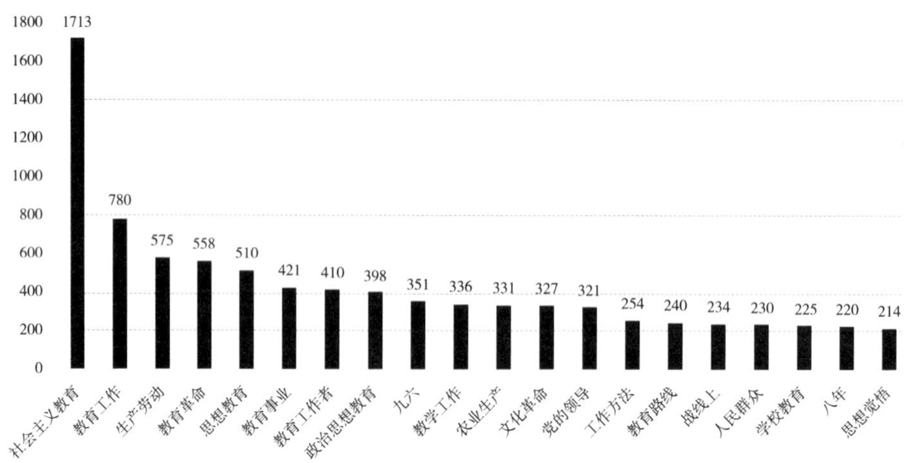

图 2-2　1949—1979 年中国知网“教育”“社会”主题文献标题、关键词及摘要使用词频分布

规律。

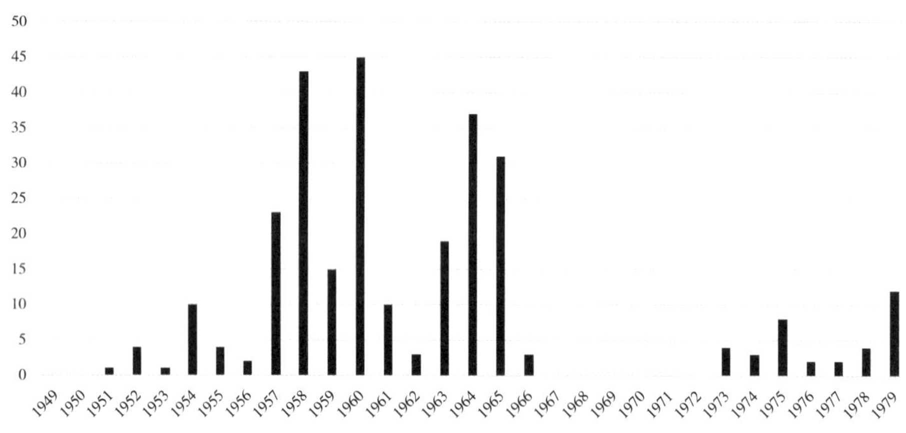

图 2-3　1949—1979 年中国知网“教育”“社会”篇名文献篇数分布

综合观察图 2-3、图 2-4 所示的结果,与前文基本一致,即在 1949—1979 年里以“教育”“社会”为主题的研究主要集中在政治、意识形态、革命斗争等方面;而教育公平、教育分层、社会分层及流动、师生互动、教育改革、教育与社会的关系等教育社会学关注的经典主题几无涉及。

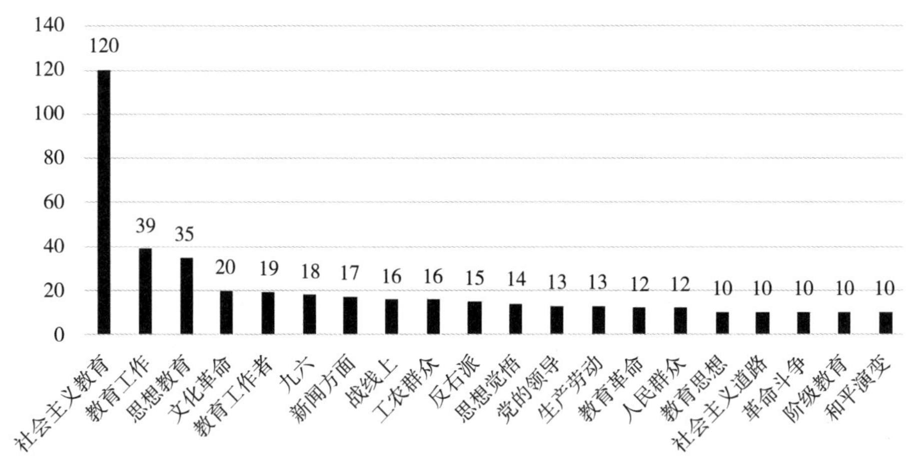

图 2-4　1949—1979 年中国知网"教育""社会"篇名文献标题、关键词及摘要使用词频分布

这种情况也同样反映在教育社会学的元研究上。如果以"教育社会学"为主题在中国知网进行检索,可以发现在 1949—1979 年间共有相关文献 39 篇,其中 1979 年有 14 篇,而其余年份的文献数量平均不到 1 篇。由此基本可以断定,在这 30 年间,教育社会学的研究处于停滞(实乃中断)状态。而杨昌勇与李长伟将《××批判》《××真面目》之类的文章称为"另类元教育社会学研究",其情可悯但不免牵强,因为这些研究既缺少实实在在的教育社会学研究,也没有对教育社会学学科发展作出任何有价值的贡献;这些零星的"研究"更少参照教育社会学理论,更多的是基于"左"的思想影响而进行的政治意义上的"口诛笔伐"。

由以上分析可以确认,在 1949—1979 年间,中国大陆教育社会学未能接续此前草创时期而得到发展,甚至连生存权利也被彻底剥夺,教学与研究完全中断整整 30 年①;也就说,教育社会学在中国大陆确实彻底销声匿迹了②。这 30 年的中断,除了错过效法曾经的"老大哥"苏联而实现教育社会学的兴发而外,其造成的更大损失,尚需与同一时期我国台湾地区及世界教育社会学的主

① 吴康宁主编:《教育社会学丛书》,南京:南京师范大学出版社 1999 年版,"总序"。

② 徐瑞、刘慧珍:《教育社会学》,北京:北京师范大学出版社 2010 年版,第 43 页。

流进行比较,以便作进一步的评估。

二、同根不同果:与中国台湾教育社会学的一个比较

海峡两岸的教育社会学,本是同根生。后因政治的原因而进入不同的发展轨道。对中国大陆而言,1949—1979 年是教育社会学教学科研停滞、学科中断的 30 年,而此间台湾教育社会学完成了从"再生"到"奠基"的学科发展、从传统"规范"教育社会学到新兴"证验"教育社会学的范式转型这两大任务,并为 20 世纪 80 年代后台湾教育社会学"多元化发展"①奠定了坚实的基础。

(一) 从"转移"到"再生":台湾教育社会学的兴起

中国台湾 1945 年进入国民政府时代,师范学校课程曾于 20 世纪 50 年代末期设有"社会中心教育"(community center education)一科,成为教育社会学的前身。② 1949 年以后,构成三四十年代学院派主流的大部分社会学学者或留在大陆或去了香港,还有一部分社会学学者或被劫持或被威胁或自愿去了台湾。③ 有学者判言,在这一背景之下,60 年代之前台湾教育社会学研究实际上处于基本停止状态④;或者说,20 世纪的前五六十年间,台湾教育社会学研究处于几近空白的状态⑤。但是,台湾进入国民政府时代以后,一些大陆学者转移到台湾并带去相关著作和理论,无疑也在一定程度上为台湾教育社会学的"再生"创造了基础和条件。譬如,据台湾学者李锦旭的考证:陈启天(陈翊林)带去其旧作《社会学概论》(1930)和《教育社会学概论》(1933),后改订合

① 张国平:《台湾教育社会学发展研究》,《中国成人教育》2011 年第 6 期。

② 李锦旭:《台湾教育社会学的发展策略:一份个人笔记》,《教育研究与实验》2010 年第 4 期。

③ 马和民、高旭平:《教育社会学研究》,上海:上海教育出版社 1998 年版,第 64 页。

④ 马和民、高旭平:《教育社会学研究》,上海:上海教育出版社 1998 年版,第 64 页。

⑤ 张建成、李锦旭、郑英杰:《台湾教育社会学六十年:1960 至 2010 年代发展概述》,见本书"附录 1"。

编成《社会学与教育》在台出版(1968);卢绍稷带去其著作《教育社会学》(1934),并任教于台湾师范大学教育学系(1949—1972);谢征孚(谢作舟)是法国社会学博士,1947 年曾任中国社会学社京沪区监事,到台后任教于台湾师范大学社会教育学系(1955—1967),著有《社会学》(1959)等书,教导出郭为藩和林清江两大弟子;苏芗雨(苏维霖)著有《教育社会学》(1934),赴台后任教于台湾大学心理学系(1949—1972);尹蕴华带去北京大学陶孟和的《社会与教育》(1922,1933),并任教于台中师范学校;雷通群人虽没到台,但其著作《教育社会学》(1931)则于 1977 年在台重印;龙冠海是美国社会学博士,于 1960 年创办台湾大学社会学系,著有《教育社会学与当代教育问题》(1952)和《社会学》(1966);另外,号称"台湾出身的第一位社会学者"陈绍馨是日本博士,他用社会学观点著有《学童的结核症》(1948)一文。① 不过客观地说,当时的台湾当局由于对马克思主义社会学的惧怕而对一般的社会学研究也采取不支持的态度,从而使得社会学在台湾的重建困难重重,以至台湾学者萧新煌评说,"移植台湾的社会学在 50 年代所处的幼稚局面似乎又回到中国早期的 20 年代"②。

20 世纪 50 年代教育社会学的移植和零星介绍为其在台湾的新生准备了条件,唯因彼时台湾的专科以上学校里没有这门课可教,也就缺乏了继续研究的温床,直到 60 年代"教育社会学"被列入台湾的师范专科学校的课表后,台湾的教育社会学才开启了教学、科研和学科建设之路,并经历了 60 年代的"萌芽期"、70—80 年代初的"奠基期"及 80 年代中后期至 20 世纪末(乃至 21 世纪初)的"开展期"。③

20 世纪 60 年代教育社会学发展的重要推手是台湾"教育部门"负责人朱汇森。时任台中师范专科学校校长的他,鉴于教育社会学对于师资训练的价值,乃于 1960 年参加师范专科学校课程之草拟工作时,建议将此科目列为必

---

① 李锦旭:《台湾教育社会学的发展策略:一份个人笔记》,《教育研究与实验》2010 年第 4 期。

② 马和民、高旭平:《教育社会学研究》,上海:上海教育出版社 1998 年版,第 64 页。

③ 张建成、李锦旭、郑英杰:《台湾教育社会学六十年:1960 至 2010 年代发展概述》,见本书"附录 1"。以下关于台湾教育社会学发展的部分,除另有注明外,资料均引自该文。

修学科,于是教育社会学不但有史以来第一次进入台湾的专科以上学校课程,也同时展开了它在台湾的教学与研究旅程。朱汇森编写的《教育社会学:教育社会观的研究及其实施》(1963)一书是台湾本地首开先河的一本教育社会学教科书。尹蕴华接任朱汇森在台中师专的教育社会学课程后,于1965年撰述出版一本《教育社会学》;同年,留学日本东京高等师范学校专攻教育且曾在武昌中华大学和台湾省立师范学院讲授社会学的省立台北师专教授曹先锟,也由该校发行他的《教育社会学原理》一书。这三本书,可谓60年代台湾较具代表性的三本教育社会学教科书。

中国台湾"萌芽"时期的教育社会学,盖处于教学导向的时期,重点在于整理美国、日本及过去中国大陆时期的文献资料,以介绍这门学科;除社会(小区)中心学校的研究(这与当年台湾当局的教育政策有关)、儿童的社会行为(这与当年教育社会学学科主要是在培养小学师资的师专开课有关)之外,实无余力从事专题研究。该时期的台湾教育社会学具有以下四个特点:第一,遵循规范取向的教育社会学(educational sociology)传统,意在改善教育实际,促进社会稳定和进步。第二,重视教育的"社会化"及"社会控制"功能,教育的经济发展功能未被重视。第三,社会学基本知识介绍较多而缺少对不同社会学理论学派的评述。第四,实证研究缺乏,与当时西方的主流颇有差距。

(二) 从"规范"到"证验":台湾教育社会学研究的转型

进入20世纪70年代,随着一大批留学生的回归和台湾本土培养的社会学研究生的毕业,台湾教育社会学进入了蓬勃发展阶段。① 符合科学意义、重视实证取向的新兴教育社会学(sociology of education)逐渐在台湾崭露头角。这一时期教育社会学的代表人物当首推台湾"教育部门"时任负责人林清江,另还有台湾师范大学教授陈奎憙和高雄师范大学教授林生传二人。林清江《教育社会学》(1972)一书秉持"教育社会学是研究教育与社会之间交互关系的科学"之学科观,认为教育学家侧重规范性的研究,旨在导致社会行动;而

① 马和民、高旭平:《教育社会学研究》,上海:上海教育出版社1998年版,第64页。

社会学家则侧重证验性的研究,旨在证实学理,建立社会理论。① 林清江《教育社会学》大致确立了台湾教育社会学的学科框架,开启了台湾教育社会学的实证研究,后来的学者也大致照此框架进行教育社会学研究,并以此为基础做进一步深度和广度的拓展。

尽管林清江和陈奎憙可能因教育学出身而认为实证性研究取向并非意味着对规范性研究的彻底排斥,但他们更为强调教育社会学研究必须符合科学化的发展趋势。从他们的著作中可以看到大量被引用的官方统计资料、其他学者的量化分析以及自己的调查结果,林生传更是使用许多推论统计来呈现他的研究报告。在这种实证主义路线的背后,是该时期的学者共有的另一个特征,由于受法国涂尔干路线和当年台湾的政治环境影响,他们大多倾向于结构功能主义的和谐观点,那时对任何人来说,阐释马克思主义的相关学说都是危险的禁忌。在结构功能论及实证观点的引导下,奠基期除了致力学科架构的建立外,台湾学者多将研究集中于教育机会均等、教育阶层化、教师地位与角色、学生文化、师生关系等主题。

据台湾学者张建成的概括,20 世纪 70 年代处于奠基期的台湾教育社会学教材对整个学科发展都产生了深远的影响。林清江的《教育社会学》、陈奎憙的《教育社会学》以及林生传的《教育社会学》作为教育社会学科学教材而广泛流通。与早期的教育社会学教材相比,这几本教科书在以下四个方面有所发展:第一,学科框架更为清晰、系统。第二,学术取向日益浓厚,教育社会学研究开始关注学科理论流派、方法论、未来发展趋势的讨论以及客观事实证据的搜集与整理。第三,对教育功能的讨论逐渐从仅关注“社会化”延伸到关注教育的选择与社会公平的功能,特别是从社会阶层、社会流动的角度探讨教育机会均等理想的问题。第四,教育与经济的关系日趋重要。②

---

① 林清江:《教育社会学》,台北:台湾书店 1972 年版。

② 张建成:《台湾教育社会学研究的评析及其在教育学程“教育社会学”教学上的应用:研究成果报告》,“教育部”顾问室专题研究计划 2001—2002 年,未出版;张建成:《2000—2015 台湾教育社会学的研究课题与成果》(台湾教育社会学教科书的分析:2015 补辑),发表于南京师范大学教育社会学研究中心主办教育社会学工作坊,2015 年 11 月 10 日于南京师范大学教育科学学院举行。

综上所述,台湾教育社会学经过20世纪下半叶的逐步拓展,已获致不少成果。大批大陆教育社会学领域学者的迁入为台湾教育社会学提供了一定的理论基础与人才储备,台湾教育社会学便在此与大陆同根的基础上结出丰硕果实①。特别是在大陆教育社会学中断的30年间,台湾从1949年开始承接迁移自大陆的(教育)社会学者及其著作,开始进行零散的教育社会学介绍;随后的20世纪60年代至80年代初,台湾教育社会学完成了从“再生”到“奠基”的学科发展、从传统“规范”教育社会学到新兴“证验”教育社会学的范式转型这两大任务,经历了学科建设的起步,迎来了新兴教育社会学兴起的良好局面。尽管囿于当时的社会背景和时局限制,彼一时期的台湾教育社会学研究难免一定的历史局限性,亦与同期西方教育社会学的主流发展存有一定差距;但无疑已走在了同期尚在中断中的大陆教育社会学的前头,并为80年代后台湾教育社会学“开展期”的发展打下了宝贵的基础。留给大陆教育社会学者的,只有错失良机后的苦苦追赶和迄今犹存的“差距感”②。

三、教育社会学从边际到主流:同期的国际参照

在学科发展之初,教育社会学影响力较低,学科地位处于社会学乃至社会科学的边缘位置。不论对教育学还是社会学而言,教育社会学都处于尴尬的两难境地。随着20世纪二三十年代传统教育社会学学科地位的确立,经由五六十年代从传统教育社会学(educational sociology)转向新兴教育社会学(sociology of education)转向和学派争鸣,继而再经历70年代新教育社会学及其他理论的发展,教育社会学逐渐从原来的边缘位置走向社会学乃至社会科

---

① 张建成、李锦旭、郑英杰:《台湾教育社会学六十年:1960至2010年代发展概述》,见本书“附录1”。

② 海峡两岸的教育社会学,本是同根生。后因政治的原因而进入不同的发展轨道,形成很长一段时间互不往来的局面(郑世仁:《教育社会学导论》,台北:台湾五南图书出版股份有限公司2000年版,第81页)。直到2000年,在南京师范大学举办的中国教育学会教育社会学专业委员会第六届年会开启了两岸教育社会学的正式交流,是年始,两岸学会互派代表出席对方年会。在迄今的交流中,大陆与台湾教育社会学整体上的“差距感”是不时萦绕在笔者心头的。

学研究的主流。

(一) 从一维到多元:范式转换与学派争鸣

诚如美国社会学家默顿(Robert K.Merton)的见识,一门新科学要想在学界(academic community)寻求安身立命的资格,则要么通过秉持作为一门科学的学科之特殊性,要么通过突出其实用性(practical utility)①。美国通过第二条路径即坚持实用性在全球率先实现了教育社会学的制度化,在20世纪最初的30年里,教育社会学作为一门独立学科在美国基本确立(容详下文)。也正是这第二条路径的选择,导致在此过程之中美国教育社会学制度化过程经历了20世纪最初10年“服务于教师的社会学”(sociology for teachers)、20年代“服务于教育的社会学”(sociology for education)及30年代“教育问题的社会学”(sociology of educational problems)三个阶段②;但其基本取向都是应用社会学理论解决教育实践问题,研究过程基本上是一个价值判断的过程,最终任务则是提供并阐述可供实践适用的规范,如此便形成了教育社会学发展史上的第一个研究范式,即:规范性研究方式亦即“规范性教育社会学”或曰“教育学的教育社会学”、“传统教育社会学”或“应用性的教育社会学”(educational sociology,或 normative educational sociology)③。

与此同时,就是在规范性研究范式确立的20世纪二三十年代,另一种范式即证验性研究范式也在渐渐“破土而出”。其实,早在涂尔干关于教育本质的研究就已具备证验性研究的一些特点。1927年,在美国《教育社会学杂志》创刊号上一篇题为《什么是教育社会学》的文章里,埃尔伍德(Charles A. Elwood)强调,“教育社会学应该主要是社会学(sociology),而不是教育学(education)”;“教育社会学不但起始于(begin with)而且操持于(deal with)普通社会学(general sociology)的核心面向(central aspects)”;“教育社会学并非普

① Robert K.Merton, *The Sociology of Science*. Chicago: University of Chicago Press, 1973, pp. 48-54.

② Michiya Shimbori, “Sociology of Education,” *International Review of Education*, 1979, Vol.25, No.2/3, pp.393-413.

③ 吴康宁:《教育社会学》,北京:人民教育出版社1998年版,第24—28页。

通社会学的表浅方面或者分支,打个比方说,而是普通社会学——人类社会的科学——真正的心脏(the very heart)”。[①] 在1927年于美国社会学会年会(华盛顿)上宣读并于1928年刊发的《科学、社会学与教育》一文里,安吉尔(Robert C.Angel)开宗明义:“教育社会学迄今尚无有明确的定义”;为此,他宁愿使用——也是首次提出——与“educational sociology”相对的“sociology of education”这一概念[②],由此开启了从传统教育社会学向新兴教育社会学的转换,即从教育学的、规范性的、应用性的教育社会学(applied educational sociology)向社会学的、证验性的、科学的教育社会学(sociology of education or a scientific sociology of education[③])的方向转换。1932年,沃勒(Willard Waller)出版了被誉为教育社会学经典著作的《教学社会学》(*The sociology of Teaching*)一书,将“学校世界”作为一个“社会世界”进行实证性研究。[④] 1935年,鲁特(E.B.Reuter)明言,普通社会学的性质决定教育社会学的性质,区别只在于教育社会学学者处理材料的特殊性上;真正的教育社会学必须像家庭社会学、城市社会学或产业社会学那样成为对学校的社会过程进行科学分析的专门学科。[⑤] 虽然新兴教育社会学在二三十年代并未能撼动规范性研究范式的主导地位,但上述种种已为即将到来的撼动打下了基础。与本书题旨相关的要点是,美国教育社会学这一研究范式的转换,恰是在中国大陆教育社会学中断期间实现的发展。

二战结束之后,一方面,由于教育的社会作用被人们广泛承认,欧美各国集中大量人力、财力、物力发展教育,进行智力开发,教育遂成各国经济发展和政治稳定的不可缺少的手段;同时,青少年犯罪、大学入学竞争、大众宣传媒体

---

① Charles A.Elwood,“What is Educational Sociology?” *The Journal of Educational Sociology*, 1927, Vol.1, No.1, pp.25-30.

② Robert C. Angell,“Science, Sociology, and Education,” *Journal of Educational Sociology*, 1928, Vol.1, No.7, pp.406-413.

③ Ronald G.Corwin, *A Sociology of Education: Emerging Patterns of Class, Status, and Power in the Public Schools*. New York: Appleton-Centry-Grofts, 1965.

④ Willard Waller, *The Sociology of Teaching*. New York: John Willey and Sons, 1932. 中译本见《教学社会学》,白亦方、薛雅慈、陈伯章译,新北:台湾联经出版事业股份有限公司2018年版。

⑤ E.B.Reuter,“The Problems of an Educational Sociology,” *Journal of Educational Sociology*, 1935, Vol.9, No.1, pp.15-22.

的发展等等问题的影响日趋严重,引起社会的普遍关心,人们对教育社会学的研究寄予了希望并提出了新的要求。另一方面,社会学、社会学心理学、文化人类学的研究成果为教育社会学提供了多维视野和研究手段,为教育社会学确立新的研究方向和范围提供了可能。[①] 布鲁克弗(W.B.Brookover)于1948年在美国社会学年会(芝加哥)上宣读并于翌年刊发的雄文"Sociology of Education:A Definition",既为行将衰亡(demise)的传统教育社会学(educational sociology)吹响了一曲挽歌(an elegy),又引以为豪地为一种强健的新兴教育社会学(sociology of education)投身美国社会学举行了一个入会礼(the initiation ceremony)。[②] 在布鲁克弗宣战之后,社会学的教育社会学这种新兴理念被广泛接受,这种证验性的教育社会学(sociology of education)作为类似于法律社会学、家庭社会学、政治社会学、城市社会学一样的社会学分支成为主流趋势(main trend),并通过运用相同的实证(经验)技术,证明了在分析和规划教育方面的最佳效果。[③] 也是在布鲁克弗宣战之后,最活跃、最有成果的学者不再自视为教育学家而以社会学家自居;大势所趋之下,到了1963年,美国全国教育社会学研究会终于投身美国社会学门下,其机关刊物由美国社会学学会(American Sociological Association)接办,刊名也由1927年创刊时的*The Journal of Educational Sociology*改称为*Sociology of Education*,规范性教育社会学(educational sociology)这一研究范式"终于退缩一隅"。[④] 至此,证验性研究才逐渐真正成为教育社会学研究的另一种范式,并最终取代了规范性研究范式的主导地位。这一研究范式的转换,弥补了规范性教育社会学所缺乏的科学意味[⑤];也切中了20世纪50年代之前学科形成时期美国教育社会学领域几无值得称道的研究成果的病根,那就是规范性教育社会学这种"教育学的变种"[⑥]占主流地位

---

① 钱民辉:《教育社会学百年进程》,《社会学研究》1997年第5期。

② W.B.Brookover,"Sociology of Education:A Definition,"*American Sociological Review*,1949,Vol.14,No.3,pp.407-415.

③ Michiya Shimbori,"Educational Sociology or Sociology of Education?"*International Review of Education*,1972,Vol.18,No.1,pp.3-12.

④ 吴康宁:《教育社会学》,北京:人民教育出版社1998年版,第10—31页。

⑤ 吴康宁:《西方教育社会学的学科发展(上)》,《外国教育资料》1997年第3期。

⑥ 吴康宁:《教育社会学》,北京:人民教育出版社1998年版,第13—26页。

所致——这种教育社会学(educational sociology)其实只是教育学,而压根儿不是社会学(not sociology at all,but education)。① 这一研究范式的转换,也预示着接下来60—80年代初——亦即中国大陆教育社会学中断期——世界教育社会学的学派形成与繁荣发展。显然,1963年易名后的美国教育社会学会的机关刊物 *Sociology of Education* 已为迎接教育社会学的繁荣发展做好了准备——该刊首期编辑指南(Editorial Policy)便雄心勃勃地宣示:*Sociology of Education* 刊物将致力为全球所有社会科学领域从事关于教育研究(studies of education)的学者提供一个论坛,为此,编委会的组成人员是跨学科的和国际性的,诸如人类学、经济学、历史学、政治科学、心理学及社会学的理论视野正在与日俱增地派上分析教育制度的用场。②

教育社会学史上第一个名副其实的学派,是与教育社会学证验性研究范式的确立齐头并进的(结构)功能主义(functionism)学派。这一学派在20世纪50年代初产生于美国,在整个50年代与60年代前半期,一直支配着欧美教育社会学舞台,头号人物当推帕森斯(Talcott Parosns);将教育视为一种"积极的"社会功能,或曰以积极的社会功能为基轴来探讨教育现象这一学派的基本理论特征。③ 理论和学派是社会背景的产物,帕森斯的结构功能主义是二战创伤后人心"思和"的反映和产物。但是,与50年代和60年代前半期不同,进入60年代后半期的欧美社会状况的总体特征由安定平和转为动乱多变,动乱多变的社会状况所刺激产生的并不是如同功能主义那样的"一手遮天"的理论,而是"群雄割据"的多种理论,形成多个学派,历史(history)、社会阶级(social class)、种族(race)与性别(gender)及其与教育的紧密关联性(intimate links)开始占据教育社会学分析的要津(a prestigious position)④。因此,从60年代末开始延续至80年代中期,西方教育社会学逐渐繁衍出各种各样的理论,出现了形形色色的学派,从而使教育社会学进入一个学派争鸣的时

① Stephen C.Clement,"Educational Sociology in Normal Schools and Teachers' Colleges," *Journal of Educational Sociology*,1927,Vol.1,No.1,pp.31-36.

② "Editorial Policy",*Sociology of Education*,1963,Vol .37,No.1,front matter.

③ 吴康宁:《教育社会学》,北京:人民教育出版社1998年版,第31页。

④ Mustafa Sever,"A Critical Look at the Theories of Sociology of Education," *International Journal of Human Sciences*,2012,Vo.9,Issue.1,pp.650-671.

期:其中两大主角便是冲突论(conflict theory)学派与解释论(interpretative approach)学派。①

冲突论学派产生于20世纪60年代末期,它直冲功能主义学派而来,它的出现动摇了功能主义学派的垄断地位,揭开了教育社会学史上学派论争的序幕。冲突论学派的共同理论特征是:以社会冲突为基本线索来考察教育现象。与功能主义不同也更为复杂的是,冲突论学派并不是一个同质的学术阵营,这一学派内部本身也是存在冲突的。进入70年代,其内部便已开始形成两个基本的分支学派,即新韦伯主义(Neo-Weberism)和新马克思主义(Neo-Marxism)。新韦伯主义阵营中的佼佼者柯林斯(Randall Collins)批驳了功能主义学派的技术功能理论,认为学校教育发展的动力来自不同身份集团之间的冲突,其主要作用只在于传授社会支配集团的身份文化(status culture)。在自诩为"新马克思主义者"及被称为"新马克思主义者"的教育社会学理论中,起码可见有"再生产理论"(the theory of reproduction)与"抵制理论"(the theory of resistance)两大类别。而再生产理论本身又可分为"社会再生产理论"(the theory of social reproduction)与"文化再生产理论"(the theory of cultural reproduction):社会再生产理论的权威代表人物美国的鲍尔斯(Samuel Bowles)和金蒂斯(Herbert Gintis)批驳了功能主义学派关于资本主义教育平等能带来更大的社会平等的观点,指出资本主义社会的学校教育通过"符应原则"(the correspondence principle)而再生产出不平等的生产关系与阶级结构;文化再生产理论的首要代表人物法国的布迪厄(Pierre Bourdieu)则怀疑学校教育与社会的生产关系和阶级结构之间直接的对应关系,认为学校的作用在于通过"文化专断"(cultural arbitrary)与"符号暴力"(symbolic violence)来传递统治阶级的文化,通过"霸权课程"(hegemonical curriculum)进行"文化资本"(cultural capital)的分配,从而保证统治阶级文化资本的合法化与再生产。② 社会

① 吴康宁:《西方教育社会学的学科发展(下)》,《外国教育资料》1997年第4期。下文关于冲突论学派和解释论学派的史料,主要引自该文。需补充说明的是,除功能主义、冲突论、解释论这三大理论流派之外,亦有一些学者把20世纪70年代末教育社会学中兴起的批判理论与此三大学派并提,但鉴于批判理论的成果的大量出现是在80年代以后,已溢出了本书的论域,在此从略。

② 吴康宁:《西方教育社会学的学科发展(下)》,《外国教育资料》1997年第4期。

再生产理论与文化再生产理论的共同之处是致力于剖析处于支配地位的阶级权力与文化是如何力保受支配阶级和集团的认同与服从,而这一切取向遭到了新马克思主义的另一流派即“抵制理论”学者们如美国的吉鲁克斯(Henry Giroux)、阿普尔(Michael W.Apple)及英国的威利斯(Paul Willis)的严厉批评。而产生于70年代后期的抵制理论则认为,劳动阶级的学生不完全是资本的副产品,学校乃是不同阶级文化之间争夺的场所。抵制理论自80年代起逐步取代了再生产理论在新马克思主义教育社会学中的主导地位。①

解释论学派的浪潮由20世纪70年代初英国的一些“新”教育社会学家(the“new”sociologist of educationists)掀起,其目标直指以功能论与早期的冲突论为代表的所谓“宏观教育社会学”(macro-sociology of education)而致力通过微观的研究打开学校教育的实际内容与实际过程这一被前者忽视的“黑箱”,以图解释学生学业失败的原因。解释论学派至少包括三个分支学派:以扬(Michal Young)与伯恩斯坦(Basil Bernstein)为代表的教育知识社会学(the sociology of educational knowledge),以哈格尔夫斯(David Hargreaves)、凯迪(Nell Keddie)及沃兹(Tryon P.Woods)等人为代表的符号互动论(symbolic Interactionism)以及不少英国学者都尝试使用的民族志方法论(ethno-methodology)。解释论学派的出现进一步促发了教育社会学理论的百花齐放和百家争鸣,它不仅是教育社会学研究取向继第一次大调整——证验的研究取向取代了规范的研究取向——之后的第二次大调整,即微观的研究打破了宏观研究取向的垄断地位;而且也是教育社会学研究力量之世界格局的一次重大变化,即由此前的美国“操纵”教育社会学舞台,变为美英两国同时“领导”世界教育社会学潮流——稍后,创刊于1980年的《英国教育社会学杂志》的发刊词名言,要促进各种不同观点、不同取向的研究者进行交流。②

由此可见,正是在20世纪50年代到80年代初这一时期,也就是中国大陆教育社会学中断的30年间,国际教育社会学取得了繁荣和发展。世界教育社会学的繁荣,乃是学派林立和百家争鸣,而非一种学派比如冲突论取代

① 吴康宁:《西方教育社会学的学科发展(下)》,《外国教育资料》1997年第4期。

② 吴康宁:《教育社会学》,北京:人民教育出版社1998年版,第36—40页。

(displaced)另一种学派比如功能主义。用威尔斯(Alan Wells)的话说就是,此间的教育社会学日益成为一种多重范式的学科(a multiparadigm discipline)①;用鲍尔(Stephen J.Ball)的话说,就是形成了“复数教育社会学”(some sociologies of education),而不再是“单数教育社会学”(single,simple sociology of education)②。

(二)从边际走向主流:教育社会学学科地位的提升

日本教育社会学家新堀通也(Shimbori)指出,当且仅当承认教育的社会性质(social nature)之时,教育社会学方能产生;换言之,教育社会学产生的前提是承认教育是一种社会事实(a social fact)、过程(a process)及制度(an institution)——既具有社会功能亦被社会所决定(having a social function and being determined socially)。③ 事实上,自柏拉图和亚里士多德时代起,许多教育理论家和思想家都把青年教育作为他们社会理论的一部分。从社会角度看,教育过程无论是作为社会稳定的根源还是作为社会冲突的根源,总是与其他社会过程联系在一起。④ 许多世纪以来,教育家们(educationalists)探究了教育与社会的关系,尽管他们并未使用“教育社会学”这一名称,但这种教育思想史(the history of educational thought)将其本身塑造(form)成为一种新堀通也所说的“史前教育社会学”(pre-history of educational sociology)⑤。而在现

---

① Alan Wells,“Conflict Theory and Functionalism:Introductory Sociology Textbooks,1928-1976,”*Teaching Sociology*,1979,Vol.6,No.4,pp.429-437.稍早几年,威尔斯的同乡、美国社会学家瑞泽尔(George Ritzer)提出了“社会学乃一门多重范式的科学”之命题。参见 George Ritzer,*Sociology:A Multiple Paradigm Science*.Boston:Allyn and Bacon,1975。

② Stephen J.Ball,“Some Sociologies of Education:A History of Problems and Places,and Segments and Gazes,”*The Sociological Review*,2008,Vol.56,No.4,pp.650-669.早在数十年之前的1970年,鲍尔的同乡、英国人达维(Alan Dawe)提出了“两种社会学”之命题。参见 Alan Dawe,“The Two Sociologies,”*The British Journal of Sociology*,1970,Vol.21,No.2,pp.207-218。

③ Michiya Shimbori,“Sociology of Education,”*International Review of Education*.1979,Vol.25,No.2/3,pp.393-413.

④ [澳]萨哈主编:《教育社会学》(《教育大百科全书》/[瑞典]T.胡森、[德]T.N.波斯尔斯韦特主编),刘慧珍等译,重庆:西南大学出版社2011年版,第104页。

⑤ Michiya Shimbori,“Sociology of Education,”*International Review of Education*,1979,Vol.25,No.2/3,pp.393-413.

代学科意义上,直到1838年,“社会学”这个概念是才由法国实证主义哲学家奥古斯特·孔德在《实证哲学教程》一书中“铸造”(coined)①而成;而“教育社会学”这一概念则在近半个世纪之后的1883年由美国人沃德(Lester F.Ward,亦译作“华德”)在其《动态社会学》一书中提出②。继1887年涂尔干在法国

---

① Auguste Comte.*The Positive Philosophy*,Vol.2.London:George Bell & Sons,1986,p.168.

② 综合参见鲁洁主编:《教育社会学》,北京:人民教育出版社2001年版,第5—6页;吴康宁:《教育社会学》,北京:人民教育出版社1998年版,第9、23页;钱民辉:《教育社会学百年进程》,《社会学研究》1997年第5期三条文献。值得注意的是,当笔者去核实“教育社会学”(educational sociology)这一概念究竟由何人何时提出时发现,这里综合参见的三条文献均大致明言:被称为“美国教育社会学之父”的沃德(亦译作“华德”)在《动态社会学》中提出了“社会导进论”思想,设专章阐述教育与社会进步的关系,并正式提出和使用了“教育社会学”概念。但前两条分别依据的是三手文献(转引自《云五社会科学大辞典》第八册,华勒著《动态社会学》)和二手文献(Bidwell, C. E., *The Sociology of the School and Classroom*, paper presented at American Sociological Association Meetings,Boston,MA,August,1979),第三条则将此说作为“常识”列出(而未交代出处)。经查此三者所言的《动态社会学》(Lester F.Ward,*Dynamic Sociology:Or Applied Social Science,As Based Upon Statical Sociology and the Less Complex*,2 Volumes.New York:Appleton and Company,1883),全书未能检索到“教育社会学”(educational sociology 或 sociology of education)这一概念。后又经长时间反复查找其他文献,眉目似日渐清晰,择其要者记录如下四则,以供学界参考。一则,中国台湾学者如林清江著《教育社会学新论》(台湾五南图书出版股份有限公司1981年版,第1—3页)在论及此议题时只是说“最早以系统方式讨论社会与教育之关系者华德”,并未指陈华德提出“教育社会学”概念;又如陈奎憙《教育社会学》(台北三民书局出版股份有限公司2014年修订四版,第5页)也只言明华德(1883)此书“曾专列一章,有系统的探讨教育与社会进步的关系”,而未言及“教育社会学”概念出炉之事。二则,英国学者弗拉德(Jean Floud)和哈尔西(Albert Henry Halsey)应联合国教科文组织(UNESCO)之约就西欧和美国教育社会学发展而撰写的专文开篇便欲抑先扬地论道:凭借对斯宾塞悲观的社会静力学观点的反驳及其最后一章关于教育作为发展动力的论述,沃德《动态社会学》一书1883年问世(appearance)以来,教育社会学(the sociology of education)便拥有了一部可辨认的(recognizable)历史。但是,这个经由教育机构与人类进步之研究而得来的早期身份认同(this early identification),日后被证明对于这个领域的学科发展(the disciplined development of the field)来说不过是一种存疑的祈福(a doubtful blessing);直到19世纪90年代,受实用主义鼓舞的教育改革者和杜威《学校与社会》(1899)——并引来极其弥散的各色著作(an unusually diffuse and heterogeneous literature)——的加入,才将其自身定格(styling)为“教育社会学”(educational sociology)。参见J.Floud & A.H.Halsey,“Sociology of Education:A Trend Report,”*Current Sociology*,1958,Vol.7,Issue.3,pp.165-193;Michiya Shimbori,“Educational Sociology or Sociology of Education?”*International Review of Education*,1972,Vol.18,No.1,pp.3-12。三则,澳大利亚萨哈主编《教育社会学》(《教育大百科全书》/[瑞典]T.胡森、[德]T.N.波斯尔斯韦特主编,刘慧珍等译,西南大学出版社2011年版,第104页)则这样论述:“教育社会学这一名称,则要一直追溯到爱弥尔·迪尔凯姆(1858—1917)在巴黎大学任教,撰写有关论著,向学生讲授教育与教育制度,并于1913年成为教育社会学教授

波尔多大学开设“社会学与教育学”讲座之后,苏扎罗(Henry Suzzalo)于1907年在美国哥伦比亚大学首开教育社会学讲座,这是世界上第一个冠名为“教育社会学”的讲座,也由此开启了教育社会学的制度化历程,其标志有三:①第一,开设课程。仅1910—1926年间美国开设教育社会学课程的学校就从40所猛增至194所,其中近半数以上的师范院校、三分之一以上的非师范院校均开设了这一课程。其间,哥伦比亚大学和纽约大学于1916年创立了教育社会学系;史密斯(Walter R.Smith)于1917年出版世界上第一本在标题上正式冠名“教育社会学”的教科书《教育社会学导论》(*An Introduction to Educational Sociology*)——截至1936年美国出版了25种教育社会学教科书。第二,成立学术团体。1923年,斯耐登、史密斯、佩恩(E.George Payne)等人发起成立了美国“全国教育社会学研究会”(National Society for the Study of Educational Sociology)。第三,出版学术刊物。1927年,美国教育社会学研究会的机关刊物《教育社会学杂志》(*The Journal of Educational Sociology*)由佩恩创刊。至此,教育社会学作为一门独立学科的地位基本确立。

之时,才得以产生。所以,迪尔凯姆对‘教育社会学之父’这一称号是当之无愧的。”四则也是最重要的,便是史密斯(Walter R.Smith)1917年的《教育社会学的创立》一文。该文从务使“教育社会学”创立为社会学的分支领域(subdivision of the field of sociology)这一抱负出发,考察了“教育社会学”思想、概念及学科诞生的过程,明确提出了“教育社会学”概念诞生的三个时间节点[而通篇未提及沃德(Lester F.Ward)的名字或其《动态社会学》一书]:第一,对于“教育社会学”(educational sociology)这一术语的首次使用,是与吉列教授在瓦利城师范学校的一门课程联系在一起的(The first use of the term educational sociology in connection with a school course was by Professor Gillette while in the Valley City Normal School)——经笔者考证(参见https://www.asanet.org/john-m-gillette),约翰·莫里斯·吉列(John Morris Gillette,1866—1949)曾于1903—1907年在北达科他州瓦利城师范学校做历史学和社会学教授(并于1928年当选为美国社会学学会主席)。第二,苏扎罗(Henry Suzzalo)教授于1908年宣称:“当我们有了学校卫生学和教育心理学的时候,我们必须拥有更基础的一门学科,那就是教育社会学”(As we have a school hygiene and an educational psychology so we must have what is basic, an educational sociology)。第三,对于“教育社会学”(educational sociology)的确切判识(a definite recognition of an educational sociology)当追溯至吉列的《职业教育》一书(即John M. Gillette, *Vocational Education*. New York: Cincinnati American Book Company,1910——笔者按)。参见Walter Robinson Smith,“The Foundations of Educational Sociology,”*American Journal of Sociology*,1917,Vol.22,No.6,pp.761-778。至此,似可认为:“教育社会学”(educational sociology)这一概念,当由约翰·莫里斯·吉列(John Morris Gillette)于1903—1907年提出(使用)。

① 吴康宁:《教育社会学》,北京:人民教育出版社1998年版,第25—26页。

回顾历史并对比当时的情景不难发现,1949 年之前初创时期的中国教育社会学作出了较大历史贡献,教育社会学在其时已得到教育机构广泛的认可;虽然没有设立专门的学术团体和发行专业刊物,但当时许多学术团体都关注教育,将教育作为社会的一部分来进行调查研究,发表了许多成果。① 这一时期中国学人自著的教育社会学具有较高的学术价值,在学习吸收西方教育社会学的同时开始尝试创造性的转换和"中国化"②,以创建中国的教育社会学,陶孟和所著《社会与教育》便是这一尝试的"标志性著作"③。当然,1949 年之前初创时期的中国教育社会学,更多或主要是对教育社会学学科性质、研究对象、理论框架及学科历史之类的属于学科论范畴的问题之探讨④。甚至有学者稍显夸张地说,1949 年学科中断之前的中国教育社会学已经确立了独立的学科地位,建构了基本的理论框架,并对学科性质、研究对象以及教育与社会的某些方面进行了不懈的探讨,取得了丰硕的成果,为今后的教育社会学发展奠定了较好的基础⑤。还有学者追溯,若从较宽泛的意义上讲,可归入中国教育社会学的较早的一部著作,应是朱元善 1917 年出版的《学校之社会训练》(商务印书馆)⑥——而这与美国教育社会学的发轫相差不到十年⑦。我们遗憾而又不得不承认的是,正是在中国大陆教育社会学 1949—1979 这 30 年的中断期间,世界教育社会学取得了大发展;中国教育社会学在起步并不算太晚的情况下,因学科中断远远地落后了,且至今尚在追赶之中。

而环视全球,教育社会学处于"不断发展的过程中"而并未中断,学科地

① 闫广芬、苌庆辉:《中国教育社会学的发端——一种知识社会学的视角》,《河北师范大学学报》(教育科学版)2008 年第 2 期。

② 许刘英:《近代中国教育社会学"本土化"的兴起、进展与实践——基于学术史的考察》,《南京师范大学学报》(社会科学版)2019 年第 1 期。

③ 李长伟、杨昌勇:《20 世纪中国大陆教育社会学的回顾》,《河北师范大学学报》(教育科学版)2003 年第 3 期。

④ 程天君:《中国教育社会学"学科论"百年概要》,《北京大学教育评论》2011 年第 4 期。

⑤ 叶澜:《二十世纪中国社会科学·教育学卷》,上海:上海人民出版社 2005 年版,第 242 页。

⑥ 胡金平:《雷通群与中国教育社会学的学术传统》,《南京晓庄学院学报》2008 年第 2 期。

⑦ 闫广芬、苌庆辉:《中国教育社会学的发端——一种知识社会学的视角》,《河北师范大学学报》(教育科学版)2008 年第 2 期。

位实现了“从边际到主流”的跃升。[①] 据萨哈(L.J.Saha)考证,教育社会学在许多社会学奠基人那里确实处于边缘地位,它在社会学学科和教育理论与研究的起源时期也属于边缘学科。从20世纪20年代到40年代,早期的社会学家认为,教育社会学是模棱两可的,研究学校和教育没有意义,所以教育社会学在社会学学科中的地位较低;而教育家则认为,社会学家对教育的研究是“象牙塔里的无稽之谈”,它们忽视了教学和学习的日常运作。[②] 教育社会学的这种模棱两可,致使从教育社会学学科在美国确立直至50年代之前,其学科地位一直不高,甚至在1940—1950年间“一度形成了萎缩的现象”,其根源乃在于此间“新旧两种研究取向的冲突与争论”[③]并由传统的规范性教育社会学(educational sociology)这种“教育学的变种”占主流地位,因而教育社会学领域几无值得称道的研究成果[④]。50年代之前的教育社会学偏于应用性而相对忽视理论性和科学性,对传统教育社会学推崇备至的也仅是教育研究人员,其研究团队及课程设置主要局限于师范院校,教育社会学在整个学科之林的地位并不高。[⑤] 1940年后,美国教育社会学课程数量一直下降,这部分是由于教学在社会学系之外进行,因而也被排斥在社会学主流之外;另一部分原因是其所教授的课程只强调使用恰当的教学方法,即教会教师应当教什么、如何教以及为什么教,只关注实践理论,这直接与当时美国盛行的科学和实证主义思潮相违背。当时所谓教育社会学的这种规范性、描述性的特征,与统率社会学其他领域的价值中立和科学分析的原则也互相冲突。[⑥]

类似的情形发生在英国。从二战后初年一直持续到整个20世纪50年

① [澳]萨哈主编:《教育社会学》(《教育大百科全书》/[瑞典]T.胡森、[德]T.N.波斯尔斯韦特主编),刘慧珍等译,重庆:西南大学出版社2011年版,第102—114页。

② [澳]萨哈主编:《教育社会学》(《教育大百科全书》/[瑞典]T.胡森、[德]T.N.波斯尔斯韦特主编),刘慧珍等译,重庆:西南大学出版社2011年版,第104页。

③ 陈奎憙:《教育社会学》,台北:三民书局出版股份有限公司2014年修订四版,第8页。

④ 吴康宁:《教育社会学》,北京:人民教育出版社1998年版,第13—26页。

⑤ 马和民:《再论教育社会学的历史分期与发展特点》,《上饶师专学报》1996年第1期。

⑥ [澳]萨哈主编:《教育社会学》(《教育大百科全书》/[瑞典]T.胡森、[德]T.N.波斯尔斯韦特主编),刘慧珍等译,重庆:西南大学出版社2011年版,第104页。

代,只有少量社会学家(a handful of sociologists)挣扎着坚持和拓展教育领域的研究;只有到了60年代,当社会学在不列颠变为时尚(fashion),教育社会学亦分享这一荣光(share in this boom)并带来相关教育研究爆炸性的令人心悸的扩张(explosive and unnerving expansion)之际,教育社会学的"荒年"(lean years)才得以度过(succeeded),并满怀希望地迎来了70年代英国教育社会学的生机勃勃(great vitality)及其教学与研究的齐头并进(consolidation in both teaching and research)。[①] 从世界范围内来看,20世纪60年代教育社会学的日益盛行、高产和充满活力的原因,在于一系列理论和方法论的发展,尽管它们有时互相冲突,但这对于教育社会学重要性日益上升,并进入一般社会学的主流,作出了重要的贡献。[②] 不过,这并不是说50年代世界教育社会学毫无发展,而是带着问题在发展,相关研究也总结和见证了此间教育社会学的发展与贡献。譬如,日本的新堀通也就曾言,对于教育社会学学科的发展来说,1958年就是一个值得记忆的年头(a year worthy of memory)[③]。这一年及稍后,美国的格罗斯(Neal Gross)[④]和布里姆(Orville G.Brim,Jr.)[⑤]对美国教育社会学的贡献尤其是对教育实践的贡献进行了总结;英国的弗拉德(Jean Floud)和哈尔西(Albert Henry Halsey)应联合国教科文组织之请对西欧和美国教育社会学的发展进行了专文报告[⑥]。

经过战后20世纪50年代的缓慢发展、60年代的时兴及其对自身的反思

---

① Olive Banks,"Sociology of Education in the United Kingdom," *International Review of Education*,1972,Vol.18,No.1,pp.95-99;Olive Banks,"Sociology of Education,1952-1982," *British Journal of Educational Studies*,1982,Vol.30,No.1,pp.18-31.

② [澳]萨哈主编:《教育社会学》(《教育大百科全书》/[瑞典]T.胡森、[德]T.N.波斯尔斯韦特主编),刘慧珍等译,重庆:西南大学出版社2011年版,第105页。

③ Michiya Shimbori,"Educational Sociology or Sociology of Education?" *International Review of Education*,1972,Vol.18,No.1,pp.3-12.

④ Neal Gross,"Some Contributions of Sociology to the Field of Education," *Harvard Educational Review*,1959,Vol.29,Issue.4,pp.275-287.

⑤ Orville.G.Brim,Jr.,*Sociology and the Field of Education*.New York:Russell Sage Foundation,1958.

⑥ J.Floud & A.H.Halsey,"Sociology of Education:A Trend Report," *Current Sociology*,1958,Vol.7,Issue.3,pp.165-193.

和对社会学标准(sociological criteria)的吁求①,到60年代末70年代初,有关的方法论的发展,对教育社会学的复兴产生了重要影响②。特别是在英国,进入70年代,强调教学的微观分析(micro-analysis of teaching)以判识教育过程对于儿童学业失败之影响的"新"教育社会学(the"new" sociology of education)取代了50—60年代主要聚焦教育机会的社会分配(the social distribution of educational opportunity)的"旧"教育社会学(the"old" sociology of education)③。与此同时,通过哈尔西(Albert Henry Halsey)、道格拉斯(James William Bruce Douglas)等人的努力,教育社会学研究在教育改革中发挥了核心的作用;稍后,阿切尔(Margaret Scotford Archer)70年代至80年代初关于英国、丹麦、法国和苏联教育系统的起源的研究及对教育系统扩张的分析,融合了宏观和微观的方法,相当程度上矫正了此前英国教育社会学"忽视对教育系统的研究""缺乏宏观的教育社会学"以致教育社会学成为社会学中"发展缓慢的领域之一"的不足和缺陷,促使教育研究在英国社会学家关注的问题中名列第二——而彼时,在美国社会学家那里却尚未进入前十位。④ 但据美国社会学学会《社会学大学研究生院指南》(1972—1973),教育社会学在各大学的课程开设情况亦相当可观:在拥有社会学研究生院的159所大学之中,以教育社会学为研究和教学重点的有30所,有能力对研究生开设教育社会学这门专业课的达80所。这就意味着有一半以上的大学具有讲授教育社会学的师资力量。虽然从事教育社会学教学人员数量还不算高,但是考虑到一些著名大学如哈佛大学、耶鲁大学、普林斯顿大学、斯坦福大学、芝加哥大学、威斯康星大学、华盛顿大学和约翰斯·霍普金斯大学等都把研究和教育的重点放在教育社会学

① Donald F.Swift & Henry Acland,"The Sociology of Education in Britain,1960-1968:A Bibliographical Review,"*Social Science Information*,1969,Vol.8,No.4.pp.31-64.

② [澳]萨哈主编:《教育社会学》(《教育大百科全书》/[瑞典]T.胡森、[德]T.N.波斯尔斯韦特主编),刘慧珍等译,重庆:西南大学出版社2011年版,第105页。

③ Farzana Shain & Jenny Ozga,"Identity Crisis? Problems and Issues in the Sociology of Education,"*British Journal of Sociology of Education*,2001,Vol.22,No.1,pp.109-120.

④ [澳]萨哈主编:《教育社会学》(《教育大百科全书》/[瑞典]T.胡森、[德]T.N.波斯尔斯韦特主编),刘慧珍等译,重庆:西南大学出版社2011年版,第105页。

这一事实的话,就足见教育社会学在其组织体制方面的成熟。①

在日本,教育学的教育社会学(educational sociology)和社会学的教育社会学(sociology of education)这两个术语最早均出现于20世纪20年代。最初的历史巧合是这么惊人地相似。在中国,陶孟和1922年出版了被普遍认为中文第一本教育社会学著作《社会与教育》;在日本,标题含有"教育社会学"之名的最古老的书是由田制佐重(Sukeshige Tasei)1922年出版的《教育社会学》[Kyouikuteki Shakaigaku(*Educational Sociolog*)②]③。这一巧合足见中日两国教育社会学起步虽然均略晚于美国,但二者与美国教育社会学的时间滞差(the time lag)显然也是有限的(appear to be limited)④。后来的历史分叉又是那么惊人地迥异。在中国(大陆),二战后特别是1949年之后,教育社会学停滞、中断逾30年之久。而在日本,作为一门学科的教育社会学,在二战后却全面建立和发展起来,主要标志性成就有三:⑤其一,1949年,日本教育社会学学会(The Japan Society of Educational Sociology)早于日本教育心理学学会(现今日本与教育有关的最大的学会)成立,会员人数截至1972年达600人,截至2013年已达1500人(中国大陆首个教育社会学学术团体即中国教育学会教育社会学专业委员会迟至40年后的1989年方才成立;迄今,中国大陆两个教育社会学会的会员加起来也不过200人——笔者按)。其二,1951年,日本教育社会学学会的机关刊物《教育社会学期刊》(*The Journal of Educational Sociology*)创刊发行,1965年,为纪念日本第15届教育社会学年会,日本教育社会

---

① 钱民辉:《教育社会学百年进程》,《社会学研究》1997年第5期。

② Sukeshige Tasei, Kyouikuteki Shakaigaku (*Educational Sociology*). Tokyo: Kyouiku - Kenkyukai, 1922.

③ Takayasu Nakamura, "Sociologization, Pedagogization, and Resociologization: Has the Post-war Japanese Sociology of Education Suffered from the Galapagos Syndrome?" *International Journal of Japanese Sociology*, 2013, Number 22, pp.64-79.

④ Takayasu Nakamura, "Sociologization, Pedagogization, and Resociologization: Has the Post-war Japanese Sociology of Education Suffered from the Galapagos Syndrome?" *International Journal of Japanese Sociology*, 2013, Number 22, pp.64-79.

⑤ Takayasu Nakamura, "Sociologization, Pedagogization, and Resociologization: Has the Post-war Japanese Sociology of Education Suffered from the Galapagos Syndrome?" *International Journal of Japanese Sociology*, 2013, Number 22, pp.64-79; Yoshihiro Shimizu, "Trends in Educational Sociology in Japan," *International Review of Education*, 1972, Vol.18, No.1, pp.113-117.

学会会长清水义弘出版了《教育社会学辞典》(*The Dictionary of Educational Sociology*),1971 年,为纪念第 20 届年会,日本出版了两卷本回顾与展望性的教育社会学文集。其三,教育社会学课程被制度化地作为“实验课程”(experimental courses)在全国大学开设,这是二战后日本教育社会学学科发展的关键一步(a significant step),特别是在 1973 年,标准的教育社会学课程作为实验课程在东京大学、名古屋大学和大阪大学重新开设后,日本再次将其作为实验课程在日本全国国立研究型大学(nationally run research universities across Japan)制度化开设。

大约与中国大陆教育社会学中断这一时期同时,世界教育社会学“处于不断发展过程之中”,西德①、法国②、西班牙③乃至印度④等国的教育社会学均“有所发展”;英语世界有 4 本专业教育社会学杂志,其中 3 本便创刊于中国大陆教育社会学中断时期,这便是美国的《教育社会学》(Vol.1:1927)、《教育社会学摘要》(Vol.1:1965)、《英国教育社会学杂志》(Vol.1:1980),第 4 本是《国际教育社会学研究》(Vol.1:1991)。⑤ 到了 20 世纪 70 年代末——也就是中国大陆教育社会学中断整整 30 年之际,国际教育社会学逐渐进入社会学研究的主流,实现了“从边际到主流”的学科地位升迁。⑥ 就在中国大陆教育社会学有幸结束中断而终于迎来恢复重建的 1979 年,卡拉贝尔(Jerome Karabel)在《美国社会学家》期刊上专文指出:

在过去的 25 年里(请注意,这几乎就是中国大陆教育社会学中断的

① Goldschmidt, D.& Jenne, M., “Educational sociology in the Federal Republic of Germany,” *Social Science Information*, 1969, Vol.8, No.4, pp.19-29.

② Boudon, R., *Education, Opportunity, and Social Inequality. Changing Prospects in Western Society*. New York: John Wiley-Interscience, 1974.

③ Subirats, M., “Sociology of Education in Spain,” In: Giner, S.& Moreno, L.(eds.) *Sociology in Spain*. Madrid: Consejo Superior de Invertigaciones Cientificas, 1990.

④ Chitnis, S., “Sociology of Education in India: Emerging Trends and Needed Research,” In: Nayar, P.K.B.(ed.) *Sociology in India: Retrospect and Prospect*. New Delhi: B R Publishing, 1982.

⑤ [澳]萨哈主编:《教育社会学》(《教育大百科全书》/[瑞典]T.胡森、[德]T.N.波斯尔斯韦特主编),刘慧珍等译,重庆:西南大学出版社 2011 年版,第 105 页。

⑥ [澳]萨哈主编:《教育社会学》(《教育大百科全书》/[瑞典]T.胡森、[德]T.N.波斯尔斯韦特主编),刘慧珍等译,重庆:西南大学出版社 2011 年版,第 104—107 页。

时期——笔者按),教育社会学业已从一个造诣乏善可陈和声望糟糕透顶(its accomplishments modest and its reputation abysmal)的边缘亚领域(a marginal subfield),摇身一变(transform)成为社会学研究最有活力和最受推崇的社会学领域之一(one of the most vibrant and respected areas of sociological research)。如果说教育的社会科学研究(the social scientific study of education)终于成熟了(come of age),这未免有些夸张;但不可否认,过去若干年的工作对我们理解两个最基本的社会过程作出了实质性贡献(contributed substantially):(1)阶层再制和变革的动态(the dynamics of class reproduction and change);(2)文化传播的过程(the process of cultural transmission)。①

正是在中国大陆教育社会学中断的30年间,世界教育社会学取得了发展和繁荣。也正是在这一发展的基础上,到了20世纪80年代中期,教育社会学已经成为"一般社会学学科的主流领域"和"社会学中最热门、最高产的领域",譬如,《教育社会学摘要》(Vol.1:1965)每年对600种期刊文章和书籍做出摘要,引用各国至少9种语言的370种期刊。②

行文至此可总结如下。通过回忆和环顾当时的历史天空我们可以明了:二战之后到20世纪80年代初,美欧和日本等国的教育社会学实现了由"传统教育社会学"向"新兴教育社会学"的范式转型,继而迎来教育社会学的繁荣发展和"百家争鸣",业已将曾处于学科边缘位置的教育社会学推向了社会学乃至社会科学研究的主流。与此同时,与中国大陆一脉相承的中国台湾教育社会学亦未错过历史机遇,从零散介绍起步到学科"再生"与"奠基",再从传统"规范"教育社会学转型到新兴"证验"教育社会学,迎来了教育社会学发展的良好局面,领先大陆先行一步缩小了与世界主流教育社会学的距离。与之相比,这段时期的中国大陆教育社会被中断整整30年——特别遗憾的是,当中国(大陆)还在"青出于蓝而胜于蓝"地重演"老大哥"教育社会学停滞之路

① Jerome Karabel,"The Sociology of Education:Perils and Possibilities," *The American Sociologist*,1979,Vol.14,No.2,pp.85-91.

② [澳]萨哈主编:《教育社会学》(《教育大百科全书》/[瑞典]T.胡森、[德]T.N.波斯尔斯韦特主编),刘慧珍等译,重庆:西南大学出版社2011年版,第105页。

时,苏联教育社会学却于六七十年代获得了飞速发展并达至高峰——在这 30 年里,非但没有转换创生出马克思主义的教育社会学,反而使中国教育社会学完全失去了早期学科发展的连续性,彻底游离了世界教育社会学发展的主流。在这 30 年里,世界教育社会学思潮澎湃、学派林立、百家争鸣、人才辈出、大师崛起、迅速发展①。改革开放伊始,30 年的中断让我们身陷时空“双盲”:既淡忘于被“打入冷宫”的中国近代教育社会学近 30 年的创业历史(我国教育社会学初创时被“打入冷宫”的近 30 年历史亦仿佛并不存在),也陌生于打开国门后世界教育社会学蓬勃发展的鲜活现实(许许多多本应耳熟能详的基础理论、学说和名家,对我们是那样的陌生),以致不得不重新学起,不得不进行教育社会学发展史上迄今闻所未闻的所谓“学科重建”②。

---

① 叶澜:《二十世纪中国社会科学 · 教育学卷》,上海:上海人民出版社 2005 年版,第 243—244 页。

② 吴康宁:《我国教育社会学的三十年发展(1979—2008)》,《华东师范大学学报》(教育科学版)2009 年第 2 期。

第三章　教育社会学学科重建时期(1979—1992)

社会学受欢迎或者受冷落,这种社会现象是一个社会是否出现深层次问题的强有力的“指标”。只有当社会成员真正想要相互了解,在知识自由和政治民主的制度中,社会学才有可能成为了解社会的工具。①

——夏尔·亨利·屈安:《社会学史》

1949之后,我国教育社会学按理说应该得到迅速的、顺利的发展,但遗憾的是,由于政治意识形态等方面原因,教育社会学与社会学一起被打入冷宫,“冻结”了三十年之久,以致于到了70年代末80年代初,我国教育社会学不得不开始进行世界教育社会学发展史上闻所未闻的所谓“学科重建”,开始谋求形式与内容双重意义上的学科发展。②

——吴康宁:《我国教育社会学的三十年发展(1979—2008)》

1978年12月,中共中央召开了十一届三中全会,坚决批判了“两个凡是”的错误方针,重新确立了解放思想、实事求是的思想路线,坚持一切从实际出发,理论联系实际,开启了新中国成立以来中国共产党乃至整个社会和国家历史上最具深远影响的大转折。政治、经济、文化、社会等方面的全面转向,为包括教育社会学在内的人文社会科学的重建提供了背景和支撑,也提出了呼唤

① [法]夏尔·亨利·屈安等:《社会学史》,唐俊译,北京:社会科学文献出版社2021年版,第249页。

② 吴康宁:《我国教育社会学的三十年发展(1979—2008)》,《华东师范大学学报》(教育科学版)2009年第2期。

和要求。在这种大环境下,经历了 30 年的沉寂,中国教育社会学于 1979 年开始复苏,开始了“教育社会学发展史上迄今闻所未闻的所谓‘学科重建’”①。

如导论中所言,这里我们遇到了与学科初创时期需要明确的问题(即我国教育社会学的“发端”或创建“标志”)相反的问题:重建时期需要明确的,则是我国教育社会学“完成重建”的时间节点。检视相关文献,对于“重建时期”(起止时间节点)的划分,可谓五花八门。究其原因,盖在于将“重建形式”(即学科制度建设)、“基本文献的积累”(即学科基本建设)和“学术研究的进展”(研究领域、研究方法及研究成果)三者混为一谈,以致到了剪不断理还乱的状态。本书以为,判别中国大陆教育社会学“重建时期”的时间节点,应该以“学科制度建设”(形式上的建立)为主要衡量标准,同时参照“学科基本建设”(基本文献的积累)情况,因为此二者是一门学科独立的门面和“硬件”。倘若衡诸“学术研究的进展”这一永无止境的“软件”,则“重建时期”也便成了永无止境的过程,也就无所谓“重建时期”了,或者说“重建时期”也就永无截止时日了。

目前,我国学界关于教育社会学恢复重建的认识不尽相同。在重建期开始的时间节点上,有学者认为重建始于 1979 年社会学的“合法化”,有学者认为突出事件是 1981 年中央教科所《教育研究》编辑部与中国社科院社会学研究所联合召开的座谈会;在重建期完成的时间节点上,则分别有 1985 年、1991 年、1992 年、1993 年、1998 年、2000 年和 2001 年等几种不同的说法。② 与重建时间点紧密相关的,是学者们对于“重建标准”的判别。譬如,厉以贤认为 1979 年后的十年建设,使教育社会学在 1988/1989 年由恢复和初创阶段转向实质性研究阶段;高旭萍认为,1979 年 3、4 月在有关杂志上发表的教育社会学文章拉开了教育社会学恢复重建的帷幕;张人杰认为,1979 年社会学“平反”,教育社会学重新获得了生存与发展的权利;吴康宁认为,自上世纪 70 年代末 80 年代初起,学界开始介绍国外教育社会学状况,开始进行在高等学校中开设教育社会学课程的具体准备;等等。③ 本书拟基于学科制度建设、学科

① 吴康宁:《教育社会学丛书》,南京:南京师范大学出版社 1999 年版,“总序”。

② 具体内容详见本章附录:《教育社会学“重建期”判识表》。

③ 具体内容详见本章附录:《教育社会学“重建期”判识表》。

基本建设及学科理论建设的三重分析,将我国教育社会学恢复重建时期的时间节点确定为1979—1992年(容详下文)。

关于恢复重建所取得的成绩,学者们的观点也不尽相同。譬如,厉以贤侧重于从“教育社会学的学科建设/教育社会学建设”和“教育社会学的研究(关于教育社会学的理论研究、关于教育社会学问题的实际调查)”两个角度分析;高旭萍侧重于从高校课程开设、文献建设和成立专业组织三个角度分析;张人杰侧重于从“学科建设”“学科要素”和“研究与决策”三个角度分析;吴康宁侧重于从“学科制度建设”“学科基本建设”“专业人才培养”和“研究本身的进展”四个角度分析;杨昌勇和李长伟侧重于从课程、学会和文献三个角度分析;杜时忠和卢旭、马和民和何芳都侧重于从概论性著作角度分析;董泽芳和张国强侧重于从“大学课程开设、专业学术团体成立和专业学术刊物出版”三个角度分析;侯怀银和王晋侧重于从引进和介绍国外教育社会学、召开座谈会、开设课程及探讨教育社会学的学科建设问题四个角度分析;刘精明和张丽侧重于从课程建设、人才培养、教材、专业团队、学术活动五个角度分析。① 在批判性继承的基础之上,本书侧重于从硬件和软件两个维度进行综合分析,具体包括学科制度建设、学科基本建设和学科理论建设三个部分,简言之,即“两个维度・三重分析”。

一、教育社会学的学科制度建设

教育社会学学科制度建设经历了一个过程。1979年3月23日至4月13日,教育部、中国社会科学院在北京召开全国教育科学规划会议,讨论了1978—1985年的《全国教育科学发展规划纲要(草案)》,明确提出了解放思想、冲破禁区、向科学进军的号召,提出了教育科学体系问题。② 这次会议,标志着我国教育学科体系问题提上日程。会议期间,《教育研究》编辑部于4月

① 具体内容详见本章附录:《教育社会学“重建期”判识表》。

② 于光远:《关于教育科学体系问题——在全国教育科学规划会议上的讲话》,《教育研究》1979年第3期。

11日邀请部分教育科学工作者座谈教育科学如何为四个现代化服务和自身如何现代化问题。有学者提出要关心各国新兴教育学科,认识其社会学等学科基础;有学者提出要建立社会主义教育科学的新门类,如教育社会学等。①1979年之后,我国教育研究界开展了"教育本质"的大讨论,重新认识了教育的各种社会功能,促进了教育学与其他学科的融合及新的分支学科的产生。②

而教育社会学恢复、重建的"标志性事件"③,是1981年12月19日中央教育科学研究所《教育研究》编辑部联合中国社会科学院社会学研究所,"邀请了部分社会学研究工作者和教育工作者举行了一次座谈会,讨论了有关教育与社会方面的一些问题。"④会上,费孝通作了《开展教育社会学的研究》、雷洁琼作了《用社会学的观点来研究教育问题》、厉以贤作了《要研究教育社会学的学科建设问题》等报告,张健、陈友松、戴世光、孙运、王铁、廖泰初、王康、季啸风、季国荣、孙越生、李禹兴、方缃、李友唐等16位专家学者也各自阐发了自己的观点,为教育社会学的重建建言献策。随后,"系列的教育社会学课程建设、人才培养和学科制度化工作逐步展开"⑤。

(一) 大学课程的重新开设

"在有关大学普遍开设课程或系列讲座"是"衡量一门学科是否至少已在制度形式上作为独立学科建立起来"的首要标准⑥。从这一角度来看,虽然在

---

① 金林祥:《20世纪中国教育学科的发展与反思》,上海:上海教育出版社2000年版,第225—226页。

② 程天君、吴康宁:《中国高校哲学社会科学发展报告:1978—2008·教育学》,桂林:广西师范大学出版社2008年版。

③ 郑金洲:《中国教育学60年:1949—2009》,上海:华东师范大学出版社2009年版,第137页。

④ 《教育研究》编辑部:《教育与社会·座谈纪要》,《教育研究》1982年第3期。

⑤ 张人杰:《中国大陆教育社会学的二十年建设(1979—2000年)》,《华东师范大学学报》(教育科学版)2001年第2期。

⑥ 日本学者新堀通也认为,衡量一门学科是否至少已在制度形式上作为独立学科建立起来,一般有三个主要标志:在有关大学普遍开设课程或系列讲座、成立全国性学术团体、出版学术刊物。参见Michiya Shimbori,"Sociology of Education," *International Review of Education*, 1979, Vol.25, No.2/3, pp.93-413.

1949 年以前我国教育社会学的初创时期，部分高校开设有教育社会学专门课程①，但一则是因为其时并非“普遍开设”，普遍影响力也较小，二则是因为并未形成专门的教学培养体系和较为完善的课程标准，具有“因人而设”的随意性，因此并不能算作是真正意义上的学科独立标准。况且，因为经历了 1949—1979 年间 30 年的沉寂，恢复重建时期的教育社会学课程开设情况与初创时期的情况截然不同：包括开设学校、教学队伍、所用教材、教学对象、培养标准等在内的课程与教学的基本情况几乎完全不同。因此，1979 年以后我国教育社会学的恢复重建，在专业课程的重新开设方面，可以说是“改天换地”和“另起炉灶”的②。

1982 年 2 月，南京师范大学在全国率先开设本科生的教育社会学课程（由鲁洁、杨祖耕等进行教学），不久，北京师范大学也开设了教育社会学课程（由厉以贤等进行教学）。③“自 1984 年秋季起，华东师范大学与南京师范大学以及北京师范大学、杭州大学等校陆续开始培养教育社会学方向的硕士研究生。其后，自 1989 年秋季起，南京师范大学、华东师范大学又相继开始培养教育社会学方向的博士研究生；1990 年春季起，相继开始为教育社会学方向的博士研究生开设本方向的专业课程”，“到 1990 年，我国教育社会学大学课程的开设已开始实现从本科生到博士生的层次覆盖”。④ 1992 年，南京师范大学与华东师范大学相继培养出教育社会学方向的博士研究生。

---

① 具体参见本书第一章有关内容。

② 关于全国主要（部分）高校教育社会学课程开设情况，详见本书附录Ⅱ之 7“全国主要高校教育社会学课程开设情况一览表”。

③ 参见张人杰：《中国大陆教育社会学的二十年建设（1979—2000 年）》，《华东师范大学学报》（教育科学版）2001 年第 2 期；吴康宁：《我国教育社会学的三十年发展（1979—2008）》，《华东师范大学学报》（教育科学版）2009 年第 2 期；吴康宁：《教育与社会：实践·反思·建构——博士沙龙百期集萃》，桂林：广西师范大学出版社 2008 年版，“写在前面”。关于此点，另有两说补录于此备考。一说：“1982 年，南京师范大学和北京师范大学率先开设了教育社会学。”见杨昌勇、李长伟：《我国大陆教育社会学二十年：回顾与反思》，《教育理论与实践》2003 年第 3 期；另一说：“1982 年，北京师范大学和南京师范大学率先开设了教育社会学。”见厉以贤：《中国大陆教育社会学的十年建设（1979—1988）》，《现代教育》（台湾）1991 年 6 卷 2 期。

④ 参见吴康宁：《我国教育社会学的三十年发展（1979—2008）》，《华东师范大学学报》（教育科学版）2009 年第 2 期；程天君：《九九归一：教育与社会——〈教育与社会研究丛书〉总序》，载桑志坚：《现代学校教育时间的社会学》，南京：南京师范大学出版社 2019 年版。

（二）全国性学术团体的成立

成立全国性学术团体是一门学科建立的另一个主要标志。如果说“学科重建”是世界教育社会学发展史是“闻所未闻”的奇闻;那么,在学术团体诞生伊始就搞出两个教育社会学学会也是“世所罕见”的怪象①。1989 年 4 月,我国第一个全国性教育社会学学术团体——全国教育社会学专业委员会在杭州成立,张人杰任“会长”(主任委员);1991 年 8 月,另一个全国性教育社会学学术团体——中国社会学会教育社会学研究会在天津成立,厉以贤任“会长”(理事长)。目前,这两个专业委员会各有组织管理、人员构成、学会活动等,虽然偶有人员穿梭两个组织的活动之间,但基本上是各自独立运行的。

1. 中国教育学会教育学分会教育社会学专业委员会

费孝通认为:“一门学科机构上大体要包括五个部门:一是学会,这是个群众性组织,不仅包括专业人员,还要包括支持这门学科的人;二是专业研究机构,它应当在这门学科中起带头、协调、交流的作用;三是各大学的学系,这是培养这门学科人才的场所,为了实行教学与研究的相结合,不仅在大学要建立专业和学系,而且要设立与之相联系的研究机构;四是图书资料中心,为教学研究工作服务,搜集、储藏、流通学科的研究成果,有关的书籍、报刊及其他资料;五是学科的专门出版机构,包括专业刊物、丛书、教材和通俗读物。”②专门的“学会”尤其是全国性的“专业学会”,一般可以看作是一门学科繁荣和常态化的标识。而“中国教育学会教育学分会教育社会学专业委员会”作为首个全国性的教育社会学专业学术团体,其成立也标志着国内教育社会学专业力量的凝聚和成形。

中国教育学会教育学分会教育社会学专业委员会的成立,得益于一些前提的具备。首先是作为国家教育科研管理部门及国家综合性教育科学研究机构的中央教育科学研究所③,于 1978 年 7 月 14 日经国务院批准,由教育部进

① 当然,在中国大陆,一个学科(或曰研究方向或研究领域)搞出两个学会的,教育社会学是“始作俑者”可能并无异议,但并非孤例。多年以后,教育人类学、教育管理学似也弄出两个学会,这已超出本书的关注范围。

② 费孝通:《略谈中国的社会学》,《社会学研究》1994 年第 1 期。

③ 2011 年 8 月 4 日,经教育部和中央机构编制委员会办公室批准,中央教育科学研究所更名为中国教育科学研究院。

行重建。之后,1979 年 4 月 12 日,作为全国性教育团体的中国教育学会在北京成立,董存才为首任会长;4 月 13 日,中国教育学会教育学研究会在北京成立,戴伯韬为首任理事长。

1987 年 11 月 13—17 日,来自华东师范大学、上海师范大学、上海教育学院、山东师范大学、东北师范大学及南京师范大学本校的十多位学者,在南京师范大学召开《教育大词典·教育社会学分册》辞目样条审稿会议。会议上有同志提出在全国教育学研究会之下成立教育社会学专业委员会的建议,并成立了由华东师范大学张人杰、东北师范大学韩文生、南京师范大学杨祖耕、北京师范大学厉以贤四人组成的筹备小组。1987 年 11 月 17 日,筹备组向全国教育学研究会提出了成立全国教育社会学专业委员会的申请报告,于 1988 年 12 月下旬得到了批复。1989 年 1 月 5 日,华东师范大学张人杰赴南京,与鲁洁、吴康宁、杨祖耕等商讨确定全国教育社会学专业委员会成立大会的诸事宜①。

1989 年 4 月 7 日至 10 日,中国教育学会教育学研究会所属的第一个全国性教育社会学学术团体——教育社会学专业委员会在杭州大学召开成立大会暨学术研讨会。会议首先交流了各高等学校教育社会学课程的开设情况,代表们相互交流了教学大纲并就课程建设进行了研讨,还着重讨论了当前我国教育社会学应当研究的主要课题,如教育问题的社会学分析、学科理论自身的建设和针对地区特点的研究等。会议初步决定将"教育危机的社会学分析"作为首项全国协作研究课题。② 之后,原则上每两年举办一次学术年会。会议选举张人杰为主任委员,杨祖耕、韩文生为副主任委员,吴康宁为秘书长,厉以贤、刘正全、董泽芳、傅松涛、卫道治为委员。

1991 年 6 月 20—25 日,全国教育社会学专业委员会首届学术年会③在安

① 资料来源于 1989 年 4 月 7 日,杨祖耕在全国教育社会学专业委员会成立大会上所作的关于"教育社会学专业委员会筹备情况"的汇报。

② 李复新:《全国教育社会学专业委员会成立并举行学术研讨会》,《教育研究》1989 年第 8 期。

③ 若以 1989 年召开的成立大会为第一届年会,则本届学术年会实为第二届。事实上,后续召开的年会已就届数问题进行了纠正。关于此点,详见本书附录 II 之 1"中国教育学会教育社会学专业委员会历届年会简况表"。

徽师范大学举办。年会主题为“中小学生的学业失败:社会学分析”(包含“国外关于学业成败的研究历史、现状及趋势”“学业成败社会学分析的理论框架”“学校社会环境、课堂环境对学生学习的影响”“师生关系在学生学习中的作用”“家庭环境对儿童学习的影响”和“社会价值倾向和学生学习的关系”等6个子课题)和“教育社会学的学科建设及今后研究重点”这1个“其他”论题。会议有本专业委员会会员提交论文并被接受者、特邀代表(如全国教育学研究会代表,海外学者如日本、加拿大等)计50人左右参加①。本次会议凸显了我国教育社会学学科发展的国际化、常态化、深入化等趋势,为今后的全国教育社会学学科发展的宏观规划、人才培养、学科建设等指明了方向。此后,每届年会的主题大体均包括两项内容,一项为“社会学视野中的教育问题”,另一项为“教育社会学自身发展问题”。②

2. 中国社会学会教育社会学专业委员会

1979年3月15—18日,“全国哲学社会科学规划会议筹备处”主持召开了社会学座谈会,成立了中国社会学研究会,著名社会学家费孝通被推选为会长。1980年1月18日,中国社会科学院社会学研究所成立,费孝通任第一任所长。1982年5月,中国社会学研究会在武汉召开年会,会上将中国社会学研究会正式易名为中国社会学会,并增补了新的理事,费孝通继续当选为会长。“1990年8月中国社会学会第三次理事会决定,在学会下设立各种专业社会学研究会。之后,委托厉以贤教授负责筹备,成立了教育社会学筹备组。”③

1991年8月19日,中国社会学会教育社会学研究会(中国社会学会的第一个专业研究会)在天津成立④,厉以贤为首任理事长。这次研究会成立大会

---

① 资料来源于《关于全国教育学研究会教育社会学专业委员会首届年会的通知》。

② 吴康宁:《我国教育社会学的三十年发展(1979—2008)》,《华东师范大学学报》(教育科学版)2009年第2期。关于中国教育学会教育社会学专业委员会历届年会主题等讯息,详见本书附录Ⅱ之1“中国教育学会教育社会学专业委员会历届年会简况表”。

③ 中国社会学会教育社会学专业委员会(教育社会学研究会):《中国社会学会会长袁方教授在教育社会学研究会成立大会上的讲话》,http://jyshx.bwu.edu.cn/info/1719/3035.htm,2016-01-01。

④ 2012年经民政部批准,研究会名称改为中国社会学会教育社会学专业委员会,业务范围为:理论研究与学术研讨。

暨学术研讨会上通过了学会章程及首届理事会机构组成,规定学会的目标和任务是,“教育社会学研究会主要是探索中国社会主义时期教育与社会之间的关系及其发展规律,围绕着我国教育发展与改革中的重大理论问题和现实问题及人们所共同关心的与本学科有关的问题,规划组织该会的力量开展教育社会学的专题研究,为政府有关决策提供咨询和建议,以更好地促进我国教育事业的改革与发展,更好地适应社会主义现代化建设的需要”①。教育社会学研究会全国性的会议,原则上每两年召开一次。

1991 年 11 月 9 日,研究会秘书长会议在北京师范大学召开,会议确定了研究会的活动类型、试办研究会通讯、发展会员、开展教育社会学的普及工作和学术培训工作及秘书处的分工等议题。1992 年 10 月 19—23 日,研究会在湖北省襄樊市召开 1992 年学术研讨会,会议围绕教育社会学的学科建设与理论研究;社区教育、企业教育;社会环境、学校环境与教育开展了研究,成果丰硕②。会议人数在 60 人左右。会议期间,召开了理事、秘书长会议,就下次学术会议的议题、地点及其他有关问题进行了讨论。关于下次会议的主题,理事会初步设想了三个方面:第一,教育社会学的学科建设与理论研究,教育社会学是新兴的学科,在我国起步较晚,因此,在学科建设方面尚需进一步开拓,使之逐步科学化;第二,社区教育(包括企业教育)是现代社会的产物,也是教育改革、教育发展的走向,在这方面既要注重理论研究,尤其强调实证研究,理事会建议:本会会员可以根据研究兴趣与专题,搞些社区教育实验点,在实践中摸索寻找中国特色的社区教育模式及其理论;第三,市场经济与教育,社会主义市场经济是中国特色社会主义的一部分,在计划经济向市场经济转轨中,教育社会应当如何进行、教育如何为推进我国社会现代化作出贡献等。③

---

① 宇曼:《中国教育社会学研究会成立》,《社会》1991 年第 11 期。

② 中国社会学会教育社会学专业委员会(教育社会学研究会):《学会纪事》,http://jyshx.bwu.edu.cn/xhjj/xhjs.htm,2016-12-13。

③ 中国社会学会教育社会学专业委员会(教育社会学研究会):《中国社会学会教育社会学研究会 1992 年学术年会纪要》,http://jyshx.bwu.edu.cn/info/1719/3034.htm,2016-01-01。关于中国社会学会教育社会学研究会历届年会主题,详见本书附录 II 之 2“中国社会学会教育社会学专业委员会历届年会简况表”。

（三）专业学术刊物的发行

公开发行专业学术刊物是一门学科成立的第三大标志。在这一点上,中国大陆教育社会学乃至不少其他学科可谓捉襟见肘。迄今,中国大陆教育社会学界也没有像英、美等国家一样有专业期刊;甚至也没有像中国台湾教育社会学界一样,定期、公开发行有《台湾教育社会学研究》这样的学术期刊。但中国教育学会教育学分会教育社会学专业委员会和中国社会学会教育社会学研究会这两个全国性学术团体均在成立初期进行了变通式努力,分别发行有各自的非正式(官方)"简讯""通讯",这也只能权充大陆教育社会学界的专业学术"刊物"。

1991 年 11 月,全国教育社会学专业委员会"会刊"《教育社会学简讯》开始不定期印发。第一期简讯由华东师范大学马和民负责,主要包括:一、专业委员会发展情况(含队伍建设、对外交流、各地区情况),二、会员科研(会员成果目录、会员正在进行的研究),三、学科发展(国内外),四、相关学科发展(教育心理学、社会学、教育学),五、学术交流,六、论文及书讯,七、下届年会主题及选址。①

中国社会学会教育社会学研究会"会刊"《中国教育社会学研究会通讯》也于 1992 年 6 月开始印发②。在 1991 年 11 月 9 日的中国社会学教育社会学研究会秘书长会议(北京师范大学)上,确定研究会将试办教育社会学研究会通讯,该"通讯"不是学术刊物,但可摘登会员的学术研究成果和消息,通讯的主要内容是向各地会员介绍和交流研究会的活动、学术动态,反映会员的意见、要求和建议,加强研究会与会员以及会员间的信息沟通。③ 在中国社会学会教育社会学研究会 1992 年学术年会(湖北襄樊)上,负责编辑研究会通讯的副秘书长张秀岩说,研究会通讯已经出了一期试刊,是不定期的带有学术性

---

① 资料来源于 1991 年 10 月 31 日马和民函询吴康宁的征求意见信。

② 后因其学术年会同全国社区教育委员会合办,刊名也改为《中国教育社会学研究会、全国社区教育委员会通讯》。参见吴康宁:《我国教育社会学的三十年发展(1979—2008)》,《华东师范大学学报》(教育科学版)2009 年第 2 期。

③ 中国社会学会教育社会学专业委员会(教育社会学研究会):《中国教育社会学研究会秘书长会议纪要》,http://jyshx.bwu.edu.cn/info/1719/3032.htm,2016-01-01。《纪要》内容源自 1991 年 11 月 9 日中国社会学教育社会学研究会在北京师范大学召开的秘书长会议。

的信息传递刊物,如新观点、学术动态、研究成果、书讯、书评、会员意见要求等,他希望会员能积极提供稿件。

或许就是在这种将就或者凑合[①]的意义上,吴康宁、董泽芳等学者认为,从1991年11月全国教育社会学专业委员会会刊《教育社会学简讯》开始不定期印发,“我们只用了将近十年的时间便基本完成了教育社会学的学科制度重建任务”[②]。

二、教育社会学的学科基本建设

在学科制度建设的同时,学科基本建设工作也取得了重要进展。所谓“基本建设”,即“对学科发展而言,有些事项具有‘基本’的意义。若无这些基本事项的运行,则学科地位的获得、学科知识的传播及学科研究的提升均无从谈起”[③]。基本队伍和基本文献可谓两个互相关联的学科基本建设要件,分别代表着人和物两方面的准备。

(一)基本队伍的形成

由于政治原因,1949年前我国教育社会学学科初创时期的教学研究人员——如苏芗雨、卢绍稷、余家菊、陈启天等——大部分迁到了台湾,他们的出走,使得我国教育社会学界本就“微薄”的研究力量基本瓦解;仍留在大陆的部分人员——如鲁继曾、许梦瀛、陈科美等——也基本告别了教育社会学的研究与教学;加上我国教育社会学在1949—1979年间经历了30年的停滞,到1979年学科重建时,基本队伍建设可也说是“从头再来”的。

---

① 当然,这种将就或者凑合不是由于教育社会学同仁能力、努力不够,而是由于报刊号限制的原因。

② 吴康宁:《现代教育社会学研究丛书总序》,北京:北京师范大学出版社2003年版;董泽芳、张国强:《我国大陆教育社会学研究的特点与演变(1979—2005)——基于对教育社会学重建以来概论性著作的文本分析》,《高等教育研究》2007年第7期。

③ 吴康宁:《我国教育社会学的三十年发展(1979—2008)》,《华东师范大学学报》(教育科学版)2009年第2期。

按照吴康宁的考察,我国教育社会学学科重建之初,其基本队伍的形成主要有两种方式:一种是从其他学科、专业或方向“转移”或“跨接”而来,另一种是培养科班出身的专业人员。重建之初,我国没有教育社会学专业人员,开始从事教育社会学教学与研究的人员都是从其他专业领域“转”过来的,确切地说,是“跨”过来的,因为他们在从事教育社会学教学与研究的同时,仍然承担着其“本行”的教学与研究任务。譬如,鲁洁(南京师范大学)是从“教育基本理论”“德育学”跨过来的,张人杰(华东师范大学)是从“比较教育”跨过来的,厉以贤(北京师范大学)则是从“马列教育思想”跨过来的。事实上,一直到20世纪80年代末90年代初,不少学校中的教育社会学从业人员都不是科班出身,而是从其他专业领域“转”过来或“跨”过来的。且即便在今天,一些学校也还不得不通过转移或跨接的方式来指定教育社会学教学与研究人员。①

培养科班出身的专业人员,包括三条途径:一条途径是派送到国外攻读学位,这一途径始自1983年,但限于本学科的地位及相关经费等原因,在20世纪90年代后期之前,通过这种途径来培养教育社会学专业人员的工作未见明显进展;另一条途径是自己培养教育社会学方向的研究生,这条途径始自1984年,迄今已有30多年,尤其是南京师范大学已经培养出研究生上百人,毕业后分别在京、辽、吉等十余个省市的北京大学、东北师范大学等20余所高校及科研机构,从事教育社会学相关的教学与研究工作;第三条途径是招收教育社会学方向的博士后研究人员,这条途径始自1999年。②

由于基本队伍形成的这两种方式并不是有规划、有计划地实行的,而是自然地、零散地存在于高校之中,因此对于一个“重建”学科来说,这是远远不够的。好在从1989年的全国教育社会学专业委员会成立大会(浙江杭州)开始,多位专业委员会委员已经注意到这个问题,并着力从课程建设和人才培养方面倡导协同化的努力。在会上,代表们首先交流了各高等学校教育社会学

① 吴康宁:《我国教育社会学的三十年发展(1979—2008)》,《华东师范大学学报》(教育科学版)2009年第2期。

② 吴康宁:《我国教育社会学的三十年发展(1979—2008)》,《华东师范大学学报》(教育科学版)2009年第2期。

课程的开设情况、教学大纲等,大多数代表主张,作为一门学科,教育社会学的教学应当有一些基本的要求,至于如何去达到这些基本要求,可由教师根据教学对象的特点订出自己的教学大纲。① 虽然此后效果如何难以查验,但这种对于学科队伍建设的反思性举措从另一个侧面透露出我国教育社会学人的学科使命感与责任担当。

关于学科重建时期教育社会学基本队伍的人员构成情况,从《全国教育社会学专业委员会成立会出席人员名单(1989.4.7)》和《全国教育社会学专业委员会九一年会通讯录(1991.6)》两份文件②中可见一斑。就人员的地域分布情况而言,以华东地区的上海、江苏、浙江等省份为主,但基本涵盖了东北、华北、华南、西北、西南在内的全国各大地区;就人员的职称/身份构成来看,涵盖了从研究生到教授的全系列学术身份;就人员的年龄构成来看,从 20 岁左右的新生代力量到 30 余岁的中坚力量,再到 50 岁以上的领军力量共济一堂,这些力量时至今日仍然是我国教育社会学基本队伍的重要构成部分。表 3-1 是隶属于中国教育学研究会教育社会学专业委员会的教育社会学基本队伍构成情况:

表 3-1　学科重建时期全国教育社会学专业委员会基本队伍构成一览表

姓名	职称	单位	参加会议	
			1989 年成立大会	1991 年年会③
朱镜人	教师	安徽省教育学院　教管系	√	
王铮	讲师	云南师范大学　教育系	√	
冯利沙	助教	陕西师范大学　教育系	√	
张人杰	副教授	华东师范大学　教育系	√	√(教授)
杨祖耕	副教授	南京师范大学　教育系	√	√

① 李复新:《全国教育社会学专业委员会成立并举行学术研讨会》,《教育研究》1989 年第 8 期。

② 具体详见《全国教育学研究会教育社会学专业委员会成立会出席人员名单(1989.4.7)》和《全国教育社会学专业委员会九一年会通讯录(1991.6)》。

③ 其实应为"第二届年会"。

续表

姓名	职称	单位	参加会议	
			1989 年成立大会	1991 年年会
吴立德	讲师	浙江师范大学　教育系	√	
董泽芳	讲师	华中师范大学　教育系	√	√
叶存洪	助教	江西教育学院　教育系	√	√
王桂英(女)	助教	内蒙古师范大学　教育系	√	√
薛茜(女)	助教	江苏教育学院　教育系	√	
马小梅(女)	研究生	华东师范大学　教育系	√	
王守恒	讲师	安徽师范大学　教育系	√	√
郭绍琪	副教授	福建师范大学　教育系	√	
吴康宁	讲师	南京师范大学　教育系	√	√(副教授)
王立新	助教	上海教育学院　干训部	√	
唐宗清	讲师	上海教育学院　干训部	√	
吴钢	研究生	华东师范大学　教育系	√	√
马和民	研究生	华东师范大学　比较所	√	√(助教)
董昭江	研究生	华东师范大学　比较所	√	
韩文生	副教授	东北师范大学　教育系	√	√
苏国炎	副教授	广东教育学院　教育系	√	√
刘正全	讲师	华南师范大学　教育系	√	√
施良方	讲师	华东师范大学　教育系	√	√(副教授)
厉以贤	教授	北京师范大学　教育系	√	
马骥雄	教授	华东师范大学　比较所	√	
姜渝萍	讲师	广州师院　教科所	√	
邝泽倩	教授	加拿大马尼托巴大学　社会学系	√	√
杨祖宏	副教授	上海师范大学　教管系	√	
钱朴	助研	上海师范大学　教科所	√	
傅松涛	讲师	河北大学　教育系	√	

续表

姓名	职称	单位	参加会议	
			1989 年成立大会	1991 年年会
励雪琴	副教授	杭州大学　教育系	√	
李复新	编辑	全国教育学研究会	√	
唐晓杰	助教	湖南师范大学　教心研究所	√	
朱振岳	记者	浙江教育报	√	
邵晓峰	记者	浙江教育报	√	
董标	研究生	杭州大学　教育系	√	
周志毅	研究生	杭州大学　教育系	√	
林良夫	助教	浙江农业大学　农教系	√	
周浩波	助教	沈阳师范学院　教育系		√
隋路	讲师	辽宁大学		√
胡寅生	编审	人民教育出版社		√
卫道治	教授	武汉大学　高教所		√
李韧青(女)	助教	长沙教育学院		√
高光凯	讲师	广西师范大学　教育系		√
吴淑娟(女)	助教	西藏农牧学院		√
瞿葆奎	教授	华东师范大学　教育系		√
赵炳起	助教	江苏淮阴师范专科学校		√
王晓军	助编	华东师范大学学报编辑部		√
李宁玉(女)	讲师	南京师范大学　教育系		√
高旭平(女)	助教	山东师范大学　教育系		√
李六珍(女)	研究生	华东师范大学　教育系		√

说明：(1)表格内容排序基本按照《全国教育社会学专业委员会成立会出席人员名单(1989.4.7)》和《全国教育社会学专业委员会九一年会通讯录(1991.6)》原内容排列，以《全国教育社会学专业委员会成立会出席人员名单(1989.4.7)》为主。(2)各研究者参见两次会议的情况分别用“√”表示，其中“1991 年年会”一栏补充了相应的职称变化情况。(3)本表格内容按原文件内容整理，其中部分内容在格式上稍有调整，但不变原意。

由于受到诸多条件限制,笔者未取得中国社会学会教育社会学研究会成立大会(1991 年)和 1992 年年会的参会人员名单或会议通讯录,因此无法对隶属于中国社会学的教育社会学研究会的基本队伍构成情况进行细致分析。但可以从《中国社会学会教育社会学研究会 1992 年学术年会论文目录》①中得到一定反映,见表 3-2:

表 3-2　学科重建时期中国社会学会教育社会学研究会基本队伍构成情况一览表

姓　名	单　位	提交论文题目
厉以贤	北京师范大学	中国的现代化和教育发展
谈松华	国家教育教育发展研究中心	中国教育发展的区域性特征及其战略选择
张秀岩	天津市教育科学研究院	实现教育社会一体化的重要途径——试论社区教育与社区发展
牛征	天津市教育科学研究院	试论我国社区教育产生的哲学基础
张健	上海普陀区教育科研室	真如中学社会教育委员会模式研究
王震宇	中国社会科学院社会学研究所	变化中的中国家庭教育环境亟待改善
刘询 李亚非	成都市青年区教研室 成都市少城中学	“家委会”——中学教育拓展的新思路
刘光秀	成都市实业街小学	开拓社会主义社区教育的新路
魏曼华	北京师范大学	大学生公德水平低差问题的几点对策
邵新毅		关于加强“最高理想”教育的社会学思考
陈英瑞	北京市社会科学界联合会	谈独生子女的教育
张宪尧 臧翠莲	浙江省台州中学 台州师专	中学生社会成熟水平的调整
李桂芝	北京青年政治学院	社会环境与学校德育
王雪生	成都科技大学	新的技术革命呼唤着高等工程教育的发展与改革
程碧珍 陈立民	上海轻工业高等专科学校	横向联合办学——上海高等专科学校求得生存发展和担负开发浦东、振兴上海责任之必需

①　中国社会学会教育社会学专业委员会(教育社会学研究会):《中国社会学会教育社会学研究会 1992 年学术年会论文目录》,http://jyshx.bwu.edu.cn/info/1719/3033.htm,2016-01-01。

续表

姓　名	单　位	提交论文题目
章未 祝宗泰	东南大学	也谈高校校办产业问题——兼议高校社会功能和教育投资体制
贾景娴	大港电厂	努力全面提高劳动者素质——浅谈“依靠与服务”
马松超	上海市智力开发研究所	乡镇企业发展对教育变革影响的初步研究
王振宇 方恩铎	河南石油勘探局	我国东部油田就业形势的观察与思考
张镇三	南阳地区税务干校	着眼社会需要,立足培养学员能力——成人中专政治经济学教育探索
唐黎	长江葛洲坝工程局教育委员会	围绕企业需要,培养急需人才——职工教育要主动为企业转换机制服务
吴立德	浙江师范大学	论大学生政治社会化的教育对策
范平安	上饶师专	社会文化变迁与大学生个体社会化
陈兴明		试论我国当前的学历问题
程金泉	厦门市教科所	正确运用高考升学率评价管理地区教育
郑淮	华南师范大学教育系	应试教育模式的社会学分析
王旭东	北京语言学院	论教育社会学学科性质
傅松涛	河北大学	教育社会学对象新论
杨昌勇	曲阜师范大学教科院	教育社会学逻辑起点探微

说明:(1)表格内容系根据中国社会学会教育社会学专业委员会网站相关信息整理而成,原始数据来源可能有缺漏(这一点可以从该学会1992年学术年会纪要中看出),但不妨以资说明一些基本情况。(2)表格内容仅是对网站相关信息稍作整理,未作改动。

相比于中国教育学会教育社会学专业委员会的人员构成来讲,中国社会学会教育社会学研究会的人员构成其来源似乎更加多元,仅“单位”一项就涵盖了从小学到大学、从学校到工厂、从社会学到教育学等多行业、多门类,这也体现了教育社会学研究会作为中国社会学会下属二级学会的学科特色。这种多元化的学科基本队伍构成不仅在实质上促进了教育社会学的重建与发展,更从形式上扩大了教育社会学学科的影响力和辐射力。当然,如果从专业性和专门性上来讲,似也为教育社会学研究会的后续发展埋下了隐忧,为该学会基本队伍的绵延增添了变数。

(二) 基本文献的积累

所谓“基本文献”,即“对教学与研究而言必不可少的专业文献,包括教材、论文、著作等。这些文献或是展示了基本框架,或是阐明了基本观点,或是体现了基本方法,而这些框架、观点及方法在学科发展的历史与现实中或是获得广泛认同,或是引起较大争议。总之,是一些具有基本价值的‘重要文本’”①。我国教育社会学基本文献的积累主要表现在三个方面:一是始于1979年的对国内外教育社会学发展状况的评介,至1992年,此类评介已基本上涉及教育社会学比较发达的主要国家②;二是出版了中国大陆学者自撰的教育社会学教科书③,至1992年完成④;三是编辑出版了教育社会学重要文选⑤和辞书⑥,主要工作也完成于1992年及之前。综合来看,“1992年”不失为划分我国教育社会学“重建时期”的一个时间节点。可以说,至1992年,我国教育社会学的重建工作大致完成;至少可以说,至1992年,我国教育社会学已经在制度上基本成为一门相对独立的学科。而且正如有学者所发现,在学科基本制度建设方面,1992年之后再未见有实质性的较大发展⑦。

---

① 吴康宁:《我国教育社会学的三十年发展(1979—2008)》,《华东师范大学学报》(教育科学版)2009年第2期。

② 吴康宁:《我国教育社会学的三十年发展(1979—2008)》,《华东师范大学学报》(教育科学版)2009年第2期。

③ 1986年第一本《教育社会学概论》(裴时英编著,南开大学出版社)问世;1990年全国高等学校文科教材《教育社会学》(鲁洁主编,人民教育出版社)发行。

④ 据统计,从1979年到2005年我国出版的主要教育社会学概论性教材类著作有18部之多,其中1992年之前就有9本。详见董泽芳、张国强:《我国大陆教育社会学研究的特点与演变(1979—2005)——基于对教育社会学重建以来概论性著作的文本分析》,《高等教育研究》2007年第7期。

⑤ 其一是张人杰主编的《国外教育社会学基本文选》,上海:华东师范大学出版社1989年版;其二是厉以贤主编的《西方教育社会学文选》,台北:台湾五南图书出版股份有限公司1992年版。

⑥ 我国学者自己编撰的第一本教育社会学工具书出版于1992年,即顾明远主编的《教育大辞典》(上海教育出版社),第6卷为“教育哲学、教育经济学、教育社会学、教育边缘学科”合卷,张人杰为其中的“教育社会学”学科主编。

⑦ 吴康宁:《我国教育社会学的三十年发展(1979—2008)》,《华东师范大学学报》(教育科学版)2009年第2期。

1. 国外教育社会学研究成果的译介

我国学者之所以公认教育社会学学科的恢复重建始于1979年,表现在基本文献的积累方面,是因为从1979年起我国学者开始对国外教育社会学研究成果进行译述。这类译述大致可以分为两类:一类是对教育社会学整体进展情况的译述,另一类是对某个教育社会学人物或流派的专门译介。自1979年起直至1992年,这两类译介的进展情况基本保持同步。以下是根据笔者所搜集到的这一时期我国学者对国外教育社会学研究成果的译述相关论文(共计58篇)做的统计和对比情况,虽不能保证万无一失,但概貌基本清晰。

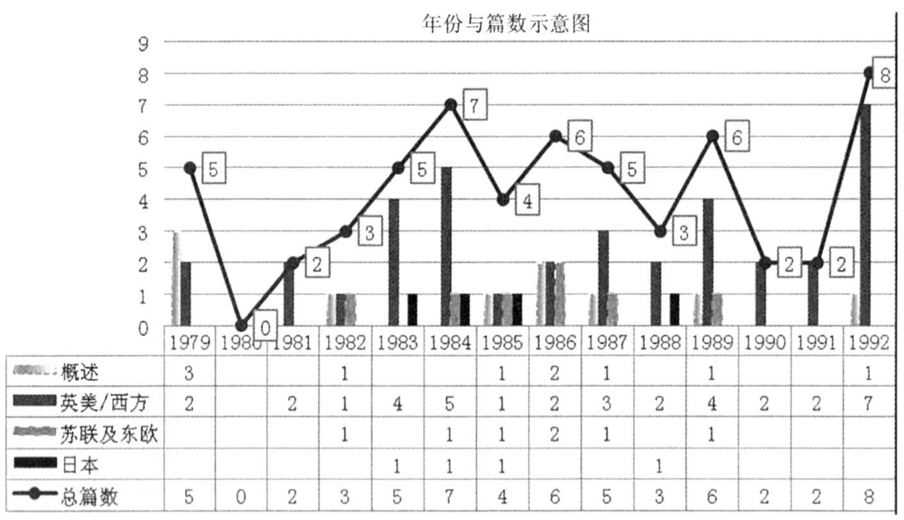

	1979	1980	1981	1982	1983	1984	1985	1986	1987	1988	1989	1990	1991	1992
概述	3			1			1	2	1		1			1
英美/西方	2		2	1	4	5	1	2	3	2	4	2	2	7
苏联及东欧				1		1	1	2	1		1			
日本					1	1	1			1				
总篇数	5	0	2	3	5	7	4	6	5	3	6	2	2	8

图3-1 1979—1992年间我国学者对国外教育社会学研究成果的译述情况统计

具体篇目如下(按年份和期数排列,下同):

◇张人杰:《教育科学中的几个新领域》,《教育研究》1979年第3期。

◇钟启泉译述:《教育社会学的发展》,《外国教育资料》1979年第3期。

◇张人杰译:《教育社会学的四个研究趋向》,《外国教育资料》1979年第3期。

◇夏孝川译:《皮埃尔·布迪厄:社会不平等的文化传授》,《外国教育资料》1979年第3期。

◇马骥雄:《“教育成层论”简介》,《外国教育资料》1979年第4期。

◇环惜吾:《英国教育社会学的发展和近况简介》,《外国教育动态》1981年第1期。

◇卫纯:《欧美各国的教育社会学简介》,《教育研究》1981年第10期。

◇吴有:《教育社会学简介》,《外国教育动态》1982年第1期。

◇陈友松、蔡振生:《欧美教育社会学的兴起和发展》,《教育研究》1982年第3期。

◇苏国勋:《苏联教育社会学研究简介》,《教育研究》1982年第4期。

◇刘星译述:《教育社会学在日本》,《外国教育研究》1983年第1期。

◇巴江、桂万宏:《西方教育社会学研究简述》,《社会学通讯》1983年第3期。

◇厉以贤:《西方教育社会学的发展阶段及其特点》,《外国教育动态》1983年第6期。

◇王承璐译:《教育社会学的发展及其理论》,《现代外国哲学社会科学文摘》1983年第9期。

◇施学光摘译:《学生与家庭——教育社会学的调查结果》,《世界经济与政治论坛》1983年第18期。

◇戚铁源译:《论教育社会学理论的发展》,《国外社会科学》1984年第4期。

◇戚铁源译:《教育社会学的作用》,《国外社会科学》1984年第4期。

◇魏章玲译:《评关于教育社会学的两本书》,《国外社会科学》1984年第4期。

◇黄育馥:《北美的教育社会学研究》,《国外社会科学》1984年第7期。

◇毛华田译:《从社会学的角度看中国的教育改革》,《国外社会科学》1984 年第 7 期。

◇王佩雄译:《英国教育社会学 30 年》,《国外社会科学》1984 年第 10 期。

◇吴康宁:《日本教育社会学的历史与现状》,《教育研究》1984 年第 11 期。

◇吴康宁译:《日本的教育社会学》,《华东师范大学学报》(教育科学版)1985 年第 3 期。

◇易难:《教育社会学小考》,《社会》1985 年第 5 期。

◇翼然译:《苏联的教育社会学》,《现代外国哲学社会科学文摘》1985 年第 6 期。

◇吴小平:《西方教育社会学的发展概述》,《外国教育动态》1985 年第 6 期。

◇张人杰:《西方"教育民主化"初探》,《高等教育学报》1986 年第 1、2 期。

◇熙君摘:《关于"教育社会学"》,《社会科学》1986 年第 1 期。

◇卫道治、沈煜峰:《国外教育社会学述评》,《高等教育学报》1986 年第 1 期。

◇马继森译:《教育社会学范式发展的总模式》,《国际社会科学杂志》(中文版)1986 年第 2 期。

◇周悫安译:《教育社会学:社会的要求与青年职业选择的态度》,《国际社会科学杂志》(中文版)1986 年第 2 期。

◇张人杰译:《教育社会学的研究领域及其涵义》,《外国教育资料》1986 年第 5 期。

◇唐宗清编译:《帕森斯和教育社会学》,《外国教育研究》1987 年第 2 期。

◇唐宗倩译:《波兰的教育社会学》,《现代外国哲学社会科学文摘》1987 年第 4 期。

◇张人杰:《西方"学校社会学"研究》,《外国教育资料》1987 年第 4、

5 期。

◇卫道治、沈煜峰:《国外关于班级—学校的社会学理论》,《教育研究》1987 年第 6 期。

◇黄育馥:《当代西方教育社会学理论概貌》,《国外社会科学》1987 年第 7 期。

◇梁忠义、陈英招译:《社会结构的变动与教育——关于日本的“教育社会学”》,《外国教育研究》1988 年第 1 期。

◇王川:《教育社会学的“再生产”理论》,《教育理论与实践》1988 年第 1 期。

◇马和鸣:《西方“新韦伯主义”教育观概述》,《国外社会科学》1988 年第 3 期。

◇邓才彪:《涂尔干道德教育思想述评》,《外国教育动态》1989 年第 2 期。

◇孙传钊:《西方教育社会学的历史和研究领域》,《社会学研究》1989 年第 3 期。

◇唐宗清译:《解释主义的教育社会学》,《现代外国哲学社会科学文摘》1989 年第 3 期。

◇林永柏:《试论马克思恩格斯对教育社会学理论的贡献》,《吉林师范学院学报》(哲社版)1989 年第 4 期。

◇刘要悟:《苏联的教育社会学研究》,《国外社会科学》1989 年第 5 期。

◇吴康宁:《当代欧美教育社会学三大流派》,《教育研究》1989 年第 6 期。

◇王郁川:《国外教育社会学的“结构—功能主义”理论述评》,《教育评论》1990 年第 1 期。

◇郑红、张人杰:《西方教育不平等社会学述评》,《外国教育动态》1990 年第 5 期。

◇唐宗清编译:《当代西方教育社会学五大流派》,《上海教育学院学报》1991 年第 3 期。

◇王箭:《教育社会学中功能主义学说的理论走向及其启示》,《外国教育动态》1991 年第 6 期。

◇李宁玉:《国内外教育社会学的研究现状及趋势》,《教育研究与实验》1992 年第 1 期。

◇冯劲松:《教育社会学发展概述》,《吉林教育科学》1992 年第 1 期。

◇董昭江:《教育社会学中的解释学派述评》,《外国教育研究》1992 年第 2 期。

◇吴钢:《英国教育社会学研究主题之演变》,《比较教育研究》1992 年第 2 期。

◇徐文广:《涂尔干道德教育思想浅析》,《山东教育科研》1992 年第 4 期。

◇吴钢:《美国教育社会学的回顾》,《外国教育资料》1992 年第 6 期。

◇吴永军:《当代西方课程社会学概览》,《国外社会科学》1992 年第 10 期。

◇禾子译:《康茨及其教育社会学研究》,《国外社会科学》1992 年第 12 期。

这一时期我国学者翻译的国外教育社会学相关著作只有 4 本,而且这些译著的原作者的国家分布情况基本上与上述论文的译介来源情况一致。这 4 本著作分别是:

◇李震雷、徐景陵译:《教育社会学》,上海:华东师范大学出版社 1985 年版。([苏联]费里波夫著,1980)

◇刘慧珍等译:《美国教育社会学》,北京:春秋出版社 1989 年版。([美]Jeanne H.Ballantine 著,1983)

◇曲则生等译:《日本高等教育社会学文集》,上海:百家出版社 1989 年版。

◇张人杰译:《社会环境与教育成就》,昆明:教育出版社 1991 年版。([瑞典]Torsten Husen 著,1972)

这些文章和译著以美国、英国、苏联的为主,其次是日本和法国的。它们对我国教育社会学理论和实际的研究产生了较大影响。如国外教育社会学中关于教育的社会化作用,教育与社会分层的关系,学生家庭的社会背景与学生学业成绩的关系,学生群体、学生亚文化,学校、班级社会学等理论,不仅对我国教育社会学研究课题产生了较大影响,而且在一定程度上影响了我国教育社会学研究者理论分析的思路和对实际调查结论的阐述①。

2. 学科概论性著作的编撰

在学科重建时期,除了翻译和引介国外教育社会学的经典理论和最新进展情况,我国学者还依据自身的学习和研究情况,开始探索"本土化"的教育社会学理论体系和实践方式,其中尤以学科概论性著作的编撰为代表。吴康宁将这一段时期我国教育社会学的学术研究进展情况概括为"学科概论性研究为主、分支领域性研究为辅(70 年代末至 80 年代中期)"和"学科概论性研究与分支领域性研究齐头并进(80 年代后期至 90 年代中期)"阶段②。董泽芳、张国强将这一段时期我国教育社会学著作的特点归结为"学科概论受到普遍关注,研究主题比较集中;结构体系相近,基本上遵循从学科概论、宏观研究、中观研究到微观研究的大致架构;受作者学科背景影响,规范性研究倾向明显,即注重对教育相关的社会因素的研究,旨在为广大教师提供有关知识,规范教育政策与教育行为"③。杜时忠、卢旭则将这一时期的代表性著作归纳为按学科体系编排与以问题为中心编排、社会学视角与教育学视角的两类矛盾④。

1979—1992 年间,我国学者编撰的教育社会学学科概论性著作共计九本,其中 1979—1985 年间没有此类著作出版,1986—1992 年间则每年都至少有一本。这些著作详情如下:

---

① 金林祥:《20 世纪中国教育学科的发展与反思》,上海:上海教育出版社 2000 年版,第 267—269 页。

② 吴康宁:《我国教育社会学的三十年发展(1979—2008)》,《华东师范大学学报》(教育科学版)2009 年第 2 期。

③ 董泽芳、张国强:《我国大陆教育社会学研究的特点与演变(1979—2005)——基于对教育社会学重建以来概论性著作的文本分析》,《高等教育研究》2007 年第 7 期。

④ 杜时忠、卢旭:《我国教育社会学研究的回顾与前瞻》,《高等教育研究》2004 年第 3 期。

表 3-3 1979—1992 年间主要我国教育社会学概论性著作一览表

序号	著作名称	作者信息	出版信息
1	《教育社会学概论》	裴时英 编著	天津:南开大学出版社,1986
2	《教育社会学》	桂万宏、苏玉兰著	天津:天津人民出版社,1987
3	《教育社会学》	刘慧珍 著	沈阳:辽宁教育出版社,1988
4	《人·关系·文化——教育社会学观略》	卫道治、沈煜峰著	长沙:湖南教育出版社、广州:广东教育出版社,1988
5	《教育社会学引论》	厉以贤、毕诚 著	哈尔滨:黑龙江教育出版社,1989
6	《教育社会学》	鲁洁 主编 吴康宁 副主编	北京:人民教育出版社,1990
7	《教育社会学》	董泽芳 编著	武汉:华中师范大学出版社,1990
8	《教育与社会》	吴铎、张人杰 编	北京:中国科学技术出版社,1991
9	《教育社会学》	金一鸣 主编	南京:江苏教育出版社,1992

其中,尤为值得一提的是由鲁洁主编、吴康宁副主编的《教育社会学》,该书为南京师范大学鲁洁教授受原国家教委《高等学校文科教育类专业教材编写计划(1985—1990)》的要求主编而成,该教材从 1985 年开始编写,经过 5 年教学实验、修改直至 1990 年才正式出版。该书因其内容和体例的相对完善,在大多数开设教育社会学课程的大学中被作为教材使用,影响十分广泛、持久且深入。出版不久,我国台湾教育社会学学者李锦旭在文章中评价此书为"比较理想的教科书"①,国内学者也专门撰文作了积极评价②。

我们以 1979—1992 年间教育社会学概论性著作为研究样本可以发现,九本概论性著作除了序言、引言和后记外,正文部分共计 93 章,基本上每章围绕一个教育社会学范畴内的主题或问题进行探讨,但也有少量在一章内容中探讨两个以上主体或问题的。出现频次较高的研究主题有"教育社会学的研究

① 李锦旭:《中文教育社会学著(译)作目录》,《现代教育》(台湾)1992 年 7 卷 2 期。

② 李国榕、杨昌勇:《教育科学研究的新贡献——评鲁洁主编的〈教育社会学〉》,《南京师范大学学报》(社会科学版)1993 年第 2 期。

对象和性质"(7次)、"教育与人的社会化"(6次)、"学校社会学"(6次)、"班级社会学"(6次)等。

具体的研究主题及出现频次等情况如下:

表3-4　1979—1992年间我国主要教育社会学概论性著作研究主题一览表

序号	研究主题	出现频次	相关作者及年份
1	教育社会学的研究对象和性质	7	裴时英(1986),桂万宏(1987),刘慧珍(1988),卫道治(1988),厉以贤(1989),鲁洁(1990),董泽芳(1990)
2	教育与人的社会化	6	裴时英(1986),桂万宏(1987),刘慧珍(1988),卫道治(1988),鲁洁(1990),董泽芳(1990)
3	教育与社会变迁	6	裴时英(1986),桂万宏(1987),刘慧珍(1988),卫道治(1988),鲁洁(1990),董泽芳(1990)
4	学校社会学	6	裴时英(1986),桂万宏(1987),刘慧珍(1988),卫道治(1988),鲁洁(1990),董泽芳(1990)
5	班级社会学	6	裴时英(1986),桂万宏(1987),刘慧珍(1988),卫道治(1988),鲁洁(1990),董泽芳(1990)
6	教育社会学的发展史	5	裴时英(1986),刘慧珍(1988),厉以贤(1989),鲁洁(1990),董泽芳(1990)
7	教育社会学的研究方法	5	裴时英(1986),桂万宏(1987),卫道治(1988),鲁洁(1990),董泽芳(1990)
8	教师社会学	5	桂万宏(1987),卫道治(1988),鲁洁(1990),董泽芳(1990),金一鸣(1992)
9	教育社会学的主要流派	4	桂万宏(1987),刘慧珍(1988),厉以贤(1989),鲁洁(1990)
10	教育与社会结构	4	桂万宏(1987),刘慧珍(1988),卫道治(1988),董泽芳(1990)
11	教育与社会流动	4	桂万宏(1987),刘慧珍(1988),卫道治(1988),董泽芳(1990)
12	教育与文化	4	桂万宏(1987),卫道治(1988),鲁洁(1990),吴铎(1991)
13	教育与社区	3	裴时英(1986),鲁洁(1990),吴铎(1991)
14	教育与经济	3	鲁洁(1990),吴铎(1991),金一鸣(1992)
15	教育与政治	3	鲁洁(1990),吴铎(1991),金一鸣(1992)

续表

序号	研究主题	出现频次	相关作者及年份
16	教育与人口	3	鲁洁(1990),董泽芳(1990),金一鸣(1992)
17	教育与家庭	3	鲁洁(1990),董泽芳(1990),吴铎(1991)
18	教育与职业	3	董泽芳(1990),吴铎(1991),金一鸣(1992)
19	青少年教育问题	3	鲁洁(1990),董泽芳(1990),金一鸣(1992)
20	教育与社会群体	2	裴时英(1986),董泽芳(1990)
21	教育与社会	2	吴铎(1991),金一鸣(1992)
22	教育与环境	2	裴时英(1986),鲁洁(1990)
23	教育与制度	1	董泽芳(1990)
24	教育与法制	1	吴铎(1991)
25	教育与道德	1	吴铎(1991)
26	教育与性别	1	鲁洁(1990)
27	教育与科技	1	吴铎(1991)
28	教育与未来	1	吴铎(1991)
29	教育与大众传媒	1	董泽芳(1990)
30	课堂/教学社会学	1	刘慧珍(1988)
31	教育政策社会学	1	卫道治(1988)
32	我国传统教育社会学遗产	1	厉以贤(1989)
33	教育公平与教育机会均等	1	金一鸣(1992)
34	教育体制改革	1	金一鸣(1992)
35	教育评价	1	金一鸣(1992)

3. 重要文选的编著和基本辞书的编撰

重要文选和基本辞书作为教学与研究的基础性工具书，其编撰基本上可以看作是一门学科是否成熟和独立的重要标志之一。经过 1979—1992 年间我国教育社会学人的努力，截至 1992 年底，我国教育社会学相关的重要文选已编撰了两部，分别是张人杰主编的《国外教育社会学基本文选》(华东师范大学出版社，1989) 和厉以贤主编的《西方教育社会学文选》(台湾五南图书出版股份有限公司，1992)。直至目前，这两本文选依然是教育社会学研究生的基础必读书目和教育社会学教学的重要参考书目。编撰基本辞书一部,即顾明远主编《教育大辞典》中的“教育社会学”卷(上海教育出版社,1992)。此外,在董存才等主编的《中国大百科全书·教育卷》(中国大百科全书出版社,1985)中也收录有“教育社会学”相关词条。

以张人杰主编的《国外教育社会学基本文选》和厉以贤主编的《西方教育社会学文选》为例,两书的内容有部分重复,但总体而言各有侧重,选编主题基本涵盖了国外教育社会学的主要理论流派和分析方法,具体主题的对比情况如下:

表 3-5　1979—1992 年间国人选编的教育社会学重要文选内容对照表

选编内容		文选收录情况	
主题	具体篇目及作者①	《国外教育社会学基本文选》②	《西方教育社会学文选》③
社会学家对教育的经典论述	教育及其性质与作用　[法]埃米尔·涂尔干	√	√
	教育学与社会学　埃米尔·涂尔干		√
	道德教育论　[法]埃米尔·涂尔干	√	√
	论教育与社会　埃米尔·涂尔干		√
	学校与社会　[美]约翰·杜威	√	
	民主主义与教育　[美]约翰·杜威	√	
	教育的社会功能　约翰·杜威		√
	教育为生活所必须　约翰·杜威		√
	教育与培训的“合理性”　马克斯·韦伯		√
	现代教育的病理　[日]大桥薰	√	

① 篇目及作者录入保留原格式(有些作者未注明国别)。

② 张人杰:《国外教育社会学基本文选》,上海:华东师范大学出版社 1989 年版。共选编 31 篇。

③ 厉以贤:《西方教育社会学文选》,台北:台湾五南图书出版股份有限公司 1992 年版。共选编 44 篇。

续表

选编内容		文选收录情况	
主题	具体篇目及作者	《国外教育社会学基本文选》	《西方教育社会学文选》
教育分层与流动	教育成层的功能理论和冲突理论　[美]兰德尔·柯林斯	√	√
	工业社会中教育与社会阶层、社会流动的关系　[英]厄尔·霍珀	√	
	赞助性流动、竞争性流动和教育制度　[英]拉尔夫·H.特纳	√	√
	教育与社会流动:一种结构模式　雷蒙德·鲍顿		√
	社会选拔与教育　[日]天野郁夫	√	
教育制度与教育公平	关于教育制度分类的类型学　[英]厄尔·霍珀	√	
	美国的资本主义制度与教育　[美]塞缪尔·鲍尔斯、赫伯特·吉丁斯	√	
	教育机会均等的观念　[美]詹姆斯·科尔曼	√	√
	平等——学校和社会政策的目标　[瑞典]托尔斯顿·胡森	√	
	不平等的教育和社会分工的再生产　[美]塞缪尔·鲍尔斯	√	√
	英才治国与平等　[美]丹尼尔·贝尔	√	
	英才形成的社会学　[日]麻生诚	√	
	英才与教育　[日]麻生诚	√	
	趋向于能人统治吗?——英国实例　[英]A.H.哈尔西	√	
社会身份与教育成就	家庭环境与智力　约翰·尼斯比特		√
	阶级与精英　T.S.艾略特		√
	社会阶级、语言与社会化　[英]巴兹尔·伯恩斯坦	√	
	社会出身对应届中学毕业生评价职业的影响　[苏]M.Kh.季特马	√	

续表

选编内容		文选收录情况	
主题	具体篇目及作者	《国外教育社会学基本文选》	《西方教育社会学文选》
教育与经济	教育的经济价值　[美]西奥多·威廉·舒尔茨	√	
	教育投资　T.W.舒尔茨		√
	教育投资的经济意义:近期的观点　[希腊]乔治·萨卡罗普洛斯、[英]莫林·伍德贺尔	√	
	经济学理论与穷人的命运　巴里·布卢斯通		√
	教育与经济平等　莱斯特·C.瑟罗		√
	教育与资本主义劳动市场　马西漠·帕西		√
	社会经济地位、智力与高等教育成就　威廉·H.休厄尔,威玛尔·P.沙		√
	发展计划中的职业学校谬误　菲利浦·J.弗斯特		√
	劳动市场划分理论对教育计划的启示　马丁·卡诺衣		√
教育与文化	独特的学校文化　威拉德·沃勒		√
	文化再制与社会再制　皮埃尔·布迪厄		√
	社会阶级、语言与社会化　巴兹尔·伯恩斯坦		√
	阶级与教学法:有形的与无形的　巴兹尔·伯恩斯坦		√
	十九世纪德国高等教育中的文化传递　弗里茨·林格尔		√
学校社会学	公立学校与政治社会化　[美]P.C.沃思伯恩	√	
	我们为什么必须废除学校　[美]伊凡·伊利奇	√	
	选择性学校与综合性学校的学业成绩　托尔斯腾·胡森		√

续表

选编内容		文选收录情况	
主题	具体篇目及作者	《国外教育社会学基本文选》	《西方教育社会学文选》
学校社会学	教育作为一种制度的效果　约翰·W.迈耶		√
	作为社会有机体的学校　威拉德·沃勒		√
	教室里的组织压力　菲利浦·杰克逊		√
	学校教育对规范学习的贡献　罗伯特·德雷本		√
	标签理论对理解学校教育过程的贡献 ［英］雷·C.里斯特	√	√
	学校的社会结构　威尔伯·B.布鲁科佛		√
班级社会学	作为一种社会体系的班级:它在美国社会中的某些功能　［美］塔尔科特·帕森斯	√	√
	论班级的组织和管理　［日］片冈德雄	√	
教师社会学	制度化的领导——教导　威拉德·沃勒		√
	教师角色的定义　J.考伯		√
	教师的角色　吉恩·D.格兰布斯		√
课程社会学	课程变迁:局限性与可能性　［英］迈克尔·扬	√	√
	课程作为社会构成知识的一种研究取向　迈克尔·F.D.扬		√
	意识形态与文化再制、经济再制　迈克尔·W.艾波		√
	知识与学校课程　S.J.爱格斯顿		√
学科论	教育社会学研究的对象　［苏］Φ.Р.费里波夫	√	
	教育社会学的方法论及其应用　［法］阿兰·格拉	√	

续表

选编内容		文选收录情况	
主题	具体篇目及作者	《国外教育社会学基本文选》	《西方教育社会学文选》
其他	符号互动论究竟发生了什么?　[英]戴维·哈格里夫斯	√	
	宗教生活的基本形式　埃米尔·涂尔干		√
	阶级、身份与政党　马克斯·韦伯		√
	中国儒士阶层　马克斯·韦伯		√

说明:(1)"主题"系根据具体篇目所提炼。(2)"具体篇目及作者"为文选中的原初信息,未进行加工修改,可能出现篇名不同但有部分内容重复的情况,但若内容全部相同的则归为同一篇。(3)"文选收录情况"用"√"表示收录,未收录不标记。

除了重要文选,能够作为教育社会学的基础工具书的还有本学科的基本辞书。1985年出版的《中国大百科全书·教育卷》是我国第一部教育类专门工具书。全书分为教育与教育科学、马克思主义教育理论、教育学、教育制度与管理、中国教育史、外国教育史(当代教育史)、教育心理学等七个分支学科,共设词条770多条,有130余万字,插图、图表700多幅。《教育卷》设有编委会,并邀请了全国高等教育院校中有关的专家、学者分别撰写,历时四年(1981—1984)。书中"教育科学的分支学科"条目(不同于"教育学的分支")下分有"教育社会学"等条目。其中,"教育社会学"(educational sociology)被定义为"从社会学角度研究各种教育现象、教育问题及其与社会之间相互制约关系的学科。教育科学中近百年来发展起来的一个边缘性的分支学科"①,此外还有"沿革""中国的发展情况""研究的领域"等模块。

我国学者自己编写的第一本教育社会学工具书出版于1992年,是顾明远主编的《教育大辞典》中的"教育社会学"分卷。《教育大辞典》是一部专门的教育百科辞典,其编撰源于1985年11月中国教育学会在武汉召开的第二次学术研讨会,1986年4月在北京召开了第一次编撰会议,制订了编撰计划,之

① 董存才:《中国大百科全书·教育卷》,北京:中国大百科全书出版社1985年版,第173页。

后被国家教委列为“七五”国家教育科研重点项目,1989 年 7 月又被国家新闻出版署列为 1988—2000 年全国辞书编写出版规划重点项目。《教育大辞典》第 6 卷为“教育哲学、教育经济学、教育社会学、教育边缘学科”合卷,其中,“教育社会学”分卷由张人杰任主编,马骥雄任副主编,马和民、吴康宁、杨祖宏、杨祖耕、张人杰、高旭平、唐宗清、董昭江为主要撰稿人。该分卷内容包括总论、宏观教育社会学、微观教育社会学、人物著作四个部分,分教育与社会结构、教育与社会变迁、学校社会学、班级社会学、教师社会学、教育与个体社会化、教育与家庭等主题①。

此外,在顾明远主编的《中国教育大系·现代教育理论丛编(一)》一书②的附录一《教育社会学论文索引(1979—2000)》中,1979—1992 年间共收录文献条目 128 条,基本涵盖了教育社会学重建时期本学科研究的基本状况。这也可以从一个侧面反映出我国教育社会学基本文献的积累情况。

值得一提的是,1989 年由瞿葆奎主编、陈桂生等选编的《教育学文集》第 3 卷《教育与社会发展》也可以被视作教育社会学的重要工具书。该卷在结构上将选文分为“关于教育的社会性质与职能问题”“关于教育与生产的关系及学校教育的经济职能”“关于教育与社会经济制度的关系及学校教育的选择职能”“关于教育与政治的关系及学校教育的政治职能”“关于教育与精神文明的关系及学校教育的文化职能”“关于教育与人口的关系”和“现代社会中的教育问题及教育对现代社会的适应”等七类③,有些类又别为若干群,共计 37 篇选文。该文集虽然没有冠名以“教育社会学”,但是从主体和选文内容来看基本上都属于教育社会学的学科范畴,而且这种选编结集的方式,无论是在形式上还是内容上都为后来的教育社会学相关文献建设提供了有益的开拓和借鉴。

---

① 顾明远主编:《教育大辞典 6》,上海:上海教育出版社 1992 年版,第 373—484 页。

② 《中国教育大系》是顾明远主编的教育资料集,目前共出版 1994 年、2001 年、2015 年三版。其中《现代教育理论丛编》分册由顾明远主编,一般均是我国研究人员运用新科学,联系我国教育实际所作的科学研究成果,“教育社会学”单独成编,由陆有铨选编。具体参见顾明远:《中国教育大系·现代教育理论丛编(一)》,武汉:湖北教育出版社 2015 年版,第 399—777 页。

③ 瞿葆奎:《教育学文集》第 3 卷《教育与社会发展》,北京:人民教育出版社 1989 年版,第 11 页。

三、教育社会学的学科理论建设

完成了前两项(学科制度建设和学科基本建设),我国教育社会学学科已基本自立于社会科学学科之林了。"如果说基本建设是学科赖以独立的'硬支撑'的话,那么,学术研究便是学科走向成熟的'软实力'"①。我国教育社会学重建时期的学科理论建设,充分发挥了"后发优势",通过引介国外教育社会学理论和创生本土化的教育社会学理论"两条腿走路",使我国教育社会学在研究领域、研究方法和理论影响等方面都取得了长足发展。

(一)研究领域的拓展

由于我国大陆教育社会学经历了1949—1979年间30年的停滞,而同期国外教育社会学界和我国港澳台地区的教育社会学研究则获得了蓬勃发展(参见本书第二章),我国教育社会学的重建基本上是建立在"一穷二白"②的基础上的。但也正因如此,在1979年改革开放的国策实施以后,随着社会学的"解禁",我国教育社会学人开始了全面的"补课"和"追赶",这种"铆了三十年的劲儿"碰上了国内思想的大解放和国外教育社会学的成熟期,内外激荡之下所产生的效果也是十分明显的:对国外教育社会学理论的翻译全面推进,不仅有国外教育社会学总论和英、美、日、苏联等分国别的专论,还有对教育社会学发展史、理论流派、专门人物的针对性译介;对本土化教育社会学理论的探讨持续且深入,不仅有对国外教育社会学理论在我国的应用性问题的思考,还有对我国本土教育社会学思想的挖掘。这些理论的推进,不仅浓缩了国外教育社会学数十年的发展,而且从不同侧面生长出了我国本土的教育社会学研究分支领域和方向。以下就重建时期(1979—1992年)我国教育社会

① 吴康宁:《我国教育社会学的三十年发展(1979—2008)》,《华东师范大学学报》(教育科学版)2009年第2期。

② 这里的"一穷二白"是指学科理论建设的物质基础如教材、教参、研究文献等匮乏,且理论和方法论基础也同样残缺。

学研究领域的拓展情况分述如下:

1. 教育社会学学科论

教育社会学学科论包括学科要素与学科历史两个基本论域。其中,学科要素主要由研究对象、学科性质及方法论三者构成,学科历史则主要包括学科发展史和学术思想史两个部分。整个教育社会学重建时期,我国学者从借鉴国外教育社会学的学科要素相关理论到探索“中国特色”的学科要素理论,体现了一种强烈的学科自觉和责任意识。虽然这一时期对教育社会学学科论的探讨从无到有又屡见不鲜,但总体而言呈现出散、乱、偏的特征,没有形成系统化的和较为公认的研究成果。

从 1979 年钟启泉译述《教育社会学的发展》一文开始,我国学者对教育社会学的研究对象与研究性质进行了持续的探讨。有“接着说”的,如刘慧珍《教育社会学》一书第一章“教育社会学领域的开拓”,厉以贤《试谈教育社会学的学科性质和研究对象》一文等;有“对着说”的,如厉以贤、毕诚《教育社会学引论》一书第二编“中国教育社会学思想发展史略”,卫道治、沈煜峰《人·关系·文化——教育社会学观略》一书第一章“教育社会学界说”;还有“另外说”的,如裴时英的《教育社会学概论》一书第八章第一节“马克思、恩格斯、列宁和毛泽东对社会科学研究的伟大贡献”,林永柏《试论马克思、恩格斯对教育社会学理论的贡献》一文等。

关于教育社会学的方法论研究,有学者从总体上论述了教育社会学的研究方法,如桂万宏、苏玉兰《教育社会学》一书中“教育社会学理论和研究方法”模块;有学者尝试结合具体的研究问题探索新的研究方法,如卫道治、沈煜峰《略论教育社会学的规范性研究与证验性研究》一文;有学者则针对一种研究方法进行了持续挖掘,如鲁洁《教育社会学》一书第二章第四节“教育调查研究的程序和步骤”等。

关于教育社会学的学科发展史和学术思想史研究,我国学者首先是综述和翻译国外教育社会学的学科发展(国外总论、西方和具体国家)情况,如张人杰《教育科学中的几个新领域》一文和苏国勋《苏联教育社会学研究简介》一文等;其次是分述某一个教育社会学名家或研究领域,如马孝川译《皮埃尔·布迪厄:社会不平等的文化传授》一文和张人杰《西方“教育民主化”初探》一文等；再次是对我国教育社会学发展史进行的回顾和梳理，如董泽芳《教育社会学》一书第一章第一节第六点“教育社会学在中国”和厉以贤、刘慧珍《教育社会学的复兴与发展》一文等。

学科重建时期关于教育社会学学科论的主要研究成果如下：

◇吴有：《教育社会学简介》，《外国教育动态》1982 年第 1 期。

◇鲁洁：《创建马克思主义的教育社会学刍议》，《南京师院学报》(哲学社会科学版)1983 年第 1 期。

◇扈中平译：《教育社会学范畴》，《研究生学报(华中师范学院)》1984 年第 3 期。

◇爱陶：《教育社会学》，《教育科研通讯》1985 年第 1 期。

◇厉以贤：《试谈教育社会学的学科性质和研究对象》，《北京师范大学学报》(社会科学版)1985 年第 2 期。

◇厉以贤：《教育社会学》，《高等工程教育研究》1986 年第 1 期。

◇卫道治、沈煜峰：《教育社会学导论》，《武汉大学学报》(社会科学版)1986 年第 3 期。

◇卫道治、沈煜峰：《略论教育社会学的规范性研究与证验性研究》，《上海高教研究》1986 年第 4 期。

◇厉以贤、刘慧珍：《教育社会学的复兴与发展》，《教育研究》1989 年第 1 期。

◇刘祝三译：《马克思主义教育社会学的对象与任务》，《沈阳师范学院学报》(社会科学版)1986 年第 1 期。

◇唐宗清：《伯恩斯坦教育社会学理论探析》，《上海教育学院学报》(社会科学版)1988 年第 3 期。

◇林永柏：《试论马克思、恩格斯对教育社会学理论的贡献》，《吉林师范学院学报》(哲学社会科学版)1989 年第 4 期。

◇韦禾：《教育社会学》，《中国电大教育》1991 年第 7 期。

◇厉以贤：《中国大陆教育社会学的十年建设(1979—1988)》，《现代教育》(台湾)1991 年 6 卷 2 期。

◇李锦旭：《中文教育社会学著(译)作目录》，《现代教育》(台湾)

1992 年 7 卷 2 期。

2. 教育自身的社会系统研究:学校社会学、班级社会学、教师社会学、学生社会学等

教育现象作为一种社会现象、教育问题作为一类社会问题、教育系统作为社会系统中的一部分的思想,在这一时期已经得到了我国教育社会学学者的普遍认同。对教育自身的社会系统展开研究是重建时期我国教育社会学研究的重心之一,这类研究包括对作为教育场所的学校和班级的社会学研究、对作为教育主体的教师和学生的社会学研究、对作为教育关系结构的课堂和学生非止式群体的社会学研究等。其中,对学校和班级的社会学研究又是重中之重,如裴时英《教育社会学概论》一书第七章、桂万宏和苏玉兰《教育社会学》一书第八部分、卫道治和沈煜峰《人·关系·文化——教育社会学观略》一书第五章、刘慧珍《教育社会学》一书第二章第三节、鲁洁《教育社会学》一书第十一和第十二章、董泽芳《教育社会学》一书第六和第七章等。在整个学科重建时期出版的教育社会学概论性著作中,有三分之二的著作都辟有专章或专节集中论述这一主题;这一时期出版的教育社会学文选中也有 13 篇(总 75 篇,占总数的 17.33%)相关选文。另外,对教师、学生、教学、课程、学业成绩(评价)等论题的探讨也多有涉及,厉以贤主编《西方教育社会学文选》一书共有七编,其中第六编为“教师的角色”、第七编为“课程知识社会学”,足见我国学者对于这些论题的重视以及国外相关研究的成熟度。

学科重建时期关于教育自身的社会系统的主要研究成果如下:

◇吴康宁译:《班级社会学探讨》,《华东师范大学学报》(教育科学版)1985 年第 3 期。

◇张人杰:《西方“学校社会学”研究》,《外国教育资料》1987 年第 4、5 期。

◇卫道治、沈煜峰:《国外关于班级——学校的社会学理论》,《教育研究》1987 年第 6 期。

◇吴永军:《当代西方课程社会学概览》,《国外社会科学》1992 年第 10 期。

◇谢冰冰:《关于学业成绩的统计与分析》,《广西民族学院学报》(哲

学社会科学版)1989 年第 1 期。

◇吴康宁:《当前我国学校教育活动的主要社会学问题》,《南京师范大学学报》(社会科学版)1991 年第 4 期。

◇张东娇:《潜在课程设计与个体社会化》,《教育研究》1991 年第 8 期。

◇姚本先:《论青少年学生非正式群体的消极功能及教育管理》,《青少年研究》1992 年第 1 期。

◇刘海川:《关于高校社区建设中加强教育观念的几点思考》,《清华大学教育研究》1992 年第 2 期。

◇吴永军:《课堂教学的若干社会学分析》,《南京师范大学学报》(社会科学版)1992 年第 2 期。

3. 教育的社会背景研究:教育与政治、经济、文化、人口等

教育活动是社会活动的一个有机组成部分,因而始终都会受到其他"非教育"的社会活动的影响和制约。无论是从宏观的社会结构,还是从中观的社会场域和社会资源,抑或是从微观的社会互动和行动等方面来看,教育无时无刻不受到来自政治、经济、文化、人口等社会背景的制约(至于对社会背景的这种分类方式是否"完善"暂且不论,至少目前学界尚无其他较为公认的更加"高明"的分类)。学科重建时期的教育社会学研究在教育的社会背景研究方面建树颇多,其中尤以文化、人口对教育的影响、制约与规限的研究为主流。桂万宏、苏玉兰《教育社会学》一书第六部分即"文化与教育",卫道治、沈煜峰《人・关系・文化——教育社会学观略》一书第六章即"教育文化社会学",鲁洁《教育社会学》一书第三、四、五、六、七章分别是"经济与教育""政治与教育""文化与教育""青年文化与教育"和"人口与教育",董泽芳《教育社会学》一书第二章第二、三、四节和第五章第四节、第八章第五节分别是"经济制度与教育制度""政治制度与教育制度""文化制度与教育制度""人口问题与教育制约"和"大众传媒的社会化功能",吴铎、张人杰《教育与社会》一书第二、三、四章分别是"教育与经济""教育与政治"和"教育与文化",金一鸣《教育社会学》一书第二、三、七、八章分别是"商品经济的发展与教育改革""政治与教育体制""农业人口向非农业人口转化过程中的教育问题"和"中国的人口

问题与教育”,厉以贤《西方教育社会学文选》一书第三编和第四编分别是“教育与经济”“教育与文化”。这一时期对于教育的社会背景的研究几乎涵盖了社会的各个层面,为今后教育社会学研究中“嵌入社会的教育”这一类型的研究奠定了基础、种下了种子,同时也将教育研究从“心理学化”的教育内部研究引向了“社会学化”的教育外部研究和关系研究,为超越“就教育谈教育”的窠臼、丰富教育研究的类型与方法做了有益的尝试和丰富的铺垫。

学科重建时期关于教育的社会背景的主要研究成果如下:

◇宋健:《人口与教育》,《自然辩证法通讯》1980 年第 3 期。

◇苗春德:《试谈教育与政治的关系》,《北京师范大学学报》(社会科学版)1981 年第 3 期。

◇杨魁信译:《教育对人口构成的影响》,《人口译丛》1982 年第 2 期。

◇陈传焕:《家庭文化背景对小学生学习的影响的调查》,《教育理论与实践》1985 年第 3 期。

◇边燕杰:《试析我国独生子女家庭生活方式的基本特征》,《中国社会科学》1986 年第 1 期。

◇毕诚:《试论教育与文化》,《黑龙江高教研究》1987 年第 3 期。

◇杨锐:《略谈人口对教育发展的影响》,《教育研究》1987 年第 6 期。

◇陆小伟:《文化制约下的教育》,《南京师范大学学报》(社会科学版)1990 年第 1 期。

◇鲁洁:《试论文化选择与教育》,《华东师范大学学报》(教育科学版)1991 年第 1 期。

◇傅维利:《环境、文化与人的发展》,《教育研究》1992 年第 1 期。

◇赵明龙:《文盲人口现状与农村青少年辍学问题研究》,《青少年研究》1992 年第 1 期。

◇袁振国:《批判继承传统文化与实现教育的现代化》,《中国教育学刊》1992 年第 1 期。

◇马和民译:《国家权力和法定知识的政治学》,《华东师范大学学报》(教育科学版)1992 年第 2 期。

◇赫德永:《论教育与消费》,《中国教育学刊》1992 年第 2 期。

◇唐晓杰:《社会、个人教育需求与学校教育功能》,《华东师范大学学报》(教育科学版)1992 年第 3 期。

◇冯增俊:《文化传统与现代教育变革》,《教育研究》1992 年第 4 期。

◇胡德海:《论教育、人和社会的关系》,《教育研究》1992 年第 10 期。

4. 教育的社会功能与作用研究:教育与人的社会化、社会结构、社会流动、社会变迁等

由于教育在育人、选才和促进社会流动、社会公平等方面发挥着基础性乃至决定性的作用,因此对教育的社会功能与作用研究,可谓教育社会学这一“三级学科”为教育学“一级学科”乃至教育这一“社会行业”的存在价值提供的最有力的论证,而且是其他诸如教育哲学、教育心理学等同为教育学基础学科的研究所不能满足和力有不逮的。或许在我国传统的教育思想和所谓的“西方教育价值观”中,有许多关于教育价值的说法,但至于教育如何在现代社会中发挥其功能与作用则并无定论。由于马克思主义强调“科学技术是生产力”(改革开放的总设计师邓小平曾于 1988 年 9 月 5 日进一步强调“科学技术是第一生产力”),因此在 1979 年思想大解放之后,教育作为科学技术生产力的第一助推器和孵化器的价值大大得到彰显,同期的教育社会学研究也从教育与生产力的角度出发进行了多重研究探索,如吴铎、张人杰《教育与社会》一书第五章“教育与科技”和顾明远《现代生产与现代教育》一文等。学生的个体社会化和个体个性化一直是教育学中对于学生成长的基本命题,教育社会学重建以后,对学生个体社会化的探讨仿佛成了教育社会学学者“义不容辞”的“天然使命”,重建时期对学生社会化的研究超越了前期教育学研究的哲学和心理学范式,从学生个体社会化的各个层面以及社会化的内容自身等维度进行了探索。重建时期的九本教育社会学概论性著作均辟有专门章节讲述此一问题。

同时,由于国外教育社会学的结构功能论、冲突论、解释论、互动论等学派的研究成果几乎在同一时段内被引入到中国,并且其实际的参考价值均在不

同程度上得到了认可或质疑,因此学科重建时期我国教育社会学对教育的社会功能与作用的研究呈现多点开花的局面。有的着重研究教育对于社会结构、社会流动和社会变迁的意义,如桂万宏、苏玉兰《教育社会学》一书第四、五、七部分分别是"社会结构与教育""社会流动与教育"和"社会变迁与教育",卫道治、沈煜峰《人·关系·文化——教育社会学观略》一书第七、九章分别是"教育与社会结构""教育与社会变迁",厉以贤、毕诚《教育社会学引论》一书第十二章即"教育与社会变迁",刘慧珍的《教育社会学》一书第三章第六节和第四章第七、八节分别是"社会流动与教育""教育结构与社会结构""社会变迁与教育"等。有的则专注于教育公平与社会公平公正的关系,如鲁洁《教育社会学》一书第十五章"性别差异与教育",金一鸣《教育社会学》一书第四章"中国的教育机会均等问题"等。还有的则从理念上反思教育的功能与作用问题,这一点是针对上述可以看作是教育的社会"正功能"的研究而言的,如董泽芳《教育社会学》一书第五章"社会问题与教育制约",吴康宁《教育负功能刍议》一文等。这一时期教育社会学界对教育的社会功能与作用的研究,不仅深化了教育与社会关系研究的层次,而且对教育的内外、正负、显隐功能进行了全方位的剖析,使教育如何受制于社会环境又"再生产"社会环境的过程与机制凸显于人们面前,真正体现了透过教育"发现社会"的研究旨趣与研究价值。

学科重建时期关于教育的社会功能与作用的主要研究成果如下:

◇杨洪杰:《教育·生产·生产力》,《黑龙江大学学报》(哲学社会科学版)1979 年第 3 期。

◇马骥雄:《"教育成层论"简介》,《外国教育资料》1979 年第 4 期。

◇李宗蘖译:《教育对社会变迁的适应》,《外国教育资料选译》1980 年第 3 期。

◇顾明远:《现代生产与现代教育》,《外国教育动态》1981 年第 1 期。

◇施学光摘译:《学生与家庭——教育社会学的调查结果》,《世界经济与政治论坛》1983 年第 18 期。

◇毛华田译:《从社会学的角度看中国的教育改革》,《国外社会科学》1984 年第 7 期。

◇厉以贤、刘慧珍:《社会化与学校教育》,《教育研究》1984 年第 9 期。

◇卫道治、沈煜峰:《论教育与人的社会化》,《黑龙江高教研究》1986 年第 4 期。

◇瞿葆奎:《四十年来对教育的社会属性和职能的探讨》,《华东师范大学学报》(教育科学版)1991 年第 1 期。

◇崔琳:《个体政治社会化与学校政治教育》,《山东师范大学学报》(社会科学版)1992 年第 2 期。

◇张人杰:《教育与社会变迁的关系的理论之质疑:兼论教育的负功能》,《华东师范大学学报》(教育科学版)1992 年第 3 期。

◇天晓:《论教育的自主运行与社会适应:关于"科学技术是第一生产力"的思考》,《教育研究与实验》1992 年第 3 期。

◇张诗亚:《论教育社会功效的后显性及其对策》,《西南师范大学学报》(哲学社会科学版)1992 年第 4 期。

◇吴康宁:《教育负功能刍议》,《教育研究》1992 年第 6 期。

◇吴光普:《论教育的适应性》,《教育研究》1992 年第 12 期。

5. 教育社会学学科发展方向研究

除了对教育社会学的学科论、教育自身的社会系统、教育的社会背景和教育的社会功能等四个层面的研究之外,学科重建时期还有一类不容忽视的研究,即对教育社会学学科发展方向的研究。这其中又包含三类:第一类是对教育社会学新的研究生长点的探索,如将以上四类研究扩展到学前教育、高等教育、成人教育、家庭教育、社区教育、职业教育、道德教育、教育政策等方向和领域,学科重建时期的这类研究多是具有开创性的,如裴时英《教育社会学概论》一书第六章和鲁洁《教育社会学》一书第十章都是"社区与教育",卫道治、沈煜峰《人 · 关系 · 文化——教育社会学观略》一书第十章是"教育政策社会学",董泽芳《教育社会学》一书第八章第二节是"家庭的社会化功能",吴铎、张人杰《教育与社会》一书第六、七、八、九、十章分别是"教育与职业""教育与法制""教育与道德""教育与社区"和"教育与家庭",金一鸣《教育社会学》一书第十、十一章分别是“青年学生的职业定向与教育”和“青少年犯罪与教育”等;第二类是对教育社会学理论基础和未来发展的反思性研究,如桂万宏、苏玉兰《教育社会学》一书结尾部分“更上一层楼——教育社会学的未来”,吴铎、张人杰《教育与社会》一书第十一章“教育与未来”,吴康宁《教育理论研究的走向》一文等;第三类是对我国教育社会学资源的挖掘和阐释,如厉以贤、毕诚《教育社会学引论》一书第二编“中国教育社会学思想发展史略”(含第七到十四部分),陶景飏、张华新《陶行知的教育社会学思想初探》一文等。这三类关于教育社会学学科未来发展的研究或许还不够完善和系统,但毕竟在一定意义上开创了一系列新的研究路径和研究领域,直至现在,这些新的研究路径和研究领域仍然有很大的空间等待挖掘和开发。

学科重建时期关于教育社会学学科未来发展方向的主要研究成果如下:

◇韩钟文、刘建茅:《陶行知的教育社会学思想述评》,《上饶师专学报》(社会科学版)1986 年第 1 期。

◇张宁:《从教育社会学侧面看高校的思想品德与伦理行为教育》,《辽宁高等教育研究》1987 年第 Z1 期。

◇丁士贤:《对城市一代独生子女教育问题的社会学考察》,《人口研究》1989 年第 5 期。

◇宋恩荣、毕诚:《论梁漱溟的教育社会学思想》,《湖北大学学报》(哲学社会科学版)1989 年第 6 期。

◇陶景飏、张华新:《陶行知的教育社会学思想初探》,《华中师范大学学报》(哲学社会科学版)1989 年第 2 期。

◇贺晓星、张秋萍:《教育改革的比较社会学——高等教育改革的比较研究》,《上海高教研究》1990 年第 4 期。

◇程迪:《家庭教育的社会学分析》,《南都学坛》1992 年第 2 期。

◇王守恒:《建立我国幼儿教育社会学刍议》,《安徽教育学院学报》(社会科学版)1992 年第 4 期。

◇高志敏:《成人教育文化社会学研究》,《北京成人教育》1992 年第 5 期。

◇吴康宁:《教育理论研究的走向》,《教育研究》1992 年第 12 期。

（二）研究方法的丰富

我国教育社会学开始重建之后，对于研究方法的探讨作为学科论研究中的一部分，与学科论中的学科性质、学科史研究及具体分支领域的研究几乎是同时进行的。之所以在这里专门讨论教育社会学的研究方法，一是因为研究方法本身对于重建我国教育社会学学科而言所具备的不容忽视的工具性价值，二是因为一门学科的研究方法及视角是区别于其他学科尤其是同层级学科的典型特征。在这个层面上来讲，教育社会学重建以来所引进的用社会学的原理来研究教育的诸方法，是教育社会学学科独立性的标识。虽然学科重建时期，教育社会学学者对研究方法的专门探讨为数不多，也未形成交锋，但值得肯定的是，研究方法的多元化是这一时期教育社会学研究的重要特点，也为后续教育社会学研究提供了可资借鉴的探索经验。

1. 量化的方法

施学光摘译的民主德国《1981 年社会学和社会政策年鉴》中的《学生与家庭——教育社会学的调查结果》(作者为民主德国的 H.玛利亚和 N.施泰纳)一文，可说是第一篇引介的运用量化方法研究教育问题的教育社会学研究成果。尽管该文对研究方法和研究过程的介绍较少，对研究结论的推导过程也着墨不多，但这种运用量化方法说明家庭背景与学业成就之间关系的研究方式仍然为我国学者打开了一扇“天窗”。张人杰《西方“教育民主化”初探》一文是我国学者较早运用统计资料论证教育公平问题的研究成果，这种综合运用多种数据材料支撑自己论点的研究方式，也可以看作是量化方法的一种体现。

教育社会学研究的直接目的，在于建立和发展可对教育问题加以社会学解释与预测的专门理论，这种专门理论的建立并非仅凭理论思辨便可完成，而是必须以“事实分析”为依据。但受研究人员与经费的制约，我国教育社会学研究在重建之初主要是通过以逻辑推演为基础的理论思辨来进行的。大致从1987 年起，随着班级社会学与教学社会学等微观课题的展开，研究者们开始运用事实分析的方法。此时首先被采用的是量化的方法。诸如，通过回归分析与路径分析，解释智力因素、非智力因素对同一班级中不同成绩的学生学习的影响及其机制；通过差异检验与同质检验，说明采用社会学模式进行课堂教学的实验班在班集体建设水平与教学效果方面同平行班之间的差异;通过社会关系测量,比较不同班级的人际交往结构等。就总体而言,量化方法中用得较多的还是基于抽样调查的事实分析。起初进行的通常都是基于小规模或中等规模抽样调查的事实分析,大致到20世纪90年代初才开始见有教育社会学专业人员进行的基于较大规模抽样调查的事实分析①。

学科重建时期运用量化方法的代表性成果有:

◇施学光摘译:《学生与家庭——教育社会学的调查结果》,《世界经济与政治论坛》1983年第18期。

◇陈传焕:《家庭文化背景对小学生学习的影响的调查》,《教育理论与实践》1985年第3期。

◇张人杰:《西方"教育民主化"初探》,《高等教育学报》1986年第1、2期。

◇边燕杰:《试析我国独生子女家庭生活方式的基本特征》,《中国社会科学》1986年第1期。

◇王晓柳等:《智力因素、非智力因素对不同成绩的学生学习的影响及其机制》,《华东师范大学学报》(教育科学版)1988年第2期。

◇王晓柳等:《建立集体性教学模式的尝试》,《南京师范大学学报》(社会科学版)1989年第1期。

◇谢冰冰:《关于学业成绩的统计与分析》,《广西民族学院学报》(哲学社会科学版)1989年第1期。

◇董泽芳等:《农村国民教育意向对初中后分流影响的调查》,《教育研究与实验》1992年第3期。

◇高旭平:《学业成绩优秀者教育价值观之分析》,《山东师大学报》(社会科学版)1992年第6期。

2. 质性的方法

除了运用量化的方法来处理调查结果,另有一些研究者认为:"量化的方

① 吴康宁:《我国教育社会学的三十年发展(1979—2008)》,《华东师范大学学报》(教育科学版)2009年第2期。

法只能了解到研究对象的一些自然特性和‘表面事实’,却触摸不到研究对象的内心世界和‘隐藏的真实’,这促使他们尝试运用质性的方法。”①学科重建时期,我国整个人文社会科学领域中对质性研究方法的运用和总结层次都不高,甚至与量化方法比较起来被认为是“非科学”的,但很多学者已经在自觉地运用深描、叙事、解释等方法来解决教育社会学问题了,而且有些学者还开始从不同侧面对这类非量化的调查研究方法进行归纳和提升。具体以个案和某一现象为例展开论述的独立研究成果尚难目及,这类研究多散见在概论性文献中。但对质性方法进行专门论述的成果则并不罕见,比如,在张人杰主编的《国外教育社会学基本文选》就专门有一篇阿兰·格拉的《教育社会学的方法论及其应用》一文;裴时英《教育社会学概论》一书第八章第二、三节分别是“教育社会学研究的基本要求”和“教育社会学研究程序和方法”,特别强调了“定性分析与定量分析相结合”;桂万宏、苏玉兰《教育社会学》一书第二部分第四点即“教育社会学的研究方法”,讲述了历史比较法、实验法、观察法、社会调查法等研究方法;卫道治、沈煜峰《人·关系·文化——教育社会学观略》一书第二章“教育社会学方法论”,提到了相关研究、实验研究、比较研究和生态学研究等方法;鲁洁《教育社会学》一书第二章第二、三、四节分别强调了“调查研究的基本方法”“教育调查研究的具体技术”和“教育调查研究的程序和步骤”。而董泽芳《教育社会学》一书第一章第四节“教育社会学多元方法论体系”也强调“西方教育社会学在方法论上历来存在着实证取向与人文取向、功能范式与冲突范式、事实判断与价值判断、定量分析与定性分析等分歧。在我国当前的教育社会学研究中,也存在着诸多方法论的偏差。由此看来,走出二元对立的方法论误区,构建多元互补的方法论体系,应是我们进行教育社会学反思,加强教育社会学学科建设的重点与难点”。与国际教育社会学发展情况一致,这一时期多学科融合和边缘学科发展都还处于初级阶段,社会学与人类学、文学等学科的交集不深,因而质性方法发育得尚不健全,学者在研究中对其运用也多处于自为的境地,因而专门成果罕见,但好在这一时

① 吴康宁:《我国教育社会学的三十年发展(1979—2008)》,《华东师范大学学报》(教育科学版)2009 年第 2 期。

期学者们对质性方法的探讨较为充分,为后续的具体研究做了很好的方法论上的铺垫和准备。

学科重建时期运用质性方法的代表性成果有:

◇马继森译:《教育社会学范式发展的总模式》,《国际社会科学杂志》(中文版)1986年第2期。

◇周悫安译:《教育社会学:社会的要求与青年职业选择的态度》,《国际社会科学杂志》(中文版)1986年第2期。

◇卫道治、沈煜峰:《教育社会学方法论》,《湖南师范大学社会科学学报》1986年第4期。

3. 史学的方法

这里所说的史学的方法,主要是指史料分析、考据、结构分析等史学基本方法。学科重建时期,我国教育社会学学者对这类方法颇为热衷,究其原因主要有三点:一是国外教育社会学发展较为成熟,对其发展历程进行综合梳理的文献较多,我国学者通过对这类文献的翻译可以快速且全面地了解国外相关研究的进展情况及其得失之处;二是我国学者此时的本土调查研究尚未全面展开,运用史学方法对国外相关国家或流派进行梳理,可以帮助我国教育社会学学者选择其中之一或综合多派/国优势,进而以之为依据展开实际研究;三是我国教育社会学学者此时的学科素养和研究积淀尚不丰厚,史学的方法相对量化和质性的方法而言较为便捷。具体可参看本节第一部分第一点“教育社会学的学科论”中的相关论述。

学科重建时期运用史学方法的代表性成果有:

◇马骥雄:《“教育成层论”简介》,《外国教育资料》1979年第4期。

◇环惜吾:《英国教育社会学的发展和近况简介》,《外国教育动态》1981年第1期。

◇刘星译述:《教育社会学在日本》,《外国教育研究》1983年第1期。

◇陈友松、蔡振生:《欧美教育社会学的兴起和发展》,《教育研究》1982年第3期。

◇巴江、桂万宏:《西方教育社会学研究简述》,《社会学通讯》1983

年第3期。

◇厉以贤:《西方教育社会学的发展阶段及其特点》,《外国教育动态》1983年第6期。

◇王佩雄译:《英国教育社会学30年》,《国外社会科学》1984年第10期。

◇吴康宁译:《日本的教育社会学》,《华东师范大学学报》(教育科学版)1985年第3期。

◇厉以贤、刘慧珍:《教育社会学的复兴与发展》,《教育研究》1989年第1期。

◇厉以贤:《中国大陆教育社会学的十年建设(1979—1988)》,《现代教育》(台湾)1991年6卷2期。

◇李宁玉:《国内外教育社会学的研究现状及趋势》,《教育研究与实验》1992年第1期。

◇李锦旭:《中文教育社会学著(译)作目录》,《现代教育》(台湾)1992年7卷2期。

(三) 研究成果的影响

通过我国教育社会学人在1979—1992年间的共同努力,教育社会学的学科理论建设初见成效:国外教育社会学从开始创立直至20世纪70年代"新教育社会学"派兴起,其间积累下来的理论、方法和经典研究案例被我国学者集中引介到国内,就"补课"效果来看十分可观。从学科论到宏观、中观、微观各层次的具体教育社会学命题的分析,从结构功能主义到冲突论、解释论、符号互动论再到批判教育社会学,我国学者都倾注了许多目光与心血,我国教育社会学研究呈现一片繁荣的景象。教育社会学的分析方式、切入问题的角度、揭示矛盾的犀利度等,在教育学科乃至在整个人文社会科学内都形成了一股旋风,不仅为教育社会学赢得了生存和发展得空间,为教育社会学未来成为"显学",进而与教育哲学、教育心理学并列成为教育学的三大基础学科进行了准备,为整个教育研究领域提供滋养,在这么短的时间内达到这么宏大的成就,不可谓不"惊人"。

1. 重建时期教育社会学理论建设的贡献

重建时期教育社会学理论建设的积极影响,在于拓展教育研究的视野与范围、丰富教育研究的理论与方法、提升教育研究的地位与作用等方面。前文多次提到,由于教育社会学理论和分析方式的新颖性、独特性,虽然我国教育社会学刚刚开始学科重建,但这一时期的理论建设仍然受到教育研究领域诸多专家、学者的关注,这集中体现在《中国大百科全书·教育卷》和《教育大辞典》等同时期编撰的教育工具书的全面收录和《教育学文集》等资料汇编书籍的专门分类中。并且,我国教育社会学的研究成果,不仅引起了国内教育和社会学界的关注,还受到国外学术界的重视。美国出版的英文刊物 *China Education*(《中国教育》)1987 年第 2 期为中国教育社会学专辑,标题为"Sociology of Education in China:Reestablishment and New Directions"(中国教育社会学:重建与新趋向)①。

除了对教育研究的贡献,这一时期的教育社会学理论建设还对教育学科体系产生了一定的影响。在国家技术监督局 1992 年 11 月发布的《中华人民共和国国家标准·学科分类与代码》(GB/T 13745-92)中,"教育社会学"隶属"社会学"(840)之下,编码为"840·2717"(与医学社会学和商业社会学共用),同时备注"说明见 880·24",即教育学(880)之下的"教育社会学"(880·24)②。虽说在这份国家标准的说明中强调了"本标准的分类对象是学科,不同于专业和行业,不能代替文献、情报、图书分类及学术上的各种观点",但"由国家技术监督局、国家科学技术委员会提出","由国家技术监督局中国标准化与信息分类编码研究所、西安交通大学、中国社会科学院文献情报中心负责起草",仍可以从一个侧面反映出教育社会学的学科地位和学科归属,即既属于社会学一级学科之下的二级学科,又属于教育学一级学科之下的二级学科。而这种学科地位的彰显,除了归因于重建时期教育社会学理论建

① 厉以贤:《教育社会学的复兴与发展》,《教育研究》1989 年第 1 期。

② 在 2009 年修订的《中华人民共和国国家标准学科分类与代码表》(GB/T 13745-2009)中,社会学(840)一级学科之下,已没有"教育社会学"二级学科条目,只是在"应用社会学"(84027)二级学科的"说明"中,写有"教育社会学(归入 88024)",而编码为"88024"的二级学科则是"数理社会学"。在教育学(880)一级学科之下,"教育社会学"(88024)仍然存在,只是把"教育心理学"也归到了这一编码之下(同时标有"归入 19070")。

设的助推,似乎也别无其他更合理的解释。

2. 重建时期教育社会学理论建设的局限

除了前文所述的正面效果,在学科重建时期,我国教育社会学理论建设还存在一定的局限,主要表现在以下三点:

首先,这一时期我国教育社会学理论建设多思辨性和规范性的研究,尚不足以凸显教育社会学独特的学科视角和学科价值。对这一点我国学者已有深刻的认识:“目前我国的教育社会学研究在理论与实证、借鉴国外与立足本国、利用其他学科成果与体现本学科特色,以及定性与定量等几乎所有基本问题上,都存在一些严重缺陷,而最致命的缺陷,莫过于众多的所谓的教育社会学研究,其实并未体现出教育社会学的独特视角,并未体现出教育社会学与教育学到底区别何在,这些研究与其说是教育社会学,不如说仍然是教育学或教育的社会哲学。”①

其次,对同期国际教育社会学研究的最新进展情况跟进不足,大多局限于对 20 世纪 70 年代以前以结构功能主义、冲突论为代表的“国际教育社会学断代史”的引进和再脉络化,而对 70 年代以后兴起的新马克思主义、激进解释学、批判教育社会学等则流于泛泛而谈。70 年代以后,“教育与社会学的研究导向侧重于微观研究”,这“促进了另一种新研究范式的出现,在新的研究范式中以符号互动论(symbolic interactionism)、现象学(phenomenology)及民俗方法学(ethnomethodology)等理论为主导,企图将‘新社会学’的理论和方法应用在教育领域的研究”②。这种新的社会学理论和研究方法很少在我国教育社会学重建时期的理论建设中出现,实属一大缺憾。

最后,在整个学科重建时期,对我国传统教育资源及重建之前的教育社会学相关成果的开发和利用严重不足。有学者认为,在这一时期的教育社会学研究成果中“几乎找不到传统学科思想史和近代学科史的影子”,“尽管我们的目标是建构中国教育社会学,但我们做的主要工作就是补习西方的教育社会学”,“我国的教育社会学无论在本土化方面,还是国际化方面,都没有落

---

① 吴康宁:《教育社会学》,北京:人民教育出版社 1998 年版,第 50 页。

② 钱民辉:《教育社会学百年进程》,《社会学研究》1997 年第 5 期。

实,而是在中间游移”。[①] 虽然这一时期,厉以贤、毕诚《教育社会学引论》一书在这方面作了一个尝试,用了八章的篇幅(超过全书的一半)来尝试构建一幅“中国传统教育社会学思想”的蓝图,但从学界同仁评价及后续的理论影响力来看,这一尝试也仅是“开启了一个美好的愿望”。

本章附录:中国大陆教育社会学“重建期”判识表

学者	重建时间节点	重建标准	重建期所取得的成绩
厉以贤	1981—1988/1989②	1. 重建始于 1981 年 12 月,《教育研究》杂志编辑部与社会学研究所联合召开的座谈会。 2. 到 1988/1989 年,已经由恢复阶段转入实质性问题的研究阶段。	1. 教育社会学的学科建设:①在各高等院校陆续开设教育社会学课程,②出版和翻译了一些教育社会学著作和资料,③在广泛的领域内开展教育社会学研究,④成立全国性教育社会学专业委员会,⑤组织全国性教育社会学研究人员讲习会。 2. 教育社会学的理论研究:①对教育社会学的定义和研究范围的认识,②有关教育制度与社会制度、教育与社会变迁问题的研究,③教育对青少年社会化的作用,④教育与社会结构,⑤关于学校和班级的社会学研究,⑥对国外教育社会学的引进与吸收。 3. 教育社会学问题的实际调查:①关于片面追求升学率问题,②改革时期学生的思想教育问题,③学生群体及学生间人际关系问题,④独生子女教育问题,⑤关于青少年犯罪问题,⑥关于教师团体情况。

① 郑金洲:《中国教育学 60 年:1949—2009》,上海:华东师范大学出版社 2009 年版,第 140 页;杨昌勇、李长伟:《我国大陆教育社会学二十年:回顾与反思》,《教育理论与实践》2003 年第 3 期。

② 厉以贤:《中国大陆教育社会学的十年建设(1979—1988)》,《现代教育》(台湾)1991 年 6 卷 2 期;《教育社会学的复兴与发展》,《教育研究》1989 年第 1 期。

续表

学者	重建时间节点	重建标准	重建期所取得的成绩
高旭萍	1979 年至今(指 1993 年)①	1979 年 3—4 月,有关杂志刊发多篇教育社会学文章。由此,教育社会学恢复重建的帷幕徐徐拉开。	1. 部分高等院校开设教育社会学课程。 2. 围绕教育与社会的关系进行了广泛的探讨,并发表了一系列有价值的研究成果,初步完成了教育社会学辞书、教科书、国内外教育社会学文选的配套建设。 3. 1989 年 4 月在杭州成立了教育社会学专业委员会。
张人杰	1979—1991②	1.1979 年,社会学"平反",教育社会学重新获得了生存与发展的权利。 2.1991 年 11 月,《教育社会学简讯》开始不定期印发,学科制度重建基本完成。	1. 学科建设:①学科制度建设,②学科基本建设,③进行了比较深入的、多方面的研究,④研究队伍在逐渐壮大、研究领域在逐渐扩展、研究水平也在逐渐提高。 2. 学科要素:①调整学科架构,②探索学科性质。 3. 研究与决策:①研究与决策之间的关系,②给教育研究以正确的定位。
吴康宁	1979—1992③	自 1979 年起,只用了将近 10 年时间便基本完成了教育社会学的学科制度重建任务,只用了不到 10 年时间便初步完成了教育社会学的学科基本建设工作,只用了 13 年的时间便实现了教育社会学专业人才培养层次的"三级跳"。	1. 基本建设的开展:①基本队伍的形成,②基本制度的建立,③基本文献的积累。 2. 学术研究的进展:①研究领域的拓展,②研究方法的运用(包括量化的方法和质性的方法两种),③研究成果的获得(包括教育公平的社会学研究、学校社会学研究、教师与学生社会学研究、课程与教学社会学研究、教育与人的社会化研究等五个方面)。
杨昌勇、李长伟	1979—1991④	1. 沉寂 30 年的中国教育社会学于 1979 年进入了机遇和挑战并存的重建发展期。 2. 至 1991 年,从学科制度的四个层面看,教育社会学作为一门独立学科的合法性,在中国学科共同体中已经基本确立。	1. 学术制度建设前的准备期(1979—1982 年):①零星介绍国外教育社会学,②召开座谈会商讨教育社会学的恢复重建。 2. 制度化恢复重建期(1982—1991 年):①在全国部分高等师范院校开设教育社会学课程,逐步形成规范的学科培养计划;②成立全国性的学会;③出版了专业学术会刊、教育社会学教科书、著(译)作和文选。

① 高旭萍:《教育社会学在中国大陆》,《现代教育》(台湾)1993 年 8 卷 3 期。

② 张人杰:《中国大陆教育社会学的二十年建设(1979—2000 年)》,《华东师范大学学报》(教育科学版)2001 年第 2 期。

③ 吴康宁:《现代教育社会学研究丛书总序》,北京:北京师范大学出版社 2003 年版;《我国教育社会学的三十年发展(1979—2008)》,《华东师范大学学报》(教育科学版)2009 年第 2 期。

④ 杨昌勇、李长伟:《我国大陆教育社会学二十年:回顾与反思》,《教育理论与实践》2003 年第 3 期;《20 世纪中国大陆教育社会学的回顾》,《河北师范大学学报》(教育科学版)2003 年第 3 期。

续表

学者	重建时间节点	重建标准	重建期所取得的成绩
杜时忠、卢旭	20 世纪 80 年代初开始恢复重建①		概论性质的著作一般包括四个部分:①教育社会学学科论,②教育的社会背景,③教育自身的社会系统,④教育的社会功能。
董泽芳、张国强	1979—1991②	党的十一届三中全会后,思想上的拨乱反正,经济上的全面复苏,为学术研究带来了新的发展机遇,一些在极左时期被打倒的学科开始恢复重建。	1. 1981 年 12 月,《教育研究》编辑部与中国社会科学院社会学研究所联合召开座谈会,商讨教育社会学重建事宜。 2. 1982 年 2 月,南京师范大学率先开设教育社会学课程。 3. 1989 年 4 月,大陆第一个教育社会学专业学术团体——全国教育社会学专业委员会成立。 4. 1991 年 11 月,《教育社会学简讯》开始不定期印发。 短短十年,就实现了大学课程开设、专业学术团体成立和专业学术刊物出版等学科建设三大任务。
马和民、何芳	1979—1998③	1. 1979 年 3 月,教育社会学获得了生存与发展的权利。 2. 1981 年 12 月 19 日,《教育研究》编辑部与中国社会科学院社会学研究所联合召开座谈会,促进了教育社会学的制度重建进入实质性阶段。	1. 制度重建主要包括学科制度建设和学科基本建设两个方面。 2. 对 1979—1998 年间出版的 13 本著作进行内容分析,发现学科体系的基本框架包括学科总论等 16 个部分。 3. 复兴与重建期的基本特点:①研究广度与深度在不断加强;②学科研究格局的转型与变革;③学科基本问题的争论持久热烈;④初步建构了学科体系,研究方法渐趋成熟与多元。
侯怀银、王晋	1978—1985④	党的十一届三中全会以后,随着社会学的重建,教育社会学也得到恢复和重建。	1. 引进和介绍国外教育社会学。 2. 召开座谈会。 3. 开设课程。 4. 探讨教育社会学的学科建设问题。 通过以上四方面的努力,教育社会学作为一门独立学科的合法性,在中国学科共同体中已经基本确立。

① 杜时忠、卢旭:《我国教育社会学研究的回顾与前瞻》,《高等教育研究》2004 年第 3 期。

② 董泽芳、张国强:《我国大陆教育社会学研究的特点与演变(1979—2005)——基于对教育社会学重建以来概论性著作的文本分析》,《高等教育研究》2007 年第 7 期。

③ 马和民、何芳:《中国教育社会学面临的问题及取舍》,《教育研究与实验》2007 年第 1 期。

④ 侯怀银、王晋:《20 世纪中国学者对教育社会学学科建设的探索》,《华东师范大学学报》(教育科学版)2008 年第 3 期。

续表

学者	重建时间节点	重建标准	重建期所取得的成绩
刘精明、张丽	1979—1981①	1. 直到 1979 年政治学、法学、社会学等社会科学的重新恢复,教育社会学始得以重建。 2. 恢复、重建的标志性事件是 1981 年 12 月 29 日中央教育科学研究所《教育研究》编辑部与中国社会科学院社会学研究所联合召开的座谈会。	1. 学科的恢复和发展离不开课程建设与人才培养。 2. 教材是课程建设的必要条件。 3. 专业团队的形成与稳定、持续的学术活动是一门学科发展的必然要求。
程天君	1979—1992②	判别中国大陆教育社会学“重建时期”的时间节点,应该以学科制度建设(形式上的建立)为主要衡量标准,同时参照学科基本建设(基本文献的积累)情况。	1. 学科制度建设:①大学课程的开设,②全国性学术团体的成立,③学术刊物的出版。 2. 学科基本建设:①始于 1979 年的对国内外教育社会学发展状况的评介,至 1992 年,此类评介已基本上涉及教育社会学比较发达的主要国家;②编辑出版了教育社会学重要文选,至 1992 年完成;③出版了中国大陆学者自撰的教育社会学教科书和辞书,主要工作也完成于 1992 年及其之前。

① 刘精明、张丽:《改革开放三十年来我国教育社会学的发展》,《清华大学教育研究》2008 年第 6 期。

② 程天君:《中国教育社会学“学科论”百年概要》,《北京大学教育评论》2011 年第 4 期。

第四章　教育社会学研究的转型时期（1992—2012）

科学史的基本理论是要获得对该事物为何如此发展的认识，如同在某一学科或学科群中所做的那样，而不只是按照年代顺序来列出科学理论的提要。①

——罗伯特·K.默顿：《社会理论和社会结构》

这里的所有引文（citations）均不佯装谋求代表性，甚或会遗漏该主题的主要作品。但是，每一组参考文献（each set of references）都将通过使用能够累积性供给指南（cumulatively supply guidelines）的材料，突显相关主题的研究与理论主线（the main lines），从而为读者提供一种有趣的读物；而每一条文献都将会把读者带向更多（many others）。②

——阿诺德·安德森：《美国教育社会学的突出研究主题》

学科重建以来，我国教育社会学研究取得了丰硕成果，教育社会学的研究领域更是涵盖从学科概论到宏观研究、中观研究和微观研究等各个方面和层面。这些研究成果的发展和拓宽，不仅是研究深化的结果，在一定程度上，更是教育社会学研究转型的具体体现。自 1992 年以来，教育社会学研究出现了几次较为显著的转型，每一次转型既体现了教育社会学研究者的学术担当与

① ［美］罗伯特·K.默顿：《社会理论和社会结构》，唐少杰、齐心等译，南京：译林出版社 2006 年版，第 6 页。

② Arnold Anderson, "Salient Research Themes on the Sociology of Education in the United States," *International Review of Education*, 1972, Vol.18, No.1, pp.13-31.

创新,更彰显了与时代精神相契合的社会情怀。尤其是进入21世纪之后,社会的变迁速度越来越快,教育与社会的关系也更加复杂,这些既为教育社会学的发展提供了广阔的空间和背景,又对其提出了新的诉求和期望。鉴于此,对教育社会学研究的转型和研究主题进行梳理、分析就显得尤为必要。这便是本章的任务。

一、教育社会学研究的四次转型

教育社会学是一门相对年轻的学科,就世界范围内来说,说其年轻是因为其作为一门独立的学科是萌芽于19世纪末期,成形于20世纪初期。就中国而言,由于特殊的历史原因,1949年之后就近乎"销声匿迹"了,直到1979年才逐渐恢复重建。学科重建以来,教育社会学研究亦发生了阶段性的变迁。对此,不同学者基于不同的判断标准进行了不同的阶段划分。其中,持两阶段论观点的学者是将其分为"学科体系的探索与建构阶段"和"学科体系的拓展阶段"①;三阶段论者则是将其划分为"恢复重建阶段""研究拓展时期"和"研究深化时期"②,或者则将其划分为"制度化前的准备时期""恢复重建时期"和"初步繁荣时期"③。还有一种观点则认为重建以来我国教育社会学研究的总体性质业已经历并将继续经历几种"转型":④比如从"学科概论性研究为主分支领域性研究为辅"阶段到"学科概论性研究与分支领域性研究齐头并进"阶段,再到"分支领域性研究为主学科概论性研究为辅"阶段,再从分支领域研究中"概论性研究为主、具体问题为辅"到"具体问题研究为主、概论性研

① 叶澜:《二十世纪中国社会科学·教育学卷》,上海:上海人民出版社2005年版,第248页。

② 董泽芳、张国强:《我国大陆教育社会学研究的特点与演变(1979—2005)——基于对教育社会学重建以来概论性著作的文本分析》,《高等教育研究》2007年第7期。

③ 李长伟、杨昌勇:《中国大陆教育社会学二十年:回顾与反思》,《教育理论与实践》2003年第3期。

④ 参见吴康宁:《现代教育社会学丛书》,北京:北京师范大学出版社2003年版,"总序";《我国教育社会学的三十年发展(1979—2008)》,《华东师范大学大学报》(教育科学版)2009年第2期。

究为辅"等。分析上述研究阶段的划分方式,撇开具体的时间节点存在差异不论,其中诸如"拓展""深化""探索""繁荣"之类的阶段性标志,似乎难以指称研究阶段的变迁,而且学科发展阶段的划分当主要以学术研究进展态势及其主要特征为衡量尺度。因此,"转型"便变成了一个用来划分阶段的适当之词。以此来审视,便可发现恢复重建以来我国教育社会学研究经历了三次大转型,并正在经历第四次转型。具体时间节点在绪论中已经交代,此不赘述。

(一)从"学科概论性研究为主分支领域性研究为辅"到"学科概论性研究与分支领域性研究齐头并进"(20世纪70年代末到90年代初)

1979年,教育社会学在中断30年之后重新获得生存和发展的权利,是年召开的全国教育科学规划会议中"教育社会学"作为一门新门类被提出。1981年中央教科所《教育研究》编辑部所邀请部分社会学研究工作者和教育工作者举行的座谈会,这被视为教育社会学恢复和重建的标志性事件①。在这次会议上,与会者所关注的主要问题就是教育社会学的学科建设问题。然而由于从事教育社会学相关研究的专业人才少,亦缺少培养教育社会学从业人员的专业教材,所谓的重建其实基本上是"从头开始"。重建即意味着寻求学科的创生和独立的开始,而这则从在大学开设课程或系列讲座开始,抑或说是努力实现初步的学科制度化。与其他学科的建设所走的阶段类似,教育社会学的重建也始于强调其独立的学术性格,从概论的层面上划定专属的研究区间。因此,在教育社会学的重建时期,尤其是重建初期,主要发展侧重学科概论性研究,而对具体的研究问题,抑或说可能的分支领域涉及较少。

以下两个事实足见这一阶段的研究以学科概论研究为主。其一,这一阶段中国大陆学人自己编写的教育社会学专业书籍(译著除外)只有两本,均为学科概论性著作,甚至裴时英于1986年编著的教育社会学著作名字就

① 郑金洲:《中国教育学60年:1949—2009》,上海:华东师范大学出版社2009年版,第137页。

叫《教育社会学概论》，显然具有教材性质。其二，在中国知网以“教育社会学”为主题检索1979—1986年这8年间发表的教育社会学论文也基本上都属于学科概论性研究的范畴。具体来说，检索出来的文章题目中含有“教育社会学”的文章共有30篇，其中国外作者写的文章12篇，我国作者写的文章18篇。在这30篇文章中，题目中注明介绍国外教育社会学发展情况的文章11篇，此外还有以“教育社会学导论”“教育社会学简介”“教育社会学的作用”“教育社会学的发展”等命名的文章15篇。两者之和占据文章数量（30篇）的90%，可见，这一时期的教育社会学建设时侧重于学科概论性质的。

当然，此一时期在一定程度上也零星存在着一些分支领域性研究，如丁瑜在这一时期曾发表关于家庭诸因素对学生学习和品德影响的研究①，牛兴华等对城市高中生体育群体机构性要素进行了研究，分析了男生与女生在形成体育群体方面的不同缘由②。这些研究一方面使教育社会学不再仅仅停留在理论、方法、研究对象的规范性论证，而是走向了实践探索；另一方面，也扩展了教育社会学的研究视域，为各个分支领域研究的出现做出初步尝试，也是对把这一时期我国教育社会学的总体性质被概括为“学科概论性研究为主、分支领域性研究为辅”的生动写照。

随着研究的不断发展，教育社会学研究的问题也越来越具体，涉及的领域也越来越广泛，从20世纪80年代中后期起，一些学人开始不满足于学科概论性研究，希望能对教育的一些分支领域或分支范畴进行专门的社会学研究。分支领域性研究便逐渐增多起来，相对比重也逐渐增加，从而至少在数量上出现了与学科概论性研究大致平分秋色的格局。据统计，1985—1995年间我国作者撰写出版概论性著作7本，其中，作者、著作名称、出版社与出版年份统计见表4-1。

---

① 丁瑜：《家庭诸因素对学生学习和品德影响》，《南京师范大学学报》（社会科学版）1985年第4期。

② 牛兴华、孔祥安、刘俊红：《城市高中生体育群体机构性要素及共存性》，《体育教学与科研》1984年第2期。

表 4-1　1985—1995 年间我国作者出版的主要教育社会学概论性著作统计表

作者	著作名称	出版社与出版地址	出版年份
刘慧珍	教育社会学	沈阳:辽宁教育出版社	1988
卫道治、沈煜峰	人 · 关系 · 文化——教育社会学观略	长沙:湖南教育出版社 广州:广东教育出版社	1988
厉以贤、毕诚	教育社会学引论	哈尔滨:黑龙江教育出版社	1989
鲁洁、吴康宁	教育社会学	北京:人民教育出版社	1990
董泽芳	教育社会学	武汉:华中师范大学出版社	1990
吴铎、张人杰	教育与社会	北京:中国科学技术出版社	1991
金一鸣	教育社会学	南京:江苏教育出版社	1992

此期著作的研究主题有了新的拓展,或者是增加了新的研究主题,有的论著中增加了教育活动的社会学分析,或者是在传统主题中增加了新的研究内容。比如,刘慧珍在《教育社会学》中增添了“新历史、新问题、新视野”,涵盖了工业化带来的社会变革等问题。又比如,鲁洁、吴康宁在“教育的社会功能”中增加了教育社会功能的方向、层次与形成机理的分析,在“教育与社会变迁”中增加了社会渐变与教育微调、社会剧变与教育重构等问题的分析。再比如,董泽芳在探讨了教育社会学的多元方法体系,还探讨了青少年的问题、人口问题对教育的压力等。

除了我国学者自撰的教育社会学相关著作外,这期间也引进翻译了一些国外教育社会学著作。其中有对外国教育社会学研究成果的汇编,如于 1990 年出版的张人杰主编《外国教育社会学基本文选》和曲则生于 1989 年主编出版的《日本高等教育社会学文集》。其中 1985—1995 年翻译的外国教育社会学著作统计见表 4-2。

表 4-2　1985—1995 年间翻译出版的主要教育社会学著作

著作名称	原作者	译者	出版社	出版年份
教育社会学	[苏]费里波夫	李振雷	上海:华东师范大学出版社	1985

续表

著作名称	原作者	译者	出版社	出版年份
当代教育社会学流派	[英]戴维·布莱克莱吉等著	王波、陈方明	北京:春秋出版社	1989
日本教育社会学	[日]友田滕正	于仁兰	北京:春秋出版社	1989
美国教育社会学	[美]珍妮·H.巴兰坦	刘慧珍等	北京:春秋出版社	1989
美国:经济生活与教育改革	[美]鲍尔斯、金帝斯	王佩雄	上海:上海教育出版社	1990

此外,检索1986—1995年这10年间发表的教育社会学论文,发现属于分支领域性研究几乎占据半数,并较为集中于班级社会学研究、教学社会学研究、课程社会学研究等领域。在课程社会学领域,南京师范大学课题组在《教育研究》发表的关于课程社会学的相关论文,对课程社会学研究的价值、基本内容、研究范式类型进行阐述①,吴永军撰文对当代西方课程的社会学研究进行了述评②,钟启泉也从社会学的角度对学术课程、隐秘课程、道德课程等进行分析,并对课程社会学的研究主题做出了探讨③。在班级社会学领域,吴立德从社会化和个体化两个方面撰文分析了班级具有道德社会功能,并指出教育者不能忽视班级中的非正式群体及其产生的作用④。李瑾瑜分析了班级社会学的研究意义⑤,指出随着研究成果的不断积累,班级教学的社会学研究呈现出以下的历史趋向:就研究层面而言,将由单一性向整体性发展;就研究人员而言,将由社会学者单独操作向社会学、教育学人员共同研究的方向发展;从研究范围看,将从地区性向跨国、跨地区的比较研究的纵深方向发展。在教学社会学中,沈贵鹏用量化的方法从师生互动的视角探讨了师生在课堂中的

① 吴康宁:《课程的社会学研究简论》,《教育研究》1997年第9期。

② 吴永军:《当代西方课程的社会学研究述评》,《南京师范大学学报》(社会科学版)1995年第1期。

③ 钟启泉:《课程社会学的形成与发展》,《外国教育资料》1994年第4期。

④ 吴立德:《论发挥班级社会功能的若干问题》,《教育研究》1995年第5期。

⑤ 李瑾瑜:《班级教学的社会学研究及其意义和趋向》,《西北师范大学学报》(哲社版)1995年第5期。

言语互动交流情况,指出对于高分组学生,教师更倾向于采取民主的、肯定的、充分考虑学生个性的言语表达,教师对学生回答问题的质量要求高,在口头言语互动的时间进程中表现出更大的耐性;对于低分组学生,教师更倾向于采取专制的、否定的、控制的言语表达,口头言语互动的时间进程中较少给学生思索与充分表达的机会,提问的质量要求低的结论。① 明庆华则从教育社会学的角度分析我国"农村—城市型"人口流动的现象,并分析了农村人口流动对职业教育、义务教育、家庭教育、社会教育的影响,并提出了积极发展职业教育、支持创办私立学校、注重社会道德建设和责任感与社区教育等对策。② 总之,这一时期我国教育社会学总体性质便开始发生实质性变化,即从"学科概论性研究为主、分支领域性研究为辅"转变为"分支领域性研究与学科概论性研究齐头并进"。

(二) 从"学科概论性研究与分支领域性研究齐头并进"到"分支领域性研究为主学科概论性研究为辅"(20 世纪 80 年代末期至 90 年代末期)

大致从 20 世纪 90 年代后期起,分支领域性研究进一步增多,教育社会学研究者的研究指向更加微观化,注重问题研究与解决问题,而不再苛求宏大叙事。随着分支领域性研究成果的不断丰富,教育社会学各分支领域也就陆续形成。教育社会学分支领域研究在我国教育社会学的地位中出现根本性变化,由"辅角"变为"主角",并先后出版了一系列的各分支领域的教育社会学著作。其中,1999 年问世的"教育社会学丛书"被视为这一阶段的一个凸显标记③,这套丛书分别开启了课堂教学社会学、课程社会学、学校生活社会学、家庭教育社会学等分支领域。④ 在各分支领域中,课程社会学的相关研究得到

---

① 沈贵鹏:《师生课堂口头言语互动研究》,《教育科学》1997 年第 1 期。

② 明庆华:《我国当代人口流动的教育社会学分析》,《湖北大学学报》(社会科学版)1996 年第 4 期。

③ 张人杰:《中国大陆教育社会学的二十年建设(1979—2009 年)》,《华东师范大学学报》(教育科学版)2001 年第 2 期。

④ 鲁洁、吴康宁主编:《教育社会丛书》,南京:南京师范大学出版 1999 年版,包括吴康宁等《课堂教学社会学》、吴永军《课程社会学》、刘云杉《学校生活生活学》、缪建东《家庭教育社会学》等 4 部专著。

了不少学者的青睐,研究成果也较为丰富。钟启泉、吴永军曾对课程社会学的形成与发展作出过介绍:前者认为课程社会学是一门综合地理解课程是如何加以选择组织并分配给学生的过程的学问,所谓"课程的社会学"研究,不是探讨教育内容的"应有模式"而是从客观事实的观点分析描述其"本来姿态"的尝试①;后者则对课程内容、课程结构、课程授受、课程评价等问题进行了较为系统的分析②。

此外,《知识演化与社会控制:中国教育知识史的比较社会学分析》③和《新教育社会学:连续与断裂的学术历程》④也是该时期重要的分支领域的研究。⑤ 其中,《知识演化与社会控制》是从社会建构论角度,借鉴发生结构主义、制度经济学、博弈论等方法,对李约瑟问题(Needham Problem)和中国知识史的一个全新解读。通过对道与逻各斯的差异、中西话语方式的差异、名学与逻辑学的差异、知识分类方式的差异、知识生产原则的差异的讨论,分析了中西方文明不同的知识发展路径。进一步讨论作为文化传递和保存活动的中西方教育的功能差异,尤其是由选官制度带来的知识选择与分配的社会过程对教育的深远影响。而《新教育社会学:连续与断裂的学术历程》则对当代西方"新"教育社会学的产生、发展和衰退进行全程分析,并率先对我国这一具有学术价值的问题进行系统的探究。

道德教育社会学研究也该时期是教育的一个重点且也持续到世纪之交。我国的道德教育社会学研究始自于20世纪80年代末90年代初,研究对象包括高等、中等、初等及学前等各教育阶段。鲁洁从社会哲学的角度,对从计划经济向市场经济转型的我国社会中的学校德育进行了较为系统的思考,阐述了德育与社会发展、学校德育的社会环境、德育过程社会学、德育中的社会角

---

① 钟启泉:《课程社会学的形成于发展》,《外国教育资料》1994年第4期。

② 吴永军:《课程社会学》,南京:南京师范大学出版社1999年版。

③ 吴刚:《知识演化与社会控制:中国教育知识史的比较社会学分析》,北京:教育科学出版社2002年版。

④ 杨昌勇:《新教育社会学:连续与断裂的学术历程》,北京:中国社会科学出版社2004年版。

⑤ 叶澜:《二十世纪中国社会科学·教育学卷》,上海:上海人民出版社2005年版。

色、学校内诸种社会关系与德育、德育课程社会学等问题。[①] 吴康宁审视了20世纪80年代中期以来逐渐发生的我国社会的控制方式由严密到宽松以及学生的选择意愿由弱到强的历史性转变进程，提出"教会选择"乃是学校与教师面临的一项根本挑战。[②] 张人杰则提出面对价值多元冲突，主要问题在于对多元文化如何理解以及是否实施多元文化教育，以普遍伦理为基础的、多样性与统一性相结合的伦理也许才是当今学生道德社会化内容的应有之义。[③]

概言之，在这一阶段，我国教育社会学正在、业已乃至有望形成的分支领域大致有：学校社会学、教师社会学、学生社会学、课程社会学、教学社会学、道德教育社会学、思想政治教育社会学、学前教育社会学、高等教育社会学、家庭教育社会学、社区教育社会学、农村教育社会学、成人教育社会学、职业技术教育社会学、网络及远程教育社会学、少数族群教育社会学、教育改革社会学、教育研究社会学等超过20个相关研究领域。由此，社会学的想象力在教育社会学研究中得到了富有意义和价值的延伸与拓展，不同的教育社会学研究者基于自己的兴趣和关注点所选择的主题亦各有差异。总之，在该阶段，教育社会学的研究进入了一个百花齐放、活力勃生的时期。

（三）分支领域性研究从"概论性研究为主具体问题为辅"到"具体问题研究为主概论性研究为辅"（20世纪90年代后期至2010年左右）

进一步观察分析可以发现，"分支领域性研究为主学科概论性研究为辅"阶段，又经历了第三次转型，即在分支领域研究中实现从"概论性研究为主具体问题为辅"到"具体问题研究为主概论性研究为辅"的转换[④]。因为随着中国教育社会学的发展，教育社会学的主要研究对象是具体的、实实在在的问题，而不是局限于某一分支领域的特定方面。而且随着教育社会学在我国的

---

① 鲁洁：《德育社会学》，福州：福建教育出版社1998年版。

② 吴康宁：《教会选择：面向21世纪的我国学校道德教育的必由之路——基于社会学的反思》，《华东师范大学学报》（教育科学版）1999年第3期。

③ 张人杰：《若干德育问题上经由比较后的发现》，《华东师范大学学报》（教育科学版）2002年第4期。

④ 吴康宁：《现代教育社会学丛书》，北京：北京师范大学出版社2003年版，"总序"。

蓬勃发展,研究者日益认识到,我国教育社会学的研究对象不是国外的教育社会学研究,也不是简单的对国外教育社会学理论的套用,而是针对具体的教育问题进行实实在在的研究,并作出真正具有社会学意义的解释才能为我国社会的发展,而不仅仅是教育社会学学科的发展作出贡献。当然,不排除这些问题存在一定的普遍性,或者说具有全球化的色彩,但是,通过对这些具体的问题研究,我们才能用自己的眼睛去看待那些教育问题。另外,随着分支领域的日渐完善,针对具体问题的研究成为这些分支领域研究的重要补充和组成部分,而且,具体问题的研究又可以反过来促使人们对这些分支领域进行必要的反思。其中,2003 年开始出版的"现代教育社会学丛书"①可以视为这一转换的显著标记。这套丛书中的专著分别聚焦于学校社会学中的生存生活和现实建构、教学社会学中的教学生活建构、课程社会学中的真理和个人知识、教师社会学中的教师职业文化和角色冲突、教育社会学中的考选和社会化危机等"具体问题"进行社会学的研究,突出了分支领域的具体问题,而不再聚力于分支领域本身。

《理念的力量:基于教育社会学的思考》②一书对学校教育改革的社会背景、现实状况与问题以及改革的理念追求进行整体的分析,发现学校改革的过程是在新的教育理念的指引下迈向教育理想的过程,新的教育理念得到真正实施的内在机制在于思想的理解与对话、经验的学习与借鉴、实践的反思与重建。万作芳的研究发现,我国学校评优标准的变迁是连续的而不是断裂的,是渐进性的"变革"而不是突发性的"革命",并判别我国学校评优标准的历史变迁呈现出三个趋向,即从重视先赋性因素的评价向重视后致性因素的评价转变,评价对象越来越个人化;从显性的评价转变到隐性的评价,评价形式越来越

① 吴康宁主编:《现代教育社会学丛书》(含 10 部专著),包括张行涛《必要的乌托邦:考选世界的社会学研究》、郭华《静悄悄的革命:日常教学生活的社会构建》、张义兵《逃出束缚:赛博教育的社会学解读》、马维娜《局外生存:相遇在学校场域》、王有升《理想的限度:学校教育的现实建构》,北京师范大学出版社 2003 年版;楚江亭《真理的终结:科学课程的社会学释义》、齐学红《走在回家的路上:学校生活中的个人知识》、周润智《力量就是知识:教师职业文化的生产与再生产》,北京师范大学出版社 2005 年版;刘云杉《从启蒙者到专业人:中国现代化历程中教师角色演变》、马和民《从"仁"到"人":社会化危机及其出路》,北京师范大学出版社 2006 年版。

② 王有升:《理念的力量:基于教育社会学的思考》,北京:教育科学出版社 2007 年版。

隐蔽;从抽象的概括性评价转变到具体的技术性评价,评价技术越来越精细化。①

在这一阶段,作为辅助性特征的教育社会学分支领域概论性研究也有呈现。仅以课程社会学研究为例。南京师范大学课题组以“知识的控制与分等”“价值的定位与架构”“观念的吻应与偏离”“意义的生成与变型”“目标的认定与监控”为基本线索,对课程的结构、标准、内容、过程及评价等方面进行了实证研究和理论探讨。② 黄忠敬以斯宾塞的“什么知识最有价值”和阿普尔的“谁的知识最有价值”这两个问题为基点,在政治、经济及文化的背景中围绕知识、权力和控制这条主线,考察了课程中的文化与文化中的课程。③ 闫引堂从后现代主义的视角分析了其对课程社会学的影响,即将知识的客观性与社会性相对立,否认知识的客观性,并使课程社会学放弃了功能分析和阶级分析的传统。④

(四)“跨分支领域研究”与“超教育本身研究”并存(2010年左右至今)

随着第三次转型——“从强分支领域到弱分支领域”“从有分支领域到无分支领域”——的推进,对我国具体教育问题的“跨分支领域的”“融通的”社会学解释方面的研究成果也在不断积累。2006年开始出版的“社会学视野中的教育丛书”⑤或可视为其代表,这套丛书对大学教师社会角色、学校文化

① 万作芳:《谁是好学生:关于学校评优标准的社会学研究》,长春:吉林人民出版社2008年版。

② 吴康宁:《课程社会学研究》,南京:江苏教育出版社2004年版。

③ 黄忠敬:《知识、权力、控制:基础教育课程文化研究》,上海:复旦大学出版社2003年版。

④ 闫引堂:《后现代主义对课程社会学的挑战:实质和超越》,《教育研究与实验》2009年第4期。

⑤ 吴康宁主编:《社会学视野中的教育丛书》(含11部专著),南京师范大学出版社2006年开始出版,包括:胡金平《学术与政治之间的角色困顿——大学教师的社会学研究》(2006)、杨跃《匿名权威与文化焦虑——大众培训的社会学研究》(2006)、庄西真《国家的限度——“制度化”学校的社会逻辑》(2006)、周宗伟《高贵与卑贱的距离——学校文化的社会学研究》(2007)、闫旭蕾《教育中的“肉”与“灵”——身体社会学研究》(2007)、高水红《共用知识空间——新课程改革行动案例研究》(2008)、刘猛《意识形态与中国教育学——走向一种教育学的社会学研究》(2008)、程天君《“接班人”的诞生——学校中的政治仪式考察》(2008)、庄西真《权力的滞聚与流散——地方政府治理教育模式变革的社会学研究》(2008)、石艳《我们的“异托邦”——学校空间社会学研究》(2009)、王晋《一个称作单位的学校——基于对晋东M中学的实地调研》(2012)。

和仪式、学校空间和单位、新课程改革、教育治理、大众培训等中国具体问题进行了“跨分支领域的”“融通的”社会学解释。“中国教育改革的社会学研究丛书”(吴康宁主编,广西师范大学出版社 2011 年版)①则更是聚焦于中国教育改革问题进行了“跨分支领域的”“融通的”社会学研究。在这套丛书中,既有以中国教育改革整体为对象的研究,也有以不同教育阶段的改革为对象的研究,还有以某一类教育改革为对象的研究。这些研究力图从社会学的角度去审视贯穿于教育改革整个过程中的核心议题、基本线索和关键特征,分析教育改革过程中各种力量之间经历了怎样的博弈,进行着怎样的互动、交流与对抗。这种研究打破了拘泥于分支领域或者就单个问题论问题的局限性,形成了针对具体问题的相对融通的社会学解释。当然,此种“融通”的研究是需要建立在拥有一定的学术团队基础上的,但是无论如何,这种建立在比较充分的“分化”的基础上而又突破特定分支领域界限的研究,已经出现在我国的教育社会学研究中,并为教育社会学的发展注入了新的活力。

自此可说,学科恢复重建以来,我国教育社会学在研究主题和总体特质上经历了四次转型。这种转型意味着教育社会学研究主题的多元与深化,教育社会学研究领域涵盖从学科概论到宏观、中观、微观等各个层面,从有关学科内部的学科性质、理论流派、学科发展史到宏观研究中的教育与社会(制度、结构、分层、流动、公平、现代化),再到中观的学校社会学、班级社会学、课堂教学社会学和注重微观研究的学生、教师的社会学分析、学校人际关系的社会学分析都为教育社会学的蓬勃发展增添了强大的助力。在此应该注意到,教育社会学研究“从强分支领域到弱分支领域”“从有分支领域到无分支领域”的推进,以及对我国具体教育问题的“跨分支领域的”“融通的”社会学研究成果的不断涌现这一过程,既是一个学科和研究领域高度分化的过程也是一个高度综合和融通的过程。但是,无论教育社会学研究经历什么样的转型,万变

---

① 这套丛书主要包括马维娜:《集体性知识:中国教育改革的社会学理论解释》;王海英:《常识的颠覆:学前教育市场化改革的社会学研究》;彭拥军:《精英的合法化危机:高等教育改革的社会学研究》;周元宽:《情景逻辑:底层视域中的大学改革》;杨跃:《“教师教育”的诞生:教师培养权变迁的社会学研究》;齐学红:《在生活的旗帜下:学校道德教育改革的社会学研究》。

不离其宗——九九归一，教育社会学始终是围绕“教育与社会”的关系来进行审视问题和开展研究的，无非是更多聚焦于教育本身，还是更多关注教育与社会的关联，抑或是更多放眼教育外部的社会。① 仅以南京师范大学教育社会学研究为例。学科恢复重建以来，我国教育社会学特别是南京师范大学的教育社会学研究经历了从注重“学校教育（内部）自身社会子系统”的研究②到注重“社会转型与教育变革”的关系研究③再到注重“教育改革和发展的（外部）社会支持”的研究④这样一种跃迁之轨迹。高度分化和高度综合过程中的中国教育社会学研究，呈现出“跨分支领域研究”与“超教育本身研究”两大特征；伴随着这一过程的推进，定会出现越来越多的对中国具体教育问题的“跨分支领域研究”“融通的社会学解释”和“跳出教育之外看教育”的社会学研

① 程天君：《九九归一：教育与社会——〈教育与社会研究丛书〉总序》，载桑志坚：《现代学校教育时间的社会学》，南京：南京师范大学出版社 2019 年版。

② 在这方面，南京师范大学教育社会学团队 1987 年开始承担全国教育科学规划重点课题，并于当年开始进行教育社会学的实证研究“课堂教学与班集体建设”；其后，相继承担了“课堂教学的社会学研究”“德育社会学研究”及“课程的社会学研究”等全国哲学社会科学规划研究项目及全国教育科学规划研究项目；在此过程之中和基础之上，陆续出版了鲁洁、吴康宁主编的《教育社会丛书》，包括《课堂教学社会学》（吴康宁等著）、《课程社会学》（吴永军著）、《学校生活生活学》（刘云杉著）等著作及《课程社会学研究》（吴康宁主编，江苏教育出版社 2004 年版）等代表性成果。

③ 在这方面，南京师范大学教育社会学团队承担了“信息社会的到来与中国教育的转型”“中国教育改革的社会学研究”及“当代中国教育转型研究”等全国教育科学规划研究项目及国家“211 工程”建设项目；在此过程之中和基础之上，出版了《教育改革的“中国问题”》（吴康宁著，南京师范大学出版社 2015 年版）、《中国教育改革的社会学研究丛书》（吴康宁主编，广西师范大学出版社 2011 年版，包括马维娜《集体性知识：中国教育改革的社会学解释》、王海英《常识的颠覆：学前教育市场化改革的社会学研究》、彭拥军《精英的合法性危机：高等教育改革的社会学研究》、杨跃《“教师教育”的诞生：教师培养权变迁的社会学研究》、齐学红《在生活化的旗帜下：学校道德教育改革的社会学研究》、周元宽《情境逻辑：底层视阈中的大学改革》）及《社会学视野下的中国教育改革》（高水红主编，教育科学出版社 2016 年版）等代表性成果。

④ 在这方面，南京师范大学教育社会学团队承担了教育部哲学社会科学研究重大课题攻关项目“我国教育改革和发展的社会支持系统研究”及江苏高校哲学社会科学优秀团队项目“新教育公平的理论建构与实践探索”等科研项目；在此过程之中和基础之上，出版了《教育改革的社会支持》（吴康宁等著，人民出版社 2019 年版）和《新教育公研究丛书》（程天君主编，南京师范大学出版社 2018—2020 年出版，包括程天君等《新教育公平引论》、高水红《新教育公平视野下的学校再生产》、杨跃《新教育公平视野下的教师教育改革》、张义兵《知识建构——新教育公平视野下教与学的变革》、雷晓庆《课堂教学公平指标体系的建构与应用》、贺晓星等《家长、社区与新教育公平》）等代表性成果。

究。在这个意义上,教育社会学研究的第四次转型也可以称之为从“教育自身(内部)社会子系统研究”到“教育改革发展的外部社会支持(制约)研究”。回首历史展望未来,我国教育社会学的发展需要解决三个基本问题,即指导方针的确立、学科性质的选择、研究层面的贯通。这三个基本问题不解决,我国教育社会学很难在现有基础上取得总体上的高效、有深度的发展。为此,应确立“建设适合于中国的教育社会学”的指导方针,选择“基于现实、揭示事实、通向实践”的学科性质,贯通宏观、中观及微观研究层面。① 亦有学者提出了我国教育社会学的发展必须解决的四个问题:教育社会学要利用“后发优势”,克服“后发劣势”;教育社会学要处理好与相关学科的关系;中国教育社会学学派的建立;中国教育社会学要有“开放意识”。②

二、教育社会学的主题及其发展

教育社会学重建以来,教育社会学的研究领域得到极大的扩展,不同的研究者“百家争鸣”,各种研究视角和理论亦是精彩纷呈。但是,这种局面并非意味着教育社会学的相关研究杂乱无章,恰恰相反,相当多研究是围绕相关的“问题”“议题”或“主题”为核心而展开。“分析教育社会学的研究主题的变化,可以从学科的研究对象和研究者的研究取向等方面入手,因此我们把研究对象确定为教育领域的社会现象或社会问题。具体包括作为社会机制的教育与其他社会现象的关系、社会制度中的教育问题、教育制度中的社会问题、学科本身的问题等四方面。”③《国际教育社会学百科全书》将世界范围内教育社会学的领域分为学习领域的教育管理的研究、课程社会学、教育的政策分析、宗教教育、性教育、教学中的社会心理学研究、成人教育社会学、高等教育

① 吴康宁:《当前我国教育社会学发展的三个基本问题》,《教育研究与实验》2008 年第 6 期。

② 侯怀银、王晋:《20 世纪中国学者对教育社会学学科建设的探索》,《华东师范大学学报》(教育科学版)2008 年第 3 期。

③ 曾颖、郑淮:《略论教育社会学研究取向的转变》,《现代教育论丛》2007 年第 7 期。

社会学、学习社会学、特殊教育社会学、教学社会学等。[①] 吴康宁在梳理我国教育社会学重建以来的研究主题时,发现迄今为止我国教育社会学的研究主题大致可分为,教育公平的社会学研究、教育与人的社会化研究、学校(组织、场域、生活、文化)社会学、教师社会学、学生社会学、课程社会学、教学社会学、道德教育社会学、思想政治教育社会学、学前教育社会学、高等教育社会学、家庭教育社会学、社区教育社会学、农村教育社会学、成人教育社会学、职业技术教育社会学、网络及远程教育社会学、少数族群教育社会学、教育改革社会学、教育研究社会学等。[②]

由此可见,很难用几个领域概括我国教育社会学的研究主题,而这种难以概括,也从另一个角度验证了我国教育社会学的发展是一个从学科概论研究为主到分支领域研究为主,再到具体问题研究为主的变迁过程。基于不同的视角、针对不同的对象、出于各异的学术关怀,不同的研究者在教育社会学的看似狭窄实则广袤的天地中耕耘。比较完备的主题归纳就是一一列举。但是,这显然不是一个合理的解决方案,仔细审视他们的主题划分,可以发现所有的主题都是围绕教育社会学的最初基点:教育、社会、人并依照教育社会学的学科之眼——人群差异相交织的产物。基于以上梳理与思考,接下来从"教育分层与流动""农村教育""教师与学生""学校生活""课程与知识""教育与人的社会化""性别与教育""教育改革"等八个方面的社会学研究进行归纳。尽管限于篇幅和研究者能力,此处梳理难免挂一漏万,但是,在上一节纵向梳理我国教育社会学转型发展之后,在横向上梳理和呈现教育社会学的主题和发展亦是必要的。

(一)"教育分层与流动"研究的涌现

人群差异是普遍存在的社会现象,社会不平等是社会学研究的重要课题。在教育社会学研究领域中,随着城乡、区域、阶层及性别等社会不公现象的变

---

① 谢维和:《教育活动的社会学分析——一种教育社会学的研究》,北京:教育科学出版社2000年版。

② 吴康宁:《我国教育社会学的三十年发展(1979—2008)》,《华东师范大学学报》(教育科学版)2009年第2期。

化,教育流动与分层研究也逐渐增多。教育是个体社会经济地位获得的重要决定因素,也是一种较为稀缺的社会资源,还是社会不平等再生产的重要作用机制。因此,在社会分层研究中,教育同时是社会分层的原因和结果变量。以“教育”为主题,并含“社会分层”在中国知网检索相应的期刊可以得到文章2405篇。① 若以第一作者的工作单位统计,有39所科研机构或高校发表论文合计发表论文在15篇以上,其中作者单位排名前20名及发表论文数量如图4-1所示。

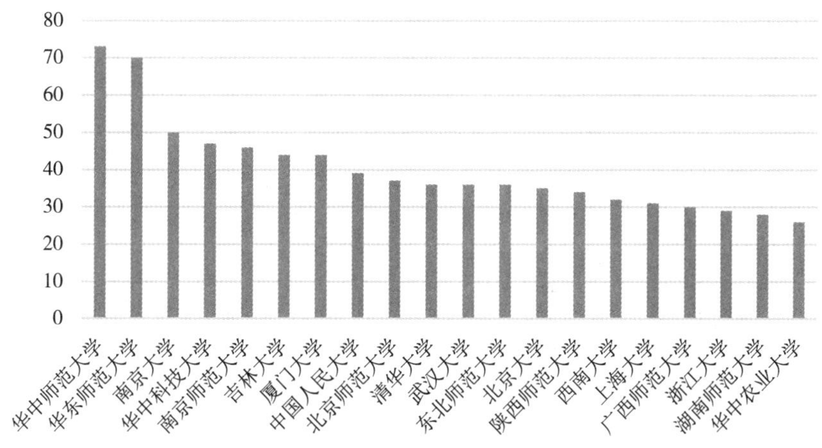

图4-1　以“教育+社会分层”为主题发文单位前20名及其发表论文数量统计

由上述统计可以发现,教育分层研究得到很多教育科研机构和院校的关注,这些不同机构的研究者也从不同的视角对其进行研究。相关研究从我国教育公平问题的理论梳理、历史考察及实证分析三个层面入手,探析了教育机会中的特权,教育资源分配的失衡,教育产业化与教育市场化导致的教育高收费与乱收费,高中教育机会获得中的经济资本、社会资本及文化资本因素,高等教育入学机会的城乡差异、阶层差异等一系列问题。如刘精明基于全国人口普查等大型调查数据,呈现了我国基础教育与高等教育领域中的机会不平等及其变化的事实,审视了国家、社会阶层和个人围绕资源与机会的分配权而

① 统计时间截至2021年6月1日。

在一个复杂社会关系模式中展开的各种争斗与合作,探讨了国家和社会阶层对教育平等、教育选择的影响方式。[①] 李春玲基于对12个省73个区县的抽样调查数据,描述与分析1978年之前30年与之后近20年我国教育机会分配形态的变化趋势,指出意识形态及政府相关政策的变动是导致教育机会分配方向发生变化的主要因素。[②] 李煜基于一项全国性综合社会调查资料,提出了代际教育不平等传递的一种理论分析框架,强调教育不平等产生机制、具体制度设计和社会状况背景三者间的联系。[③] 谢维和等人则针对20世纪90年代到21世纪初我国教育发展的新情况与新特点,应用词频统计、理论减法、规范与实证相结合等多种方法,发现和说明了中国教育公平现象中不能为传统教育公平理论所完全解释的残余,提出并初步证明了在发展中国家的社会改革与转型过程中,教育发展在一定条件下会在某个时期内带来教育公平状况的恶化,而这同教育发展程度不高条件下的教育不公平在表现形态与主要层次上都存在差异。[④] 彭拥军探析了1977年高考恢复到2006年之间高等教育与农村社会流动的情况,指出高等教育的作用在于把对于个人的知识技能需求、社会的人才需求及国家的政治控制需求的满足统一起来。[⑤] 另一项相关研究通过对高校调查数据,分析了教育资格对形成社会阶层的意义,提出优势社会阶层有可能不断地为劣势阶层子弟所替代,从而实现一个社会的精英流动。[⑥]

新中国成立以来,为了培养实现工业化和现代化急需的科技人才建立了重点学校制度,目的在于将稀缺的教育资源集中用于优秀的学生身上。相关研究对中国的教育分流体制——重点学校制度和学轨制造成的教育影响进行

---

① 刘精明:《国家、社会阶层与教育》,北京:中国人民大学出版社2005年版。

② 李春玲:《社会政治变迁与教育机会不平等:家庭背景及制度因素对教育获得的影响(1940—2001)》,《中国社会科学》2003年第3期。

③ 李煜:《制度变迁与教育不平等的产生机制:中国城市子女的教育获得(1966—2003)》,《中国社会科学》2006年第4期。

④ 谢维和:《中国的教育公平与教育发展(1990—2005)——关于教育公平的一种新的理论假设及其初步证明》,北京:教育科学出版社2008年版。

⑤ 彭拥军:《高等教育与农村社会流动》,北京:中国人民大学出版社2007年版。

⑥ 刘精明:《教育与社会分层结构的变迁:关于中高级白领职业阶层的分析》,《中国人民大学学报》2001年第2期。

了研究。其中,刘精明的研究发现教育选择是教育场域中各种力量之间的争斗过程,优势社会阶层群体需要有一种社会阶层的再生产机制,以便将自身的优势向下一代传递。于是,他们创造了各种形式的学校等级序列的划分(包括不同类别之间的等级序列和年级与阶段化的教育序列),使之与社会地位大序列产生越来越严格的对应关系。①

事实上,教育制度史上关于学制的各种变革,无一不交织着关于学校等级序列划分的争斗。张行涛对考试进行社会学解释,指出"考选世界"最终只是等级社会的一种遴选机制,考试在等级社会中起着重要调节作用,是在追求平等的过程中制造着等级的结果。②

学校的阶层分割对教育公平的影响不容忽视。而降低学校的阶层分割程度、促进学校的阶层整合将是保障我国教育公平的有效途径。族际教育分层也是学者关注的问题。洪岩壁的研究发现,与汉族教育不平等的代际传递模式不同,少数民族教育不平等的代际传承以资源转化模式为主,从而影响了不同族群在教育扩展中的获益程度。③

自1999年起,作为实现高等教育大众化的主要策略,我国开始实施大学扩招政策。在扩招对教育公平的影响上,李春玲的研究发现大学扩招没有减少阶层、民族和性别之间的教育机会差距,反而导致了城乡之间的教育不平等上升。④

教育与社会流动的关系也是教育社会学研究者关注的一个重要主题,教育能否促进社会流动是其中一个核心问题。董泽芳认为社会流动和教育选择有着密切的双向互动关系:一方面,社会流动的性质、方向、速率、水平方式和趋势影响着教育选择的宗旨、目标、功能、范围、策略、内容和方法;另一方面,

① 刘精明:《教育选择方式及其后果》,《中国人民大学学报》2004年第1期。

② 张行涛:《必要的乌托邦:考选世界的社会学研究》,北京:北京师范大学出版社2003年版。

③ 洪岩壁:《族群与教育不平等我国西部少数民族教育获得的一项实证研究》,《社会》2010年第2期。

④ 李春玲:《高等教育扩张与教育机会不平等——高校扩招的平等化效应考查》,《社会学研究》2010年第3期。

教育选择的目标、依据与方式等促进着社会代际流动、竞争流动与结构优化。① 钱民辉认为教育系统与劳动领域的筛选、训练以及个体在成人职业、经济和身份地位中的分配密切相关,而取得成人地位的流动和非流动途径在教育系统内就已经形成了,教育系统的成层符应了社会分层。② 余秀兰认为,这首先取决于大的社会结构,当社会是开放的、公正的,人们的地位获得主要依靠其知识与能力,而不是其家庭背景和社会资本,教育所起的作用就会较大;反之,当社会的阶层结构封闭固化,人们的地位获得主要依靠先赋因素,依靠对上代优势的"继承",教育所起的作用就很小。可见,无论"教育能促进社会流动吗"这一问题的现实状况是悲是喜,政府均需考虑增强教育机会的平等性与优质教育资源分配的平衡性,加大对弱势家庭的教育帮扶与补偿力度,缩小教育差距。

在基础教育社会流动方面,马和民认为20世纪80年代的农村外流劳动力和教育无必然联系,但是90年代开始出现逆转,未来则有加强趋势。③ 但袁桂林等人的研究指出,由于义务教育阶段的教育状况存在很大城乡差异,农村教育对农村的社会流动的方向、功能和作用是有限度的。④ 还有学者从性别的视角分析了教育与社会流动的关系,发现现代性的推进及科技革命为女性社会流动奠定了物质基础。从起点社会流动的角度来看,教育在推动女性和男性社会流动方面已经基本不存在实质性差异;从过程社会流动的角度来看,教育是推动女性实现社会流动的重要因素,但和男性比较而言,女性要处于不利境遇。⑤

在高等教育方面,不同历史时期,我国高等教育的社会流动功能表现出不同的特征。研究发现,新中国成立至改革开放前,高等教育与社会流动的关系是不确定的,受国家各项制度和政治运动影响较大,当时高等教育不是社会流

---

① 董泽芳、王彦斌:《教育选择与社会流动》,《教育研究与实验》2007年第1期。

② 钱民辉:《教育真的有助于向上社会流动吗——关于教育与社会分层的关系分析》,《社会科学战线》2004年第4期。

③ 马和民:《当前中国城乡人口社会流动与教育之关系》,《社会学研究》1997年第4期。

④ 孙艳霞、袁桂林:《农村教育促进学生社会流动限度研究》,《教育发展研究》2009年第3期。

⑤ 胡振京:《性别视角中教育与社会流动的关系摭探》,《教育科学》2009年第3期。

动的主要渠道。改革开放后,高等教育促进个体上升性社会流动的功能逐渐增强,并一度起到了“全能”作用。随着高等教育大众化时期的到来,“大学生就业难”逐年增强,高等教育促进个体社会流动的功能相对减弱。① 高等教育影响社会流动的作用机制在于个体通过接受高等教育,获得更高的经济地位和职业地位,从社会底层跻身于中上阶层。

总之,虽然社会贫富分化可能加剧、社会阶层可能固化,底层通过教育渠道获得升迁性社会流动越来越难,但这仍是他们最大的甚至是唯一的希望。而且通过教育实现社会流动,以及通过自身努力而获得升迁机会,这也是现代民主社会的重要特征。相信随着政府对社会公平、教育公平等问题的日益关注,社会底层通过教育实现升迁性社会流动的机会也会日益增加。

（二）“农村教育”社会学研究的勃兴

农村教育是根植于二元社会的一个概念。在二元社会中,城市与农村不仅在发展水平上存在巨大差距,而且在社会制度、运行机制与生活方式上存在着极大的差别。正是这些差距与差别使得农村教育与城市教育相比具有许多特殊性,农村教育作为一种特殊的教育现象成为专门的问题。农村教育研究是我国教育研究的一个重要领域,长期以来,在农村教育研究方面,研究者做了大量扎实的工作,取得了丰富而卓有成效的研究成果,并对农村教育的发展起到了很大的促进作用。改革开放以来,随着城乡二元结构的逐渐稀释,人们对农村教育的认识也随城乡社会结构的改变而变迁,并经历了区域论、对象论和功能论的三次变革。② 认识的变化,促使研究内容与主题的变化,在中国知网(CNKI)对“农村教育”为研究内容的相关论文进行“主题”词频统计,截至2021 年 6 月 10 日,可得到 3.5 万条结果。对其中出现频次较高的关键词及其出现次数统计可得如图 4-2 所示的结果。

通过图 4-2 统计可以看出,有关农村教育的研究涵盖包括留守儿童、乡村教育、教育公平、新农村建设、农村教师、教育经费、教育改革、教师队伍建设

---

①　向冠春、刘娜:《我国高等教育与社会流动关系嬗变》,《现代教育管理》2011 年第 1 期;吴坚:《高等教育与社会流动的关系分析》,《华南师范大学学报》(社会科学版)2014 年第 2 期。

②　邬志辉、张培:《农村教育概念之变》,《高等教育研究》2019 年第 5 期。

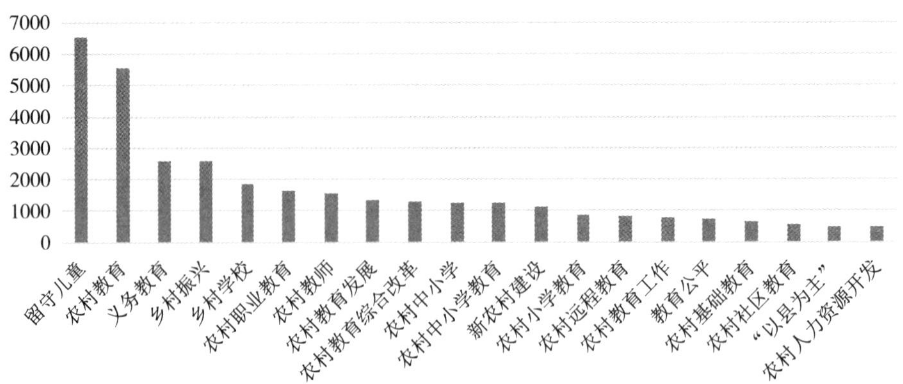

图 4-2 “农村教育”相关论文的“关键词”词频统计及其分布图(前 20 个)

等方方面面。但是,农村教育研究在不同的发展阶段关注的主题也在不断地变化。上世纪 80 年代初,农村教育社会学主要关注的是教育秩序的恢复与初等教育的普及,90 年代,主要关注的是“双基”的实现与各类教育资源的投放。① 譬如,顾建军以中国农村贫困现象为主要依据,呈现了贫困的教育与教育缺失致贫的现实状况,阐述了教育与反贫困之间的功能联系。② 马戎和龙山等人在对广东、甘肃等 5 省 24 县的调查基础上,审视了中国农村教育发展中的区域差异问题。③ 张玉林通过对 1949 年后一个苏北村庄的农民接受教育的过程和某种结果的考察,分析农民的受教育机会、成本,以及能够予以实际把握的社会的收益,并在此基础上来透视“现代化”语境里的乡村教育在城乡二元分割的社会结构中的现实归结。④

进入 21 世纪,农村教育社会学主要关注的主题是“双高普九”、农村中小学布局结构调整以及流动人口子女教育与留守儿童教育问题,而且随着城市化的蔓延,我国农村教育在价值选择上是“离农”还是“为农”成为研究者关注

① 杜育红:《农村教育:内涵界定及其发展趋势》,《华南师范大学学报》(哲学社会科学版)2013 年第 1 期。

② 顾建军:《教育与反贫困》,北京:人民出版社 2001 年版。

③ 马戎、[加]龙山:《中国农村教育发展区域差异:24 县调查》,福州:福建教育出版社 1999 年版。

④ 张玉林:《通向城市的阶梯——20 世纪后期一个苏北村庄的教育志》,《南京大学学报》(哲学社会科学版)2004 年第 4 期。

的一个问题。洪俊认为:①回答这一问题最为根本的是应当明确农村教育的价值主体及他们的教育需求。从主体性教育理论的角度看,农村教育的第一价值主体应当是农村中的学习者,农村教育的价值取向在于满足农村中学习者的教育需求。适应农村人口特别是农村学生的发展需要,是农村教育价值取向的首要之义,因此,农村教育应该是一种“强农”教育。他进一步指出强农教育之“强”有三重含义:一是它以促进“三农”发展为旨归;二是它坚持科学发展观“以人为本”的要求,强调农村学习者的主体性发展,认为人的主体性的觉醒与提升是“三农”得以发展的本原;三是农村教育自身的做大做强,认为农村教育的规模扩大、结构优化与质量提高是解决“三农”问题的基础。张济洲则认为现行的国民教育制度是清末民初在“毁庙兴学”的高潮中从欧美、日本引进来的,嫁接而来的新学制并没有考虑城乡分别的现实,尽管其间经过多次调整,但是基本框架和结构沿用至今。国民教育制度是欧美工业文明的产物,在本质上与自给自足的小农经济具有不兼容性。城乡同构的国民教育制度是建立在乡村城市化、工业化的基础上,其传授的课程内容和培养目标是适应社会化大生产需要的,这必然与传统的小农经营模式产生摩擦与冲突。农村工业化、城市化是时代潮流和发展趋势,是我国从传统农业社会向现代工业社会发展的必然过程,也是最终解决“三农”问题,实现城乡一体化的关键。因此农村教育改革必须为农村城市化、农业现代化和农民转移城市服务。② 我国农村教育在价值选择上存在“离农”与“为农”的悖论,表现为教育功能、发展取向和主体意愿上的对立。悖论的存在既源于城乡二元对立的社会结构,又源于非此即彼的二元对立思维方式。③ 消解农村教育“离农”和“为农”悖论的逻辑前提是进行城乡一体化建设和确立系统化思维方式,走出

---

① 洪俊:《强农:农村教育应然的价值取向》,《中国农村教育》2013 年第 10 期;《农村义务教育课程改革的价值取向——兼论农村教育必须坚持为“三农”服务》,《东北师范大学学报》(哲学社会科学版)2006 年第 4 期。

② 张济洲:《“离农”?“为农”?——农村教育改革的困境与出路》,《河北师范大学学报》(教育科学版)2006 年第 3 期;《农村教育不能永远姓“农”——论城乡教育关系的现实定位》,《教育学术月刊》2008 年第 11 期。

③ 邬志辉:《“离农”抑或“为农”:农村教育价值选择的悖论及其消解》,《教育发展研究》2008 年第 3 期。

“离农”和“为农”逻辑困境后,农村教育的价值选择应该定位在为城乡共同发展服务上。

关于进城务工人员子女的教育研究也是农村教育中的一个重要主题。在中国知网进行检索发现,以“农民工子女教育”为主题的文章高达4000余篇。这些论文既有国家社会科学基金项目、国家自然科学基金项目、全国教育科学规划课题等项目、课题的研究成果,也有各省、自治区的哲学社科等项目的研究成果。在具体的研究主题上,既有关注农村留守儿童的研究,也有关注随迁子女、流动儿童的研究;既有关注农村学校的研究,也有关于随迁子女在城市流入学校的研究。

在这些研究中,教育公平仍旧是关注度较高的话题。譬如,项继权通过对湖北及其他省市的进城务工人员子女的数量规模、分布结构及教育状况进行评估和分析,认为进城务工人员子女上学问题从根本上说是现行的户籍制度及城乡二元化政策的产物,解决进城务工人员子女的教育必须立足于城乡平等和城乡统筹的原则,消除对进城务工人员子女歧视,建立城乡一体和公平的义务教育体制。① 杨东平通过对进城务工人员子女的教育意愿、北京市中职教育的供给能力和劳动力市场需求状况的调研,发现北京市进城务工人员子女初中后的教育问题正在凸显。由于北京学生不愿意接受职业教育,北京市中职教育在不断萎缩,而向进城务工人员子女有序开放城市中等职业教育资源是一个可行的、互利双赢的选择。② 刘成斌等通过对进城务工人员子女中留守儿童与流动儿童的社会化过程的比较,分析了进城务工人员子女的教育选择类型及其对进城务工人员子女社会化的影响,以及制约进城务工人员子女教育选择的结构因素。③

从教育公平的视角进行分析是其中的一个主要视角,进城务工人员子女教育公平的偏差包括教育机会分配起点的不公平、过程的不公平及规则的不

---

① 项继权:《农民工子女教育:政策选择与制度保障——关于农民工子女教育问题的调查分析及政策建议》,《华中师范大学学报》(哲学社会科学版)2005年第3期。

② 杨东平:《北京市农民工子女初中后教育研究》,《北京社会科学》2009年第1期。

③ 刘成斌、吴新慧:《留守与流动:农民工子女的教育选择》,上海:上海交通大学出版社2008年版。

公平,并因此而导致进城务工人员不利地位代际间传承的后果。① 王涛则通过对一个县的田野研究,考察了农民子弟通过教育谋求社会流动的历程,呈现了他们在这一过程中遇到的困难和障碍。② 许林、袁桂林则从利益相关者的视角分析了进城务工人员子女的教育问题,认为进城务工人员子女教育问题的实质是受教育权利的保障问题,之所以成为社会难题,主要是由于在受教育权利实现的过程中出现了诸多利益相关者及复杂的利益关系。③ 陈成文从资本的视角分析了进城务工人员子女教育边缘化的原因,认为城市教育资源对进城务工人员子女的各种排斥,使进城务工人员子女的基本受教育权利在很大程度上受到了剥夺。④

总之,当前进城务工人员子女义务教育公平的现状不容乐观,特别是随迁进城务工人员子女对城市学校教育的融入等深层次问题日益显现,这不仅涉及教育制度伦理与教育法治的层面,而且牵涉到学校文化与教育心理融入等非制度性层面,需要重新审视进城务工人员子女教育公平问题所涉及的多维层面,并从义务教育制度的伦理追求、教育法治建设以及教育人文环境的孕育等方面积极探寻推进进城务工人员子女义务教育公平的可行性路径。此外,对于教育中的城乡差异问题也有专门研究成果。余秀兰运用文化再生产理论,通过文献分析与实地研究,将城乡二元结构这种社会不平等同课程、教学、评估等教育微观过程的结构联系;⑤蒋国河则通过实地调查与访谈,集中分析了导致我国高等教育机会存在城乡差异的家庭环境与教育政策因素。⑥ 董云川等以多民族聚居省份云南省高校的实证调查数据为剖析样本,呈现了20世

---

① 李强、雒建江:《机会平等与代际公正——关于农民工子女教育问题的社会学分析》,《沈阳大学学报》(社会科学版)2007年第4期。

② 王涛:《农村教育与农民的社会流动:基于英县的个案分析》,北京:社会科学文献出版社2008年版。

③ 许林、袁桂林:《论农民工子女的教育问题——基于利益相关者理论的审视》,《湖南师范大学教育科学学报》2010年第3期。

④ 陈成文、曾永强:《农民工子女教育的边缘化:一个资本分析的视角》,《学习与探索》2009年第6期。

⑤ 余秀兰:《中国教育的城乡差异——一种文化再生产现象的分析》,北京:教育科学出版社2004年版。

⑥ 蒋国河:《教育获得的城乡差异》,北京:知识产权出版社2007年版。

纪中叶以来不同社会阶层的子女接受高等教育机会的差异。①

（三）“学校生活”社会学研究的拓宽

学校是学生学习的主要场所，也是其生活的场所，学校生活因其不同于一般生活而具有更为丰富的内涵。学校生活涵盖学校里面的课堂生活、课后生活、教师生活与学生生活及学校文化。这里梳理的文献有关于学生生活的研究、关于教师生活的研究、关于课堂上生活的研究及有关于课后生活的研究。不同类型的学校生活共同构成了学校生活场域，这种学校生活是学校中形成的特别的生活，是整个日常生活的一部分，也是社会生活的一种亚生活，是经过长期发展历史积淀而形成师生的教育实践活动方式及其所创造的成果的总和。因此，有关学校生活的相关研究也是教育社会学研究的一个关键领域。

自上世纪末以来，学校生活研究日益受到诸多研究者的关注，学术成果也较为丰富。刘云杉通过对一所重点中学的质性研究，展现了作为“受教育者”的学生“个人”在制度化学校中无奈、无助的生存状态，揭示并解释了学校日常生活中的官方与民间、前台与后台的并存与冲突。② 李书磊通过对一所农村希望小学的实地考察，阐述了学校作为国家在乡村中的一种象征而在当地文化变迁中的功能。③ 马维娜用“累积的教育事实”呈现了学校场域的复杂构成，审视了入场、在场、塑场、清场、争场、退场、临场及建场等一系列“场域行为”。④ 王有升通过对一所民办学校的实地研究发现，被寄予高度理想的学校教育在现实中是如何受到社会的经济、政治及文化力量的制约，从而被社会地建构起来的。⑤ 程天君的研究揭示，在制度化的学校教育与管理中，存在一种“尊崇细节”的传统和流行做法，借由纪律和日常规范，权力在向无穷小的“小事”的浸透过程中获得了无限胀大的支点与机制，因而形成一种“无所不在”

---

① 董云川、张建新：《高等教育机会与社会阶层——一项基于多民族聚居省份高校的实证研究》，北京：教育科学出版社 2008 年版。

② 刘云杉：《学校生活社会学》，南京：南京师范大学出版社 1999 年版。

③ 李书磊：《村落中的“国家”——文化变迁中的乡村学校》，杭州：浙江人民出版社 1999 年版。

④ 马维娜：《局外生存：相遇在学校场域》，北京：北京师范大学出版社 2003 年版。

⑤ 王有升：《理想的限度：学校教育的现实建构》，北京：北京师范大学出版社 2004 年版。

和“时刻警醒”的微观“权力物理学”。这种显微镜式与如影随形式的纪律规范机制在操持学校井然有序运转的同时,也把它形塑成一个自我维系的权力规训空间:“自身而心”的权力规训目标,“以小见大”的权力规训机制,“亦得亦失”的权力规训效果。① 马和民则对“学生为何社会适应困难、经常面对人际冲突”进行了思索,认为学生对于学校规则和日常规则的理解、认同、接纳程度的异同是导致适应困难、人际冲突的主因。②

学校文化的社会学研究是学校生活研究的重要组成部分,在这方面,也有一定数量的研究成果出现。其中,周宗伟认为学校文化在生产出“高贵的人”的同时,也生产出了“卑贱的人”,大众社会中的学校文化最终塑造了学校体制的成功者与失败者这两种“卑贱”的群体。③ 王晋通过对学校文化的分析指出,学校文化具有选择功能,不同学校文化之间是有等级的,学校文化之间的等级性其实反映了总体社会结构的层级性。④ 具体到城市学校和乡村学校方面,齐学红通过对一所城市小学的实地研究,考察了学校生活中个人知识的存在样态,指出在看似客观公正的知识传输活动背后,既存在着权力与利益的争夺,也存在着实践者对教育教学的追求与探索。⑤ 庄西真通过对一所乡镇初中的实地研究,透视了国家与社会在学校行为中所起的作用,指出国家并没有通过乡村学校使儿童从家长、地方社会的控制中有效地独立出来。⑥ 万作芳则以福州某中学为个案,对该中学百年来学校评优标准的发展变迁进行了描述,指出学校评优标准的变迁是连续的不是断裂的、是渐进性的“变革”不是突发性的“革命”。而评价的发展趋向从重视先赋性因素的评价向重视后致

---

① 程天君:《无穷小的细节与无限大的权力——学校纪律与日常规范的社会学分析》,《当代教育科学》2005 年第 6 期。

② 马和民、何芳:《学校规则、日常规则与社会适应——基于学生日常生活的社会学分析》,《外国中小学教育》2008 年第 11 期。

③ 周宗伟:《高尚与卑贱的距离:学校文化的社会学研究》,南京:南京师范大学出版社 2008 年版。

④ 王晋:《学校文化的社会学审视》,《教育理论与实践》2011 年第 10 期。

⑤ 齐学红:《走在回家的路上:学校生活中的个人知识》,北京:北京师范大学出版社 2005 年版。

⑥ 庄西真:《国家的限度:“制度化”学校的社会逻辑》,南京:南京师范大学出版社 2006 年版。

性因素的评价转变，评价对象越来越个人化，从显性的评价转变到隐性的评价，评价形式越来越隐蔽，从抽象的概括性评价转变到具体的技术性评价，评价技术越来越精细。① 吴康宁则论证了当下中国的学校实际扮演的社会角色除了“教育”机构之外，还有“象征”机构、“分化”机构及“销售”机构等多种类型。② 吴晓蓉、张诗亚对贵州省“民族文化进校园”的课程设置、教学形式、教学管理、科研工作、发展规划等进行了详细的实地考察，分析了实施历程中的成效与问题，并借此论证了其在保持民族文化的延续性与连带性、实现多元文化和谐共生方面的教育价值与社会文化意义。③ 此外，陈振中等人在“社会学语境中的教育弱势现象”这一概念下，通过呈现乡村薄弱学校、城市流动人口、离异家庭儿童、弱势教师等特殊群体的生存境遇，说明了社会与教育是如何“再生产”教育特殊群体的。④

看上去，进城务工人员子弟学校所提供的较低质教育，加之进城务工人员子女自身的自我放弃，使得他们逐渐丧失了好好学习以实现向上流动的态度和能力，最终重复了父辈混迹于底层的命运。但是，“大学”也是这些学子的期望，有研究者通过对北京一所随迁子女集中的小学及其社区进行近距离的观察发现，“上大学”作为随迁子女及其家庭共同的教育愿望成为田野数据浮现出来的醒目主题，然而，那里的“大学”与教育科层制中的“大学”，以及相关政策中的有关“大学”的精致话语体系有着不同的含义与倾向。

在残疾人生活（学校生活）研究方面，奚从清认为为了充分保护残疾人的权益，更好地解决他们面临的困境，应该建立残疾人社会学，并对残疾人社会学的研究对象、任务和功能进行了相关界定。⑤ 贺晓星等人则通过质性研究，揭示了聋人是一种异文化或跨文化的人群，聋人并非像人们通常以为的那样

① 万作芳、吴予：《学校评优标准的历史变迁——以福州启知学校为个案的社会学研究》，《福州师范大学学报》2006 年第 4 期。

② 吴康宁：《学校的社会角色：期待、现实及选择——基于社会学的审视》，《教育研究与试验》2005 年第 4 期。

③ 吴晓蓉、张诗亚：《贵州省民族文化进校园的教育人类学考察》，《民族教育研究》2011 年第 3 期。

④ 陈振中：《社会学语境中的教育弱势现象》，桂林：广西师范大学出版社 2007 年版。

⑤ 奚从清：《残疾人社会学：任务 · 对象 · 功能》，《社会学研究》1992 年第 2 期。

是一种“蒙昧不化”式的存在,而是因为社会历史文化等诸种因素的影响才陷于不利困境而成为一种“社会特殊群体”式的存在,对于聋人的这两种不同认识将直接决定对于聋人教育的性质定位与方式选择。① 闫旭蕾从身体社会学视角出发,②探讨了身体对于个人的真实意涵,批判了现代教育对于身体的规训与役使,强调了教育研究“显身”的必要性与可能性。

(四)“教师与学生”社会学研究的泛起

教师与学生是教育中相依相存、相辅相成的一对社会角色。只研究前者而忽略后者,或者只研究后者而忽略前者,都不可能真正理解教育的社会属性。教育社会学既研究作为社会制度的教育,也研究作为教育活动的主体的教师和学生。关于教师社会学的研究内容,吴康宁曾从逻辑上区分了四个层面及其核心问题,即:作为社会成员的教师——教师的社会地位问题;作为学校成员的教师——教师的双重角色问题;作为学生社会化承担者的教师——教师的教育权威问题;作为自身社会化承受者的教师——教师的职业社会化问题。③ 而学生作为社会角色的一种类别,由于其与“青年”“孩子”等角色直接关联,因此,对学生的教育社会学分析多集中在学生的社会化、社会角色、社会地位、素质发展等方面。

在社会急剧转型过程中,教师的社会身份引起不少教育社会学人的关注,作为重新审视教师社会角色的一种努力,围绕“教师是社会代表者吗”④展开了一些学术争鸣。郭兴举认为教师必须是社会代表者,并从历史逻辑和价值选择方面进行了论证,⑤李长伟认为,教师的社会角色应当是基于自己的专业

---

① 贺晓星:《聋教育改革的社会学思考:非政府组织的“双语双文化”努力》,《教育学报》2008 年第 4 期。

② 闫旭蕾:《教育中的“肉”与“灵”:身体社会学研究》,南京:南京师范大学出版社 2007 年版。

③ 鲁洁:《教育社会学》,北京:人民教育出版社 1990 年版。

④ 吴康宁:《教师是社会代表者吗——作为教师的“我”的困惑》,《教育研究与实验》2002 年第 2 期;《教师:一种悖论性的社会角色———兼答郭兴举同志的“商榷”》,《教育研究与实验》2003 年第 4 期。

⑤ 郭兴举:《论教师作为社会代表者——与吴康宁教授商榷》,《教育研究与实验》2003 年第 1 期。

知识,从特殊走向普遍的公共知识分子。① 程天君则认为教师社会角色这一问题的追问首先应以基于"事实陈述"的社会学提问方式来进行,基于"实践规范"的教育学提问方式或基于"价值辩护"的哲学提问方式造成了论题的置换,是把"教师社会属性"的实然判断置换为"教师应起社会作用"的应然追求。② 周润智通过对国家权力及其衍生物——教育关系的分析,提出了"知识制度""间台""权力与知识的亲和力"等概念,诠释了教师职业文化的内涵及其律动法则。③ 胡金平通过对胡适、熊十力、张申府、陶行知等人角色扮演状况的历史考察,揭示与解释了中国大学教师在"政治人"与"知识人"这两种角色之间的艰难抉择。④ 刘云杉以中国现代化历程为背景,通过对教师政策文献梳理、历史进程考察以及对教师个人的日记分析、深度访谈,探讨了中国现代教育兴起后教师乃至教育与国家的关系的建构,阐释了教师角色在"启蒙者"与"专业人"之间的张力性演变。⑤ 周艳则从"专业化"角度将中小学教师与大学教师放在一起研究,探讨了中小学教师的专业化发展与大学教师的专业成长中的社会学问题。⑥ 栗洪武指出对教师的职业地位进行社会学分析有利于深化教师专业素质的研究,并提出了教师素质研究的新的认识视角和分析框架。⑦

学生的社会学研究关注重心因研究对象的受教育阶段不同而有明显区别。幼儿社会学研究主要是对幼儿的社会属性、情感及行为进行社会学解读。郑名分析了社会分层与社会流动给农村人口带来的巨大压力,以及我国城乡

---

① 李长伟:《教师是谁——与吴康宁教授的对话》,《扬州大学学报》(高教研究版)2004 年第 3 期。

② 程天君:《教师社会角色:三种研究视角的比较》,《教育理论与实践》2005 年第 11 期。

③ 周润智:《力量就是知识:教师职业文化的生产与再生产》,北京:北京师范大学出版社 2005 年版。

④ 胡金平:《学术与政治之间的角色困顿:大学教师的社会学研究》,南京:南京师范大学出版社 2005 年版。

⑤ 刘云杉:《从启蒙者道专业人:中国现代化历程中教师角色转变》,北京:北京师范大学出版社 2006 年版。

⑥ 周艳:《教育社会学与教师研究》,武汉:华中科技大学出版社 2008 年版。

⑦ 栗洪武:《论社会学视野中的教师职业地位问题》,《陕西师范大学学报》(哲学社会科学版)2002 年第 3 期。

二元结构体系对农村学前教育所产生的负面影响,并由此提出了相应的解决策略。[①] 黄娟娟则对幼儿园的师生互动类型进行了研究,发现幼儿园活动中师幼互动主要为师班互动、师个(个体)互动。教师控制——幼儿接受,控制——服从型是主导的师幼互动类型,特别是在"集体学习活动""运动活动"中。[②] 赵学菊则对幼儿的反抗行为进行了相关研究,指出教师应该合理地判断幼儿的反抗行为,不能一味地将反抗视为一种必然或者需要极力避免的现象。[③] 中小学生社会学研究的论题范围较广,也较分散,相对集中一点的是学生群体研究,尤其是对作为一种特殊社会群体或社会组织的班级进行社会学研究。南京师范大学课题组自 1987 年起与一所中学联合进行了为期三年的"班集体建设与课堂教学"实验研究,探究了班级与课堂教学的相互影响及其机制问题。其后,开始出现关于班级的专门的理论探讨,出版了概论性专著,且在班级的性质、结构、文化等方面也开始有逐步深入的探究,并有学术争鸣。[④]

"择校"是很多城市家长和学生面临的问题,有研究者认为我国大中城市的学生"择校"现象属社会越轨行为。譬如,朱家存对大中城市学生的"择校"现象进行了研究,认为造成这一行为的社会根源在于沉重的就业压力和劳动就业制度的改革,促使人们竞相追逐优质教育机会,居民收入的普遍提高和社会收入差距的明显拉大,以及优质教育资源的短缺,使"择校"、高收费成为可能和必然,城市公用事业的改善,为"择校"创造了便利的交通条件。[⑤]

至于大学生社会学的研究,则论题范围更广。如郑碧强等则对大学生的"宅"文化进行了分析,探讨"宅"生活对大学生的影响和大学生热衷于"宅"

---

① 郑名:《社会分层、社会流动农村幼儿教育小学化》,《学前教育研究》2005 年第 4 期。

② 黄娟娟:《师幼互动类型及成因的社会学分析研究》,《教育研究》2009 年第 7 期。

③ 赵学菊:《幼儿反抗行为与班级规范合理性的社会学分析》,《学前教育研究》2004 年第 1 期。

④ 譬如,谢维和:《班级:社会组织还是初级群体》,《教育研究》1998 年第 11 期;吴康宁:《教育社会学视野中的班级:事实分析及其价值选择——兼与谢维和教授商榷》,《教育研究》1999 年第 7 期;程天君:《班级社会学研究(上):新论初探》,《教育理论与实践》2008 年第 22 期;程天君:《班级社会学研究(下):新论初探》,《教育理论与实践》2008 年第 25 期。

⑤ 朱家存:《大中城市学生"择校"高收费现象的社会学思考》,《河南社会科学》2003 年第 5 期。

生活的原因,并就如何帮助大学生走出“宅”门提供了相应的对策和建议。① 胡春光则对“捣蛋生”进行了研究,指出“好学生”的定义使这些捣蛋学生被贴上“坏学生”的标签,该如何正确认知和对待他们,如何让这类学生和教师彼此更容易沟通、亲近,使他们在学校生活中得到全面发展的机会,是教育者需要多加思考的问题。② 李德显也对学生的课堂违纪行为进行了社会学分析,指出这是他们的主动建构。③ 可见,基于不同的角度和理念,分析大学生越轨的研究得出的结论存在一定的差异,但是,其共性是均不能忽视社会外在力量对大学生越轨行为的影响。

(五)“课程与知识”社会学研究持续拓展

分析教育中的知识,尤其是教育中的课程知识曾一度是教育社会学的一个“显性”分支领域,随着时代的发展,这一研究领域渐渐地淡出人们的视野,但是依旧有部分的相关研究时而出现在一些学术期刊上。事实上,20 世纪 70 年代前,教育社会学未把研究焦点放在课程上,将现存的学校课程视为理所当然,着重探讨课程与学生社会化的关系。直到 70 年代初兴起于英国以解释论为主的新教育社会学则主张学校的教育知识,以及其传递、评价的过程和方式皆是社会建构的。他们认为,课程内容的价值特性充分反映了社会统治阶层的意识形态,统治阶层总是要对知识总体加以筛选,选择符合自己意识形态的知识作为课程内容,这一做法的目的是达到社会控制。90 年代,这种理论被引入中国,研究侧重于对教学内容的社会本质、价值取向、地位分等、文化代码等进行理论探讨,对教科书的社会特征进行定量分析等。其中,楚江亭通过对科学课程以及科学知识的剖析和解构,指出其中蕴藏的社会所建构的意识形态与个体偏见以及相应的“知识霸权”和“社会霸权”。④ 高水红通过对新课

---

① 郑碧强、张叶云:《大学生“宅”生活热的冷思考——基于社会学和心理学的交互视角》,《福建师范大学学报》(哲学社会科学版)2011 年第 3 期。

② 胡春光:《他们为什么是“捣蛋”学生? ——对三名“捣蛋”学生的教育社会学解读》,《教育学术月刊》2010 年第 9 期。

③ 李德显:《学生课堂违纪行为方式的社会学分析》,《教育科学研究》2005 年第 4 期。

④ 楚江亭:《真理的终结:科学课程的社会学释义》,北京:北京师范大学出版社 2005 年版。

程改革行动的案例分析,呈现了教育知识的建构过程、秩序格局及群体间利益博弈与相互妥协,表明了在丰富、复杂的共用空间中建构出来的教育知识既有生机也有危机,既有希望也有虚妄。① 葛春通过对知识社会学中的知识进行分析的三大范式(整体功能论、整体决定论、分层决定论)述评,指出了它们所具有的不同局限。② 整体功能论范式将课程及其知识内容看成是社会建构的集体特征,是每个社会成员都必须学习、掌握的通用知识,但是它却无法说明同一个社会为什么会出现观点对立的观念以及异质性的课程知识要求。分层决定论则解释不了人们何以没有陷入彼此的意识形态之争,整体决定论因其把知识的价值和社会的价值联系起来讨论则使得其既不能说明知识的形式,也不能解释知识的特征。

课程知识就其社会本质而言是对其未来社会成员加以控制的一种中介,透视课程知识意识形态性的有效途径是教科书分析。朱志勇对我国大陆和台湾地区初中语文教科书中社会角色的呈现进行了比较分析,③他指出大陆侧重于以生动形象的语言描述来呈现社会角色,而台湾地区则侧重于把社会角色融化于着色丰富、结构明晰的彩图之中。大陆的社会角色插图是单调的白描,而台湾地区的插图大部分则是在其他人、物的衬托下来展示其社会角色。此外,在功利性社会角色和表现性社会角色、男女性别社会角色、古代和现代社会角色、"正面和反面"社会角色等方面也存在差异。其后续的研究指出教科书内容在个体价值取向上由原先的强调适应性,随着社会的进步,经济的发展,会逐步加强对超越性的追求,而且其表现的范式也会更加丰富多彩。④ 不仅作家、科技工作者、人文学者、新闻工作者等作者群体的入选比例呈现历时性变化,而且不同政治身份的作家群体,在不同版本教科书中的选入状况也呈现较大差异。选文作者遴选标准从重视作者外在身份走向关注作品文学价

---

① 高水红:《共用知识空间:新课程改革行动案例研究》,南京:南京师范大学出版社2008年版。

② 葛春、夏正宝:《课程知识社会学分析范式述评》,《全球教育展望》2007年第4期。

③ 朱志勇:《我国内地和台湾初中语文教科书中社会角色的呈现》,《比较教育研究》1998年第5期。

④ 朱志勇:《适应抑或超越——我国小学、初中语文教科书内容个体我价值取向的分析》,《上海教育科研》2000年第5期。

值；作家群体政治身份变化由相对单一走向多样并存、文本意义解释从封闭走向开放。

不止于此，王力以人教社新版中学语文教科书为例对教材中的“国家”形象进行分析，他发现在中学语文教科书里，“中国”在各个历史时期的形象都是以现实为基础想象出来的，并且分为两个形象系列，一是中国，二是中国人。尽管国家本来外在于青少年学习者，但教科书为之提供了一个注视对象，又因学习情境长期真实的存在而与被注视对象发生交流，最终在这个对象那里发现了自我。① 语文教科书既承载着审美熏陶的功能，又担负着向青少年学生传播国家意识、塑造健全国民人格的任务。其实也不仅限于语文，作为社会控制中介的课程大都体现国家的主流意识形态，传达民族国家“归化万民”的教育政策之使命，其中首要的，当推历史。有研究对《中国历史》进行文本分析，②发现《中国历史》教科书叙事的母题是“革命/反动”。这种目的论制导的历史叙事，通过整体认知方式、线性进化观和大通史写作手法，并配以大事年表和表象插图，彰显出“五阶段论”的趋势论情结，传播了一种政治信仰教育的要旨，即要受教育者弄明白“我们从何而来—现处何地—将奔向何方”。依循这一母题，历史叙事中还夹裹着各式情感炼金术，以陶冶受教育者的进退观、善恶观、生死观、义利观及敌我观，厘定其情感编码与价值秩序。由此，国家命运的学说建构于历史书中，而历史的再现则服从并服务于国家政治。因此，强调教科书主体的伦理责任，构建教科书公众参与机制，创设教科书专业标准体系就显得尤为必要。

遥望未来，也许，我们将面对的根本不是要不要教科书多样化的问题，而是什么样的教科书需要多样化的问题。

（六）“教育改革”社会学研究逐渐兴盛

从改革开放以来，改革就成为萦绕在我们耳边的不变话语，并深入到生活的方方面面，教育也不例外。我国的教育改革和其他领域社会改革一样不断

① 王力：《文学作品中的“国家”镜像——以人教社新版中学语文教科书为例》，《湖南师范大学教育科学学报》2009 年第 2 期。

② 程天君：《历史的再现与国家政治》，《湖南师范大学教育科学学报》2009 年第 5 期。

扩展和深化,推进教育事业的发展,并取得了历史性成就。教育改革本身就是社会改革的一部分,“教育改革”研究在很大程度上被认为是具有社会学意义的研究也在情理之中。每逢改革开放的十位数周年,就有学者对教育改革进行历史分期进行总结。比如,改革开放30周年之际,石中英认为教育改革可以划分为教育改革酝酿与教育事业恢复发展时期(1978—1984年)、教育改革起步与教育事业稳步发展时期(1985—1992年)、教育改革全面展开与教育事业快速发展时期(1993—1998年)、教育改革持续深入与教育质量全面提升时期(1999—2008年)四个大的历史时期。① 范国睿考察我国教育制度变迁发现,中国改革开放40年的教育制度变迁大体经历拨乱反正、恢复和重建教育制度,全面启动教育体制改革,探索以基于市场机制的制度变革促进教育事业发展,调整教育政策、从效率走向公平,深化教育领域综合改革、加快教育治理体系与治理能力现代化建设等五个发展阶段。② 从社会学的角度对教育改革进行分析、审视、研究则也在这一过程中兴起,唯教育改革的社会学研究旨在透过教育改革的表面事实,揭示与解释其深层的或背后的各种社会力量及其相互关系,为教育改革的判断与决策提供社会学依据③。改革开放之后,教育改革的社会学研究开始在我国兴起,特别是2000年以来,教育改革的社会学研究出现较大增长。在中国知网以“教育改革”和“社会学”为主题的高水平期刊论文(以北大中文核心核、南大CSSCI期刊为依据)逾3.5万篇,其中2004年之后,年发文量更是突破1000篇。④

关于教育改革的社会基础,有研究者进行了追问和思考,认为“赞同与否”是教育改革社会基础的“基本标识”,“多大比例的赞同”决定着教育改革社会基础的“广度”,“多大程度的赞同”影响到教育改革社会基础的“强度”,

① 石中英、张亚青:《30年教育改革的中国经验》,《北京师范大学学报》(社会科学版)2008年第5期。

② 范国睿:《教育制度变革的当下史:1978—2018——基于国家视野的教育政策与法律文本分析》,《华东师范大学学报》(教育科学版)2018年第5期。

③ 吴康宁:《教育改革社会学研究的兴起及发展路向》,《教育研究与实验》2009年第6期。

④ 截至2021年6月,若直接以“教育改革”为主题检索,则有高达34万余篇的文章。可见,教育改革的相关研究一直是教育研究的重点,十分契合时代主题发展。实际上,部分教育社会学视角的“教育改革”论文主题中并不包含“社会学”字眼。此处为了统计方便,仅仅统计论文主题中同时包含“教育改革”和“社会学”的文章。

“为什么赞同”关系到教育改革社会基础的“纯度”,“谁赞同”则涉及教育改革社会基础中的“关键人群”。只有全面了解所有这些因素,才能切实把握教育改革人心向背的具体状况,准确判断教育改革社会基础的成熟程度,从而为教育改革的决策提供较为可靠的民意依据。① 在对教育改革的规律思考上,有研究者指出教育改革的规律是教育改革这个现象与其他现象以及教育改革现象本身各要素之间的一种内在的、必然的和本质联系。可分为教育改革的外部规律和教育改革的内部规律两种基本的类型,教育改革规律与教育改革的原则、教育发展的趋势、社会发展的规律和教育的规律有联系又有区别。按教育改革规律办事,要正确处理好谁来改、改什么和怎样改三个基本要素之间的关系;在谁来改上,要正确处理政府、学校和社会三者之间的关系;在改什么上,要正确处理好改革教育活动、教育体制、教育机制和教育观念四个范畴之间的关系;在怎样改上,要正确处理好经验——合理策略、权力——强制策略和规范——教育策略三个策略之间的关系。②

中国教育改革的“诞生”存在诸多可能和诸多不确定性,各种力量之间的张力相互牵制、相互作用、相互弥补,导致许多可能研究与需要研究的问题。因此,为深入顺利进行教育改革,必须认清认识论思维、利益论思维和文化论思维的优势及局限性,合理使用三种思维方式。马维娜从“集体性知识”来分析中国的教育改革,她认为中国社会是一个集体性很强的社会,在它身上所进行的诸多改革,无法回避这种集体性。这种集体性具有原发的植根性,它与这个社会与之俱来,甚至可能成为一个国家性的“惯习”。这种集体性又具有强烈的渗透性,它就在我们的生活中,且无时无刻不有某种能量从外界流向内里。中国教育改革的运作理路应该建立在以历史为根基的结构基础之上,且以国家需要为存在形态,以地方集体性知识为治理法则,以细致入微之变为学校效用游戏。③

① 吴康宁:《赞同? 反对? 中立? ——再论教育改革的社会基础》,《教育学报》2011 年第 4 期。

② 孙锦涛:《关于中国教育改革规律问题的探讨》,《教育研究与实验》2009 年第 5 期。

③ 马维娜:《中国教育改革的知识社会学解读》,《北京师范大学学报》(社会科学版)2009 年第 2 期;《“集体性知识”:中国教育改革解释框架的再叙述》,《教育学报》2009 年第 5 期。

改革开放以来,我国教育领域频繁推出各种改革措施,这些改革措施大多以政策的面貌出现。因此,也有诸多的学者对教育政策进行研究。教育政策就是作为公共权威的政府为了解决相互冲突的对教育产品的不同需求,通过对教育中所负载的价值的选择,从而提供的不同类型的解决方案和采取的政府行为。① 有学者对我国教育政策分析后认为,我国虽然出现了一些有关教育政策决策研究的成果,但其理论体系基本上是移植西方公共政策的决策理论与方法,研究内容比较简约并具有"技术化"倾向,研究范式具有浓厚的结构功能主义色彩,研究方法整体上缺乏教育政策的动态分析和利益分析。未来我国教育政策的决策研究应该以中国的体制转型或制度变迁为背景,围绕利益表达与整合的现实主题,发展具有中国特色的教育政策的决策理论与方法。② 柏成华从公共选择理论视角的分析造成教育政策低效的根源,认为其原因是教育行政机构的自利行为、教育行政机构的低效和浪费、路径依赖、教育政策执行上的障碍等。③

我国的教育政策历经了不同的阶段,而且不同阶段的价值取向和关注重点具有不同的阶段性特征。总体看来,教育政策进程是不断探索建立公平高效的教育新秩序的过程。④ 但是,也有学者认为教育政策却并不一定带来教育公平。在教育政策和教育公平的关系上,我国的教育政策制定过程中存在一定的城市取向,这种教育政策城市偏向使城乡教育差距加重,而其教育不公平现象又成为新一轮教育政策出台的依据,造成教育政策城市偏向的恶性循环。⑤ 有研究者认为现有教育状况是教育政策的结果,教育公平与效率的问题归根到底是教育政策的问题,是教育政策总体上重效率而轻公平的结果。教育政策重社会价值与工具理性而轻个体价值,忽视其价值要求;教育政策目

① 林小英:《理解教育政策:现象、问题和价值》,《北京大学教育评论》2007 年第 4 期。

② 祁型雨:《我国教育政策的决策研究:成就、缺失与发展》,《教育研究与实验》2009 年第 4 期。

③ 柏成华:《公共选择理论视角:教育政策低效的根源及对策》,《教育科学研究》2008 年第 4 期。

④ 褚宏启:《光荣与梦想:建立公平高效的教育新秩序——中国教育政策 30 年述评(1978—2008)》,《中国教育学刊》2008 年第 10 期。

⑤ 陈敬朴:《教育政策城市偏向的要害及其特点》,《当代教育科学》2004 年第 20 期。

标重公共教育利益,轻个人教育利益。①

人们之所以进行改革,是希望通过改革可以带来更为美好的东西,带来更好的教育。由此,所有的教育行动根本上都是由某种关于更好或更坏的思想所引导,而这些思想都指向了关于什么是好教育的思考。若回避这个问题而只关注表面细节,那么只会导向“似乎改革在不断深入,但实际上生死攸关的问题却根本没有触及”②。我们的教育改革最需要做的是去反思我们当下的教育方式是否是好的和正义的,这种教育方式就体现为教育体制和教育秩序,尤其体现在教育制度上,它决定了教育活动所追求的目标运行的方式。回顾、总结和反思中国教育改革历程及其成败得失有助于完善中国特色社会主义教育体系和保障建设,有助于为促进未来中国教育的新发展提供历史借鉴与实践智慧。

---

① 石火学:《教育政策视角下的教育公平与效率问题研究》,《清华大学教育研究》2010 年第 5 期。

② 金生鈜:《什么是正义而又正派的教育》,《教育研究与实验》2006 年第 3 期。

第五章　教育社会学新时代发展趋势与未来展望（2012—2022）

科学史家不再追求一门旧科学对我们目前优势地位的永恒贡献，而是尽力展示出那门科学在它盛行时代的历史整体性。①

——托马斯·库恩：《科学革命的结构》

教育社会学的传承与发展离不开教育社会学研究者的孜孜以求。近年来特别是新时代以来，教育社会学在宏观层面上置身于国际化的研究视野中，积极翻译国外教育社会学研究著述，同时结合我国本土性的教育现实与问题，在教育社会学元研究的兴起中及时了解、跟进乃至建构中国的科学性的教育社会学理论，把握微观层面的人文性研究取向，追问如何更好推进教育公平问题、乡村教育振兴、教育改革质量等教育问题。

一、国际视野：教育社会学译作的增加

学术交流是学术发展和繁荣的动力，自教育社会学重建以来，我国陆续翻译出版了一些国外教育社会学论作、文选和专著，如 1990 年出版张人杰主编《外国教育社会学基本文选》、1989 年出版曲则生主编《日本高等教育社会学

① ［美］托马斯·库恩：《科学革命的结构》，金吾伦、胡新和译，北京：北京大学出版社 2012 年版，第 2 页。

文集》；至于针对某一学者、某一著作的翻译和引进亦属常见，这对我国教育社会学的建设、发展和研究作出了贡献。随着经济全球化和教育国际化的蓬勃发展，华东师范大学出版社等出版社开始系统性地引进翻译世界范围内的教育社会学最有代表性的著作。此举有利于我们从整体上把握世界范围内的教育社会学理论的总体情况，也有利于提高我国本土教育社会学理论水平，对我国的教育改革和教育理论的创新产生积极的影响。其中，新时代以来我国翻译出版的教育社会学著作的不完全统计见表 5-1。

表 5-1　21 世纪以来我国翻译出版的主要教育社会学著作一览表

序号	作者	译作名称	译者	出版社	年份
1	[加]蒙罗 [美]托雷斯	《社会理论与教育：社会与文化再生产批判》	宇文利	上海人民出版社	2012
2	[美]迈克尔·W.阿普尔	《全球危机、社会公平与教育》	李慧敏	中国政法大学出版社	2012
3	[美]托马斯·索维尔	《知识分子与社会》	张亚月 梁兴国	中信出版社	2013
4	[法]保罗·威利斯	《学做工：工人阶级子弟为何继承父业》	秘　舒 凌旻华	译林出版社	2013
5	[法]菲力浦·阿利埃斯	《儿童的世纪——旧制度下的儿童和家庭生活》	沈　坚 朱晓罕	北京大学出版社	2013
6	[英]艾沃·古德森	《课程与学校教育的政治学——历史的视角》	黄　力 杨灿君	教育科学出版社	2013
7	[美]帕翠西亚·刚伯特	《高等教育社会学》	朱志勇 范晓慧	北京大学出版社	2013
8	[美]大卫·W.奥尔	《大地在心：教育、环境、人类前景》	苏　健 叶　阳	商务印书馆	2013
9	[美]迈克尔·W.阿普尔	《教育能够改变社会吗?》	王占魁	华东师范大学出版社	2014
10	[英]巴兹尔·伯恩斯坦	《教育、符号控制与认同》	王小凤 王聪聪 李　京 孙　宇	中国人民大学出版社	2016
11	[美]威廉·A.科萨罗	《童年社会学》	张蓝予	黑龙江教育出版社	2016
12	[美]伊万·伊利奇尔	《去学校化社会》	吴康宁	中国轻工业出版社	2017

续表

序号	作者	译作名称	译者	出版社	年份
13	[新西兰]迈克尔·彼得斯	《后结构主义、政治与教育》	邵燕楠	北京师范大学出版社	2018
14	[美]兰德尔·柯林斯	《文凭社会:教育与分层的历史社会学》	刘　冉	北京大学出版社	2018
15	[美]保罗·阿特瓦尔 凯瑟琳·S.纽曼	《日趋加大的差距:世界各地的教育不平等》	张　兵	华东师范大学出版社	2018
16	[德] Kirsten Meyer	《教育、公正与人之善:教育系统中的教育公平与教育平等》	张　群 汪　雯 王　杰 王佩琪 田非儿	华东师范大学出版社	2018
17	[美] David E. Cooper	《幻想公平》	李宏鸿	华东师范大学出版社	2018
18	[英] Andy Green, John Preston, Jan Germen Janmaat	《教育、平等和社会凝聚力:一种基于比较的分析》	赵　刚 庄国欧 姜志芳	华东师范大学出版社	2018
19	[美]詹姆斯·S.科尔曼	《科尔曼报告:教育机会公平》	汪幼枫	华东师范大学出版社	2019
20	[加] Jody Heymann 等	《教育公平:范例与经验》	陈　舒 袁文慧 王丽娜	华东师范大学出版社	2019
21	[美] Ludger, Woessmann, Paul, E., Peterson	《学校与平等机会问题》	杜振东	华东师范大学出版社	2019
22	[英]迈克尔·扬	《把知识带回来——教育社会学从建构主义到社会实在论的转向》	朱旭东 文　雯 许甜等	教育科学出版社	2019
23	[美]迈克尔·W.阿普尔	《教师与文本》	杨　跃	南京师范大学出版社	2019
24	[美]詹妮·斯图伯 珍妮·H.巴兰坦 弗洛伊德·M.哈马克	《教育社会学——一种系统分析的方法》(第八版)	苏尚锋	商务印书馆	2021
25	[美]菲利普·W.杰克逊	《课堂生活》	丁道勇	北京师范大学出版社	2021

虽然此处并未必能够完全列举已经被翻译的教育社会学经典著作，但是，整理新时代以来我国翻译出版的外国教育社会学著作仍可以发现具有以下几个特点。

其一，部分学者的专著被系统性地翻译出版，这些著作被系统性地翻译出版的作者大都是具有国际影响力的学者及其名著，如美国的阿普尔，作为一个笔耕不辍的学者，其至少有30本著作出版。系统性翻译某一位教育社会学家的专著的优势是显而易见的，对于普通的读者来说，可以具有了解一个著名学者的更多选择。而对于有志于从事某一国外教育社会学学者的思想研究的国内研究者来说，更可以通过这种系统性的证据材料了解他们的思想的变迁、演化，从整体上把握这些学者的思想脉络，寻觅其中的关键节点，并获得新的灵感和触动。

其二，一些出版社针对教育社会学的学科领域出版的系列性丛书，如华东师范大学出版社的“影响力教育理论译丛”其中涵盖了部分教育社会学著作。20世纪90年代以来，西方的教育理论不断地被引进我国，拓展了国人的学术视野，进入新时代之后，引进的趋势又有所加强，但是，零散的翻译出版却不足以对一个学科做全面的介绍，甚至不足以涵盖一个学科的分支领域，更遑论对其全面、系统性的介绍。也正是基于这样的思考，系列性的教育丛书被部分出版社所采纳，以弥补零散出版的不足。系统性翻译出版的一个优势是力求全面性，某一学者或出于学术兴趣翻译了某一位外国作者的某一本书，但一本书不足以了解该学科的全貌，更不足构成一个分支领域，而出版社系列性丛书，因其翻译人员大多是主动邀请的重点高校和科研机构的知名学者，并对选择翻译的著作进行精细把关，进行集体选题、协作出版，因而具有较高的学术权威性，亦能涵盖该学科的多数分支领域，建构一个相对完整的学术知识框架。

其三，尽管新时代以来国外学者的教育社会学专著出版数量较前期有所增加，但是仍旧存在一些遗憾和不足。一方面，从国外教育社会学专著翻译出版年代来看，所翻译的成果要滞后于原著的出版时间。如菲利普的《课堂生活》1968年就出版了英文版本，但我国直到2021年才翻译出版了对应的汉语版，其时间差高达53年。此外，还有其他的一些著作也有类似的情况，伊利奇的《去学校化社会》早在1994年在我国台湾地区出版繁体中文版本，到了

2017年才有了简体中文版,出版时间差达23年。当然,考虑到外文作品的翻译需要一定的时间,汉语版本的出版时间晚于原著版本是不可避免的,但是就经典著作来说,大范围的时间差却是我们必须尽可能克服或者避免的现象,只有如此,我们才能及时了解国外学者的研究动态,并能在学术的浪潮中走在前沿。另一方面,就目前翻译的著作国别和作者来看,所翻译的教育社会学著作的国别相对较少,大都集中在美国、英国、法国等发达的资本主义国家,而对世界的其他国家和地区的作品翻译较少。还有一些具有代表性的教育社会学著作并没有被翻译,伯恩斯坦的作品就是其中一例。作为英国著名教育社会学家,伯恩斯坦终身致力于家庭、家庭与学校教育之间的相互联系研究,其所提出的"局限编码"和"精致编码"等概念和理论更是广为我国教育社会学研究者所熟知。但是令人感到诧异的是,伯恩斯坦的著作并没有被大陆学者及时翻译成为汉语,此种状况不知是研究者或者有志于从事翻译者的刻意回避,还是无意识的"冷落",当然类似伯恩斯坦这样的现象还有很多。此外,外国著作被翻译成汉语并在国内出版固然是好事,但是,由于部分译者并非教育社会学专业出身,或者出于其他各种原因导致中文译本的学术精准性存在令人质疑的地方,而使译本难以令人满意。尤其是一些专业词汇,可能在翻译的过程中并没有"现成"的汉语词汇可以"直接拿来",而是需要译者充分发挥自己的社会想象力,要么"旧词新用",要么创造"新语新词"才行得通并"恰到好处"。因此,在翻译国外教育社会学著作的路上,欲实现"信、雅、达"还需要教育社会学研究者付出更多的努力,完成更多的工作。

二、溯源求实:学科元研究与教育现实

每一门科学都有自己的形成史,对这一形成史的反思就成为这门科学的自我认识的重要组成部分,而反思的深刻程度则是科学成熟度的标志之一。[①]

① 叶澜:《关于加强教育科学"自我意识"的思考》,《华东师范大学学报》(教育科学版)1987年第3期。

对此,教育社会学学者对学科自身的元研究便成为学科系统反思与学科价值溯源的有效途径,只有对学科进行深刻的反思与溯源,才能更好地指导教育实践,综合性地追求教育社会学理论的现实意义。

(一) 教育社会学元研究的兴起

教育社会学的研究主题越来越多元化,研究也越来越深入,但是,即便如此,作为一门“学科”抑或一门学科的一个“研究方向”的教育社会学并没有给人以“前程似锦”或者“如日中天”的感觉,似乎现实还是恰恰相反,乃至于有人发出“教育社会学终结”的悲叹。① 反思何以至此,教育社会学研究者似乎仍需回答:教育社会学研究的对象究竟是什么?各种教育社会学理论的应用范畴是什么?教育社会学的各种概念清晰吗?教育社会学的理论体系合理吗?教育社会学理论与教育实践关系如何?教育社会学究竟是什么性质的学科?这一系列事关教育社会学元研究的问题一股脑儿现实地摆在我们面前。从教育社会学诞生至今这些问题看似解决了,实则依旧伴随着教育社会学的研究者,甚至成为难以回避的“梦魇”。而要解决这些难题,人们需要厘清教育社会学的门庭,要注重教育社会学方法论和教育社会学史的研究,应加强教育社会学研究的“自我意识”。换句话说,我们需要一种教育社会学的元研究,来帮我们祛除“梦魇”以达至“拨云见日”。

教育社会学自在我国重建以来,相关研究者虽然也有针对其发展现状、困境和出路的反思,但是总体来看,这些反思大多是针对某一问题的反思而缺乏系统性。而仅仅依赖部分学者的“零星”反思抑或回顾是不足以解决上述困难的,况且,“反思”或“回顾”自身也不能取代教育社会学元研究。那么何为教育社会学的元研究?“元”(meta-)这一前缀通常是指“在……之后”“次一层的”或“超越”(beyond)的意思。元研究就是以某一理论或学科自身为研究对象的次一层的研究,从实质上说,元研究是一种科学研究的方法论。元研究

① 2016年第十四届全国教育社会学学术年会(云南民族大学)上,中国台湾教育社会学学者沈姗姗教授曾作《教育社会学已死?》的学术报告。

不等于反思,平常的反思只表现为用一些观念对另一些观念进行解释,元研究则是对观念的最后证明或者向最后证明无限接近。[①] 因此,教育社会学研究中的反思与回顾也不能取代教育社会学的元研究,正如教育学的元研究构成元教育学,教育社会学的元研究构成元教育社会学。综上我们可以初步认为元教育社会学具有以下特征:(1)以教育社会学自身以及教育社会学的研究状态为对象,而不是以教育社会学的传统问题或经典问题(教育与社会分层、学校社会学、班级社会学、课堂教学社会学、学校人际关系)为对象;(2)以形成元教育社会学理论为前提,元理论是关于理论的理论,元教育社会学则是关于教育社会学理论的理论;(3)注重对教育社会学的历史与逻辑的形式化研究,而不是对教育社会学各分支领域具体问题作实质性探讨;(4)通过诉诸语言,来分析、检验和判断教育社会学尤其存在着的各种教育社会学理论的合理性、正当性和有效性。事实上,我国已经涌现了一部分教育社会学元研究的相关成果,尽管数量不是很多。[②] 譬如,吴康宁曾对教育社会学的学科性质进行过论述,他认为国外学者关于教育社会学学科性质有三种观点,即"规范学科论""事实学科论"和"事实与规范兼有论"。结合对上述三种观点的评析,进而提出教育社会学是教育学的基础学科,教育社会学是教育学的特殊理论学科,教育社会学是教育学与社会学的中介学科的观点。[③] 此后,他又撰文探讨了当前我国教育社会学发展需要解决的基本问题,认为应确立"建设适合于中国的教育社会学"的指导方针,选择"基于现实、揭示事实、通向实践"的学

① 关于"元研究"的含义,参见郭元祥:《元教育学概论——元教育学的性质、对象、方法及意义》,《华东师范大学学报》(教育科学版)1994 年第 2 期。

② 根据唐莹的观点,广义的元教育学是指只要是从整体上谈论教育学,而又不涉及教育学具体内容的研究。具体包括"四种分析取向"的研究:A.研究方法论的分析取向,即旨在透过教育学陈述体系的语言结构,分析教育学知识是如何形成的,这种知识的探究过程应该遵循怎样的方法论原则;B.历史学的分析取向,即把教育学知识作为历史事实加以分析,旨在透过教育学理论陈述体系的语言结构,探究教育学在形式上发生的阶段性变化及其原因;C.社会学的分析取向,即旨在透过教育学陈述体系的语言结构,分析教育学知识从研究到形成、到成果运用的整个过程中具有社会学意义的事实;D.价值—规范的分析取向,即旨在分析教育学知识的意识形态特征,试图为教育学提供价值规范。参见唐莹、瞿葆奎:《元理论与元教育学引论》,《华东师范大学学报》(教育科学版)1995 年第 1 期。若按这种观点分析,教育社会学元研究的成果还是存在的。

③ 吴康宁:《简论教育社会学的学科性质》,《华中师范大学学报》(人文社会科学版)1998 年第 3 期。

科性质，并贯通宏观、中观及微观研究层面。① 总之，元教育社会学的对象就是对各种教育社会学的研究对象重新进行理性的审视，指出各种教育社会学理论所研究的对象的“选取”原因，以及在此基础上建构的理论的应用或者适用范畴。

新时代以来，结合教育政策、时代格局和教育现代化进程的加速，教育社会学学科元研究需要更加深刻。闫引堂对20世纪70年代以来美国教育社会学界兴起的新制度学派的发展轨迹进行了批判性分析，指出新制度学派与美国当时盛行的结构功能理论和冲突论有明显的差异，认为现代教育不是维持地方、国家或者特殊阶层需要的地域性事业，而是超越民族—国家和特殊群体利益的世界性制度。在借鉴新制度理论时，必须坚持中国经验本位，避免简单地套用和比附新制度理论，应解释和揭示中国教育经验内隐的深层机制，以中国经验丰富和发展新制度理论。② 王德胜、马和民等人认为，教育社会学是具有科学和人文双重属性的学科，而目前对于科学化的追求大过人文性的追求，因此，他们对于教育社会学的人文性进行补充论证。③ 主要有三点：首先，教育社会学是一门事实性学科，重视具有客观性、开放性、理想性和超越性的社会事实；第二，教育社会学具有人、教育与社会之间的整体动态取向，是一种相互发现、相互理解、相互成就的关系；第三，教育社会学需要在教育历史文化传统中追溯人文精神和价值关怀，在历史中溯源，在社会现实中关怀。

也有学者另辟蹊径，以对教育社会学经典思想的“重审”，反思我国教育社会学理论体系的本土特色与世界意识。唐晓菁通过对布迪厄的再生产研究在法国社会学界的研究转向，审思如何重新理解文化资本对教育流动的效用以及传递形式、过程及社会条件、资本之间的互赖性与转换策略，同时，法国家长主义的兴起使得阶级内部的不平等问题等成为研究重点，这为我国教育流

① 吴康宁：《当前我国教育社会学发展的三个基本问题》，《教育研究与实验》2008年第6期。

② 闫引堂：《教育社会学中的新制度学派：基于问题史的研究》，《北京大学教育评论》2011年第2期。

③ 王德胜、马和民：《教育社会学的人文性何以可能?》，《天津市教科院学报》2022年第4期。

动与家庭教育参与问题的研究提供了理论和实践参照。① 无独有偶,胡春光主张重新认识涂尔干的教育学著作,破除其在中国学术界功能主义者、实证主义者甚至是保守主义者的僵化学术形象,主张忠实研读和理解涂尔干的整体思想,如个体性与社会性、社会变迁与阶级冲突等。② 也有学者梳理了教育社会学的知识论发展,从19世纪中叶的斯宾塞之问即"什么知识最有价值"出发,到20世纪涂尔干科学理性源于社会结构与宗教的知识观,从20世纪70年代新教育社会学的发展以及伯恩斯坦提出的四对知识论范畴,到扬对他的继承与发展,集中讨论科学知识与人文知识、理性知识与经验知识、能力教学模式与表现教学模式、强有力者的知识与强有力知识的矛盾关系;厘清这些知识论范畴及其相互关系,对我国中小学课程与教学改革具有重要的启发与借鉴意义。③

还有学者对教育社会学的研究方法进行了分析,其中,贺晓星从言文分离现象出发,分析质性研究方法中的深度访谈,他指出,言文分离是中国人日常生活中的一个普遍现象,但是深度访谈只是为了深入了解言文一致的世界——西方世界而开发出来的一种调查工具。本为一种地方世界的治学态度或调查技术成为带有世界普遍意义的追求真理的代名词,其中蕴含了一种知识——权力,即深度访谈来自音声中心的西方世界,试图在言文分离而且表意优先的汉语世界里扎根,这一扎根现象本身体现了"文化霸权""音声帝国主义"。④ 近十余年来教育社会学研究发生了较为明显的决策研究转向,并面临着转型发展的困境。教育社会学研究的每一次推进,都离不开对其研究特质认识的进一步深化,事实研究的方法论、批判取向的研究立场以及对教育公平问题的关注均有其自身的限度与问题,有必要进一步明确教育社会学独到的学科之眼及研究视阈。对教育实践行动的关注理应位于教育社会学研究视阈

① 唐晓菁:《重审"再生产"——法国教育社会学研究视角转变及其启示》,《教育研究》2021年第9期。

② 胡春光:《重识涂尔干:不能忽视涂尔干的教育学著作——社会学思想家对涂尔干教育思想遗忘的学术史考察》,《现代大学教育》2021年第5期。

③ 王晓阳:《教育社会学知识论发展——从斯宾塞到扬》,《教育研究》2021年第6期。

④ 贺晓星:《教育中的权力知识分析——深度访谈的中国经验》,《北京大学教育评论》2014年第2期。

的核心,教育社会学研究旨在达成对教育实践行动的深度理解。① 张燕婷、赵洪萍则从社会学的经典命题“社会学的想象力”出发,对教育社会学在微观与宏观两种研究取向的范式进行整合性的探讨,认为“社会学的想象力”不仅是一种心智品质,也是一种研究方法,强调宏观理论不同层次和微观经验材料之间穿梭的观点,这为教育社会学研究的宏观和微观取向的范式整合提供了可能路径,具有重要的方法论意义。②

在教育社会学元研究方面,程天君持续深入地分析与反思了教育社会学的学科性质、研究对象、研究方法论、学科历史、学科发展及其困境、学科前沿进展等基本理论与方法论问题,在学界产生了较为广泛的影响。③ 教育社会学理论与学科的发展,同样需要回应“时代的呼声”与“学科的使命”,信息技术时代尤其是人工智能时代的到来,势必也要求“安身”于这个时代的教育学人勾勒出一幅全新的时代图景,亟须“立命”于这个时代的教育学人做出应有的时代回答。总之,研究元教育社会学理论,也许未必能够重建新的教育社会学理论,但至少可以构建一种元教育社会学观,它是人们在研究教育社会学,创立、更新和发展教育社会学中具有的一种元思维方式和元理论观念。有了这种思维方式和观念,不同体系的教育社会学才有可能是可理解的,以便达到相互沟通和对话,从而促进教育社会学的综合性发展。因此,随着教育社会学

① 王有升:《把教育实践行动带回研究的核心视阈——教育社会学学科发展路向反思》,《华中师范大学学报》(人文社会科学版)2019 年第 2 期。

② 张燕婷、赵洪萍:《“社会学想象力”与教育社会学研究范式的整合》,《济南大学学报》(社会科学版)2021 年第 3 期。

③ 程天君:《教育社会学的学科发展及其生存困境》,《教育研究与实验》2007 年第 1 期;《教育社会学就是研究“教育与社会关系”的学科吗——从“教学要点”到“教学难点”》,《教育研究与实验》2010 年第 4 期;《价值中立与价值关联的交织——教育社会学学科性质的一个内在焦虑》,《教育研究》2010 年第 12 期;《中国教育社会学“学科论”百年概要》,《北京大学教育评论》2011 年第 4 期;《事实学科论:教育社会学的“一个或所有”问题——围绕“价值中立”观念的一个元分析》,《高等教育研究》2013 年第 7 期;《从“纯粹主义”到“实用主义”——教育社会学研究方法论的新动向》,《教育研究与实验》2014 年第 1 期;《从“教育/社会”学到“教育社会”学——教育社会学研究范式的转换》,《北京大学教育评论》2017 年第 2 期;《中国大陆教育社会学:中断与损失(1949—1979)——基于“历史的天空”之比较》,《华东师范大学学报》(教育科学版)2020 年第 12 期;《中国大陆教育社会学:重建与成就(1979—1992)》,《南京师范大学学报》(社会科学版)2022 年第 4 期。

研究的深入,我们越发需要对教育社会学的元研究,也需要更多的研究者投入到这种研究中来。

(二)新时代的教育发展主题

元研究的兴起加强了对教育社会学理论的反思,研究反思的目的则是为了更好地用教育社会学理论指导理解和阐释教育现实,解决教育问题,在教育现实中总结与归纳教育社会学理论框架,沟通研究者与实践者,促成科学发展的新时代教育生态。新时代以来,随着教育社会学在我国的蓬勃发展,教育社会学研究更加聚焦于教育现实中真实存在的教育问题,针砭时弊,不仅在教育社会学的学科发展上更在我国社会的教育发展上作出应有的贡献。

正如《吾国教育病理》一书一反过去不涉病灶、不究病理,治标不治本的教育论述,从诸多视角,说出惊世骇俗的道理,直指中国教育的病因,直陈其解决之道,言辞犀利,一针见血,穷根问底,论据翔实,既呈现了对教育病理的追问,也体现了对当下国情的关怀。其姊妹篇《科场现形记》则呈现出我们想象不到的事实——奥林匹克竞赛班的记忆、高考加分门、高考移民自述、北京示范高中的借读生、复读班、高中招生大战、逃离重点班、一所中学教改中的导师制、寄宿教师家庭、乡村学校迎检过程、北大自主招生、高中生早恋、为奥数殉葬的北大人、台湾高校与北京大学对比、留学中介机构等等,林林总总,呈现出当前中国教育的种种怪相。① 总之,新时代以来对于中国具体教育问题进行的社会学研究涉及方方面面且持续不断推陈出新,主要聚焦于新时代的教育公平、区域差异与高质量发展。

1. 教育公平:时代新使命

《国家中长期教育改革和发展规划纲要(2010—2020年)》把促进教育公平作为国家的基本教育政策,党的十八大进一步提出"大力促进教育公平""让每个孩子都能成为有用之才"的更高要求。我国社会主要矛盾的变化也势必催生新的教育公平政策与理念的变革。新形势下,教育社会学研究的活力不断增强,对教育公平的关注不断深入,也在不断生发新的动向。在中国知

① 郑也夫著《吾国教育病理》《科场现形记》(中信出版社2013、2014年版)为此方面佳作。

网(CNKI)对2012—2022年以“教育公平”为研究内容的相关论文进行词频统计，截至2022年8月，可得到1596条结果。对其中出现频次较高的关键词及其出现次数统计可得如图5-1所示的结果。

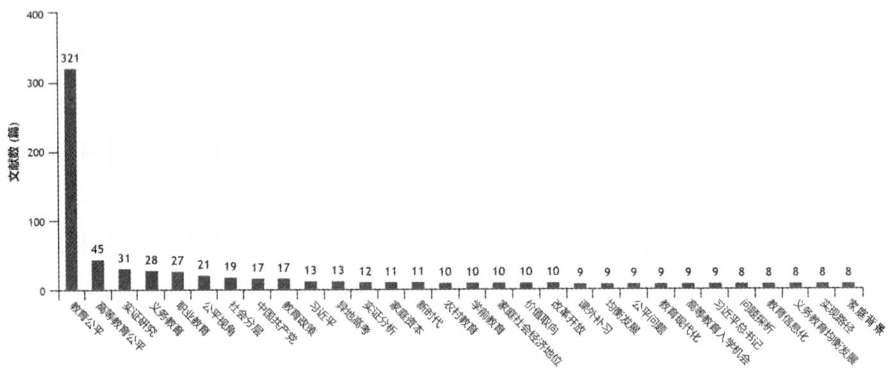

图5-1　新时代以来“教育公平”相关论文的“主题”词频统计及其分布图

由上述统计可以发现，新时代以来，有关教育公平的研究涵盖各级各类教育，从义务教育到高等教育，从家庭教育到课外补习，从学前教育到职业教育。其中，有关“家庭经济地位”“社会分层”“农村教育”等主题，主要关注教育的人群差距与区域差异；而对于“教育现代化”“教育信息化”等主题的研究，则是与近些年来科技发展带来的新型教育公平问题现象紧密结合。教育公平问题具有历史性特征，因此教育公平理论需要与时俱进。新形势下，教育公平研究始终基于新时代发展，致力于引领教育高质量发展，从而助力新时代教育领域主要矛盾的解决，促进实现教育现代化目标任务。

在高等教育公平问题上，董泽芳等人主张，坚持质量与公平并重的高等教育分流道路是调节高等教育供需矛盾、推动高等教育高质量发展、破解高等教育发展不均衡问题的现实要求，让每个学生独特的天性得到自由地生长是质量与公平并重的高等教育分流的主要含义。① 自20世纪末我国进行大规模的高等教育扩张以来，高等教育从精英主义阶段走向大众化阶段。周扬等人的研究发现，这一过程重塑了普通大学和精英大学的相对机会结构，并影响高

① 张继平、董泽芳：《质量与公平并重：高等教育分流的本质含义及实现机制》，《华中师范大学学报》(人文社会科学版)2018年第2期。

等教育机制对社会分层的作用。在精英主义阶段,重点大学和非重点大学的收入回报无显著差别,都显著高于高中教育,表现为“门槛式”回报;而扩张后的大众化教育阶段,重点大学的收入回报显著高于非重点大学,但非重点大学与高中教育的收入回报无显著差异,此时高等教育内部分流带来的回报差异大于大学与高中两阶段之间的差异,表现为“精英维持式”回报,这一差异进一步塑造了当代中国的社会分层结构。① 方长春则通过分析居住空间与教育的关联指出,一方面对教育资源的差异化追求会导致居住空间阶层化,而另一方面居住空间的阶层化又反过来起到垄断特定教育资源和阻隔其他阶层享有特定教育资源的作用。在控制学校资源的条件下,学校学生的社会构成这一因素本身也会作用于教育不平等,即所谓的“生源效应”是存在的,而正是由于“生源效应”的存在,居住空间的阶层化还可以通过影响学校生源的社会构成而作用于教育不平等。②

随着高等教育扩招等政策的推行,越来越多不同家庭背景的学生能够进入大学学习。然而,高等教育机会数量的增加,并不代表高等教育机会的均等,家庭背景始终是教育公平问题研究的重点。吴愈晓的系列研究发现,家庭社会经济地位越高的学生,越有可能进入重点学校,或更可能选择学术教育轨道而非职业教育轨道,且前一阶段在重点学校就读对获得下一阶段重点学校教育机会有重要的影响③;平均阶层地位越高或阶层异质性越大的学校,学生的教育期望越高,认知能力较低和学习成绩排名靠后的学生更能从学校阶层地位和阶层异质性的提高中获益④;高阶层家庭的孩子更可能进入质量较高的学校就读,因此文化资本的效应在当前中国是一个“双重再生产”过程,文化资本作为教育不平等和阶层再生产的一个重要机制,与中国居民地位获得

---

① 周扬、谢宇:《从大学到精英大学:高等教育扩张下的异质性收入回报与社会归类机制》,《教育研究》2020 年第 5 期。

② 方长春:《生源效应:居住空间阶层化与教育不平等》,《南京师范大学学报》(社会科学版)2019 年第 4 期。

③ 吴愈晓:《教育分流体制与中国的教育分层(1978—2008)》,《社会学研究》2013 年第 4 期。

④ 吴愈晓、黄超:《基础教育中的学校阶层分割与学生教育期望》,《中国社会科学》2016 年第 4 期。

和社会不平等结构之间的关系将越来越密切①。朱斌的研究发现,文化资本在其他资源的配合下能够发挥更大作用,故而精英阶层子女更受益于文化资本,这一结果与文化再生产理论相吻合。② 很多研究也证明了这一现象,即家庭通过其社会经济资源为儿童提供有差异的教育机会,通过家长的教育参与和行为支持,培养儿童的学习态度和学习习惯,从而对其学业成就产生影响;而且家庭社会经济地位对城市学生成绩的影响大于对农村学生的影响,农村学生的学业成就更多地依赖于自身的学习行为。③

在教育的区域差距方面,学者从宏观教育政策、中观教育现象和微观教育实践等方面展开阐述。孟凡强等人的研究发现扩招政策对提高城乡居民获取高等教育机会均有显著的正向作用,但是扩招政策实施后城乡教育机会不平等的问题更加严重。④ 张东海等人的基于各地区高等教育适龄人口入学率和优质高校适龄人口入学率将全国 31 省(区、市)分为高等教育入学机会绝对优势区、相对优势区和相对劣势区,发现历经近 20 年扩招,我国高等教育入学机会地区差异仍然存在,扩招对总体入学机会地区差异缩小影响显著,扩招在总体上提高了优质入学机会,但其地区差异相对固化,扩招对改善优质入学机会地区差异的效果有限。⑤ 也有研究认为扩招中断了自高考恢复以来的地区间入学机会差距持续扩大的趋势,但非均衡的扩招又间接扩大了全国总体的城乡高等教育入学机会差距,而性别间的入学机会差距在扩招后显著缩小,父母文化资本在代际间的传递一定程度上被削弱。⑥ 亦有学者从管理和治理的

---

① 吴愈晓、黄超、黄苏雯:《家庭、学校与文化的双重再生产:文化资本效应的异质性分析》,《社会发展研究》2017 年第 3 期。

② 朱斌:《文化再生产还是文化流动——中国大学生的教育成就获得不平等研究》,《社会学研究》,2018 年第 1 期。

③ 李忠路、邱泽奇:《家庭背景如何影响儿童学业成就——义务教育阶段家庭社会经济地位影响差异分析》,《社会学研究》2016 年第 4 期;靳振忠、严斌剑、王亮:《家庭背景、学校质量与子女教育期望——基于中国教育追踪调查的分析》,《教育研究》2019 年第 12 期。

④ 孟凡强、初帅、李庆海:《高等教育规模扩张是否缓解了城乡教育机会不平等?》,《教育与经济》2017 年第 4 期。

⑤ 张东海、李莉:《扩招与高等教育入学机会地区差异的再分析》,《北京大学教育评论》2019 年第 1 期。

⑥ 路晓峰、邓峰、郭建如:《高等教育扩招对入学机会均等化的影响》,《北京大学教育评论》2016 年第 3 期。

角度出发,认为在城乡、区域、校际间的教育差距背后,存在着话语权和决策权的巨大差距,农村地区、发展落后地区、薄弱学校等特殊群体的话语权明显匮乏甚至缺失,是导致教育不公现象持久存在的重要原因之一。① 对此,学者提出运用教育治理的"共治"机制,重视教育决策过程中"特殊群体"的话语权,是提升教育资源分配水平、促进教育公平的有效途径。② 而在民族地区教育差距方面,马忠才的研究发现,民族不平等因政策因素基本消弭,虽然中国西部少数民族的教育获得仍显著落后于汉族,但其教育不平等更多地来自城乡和阶层之间的差异。③ 明庆华等人研究发现知识与权力的"共谋"导致教育内容城市化倾向;文体特长的"越位"导致社会阶层内部的"复制";"择校"现象突出导致教育成就差距扩大等问题日益突出,使基础教育的社会流动功能呈现弱化现象。④ 但是,不可否认,受制于城乡教育差异,务工随迁在很大程度上仍是农村基础教育阶段学生流动的主要原因。⑤

新时代以来,随着教育信息化的不断深入开发,也有相关的实证研究证实了基于信息化的教育改革可以助力贫困地区的教育发展。譬如,基于对全国 8 个省(市)的 20 个县(区、市)域的调查,张伟平等人发现,双轨制数字学校模式、城乡互助的"双师"模式、有组织的 MOOC 模式和适切性数字资源全覆盖模式等四种信息化教育模式可以促进县域教育均衡发展。⑥ 熊才平等人也认为通过教育信息资源共建共享互换和异地同步互动教学,促进教育资源均衡配置,实现人人享有优质教育资源可以促进教育起点公平;通过智能化的教育

---

① 褚宏启、贾继娥:《教育治理中的多元主体及其作用互补》,《教育发展研究》2014 年第 19 期。

② 石艳、郭静宇:《一所新学校的诞生:区域教育治理体系中的家长参与》,《苏州大学学报》(教育科学版)2021 年第 4 期。

③ 马忠才:《族际教育分层及其影响因素:新疆维吾尔族与汉族的比较研究》,《西北民族教育》2016 年第 3 期。

④ 黄梦颖、明庆华:《基础教育社会流动功能弱化现象研究》,《河北师范大学学报》(教育科学版)2014 年第 5 期。

⑤ 刘谦、陈颖军:《"寒门出贵子"现象的理论再探究——聚焦学业过程与社会文化要素》,《华中师范大学学报》(人文社会科学版)2020 年第 4 期。

⑥ 王继新、张伟平:《信息化助力县域内教育优质均衡发展研究》,《中国电化教育》2018 年第 2 期。

信息资源主动推送,促进海量信息的精准获取,实现以人为本的教育服务个性化,可以促进教育过程公平;通过知识协作建构迁移和基于大数据的过程性评价,促进学习者获得自适应发展和客观科学的评价,可以促进教育结果公平。①

值得关注的是,新时代以来,不同于以往对于阶层差异的单向批判,“底层文化资本与社会流动”的关系也引起了部分研究者的注意。其中,余秀兰等人认为,在我国虽然优势阶层具有文化资本优势,存在文化再生产现象,但优势文化资本并无明显的阶层区隔性与排他性,寒门学子可通过重要他人或其他途径弥补家庭文化资本之不足。更关键的是,寒门情境还激发了具有寒门特征的文化资本,极大地促进了寒门学子的学业成功。要想寒门出“贵子”,贫寒家庭既要积极弥补家庭文化资本的不足,又要努力激发自身的文化资本。② 程猛等人认为底层文化资本,即先赋性动力、道德化思维、学校化的心性品质,是一套底层子弟通往高学业成就的独特性情系统,也是布迪厄所言的惯习或身体形态的文化资本,在特定制度情境下,底层文化资本可以大放异彩。③ 但是,也有研究者指出仅仅从底层文化资本角度解读底层子女的社会流动,甚至尝试“成功路径”复制的思路存在着一定的误导风险与理论陷阱,可能导致严重的实践后果。④而且,特殊阶层家长教育参与以家庭场域为主,很少有机会参与学校场域的教育,优势阶层家长在家庭场域教育参与之外,还积极干涉学校场域的教育。可见,家长教育参与的阶层差异意味着公共教育责任的弱化,危及学校公共教育价值观,从而强化学校教育的社会再生产功能,带来公共教育发展危机。⑤ 因此,我国家长教育参与需要明确家校行动边界,为所有阶层家长提供平等的参与机会,重视对特殊阶层家长的补偿与赋权,以此保障教育的公共性。

尽管“不要让孩子输在起跑线上”这句话引来了学界的广泛争议,但是,

---

① 熊才平、丁继红、葛军等:《信息技术促进教育公平整体推进策略的转移逻辑》,《教育研究》2016 年第 11 期。

② 余秀兰、韩燕:《寒门如何出“贵子”——基于文化资本视角的阶层突破》,《高等教育研究》2018 年第 2 期。

③ 程猛、吕雨欣、杨扬:《“底层文化资本”再审视》,《苏州大学学报》(教育科学版)2018 年第 4 期。

④ 杜亮、刘宇:《“底层文化资本”是否可行——关于学校教育中的文化资本与社会流动的几个理论问题的探讨》,《中国青年研究》2020 年第 5 期。

⑤ 姚岩:《家长教育参与的阶层差异》,《中国教育学刊》2019 年第 4 期。

家庭社会经济地位、家庭文化背景对教育获得的影响仍是不争的事实。有研究者发现,其影响随着入学阶段(小升初阶段、中考阶段、高考阶段)的上升而降低,而学校等级的影响将升高,这是差异选拔、个体生命历程发展及早期异质教育三大机制共同作用的结果。① 对此,有人反思学校再生产机制中的问题与限度,思考学校教育在突破"起跑线"再生产魔咒过程中的可能,从学校、教师、课程入手,激活学校的文化资本,让学校教育过程成为特殊学生突破阶层结构制约的依靠,超越再生产从而对抗不平等。② 超越再生产的目的是保证教育作为新时代阶层流动的重要通道,因此需要补偿特殊阶层优质教育资源,构建特殊阶层家育补充机制,以"新学科"建设来促进个人全面发展、以新型产教融合来推动社会整体提升,③从而优化新时代社会结构,调节新时代教育与社会不平等的关系。

是以,反思与重构教育公平理论,探索教育公平的社会支持策略,拓展新教育公平视野下的学校变革路径实有必要。程天君领衔的"新教育公平的理论建构与实践探索"创新团队对"新教育公平"进行了大量研究,其中,程天君认为新时期教育领域的主要矛盾已表现为人民群众接受高质量教育的热切期盼与优质教育资源严重短缺且发展不均衡之间的矛盾。教育主要矛盾的转变,需要树立以"人"为核心评估域的新教育公平理念,超越以经济发展或政治权利等为评估要素的传统教育公平观。④ 实现以"人"为核心评估域的视角转换,则需倡导新的教育发展观,关注以育人质量为中心的内涵式发展;秉承新的教育正义观,注重对人的尊严的承认;树立新的教育公平评价观,增强人民群众的教育公平感。依靠发展、通过改革和增加创新,则是实现新教育公平的可行路径。⑤ 不止

① 唐俊超:《输在起跑线——再议中国社会的教育不平等(1978—2008)》,《社会学研究》2015 年第 3 期。

② 高水红:《超越"再生产":学校的教育公平实践》,《南京师范大学学报》(社会科学版)2020 年第 4 期。

③ 张学敏、周杰:《新时代教育突破社会阶层再生产问题研究》,《西南大学学报》(社会科学版)2022 年第 3 期。

④ 程天君:《以人为核心评估域:新教育公平理论的基石——兼论新时期教育公平的转型》,《华东师范大学学报》(教育科学版)2019 年第 1 期。

⑤ 程天君:《新教育公平引论——基于我国教育公平模式变迁的思考》,《教育发展研究》2017 年第 2 期。

于此,余秀兰认为,关注质量和结果是我国教育公平的新追求。① 褚宏启也指出,新时代我国现代化强国建设、人民群众对美好生活的追求、人类命运共同体建设,要求教育公平发挥新功能,为社会发展、人的发展以及国际竞争与合作作出更大的贡献,教育公平需要升级换代,成为有质量的教育公平。新时代教育公平的新功能要求优化教育公平的研究问题域,把教育结果公平、教育的差异性公平、学前教育公平作为推进教育公平的新重点。② 陈栋也认为追求教育实质公平,细化民生领域的教育公平诉求和向往,渐进式地满足民众对美好教育生活的新需求,革新教育制度,激活教育公平资源,构建新教育公平实践格局,是应对新时代教育公平新要求、新需求的实践构想和行动目标。③ 总之,新时代的教育公平需要政府及社会各界联合起来共同努力,直面改革中的难题和挑战,为实现"让每个孩子都能享有公平而有质量的教育"共同努力。

2. 乡村振兴:时代新格局

乡村教育本身具有文化传承与创新的基本价值,选择什么文化、发展什么文化体现着乡村教育的基本品质,乡村教育的文化性深层地决定着乡村教育育人价值。在中国知网中检索发现,2012—2022 年十年间以"农村教育"并含"社会"为主题的文章多达 2000 余篇。这些论文既有国家社会科学基金项目、全国教育科学规划课题项目、国家自然科学基金项目的支持,来自各省区市的哲学社科等项目基金的资助亦是数量可观,可见乡村教育在社会科学研究和国家发展战略中的重要性。如图 5-2 所示,在具体的研究主题上,主要关注新型城镇化背景下的农村社区教育、乡村教育振兴和城乡教育一体化等战略,关注人群主要为社会流动中的农村青年和进城务工人员随迁子女,"流动"成为这些人群的重要生活轨迹。

党的十九届五中全会提出 2035 年基本实现社会主义现代化的远景目标,特别强调"建成文化强国、教育强国、人才强国、体育强国、健康中国,国民素

① 余秀兰:《关注质量与结果:我国教育公平的新追求》,《南京师范大学学报》(社会科学版)2019 年第 1 期。

② 褚宏启:《新时代需要什么样的教育公平:研究问题域与政策工具箱》,《教育研究》2020 年第 2 期。

③ 陈栋:《新时代教育公平的挑战与想象》,《教育研究与实验》2020 年第 6 期。

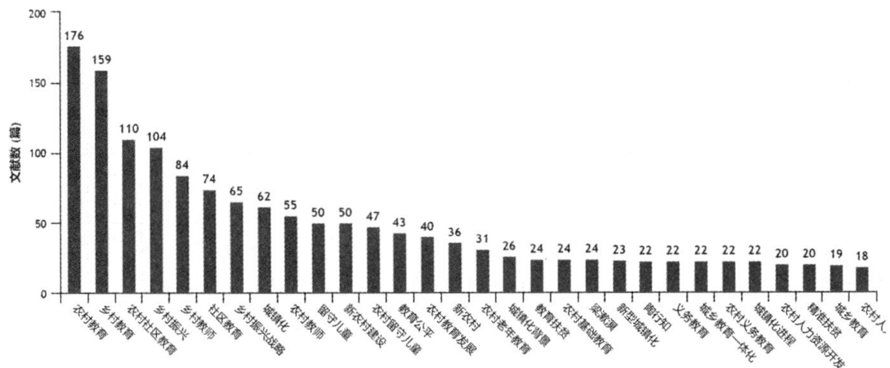

图 5-2　2012—2022 年间“农村教育”并含“社会”相关论文的“主题”词频统计及其分布图

质和社会文明程度达到新高度,国家文化软实力显著增强”等目标,这些目标的达成与教育发展紧密相关,乡村教育更是其中关键。党的十九大报告提出的乡村振兴战略和“十三五”规划的脱贫攻坚目标也离不开乡村教育振兴和教育扶贫,因此,发展乡村教育,实现国家振兴,仍需在新型城镇化与大流动环境下探究乡村教育发展的新征程及突破口。① 城镇化发展下,大规模的撤点并校等措施造成乡村学校的大面积消失,从而也带来了一系列的乡村教育问题,“文字上移”成为现代化以来继“文字下乡”后的又一个乡村教育发展趋势。在此背景下,农村学生的住宿问题成为制约乡村教育发展高质量发展的一大难题,农村寄宿制学校容易导致学生与原生家庭和乡土社会之间双重隔离②。在寄宿制学校缺位的现实情况中,乡土社会中的人际关系成为问题突破口,学生寄宿家庭在熟人社会网络和市场秩序原则下有序运行,形成城镇化和乡土性相结合的有益局面。③ 也有学者发现转型时期的乡土社会中,“走出乡土”成为乡村青年在“文化上移”趋势中的必然选择,而他们的身心却无法

① 李春玲:《新型城镇化与大流动环境下乡村教育发展的新征程及突破口》,《探索与争鸣》2021 年第 4 期。

② 汪淳玉、潘璐:《“文字上移”之后——基于三地农村小学寄宿生学习生活现状的研究》,《中国农业大学学报》(社会科学版)2012 年第 4 期。

③ 谢丽丽:《学生寄宿家庭的演变历程、运行基础及发展原因——基于西北地区 G 县的田野调查》,《教育学报》2021 年第 3 期。

与乡村社会割断联系,因此无法完全融入城市生活。然而农村教育精英的这种社会流动张力在一定程度上可以减轻阶层区隔产生的社会矛盾压力,也能为城乡融合发展与乡村振兴带来一定的情感与物质支持。① 要理解中国乡村教育从"文字下乡"到"文字上移"的根本原因,需要回归到百年来中国村落社会变迁与转型的多层次因素中,从地方教育发展的现实困难出发,在"城镇化"和"乡土性"之间,探求新型城镇化背景下的乡村教育振兴之路。② 有学者发现制度与生活之间良性互动的缺乏使得乡村教育丧失了主体性,而通过重建社会与倾听底层叙事,了解乡土社会中的非正式制度要素,引导制度与生活之间的融合,是新型城镇化战略导向下中国乡村教育走出终结困局的必由之路。③

但是,需要注意的是,我们需警惕"过度教育城镇化"可能带来的"恶果",有研究表明,政府在追求城镇化目的下采取强化县城教育优势的措施,加速了农村学生向县城流动的速度,最终形成过度教育城镇化现象。就读于县城学校的农村学生与县城学生形成了县城内部二元教育结构,农村学生处于结构性底层位置。农村学生在县城教育竞争体系中处于不利地位,以教育实现阶层流动的难度加大。④ 事实上,在人口流动整体社会背景下,"离农"主要表现为一种社会趋势。但是,有研究表明,农村流动儿童的受教育经历导致他们成为游离于城乡的"他者",无论是城市还是所谓的故乡他们都难以融入其中,并体现在日常生活的细节方面。⑤ 而有过留守经历者显示出比较明显的退缩型人格特征,其中以学前留守的影响最显著,且留守时间越长,影响越大;由于退缩会对社会融入产生消极影响,诱发"半城市化"的社会结构张力,今后的

① 朱镕君:《走出乡土、文化脱域与城乡融合——农村教育精英的社会流动张力研究》,《教育研究与实验》2021 年第 6 期。

② 李涛:《"文字"何以"上移"? ——中国乡村教育发展的社会学观察》,《人文杂志》2015 年第 6 期。

③ 姚荣:《中国乡村教育的意义嬗变与实践逻辑:基于"制度与生活"互动的视角》,《清华大学教育研究》2017 年第 6 期。

④ 齐燕:《过度教育城镇化:形成机制与实践后果——基于中西部工业欠发达县域的分析》,《北京社会科学》2020 年第 3 期。

⑤ 李金刚:《教育变迁与乡土社会差序格局的式微——以男性名字中的辈分为例》,《教育研究与实验》2020 年第 2 期。

留守儿童关爱保护工作,需更多关注其人格发展,尤需对那些处于学前阶段的留守儿童采取有针对性的教育和干预策略。① 乡村教育走出现代化困境,需要以系统的和复杂性思维分析乡村教育与现代化关系,现代化中的分化和整合关系,充分利用现代化的成果,重整家庭教育系统,切实提升乡村学校的教育能力,并动员乡村学校参与建构乡村教育的社会支持系统。② 王春光等提出“再嵌入”的教育改造方案,把教育与社会这一框架落实到微观层面的分析上。他们聚焦于农村儿童的教育经验,强调重建学校和农村社会的关系,化解城乡以及个体和社会的二元对立。③ 这种“再嵌入”的教育改造方案使农村儿童的生活回归乡土,从而使他们获得一种整合的教育经验,并从个体教育经验的角度调和“离农”和“为农”两种倾向,使农村儿童获得一种整合的教育经验,一方面通过学校教育引入一种新的秩序,让他们接触日常生活体验之外的新元素,另一方面,尽量保持他们日常生活的完整性,使他们能够在家庭和社区的环境中成长。对此,有研究认为要在文化选择中重塑乡村教育中的文化主体性与自觉性。④

随着社会发展,尤其是大城市人口户籍政策的变革,进城务工人员子女教育又出现了新的趋势。韩嘉玲等人研究发现,流动儿童在接受教育中出现城城间流动的新现象,如再迁儿童“离城不回乡”与回流儿童“回流不返乡”,这一流动方向有别于流动人口在城乡间“钟摆式”的流动轨迹。这源于新型城镇化下中小城市落户政策与面向进城务工人员子女的教育产业,为流动家庭的子女教育提供了新选择,这种变化彰显了新型城镇化背景下人口市民化的潜力与可能。⑤ 但是,户籍政策的变化或许也会带来未曾预料的后果,并非必然带来教育公平。譬如,侯玉娜等人的一系列量化研究发现,在城市出生并长

---

① 刘志军:《留守经历与退缩型人格——基于新生代外来工的实证分析》,《华东师范大学学报》(教育科学版)2022 年第 3 期。

② 周兴国:《乡村教育的现代化困境与出路》,《教育研究与实验》2018 年第 4 期。

③ 单丽卿、王春光:《离农:农村教育发展的趋势与问题——兼论“离农”和“为农”之争》,《社会科学研究》2015 年第 1 期。

④ 孙杰远:《乡村教育应在文化选择中重塑主体性与自觉性》,《探索与争鸣》2021 年第 4 期。

⑤ 韩嘉玲、余家庆:《离城不回乡与回流不返乡——新型城镇化背景下新生代进城务工人员家庭的子女教育抉择》,《北京社会科学》2020 年第 6 期。

大的随迁子女二代的教育期望及教育代际关系与城市子代已基本无异;从农村迁移到城市的随迁子女一代对较低学历的教育期望高于城市初中生,对较高学历的教育期望低于城市初中生;随迁子女一代的教育期望与父母教育水平的代际相关性(继承性)低于城市子代,主要表现在进城务工人员父辈的教育获得对于随迁子女低学历期望的抑制作用和高学历期望的激励作用均低于城市样本;城市父母主要将自身教育背景的优势传递给子女,进城务工人员父母则更多地将家庭背景的劣势传递给了随迁子女。① 在对随迁子女的长期教育理想和短期升学愿望之间的关系进行分析后发现,异地入学条件激励了随迁子女的教育期望,宽松的升学政策(放开非重点高中或完全放开限制)对随迁子女的长期教育理想和短期升学意愿均具有正向作用。② 由于进城务工人员先天处于城市的不利地位,绝大部分进城务工人员家庭的经济资本、文化资本和社会资本基本上处于贫乏状态,导致其子女在教育机会、教育环境和教育过程中的人际关系等方面不同程度地遭遇了边缘化的危机。来自中国教育追踪调查的数据也表明,进城务工人员子女的心理健康水平和学校融入程度均低于城市户口的学生,甚至出现一定程度的情感危机。③ 还有研究通过对北京市一所普通公立学校为期三年的田野调查发现"两为主"政策虽然依法保障了流动儿童少年在城市公立学校接受义务教育的权利,但是在入学门槛、课程教学和课外活动等城市学校生活的各个层面都广泛存在着国家政策话语和学校正规课程之外的隐蔽机制,它们是现存社会结构和权力关系的反映,其结果是将流动人口子女排斥或自我排斥在城市学校的教育活动之外。④ 面对随迁子女群体具有中国教育传统根基的"大学",政策制定者在以统筹资源、促进公平为出发点出台相应政策的同时,将政策术语以有效的方式,传播和嵌入

---

① 侯玉娜、张鼎权、范栖银:《代际传递与社会融入视角下进城务工人员随迁子女的教育期望研究——基于"中国教育追踪调查"初中生数据的实证分析》,《教育发展研究》2020 年第 6 期。

② 侯玉娜:《进城务工人员子女的"城市教育梦"何以可能?——流入地教育政策对随迁子女教育期望的影响研究》,《华中师范大学学报》(人文社会科学版)2022 年第 3 期。

③ 柳建坤、何晓斌、贺光烨等:《父母参与、学校融入与进城务工人员子女的心理健康——来自中国教育追踪调查的证据》,《中国青年研究》2020 年第 3 期。

④ 张东辉:《微观权力的审视:城市流动人口子女的学校生活民族志》,《华中师范大学学报》(人文社会科学版)2019 年第 2 期。

随迁子女“大学梦”的认知体系。[①] 熊易寒认为,所谓的户籍新政其实只是城乡二元分割的微调,并没有实质性地动摇户籍制度,而且受制于经济因素的影响,户籍制度的改革在一定程度上提高了农村子女的入学门槛,并不能完全确保流动适龄儿童的入学机会与权利。[②]

对此,有研究者基于“政府—市场—社会”协作的分析框架进行分析,认为解决农民子女教育问题,必须在坚持政府供给主体地位的前提下,充分释放市场机制和社会机制的供给潜力,通过政府购买教育服务,在提供、生产、管理、评估等供给环节引入不同的供给主体,构建政府—市场—社会协作供给的新模式,保障每一位进城务工人员随迁子女在流入地平等接受义务教育。[③] 而要走出进城务工人员子女教育的“边缘化”困境,必须做到从根本上改革户籍制度、降低进城务工人员子女教育成本、提升进城务工人员家庭的资本含量,缩小其与城市之间的鸿沟。[④] 总体而言,进城务工人员随迁子女面临“脱嵌”家庭关系和教育体制的双重困境,分而治之的制度设计进一步强化了家庭阶层地位对随迁子女受教育机会和教育质量的影响。[⑤] 只有以社会公平正义为出发点进行顶层设计,才能为随迁子女的教育流动提供基本保障。

3. 教育改革:时代新质量

党的十九届五中全会审议通过的《中共中央关于制定国民经济和社会发展第十四个五年规划和二〇三五年远景目标的建议》提出的“建设高质量教育体系”,开启了中国教育发展的历史新阶段。在“建设高质量教育体系”的长期发展目标下,新时代教育改革进入持续深入与教育质量全面提升时期。在中国知网中搜索“教育改革”并含“社会”为主题的文章多达4000余篇,其

① 刘谦:《迟疑的“大学梦”——对北京随迁子女教育愿望的人类学分析》,《教育研究》2015年第1期。

② 熊易寒:《为什么超大城市的外来人口控制政策难以奏效》,《社会科学文摘》2018年第2期。

③ 石宏伟、刘刚:《进城务工人员随迁子女义务教育供给模式创新研究——基于政府—市场—社会协作的分析框架》,《江海学刊》2017年第2期。

④ 卢立涛、袁丽、高峰:《我国当代进城务工人员随迁子女教育发展的问题及改进策略——基于文献的考察》,《教育理论与实践》2018年第11期。

⑤ 汪传艳、徐绍红:《进城务工人员随迁子女的教育再生产——基于“双重脱嵌”的视角》,《青年研究》2020年第1期。

中2000—2022年各年份发表的相关论文数量变化趋势如图5-3所示。

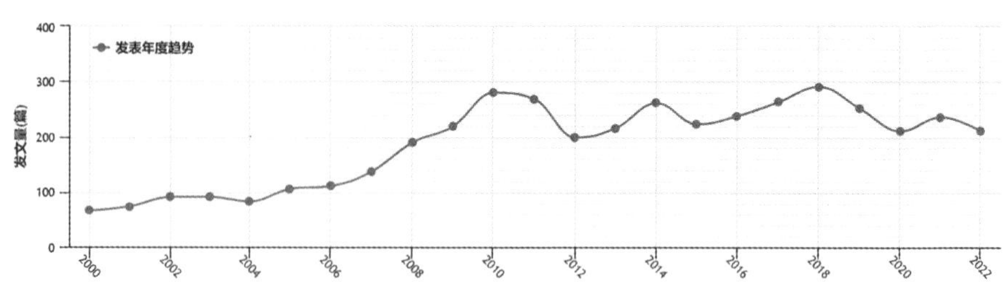

图5-3 2000—2022年间“教育改革”并含“社会”主题相关论文数量变化趋势图

由图5-3可以看出2010年之前,相关论文数量就呈逐年上升趋势,在2010年年均数量达到顶峰,此后虽有较小波动,但2012—2022年这十年间年均数量一直保持200篇以上。这与社会整体对教育改革现状的关注有关,在一定程度上表明教育改革问题仍是新时代教育研究者关注的重点所在。在这些研究中,教育政策支持、教育公平现状和教育改革基础是关注度较高的话题。

有研究者基于政策过程的视角总结了我国教育改革经验,认为可以分为:“顶层推动”与“上下互动”的“探索型”教育改革试点工作;“集思广益”与“开门磨合”的“共识型”教育改革决策机制;“项目治理”与“目标治理”的“规划型”教育改革战略部署等几部分。① 然而,有研究者发现,即便今日,社会支撑不足仍是当代教育改革普遍存在的问题。众多的教育改革运动常常只立足于教育侧查问题、追究责任、纠偏纠错,忽视社会侧归因、谋划与行动,致使教育改革缺乏针对性与实效性品质。② 所以,在教育改革的社会支撑方面,仍有大量的发展和建设空间。而西方教育改革中暴露出来的弊端更是告诫我们,推进教育治理、构建教育治理体系,迫切需要明确国家逻辑,处理好主治与共治的关系,突出国家主体的教育治理体制;处理好政治与专业的关系,突出政治引领

① 姚荣:《我国教育改革的经验与行动策略:公共政策过程的视角》,《教育科学研究》2014年第2期。

② 郝德永:《教育问题的社会之因与教育改革的社会支撑》,《高等教育研究》2020年第6期。

的教育治理路线;处理好政策与共识的关系,突出制度主导的教育治理方式。[1]

可喜的是,“互联网+”“信息社会”的到来,为教育改革获得更多的社会支撑提供了可能,随着“互联网+教育”跨界融合的深入发展,互联网能够破除教育规模与个性化、公平与质量等教育经典难题,为社会供给高质量的教育公共服务。这包括变革供给内容,实现虚实融合的新型教育服务业态;变革供给方式,实现基于全学习过程数据的精准、个性化教育服务;变革供给形态,实现社会化协同的新型分工形态;变革供给结构,实现共性需求与个性需求包容的平衡结构;变革供给决策,实现多元主体参与的公共治理决策;变革供给监管,实现基于数据的实时监管与预警等。[2] 除却教育公平,教育信息化带来的另一个值得研究者关注的问题是“人工智能”式的教育是否会带来一场人类新的“异化”。譬如,人工智能和5G技术在带来便捷的同时,也往往容易导致信息获取同质化,从而使大学生陷入个人与技术构建的“信息茧房”中,加剧认知体系的固化。[3] 有研究建议要在学习社群中吸纳差异性观点与学习圈之外的知识,以信息碎片的连通来创造性地重构知识体系,优化学习成员的评价体系以激发其互动积极性,结合线下学习方式促成分享过程的回归,从而完善在线社群学习功能,使其更有效地作用于社交媒体时代的知识获取过程。[4] 技术创新在“用、体、道”等方面,分别为教育带来器物、制度和思想上的变化,技术革新还存在遮蔽生命意识和价值异化的风险。有研究者认为只有正确处理好生命价值和技术变革的关系,才能推动人工智能教育健康快速地发展。人工智能教育应用的关键在于找到技术逻辑和理论逻辑之间的契合点,要达成两者的双向耦合。[5] 有研究从历史学、社会学和教育学三个视角出发,探讨教育

---

① 郝德永:《教育治理的国家逻辑及其方法论原则》,《教育研究》2020年第12期。

② 余胜泉、汪晓凤:《“互联网+”时代的教育供给转型与变革》,《开放教育研究》2017年第1期。

③ 张敏、王朋娇、孟祥宇:《智能时代大学生如何破解“信息茧房”——基于信息素养培养的视角》,《现代教育技术》2021年第1期。

④ 方玲玲:《警惕互联网时代社群学习的“信息茧房”效应》,《中国教育学刊》2019年第10期。

⑤ 郑刚、杨雁茹、张汶军:《生命价值与技术变革的现实“联姻”——基于人工智能教育应用的哲学审思》,《电化教育研究》2021年第3期。

理论与实践发展的历史过程，从认识论的角度强调，当前时代背景推动了智能化的教育改革，而系统化地认识与研究智能时代的教育改革同时设计科学合理的教育政策是当下教育改革与发展面临的核心问题。[①] 总之，需要审慎对待这一兴盛的学习方式，并在教育改革的过程中体系地处理，才能使信息技术更好地为教育发展服务。

在教育改革的社会基础、动力基础和推进方式等三个方面，有研究者阐释和论证了重启教育改革议程的合理性、必要性和紧迫性。其中，邵泽斌认为当前全面深化教育改革，就必须继续以《国家中长期教育改革和发展规划纲要》和党的十八届三中全会通过的《中共中央关于全面深化改革若干重大问题的决定》为指导，进一步重温、普及和践行体现现代公共精神、符合现代教育制度的教育理念和教育思想，强化顶层设计，注重综合改革，推进系统规划，全面、彻底、真实地建立起现代教育的制度体系，发挥好现代教育制度的集成效应和综合效应，扎实推进教育改革由“修补式调整”向“综合式推进”的范式转换，为教育改革的深入推进提供优良的制度框架和完善的体制基础。[②] 而强调教育改革的社会制约，意在提请高度关注教育改革的社会合法性问题，积极寻求并设法增强教育改革的社会支持因素，合理选择教育改革的恰当时机与有效方式。[③] 总之，教育改革是社会改革的一个组成部分和具体领域，社会是教育改革挣不脱也离不开的生存土壤，教育改革必然要受社会的全方位制约。社会需要是启动教育改革少不了的动力，社会环境是推进教育改革切不断的根基，社会认可是评价教育改革绕不开的标准。

在总结教育改革经验与机遇的基础上，新时代教育改革同样还面临着风险与挑战。有研究者认为在一定程度上，目前我国的基础教育改革具有把优先发展始终作为教育发展的战略选择，把加强教师队伍建设作为教育发展的基础工作，把课程教学改革作为教育发展的内在动力，把提高教育质

---

① 逯行、黄荣怀：《智能时代的教育改革：教育社会实验的演化及其价值回应》，《清华大学教育研究》2022 年第 1 期。

② 邵泽斌：《重启教育改革议程的合理性分析》，《华东师范大学学报》（教育科学版）2015 年第 1 期。

③ 吴康宁：《社会对教育改革的制约》，《教育研究》2016 年第 3 期。

量作为教育发展的根本追求的特性,但是我国基础教育改革发展中面临着"高质量"与"低公平"的挑战,"高负担"与"低效率"的挑战,"高控制"与"低支持"的挑战,"高投入"与"低认同"的挑战。① 有研究者提出新时代基础教育改革中,教研工作面临工作定位、管理体制、能力水平和条件保障方面的困境,认为应当强化教研工作的服务意识,加强差异化指导,注重解决一线问题,发挥实证和技术方面的作用,加强队伍建设的保障力度。② 在职业教育改革方面,有学者指出新时代职业教育改革发展受到新发展格局中的产业结构、劳动力市场与新经济政策的多重影响,因此,需要进一步夯实职业教育建设基础,重构区域跨界协同服务生态,在整体治理中精准赋能,把握新时代格局下的职业教育改革机遇。③ 王举等人认为目前我国教育改革的理性化品格尚不明显,主要表现在对"教育改革"的属性和内涵认知不足,对教育改革目的、教育改革与社会改革的关系认识不当;参与教育改革的主体结构不尽合理;有关教育改革政策文本的诠释存在缺陷;缺乏健全的教育改革监测、评估和终结机制。教育改革理性化品格的培育需要根植于中国社会的生态与时空逻辑;回归于人的培育和发展,合理调节利益诉求,扩大教育改革的社会基础;构建动态、民主、开放的教育改革共同体;形成规范的、生活实践气息浓厚的教育改革政策文本;完善教育改革的评价标准,监测、反馈和终结机制,创生具有中国本土化特征的教育改革范式。④ 教育改革存在于高度复杂的教育变迁过程中,与政治、经济、社会、文化等方面的任务紧密相关,反复与不连续是改革与发展的常态,差异性关切作为插曲的连续。我们需要反思教育改革中的新问题、新秩序、新复杂和新生态,最终成为教育改革实践的源泉与动力。⑤

---

① 张志勇、贾瑜:《自信与反思:从 PISA 2018 看我国基础教育改革走向》,《中国教育学刊》2020 年第 1 期。

② 刘莹、何成刚:《新时代基础教育教研工作:历史贡献、困难挑战与思路对策》,《天津师范大学学报》(基础教育版)2022 年第 3 期。

③ 胡微、石伟平:《从高适应到高质量:新时代职业教育改革的定位、挑战与路径》,《教育发展研究》2022 年第 9 期。

④ 王举、范国睿:《论教育改革的理性化品格》,《清华教育研究》2013 年第 3 期。

⑤ 马维娜:《社会变迁中的中国教育研究》,《教育研究与实验》2022 年第 2 期。

对此,程天君指出,新中国的教育历程大体是一个改革的过程。其间诸多重大教育改革,均为基于政治—经济需要和逻辑推论而操持的教育改革。具体来说,新中国成立初年,伴随着新民主主义教育政策的颁布,思想改造运动政治化地整饬了教师的角色;“52 调整”既是经济重工业化的迫切需要,也是政治整齐化的重大举措;“85 决定”则直接造就了此后 20 年转移政治—经济义务的“义务教育”,并与重点学校制度一道使教育公平问题积重难返。1992 年之后的教育改革,尤其高等教育改革经济主义趋势较强,走上“扩招”“升级”“并校”的产业化和近似“大跃进”之路。作为政治—经济改革的教育改革,要么沦为政治的工具,要么用于经济的筹码,抑或受二者钳夹,效果堪忧。有必要改革教育改革,走向作为社会—文化的教育改革,并保有文化视野。① 秦玉友则对当教育改革变成一种时代潮流后,造成的对教育改革的一些基本问题的追问在某种程度上处于失语状态表示担忧。他认为处于失语状态的教育改革甚至成为一种集体无意识的实践、决策或研究选择。在这种语境下,对教育改革的基本问题的追问似乎变成一件多余的事情。这种倾向强化了教育改革实践反思和教育改革元理论建设的缺乏状态,在一定程度上影响着教育改革的实践改进和理论发展。② 同样,还有学者也认为我们应该建构中国特色教育政策话语体系,因为这既是中国特色学术话语体系建设过程中的重要组成部分,也是立足中国教育实践,解决中国教育问题的现实需求,更是其学科发展的必经之路。③ 有研究者建议政府应扩大社会民众参与教育政策制定,赋予基层政府教育行政人员的自主决策权,尊重和平等对待教育政策参与主体的利益表达,重视第三部门在教育政策制定中的中介作用。实现教育政策的参与式治理,需要健全教育决策信息公开制度;健全教育决策专家咨询制度;完善教育政策民主协商制度。④

---

① 程天君:《改革教育改革——从作为政治—经济改革到作为社会—文化改革》,《湖南师范大学教育科学学报》2012 年第 2 期。

② 秦玉友:《教育改革的思维方式研究》,《南京社会科学》2016 年第 1 期。

③ 刘东彪、傅树京:《教育政策的话语属性与体系建构》,《当代教育科学》2016 年第 18 期。

④ 贺江群、胡中锋:《参与式治理视角下我国教育政策制定的变革》,《高教探索》2016 年第 10 期。

三、文化取向:教育社会学的微观研究

在宏观理论体系上,我国教育社会学发展保有国际化的视野,结合国内教育政策、教育现实与教育问题,建立了新时代教育社会学的研究体系。无论是由于学术领域的细化进程,还是我国文化的多元化发展,抑或是对过去脱离文化动态的教育研究问题的反省,教育社会学在微观教育领域的研究上,发展出一种更具实践性的文化取向,对群体文化的形成与教育之间的关系进行了阐释与解读。如图 5-4 所示,进入 21 世纪后,近十年间对“群体文化”和“教育”之间关系研究的相关论文数量明显增加。

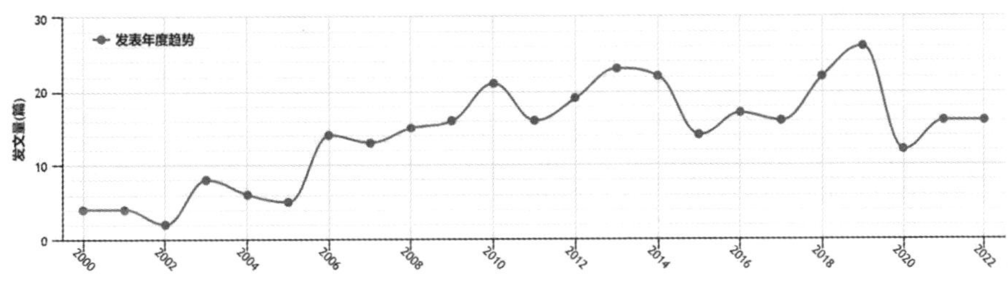

图 5-4　2000—2022 年间“群体文化”并含“教育”主题相关论文数量变化趋势图

在具体研究内容方面,群体的多样性和文化的多元性决定了研究的多层次与多主题。例如,有学者借助自传社会学和深度访谈,对中国农家子弟通过教育向上流动过程中的文化生产进行了深描,通过展现这些中国农家子弟的文化自主性,剖析循规本身的创造性及其与文化生产的内在关联,特别关注和直面了“子不承父业”的阶层跨越之旅对个体道德、情感和文化世界的冲击这样一种文化生产的暗面。① 也有学者通过口述史和民族志对中国乡村百年传续的教育家谱进行描述,试图呈现给读者一个农村家族的五代人在百余年间

① 程猛:《“读书的料”及其文化生产——当代农家子弟成长叙事研究》,北京:中国社会科学出版社 2018 年版。

如何面对苦厄、动荡、无常把孩子“拉扯大”的复杂经验。①

在对学校文化的研究中，不同群体的学校生活成为其中的重要组成部分。其中，进城务工人员子弟的学校生活成为研究热点，而对其“反学校文化”的分析是一个很重要的研究话题。熊春文、刘慧娟研究发现进城务工人员子弟校的“反学校文化”有一个逐渐生成的过程，即从“制度性自我选择”逐渐过渡到“制度性自我放弃”的演化过程。② 石长慧基于对北京市一所进城务工人员子弟学校的田野调查，从学校的日常实践和学生的反应入手，考察了进城务工人员子弟学校产生和变迁的背景，校长的办学动机，学校的建校策略、招生策略、教学策略，教师角色以及学生的“反学校文化”，揭示了进城务工人员子弟学校生产社会底层的逻辑和机制。③ 熊易寒则发现学校类型对进城务工人员子弟的价值观和行为模式具有影响，公办学校的进城务工人员子女更接近主流价值观，进城务工人员子弟学校的学生与主流价值观表现出一定的疏离；就读于公办学校的进城务工人员子女更为强烈地感受到城市主流社会的歧视；公办学校的进城务工人员子女对于个人前景的预期低于进城务工人员子弟学校的学生，具有更强的挫败感。④ 沈洪成则对“辍学生”进行了研究，他以云南芒市傣族教育为个案，描述了“普九”前后辍学形式的转变，即从小学辍学走向中学辍学，从显性辍学走向隐性辍学，从非自愿辍学走向自愿辍学，从终止学业走向反复辍学，而“辍学”样式的改变则与社会环境的改变有很大的关系。⑤

也有研究者从求学体验出发，认为农家子弟通过教育实现社会的流动，由农村走向城市的过程也是文化穿梭的过程。李晓萱、程天君的研究表明，生态

---

① 安超：《拉扯大的孩子：民间养育学的文化家谱》，北京：社会科学文献出版社 2021 年版。

② 熊春文、刘慧娟：《制度性自我选择与自我放弃的历程——对进城务工人员子弟学校文化的个案研究》，《北京大学教育评论》2014 年第 4 期。

③ 石长慧：《学校教育如何生产底层？——一项关于北京市进城务工人员子弟学校的考察》，《人文杂志》2015 年第 11 期。

④ 熊易寒、杨肖光：《学校类型对进城务工人员子女价值观与行为模式的影响》，《青年研究》2012 年第 1 期。

⑤ 沈洪成：《民族地区青少年辍学的文化解释——以云南芒市傣族教育为个案》，《青年研究》2013 年第 1 期。

移民子女具有学生和社区成员双重身份,他们在来自学校和家庭的双重迁移背景下面临着双重的“文化休克”:作为学生,他们在学校中面临时空的重置和语言的碰撞;作为居民,他们与新环境有着空间和心理上的距离感,与家人互动的频率和形式也随生活的剧变而改变。在融入现代化城市的同时,生态移民子女无奈背离原生传统文化和生活方式,该群体在刚搬迁后的文化适应过程中还处于“文化休克”阶段,很容易成为两种文化的“边缘人”。① 熊春文等则分析了进城务工人员子弟对“义”的情感体验和社会认知及其对他们的影响。认为这种文化以“义”的精神为核心,包括平等的义气伦理和不平等的差序体验双重维度,通过意义—规则—行动三个层面的洗礼,这一群体有望实现其相对完整而特有的社会化过程。也正是在这种群体文化的影响下,进城务工人员子弟在意识和微观层面主动放弃了学业,并在结构和宏观上造成社会再生产的结果。② 有研究者通过自传和深度访谈收集进入精英大学的农家子弟的成长叙事,研究聚焦农家子弟跨越阶层与文化边界过程中的情感体验,发现文化世界的核心是情感世界,不同的文化实践伴随相应的感情定向。跨越文化边界必然伴随新的感情定向的冲击,致使新的感情定向和旧有的感情定向重叠交织,既蕴藏创造新的情感互动形式的契机,也内隐种种道德风险。③

在性别文化方面,课堂是教学过程得以展开的主要场所,有研究者发现,因教龄、性别与学科等因素影响,教师的性别认知存在程度差异。同时受自身性别角色认知的影响,部分小学教师仍对男女生产生差异性的期待与态度反应,表现在日常教师课堂教学及班级管理行为等方面,并对学生性别角色认知以及课堂教学产生差异性影响。④ 也有研究者对教科书、教材中出现人物进

---

① 李晓萱、程天君:《双重休克:生态移民子女教育中的文化适应——以长江源生态移民村为例》,《教育研究与实验》2019 年第 6 期。

② 熊春文、史晓晰、王毅:《“义”的双重体验——进城务工人员子弟的群体文化及其社会意义》,《北京大学教育评论》2013 年第 1 期。

③ 程猛、史薇、沈子仪:《文化穿梭与感情定向——对进入精英大学的农家子弟情感体验的研究》,《中国青年研究》2019 年第 7 期。

④ 张丹、克里斯汀・德特黑:《教育公平视角下的教师性别意识及认知差异——以上海市小学课堂为例》,《全球教育展望》2018 年第 8 期。

行性别分析,譬如,以现行使用的八册部编本中小学语文教材为分析素材,分三个维度对教材中出现的性别角色进行量化研究。崔冲等人发现现行八册部编本中小学语文教材中存在单性别中心倾向和性别形象刻画偏见,其中塑造的女性形象倾向于家庭化、传统化、刻板化,与男性相比,她们在教材中的呈现存在一定程度的矮化和窄化。① 不只语文教材,有研究采用内容分析法,对北师大版初中数学教科书的插图和文本中两性出现的数量、地位、职业类型及角色进行量化统计和定性分析,结果表明教科书中确实存在性别刻板印象。具体表现为成年和未成年女性人物出现的频数、地位和职业种类均低于男性,且以配角的负面形象出现,语言用词存在男性主导的思维定式等。②

在青少年亚文化方面,有学者对“饭圈文化”进行解读,认为极端形式的“饭圈文化”事实上是一种集体化的心理失理、情感失范、认知失真和行为失矩,这与社会教育效力下降、学校教育效力失散和自我教育效力弱化等问题相关,是当下青年价值观培育面临的极大挑战。③ 也有学者认为,当下以青少年为核心的蓬勃发展的新文化生产空间其实是一种发展机遇,面对经济全球化和文化多样化,新文化生产空间的传统文化教育能够很好地建立起文化认同感、培育民族精神和增强文化自信。④ 此外,中学生“越轨”行为的研究也是其中一个主题。有研究者发现,遭受过校园欺凌的少数学生,较之未遭受欺凌的同伴,有着更低水平的心理健康状况和更高水平的风险行为。⑤ 也有研究者对校园欺凌的发生机制进行研究。譬如,宗锦莲的研究表明,导致校园欺凌发生的基本条件:一是男子气概,即“兄弟帮”通过欺凌行为确证自身存在的价值,视其为一种荣耀的加冕。二是美德替代,即将欺凌视作一种道德义

① 崔冲、吴黛舒:《教材中性别角色的实证分析:以部编本语文教材为例》,《全球教育展望》2019 年第 4 期。

② 孙庆括、徐帆、胡启宙:《初中数学教科书中的性别刻板印象研究》,《数学教育学报》2017 年第 3 期。

③ 孙群、王永益:《极端“饭圈文化”视域下青年价值观培育的“难为”与“可为”》,《思想教育研究》2022 年第 7 期。

④ 徐娜娜:《转型、构建与认同——新文化生产空间中的青少年传统文化教育》,《中国青年研究》2019 年第 4 期。

⑤ 罗鸣:《校园性别欺凌与学生身心健康的影响机制分析:以性与性别少数学生为例》,《全球教育展望》2020 年第 4 期。

务,成为“兄弟”间不用明说的道义担当。三是集体无意识,即欺凌行为的发生在群体力量驱使下变得理所应当,欺凌者在由此所营造出来的虚假盛况里全体欢腾。① 洪岩璧等人探讨了校园欺凌对青少年一般信任水平的影响。分析结果显示,家庭客观社会经济条件对青少年一般信任水平没有显著影响,而遭受欺凌、看到学校不良行为发生的频率都对其一般信任有显著负效应。同时,在中小学生中,男性、低年级、成绩较差、家庭经济条件较差的学生,普通公立学校学生和看到校园不良行为频发的学生,更有可能遭受校园欺凌。② 生活场域的积极教化功能缺失、单一主体的约束体系弱化以及社会互动中个体自我认同危机,为其越轨行为风险发生创造了条件并加剧了其内化可能。譬如,有人将农村青少年的同伴群体文化、底层再生产和校园欺凌行为联系起来,并且结合农村学校资源不足和分层教学制度的影响,发现校园欺凌的背后隐藏着学校教育制度“权力不对等”造成的底层再生产问题。③ 有学者建议,为有效防范其越轨行为风险,应基于“情感补偿—行为约束—价值内化”的路径,建立重要他人与留守儿童的情感联结,构建多方联动的行为约束机制,创建增权赋能的社会支持网络。④ 校园欺凌行为的成因源自社会文化环境影响,因此有学者从文化社会学理论视角出发,发现社会结构的紊乱使得个体产生紧张情绪,而不合规的情感缓释以及随之而来的文化排斥使得个体习得和实践了欺凌行为,因此需要营造和谐友好的社会氛围、包容性的校园生态才是消解校园欺凌行为的治理思路。⑤ 在中学生越轨行为之余,还有学者对其他阶段学生群体的越轨行为进行了阐释。侯彦斌分析了当代大学生厌学的含义,并通过校园涂鸦寻求“大学生厌学”的社会学证据,提出大学生厌学在本质上是一种校园越轨行为,进一步分析了当代大学生厌学的深层次原因,

---

① 宗锦莲:《男子气概、美德替代与集体无意识:校园欺凌是如何发生的——一项来自“兄弟帮”领袖的口述史研究》,《教育发展研究》2019 年第 22 期。

② 洪岩璧、顾一石:《校园欺凌与青少年的一般信任》,《社会发展研究》2019 年第 1 期。

③ 杨梨、王曦影:《农村青少年校园欺凌的群体文化与底层再生产》,《教育学报》2021 年第 4 期。

④ 王爽、刘善槐:《农村留守儿童越轨行为风险与防范体系构建》,《教育科学研究》2020 年第 9 期。

⑤ 李锋、史东芳:《校园欺凌产生成因之阐释——基于文化社会学的理论视角》,《教育科学研究》2021 年第 1 期。

为探索大学生厌学的矫治策略提供学理依据。①

在对越轨行为的形成原因分析上,有研究者以互动理论为分析框架对其进行了探析,发现"越轨"行为将学生客体化和非法化,遮蔽了教学质量的真正根源,学生表达的是对失败的或低品质的课堂互动的抵制或抛弃。本质上,学生在课堂微观情境中所体现出来的是宏观社会的变迁症候,但大学对这种变迁的反应相对麻木及滞后。只有积极应对变迁带来的挑战,通过重构教学剧场、改善文化资本的供应和提升情感能量来消除课堂情境中的互动障碍,才能从源头上解决问题。② 而新冠疫情的发生对大学生的就业压力、就业心态都产生了影响。有研究基于中国大学生追踪调查(PSCUS)项目于2019年11月和2020年3月实施的两轮追踪调查,对比疫情暴发前与暴发后应届毕业生的就业压力、心理压力和就业选择的变化发现,疫情对应届毕业生就业产生了招聘面试受阻、工作落实率下降、就业压力加大、未来经济预期偏向悲观的影响。③

在残障学生群体的文化与教育方面,有学者认为,聋人高等教育体制缺乏明确的课程体系和清晰的文化符号,而诸如国际手语夏令营等教育手段能够成为一种教育仪式,使用聋人群体内的文化符号(手语)、提升重要他人(聋人精英领袖)的影响力、强化共同的情感状态(作为聋人的自豪感),推动聋人大学生的身份认同。④ 徐胜研究了残疾人的自我决定对其教育的影响,⑤发现环境中有做选择的机会与支持是促进残障者自我决定发展最有力的措施,家庭、学校、社区和未来的就业环境持续的给予机会与提供支持可以促进残障者自我决定的发展,自我决定能力越强的残障者越能适合环境。在聋生教育研

① 侯彦斌:《当代大学生厌学的社会学分析》,《民族高等教育研究》2013年第1期。

② 谢妮、朱凯琳:《互动视野中的大学生课堂"越轨"行为审思——基于对某地方普通本科院校的深入考察》,《教育发展研究》2018年第17期。

③ 李春玲:《疫情冲击下的大学生就业:就业压力、心理压力与就业选择变化》,《教育研究》2020年第7期。

④ 郭楠、曲欣:《夏令营与重听生的社会身份认同:一种教育社会学的分析》,《教育学报》2013年第9期。

⑤ 徐胜:《残障者自我决定研究及其教育启示》,《重庆师范大学学报》(哲学社会科学版)2016年第2期。

究中,有研究者梳理了国外近 15 年来信息技术对聋生学习作用效果的实验研究,发现信息技术对聋生的学习绩效有较强的促进作用,并有助于聋生的社会化发展,视觉补偿被视为是聋生信息技术教育应用功能发挥的重要途径。[①]还有学者认为尽管以宏观制度性表述为特色的话语空间,充斥着对社会正义的希望寄托和激情澎湃,以及相应的种种具体改革操作指南,但这些操作指南大多指向机会与资源的种种不平等,很少去思考个体的生命体验、生活感受以及意义赋予等问题。为此,只有敏感于个体的生命体验、生活感受以及意义赋予,学会平等换位的思考,新教育公平的理论建构才有可能。[②] 对此,有学者提出构建独属于残障群体的“残障文化”,使其成为一种与种族、性别类似的文化身份,有助于在融合教育语境中超越“缺陷”视角,转变对于残障学生群体的教育观念,构建我国融合教育本土化理论。[③]

进入新时代以来,随着教育现代化的发展,在“建设高质量教育体系”的愿景下,教育社会学的发展以国际视野为平台,在引译和消化国外社会学理论的基础上,深入分析我国教育现实,以教育公平为核心问题,对乡村振兴、教育扶贫等我国独特的教育问题和社会现实进行社会学意义的解读。同时教育社会学学者对微观教育领域里的文化现象日益关注,特别是对处于弱势地位的特殊学生群体文化尤为关注,这也更有助于学者以文化为抓手,深入检验和建构中国语境下的教育社会学理论。总之,新时代的教育社会学逐渐开始在研究视角上综合世界意识与本土特色、在研究对象上结合学科认识与教育实践、在学科价值上融合科学追求与人文关怀,开启新的综合化趋势。

---

①　陈巧云:《信息技术对聋生学习绩效的影响——一项元分析》,《南京师范大学学报》(社会科学版)2021 年第 3 期。

②　贺晓星:《聋教育改革与新教育公平的理论建构》,《教育发展研究》2017 年第 2 期。

③　赵勇帅、孙云峰、邓猛等:《残障的“身份化”意涵与启示——融合教育背景下的全新理解》,《中国特殊教育》2022 年第 7 期。

中　篇

基本学术问题

第六章　教育社会学学科生存的外部困境

没有不同意见的东西往往是不值一提的。[①]

——拉尔夫·达仁道夫:《现代社会冲突》

当我提及“社会科学的前景”时,我希望有一点是清楚的:我指的是我所看到的前景。[②]

——C.赖特·米尔斯:《社会学的想像力》

作为一门学科的教育社会学,其发展需要不断对自身学科要素(研究对象、学科性质、方法论)进行反思,这即便不说是教育学社会学界同仁的共识,至少也可视为大多数同仁不会反对的取向。[③] 在反思的过程中,教育社会学学科生存的外部困境也得以明晰。这便是本章及接下来的第七章要探讨的教育社会学百年中的若干基本学术问题。

约略说来,说社会学就是研究社会的科学,也就是给它下了个定义[④]。同理,教育社会学就是用社会学方法来研究教育问题或教育现象,亦即研究教育问题或教育现象的“社会”层面。那么究竟何谓“社会”,社会学眼中的“社会”如何? 教

---

① [英]拉尔夫·达仁道夫:《现代社会冲突》,林荣远译,北京:中国社会科学出版社 2000 年版,第 5 页。

② [美]C.赖特·米尔斯:《社会学的想像力》,陈强、张永强译,北京:生活·读书·新知三联书店 2001 年版,第 18 页。

③ 譬如,自 1989 年成立迄今,中国教育学会教育社会学专业委员会已召开十届年会,除了根据时势不同确定的一两个不同主题而外,历届年会几乎都有一个保留性的主题,即:教育社会学学科发展与反思。

④ [法]莫里斯·迪韦尔热:《政治社会学——政治学要素》,杨祖功、王大东译,北京:华夏出版社 1987 年版,第 3 页。

育社会学对于教育之社会学研究有何特殊旨趣与气质?这类事关(教育)社会学发展"动力"的问题,是探究(教育)社会学学科发展时应当首先予以明晰的。

一、社会学眼中的"社会"

人们几乎总把"社会"一词挂在嘴边,却又对之语焉不详;即便作出解释,也是论说纷纭。此种情状,中外皆然。一如柯林斯所说,我们都认为自己很了解社会,但事实上,社会世界对我们来说还是个谜,而由于我们没有意识到这一点,更加深了其神秘性;社会是贴近我们生活的日常现实,但是,我们并不只因为生活在其间而对它有更多的了解,就像我们不会因为自己必然作为有生命的身体存在而对生理学有更多的了解一样。① 如果说这是就寻常人家而言的话,那么就社会学研究而言,情况亦复如此。对此,达维多夫所言甚善:社会学是研究社会的科学,但在社会学中存在着多种基于各种不同原则和理论而制定的"社会"概念的定义,比如有基于社会唯名论、社会实在论、结构功能论、符号互动论和民族方法学论等的定义;同时许多社会学家也指出定义这一概念的困难,或认为"社会"概念没有得到充分的研究。② 约翰·杜威也尝言:社会这个词的含义是含糊的,它既有颂扬性或规范性的意义,也有描述性的意义;有法律上的意义,也有事实上的意义。但人们几乎总是注重前一种含义,因此社会被构想为一个整体,有统一体所具有的诸如值得称赞的目的、福利的公共性等品质。然而如果我们着眼于社会这个名词所表示的事实,而不把注意力局限于(我们所期待的)社会的内在含义,我们就找不到统一体,而只是许许多多团体,有好的团体,有坏的团体。③

正是基于这种情况,"社会学眼中的社会如何?"便成了一言难尽的问题。

---

① [美]兰德尔·柯林斯、迈克尔·马科夫斯基:《发现社会之旅》,李霞译,北京:中华书局2006年版,第1页。

② [俄]A.A.达维多夫:《关于"社会"概念的定义问题》,《国外社会科学》2005年第1期。

③ [美]约翰·杜威:《民主主义与教育》,王承绪译,北京:人民教育出版社2001年版,第92页。

好在有一点是肯定的,即:关于社会,人们的观点是各异的。以此为出发点,笔者从精英—民众(垂直维度)和褒扬—贬抑(水平维度)两个维度把林林总总的“社会”观加以组合、区分,由此得出四种基本类型(见图6-1):第一种是受到褒扬的精英群体,可谓之“主流社会/群体”;第二种是与之相对的即受到贬抑的民众阶层,可谓之“亚/反文化群体”;第三种是受到褒扬的民众社会,可谓之“市/公民社会”;与之对立或对应的第四种就是受到贬抑的精英阶层,可谓之“(反动)统治阶级/层”。大致说来,前文所述的各种不同“社会”观,盖不出此四种基本类型。

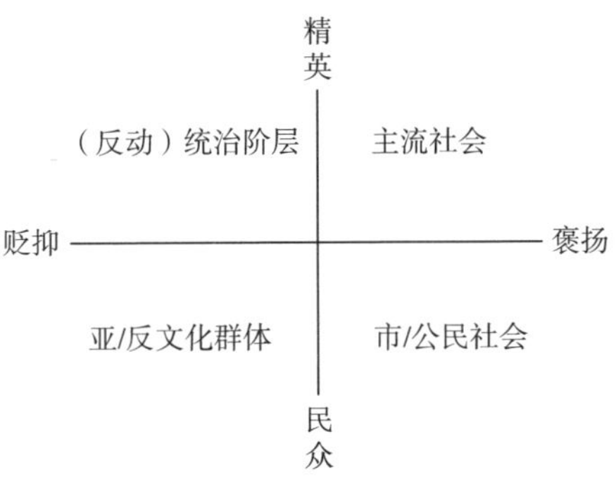

图6-1 “社会”观分类图

对于这种抽象化的组合、区分,必须辅以三个限制性说明。第一,这种组合、区分是无法穷尽的。它可以照此逻辑继续乃至无限组合、区分下去,一如帕森斯的社会系统、子系统、子子系统……每一个都具有 AGIL 四个部分的功能一样。第二,这里的二维“标准”是相对的。精英(上层)还是民众(下层),褒扬还是贬抑,很大程度上要依赖于群体的性质及其成员的立场,即要看“谁”在讲话或者站在“谁”的立场看问题。譬如,一个为了本国人民“公共”利益的民主政府,在相当程度上可被视为“主流社会”或好的治理者,但当西洋的外交家在国际会议里为了自己国家争利益,不惜牺牲世界和平和别国合法权益时,他也不过是为了一己(国)私利而已;公还是私,褒抑或贬,都是相对而言的。① 又譬如,投诚支配阶层的“知识分子”,对于下层民众而言可算作

① 费孝通:《乡土中国 生育制度》,北京:北京大学出版社1998年版,第30页。

属于统治阶级,但同时他们又是“统治阶级中的被统治者”[①];而坚守社会良心的“公共知识分子”,可能是反主流文化的边缘者(属于亚文化群体),但是在某些公共论坛之上,或在其崇拜者与追随者心目之中,他们又是十分耀眼的“精英”。第三,这些“社会”观的组合、区分是复杂而又不断变动的。天下没有不散的宴席;没有永久的敌人,只有永恒的利益;受人钱财,替人消灾;“有奶便是娘”……诸如此类的信仰、常道、俗语及相应的行为,就是对这一点的真实写照。

由此说来,社会是复杂的,有时是散裂的,社会其实就是各种不同的人群、团体、组织或阶层,“‘团体’‘集体’‘社团’‘群体’,这些术语都是同义词……是通用的概念”[②]。一言以蔽之,“社会”其实就是各种不同的群体;这些群体内部以及相互之间存在着权位的强弱、利益的多寡、斗争的输赢,以及所有这一切的模糊转换和此消彼长。这正如马克思在《共产党宣言》开头的一段名言所说,“到目前为止的一切社会的历史都是阶级斗争的历史”[③];也恰如德里达所言,关于社会,“差异和分歧如狂风暴雨,它什么都有,就是没有那种人们用以整合它的同质性”[④];持同样见地的是罗伯特·默顿,他说,“所有的社会必然有某种程度的整合,这只是从定义上这样说——一种以假定为论据的狡辩”,“整个社会的一体性不可能在观察之前就断定,这是一个事实问题,而不是观点”。[⑤] 这些经典判断的确不谬。君不见,大到东西两大半球、南北三个世界的天差地别,中到欧盟各国之间“9 倍之多”的贫富悬殊[⑥],小到发达国家如日本国内“只能维持生存、感觉不出自己是在生活”的“不同画面”里的人群[⑦],再

① 关于此点,请见包亚明主编:《文化资本与社会炼金术——布尔迪厄访谈录》,包亚明译,上海:上海人民出版社 1997 年版,第 79—91 页。

② [法]莫里斯·迪韦尔热:《政治社会学——政治学要素》,杨祖功、王大东译,北京:华夏出版社 1987 年版,第 3、16 页。

③ 《马克思恩格斯选集》第 1 卷,北京:人民出版社 1972 年版,第 250 页。

④ 张宁:《德里达的遗产》,《读书》2004 年第 12 期。

⑤ [美]罗伯特·金·默顿:《论理论社会学》,何凡兴等译,北京:华夏出版社 1990 年版,第 108、112 页。

⑥ 杨丽丽:《欧盟的穷国与富国》,《青年参考》2006 年 5 月 23 日。

⑦ 《日本越富 穷人越多》,《参考消息》2006 年 6 月 4 日。

具体到目下中国“同一片蓝天”下“不同世界”中的学生群体和教师群体①,可谓处处是差异,无处觅相同！这,便是社会学眼中的“社会”;这,便是社会学所要研究的“社会”;这,便是社会学所要追问“社会”。

那么社会学是如何追问“社会”的呢？可以这样说,社会学有着特别的研究旨趣与方法论原则。

要而言之,社会学主要关注的是不同群体之间的社会差异及其成因,尤其是关注不利或者弱势群体的生存境况及其解放之道。用齐美尔的话说,社会学要追问“社会是如何可能的?”,用布迪厄的话说,社会学就是要不断“揭示被掩盖的事物”,用柯林斯的话——也许是最精当的表达——说,社会学就是要“discover society”(发现社会)②。古今中外,凡对社会学研究作出贡献的人物,大概都在“discover society”方面有所建树。马克思发现资本主义剥削的秘密,韦伯解开资本主义兴起的精神源头,涂尔干求索道德的本质及其社会作用,齐美尔细察“三人世界”的神奇与奥妙,弗洛伊德和帕累托征服人之非理性(非逻辑),库利和米德发现人之本性,托马斯和帕克揭开日常世界,米歇尔斯和曼海姆曝光希特勒的阴影,刘易斯·科塞反求社会冲突的(正)功能,费孝通揭晓中国乡土社会的“差序格局”……这也是被誉为“社会学先生”的罗伯特·默顿潜心致意“潜性功能”研究的主要原因,他自豪地说道:社会学家不是工程学家或者气象学家,不是仅限于研究外显文化(overt culture)的日常行为记录员,社会学家常常发现某种潜在的文化(covert culture);其特殊贡献不但主要在于研究社会行为的预期后果(显性功能),而且主要在于研究社会行为的非预期后果(隐性功能);而发现隐性功能则表明社会学知识的重大进步。③

---

①《上课居然戴耳罩手套:民工子弟小学教室难抵严寒》,《扬子晚报》2004年12月31日;《代课教师艰辛执着震动人心　县委副书记动情上书教育部》,《南方周末》2005年11月3日。

② 兰德尔·柯林斯和迈克尔·马科夫斯基致力于阐述社会学伟大经典传统及其当今脉流的专著之书名即为“The Discovery of Society”。不知何故,这部杰作的中文本题目被画蛇添足地——这可能是“中国式的学究气”要求“准确限定”题目的俗套思维在作祟——译为《发现社会之旅——西方社会学思想述评》(见李霞译:《发现社会之旅——西方社会学思想述评》,北京:中华书局2006年版),致使作者之匠心与题“目”之灵动索然不在。

③ [美]罗伯特·金·默顿:《论理论社会学》,何凡兴等译,北京:华夏出版社1990年版,第157、150、158、160页。

“发现”社会,这既是社会学发展的主要动力,也是社会学知识进步的重要标识。教育社会学与社会学在发现社会的研究精神上一脉相承,而这种精神气质,炼就于教育社会学以母子“倒置”而鼎立三足的发展历程之中。

二、在“母子”倒置中鼎立三足的教育社会学

作为社会学的“特殊理论学科”或“分支社会学理论”的教育社会学①,秉持的同样是致力于“发现”社会的研究气质,其特殊性乃在于它致力于发现教育问题的社会层面。仅举教育社会学关于“课程”的研究一例,便可窥见这种气质的端倪:不论是功能主义关于课程是使学生社会化、理解并接受自己在社会中的位置从而维护社会平衡的观点,还是冲突理论把课程视为向学生传递特殊“身份文化”从而使之得以向上流动之工具的论断,抑或解释学派有关教育过程中存在不平等的教育知识分配是学生之间在学业成绩上出现分化的主要原因之洞见,都从不同侧面明示或暗示了教育社会学揭示差异、关注弱势的研究旨趣。就我国教育社会学研究而论,也只需回顾1979年以来的发展便可对这种研究精神略知一二:自那迄今,中国大陆教育社会学完成了学科制度重建、学科基本建设、业人才培养“三级跳”等“三大任务”;研究进展实现了从以学科概论性研究为主、分支领域性研究为辅的阶段,到学科概论性研究与分支领域性研究并重的阶段,再到以分支领域性研究为主、学科概论性研究为辅的阶段这“两次转型”;而今,不少研究者正力求更好地基于本土境脉、“跨分支领域地”对我国自身的各种教育问题进行实实在在的研究,并作出有说服力的社会学解释,以便最终为教育决策与教育实践之科学化和合理化提供社会学依据,从而体现出这门学科的终极价值。② 取得这些成就的一个重要原因,便在于教育社会学以独特的社会学眼光审视了教育问题及教育现象,取得了有自身特色与特殊性的研究成果。再以国外教育社会学的新发展为例,从20

① 吴康宁:《教育社会学》,北京:人民教育出版社1998年版,第9—16页。

② 吴康宁主编:《现代教育社会学研究丛书》,北京:北京师范大学出版社2003年版,“总序”。

世纪70年代以来“新教育社会学”的再制理论、权力分析，到20年后凸显的立场理论①，大都不脱“发现”教育之社会层面的旨趣，而且是为着更有力、更有效、更具反思性的“发现”。

然而，教育社会学的这些发展及其研究气质的炼就又谈何容易。仅就与其他学科的关系而论，教育社会学在发展过程中就遭遇迎面而来的教育哲学、教育心理学以及教育学等三种学科文化的挑战，好在它以“母子”倒置而鼎立三足。这段曲折的历程是值得略加追忆的。

历史上，国内外研究者对于教育社会学学科性质问题有过长期的争论，至今仍余音未了；而且，当下冠以教育社会学研究之名的各种著述，也是意见杂陈，难期一律。其中首要的，便是一种可称之为“双母争子”或者“一子认双亲”的情形：一方面，由于学科建制以及其他众所周知的原因，“教育学”②往往是怀着“母学科”的心理情结而把教育社会学视为其“分支学科”或“子学科”的；另一方面，由于教育社会学的理论营养主要来自社会学而不是教育学，教育社会学又想当然地成为社会学的应用学科或“子学科”；作为折中，有的学者（如日本的新崛通也）就将社会学与教育学称为教育社会学的父学科与母学科。这种情状，其实就是关于教育社会学学科性质之争——“规范学科论”“事实学科论”及“事实与规范兼有学科论”（或“边际/缘学科论”或“双

① 刘云杉：《国外教育社会学的新发展》，《比较教育研究》2002年第12期。

② 其实，何谓“教育学”亦是一个难以形成共识的问题，难就难在迄今为止，教育学称霸的雄心未泯而又霸业未遂——关于这段冗长而又辛酸的历史，不是本书关心的主题——如此，教育学就有名实两种义项：在实质上，“教育学”是指以改变和优化教育实践为直接目的、对教育领域的各种规范加以系统研究的一门学科（如果算得上一门学科的话）；而在形式也即在学科建制上，它又是作为一个“一级学科”而存在的，包括教育哲学、教育心理学以及教育社会学等教育学的母（基础）学科在内的其他相关学科，则必须“屈身”其下。于是，麻烦便接踵而至，正如有人所言：“在19世纪末之前，一个人若说自己是研究‘教育学’的，人们不会对它提出疑问，因为那时‘教育学’无论在名称上还是在内容上都很简单、明白。……然而，在19世纪末之后，情况发生了巨大变化，一个人再说自己是研究‘教育学’的，就必须对自己的研究对象做出清晰的界定。”（石中英：《教育学的文化性格》，太原：山西教育出版社1999年版，第2页）其实，何止是“说自己是研究教育学时”需要界定，就连涉及“教育学”这个词时也必须立马交代其究竟何指。这里也不例外。本书所说的“教育学”自然是实质意义上的教育学，简言之，亦即对教育实践进行规范研究的一门学科。关于“教育学”的两义理解，综合参见吴康宁：《教育社会学》，北京：人民教育出版社1998年版，第6、12、14页；唐莹：《元教育学》，北京：人民教育出版社2002年版，“代序”。

母论")——的根源所在。①

笔者以为,这些都不足惧。教育社会学不必在意自己在别人(教育学、社会学)眼中的形象,或者借个词来说,它不必被"镜中之我"所牵引,而关键要把握如何"自我呈现"。譬如,教育学这一声称的"母亲",也只能在"失范的"学科建制中、在教育学宏愿难遂的哀鸣中图具虚名而了无实质意义。值得警醒的倒是,时至今日仍然有教育社会学研究者固守教育社会学草创之际的"educational sociology"这一有违社会学宏旨"教育学变种",这就不能不说是当前教育社会学研究中"滞后"与"退化"的危机了。这对于教育社会学的学科发展无疑将是弊多利寡,也因此将有可能失去自身生存的命脉,遑论在学科之林中立足。此话并非空穴来风,回顾(西方)教育社会学的学科发展史不难发现,在 20 世纪 50 年代之前的学科形成时期,教育社会学领域之所以几无值得称道的研究成果,其根源乃在于这一时期中所形成并占主导地位的规范性(normative)范式;因为规范性的教育社会学(educational sociology)作为教育学之变种,其致命缺陷便在于将教育社会学与教育学混为一谈,从而在实际上取消了教育社会学的学科独立地位,失去了其存在的价值。②

历史的车轮并没有在教育社会学草创之际的一个方向上危险滑动。继将社会学的研究方法应用到教育研究中的"第一人"涂尔干③之后,安吉尔(Angell,R.C.)于 1928 年首次提出与"educational sociology"相对的"sociology of education"这一概念,后经 1932 年沃勒(Waller,W.)*Sociology of Teaching* 一书以及 1949 年布鲁克弗(Brookover,W.B.)"Sociology of Eduction:A Definition"一文的问世,直到大势所趋之下,创刊于 1927 年的 *The Journal of Educational Sociology* 终于在 1963 年易名为 *Sociology of Education* 之际,"educational soci-

① 实际上,早在"教育社会学"诞生伊始,就埋下了日后关于该学科性质争论的种子。譬如,"教育社会学"这一概念的据称提出者沃德与教育社会学的鼻祖涂尔干,就分别代表了其后迄今的"规范学科论"与"事实学科论"的先声,前者投注于教育之于社会的"导进"作用,后者则致力于理解为什么教育要采取某些形式而不是去评判这些形式(过去往往是这样做的)。至于那些折中者,不过是在这二者之间骑墙摇摆,进行自相矛盾的调和。

② 吴康宁:《教育社会学》,北京:人民教育出版社 1998 年版,第 13、26 页。

③ [美]珍妮·H.巴兰坦:《美国教育社会学》,刘慧珍等译,北京:春秋出版社 1989 年版,第 10 页。

ology”这一研究范式“终于退缩一隅”。[①] 30 年后在中国,承继这一历史序曲,明确完成了教育学与教育社会学与“母子关系”的重新厘定,即确立后者是前者的母学科(基础学科)这一关系定位。标志有二:一是中国台湾学者李锦旭 1994 年认为,从进入 20 世纪五六十年代,教育社会学已与教育哲学及教育心理学并驾齐驱,成为教育学第三大支柱[②]。二是中国大陆学者吴康宁 1998 年明确提出,作为现代意义上的教育研究之学科的教育学需要有哲学、心理学及社会学等多种坚实的理论基础,于是,教育哲学、教育心理学与教育社会学作为教育学的基础学科(“母学科”)应运而生;同时他强调,尽管作为独立学科的教育社会学产生于社会学与教育学之后,但它并不是这两门学科相结合的产物,而是社会学用于“教育领域”(而不是“教育学”)后的产物;所以,教育社会学成为教育学的“母学科”——是教育社会学给予教育学以理论滋养而不是与之相反——与教育学产生于教育社会学之前并不矛盾。[③] 至此,经过长期而不断深化的认识过程,教育社会学通过它与教育学之间这种母子“倒置”——确切地说应当是“关系矫正”——终于获得与教育哲学、教育心理学三足鼎立、共同成为教育学主要基础学科的身份认同与学科定位。[④] 说它是“关系矫正”,还有一个重要依据就是,社会学作为课程论(因而也可推演至教育学)的不可或缺基础,其实也是得到自课程编制的奠基者 R.W.泰勒起以至今日的课程研究者们“公认”——只是在我国,对课程论基础研究甚少,因此才需要进行这种“关系矫正”——的事情,“事实上,每一个课程工作者不论持

---

① 吴康宁:《教育社会学》,北京:人民教育出版社 1998 年版,第 10、29—31 页。

② 李锦旭:《正视台湾教育学的知识结构问题》,《中国时报》1994 年 2 月 7 日。

③ 吴康宁:《教育社会学》,北京:人民教育出版社 1998 年版,第 12—16 页。

④ 笔者以为,这种母子“倒置”可谓一石四鸟:除了在现代科学意义上成就教育社会学获得三足鼎立的地位而外,它又破解了关于教育社会学的“事实与规范兼有论”或“边际/缘学科论”的认识论判断;同时也扬弃了“教育社会学就是社会学的纯粹应用学科”的简化论认识,以及“简单套用社会学理论来解释教育现象”的粗陋研究,从而也就避免了与“educational sociology”方向相反而性质同种的另一种“徒有虚名”的教育社会学。如此,可把教育社会学界定为社会学的“特殊理论学科”或“分支社会学理论”;进而第四,作为一种“专门的”社会学来说,教育社会学的某些研究结果可对社会学一般理论的发展作出贡献。或者说,教育社会学研究中往往含有易为人们忽视的一般社会学研究的成分。参见吴康宁:《教育社会学》,北京:人民教育出版社 1998 年版,第 9—16、385 页。

什么观点,也不论自己意识到没有,都在一定程度上利用心理学、社会学、哲学的概念、观点、方法等来充实自己的课程观,并以此指导自己的课程研究工作。"①

限于篇幅,(我国)教育社会学研究取得的这些成就在此不宜具表②,但有一点需要强调:这些发展及成就所以获致,盖不脱教育社会学秉持"发现"教育中的"社会"这种研究气质,即注重揭示教育差别,关注教育弱势,企求教育公平,批判"社会"对教育的宰制。然而,一剑双刃,正是教育社会学这种特殊的研究气质,使它招致或者迎来了其他学科的挑战。

三、保守论、启蒙论、无用论:教育社会学批判

教育社会学在鼎立三足的过程之中,在其影响日趋明显之际,也面临着两类挑战:"艳羡"与"嫉妒"。就前者即对教育社会学的艳羡而言,情况不是特别糟糕,尽管也好不到哪里去。说它不是特别糟糕,是因为这类"挑战"的主要表现,不过是一些没有受过(教育)社会学专门训练或者至少是没有认真研习过它的人,不时会随手翻开(教育)社会学书籍,简单地寻章摘句,援引三行五句,便美其名曰"……的社会学分析"或"……的社会学研究"。无可厚非的是,学术无禁区,学科无专利,人生有自由。可以理解的是,这样的作者,为了在体制内糊口或者自己美好的生活,借来"(教育)社会学"一用,作为打鬼的

---

① 施良方:《课程理论——课程的基础、原理与问题》,北京:教育科学出版社 1996 年版,第 23—24 页。

② 本书在撰写教育社会学理论史时。所心仪的是默顿的方法,即要事先确知始发和到站的一段路径,以教育社会学精神的传承和知识累积为旨趣,以孔德所说的"大脑卫生"为原则,在既有文献与发展取向之间保持必要的平衡,而不是耽溺于对过往理论的总结和编辑,再佐以对理论家生平的考察这种不伦不类的"半吊子"撰写方式。所以,这里并没有也不打算详列每项过往研究,而只是围绕"教育社会学研究的精神与气质"这一题旨征引必要(不分中外)的事例。关于默顿对传统社会学理论历史书写方式的批评以及对于"博学"与"独创"之辩证关系的精到阐述,详见[美]罗伯特·金·默顿:《论理论社会学》,何凡兴等译,北京:华夏出版社 1990 年版,第 1—37、42—53 页;另见田耕:《为什么写作社会学理论历史——读默顿〈论理论社会学〉》,《社会学研究》2006 年第 1 期。

钟馗,发表些学术成果,不足为怪。何况,无论如何,这也从反面示明了教育社会学研究的气质与魅力所在。对此,我们除了淳化教育社会学研究的气质、除了期盼着艳羡者也能够真正地来"从事"它而外,似乎别无他途,因为无论如何,我们有不爱别人的权利,但却没有不让别人爱的权利。

说这种艳羡也好不到哪里去,是因为它已经为教育社会学招致了"污名"。常有人指着这类研究打趣地说:"什么是社会学分析?!""这就是教育社会学研究?!"这种或有意或无心的奚落与质问,委实让人心里五味杂陈。不过,读者且宽心,笔者决不会糊涂到把这种奚落与质问完全归罪于艳羡者的头上,包括笔者在内的所谓教育社会学的"专业从事者",无论如何也是难辞其咎的,无论如何也是不能够豁免于此的。准此,对于无论是现时的"专业从事者",还是暂时的门外"艳羡者"——如果这个词有伤感情,我愿在找到更好的表达以后修正它——我想援引罗伯特·默顿的一句话作为"我们"的共勉,并结束关于这类挑战的讨论:"真理若老是被那些并不懂行的人简单地重复,并且往往是滑稽可笑的模仿,它就会变成俗不可耐的陈词滥调;庸俗化是窒息真理的优良武器。"①

就后者即对教育社会学的嫉妒而言,情况要复杂得多,但主要来自三个学科:三足鼎立中的教育哲学和教育心理学,以及那个霸业未遂、如今又沦为"子学科"的教育学。它们对教育社会学研究的质疑或者问话,大体可归为三种论调,分别或者同时是:"保守"论、"启蒙"论或"激进"论。这些指摘,有的呈现于公开发表的论作里,有的表达于某些学术讨论中,有的则散见于日常情景的随机交谈中。

"保守"论,简单地说也就是"无追求"论。这主要是来自(教育)哲学的质疑,是说教育社会学的研究总停留于"实然"的事实揭示,而没有"应然"的价值追求与"大写"的关怀。譬如,"对实然状态的承认缩小了教育变革的空间,很有可能成为滋生人们对社会不义现象的超然与漠视……","颓废的实然"忽视了"高贵的应然"而陷入虚无与难为,等等。诸如此类的表达,已然昭

① [美]罗伯特·金·默顿:《论理论社会学》,何凡兴等译,北京:华夏出版社1990年版,第42—43页。

示出论者把“应然”判断非法凌驾于“实然”分析的傲慢姿态。学理上“是”与“应该是”有无关系或有何关系的问题业已超出本章的主题范围及笔者的智商阈限,但有一点需要提醒“无追求”论者的是,找一个闪闪发光的所谓“高贵的应然”为借口,以价值护卫者的身份自居而言说或行动,不仅是轻而易举的而且是危机四伏的;这个世界不是“应然”的缺乏,而是不切实际的“应该”过于泛滥,而其惨痛的教训,无论是在历史上还是在眼前的世界中,都是罄竹难书的。对于教育研究而言,那种彻底游离实然判断的应然追求,不啻为断了线的风筝和脚底蹬空的浪漫迷思,因而也就难免滑入梦里求真和醒来后的空悲切,那才是真正的虚无与难为。其实,教育社会学并非没有价值追求,它对社会差异的揭露,对特殊群体的关注,不就是更真切的价值关怀吗?之所以受到“无追求”或“保守”的指摘,说到底,乃是由于哲学(往往关注的是“大写”的人)与社会学(常常关注的是弱势群体)这两种学科的视角不同罢了。事实上,教育研究既需要哲学那样追寻意义、建构价值,关注“大写”的人,也要有社会学那样揭示差别、企求公平,特别关注弱势人群;道理简单明了:揭示差别、企求公平正是谋求人的意义普遍享有、人的价值普遍实现的不可或缺的努力,不对特殊人群予以特别关注,所谓关注“大写”的人便是一句大而无当的闲话。①

“启蒙”论,反过来说也就是“无感觉”论。这主要是心理学对社会学的“挑战”(毋宁说是善意对话),即社会学所揭示的制度支配、权力规训、文化歧视等社会因素及教育现实,必须有赖个体的“感觉”才能起作用,否则就似乎是不存在的。而秉持“发现”社会之研究精神的社会学偏偏——也许这不太讨人喜欢——指出,这恰是一种“符号暴力”:它正是“在一个社会行动者本身合谋(complicity)的基础上,施加在他身上的暴力”,而“社会行动者对施加在他们身上的暴力,恰恰并不领会那是一种暴力,反而认可了这种暴力”——这就是布迪厄所说的“误识”(misrecognition)。② 不排除有人会说,点破这种“暴

① 吴康宁:《通向根基与转向背后——哲学视角与社会学视角的比较》,《教育参考》2004年第4期。

② [法]皮埃尔·布迪厄、[美]华康德:《实践与反思:反思社会学引论》,李猛、李康译,北京:中央编译出版社1998年版,第221—222页。

力”，反而叫人更加痛苦，社会学干吗非要“启蒙”别人去觉醒痛苦呢？然而，这岂不正中“符号暴力”的下怀：使得人们对于自己由被奴役的处境所产生的义愤和不满，转化为对于自己无法掌握文化代码、缺乏天赋能力这种命运的认同，这样也就有效地扑灭了其颠覆欲望。①（也许正是在此意义上，教育社会学又面临着另一种指摘，即“激进”论，认为教育社会学研究总想对现实的一切进行解构，唤醒变革或颠覆的意识）如果有人仍然心甘情愿地把自己受到的后天不公正遭遇“偷换”为自身的先天智能劣等，那社会学似乎也无可奈何，消极一点可以依然坚持自己的研究精神，积极一点可以更多地进行一种“铁屋中的呐喊”。

这样说来，心理学的这种“无感觉”论就算不上一种严格意义上的挑战，更多的是社会学的无奈而已。导致这种情状的原因，主要在于心理学与社会学之间的区别——前者主要是在生理心理学、感知、学习和动机研究领域中对个人行为的非社会性因素的研究；而后者往往主张社会现象及社会结构不能通过个体来进行解释。其实，这些只是看起来有道理的说辞，是由“误解”而造成的，心理学虽长期以来既区别于社会学，但它更与社会学交织在一起。② ——心理学与社会学交叉的领域是社会心理学，即研究个体与他人之间的关系——因为不管怎么说，社会是由各个个人创造出来的，对社会秩序的解释是建立在个人如何运行，尤其是个人如何与他人发生关系的基础之上的。事实上，个体与群体是紧密相连的，个人与社会是不可分割的，两者是一而二、二而一的东西。正如美国社会心理学的开创者之一查尔斯·库利所言，社会和个人并不是两个事物，而只是表示同一事物的个体方面与集体方面，把二者分裂并将它们置于对立的位置上这样一种普遍的观点是一个“极大的错误”③。如今，方兴未艾的社会心理学研究，让人看到的更多的是心理学与社

① 朱国华：《权力的文化逻辑》，上海：上海三联书店2004年版，第9页。

② ［美］兰德尔·柯林斯、迈克尔·马科夫斯基：《发现社会之旅》，李霞译，北京：中华书局2006年版，21—22页。

③ ［美］查尔斯·库利：《人类本性与社会秩序》，包凡一、王源译，北京：华夏出版社1999年版，第27—29页。笔者以为，“个人与社会是一体两面之物”是库利《人类本性与社会秩序》一书的核心命题或曰逻辑起点及归宿，本书由此而生发的另外两个紧密相关的命题是：社会在人的想象、意识之中；作为社会行为的同情或理解。

会学的联袂与共生,而不是二者的错位或分离,更多的是希望与契合而不是无奈或挑战。

第三种指摘是“无作用”论,它同时含混着“保守”论和“激进”论的意思。这主要是来自教育学的挑战,它虽然空疏无实,却也来势凶猛,喧嚣不绝。

教育学对教育社会学指责的信条是这样的:

> 教育社会学研究就会批判(因而是“激进”的);
>
> 批判是“不好”的(因而是“不道德”的);
>
> 批判是容易的(因而是不足挂齿的);
>
> 批判是无用的(“批判不出一个新世界”)。

对此,无须一一辩驳,只需如下回应便可将其破解。很多教育学研究者,以“理论指导实践”为预设,以关怀实践为行动理由,动辄对教育实践进行纸上谈兵式的指挥,但其随手画出的那些“工程图纸”,往往和现实的教育实践是两码事;而一旦他们企图把这些图纸倒置为实践的根由,就灾难性地酿成了布迪厄所说的“学究谬误”①。同时,不少教育学研究者还常常怀着人性向善、社会向善的天真期待,耽溺于对教育现实进行抒情式的浪漫怀想和夸海口式的对策建构。很多时候,这些怀想与建构,就像有人说的那样,是在等候一列永远不会到来的火车,甚至连车站都给弄错了。那些不费脑子的图纸、伴随着那些自恋式的构想,除了能够招揽几个非学术的听众,或者作为投诚时的献礼,捎带着叠积个人的研究成果之外——借用其对社会学的诘问方式来问——还有“什么用”呢?再者,他们有时还会轻描淡写地——如果不是有意嘲讽地——说,教育社会学研究就会批判!更甚,他们有时也会用令人恼怒的——如果不是恶意中伤的——语言,对社会学研究进行道德化的批判②:说什么搞社会学的人太阴险,太露骨,太可怕。这充分暴露出其自身的两个严重缺陷:传统思想的劣根性,以及对社会学气质的茫然无知或误解。关于中国传

---

① 说起来,“学究谬误”的真义就体现在马克思对黑格尔的批评之中,即:“将逻辑的事物错当成事物的逻辑”。详见[法]皮埃尔·布迪厄、[美]华康德:《实践与反思:反思社会学引论》,李猛、李康译,北京:中央编译出版社2004年版,第45、102、167、187、283—284页。

② 关于“道德化的批判”,参见马克思:《道德化的批判与批判化的道德》,《马克思恩格斯选集》第1卷,北京:人民出版社1972年版,第162—194页;[美]罗伯特·金·默顿:《论理论社会学》,何凡兴等译,北京:华夏出版社1990年版,第161、163页。

统思想中对政治问题、学术研究以及个人权利等进行道德化的牵强比附与连坐评判这类糟粕,兹不赘言。至于对社会学的茫然无知而言,这也是情理之中的事情,“一般的公众观念较之社会学的知识前沿要落后50至70年”①;加以我国的文化传统等因素,容易导致人们对社会学产生偏见和误解,所以人们常常把社会学关注的差异、不公、冲突、斗争等主题与分裂、自私、有碍团结甚至与研究者的个人品质非法地联系在一起。所以有些人常常怀着康德所说的“病理学动机”(pathological)②对社会学研究者进行质问。事实上,一味拿研究者自身行为和私人生活来比照、衡量或检验其研究见地和思想观点,即便不是不道德的,也是在摧毁别人同时又摧毁自己的危险做法,因为任何研究者都不是完人。人,是带着满身的伤带着他的罪思想着,思想者丑陋,纯洁的婴儿不会思想,即使是佛,也要经历磨难方成正果。③ 倘使也要依循上述“病理学动机”——我忏悔,这种以牙还牙同样不道德——来为(教育)社会学辩解,那只消说,比起那些往往只对教育实践进行指手画脚而自己却拙于教育实践的教育规范研究者,比起那些动辄为别人开列成规模、成体系的道德原则而自身却不愿意、不能够或不准备亲身践行的道德教育研究者而言,社会学研究者的“不道德”水准就只能是小巫见大巫了。撇开这种不道德的道德化评判不论,即便认定社会学就是批判的、揭露的,也只需反戈一问便足以让对方哑然无语:教育学是什么样子的? 有何特色? ——事先提醒:一定不要给出一个“男人子宫”之类的答案。

教育社会学研究有时被人指认为是保守的,有时又被指认为是激进的,或者是二者兼而有之,这一事实表明,教育社会学有生以来就没有和教育心理学等打过架,只是尽力做好自己分内之事(trying to do its own“job”)④。借用默顿在进行功能分析时的良言,教育社会学研究在本质上既非保守,也非激进,

---

① [美]兰德尔·柯林斯、迈克尔·马科夫斯基:《发现社会之旅》,李霞译,北京:中华书局2006年版,第18页。

② 包亚明主编:《文化资本与社会炼金术——布尔迪厄访谈录》,包亚明译,上海:上海人民出版社1997年版,第44页。

③ 李敬泽:《比孟子更强大的先知》,《南方周末》2006年6月15日。

④ Richard Aspinall,“Some Reflections Upon the Field of Educational Sociology,”*Journal of Educational Sociology*,1929,Vol.3,No.3,pp.186-188.

并且暗示,其本身并没有内在的意识形态投注(承诺/信仰)(ideological commitment)①;它表明的恰恰是教育社会学致力于"发现"教育之社会层面的研究精神与独特气质。这种精神,主要见之于社会学"社会怎么样"的研究旨趣以及"价值中立"的研究方法上,而不是像教育学研究那样,往往浸淫于"世界应该怎么样"的呼喊以及实践图纸的绘制。诚然,社会学很难做到纯粹的(因而是一种相对的中立、尽量的客观②)价值中立,即便是"价值中立"原则的倡导者韦伯,也同时是"价值关联"(value-relevance)的拥护者。但是他强调价值关联只是涉及研究课题的选择,而不是对研究对象的解释;帕累托则更加直白地表达了与韦伯类似的价值中立思想,他言道,"我们首先要拒绝的原则之一,就是将一种理想的社会效用同它的经验真理联系起来……当我说一种理论荒谬的时候,并不意味着它对社会有害,相反,对社会而言它可能大有裨益,反之,当我肯定一种理论对社会有益时,也不意味着它在经验上是可靠的"③;就连乐观的米尔斯也坦言,"我向来不能根据一个事物是否导致好的结局来对它下结论"④;托克维尔则从反面警告我们不要将熟悉的制度与必要的制度相混淆⑤。教育社会学正是借由这种科学精神,对教育问题及现象的社会层面进行了独到的分析与有特色的审察;而其研究结论,无所谓被各种矛盾或对立的个人、团体所使用、所指责,因其使用或指责的目的经常与社会学研究的气质无关。

---

① [美]罗伯特·金·默顿:《论理论社会学》,何凡兴等译,北京:华夏出版社 1990 年版,第 124 页。

② 实际上,无论是社会学的先驱还是当代的名宿,虽然大都一贯坚持科学的研究精神,但鲜有人声称能做到纯粹的客观。譬如,就连社会学的巨擘迪尔凯姆,也只是"力求"进行完全客观的分析(见[法]迪尔凯姆:《社会学研究方法论》,胡伟译,北京:华夏出版社 1988 年版,第 117 页);迪韦尔热也承认社会学研究只是"更客观一些",且认为这也许比没有任何意识形态倾向的"纯粹的客观"(且不说能否做到)要好。(见[法]莫里斯·迪韦尔热:《政治社会学——政治学要素》,杨祖功、王大东译,北京:华夏出版社 1987 年版,第 10 页)。

③ 周晓虹:《西方社会学历史与体系》第 1 卷《经典贡献》,上海:上海人民出版社 2002 年版,第 213、358—359 页。

④ [美]C.赖特·米尔斯:《社会学的想像力》,北京:生活·读书·新知三联书店 2001 年版,第 81 页。

⑤ [美]罗伯特·金·默顿:《论理论社会学》,何凡兴等译,北京:华夏出版社 1990 年版,第 121 页。

本章最后需申明，笔者在行文中使用了诸如“艳羡”“嫉妒”“挑战”等字眼，这并无甚贬义，倒是蕴含着不同“学科文化”之间的对话、辩难及斗争——同样地，“斗争”亦无甚贬义——之义。而且，正因为这些具有张力的视角之间的对话、辩难及斗争，才既彰显了不同学科的价值，又促进了各自以及共同的发展。对此，社会冲突论的代表人物之一达仁道夫(Ralf Dahrendorf)所言甚善：没有不同意见的东西往往是不值一提的①。英雄所见略同的是更早的查尔斯·库利(Charles Horton Cooley)，他在论述“敌意”之必要、力量及效果时曾雄辩地说道：“我怀疑，如果一件事物没有受到反面的攻击，我们怎么可能对之有健康的、建设性的爱。”②笔者愿满怀乐观地补充说，教育社会学所迎来的挑战，除了表明它的骄人气质和既往发展，并由此而会促进它的继续发展而外，所剩的唯一要义就是：它曾经并正在且仍将面临各种文化考验。这正像沃勒斯坦在论及社会科学“处于危机中”时所断言：我们生活在知识世界的一个令人振奋的时代……尽管我们还不能确定是否会奋起迎接这场文化考验，但它确实存在且有待我们去面对。③

---

① [英]拉尔夫·达仁道夫：《现代社会冲突》，林荣远译，北京：中国社会科学出版社2000年版，第5页。

② [美]查尔斯·库利：《人类本性与社会秩序》，包凡一、王源译，北京：华夏出版社1999年版，第197页。

③ [美]伊曼纽尔·沃勒斯坦：《知识的不确定性》，王昺等译，济南：山东大学出版社2006年版，第33页。

第七章　教育社会学学科性质的内在焦虑

教育社会学是一门新兴的学科，它的性质仍在变化与发展之中。要展望这样一门学科的前景，颇为困难。①

——陈奎憙：《教育社会学》

“事实”判断与“价值”判断之间的差别是什么的问题并不是一个象牙塔里的问题。简直可以说是一个生死攸关的问题。②

——希拉里·普特南：《事实与价值二分法的崩溃》

对于教育社会学研究对象、学科性质及研究方法论的反思，大致有两条路径（尽管二者不是截然分开而是时常关联在一起）：一是与其他学科进行比较与鉴别，以凸显教育社会学的学科属性与学科视角，可称之为“外部的反思”③；二是“反诸求己”式的反思，以扪心自问：教育社会学那些在同其他学科比较时所声称的学科属性与学科特色是否可能以及如何可能？本章所欲尝试的，即是这后一种反思。

笔者判断，这种反思的关键或要领，恰在于“价值中立”与“价值关联”这对社会学中的经典命题，这是一对牵一发而动全身的命题。可以说，正是这对命题，从根本上牵掣乃至决定了迄今为止关于教育社会学研究对象、学科性质、研究方法论“是何、如何、奈何”等一系列的观点呈现与理论交锋。质言

① 陈奎憙：《教育社会学》（修订四版，1980 年初版），台北：三民书局 2013 年版，第 289 页。

② ［美］希拉里·普特南：《事实与价值二分法的崩溃》，应奇译，上海：东方出版社 2006 年版，第 2 页。

③ 在这方面，笔者也曾尝试将教育社会学同教育学、教育哲学、教育心理学加以比较，并初步分析了教育社会学的外部生存环境及其面临的来自这些学科的文化“挑战”。详见程天君：《教育社会学的学科发展及其生存困境》，《教育研究与实验》2007 年第 1 期。

之,在关于教育社会学学科性质的三种观点(简称“三论”)中,“事实学科论”奉行价值中立(事实判断),摒弃价值判断;“规范学科论”强调社会学知识在教育实践中的直接运用以及对教育行为进行价值判断,“事实与规范兼有论”则在价值判断与事实判断之间调和、折中抑或摇摆。检视教育社会学的学科发展史尤其是我国教育社会学的学科发展史,不难发现一个大致从“规范论”到“事实论”再到“事实与规范兼有论”的波浪起伏的运动轨迹。

一、波浪起伏的轨迹:“规范论”“事实论”“兼有论”

正如其基础学科社会学的发端不过是对因18和19世纪欧洲发生的“两次大革命”(法国的政治革命和英国的工业革命)而导致的旧制度的崩溃所产生的秩序问题的种种反应(毋宁说是“忧虑”)而已①,因而从一开始起,社会学家就怀着“改变世界的希望”②去理解世界一样,教育社会学在其“学科发展的初始阶段占主导地位的学科性质取向往往(也)是‘阐明规范’(系‘规范学科论’),美国是这样,日本是这样,我国也是这样,改革开放后我国教育社会学学科重建的起始阶段,也同样如此”③。

譬如,美国的沃德于1883年在《社会动力学》一书中提出了“教育社会学”概念,并专论了教育与社会进步的关系,认为教育在促进人类进步、建设美好社会中起着重要作用;源于此,以改进教育实践为直接目的的“规范性教育社会学”(educational sociology,或 normative sociology),如“服务于教师的社会学”(sociology for teacher)、“服务于教育的社会学”(sociology for education)

① 周晓虹:《西方社会学历史与体系》第1卷《经典贡献》,上海:上海人民出版社2002年版,第16—22页。

② 譬如,于1839年创用“社会学”一词的“社会学之父”孔德,就希望通过“社会静力学”(关涉的是社会的稳定、秩序与和谐问题)与“社会动力学”(关涉的是社会变迁问题)来认识社会稳定与社会变迁的基本规律,以设计出一个“美好的社会”。而社会学的另一奠基者马克思,则在1845年出版的《关于费尔巴哈的提纲》中声言:“哲学家们只是用不同的方式解释世界,而问题在于改造世界。”

③ 吴康宁:《当前我国教育社会学发展的三个基本问题》,《教育研究与实验》2008年第6期。

及“教育问题的社会学”(sociology for educational problem),占据了二战以前教育社会学的主流地位。① 由于受二战后日本社会对于教育培养“民主人格”之期待以及其时美国教育社会学尚处于 educational sociology(“规范性教育社会学”或“教育学的教育社会学”)阶段的双重影响,日本教育社会学在其初创阶段(1945—1954)的主导学术取向也是注重用社会学成果来解决教育实际问题,为培养“民主人格”的实践服务。②

我国的情况更是如此。20 世纪二三十年代教育社会学先驱性人物陶孟和、雷通群都把运用社会学知识改良教育作为教育社会学之要务。从改革开放后我国教育社会学学科重建以来迄今的情况来看,由于教育社会学隶属“一级学科”教育学的学科建制、教育社会学从业人员多来自教育学而非社会学的学术背景、“学以致用”的心理期待以及研究者本身的社会位置等多重因素的交错影响,“规范学科论”就不只在重建初始阶段占有主导地位,而且至今强劲势头不减,并大有在与“事实学科论”的争锋中呈现“由守转攻”的态势,而“事实学科论”则浮现“且战且退”的迹象。

也正如其基础学科社会学在初创之际就存在倾向事实分析的“科学社会学”与热心价值参与的“改革社会学”③一样,教育社会学在诞生不久就存在着“事实学科论”(由证验性研究范式主导)对“规范学科论”(由规范性研究范式主导)的抗争,直至取而代之成为主流。譬如在美国,安吉尔(Angell,R. C.)于 1928 年首次提出与“educational sociology”相对的“sociology of education”这一概念,后经 1932 年沃勒(Waller,W.)*Sociology of Teaching* 一书以及 1949 年布鲁克弗(Brookover,W.B.)“Sociology of Education:A Definition”一文的问世,直到大势所趋之下,创刊于 1927 年的 *The Journal of Educational Sociology* 杂志最终在 1963 年易名为 *Sociology of Education* 之际,“educational sociology”这一研究范式“终于退缩一隅”。④ 在中国,吴康宁教授在《教育社会学》一书

---

① 吴康宁:《教育社会学》,北京:人民教育出版社 1998 年版,第 23—28 页。

② 吴康宁:《当前我国教育社会学发展的三个基本问题》,《教育研究与实验》2008 年第 6 期。

③ [美]乔恩·威特:《社会学的邀请》,林聚任等译,北京:北京大学出版社 2008 年版,第 32—33 页。

④ 吴康宁:《教育社会学》,北京:人民教育出版社 1998 年版,第 10—31 页。

（初稿于 1994 年）中明确提出“教育社会学是教育学的基础学科”的观点，最终实现了教育学与教育社会学之“母子关系”的重新厘定（倒置）。①

这里需明确三点。第一，能够成为教育学基础学科的教育社会学只能是 sociology of education（属“事实学科论”）而非 educational sociology（属“规范学科论”）。第二，尽管作为独立学科的教育社会学产生于社会学与教育学之后，但它并不是这两门学科相结合的产物（因而不是“交叉学科”），而是社会学用于“教育领域”（而不是“教育学”）后的产物，所以，教育社会学成为教育学的“母学科”（是教育社会学给予教育学以理论滋养而不是相反）与教育学产生于教育社会学之前并不矛盾②。第三，“事实学科论”为何能够取代“规范学科论”成为主流？要害就在于规范性教育社会学（educational sociology）实为教育学之变种，其致命缺陷便在于将教育社会学与教育学混为一谈，从而在实际上取消了教育社会学的学科独立地位，失去了其存在的价值；历史证明，正是在规范性教育社会学占主流地位的 20 世纪 50 年代之前的学科形成时期，美国教育社会学领域几无值得称道的研究成果。③ 这注定了其日后的式微，并对我国教育社会学的学科发展起到了警示作用。

还正如其基础学科社会学在当代日益呈现奉行价值中立的“专业社会学”与负载社会关怀“公共社会学”（强调参与、介入实践）的融合态势④一样，当代教育社会学大有“事实学科论”与“规范学科论”握手言和的迹象。如美国学者巴兰坦便竭力主张“今天的教育社会学家需要双管齐下，即一部分人从事客观研究，另一部分人则与学校人员一起去转化与完善已有的科学发现”；日本第二代教育社会学家清水义弘明确主张，在“事实学科”还是“规范学科”的问题上，“教育社会学不是两者择一，而是两者皆需”；日本第三代教育社会学家柴野昌山认为“教育社会学并不只停留于对教育事实的如实记

① 吴康宁：《教育社会学》，北京：人民教育出版社 1998 年版，第 12 页。

② 吴康宁：《教育社会学》，北京：人民教育出版社 1998 年版，第 16 页。

③ 吴康宁：《教育社会学》，北京：人民教育出版社 1998 年版，第 13—26 页。

④ 参见［美］麦克·布洛维：《公共社会学》，沈原等译，北京：社会科学文献出版社 2007 年版；［美］史蒂文·塞德曼：《有争议的知识——后现代时代的社会理论》，刘北成等译，北京：中国人民大学出版社 2002 年版；沈原：《市场、阶级与社会：转型社会学的关键议题》，北京：社会科学文献出版社 2007 年版。

述、分析与说明,它同时也是预言教育应有状况,并为达于这一状况而做准备的一种教育科学”。①

与“事实与规范兼有论”在美、日等国虽存在但并不占主流的情况不同,在我国,由于前已述及的原因,这一学科性质取向在现实中确有不少人在实践,在学界亦有不少共鸣,且似有逐渐增强之态势。仅就学界情况而言,从上世纪 80 年代提出的“边际学科论”②与“边缘学科论”③,到本世纪初提出的“综合学科论”(教育社会学乃交叉、边缘学科)④、“(社会学的一门)具体学科+(教育学的一门)子学科论”⑤及“边缘+基础学科论”⑥,这些观点,万变不离其宗,均或可视为“事实与规范兼有学科论”的变异体或改良式。教育社会学者张人杰十年前就曾隐约表达⑦、新近更是明确提出:我国教育社会学主流取向(笔者以为,当为“事实学科论”,尽管无人声称⑧)应当“重新作出抉择”,“现在看来,将‘事实与规范兼有论’列为应有的一种主

---

① 吴康宁:《当前我国教育社会学发展的三个基本问题》,《教育研究与实验》2008 年第 6 期。

② 林生传:《教育社会学》,台北:复文图书出版社 1985 年增订版,第 2 页。

③ 厉以贤:《试谈教育社会学的学科性质和研究对象》,《北京师范大学学报》(哲社版)1985 年第 2 期;裴时英:《教育社会学》,天津:南开大学出版社 1988 年版。

④ 钱民辉:《教育社会学——现代性的思考与建构》,北京:北京大学出版社 2004 年版,第 9 页。

⑤ 楚江亭:《教育社会学研究与发展的困境及应重视的问题》,《当代教育论坛》2003 年第 1 期。

⑥ 杨昌勇、郑淮:《教育社会学》,广州:广东人民出版社 2005 年版,第 8 页。

⑦ 2001 年,张人杰在总结中国大陆教育社会学 20 年建设时,有感于其他学科专业年会“在学科性质方面一直没有出现过一种主流取向是教育社会学重建 20 年中值得反思的问题之一”这种判识[见方建锋等:《教育理论的世纪回顾与展望——全国教育基本理论专业委员会第七届年会综述》,《教育研究》2000 年第 3 期],一方面回应说“‘三论’都有人赞同实属正常,争论毕竟是好事”,另一方面又说“更重要的恐怕还不是出现一种‘主流取向’,而是努力去识别应有哪一种‘主流取向’”。见张人杰:《中国大陆教育社会学的二十年建设(1979—2009 年)》,《华东师范大学学报》(教育科学版)2001 年第 6 期。

⑧ 这有正反两方面的佐证:一是刘精明和张丽在总结我国教育社会学重建 30 年来的发展时认为,“在学科属性上,多数学者赞同教育社会学是社会学的分支学科而非教育学的分支学科”。见刘精明、张丽:《改革开放三十年来我国教育社会学的发展》,《清华大学教育研究》2008 年第 6 期。二如杨昌勇和郑淮所指出,在我国,虽然现实的教育社会学学术实践和高校的人才培养大多经由教育学出身的学者和教育学院(系、所)来进行,却“几乎没有学者明确表示自己持‘教育学分支学科说’(规范学科论)”。见杨昌勇、郑淮:《教育社会学》,广州:广东人民出版社 2005 年版,第 9—10 页。

流取向似更合适”。①

这里并不是要哀惋“事实学科论”在与“规范学科论”的争锋中且战且退，而是要迂回追问:作为一门学科的教育社会学究竟能否弃守“事实学科论”?“事实学科论”本身又是否可能?如若弃守,或者,其本身不可能,教育社会学又将安身立命于何处?

二、事实学科论:不能弃守的“学术底线”

在上述所有问题之前,不得不追问的一个关键问题就是:教育社会学的学科独特性究竟是什么?教育社会学者谢维和认为:与其他学科相比,教育社会学独特之处在于它是通过教育与社会的关系来研究教育活动和教育现象的。或者更具体地说,它是把教育活动或者教育现象看成一种社会活动,进而用社会学的一些规律、方法、概念、范畴去分析它。② 实际上,将探讨“教育与社会的相互关系”作为研究对象这种观点在中国大陆教育社会学恢复重建以来曾得到高度认同,在学科恢复期尤为明显。③ 这也是迄今为止相当多学人(包括部分中国台湾学者④)在判定教育社会学的研究对象、学科性质时最常见的一种说法,简称“关系说”。

问题是,正如非教育社会学学者劳凯声所言,所有与教育有关的学科的理论体系不外乎“起始于两个基本问题,即教育与社会发展的关系问题和教育与个人发展的关系问题。这两个基本问题又可以分解为教育与政治、教育与

---

① 张人杰:《教育社会学研究对象探索中需要澄清的三个问题》,《教育研究》2009 年第 9 期。

② 全国教育科学规划领导小组办公室:《教育科研大家谈》,北京:教育科学出版社 2007 年版,第 162 页。

③ 董泽芳、张国强:《我国大陆教育社会学研究的特点与演变(1979—2005)——基于教育社会学重建以来概论性著作的文本分析》,《高等教育研究》2007 年第 7 期。

④ 譬如,中国台湾学者林清江、陈奎憙都认为教育社会学是研究教育与社会交互关系的学说。见林清江:《教育打社会学》,台北:台湾编译馆 1975 年版,第 21 页;陈奎憙:《教育社会学》(第 3 版),台北:三民书局 1986 年版,第 16 页。

经济、教育与科学技术、教育与文化、教育与个人的社会化、教育与身心发展阶段、教育与个性特征的关系等一系列更为具体的问题”①。这样一来,“关系说”至少有两点障碍:第一,“教育与社会关系”本身就是个矛盾用语,因为教育本身亦是社会之组成部分,它要表达的无非是作为一种社会要素或现象的教育同其他社会要素或现象(如政治、经济、文化等)之间的关系。第二也是至关重要的,“关系说”并未切中要害,教育政治学、教育经济学、教育文化学等学科不都是关涉教育与社会(的政治方面、经济方面、文化方面等)的关系的嘛!或许正是基于“关系说”这种未及肯綮的模糊界说的印象,教育学者潘懋元批评“教育社会学的研究对象尚不明确,从而与教育学及其各门分支学科颇多重复”②。

这种笼统的或者易于让人笼统地理解的“关系说”并不足以凸显教育社会学的学科特性,教育社会学的“门牌号码”究竟何在呢?痛定思痛③,张人杰教授在其新作《教育社会学研究对象探索中需要澄清的三个问题》④中推举(重申)吴康宁教授提出的“社会层面说”为判定标准或原则,认为它更直截了当,且更概念化:“教育社会学虽然与其他教育学科同样研究教育现象或教育问题,但它只研究教育现象或教育问题的社会层面”⑤。张人杰同时还提出:实施这一原则乃是教育社会学的“当务之急”,认为《课程社会学研究》⑥一书堪称实施这一原则的范例。张人杰教授就此反思自己早年撰写的“教育社会学”词条(实为“关系说”⑦)时说,“对于研究对象部分因未强调‘社会层面’这

---

① 劳凯声:《中国教育学研究的问题转向——20世纪80年代以来教育学发展的新生长点》,《教育研究》2004年第4期。

② 潘懋元:《序言》,载张德祥、周润智:《高等教育社会学》,北京:高等教育出版社2002年版。

③ 相信包括笔者在内的不少与会者至今仍会感佩张人杰教授在2006年教育社会学第九届年会(海南)开幕式发言时,针对“教育社会学研究对象尚不明确”这一“行外的非客观批评”所做的情理辩护。

④ 张人杰:《教育社会学研究对象探索中需要澄清的三个问题》,《教育研究》2009年第9期。

⑤ 吴康宁:《教育社会学》,北京:人民教育出版社1998年版,第6页。

⑥ 吴康宁:《课程社会学研究》,南京:江苏教育出版社2004年版。

⑦ 顾明远主编:《教育大辞典》,上海:上海教育出版社1998年版,第771页。

一要害而有失之过宽之虑”。

紧接着要追问的是，教育现象或教育问题的“社会层面”如何体现？或者，“具有社会学意味”的教育现象或教育问题如何彰显？就此问题，笔者不赞同不少学者要么就研究对象来讨论研究对象，要么割裂研究对象与方法论的关系来讨论研究对象，抑或主张研究对象决定研究方法论的致思路径；而主张研究对象必须与方法论关联起来探讨，进一步说就是要由方法论决定（确保）研究对象，往极端处说，笔者主张的是一种“方法论上的纯粹主义”。正如教育社会学学者胡宗仁所说，“研究方法的定位和取舍（方法论）几乎成了教育社会学研究‘社会事实’（社会层面）的主要标志”①。事实上，对于一种教育现象或教育问题，不同学科是凭借各自的“学科之眼”②来审视和研究的，换言之，一门学科的研究对象是由这门学科的“学科之眼”审读出来的；教育社会学正因秉持了事实判断的方法论而具有了一种独特的学科之眼。

教育社会学的研究对象，即教育现象或教育问题的“社会层面”，是由其研究方法论——摒弃价值判断、奉行事实判断，以及由这种方法论主导的“事实学科论”——来确保并体现的。吴康宁教授提出的“社会层面”研究对象说，是与其同时提出的“价值中立”方法论说、“事实学科性质论”以及相应的“学科关系观”（教育社会学是教育学的基础学科而非相反）是一个有机的整体。③ 其中的关键或内核，笔者以为就是“摒弃价值判断、奉行事实判断”的研究方法论，其他部分均依循于此并由此决定、确保。这样一来，诸如在认可“社会层面”研究对象说的同时又否弃“事实学科论”而主张“事实与规范兼有论”（或“交叉学科论”），甚至主张教育学为教育社会学的基础学科这种“学科关系观”之类的做法，就不仅是对“社会层面”研究对象说的割裂，同时这类做法本身也存在无法圆通的矛盾与内在的短路。舍去“事实学科论”的保障，是无所谓“社会层面”研究对象说的，具有“社会学意味”的教育现象或教育问题也是无法据以凸显的。

---

① 胡宗仁：《教育社会学研究的困境》，《南京师范大学学报》（社会科学版）2005 年第 3 期。

② “学科之眼”概念由吴康宁提出，是指一门学科自立于学科之林的一项首要的“专业性条件”。详见吴康宁：《社会学视野中的教育》，《教育研究与实验》2006 年第 4 期。

③ 详见吴康宁：《教育社会学》，北京：人民教育出版社 1998 年版，第 1—20 页。

说到底,教育社会学要想能够成为一门真正科学意义上的学科,至少是作为一门区别于教育学的教育社会学,那么,在其学科性质的识别上似乎不存在“选择”的余地,而必须坚守一条吴康宁教授所提出的“学术底线”:就教育社会学的研究本身而言,其本职任务只有一个,即揭示事实,这就是教育社会学区别于教育学的一条学术底线;只有这种“本职工作”,才能确保教育社会学为教育学阐明教育实践规范提供社会学依据的基本任务,否则,倘若教育社会学既揭示教育事实也阐明教育实践规范,那就变成了“不务正业”,并通过这种不务正业而使自身同教育学的关系变得混乱不堪,这既是“失职”,更会失去其自身的独立性以及它作为教育学之基础性学科而存在的合法性理由,还可能导致在“揭示教育事实”与“阐明教育实践规范”之间的“御用”抑或循环论证。① 恐怕这既是为什么“规范学科论”或者“事实与规范兼有论”在教育社会学比较成熟的国家不能占据主流地位的根底所在;也是为什么在我国大陆,虽然现实的学术实践和高校的人才培养大多经由教育学出身的学者和教育学院(系、所)来进行,却几无学者明确表示自己是持“教育学分支学科说”(规范学科论)的赧颜②所系。

---

① 吴康宁:《当前我国教育社会学发展的三个基本问题》,《教育研究与实验》2008 年第 6 期。

② 在此,笔者不吝笔墨,就(教育)社会学学者(家)之间时隐时现的“社会学(院/系)出身”或“教育学(院/系)出身”纠结、吊诡和逸事补述若干,以飨读者。

其一,由于社会学是教育社会学的基础学科,故特别是在中国大陆,一些在综合性大学(而非师范类大学)、社会学院(系)而非教育学院(系)中治教育社会学者——不管其实际的学历背景是教育学硕、博士还是社会学硕、博士,也不管其实际的研究取向是偏重“价值中立”抑或倾向“价值选择”——,潜意识里甚至显意识里这些学者多有“我(们)是社会学出身”或者“我(们)是从社会学的角度搞教育社会学”的“优越感”或曰“大学(单位)自信”。

其二,尽管英国学者伯恩斯坦(Bernstein,B.)的确对教育怀有炽热、持久而特别的兴趣,并为教育社会学作出了举世瞩目的贡献,但他对教育社会学的态度却是复杂的,他首先不把自己看作是“教育社会学家”或不把自己定位于该领域(positioned in this field),他明言自己只就教育社会学本身写作一篇论文。[见 Rob Moore,*Basil Bernstein:the thinker and the field*.Oxon & NY:Routledge,2013,pp.13-14;Basil Bernstein,“‘*From Pedagogies to Knowledges*’ in A Mprais,”I.Neves,B. Davies and H.Daniel(eds.),*Towards a Sociology of Pedagogies:the contribution of Bernstein to research*,NY:Peter Lang,2001,p.364;Carlos A.Torres & Antonio Teodoro(eds),*Critique and Utopia:new developments in the dociology of education in the twenty-first Century*,Maryland:Rowman & Littlefield Publishers,Inc.,2007,p.121.]这一点,让笔者忆起当初在南京师范大学念博士期间,在南京大学贺晓星教授的“社会学理论与方法”研讨课上,他曾说到一个他所观察到的“现象”,大意是:世界范围

照此说来，在教育社会学学科性质上似乎不存在选择的问题，因为“规

内，社会学大家一般不搞教育社会学；在搞教育社会学的大家当中（譬如涂尔干），其“教育社会学”成就远逊色于其本人其他方面的成就。

其三，无独有偶，中国社会学家孙本文曾盛赞陶孟和《社会与教育》为“中国最早的一部教育社会学”，“实质上说，是一部社会学在教育方面的应用”，因为据他所知，“除法国涂尔干派曾创教育社会学的研究外，美国的社会学者均系教育学而非社会学者，如斯密斯（W.R.Smith）、克劳（F.R.Clew）、施耐腾（D.A.Snedden）、潘恒（E.G.Payne）、毕德士（C.C.Peters）等都是。陶氏今以社会学者的地位编这部《社会与教育》——教育的社会学，自然倚重社会学原理的应用。所以这书可以看作陶氏的一部社会学。”（见孙本文：《当代中国社会学》，北京：商务印书馆 2011 年版，第198—199 页。）

其四，诚然，从学科大厦“奠基”的角度看，教育社会学受惠于社会学之处，显然要大于受惠于教育学之处，教育社会学的理论滋养主要来自社会学而不是教育学（见吴康宁：《教育社会学》，北京：人民出版社 1998 年版，第 22—24 页）；但观诸英美教育社会学的历史也不该忘记：正是在 20 世纪 60 年代末 70 年代初教育的扩展这一时期，当教育社会学从一小撮儿主流社会学系迁移至教育学院和教育院校及研究所的教育研究系（部门）而作为教育的“基础学科”（foundation disciplines）之际，它才作为一个独特的研究领域（emerges as a distinct field of study）得以浮现（见 Rob Moore，*Basil Bernstein：the thinker and the field*.Oxon & NY：Routledge，2013，pp.10-11；Rob Moore，*Towards the Sociology of Truth*.London：Continuum，2009，ch.4.）。

其五，当初笔者在贺晓星教授研讨班上听到他的“观察”时就有点诧异并将信将疑地惦记于心底，以致后来日益激励自己找到一些“反证”，兹举六例。一则仍以“社会学主义的巨擘”涂尔干（周晓虹：《西方社会学历史与体系》第 1 卷《经典贡献》，上海：上海人民出版社 2002 年版，第八章）为例。据涂尔干《教育思想的研究》，教育是将家庭、社会、政治、宗教等一切文明之要件统合起来的枢纽，“这个判断怎么说也不为过”，诚如哈布瓦赫所说，“社会学并未允许大事声张地进入索邦，而是经由教育理论这扇小门悄悄进去的”。这正是社会学以教育学为先声的真正理由，社会学这门学科的诞生，需要教育学提供的先天基因。涂尔干《教育与社会学》表明，其毕生致力于的社会学研究，就是为破解教育之实质难题所生发出来的艰苦努力；而《教育思想的研究》一书之所以被公认为社会史的开山之作，是因为它所散发的正是这种社会学研究的独特味道。（参见渠敬东：《教育史研究中的总体史观与辩证法——涂尔干〈教育思想的演进〉的方法论意涵》，《北京大学教育评论》2015 年第 4 期。）二则以与涂尔干齐名的马克斯·韦伯为例。诚然，韦伯并不非要甚至也并非首要聚焦教育；但是，他对于教育的考察（examination）却是了解其“宗教”和“政治”观念（notions）的中枢（central），可谓韦伯的主导性学术兴趣（dominant intellectual interest）。［参见 S.Srinivasa Rao，Smriti Singh，“Max Weber's Contribution to the Sociology of Education：A Critical Appreciation，”*Contemporary Education Dialogue*，2018，Vol.15，No.1.］三则就以伯恩斯坦为例。毋宁说，对于伯恩斯坦来说，一如对于涂尔干一样，最根本的问题是：“人何以成为社会人”（how do human beings become *social* bings?）。对伯恩斯坦而言，社会学之“中”的教育（education was ‘in’ sociology），是作为一种处理这些根本社会问题的方式；而教育之“中”的教育社会学（the sociology of education has been ‘in’ education）则是致力于处理教育问题。（见 Rob Moore，*Basil Bernstein：the thinker and the field*.Oxon & NY：Routledge，2013，pp.33-34.）四则再以世界闻名的社会学家和思想家布迪厄（Bourdieu，P.）为例。布迪厄著作等身，而“其教育社会学在某种意义上构成了其全部社会理论的基石”；布迪厄本人亦明言：“教育社会学是知识社会学和权力社会

范学科论”直接把教育社会学等同于教育学而使教育社会学失去了自立的合理性与存在的合法性,而“事实与规范兼有论”则将教育社会学同教育学的关系变得混乱不堪,并最终也把教育社会学混同于教育学。那么,由“价值中立”确保而命悬一线的“事实学科论”忧堪何处呢?

学的一个篇章,而不是一个微不足道部分——更不用说它对于权力哲学的社会学意义了。教育社会学远不是那种运用型(这一点与前述孙本文的见识迥异——笔者注)的末流学科,它不像人们习惯上所认为的那样,仅仅是一门有益于教学的科学,事实上,教育社会学构成了关于权力和合法性问题的普通人类学的基础。”[参见朱国华:《文化再生产与社会再生产:图绘布迪厄教育社会学》,《华东师范大学学报》(哲学社会科学版)2015 年第 5 期);[法]P.布尔迪厄:《国家精英——名牌大学与群体精神》,北京:商务印书馆 2004 年版,第 9 页。]五则可推保罗·威利斯(Paul Willis)。尽管他反复声言自己不是搞教育研究的[威利斯于 2016 年 11 月 30 日至 12 月 1 日造访笔者所在的南京师范大学教育社会学研究中心,并有两场学术研讨会,无论在研讨会上还是其与笔者聊天,均不时说明他并非专事教育研究,他先后以“文化研究”(当然是指其先前在伯明翰当代文化研究中心所从事的那种“文化研究”)、“民族志”研究自居],但无疑,其一生中最高峰的学术成就当以带有“教育社会学”性质的著作《学做工》(其硕士论文)为标志。(见[英]保罗·威利斯:《学做工:工人阶级子弟为何继承父业》,秘舒、凌旻华译,南京:译林出版社 2013 年版。)最后一则,其实,早在 1927 年美国《教育社会学杂志》创刊号上,埃尔伍德就指出,“教育社会学不但起始于而且操持于(deal with)普通社会学(general sociology)的核心面向(central aspects)”;“教育社会学并非普通社会学的表浅方面或者分支,打个比方说,而是普通社会学——人类社会的科学——真正的心脏(the very heart)”[Charles A.Ellwood,“What is Educational Sociology?” *The Journal of Educational Sociology*, Vol.1, No.1, 1927.];数年后罗伊特补充道,普通社会学的性质决定教育社会学的性质,区别只在教育社会学者处理材料的特殊性上[E.B. Reuter,“The Problems of an Educational Sociology,” *Journal of Educational Sociology*, Vol.9, No.1, 1935.]。最后,笔者想总结说明,学者所属的学科(社会学还是教育学)出身、单位类型(师范大学还是综合大学)或院系类别(教育学院还是社会学院/系)与其学科性质观未必直接对应。如清华大学“社会学”教授刘精明等人指出,南京师范大学吴康宁著《教育社会学》(北京:人民教育出版社 1998 年版)属于社会学视角的著作,河北大学傅松涛教授著《教育社会学新论》(保定:河北大学出版社 1997 年版)、北京师范大学(后调入清华大学)谢维和教授著《教育活动的社会学分析——一种教育社会学的研究》(北京:教育科学出版社 2000 年版)属于教育学视角的著作,而刘精明教授本人则持“交叉学科”性质观,主张证验性研究与规范性研究的融合。(见刘精明、张丽:《改革开放三十年来我国教育社会学的发展》,《清华大学教育研究》2008 年第 6 期)持类似观点的还有华中师范大学“教育学”教授杜时忠,他认为,我国教育社会学自恢复以来,形成了两种理论视角,即社会学视角的教育社会学和教育学视角教育社会学,前者以吴康宁《教育社会学》(1998)为典例,后者以傅松涛《教育社会学新论》(1997)和谢维和《教育活动的社会学分析——一种教育社会学的研究》(2000)为代表。(见杜时忠、卢旭:《我国教育社会学研究的回顾与前瞻》,《高等教育研究》2004 年第 3 期)

三、万水千山总是情:“价值中立”何以可能

这就涉及所谓“休谟问题”,它实际上有两个:一是认识论或逻辑学上的“归纳问题”或“因果问题”;二是伦理学或价值论上的“是—应该”问题或“事实—价值”问题。[①] 就“事实—价值”问题而言,使休谟“大吃一惊”的,是他“发现”在以往的道德哲学体系中,普遍存在一种从“是”或“不是”为连系动词的事实命题,向以“应该”或“不应该”为联系动词(实为情态动词)的价值命题的跃迁,“没有一个命题不是由一个‘应该’或‘不应该’联系起来的”。[②] 当初,休谟只是提出必须对由“是”或“不是”跃迁为“应该”或“不应该”这种新的关系加以“论述和说明”,后人却抓住这一点并联想到他在认识论或逻辑学上的关于归纳方法的见解,命名了所谓“休谟问题”,并喋喋不休而又津津乐道至今的是什么“事实与价值而二分”“‘是’推不出‘应该’”之类。而休谟本人,仅仅在其《人性论》第三卷第一章第一节“道德的区别不是从理性得来的”最后的一则附论中(见前引注释),提出这个使其大吃一惊并自诩为“可以和牛顿在物理学中的发现相媲美”的“发现”后,“再未对此发现或问题进行进一步的阐释与探究”,这使得“后人对休谟是否真的认为这一问题很重要产生了怀疑”。[③]

燕雀安知鸿鹄之志。或许,对于休谟而言,此中有真意,欲辨已忘言。对于事实与价值的关系,休谟并未反对而只是吃惊“是”或“不是”向“应该”或“不应该”的跃迁,他留下一个意味悠长的吊诡就是:“没有一个命题不是由一个‘应该’或‘不应该’联系起来的”;“从‘是’或‘不是’跃迁到‘应该’或‘不应该’需要证明”;而这又看似不可能。

换个思路,休谟又何尝不是在预示:原本就没有纯粹的脱离事实的价值,更没有纯粹的脱离价值的事实。世间再没有比表达价值倾向或做“价值判

---

① 孙伟平:《事实与价值》,北京:中国社会科学出版社 2000 年版,第 1 页。

② [英]休谟:《人性论》(下册),关文运译,北京:商务印书馆 1980 年版,第 509 页。

③ 孙伟平:《事实与价值》,北京:中国社会科学出版社 2000 年版,第 4—5 页。

断”(不管是个人兴趣还是社会关怀)再容易的事情。山林中的野兔,就知道母兔子好、大灰狼坏,草原上的狮子更懂得用尿液作为领地的界标。人有人言,兽有兽语;但人比兽更多情,更多价值判断。人的语言里更多的情态动词而不是连系动词,而且人最喜欢用情态动词取代连系动词,还会话里有话地用连系动词表达情态动词。在人眼里,在人言中,万水千山亦有情。不客气地说,人这个类就是个“情”种。寰宇之内,只有人这个动物穿衣,可人穿衣除了御寒这个自然(客观)需要之外,不是为了“让人看”就是为了“不让人看”。仅有的三个缘由中,“情”居其二。

难怪西方哲学大师卡西尔对“人是理性的动物”命题说“不”;他针锋相对地提出:“我们应当把人定义为符号动物(animal symbolicum)”(瞧! 这本身也是个价值判断!),并特地征引埃皮克蒂塔的话说:“使人扰乱和惊骇的,不是物,而是人对物的意见和幻想。”①以卡西尔为代表的当代欧陆人文哲学家孜孜以求的,就是把语言(从而也就是思维形式和生存形式)从英美哲学的逻辑实证主义和理性语法主义中解放出来。对于中国,不用解放,“中国传统文化发展道路的最基本特征,确实就在于它从来不注重发展语言的逻辑功能和形式化特征,而且有意无意地总在淡化它、弱化它”,从而也就“更容易张大词语的多义性、表达的隐喻性、意义的增生性,以及理解和阐释的多重可能性”;由此,“中国传统文化恰恰正是把所谓‘先于逻辑的’那一面淋漓酣畅地发挥出来了”。②

基于这些特征,中国的非拼音文字及其语言表达,更容易富含价值意蕴。字、词、句及建基其上的新闻报道、科学研究也是如此。譬如“孬”“嫐”之类,只需一字,价值蕴味跃然纸上。又如“钢笔:一种有贮存墨水的装置,写字时墨水流到笔尖”③之类的词典释义,看似客观的事实描述,实为价值判断,这分明定义的是“好钢笔”,“坏钢笔”是不会流水的。词典、产品说明书中诸如此

---

① [德]恩斯特·卡西尔:《人论》,甘阳译,上海:上海译文出版社1985年版,第34页。

② [德]恩斯特·卡西尔:《语言与神话》,于晓等译,北京:生活·读书·新知三联书店1988年版,第24—25页。

③ 《现代汉语词典》,北京:商务印书馆2005年版,第447页。

类的定义(说明)所给出的其实都是一种“不能不包含价值因素”的“功能性概念”①:一个具有X型功能的事物的概念不能脱离一个好X的概念而独立地被界定,如“钢琴”等乐器、“眼睛”等器官不能脱离“好钢琴”“好眼睛”而被界定,甚至“钢琴”“眼睛”等的原初含义就是由“好钢琴”“好眼睛”来赋予的。总之,描述事实、评价价值均由同一人类语言符号系统或概念系统来承担,纯粹描述事实的“价值中立”的语言符号系统或概念体系是不存在的;事实认定中有价值渗透,价值评定中亦有事实认定。②

对社会学而言,虽然韦伯提倡所谓的“价值中立”,但对价值视而不见是不可能的,“价值渗透在我们所提的问题中,渗透在我们认为有效的资料中,渗透在我们收集资料的工具中,还渗透在我们对资料的解释方式中。世界上没有中立的数据资料”③。即便是教育社会学“事实学科论”的力挺者,也不否认作为“学人”的教育社会学研究者的“社会责任”,即揭示、解释乃至预测关于教育的社会事实、并形成相应的专门理论,以便为建立与完善教育理论、提出教育实践规范而提供社会学依据。④ 自然科学对于价值关联亦难免俗,“为国家”“为社会”“为人类”“为科学自身”,本都是价值关涉,更不消说如科学社会学创始人罗伯特·默顿所揭示的,“科学家追求的最终目标,是以其姓名来命名伟大的科学成就”⑤。

但是,(教育)社会学者又在追求价值中立或以之自居。价值关联与价值中立是(教育)社会学中一个致命的张力,同时也是一个解不开的结。为此,教育社会学研究者试图上下求索、左右逢源,却又难免自我矛盾、焦虑重重:究竟如何弥合“社会层面”研究对象说与“事实与规范兼有论”之间的短路?究竟怎样才能在“担当社会责任”的同时奉行学人的“事实判断”?究竟怎么可能克服像“迷

---

① 孙伟平:《事实与价值》,北京:中国社会科学出版社2000年版,第108页。

② 孙伟平:《事实与价值》,北京:中国社会科学出版社2000年版,第105—125页。

③ [美]乔恩·威特:《社会学的邀请》,林聚任等译,北京:北京大学出版社2008年版,第317页。

④ 吴康宁:《我国教育社会学的三十年发展(1979—2008)》,《华东师范大学学报》(教育科学版)2009年第2期。

⑤ 包亚明主编:《文化资本与社会炼金术——布尔迪厄访谈录》,包亚明译,上海:上海人民出版社1997年版,第115页。

信的科学”一样的“个人化的社会事实”①这一“术语谬误”的荒诞？

也许，社会学的奠基者韦伯和涂尔干对此早有所料并挖好了陷阱？韦伯是“价值中立”（value－free）原则的倡导者，但他同时也是“价值关联”（value-relevance）的拥护者，他强调价值关联只是涉及研究课题的选择，而不是对研究对象的解释②；涂尔干在“进行完全客观的分析”前面悄然加了“力求”一词③；后来者如柯林斯、迪韦尔热也跟着说社会学研究过程只是“更客观一些”或“尽可能的客观”。④ 他们把困难和焦虑甩给了我们：选题要“价值关联”、研究过程要“价值中立”，韦伯的这对社会学中最莫衷一是的捆绑，是要告诉我们拔着自己的头发离开地球吗？“力求”“尽可能的客观”是什么意思？大差不差还是稀里糊涂？更致命的，就算（教育）社会学研究能够做到百分之百的“客观”和“价值中立”，这就能够成为其区别于其他学科的标志吗？“社会学碰上的许多困难，恰恰是因为我们总是想把它搞成一种与众不同的科学。”⑤可是，不这样执着的话，不就成了一种“作为借口的教育社会学”⑥了吗？相应地，所有的学科不都成了“作为一种借口的××学”了吗？问到绝望处，焦虑变成了害怕，权且搁下这价值关联与价值中立的胶着吧。

让笔者以一个设问总结前文。笔者的旨趣是价值判断还是事实判断？笔者只能这样回答：首先，教育社会学研究无论如何也绕不开价值中立与价值关联的交织，换言之，没有纯粹的脱离价值判断的事实判断，反之亦然，也没有纯粹的脱离事实判断的价值判断。这是第一个事实判断。正因为如此，那种绝对的“事实学科论”或绝对的“规范学科论”就出现了合理性危机因而也就不

① 胡宗仁：《教育社会学研究的困境》，《南京师范大学学报》（社会科学版）2005 年第 3 期。

② 周晓虹：《西方社会学历史与体系》第 1 卷《经典贡献》，上海：上海人民出版社 2002 年版，第 356—359 页。

③ ［法］迪尔凯姆：《社会学研究方法论》，胡伟译，北京：华夏出版社 1988 年版，第 117 页。

④ ［美］兰德尔·柯林斯、迈克尔·马科夫斯基：《发现社会之旅》，李霞译，北京：中华书局 2006 年版，第 10 页；［法］莫里斯·迪韦尔热：《政治社会学——政治学要素》，杨祖功、王大东译，北京：华夏出版社 1987 年版，第 10 页。

⑤ ［法］皮埃尔·布迪厄、［美］华康德：《实践与反思：反思社会学引论》，李猛、李康译，北京：中央编译出版社 1998 年版，第 244 页。

⑥ 吴康宁：《作为一种借口的教育社会学》，中国教育学会教育社会学专业委员会第八届年会论文，2004 年，山东曲阜。

宜再主张了。这是笔者的第一个事实判断背后的价值关切。其次,从纯学术意义及学科自立的需求上来讲,教育社会学的学科性质必须是也只能是"事实学科论"(那种"事实与规范兼有的学科论"因此也出现了合理性危机、也不宜再主张了),但这不可能,于是就出现了一个宿命式的焦虑,简约为如下等式,即:"事实学科论:必需+不可能=焦虑"。这是第二个事实判断。这第二个事实判断背后的价值关切,就是作为一名教育社会学从业者的笔者的焦虑①,以及笔者对方家赐教的期待。

本章原拟只呈现由价值中立与价值关联的交织而产生的教育社会学学科性质判识的焦虑,但就此脱稿未免沉重。再三迟疑之际,拜读到张人杰教授的《教育社会学研究对象探索中需要澄清的三个问题》一文,文中关于"在整个社会科学中是难以将事实与价值截然分开的",所谓"'价值中立'只是一种虚假现象,想使研究更具'客观性的'的'事实论'事实上不能成立;同一逻辑的分析也适用于'规范论'",因此,"将'事实与规范'列为应有的一种主流取向似更合适"②的观点,既让笔者暗喜"于我心有戚戚焉",又催笔者进步,试图解开这个源于价值中立与价值关联交织的死结。思索再三,古人关于《易经》的思想——所谓"易有三义:变易,不易,简易"——浮现脑海,似感茅塞顿开。解铃还须系铃人!于是,笔者再次扭住"价值中立与价值关联的交织"这个"牛鼻子",得出在教育社会学学科性质之主流取向抉择上的"一个或所有"式结果,略陈如下并以此就教于张人杰先生,以免与高论失之交臂:

其一,否极泰来,物极必反。"没有纯粹的脱离价值判断的事实判断,亦

① 事实上,"价值中立"困扰在教育社会学的历史上一直存在,提倡者、质疑者及他们的批评者都不乏其人。例如,20世纪80年代,哈默斯利在一篇题为《好的、坏的和轻信的》的书评中就有点不耐烦地说道:近年来,在教育社会学中"声言所有的事实(facts)都是负载理论的(theory-laden)"已经变成一种陈词滥调(a cliche),如今它已成为社会学家们的民俗哲学智慧(philosophical folk wisdom of sociologists)的一部分。与其并存的,是一种同样不加思考就援用的老生常谈(equally thoughtlessly applied truism),那就是任何研究都不可能价值中立(no research can be value-free)。参见 Martyn Hammersley,"The Good, the Bad and the Gullible,"(*Paradigm and Ideology in Educational Research: The Social Functions of the Intellectual by Thomas S. Popkewitz, Review by Martyn Hammersley*), *British Journal of Sociology of Education*, 1985, Vol.6, No.2, pp.243-248.

② 张人杰:《教育社会学研究对象探索中需要澄清的三个问题》,《教育研究》2009年第9期。

没有纯粹的脱离事实判断的价值判断"(用张先生的话说就是"'事实论'事实上不能成立;同一逻辑的分析也适用于'规范论'"),这本身就是个"事实判断"。根据这一"事实判断",在教育社会学的学科性质上,就不存在"选择"的问题,更谈不上在"三论"中"抉择"何者为"主流"的问题。全部的理由就在于:只剩下"无可奈何"的"事实与规范兼有学科论"这一个结果。既然所有的结果都是"事实与规范兼有论",何谈主流? 此谓"所有"式结果。

其二,阴阳相对,彼此互生。从与"物极必反"而生的"事实判断"相对的"价值判断"(学术品味要纯正,学科要自立)来说,笔者主张,在教育社会学学科性质的追求上"应该"是"事实学科论",而不是把"事实与规范兼有论"列为"应有的"一种主流取向。这是因为,一方面,"事实与规范兼有论"是一种消极的、被动的、无可奈何的结果,倘若变消极的结果为主动的追求,后果将如迄今为止的教育社会学学科发展史所一再表明的那样,必将因把教育社会学混同于教育学而危及教育社会学的学科自立。这好比面对一个即便难以痊愈的患者,医生对其的理想追求(价值选择)仍应是健康地生活,而不能径直主张其"应该""半死不活"地生活。另一方面,理想总是高于现实,既然是"价值判断",既然要谈主流"取向"①,往往就得"虽不能至,心向往之","取向"未必要求完全实现亦未必能够彻底达到,但至少应该导向应该去的"方向",走在通向目标的"路上"。所谓"法乎其上,得乎其中",不可能有纯粹的"价值中立",也不可能有彻底的"事实学科论",但在向着"事实学科论"目标迈进的"方向"与"道路"上,却可能有着"尽量的"价值中立和"最接近的"事实学科论,而这至少有利于同危及教育社会学学科自立的"规范学科论"保持必要的张力。倘要"法乎其中",列"事实与规范兼有论"为"应有的"主流"取向",则只能"得乎其下",进一步助长"规范学科论"广泛流布,从而在实际上取消了作为一门学科的教育社会学。此谓"一个"式结果。

---

① 据《现代汉语词典》(商务印书馆 2005 年版,第 1128 页):"取向"意为"选取的方向;趋向"。与之对应的英文为 orientation(定向,定位)或 approach,后者似更神似,据《柯林斯精选英语词典》(外语教学与研究出版社 1989 年版,第 35 页):approach 的名词与动词释义分别是:a.An approach to a place is a road or path that leads it;b.If something approaches a particular level state,it almost reaches that level or state。

第八章　教育社会学主流研究对象观上的一道难题

吾日三省吾身。

——《论语·学而》

迄今的教育社会学，无论中西抑或新老，其主流的研究对象界定便是“教育与社会关系”(简称“关系说”)。即便是对于“关系说”的反思和超越这一尝试本身终究也难以彻底脱离“关系说”来进行言说。①

——程天君：《九九归一：教育与社会——〈教育与社会研究丛书〉总序》

通常来讲，“研究对象”与“研究方法(论)”“学科性质”“学科发展史”一起构成一门学科的基本要素，也是一门学科及其课程的首项教学要点。所谓“名不正则言不顺”，举凡一门学科，常常需要开门见山交代该学科的研究对象；一门课程，也往往应当在开讲时言明该课程的研究对象。那么，作为一门学科及课程的教育社会学的研究对象是什么？又应该是什么？这是本章所要探讨的教育社会学的基本学术问题。

一、“关系说”：一种普遍的研究对象界说

迄今为止的教育社会学，不管西方的还是中国的，无论传统的抑或新兴

① 程天君：《九九归一：教育与社会——〈教育与社会研究丛书〉总序》，载桑志坚：《现代学校教育时间的社会学》，南京：南京师范大学出版社2019年版。

的,其主流的研究对象乃至学科性质界定便是:“教育社会学就是研究教育与社会关系的学科”(简称“关系说”)。“关系说”普遍地存在于与教育社会学有关的辞书、教材、专著以及冠以“教育社会学”之名的著述当中。

譬如,《辞海》对“教育社会学”的释文便是:教育社会学是以社会学的原理研究教育问题的一门学科,它研究社会生活的各个方面同教育的关系,其主要内容是:(1)教育与整个社会的关系;(2)班级与社会的关系;(3)学校教育与社会不平等的关系;(4)教育与社会阶层的形成和变迁的关系等。①《中国大百科全书》关于“教育社会学”的词条即为:从社会学角度研究各种教育现象、教育问题及其与社会之间相互制约关系的学科,教育社会学研究的范围主要集中在以下几个方面:(1)社会结构与教育的关系;(2)社会化过程与教育的关系;(3)社会变迁与教育的关系。②《教育大辞典》对于教育社会学研究对象的界定实质上也是“关系说”③。

又譬如,广泛使用的“高等学校文科教材”(截至2007年7月已出2版、印行20次、近15万册)的《教育社会学》④在归纳教育社会学的学科性质及其研究对象时强调:“当前我国所要建立的教育社会学应……总结当代教育社会学的研究成果,从宏观方面研究教育与整体社会之间的关系及其功能;从中观方面研究教育与区域社会之间的功能性关系及学校内部的关系;从微观方面研究教育过程中有关社会学的问题。”的确,观乎整本教材,除了前两章(“绪论”“教育的社会学研究方法”)及第十一至第十三章(“学校组织的社会学分析”“班级的社会学分析”及“教师的社会学分析”这三章系从中、微观方面研究教育过程中有关社会学的问题)而外,其余11章篇幅探讨的均是宏观的社会整体、中观的区域社会与教育的关系问题,章目一律为“××与教育”(在我国,以“××与教育”或类似表述为章节标题乃至题目的著述屡见不鲜)。“关系说”的研究对象观跃然纸上。

在此之前,厉以贤《试谈教育社会学的学科性质和研究对象》一文亦曾提

---

① 《辞海》(教育、心理分册),上海:上海辞书出版社1980年版,第1—2页。

② 《中国大百科全书》(教育),北京:中国大百科全书出版社1985年版,第173—174页。

③ 顾明远主编:《教育大辞典》,上海:上海教育出版社1998年版,第771页。

④ 鲁洁:《教育社会学》,北京:人民教育出版社2001年版(1990年初版),第27页。

出:“教育社会学是一门新兴的边缘学科,它的对象是从宏观和微观两个方面研究教育和社会之间的关系”,这类基本关系有:(1)教育制度与社会制度的关系;(2)文化与教育的关系;(3)学校与社会的关系;(4)个人与社会的关系。[①] 裴英时《教育社会学概论》一书认为,“教育社会学即是把学校和社会联系起来,以教育学科和社会学科之间的一种科际性的研究为目的的边缘学科”;“教育社会学要求系统研究与学校有关的各种社会环境、社会群体……从而探索社会与教育的关系及其规律”。[②] 在此之后,教育社会学学者谢维和更是明确指出:“与其他学科相比,教育社会学独特之处在于它是通过教育与社会的关系来研究教育活动和教育现象的。”[③]

纵览发现,标志着我国教育社会学起点的第一本中文教育社会学专著的书名即为《社会与教育》[④];而将探讨“教育与社会的相互关系”作为研究对象这种观点在中国大陆教育社会学恢复重建以来曾得到高度认同,在学科恢复期尤为明显[⑤];这也是迄今为止相当多学人在判定教育社会学的研究对象、学科性质时最常见的一种说法。

不独国内,海外持“关系说”研究对象观者亦相当普遍。“关系说”可以说是教育社会学研究对象诸说中的两大类观点之一(另一类是“社会化过程说”),由于不同学者关注的“教育”的层面不同,因而便存在着几种有所区别的“关系说”:[⑥]其一是“教育制度与社会相互关系说”,如英国的米切尔[主张“教育社会学通常是研究教育同社会其他大型制度(经济、政治、宗教和亲属)之间功能关系”[⑦]]及苏联的费里波夫(认为“教育社会学研究的

① 厉以贤:《试谈教育社会学的学科性质和研究对象》,《北京师范大学学报》(社会科学版)1985 年第 2 期。

② 裴时英:《教育社会学概论》,天津:南开大学出版社 1988 年版,第 1 页。

③ 全国教育科学规划领导小组办公室:《教育科研大家谈》,北京:教育科学出版社 2007 年版,第 162 页。

④ 陶孟和:《社会与教育》,上海:商务印书馆 1922 年版。

⑤ 董泽芳、张国强:《我国大陆教育社会学研究的特点与演变(1979—2005)——基于教育社会学重建以来概论性著作的文本分析》,《高等教育研究》2007 年第 7 期。

⑥ 吴康宁:《教育社会学》,北京:人民教育出版社 1998 年版,第 2—5 页。

⑦ [英]G.邓肯 · 米切尔主编:《新社会(科)学辞典》,蔡振扬译,上海:上海译文出版社 1987 年版,第 354 页。

对象,从广义上来说,就是研究教育制度和社会之间的相互关系与相互作用的问题"①)就持此类观点;其二是"教育活动(过程)与社会相互关系说",如苏联《应用社会学辞典》(其中,"教育社会学"词条为:"教育社会学是研究与其他社会过程具有广泛联系的教育过程的规则、规律性和趋势的专门社会学理论"②)及美国教育社会学家比德威尔与费雷德金(他们提出"教育社会学研究的核心是对教育活动的分析,即分析其形式与内容,其在宏观社会结构中所受制约及其对个人和群体的影响"③)均持此说;其三是"教育与社会相互关系说",如中国台湾学者林清江(认为"教育社会学是研究教育与社会之间交叉关系的学科",它"探讨有关社会过程、社会结构、社会变迁与教育之间的关系……"④)及陈奎憙⑤都认为教育社会学是研究教育与社会交互关系的学说。

中国台湾学者李锦旭的一项统计分析也表明,在20世纪80年代的《教育社会学期刊》(英国)及《教育社会学》(美国)这两份学术刊物中,主题为"教育与社会关系"(包括"社会化与教育""社会结构与教育""社会阶层化与教育""社会问题与教育""社会变迁与教育"等)的论文占据前一刊物的近三分之一(29%)容量,占据后一刊物的大半江山(52.9%)。⑥ 中国大陆学者钱民辉认为,随着社会的加快发展,特别是信息技术时代的来临,传统的教育社会学理论已经不能有效地解释教育与社会的关系问题;在教育社会学的"新时代",从国外有关教育社会学家的研究动态来看,他们已经开始将教育社会学的研究对象确定为"教育与现代性"之关系的研究,也就是把教育社会学的宏观研究、中观研究和微观研究分别纳入到现代性工程中去,从动态中研究教育与现代化运动的关系,从静态中研究教育与现代性

---

① [苏]Φ.P.费里波夫:《教育社会学》,李霞雷、徐锦陵译,上海:华东师范大学出版社1985年版,第14页。

② 张维仪:全国教育社会学专业委员会1991年年会交流材料。

③ Bidwell, C. E. & Friedkin, N. E., "The Sociology of Education," in Smeler, N. J. (ed.), *Handbook of Sociology*, 1988.

④ 林清江:《教育社会学》,台北:台湾编译馆1975年版,第21页。

⑤ 陈奎憙:《教育社会学》(第3版),台北:三民书局1986年版,第16页。

⑥ 李锦旭:《20世纪80年代英美教育社会学的发展趋势:两份教育社会学期刊的分析比较》,《现代教育》1991年第2期。

问题。① 撇开“教育与现代性”对象观本身的问题不说，所谓“教育与现代性”这一教育社会学对象观的“新时代”，操持的依然是“关系说”的老思路。

正如有学者总结的那样，尽管教育社会学自诞生以来，有关其研究对象的问题一直是“众说纷纭”“千姿百态”“五花八门”以至“难以把握”，但这些形形色色的“对象观”具有一个共同的特性，那就是它们无一不涉及“教育与社会的基本关系”，无论是宏观的还是微观的、历史的还是现实的、理论的还是实证的，研究者们着眼的都是教育与社会两个大系统之间相互作用、相互制约、相互促进的互动关系②；甚至有人说，“探明教育与社会关系是教育社会学的基本命题，各派教育社会学都无法回避这个问题，而且必须首先就这个问题表明其基本观点”③。教育社会学创始人之一迪尔凯姆曾有论断：教育“主要是一个社会问题”，理解教育的任何方面都不能不考虑它的社会动力和社会结果。④ 或许，迄今为止的中外教育社会学学人显意识或潜意识里受到了这一论断的牵引或影响，在教育社会学研究对象的界说上，从“教育与社会关系”上着手者自始有之，且不绝如缕，乃至成为一种思维定式与操作惯性。也正因为“关系说”是如此普遍地存在于与教育社会学有关的辞书、著述及教材当中，相应地，它也就自然而然或无以替代地被作为主流“教学要点”存在于教育社会学课程及其教学之中。

二、“关系说”：一个模糊的学科区分标志

“教育社会学就是研究教育与社会关系的学科”。乍看起来，这种“顾名思义”似也通顺，但难免“望文生义”之嫌，深入追究，便疑窦丛生。

---

① 钱民辉：《教育社会学——现代性的思考与建构》，北京：北京大学出版社 2004 年版，第 4—6 页。

② 钱扑：《教育社会学的理论与实践》，桂林：广西教育出版社 2001 年版，第 43—44 页。

③ 金一鸣主编：《教育社会学》，南京：江苏教育出版社 1992 年版，第 1 页。

④ ［瑞典］胡森等：《教育大百科全书》第 2 卷，张斌贤等译，重庆：西南师范大学出版社、海口：海南出版社 2006 年版，第 348 页。

首先,细究起来,“教育社会学就是研究教育与社会关系的学科”是个病句。其病在于,“教育与社会关系”本身是个矛盾用语,因为教育本身亦是社会之组成部分,它要表达的无非是作为一种社会要素或现象的教育同其他社会要素或现象(如政治、经济、文化等)之间的关系。我们可以说“教育与政治的关系”“教育与经济的关系”“教育与文化的关系”等,而不宜说“教育与社会的关系”;一如我们可以说“男人与女人的关系”“老人与小孩的关系”“白人与黑人的关系”等,而不宜说“男人与人的关系”“老人与人的关系”“白人与人的关系”。这种需要很多解释而又无法解释到位的概念与命题显然不是最佳的,“用来定义一个专业术语的诸概念(即‘定义者’)必须比被定义的概念(即‘被定义者’)更加清楚”①,而不能用更模糊的概念去界定所要界定的概念。

其次,即令约定俗成,“教育与社会关系”对象说也并未切中要害。勉为其难地把“教育与社会关系”作为教育社会学的研究对象,很容易招致对教育社会学学科自立的合理性的质疑。针对“关系说”这种未及肯綮的界说,有学者就批评说:“教育社会学的研究对象尚不明确,从而与教育学及其各门分支学科颇多重复。”②何以如此?要害的问题就在于,“关系说”只是一个模糊的学科“区分”标志、一项十分软弱的指标,其模糊性与“不足”表现在以下三个方面:

“教育与社会关系”不足以作为教育社会学同教育学、教育原理、教育概论乃至教育哲学的区分标志。举凡一部教育学、教育原理、教育概论之类的著作,内中必含诸如“教育与社会”“教育与社会发展”“教育与政治”或“教育与生产力”之类的篇章。此类事例不胜枚举,典例有二:一则如叶澜著《教育概论》③,全著就是围绕“教育·人·社会”三者之间的关系在阐发;二则如陈桂生著《教育原理》④,整书用四分之一的篇幅(第II部分)论述“教育与社会的

---

① [德]沃尔冈·布列钦卡:《教育科学的基本概念:分析、批判和建议》,胡劲松译,上海:华东师范大学出版社2001年版,第17页。

② 张德祥、周润智:《高等教育社会学》,北京:高等教育出版社2002年版,“序言”。

③ 叶澜:《教育概论》,北京:人民教育出版社1991年版。

④ 陈桂生:《教育原理》(第二版),上海:华东师范大学出版社2000年版。

关系”（包括“教育与社会生产力”“教育与社会经济结构”“教育与政治”等）。甚至，“教育与社会关系”也不足以作为教育社会学同教育哲学的区分标志。众所周知，杜威《民主主义与教育》①可谓教育哲学的代表，但其书名及内容探讨的就是“教育与社会的关系”，只不过杜威是以“反弹琵琶”的方式来探讨教育与社会的关系、来求索教育目的的，即民主主义是其理想的社会，教育乃是实现这一理想社会的基本条件与首要工具。② 也正因为如此，杜威《学校与社会》在日本教育社会学家新崛通也主编的《教育社会学概论》中，被列为教育社会学四本先驱性著作之一；而《学校与社会》及《民主主义与教育》均节略入选张人杰主编的《外国教育社会学基本文选》。③ 这样说来，除了“关系说”本身的不适宜问题之外，还有两个连带的问题需要解决：一是别的学科（教育学、教育原理、教育概论乃至教育哲学）“挤占”了教育社会学的“地盘”，抑或相反，是后者闯入了前者的家中；二是教育社会学同教育学、教育原理、教育概论乃至教育哲学等学科都可研究“教育与社会的关系”，唯各自的方法与视角不同。第一个问题需要包括教育社会学在内的相关学科重新界定各自的研究对象，以避免因“颇多重复”而“千人一面”；第二个问题则需要相关学科示明各自的方法与视角，以凸显自身学科特色。

“教育与社会关系”也不足以作为教育社会学同教育政治学、教育经济学、教育文化学等学科的区分标志。“教育同××的关系”是“××学科”在界定其研究对象时惯用的格式，这种格式操作起来容易上手却难免粗糙，仿佛只需“查找”—“替换”即可。譬如，“教育政治学”是政治科学和教育科学的分支学科，它所研究的是教育与社会政治生活的相互联系、教育制度和过程的政治功能、政治制度和政治过程的教育作用以及政治制度和政治过程对教育和教育政策制订的影响。④ 又譬如，“教育经济学”主要是运用经济学的理论和方法，研究教育与经济的相互关系及其变化的发展规律，研究教育领域中经济投

---

① ［美］约翰·杜威：《民主主义与教育》，王承绪译，北京：人民教育出版社2001年版。

② 程天君：《“接班人”的诞生——学校中的政治仪式考察》，南京：南京师范大学出版社2008年版，第245页。

③ 张人杰：《国外教育社会学基本文选》（修订版），上海：华东师范大学出版社2009年版，第20—34、138—145页。

④ 张斌贤：《美国教育政治学的创建与发展》，《教育评论》1989年第4期。

入和产出规律的科学。[①] 再譬如,“教育文化学”就是分析教育中的文化现象,探讨教育与文化相互关系的一门学科。[②] 之所以如此,是因为,所有与教育有关的学科的理论体系不外乎“起始于两个基本问题,即教育与社会发展的关系问题和教育与个人发展的关系问题。这两个基本问题又可以分解为教育与政治、教育与经济、教育与科学技术、教育与文化、教育与个人的社会化、教育与身心发展阶段、教育与个性特征的关系等一系列更为具体的问题”[③]。就此来说,“关系说”并未切中要害,教育政治学、教育经济学、教育文化学等学科关涉的不都是教育与社会(的政治方面、经济方面、文化方面等)的关系嘛!至少,“教育与社会关系”不是教育社会学独有的研究对象,自然也就不足以作为同属社会科学的教育社会学同教育政治学、教育经济学、教育文化学等学科的区分标志,也难以申述教育社会学学科自立的过硬根由。

进一步而言,“教育与社会关系”甚至不足以作为社会科学同哲学、人文科学的区分标志。哲学、社会科学、人文科学无一不是对人的研究,社会无一不是由人组成;有社会即有教育。在这个意义上,也仅仅在这个意义上,哲学社会科学、人文科学都研究“教育与社会”的关系。人文科学自不待言。哲学亦复如此,譬如,无论是康德哲学“我能知道什么”(认识论)、“我应该做什么”(伦理学)、“我能希冀什么”(宗教学)、“人是什么”(人类学)的连串追问,还是继康德之后的李泽厚哲学(人类学历史本体论)“人活着”(出发点)、“如何活”(人类总体)、“为什么活”(人的个体)、“活得怎样”(人生归宿)的接连对讲,[④]求索的都是人,自然也离不开社会及教育的问题。这就不难理解,为什么古往今来的文人、大哲如柏拉图、孔子、席勒、杜威、李泽厚[⑤]等,大多关注教育问

① 王善迈:《关于教育经济学对象与方法的思考》,《北京师范大学学报》(社会科学版)2006年第1期。

② 郑金洲:《教育文化学》,北京:人民教育出版社2000年版,第26页。

③ 劳凯声:《中国教育学研究的问题转向——20世纪80年代以来教育学发展的新生长点》,《教育研究》2004年第4期。

④ 李泽厚:《人类学历史本体论》,天津:天津社会科学院出版社2008年版,第1—55页。

⑤ 李泽厚提出:“教育学——研究人的全面生长和发展、形成和塑造的科学,可能成为未来社会的最主要的中心学科。”见李泽厚:《人类学历史本体论》,天津:天津社会科学院出版社2008年版,第12页。

题，乃至把研究的归宿与美好的理想落实到教育、冀望于教育学；这也是为什么教育学从业者不能仅仅拘囿于“教育学”而读书、治学的一个主要原因。

三、“关系说”：一道难解的课程教学难点

教育社会学就是研究“教育与社会关系”的学科吗？恐怕今后再不能斩钉截铁抑或想当然地予以肯定回答，也不能理直气壮抑或不假思索地把它作为“教学要点”了。基于自身的教学实践，笔者感觉到，“关系说”越来越成为一个“教学难点”，成为一个问题。好在已有学者开始反思“关系说”，也有学者另辟蹊径，提出了建设性的观点，尽管这些反思和观点尚停留在学理研究层面或尚需突破“难点”而未及更新教育社会学教材。

譬如，针对“教育社会学的研究对象尚不明确，从而与教育学及其各门分支学科颇多重复”的批评，张人杰教授在其新作《教育社会学研究对象探索中需要澄清的三个问题》①一文提出，教育社会学的研究对象不是“尚不明确”，而是“有待明确”；为此张人杰推举（重申）吴康宁教授提出的“社会层面说”为判识“教育社会学研究对象”的原则（标准），认为它更直截了当，且更概念化：“教育社会学虽然与其他教育学科同样研究教育现象或教育问题，但它只研究具有社会学意味的教育现象与教育问题，或者说它只研究教育现象或教育问题的社会层面”②。

不宜忽视的问题与难点是，吴康宁教授的致思路径是从方法论入手的，他提出的“社会层面说”，是由其研究方法论——摒弃价值判断、奉行事实判断以及由这种方法论主导的“事实学科论”——来体现并确保的；“社会层面”研究对象说，是与其同时主张的“价值中立”方法论、“事实学科性质论”以及相应的“学科关系观”（教育社会学是教育学的基础学科而非相反）是一个有机

① 张人杰：《教育社会学研究对象探索中需要澄清的三个问题》，《教育研究》2009 年第 9 期。

② 吴康宁：《教育社会学》，北京：人民教育出版社 1998 年版，第 6 页。

的整体。[①] 其中的关键或内核,笔者以为就是“摒弃价值判断、奉行事实判断”的研究方法论,其他部分均依循于此并由此决定、确保;舍去“事实学科论”的保障,是无所谓“社会层面”研究对象说的,具有“社会学意味”的教育现象或教育问题也是无以凸显的。[②]

假如“研究对象”可作为一门学科及课程的教育社会学的一个“标志”,“社会层面说”确实为教育社会学研究对象的探讨带来了鲜活的思路,其活在于迂回观照(由研究方法论关联研究对象)而不是生硬指定(就研究对象探讨研究对象),而且,其迂回努力的方向仍然是弄清教育社会学的“门牌号码”,凸显教育社会学学科自立的合理性。

在这方面,吴康宁教授进行了持续的关注和反复的斟酌。继 20 世纪 90 年代提出“社会层面说”之后,新世纪以来他又提出“学科之眼”命题和“人群差异”视角,认为教育社会学研究必须有一种社会学视角,或曰社会学的“学科之眼”——一门学科自立于学科之林的一项首要的“专业性”条件,社会学的学科之眼是“人群差异”;据此,完整的学理意义上的社会学研究一般应涵盖三个层面:一是揭示人群之间的等级差异,二是查询社会产品的人群属性,三是探询人群属性的社会建构。[③] 用这一学科之眼来审视,社会学所关注的便是具有不同社会特征或文化特征的各种人群,是这些人群之间的差异问题,尤其是达到不平等程度的差异问题;用这一学科之眼来审视,教育社会学所看到的便是影响着教育、发生在教育及受制于教育的各种各样的差异问题,如“影响着教育的人群差异”(“教育之前的人群差异”)、“发生在教育的人群差异”(“教育之中的人群差异”)及“受制于教育的人群差异”(“教育之后的人群差异”)。[④] 由于具有了这样的学科之眼,对于那些习以为常的“(公共)社会产品”或有意为之的“全称判断”,社会学则往往要发出“谁的”疑问:譬如,“医疗制度:谁的制度?”“税收政策:谁的政策?”“市政建设:谁的建设?”“学校文化:谁的文

① 吴康宁:《教育社会学》,北京:人民教育出版社 1998 年版,第 1—20 页。

② 关于“价值中立”方法论及“事实学科论”本身的“难点”问题,将在第九章中专门探讨。

③ 吴康宁:《社会学视野中的教育》,《教育研究与实验》2006 年第 4 期。

④ 吴康宁:《我国教育社会学的三十年发展(1979—2008)》,《华东师范大学学报》(教育科学版)2009 年第 2 期。

化?”等等。这种“谁的”式发问,可以说是社会学的一种基本发问。[①]

在很大程度上,“人群差异”可以说是(教育)社会学的学科视角与标志所系,也与严复把斯宾塞《社会学研究》译为《群学肄言》、把穆勒《论自由》译为《群己权界论》之精到多有神会。似可推敲之处或曰有待圆通的“难点”在于,这种以“人群差异”为着眼点的“谁的”式发问,归根结底是要鉴别“群体身份”,区分不同的“人们”,辨别出有差异的“我们”与“他们”,或者“他们”与“他们”[②];而教育社会学所特别关注的“达到不平等程度的差异问题”恰恰是深刻的社会矛盾,甚或是具有阶级(层)差异蕴涵乃至敌我意味的矛盾——无论从全球看还是就国内说,此类矛盾均有因利益日益分化与结构严重失衡而加剧的趋势。然而,追问“谁的”,或者区分群体身份(往往表现为“我们”与“他们”或“他们”与“他们”)之类,恰恰也是政治学的中心问题,“谁”才是政治—道德的问题[③]。毛泽东没有读过施米特的书,其《湖南农民运动考察报告》与施著《政治的概念》同年(1927)发表,却不约而同地认为:政治的本质在于划分敌友的能力和意志。[④] 施米特所揭示的政治学中“谁的”式发问或“我们”—“他们”式思维所隐含的逻辑与问题,似乎不亚于社会学的深刻:[⑤]这种通过创设一个“他们”来创设一个“我们”的群体身份鉴别以及相应的我们/他们关系,总有可能转变为朋友/敌人(敌我关系在政治学中处于中心地位)类型。换句话说,它总有可能成为政治的:当他者——此前一直是仅仅在一种差异的模式中被认识——开始被理解为是对我们身份的否定,是使我们自己的存在成为问题的人时,这种情况确实可能发生;从这个时刻以后,任何一种我们/他们关系类型,无论是宗教的、种族的、民族国家的、经济的或是其他的,都成了政治对抗的场所。

---

① 吴康宁:《社会学视野中的教育》,《教育研究与实验》2006 年第 4 期。

② 其结果大体有三:或是批判“他们”占据社会优势的特权,诉说“我们”处于社会劣势的遭遇;或是指责“他们”制造了社会不平等,主张“我们”应有的社会平等;或是站在所谓“中立的”立场,揭露“他们”垄断了社会优势,启蒙另一个“他们”明了自身的社会劣势。

③ 刘小枫:《刺猬的温顺》,上海:上海文艺出版社 2002 年版,第 21—22 页。

④ 舒炜:《施米特:政治的剩余价值》,上海:上海人民出版社 2002 年版,第 72 页。

⑤ [英]尚塔尔・墨菲:《政治的回归》,王恒、臧佩洪译,南京:江苏人民出版社 2005 年版,第 3 页。

看来,尽管从研究方法与学科视角迂回到研究对象,“人群差异”也不易成为教育社会学独有的标志;尽管教育社会学的研究对象需与方法与视角相关联,乃至由后者来体现、确保,但它仍然面临需要进一步明确乃至重写的任务;尽管我国教育社会学自恢复重建以来已走过30年历程,但关于其研究对象乃至学科性质的判识,尚且存在探索的空间与深究的困惑。在本章中,毋宁说笔者只是有感于教育社会学研究对象这一“教学要点”日益成为“教学难点”之困而提交了问题,难点的破解有待同仁指点,以及本书第十章笔者的“自问自答”。

下　篇

学理问对

第九章　从“纯粹主义”到“实用主义”：教育社会学研究方法论的新动向

学问之事无它，求其放心而已矣。

——《孟子·告子章句上》

没有方法论的指导，社会学甚至比无根据的胡乱猜想强不了多少。①

——戴维·波普诺：《我们身处的世界·波普诺社会学》

在完成上篇“学科简史”、中篇“基本学术问题”之后，进入本书的下篇“学理问对”。一如本章篇首引言所云：“学问之事无它，求其放心而已矣。”为此，笔者就中篇“基本学术问题”提出的三问——教育社会学学科生存的外部困境、学科性质的内在焦虑及研究对象上的难题——进行三答，这便是：教育社会学研究方法论的新动向、迈向“反思教育社会学”及教育社会学研究范式的转换。

对于教育社会学学科生存的外部困境问题，涂尔干一个世纪前关于实用主义与社会学的追问不无启发作用。对此世纪之问“接着讲”并“对着讲”，目的不再评判社会学与实用主义之高下，而在陈述（教育）社会学研究方法论的一个可能动向。作为一种行动哲学，（古典）实用主义质疑“本质主义”真理观，破除对理性的膜拜，强调“有用即真理”。承继古典实用主义基本教义的新实用主义，实乃一种反本质主义，强调事实和价值不可分离，以及实践的优先性。（教育）社会学在经历“定量纯粹主义”与“定性纯粹主义”等类似之争

① ［美］戴维·波普诺：《我们身处的世界·波普诺社会学》，李强等译，北京：中国人民大学出版社2014年版，第30页。

的过程之中及之后,初露建基"实用主义"之上的"混合方法研究"的端倪:表现在学科性质的"兼有论"、研究方法的"综合论"、研究层面的"贯通论"、因果认识的"假设论"及研究取向的"问题中心"等多层面、多侧面、多方面。这一动向,将有助于解答和澄清第五章中其他学科对于"教育社会学批判"所涉各论与各问。

一、"实用主义"的所指与能指:兼谈问题意识

1913—1914 年,实证主义社会学的巨擘涂尔干在法国索邦大学作了一个关于实用主义——称为其时"唯一流行的真理理论"——的系列演讲,并集结成书《实用主义与社会学》。其中他言道:"我们必须扪心自问:实用主义怎么能够把带有这么多缺陷的学说强加给众多心灵呢?"怀着这样的疑问与使命,他通过深入"敌后"——号召听众通过把"我们自己变成实用主义者,先把我们内心各种反驳意见放在一边……找到实用主义的威力所在时,我们才可以重新返回自己的立场"——从而力图知己知彼,论证"社会学高出实用主义的地方",那就是:"社会学视角的优势,就在于能够促使我们去分析那些令人敬畏的事物,即真理。"①为此,涂尔干在该系列演讲中,涉及社会学的问题很少,大部分是讲实用主义的真理观,他认为"实用主义的核心问题是真理问题"。涂尔干把实用主义归结为三个基本论题:真理是人的真理;真理是不同的可变的真理;真理不是既存实在的模本。对此,他基本上持批判态度,认为实用主义"有用即真理"的命题已经变成了把我们带回功利主义的公式,实用主义理论就是逻辑功利主义。而近百年之后,新实用主义的旗手罗蒂则对此进行了反驳。②

---

① [法]爱弥尔·涂尔干:《实用主义与社会学》,渠东译,上海:上海人民出版社 2000 年版,第 28、111—114 页。

② [美]理查德·罗蒂:《哲学与自然之镜》,李幼蒸译,北京:生活·读书·新知三联书店 1987 年版;《后哲学文化》,黄勇译,上海:上海译文出版社 2009 年版;《后形而上学希望——新实用主义政治、社会和法律哲学》,张国清译,上海:上海译文出版社 2003 年版;《偶然、反讽和团结》,徐文瑞译,北京:商务印书馆 2003 年版。

在实用主义复兴①并走强的今日，我们是接着涂尔干讲——论证社会学高于实用主义的地方，还是“对着讲”——冷静反思涂尔干当年的评论是否中肯？抑或持中陈述个中沧桑之变？无论如何，都需要认真对待实用主义对教育研究特别适合教育社会学研究的影响。然而，触碰“实用主义”这个“模糊、含混和被用烂了的词”②，无疑是自讨苦吃，但不无必要。一方面，在西方哲学史上，像“实用主义”这般引起歧义的概念是不多见的③——无论是实用主义与传统哲学之间的争斗，还是古典实用主义与新实用主义之间的争执，抑或古典实用主义三杰皮尔士、詹姆斯（亦译作“詹姆士”）、杜威之间的争奇，遑论新实用主义两翼罗蒂（左翼）、普特南（右翼）之间的争论。另一方面，“实用主义”大概是除“马克思主义”之外，中国人最熟悉的哲学名号了——尽管在相当长时期内，实用主义被作为“资产阶级反动哲学”④和“马克思主义最凶恶的敌人”⑤而撂荒了学理探讨，乃至遭遇严重的“误读”⑥。

“实用主义”诞生于 19 世纪 70 年代，至今经逾百年历程，非但没有销声匿迹，且新人新作不断。20 世纪头 30 年是其繁荣时期，被誉为美国的“国家哲学”，体现了“美利坚精神”。20 世纪 30—50 年代，在欧陆分析哲学（主要是逻辑实证主义）的冲击下，伴随着杜威之死，实用主义之古典时期结束，退居萧条期。20 世纪 60 年代以后，随着分析哲学的逐渐实用主义化和新实用主义（以罗蒂和普特南为代表）的兴起，实用主义重新崛起，大有重振雄风之势。就此而论，“实用主义”似乎是美国的“专利”，这一概念似乎有特定的所

① 韦斯特（Cornel West）富于个性化的作品（1989）勾画了美国实用主义出现、发展、衰落及其最近复兴的图景，其导师罗蒂在为此书的推荐语中赞誉道：“我相信这部著作一定会成为实用主义在美国思想中所扮演角色的最标准解释。”参见［美］康乃尔·韦斯特：《美国人对哲学的逃避：实用主义的谱系》，董山民译，南京：南京大学出版社 2016 年版。

② ［美］理查德·罗蒂：《后哲学文化》，黄勇译，上海：上海译文出版社 2009 年版，第 243 页。

③ 陈亚军：《哲学的改造——从实用主义到新实用主义》，北京：中国社会科学出版社 1998 年版，第 209 页。

④ ［美］威廉·詹姆士：《实用主义：一些旧思想方法的新名称》，北京：商务印书馆 1979 年版，“内容提要”。

⑤ 陈亚军：《哲学的改造——从实用主义到新实用主义》，北京：中国社会科学出版社 1998 年版，第 3 页。

⑥ 顾红亮：《实用主义的误读——杜威哲学对近现代中国哲学之影响》，上海：华东师范大学出版社 2000 年版。

指。但自诞生以来,围绕“实用主义”的争论本身就说明,这一概念有着不同的能指。有两个典例可以佐证:一是实用主义的鼻祖天才人物皮尔士在发明了“实用主义”(pragmatism)这个词以后不久,发现他婴儿般的“实用主义”被滥用、推销和庸俗化了,于是为了满足表达这个词原初定义的精确目的,他改用“实效主义”(pragmaticism)这个“足够丑陋,可以免于绑架”的词①。二是实用主义的另一位奠基者詹姆斯1907年汇集其近两年演讲稿为一书《实用主义》,而其副标题却是“一些旧思想方法的新名称”。这说明,即便在实用主义奠基者眼里,“实用主义”也无非是一个用来表达一些旧思想方法的“新名称”而已,并非什么“专利”;甚至不是个十分精到的名称,以致不如改为“实效主义”这样丑陋的词,免得被滥用。

尽管“实用主义”充满歧义,但这里还是可以取其最大公约数以资利用。实用主义作为对传统哲学的反动与改造,它“原是美国本土哲学,是一种注重具体研究,注重实际效用,强调实践重于理论,强调认知中的社会、文化价值的哲学”②。实用主义的基本含义是:它是一种行动哲学,“有用即真理”是其根本原则,甚至可以说实用主义就是“逻辑功利主义”;它强调对理性的攻击,破除对理性的膜拜,宣告绝对真理的合法性危机,质疑从古希腊至今人们孜孜以求的世界的“本质”及“本质主义”真理观。承继上述古典实用主义的传统,新实用主义者如罗蒂(Richard Rorty)和普特南(Hilary Putnam)更是表达了如下基本思想:③实用主义就是一种反本质主义;事实和价值不可分离,二者之间没有任何形而上学的区别,在道德和科学之间没有任何方法论的区别;在哲学中实践是优先的,没有办法知道,什么时候一个人已经达到了真理,或什么时候一个人比以前更接近真理。罗蒂的高足韦斯特不无骄傲地宣称,“美国实

---

① Justus Buchler, ed., *Philosophical Writings of Peirce*. New York: Dover Publications, Inc., 1955, p.28; Paul Weiss & Arthur Burks, ed., *Collected Papers of Charles Sanders Pierce*. Cambridge: Harvard University Press, 1933-1958, 5:414, n.2, p.276.

② 陈亚军:《实用主义:美国哲学的新希望?》,《哲学动态》1995年第4期.

③ 综合参见[美]理查德·罗蒂:《后哲学文化》,黄勇译,上海:上海译文出版社2009年版,第243—251页;[美]希拉里·普特南:《理性、真理与历史》,童世俊、李光程译,上海:上海译文出版社1997年版,第138—160页;Hilary Putnam, *The Collapse of the Fact-Value Distinction and Other Essays*. Cambridge: Harvard University Press, 2002, pp.7-28。

用主义在后现代时刻最显著的感召力就在于它大大方方地强调道德，明明白白地追求改良”；刘易斯（C.I.Lewis）也总结道，“美国实用主义可以被描述为这样的学说，所有的问题从根本上说都是行动的问题，所有的判断本身都是价值判断，而且在理论和实践之间最终可能并没有有效的区别。由此，任何类型的真理问题和可以证实的行为结果之间也不能彻底分开”①。

“中国具有深厚的实用主义传统”②。通过复兴杜威的实用主义，将美学从纯粹的知识问题（比如“什么是艺术作品？”“美是什么？”）的抽象讨论中解放出来，使之更加切近地关注各种各样人生问题，从而复兴了实用主义美学的舒斯特曼（Richard Shusterman），在其《实用主义美学》中认为，中国哲学和实用主义最基本的共同点就是：哲学在根本上是实践的③。我国哲学家李泽厚基于对“经验合理性”的概括和提升，提出“实用理性”用以阐述我国传统思想特别是儒家思想之特点，他也认为人类经验来于“实践”④。倘若再取皮尔士“实效主义”、詹姆斯“有用、便利、令人满意、兑现价值”⑤之实用主义的精义，并虑及杜威来华讲学所产生的“巨大影响”⑥，在一定意义上甚至无妨说，中国不失为一个实用主义的国度，“经世致用”“学以致用”“成王败寇”“实事求是”“实践是检验真理的标准”“摸着石头过河”“不管白猫黑猫，抓住老鼠就是好猫”“团结一切可以团结的力量”“吸收一切文明成果”“调动一切积极因素”“发展才是硬道理”……诸如此类的表达都是再好不过的生动写照。撇开这些耳熟能详的俗语、常道或口号不论，实用主义的世界观（反本质主义）、真理观（无绝对真理）、价值观（事实和价值相互渗透）、认识论（反对镜式反映论）等思想，均可资借以描述和分析教育社会学学科论、特别是其方法论的某些突出特征乃至动向。而这，似从教育社会学的基础学科社会学的研究方法

① ［美］康乃尔·韦斯特：《美国人对哲学的逃避：实用主义的谱系》，董山民译，南京：南京大学出版社 2016 年版，第 2、55 页。

② 黎志敏：《知识的“善”与“真”》，北京：人民出版社 2011 年版，第 103 页。

③ 彭锋：《舒斯特曼与实用主义美学》，《哲学动态》2003 年第 4 期。

④ 李泽厚：《实用理性与乐感文化》，北京：生活·读书·新知三联书店 2005 年版，第 3—54 页。

⑤ 陈亚军：《实用主义：从皮尔士到普特南》，长沙：湖南教育出版社 1999 年版，第 11 页。

⑥ 顾红亮：《实用主义的误读——杜威哲学对近现代中国哲学之影响》，上海：华东师范大学出版社 2000 年版。

论说起为宜。

二、定量 VS 定性:研究方法论之争

从社会学发端伊始,就存在着实证(经验)主义(譬如孔德、涂尔干等)与诠释(解释)主义(譬如韦伯等)两种主要取向或曰范式。① 迄今,这两种主要研范式业已发生过多次高下优劣之争,以至人们常说,超越了涂尔干(实证主义社会学)和韦伯(解释主义社会学),社会学可能会更好;但忽略了涂尔干和韦伯,社会学一定更差。所以,我们要不断或直接或间接地回到涂、韦二位奠基者所创始的社会学两大传统。

实证主义范式强调定量研究方法,多采用数学模型、统计表和图表等形式。建构或解释主义范式则主张定性研究方法,多采用民族志散文、历史陈述、第一人称描述,或采用照相、生活史、小说化的事实、传记和自传材料等形式。因此,关于这两种范式的争论有时亦被称为定性—定量之争。"社会科学领域没有哪个学科可以在这场'范式'——即引导研究者的世界观或信仰体系——争论中袖手旁观而不必表明立场"②。在教育研究领域,争论的火药味一点也不亚于其他领域。其中,"定量纯化论者"(quantitative purists)主张,教育研究者应该剔除其偏见,奉行价值中立,认为去时间、去情景的通则化(time-and context-free generalizations)既是可能的也是可欲的③;他们秉持定性研究与定量研究"不相容论",认为应该关上二者之间对话的大门④。在另

---

① Anthony Giddens, *New Rules of Sociological Method: A Positive Critique of Interpretative Sociologies*. New York: Basic Books, Inc., 1976; Margaret M. Poloma, *Contemporary Sociological Theory*. New York: Macmillan Publishing Co., 1979.

② [美]阿巴斯·塔沙克里、查尔斯·特德莱:《混合方法论:定性方法和定量方法的结合》,唐海华译,重庆:重庆大学出版社 2010 年版,第 2—3 页。

③ R.Burke Johnson and Anthony J.Onwuegbuzie, "Mixed Methods Research: A Research Paradigm Whose Time Has Come," *Educational Researcher*, 2004, Vol.33, No.7, pp.14-26.

④ John K. Smith & Lous Heshusius, "Closing Down the Conversation: The End of the Quantitative-qualitative Debate among Educational Inquirers," *Educational Researcher*, 1986, Vol.15, No.1, pp.4-12.

一个极端,“定性纯化论者”(qualitative purists,also called constructivists and interpretivists,亦称建构主义者和解释主义者)则性质同种方向相反地坚称,去时间、去情景的通则化既不可欲亦不可能①,其旗手(a leading qualitative purist)古巴(Guba)——本科和硕士是数学和统计出身,曾受过严格的数学训练,后发现完全用数量化的方法研究教育问题有局限,遂转向自然探究法(一种质的研究方法和评价方法)——断言,实证主义及与之相关的定量方法论已经不再可信,它与诠释主义(亦即古巴所言的“自然主义”)在本体论、认识论和方法论上均存在根本性的不和,一方排斥另一方宛如“相信地球是圆的排斥相信地球是扁的”一样②,是一个“只能二选一”的命题(an either-or proposition)③。纯粹论的双方均视各自的范式为研究的理想,他们或明或暗地拥护不相容论——认定量化与质性研究范式连同其方法,不能也不应混合。定量—定性之争(the quantitative versus qualitative debate)是如此分裂地形成两种研究文化,以致教育机构毕业的研究生们踌躇满志地寄望在学术或研究圈谋得职业时无助地发觉他们不得不效忠其中一个或另一个研究学派。④

这两种范式之争波及多个重要的概念性问题的“战场”,包括从本体论、认识论到价值论、通则化再到因果联系、推论逻辑等方方面面,其中主要的是“现实的本质”(nature of reality)和“因果联系的可能性”(possibility of casual linkages)⑤,列表如下:

---

① R.Burke Johnson and Anthony J.Onwuegbuzie,“Mixed Methods Research:A Research Paradigm Whose Time Has cCome,”*Educational Researcher*,2004,Vol.33,No.7,pp.14-26.

② Egon G.Guba,“What Have We Learned about Naturalistic Evaluation?”*Evaluation Practice*,1987,Vol.8,No.1,pp.23-33.

③ Egon G.Guba,“The Context of Emergent Paradigm Research,” p.80.In Yvonna S.Lincoln (Ed.),*Organizational Theory and Inquiry:the paradigm revolution*.London:Sage,1985,pp.79-105.

④ R.Burke Johnson and Anthony J.Onwuegbuzie,“Mixed Methods Research:A Research Paradigm Whose Time Has Come,”*Educational Researcher*,2004,Vol.33,No.7,pp.14-26.

⑤ [美]阿巴斯·塔沙克里、查尔斯·特德莱:《混合方法论:定性方法和定量方法的结合》,唐海华译,重庆:重庆大学出版社2010年版,第3—9页。

表 9-1　实证主义范式(定量研究)与诠释主义范式(定性研究)对照表

	实证主义范式	诠释主义范式
本体论(现实的本质)	存在唯一的现实	现实存在是多元的、建构的
认识论(主客体关系)	认识主体与认识客体相互独立	认识主体与认识客体不可分割
价值论	研究是价值中立的	研究是受价值制约的
通则化	超越时间和情景的通则化是可能的	超越时间和情景的通则化是不可能的
因果联系	在结果之前或同时,必有原因	区分结果和原因是不可能的
推论逻辑	强调从一般到特殊的推论(演绎逻辑)	强调从特殊到一般的推论(归纳逻辑)

当然,表 9-1 所列两种范式各自的公理或原则,也许只是范式"清教徒"("范式斗士")们基于"范式纯粹"(paradigm purity)①心理而刻意提纯的结果,其秉持的信念是,定性研究与定量研究在范式上、进而在建基其上的方法论上是格格不入的、不相容的。但也有研究者如谢立中从反面指出,这些范式和方法论之间并无那么大的分歧,他用"现代主义社会学"来指称实证主义社会学、诠释社会学(以及批判社会学),认为实证主义社会学、诠释社会学(以及批判社会学)作为现代主义社会学"内部的"不同派别和范式,它们之间也存在着一些基本的共同点。这些基本的共同点至少包括:(1)给定实在论;(2)表征主义(谢立中译作"表现主义");(3)相符真理论;(4)本质主义;(5)基础主义。② 这里将之列表呈现如下:

---

① [美]阿巴斯·塔沙克里、查尔斯·特德莱:《混合方法论:定性方法和定量方法的结合》,唐海华译,重庆:重庆大学出版社 2010 年版,第 10 页。

② 谢立中:《走向多元话语分析:后现代思潮的社会学意涵》,北京:中国人民大学出版社 2009 年版,第 3—10 页。吊诡的是,谢立中这种将迄今为止几乎所有社会(学)理论("后现代主义"除外)一网打尽并冠以"现代主义社会学"的做法,其本身就透露着强烈的"现代主义思想"的任意与武断,因而也就难以避免地具有现代主义思维所具有的"给定实在论""相符真理论""本质主义"等特征,而这恰恰是其所批判的。

表 9-2　“现代主义社会学”的基本共同点

	实证主义社会学	诠释社会学	批判社会学
给定实在论(given realism)	社会现象是“物理性”实在，具有独立性、外在性、强制性	行动意向是有待理解和诠释的纯粹自主的给定性“实在”	社会乃不以人的意志为转移的客观实在，其发展有客观规律
表征主义(representationalism)	社会科学须用实证法(观察比较实验)来“再现”社会现象	只有用诠释或理解的方法才能把握和“再现”社会现实	辩证的“总体分析”方法，批判性考察，再现社会历史进程
相符真理论(correspondence theory of truth)	“理论观念”与“经验事实”对照，以后者检验前者，区分“真理”还是“谬误”	诠释的二标准：“意义适当性”(意义关联)和“因果适当性”(事情前后序列的诠释)	需要理论观点去“相符”的不是观察得来的“事实”，而是在该理论指引下实践的结果
本质主义(essentialism)	透过“现象”看“本质”，eg. 现代社会：工业化(涂尔干)	透过“现象”看“本质”，eg. 现代社会：理性化(韦伯)	透过“现象”看“本质”，eg. 现代社会：资本主义(马克思)
基础主义(foundationalism)	现实事物之间的共同性或同一性在普遍化或概括化程度上具有等级性和种属关系，关于研究对象的各种知识之间因而也具有等级性和种属性，呈现出现代主义知识结构观念格式： 宏观(基础)理论—中观理论(分支学科)—微观研究(专题性、经验性研究)		

上述五个基本观点中的前三个构成了罗蒂等人所说的西方思想传统中的“镜喻”传统，后两个则构成了德鲁兹和瓜塔里等人所说的西方思想中的“树喻”传统；它们共同构成了谢立中所说的(也是他拟以后现代思潮予以颠覆的)、包括“现代主义社会学”在内的“现代主义”哲学和科学思潮的基本信条。

三、从两极到折中:走向实用主义的混合方法论

凡事大抵物极必反。当定量、定性纯粹论者走向极端之际,也就是拐点出现之时。面对"方法论纯粹主义者"双方的激烈争论,"和平主义者"提出了"混合方法论"(mixed methodology,亦称"混合方法"或"方法论混合"①),采取"范式相对主义"和"相容论"的态度,从单一方法论的执着走向混合方法的折中,从两极走向中庸,从对立走向融合,方法论上的纯粹主义在社会科学研究中日趋少见。这些范式之争的和平主义者也称为实用主义者。其中,许多有影响的研究者已经指出,这两种范式之间的分歧被强调过头了,二者之间的裂痕并不像"纯粹主义者"所描绘的那样巨大和深刻②;"不相容论"实乃一个僵而不死的教条(dogmas die hard),无论在实践层面还是认识论上,定性研究与定量研究均不存在不相容③;不同的研究范式可以共存于"混合方法研究"之一炉④。对于双方争论最激烈的两个战场即"通则化"(现实的本质)与"因果关系",有研究者专门从理论和实际两方面居中调和,阐发出一种"差异中的统一"(unity in diversity)观点,认为在定性研究与定量研究的因果关系之间原则上没有差异⑤;而定性研究者与定量研究者在实用主义的尝试(pragmatic

---

① 尽管在过去数十年里,不同学者就定性取向和定量取向之结合研究的概念、方法及质量标准进行了探讨和争论,但"混合方法研究"(mixed methods research,abbr.,MMR)仍处于形成之中,仍有悬而未决之题,仍需保持对"混合方法"(mixed methods)这一概念的开放性讨论。不过,大体说来,它包含"作为(定性与定量)两类数据搜集与分析的混合方法"与"作为(定性与定量)两种取向综合的混合方法"两个层面;二者貌似可以互换,细究起来却可发现,前者更加聚焦"方法"而后者更聚焦"方法论"。见 Abbas Tashakkori & John W.Creswell,"Editorial:The New Era of Mixed Methods,"*Journal of Mixed Methods Research*,2007,Vol.1,No.1,pp.3-7。

② [美]阿巴斯·塔沙克里、查尔斯·特德莱:《混合方法论:定性方法和定量方法的结合》,唐海华译,重庆:重庆大学出版社 2010 年版,第 10 页。

③ Kenneth R.Howe,"Against the Quantitative-Qualitative Incompatibility Thesis or Dogmas Die Hard,"*Educational Researcher*,1988,Vol.17,No.8,pp.10-16.

④ Gitte S.Harrits,"More than Method?:A Discussion of Paradigm Differences Within Mixed Methods Research,"*Journal of Mixed Methods Research*,2011,Vol.5,No.2,pp.150-166.

⑤ Jacques Tacq,"Causality in Qualitative and Quantitative Research,"*Quality & Quantity*,2011,Vol.45,Iss.2,pp.263-291.

trials)研究中,也均有事关知识的“通则化”的欲求和操持①。事实上,即便实证主义社会学的涂尔干本人也曾着重指出,“社会学家还应该仔细参考各种辅助学科,例如历史、人种志和统计学,没有这些学科,社会学就可能一事无成”②。

应该看到,研究方法(论)之争、范式之争的根基是哲学观之争,均不脱其背后“铸就什么是知识、真实及其达成方法”的哲学假设③,均拿哲学术语当武器使④。一如有学者指出,正是在哲学领域(the philosophical domain),综合方法的问题(the issue of combining methods)才经常变得富有争议,导致了“范式战争”(paradigm wars)⑤。为此,在哲学层面上,实用主义者不得不与范式斗士的不相容理论筑垒对抗,这一理论所依据的是认识论与研究方法之间的关联性。为了对付这种范式—方法的关联论,豪(Howe)选择使用另一种不同的范式,即“实用主义”——其主要原则就是定量方法与定性方法的相容论⑥。而摩根(Morgan)更是阐发了一种“实用取向”(pragmatic approach)这一社会科学研究的新主导范式(a new guiding paradigm)——既作为综合定性与定量方法的支撑基础,也作为一种引导人们从形而上关注到方法论关注转移的方法⑦。

对研究者而言,一个重要的哲学追问与方法论考量就是关于范式、研究方

① Denise F.Polit & Cheryl T.Beck,“Generalization in Quantitative and Qualitative Research: Myths and Strategies,”*International Journal of Nursing Studies*,2010,Vol.47,No.11,pp.1451-1458.

② [法]埃米尔·迪尔凯姆:《自杀论:社会学研究》,冯韵文译,北京:商务印书馆1996年版,第2页。

③ Russel S.Hathaway,“Assumptions Underlying Quantitative and Qualitative Research:Implications for Institutional Research,”*Research in Higher Education*,1995,Vol.36,No.5,pp.535-562.

④ Martyn Hammersley,“The Paradigm Wars:Rreports from the Front,”*British Journal of Sociology of Education*,1992,Vol.13,No.1,pp.131-143.

⑤ Abbas Tashakkori & Charles Teddlie.*Mixed Methodology:Combining Qualitative and Quantitative Approaches*.Thousand Oaks,CA:Sage.1998,pp.3-13.

⑥ Kenneth R.Howe,“Against the Quantitative-Qualitative Incompatibility Thesis or Dogmas Die Hard,”*Educational Researcher*,1988,Vol.17,No.8,pp.10-16.

⑦ David L. Morgan,“Paradigms Lost and Pragmatism Regained: Methodological Implications Combining Qualitative and Quantitative Methods,”*Journal of Mixed Methods Research*.2007Vol.1,No.1,pp.48-76.

法与研究问题的相对重要性。作为混合方法论之哲学与范式之根的实用主义主张,应该是"研究问题主宰,而非范式或方法为王";"方法必从之于问题"。实用主义者更看重的不是所应采用的方法,也不是支持这些方法的世界观,而是他们所要研究的问题。他们坚信"通向目标彼岸(研究问题的解决)的方法论道路并不是既定的",力避免方法论纯粹主义之"方法的暴政"(tyranny of method),而采信"有用即可"的实用主义教义,断然拒绝在解释主义与实证主义范式之间作出"非此即彼"的被迫选择。甚至认为,最优异的学者总是对其所提出的问题切思在心,而对所用具体方法论或方法背后的范式则洒脱不羁。[①] 宣称教育研究领域"混合方法研究"范式时代已经到来的约翰逊和奥韦格布兹在声言"我们拒绝不相容论和二选一(either/or)取向的范式选择,我们推荐一种更多元、更兼容的取向"的同时,并身体力行,在吸取古典实用主义(皮尔士、詹姆斯、杜威)和新实用主义(罗蒂、普特南等)哲学思想的基础上,据实总结和开列了实用主义的一般特征:[②]

表 9-3 实用主义的一般特征

·实用主义工程旨在找寻哲学教条和怀疑论的中间立场,找寻诸多经久的哲学二元论的切实解决之道。 ·摒弃传统的二元论,而宁取建立在有利问题解决基础上的哲学二元论的温和与常识版。 ·既识别自然和物理世界也识别包含语言、文化、人类价值和主观思想的社会与心理世界的存在及重要性。 ·高度关注起作用的人类经验之内心世界的实在及影响。 ·知识既被视为建构的,也被视为立基于我们经历和生存世界的实在之上。 ·用自然主义、过程取向的有机环境转论换取代历史上流行的主客体区分认识论。 ·认同可错论(现行的信仰及研究结论罕能视为完美的、确定的或绝对的)。 ·理论是工具性的(其是否以及何种程度为真取决于其作用;其性能尤其取决于预测性和适用性标准)。 ·认同折中主义和多元主义(比如,不同乃至冲突的理论和视角均可利用;观察、经历和实验均是有用的手段)。 ·人类日常生活探究跟实验、科学探究同等有用。 ·视强烈而实际的经验主义为解决问题之道。

① [美]阿巴斯·塔沙克里、查尔斯·特德莱:《混合方法论:定性方法和定量方法的结合》,唐海华译,重庆:重庆大学出版社 2010 年版,第 19—21 页。

② R.Burke Johnson and Anthony J.Onwuegbuzie, "Mixed Methods Research: A Research Paradigm Whose Time Has Come," *Educational Researcher*, 2004, Vol.33, No.7, pp.14-26.引用时稍有节略。

续表

·视现行真理、意义和知识为会随着时间而改变的暂时性之物,研究中的日常所获应被视为暂时真理。 ·大写的真理也许只是历史尽头最后的"意见",小写的真理(工具性、暂时性)则经由经历和实验而得来。 ·工具性真理的关键在其真的程度,而非停滞不前,因此詹姆斯说我们必须"准备明天称其为谎言"。 ·喜欢行动远胜哲学思维(某种意义上,实用主义是一种反哲学,an anti-philosophy)。 ·采取明确的价值定位取向,尤其认同诸如民主、自由、平等、进步之类的价值。 ·认同实践理论。 ·我们的思维处在一种动态、自我平衡的"信仰—怀疑—探究"无限循环的过程,当下永远是一个新的起点。 ·普遍拒绝还原论(如将文化、思想、信念只不过还原为神经生物学过程)。 ·提供"实用主义方法",以解决传统哲学二元论及作出方法论选择。

进而,有学者勾勒了(欧美)社会科学中研究方法论的演变路径:

表 9-4　社会和行为科学领域方法论路径的演变(以欧美为例)①

时期Ⅰ:单一方法或"纯粹主义者"时代(大约从19世纪到20世纪50年代) A.纯粹定量取向 1. 单一资料来源(定量研究) 2. 在一个范式/模型内,多个资料来源 a.顺序的(定量研究/定量研究) b.平行的/共时的(定量研究+定量研究) B.纯粹定性取向 1. 单一资料来源(定性研究) 2. 在一个范式/模型内,多个资料来源 a.顺序的(定性研究/定性研究) b.平行的/共时的(定性研究+定性研究) 时期Ⅱ:混合方法的出现(大约从20世纪60年代到80年代) A.同等地位设计(两种范式/方法都使用) 1. 顺序的(即两阶段的顺序研究) a.定性研究/定量研究 b.定量研究/定性研究 2. 平行的/共时的 a.定性研究+定量研究 b.定量研究+定性研究 B.主次设计(两种范式/方法都使用) 1. 顺序的

① [美]阿巴斯·塔沙克里、查尔斯·特德莱:《混合方法论:定性方法和定量方法的结合》,唐海华译,重庆:重庆大学出版社2010年版,第13—14页。

续表

a.定性研究为主/定量研究为次 b.定量研究为主/定性研究为次 2. 平行的/共时的 a.定性研究为主+定量研究为次 b.定量研究为主+定性研究为次 C.多层次路径设计(两种范式/方法都使用) 时期 III:混合模型研究的出现(大约在 20 世纪 90 年代) A.在研究阶段中单一使用(必须每种方法至少在研究的一个阶段中出现) 1. 研究的类型——定性研究或定量研究 2. 资料搜集/操作——定性研究或定量研究 3. 分析/推论——定性研究或定量研究 B.在研究阶段中多元并用(必须两种方法至少在研究的一个阶段中同时出现) 1. 研究的类型——定性研究并/或定量研究 2. 资料搜集/操作——定性研究并/或定量研究 3. 分析/推论——定性研究并/或定量研究

其中,"混合模型研究"是实用主义的范式的产物,是在研究过程的不同阶段将定量路径和定性路径结合起来的学术努力。对此的一个重要佐证就是,以"场域""资本""惯习"等概念与命题为把手而成就"反思社会学"①的布迪厄,将其反思取向的社会学描述为"建构主义的结构主义"(constructivist structuralism),通过把定量与定性视为研究过程的"两个必要时刻"(two necessary moments)而致力解决"结构—行动"问题(the structure-agency question)②。在教育研究领域,致力于教育研究之第三种研究范式(即混合方法研究)的约翰逊和奥韦格布兹宣称,定量研究与定性研究二者均重要且"有用"(useful),混合方法研究的目标不是要取代中的任何一种,而毋宁说是吸取两者的优长并最小化其弱点。如果把定性研究与定量研究视为一个连续统的两个极端,则混合方法研究覆盖了中间区域的大量点集(the large set of the points of the middle area);如果进行分类性的思考,那么混合方法研究则坐在第三把新椅子上,而定性研究坐在其左边,定量研究坐在其右边。③ 也正是在

---

① Pierre Bourdieu & Loïc J.D. Wacquant, *An Invitation to Reflexive Sociology*. Cambridge, UK: Polity Press, 1992s; Pierre Bourdieu, *Science of Science and Reflexivity*. Palo Alto, CA: Stanford University Press, 2004.

② Pierre Bourdieu, *In other words: essays towards a reflexive sociology*. Palo Alto, CA: Stanford University Press, 1990, pp.123-127.

③ R. Burke Johnson and Anthony J. Onwuegbuzie, "Mixed Methods Research: a research paradigm whose time has come," *Educational Researcher*, 2004, Vol.33, No.7, pp.14-26.

过去30多年里不同学者就定性取向和定量取向结合研究进行的持续探讨和争论、随之而来的大量文献的涌现和积累以及混合方法论诸多问题的有待澄清和有望达成这些背景之下,由美国塔沙克里和克瑞斯威尔任主编的《混合方法研究杂志》(*Journal of Mixed Methods Research*,abbr.,JMMR)于2007年创刊,这标志着混合方法新纪元的开启①。

至此,可以对这三种不同的研究范式进行小结性的比较:

表9-5 社会科学中三种主要研究范式的比较②

	实证主义	建构主义	实用主义
研究方法	定量	定性	定量+定性
推论逻辑	演绎	归纳	演绎+归纳
认识论	客观论;认识主体与认识对象是二元关系	主观论;认识主体与认识对象是不可分割的	客观论和主观论并存;二者是一个连续谱而非对立的两极
价值观	研究是价值中立的	研究受到价值的限定	在展开研究操作及得出、阐释研究结论时,价值有很大影响
本体论	天真的现实主义(存在外在、客观的现实,研究可予确认)	相对主义(本体论现实主义,多元、主观建构的现实)	承认外在的现实;"真理"乃选择最能产生预期或想要结果的解释
因果联系	结果之前或同时,必有真实的原因	一切事物都会同时相互塑造,不可能区分原因和结果	可能存在因果联系,但我们永远无法将之确定下来

这里需顺带提及我国的情况。据笔者目力所及,进入21世纪以来,方见有对作为"第三次方法论运动"的"混合方法"的零星译介(论文、译著合计约二三十篇/本)。倒是一个奇怪而又多少有些令人匪夷所思(若从知识社会学角度考察批判者的情形便不觉奇怪了)的现象值得留意:在我国教育研究领域,鲜见值得称道的定量研究,而对定量研究的反思乃至批判却并不罕见,有

① Abbas Tashakkori & John W.Creswell,"Editorial:The New Era of Mixed Methods," *Journal of Mixed Methods Research*,2007Vol.1,No.1,pp.3-7.

② [美]阿巴斯·塔沙克里、查尔斯·特德莱:《混合方法论:定性方法和定量方法的结合》,唐海华译,重庆:重庆大学出版社2010年版,第22页。引用时有节略。

时火力还比较集中。譬如,20世纪90年代初有研究者认为,教育研究的实证化趋向把教育现象类同于自然现象,从而忽略了教育现象作为社会人文现象所具有的社会性和历史性,忽视了教育研究的独特性和复杂性;为此提出了教育研究中价值研究、事实研究和应用研究的统一,解释性研究和实证性研究的统一,整体性研究与部分性研究的统一,参与性研究和控制性研究的统一的多元化的研究方法体系。① 整个90年代,对教育研究中所谓"科学主义"和"实证主义"的批评不绝于耳。② 有的研究者走得更远,认为人种学作为质性研究方法的源头,虽非教育的唯一方法,却是教育研究的一种根本方法。③ 这些批评虽不无道理,但总有"时空错置"甚或"无的放矢"之憾,至少显得有点像是别国的教育研究出了"毛病"(所谓"科学主义""实证主义")而让我国学人吃药。不过也有学者冷静地指出,在我国教育研究领域,科学的训练和科学的范式还没有建立,谈不上"主义";实证主义是科学主义的近亲,它虽受到挑战,但仍有其合理成分;教育研究需要多种方法、多条途径。④

四、教育社会学研究:走向实用主义?

若从实用主义之"综合""实效""折中""行动""问题中心"等蕴含⑤来

---

① 金生鈜:《教育研究实证方法的分析与研究方法的多元化》,《教育研究》1993年第7期。

② 譬如见杨东平、周谷平:《我国当代教育中的科学主义取向》,《清华大学教育研究》1997年第1期;郭元祥:《关于教育学研究的科学性的若干问题思考——兼析对教育学研究现状的评价》,《华中师范大学学报》(哲学社会科学版)1997年第1期;毛亚庆:《论教育学理论建构的科学主义倾向》,《北京师范大学学报》(社会科学版)1997年第3期;张斌贤:《试析当前教育研究中的"唯科学主义"》,《清华大学教育研究》1998年第1期;等等。

③ 王洪才:《人种学:教育研究的一种根本方法》,《厦门大学学报》(哲学社会科学版)2008年第3期。

④ 周作宇:《没有科学,何来主义?——为教育研究中的"科学主义"辩护》,《华东师范大学学报》(教育科学版)2001年第4期。

⑤ 实际上,致力于教育研究之第三种研究范式(即"混合方法研究")的约翰逊和奥韦格布兹更心仪"混合研究"(mixed research)或"综合研究"(integrative research),而非"混合方法研究"(mixed methods research)这个标签,因为前两者更宽泛、更包容、更具明晰的范例性;他们使用"混合方法"这一术语也只是出于它时下的流行而已。见R.Burke Johnson and Anthony J.Onwuegbuzie,"Mixed Methods Research:A Research Paradigm Whose Time Has Come," *Educational Researcher*,2004,Vol.33,No.7,pp.14-26。

看，似乎不难看出教育研究社会学特别是我国教育社会学研究及其发展呈现“实用主义”的系列端倪，列草表如下：

表 9–6　走向实用主义的教育社会学研究例证①

横向阅读	纯粹主义 I	纯粹主义 II	实用主义
学科性质	规范学科论（中国、二战前后的美日）	事实学科论（安吉尔、布鲁克弗、吴康宁）	事实与规范兼有学科论（巴兰坦、柴野昌山、张人杰）
价值观	践行价值判断（教育学的教育社会学，众多“教育社会学”从业者）	奉行事实判断（社会学精神：新崛通也；“学术底线”：吴康宁）	事实与价值结合论（董泽芳②） 注重问题导向、实践传统，反对“唯科学化”（刘云杉③）
研究方法	定性研究	定量研究	混合方法论（欧美） 多元综合论（董泽芳）
推论逻辑	归纳	演绎	演绎+归纳（吴康宁、董泽芳、国外混合方法论者）
因果认识	通过质性研究，试图诠释“意义适当性”和“因果适当性”	通过量化研究，试图检验“理论观念”和“经验事实”的关联	因果认识永远处于有待验证（进一步证实）的假设状态④
研究层面	微观（“新”教育社会学、互动论、现象学、常人方法学）	宏观（20 世纪 60 年代前，源自涂尔干、帕森斯的结构功能主义）	贯通论（董泽芳⑤、吴康宁⑥、张人杰⑦）

① 本表只是为了简便起见而制，主要应该采取横向阅读方法；除个别栏目（如学科性质和价值观）外，纵向内容未必一一对应，比如规范学科论的逻辑推理未必就是归纳、微观研究，事实学科论的未必就是演绎、宏观研究，等等。

② 董泽芳、胡春光：《从二元对立到多元综合——教育社会学方法论的历史演变》，《华中师范大学学报》（人文社会科学版）2006 年第 6 期。

③ 刘云杉：《告别巴别塔：走入世界的中国社会科学》，《北京大学教育评论》2011 年第 2 期。

④ 吴康宁：《在假设的世界中生存——关于人的一个假设》，《高等教育研究》2005 年第 9 期。

⑤ 董泽芳、胡春光：《从二元对立到多元综合——教育社会学方法论的历史演变》，《华中师范大学学报》（人文社会科学版）2006 年第 6 期。

⑥ 吴康宁：《当前我国教育社会学发展的三个基本问题》，《教育研究与实验》2008 年第 6 期。

⑦ 张人杰：《教育社会学的宏观与微观研究：区别、关系及贯通》，《教育研究与实验》2010 年第 4 期。

续表

横向阅读	纯粹主义 I	纯粹主义 II	实用主义
学科资源	“与国际接轨”论(其主要身份是教育社会学研究的评论者①) 长期“学习欧美”(钱民辉②) 精读(西方)经典(闫引堂③) 套解西语或别学科(众研究者)	“中国特色”论(独立封闭状态) 扎根“本土境脉”(吴康宁) “本土化论”(不少论者)	“三通论”④(董泽芳) “好猫论”(吴康宁) 走向“教育社会理论”(吴康宁⑤) 学科互涉与边界跨越⑥(马维娜)
研究取向	学科概论为主	分支学科为主	问题中心

限于篇幅,这里只对上表中除了一些一目了然之外的若干方面撮要说明如下:(1)学科性质。自美国的沃德于 1883 年在《社会动力学》一书中提出了“教育社会学”概念伊始,以改进教育实践为直接目的的“规范性教育

① 吴康宁:《当前我国教育社会学发展的三个基本问题》,《教育研究与实验》2008 年第 6 期。

② 钱民辉:《对国外教育社会学知识体系的思考》,《北京大学学报》(哲社版)2003 年第 1 期。

③ 闫引堂:《精读原典　培养文科研究生的学术原创能力》,《学位与研究生教育》2007 年第 2 期;《新制度主义的发展:领域拓展还是理论深化?——评迈尔和罗万主编的〈教育中的新制度主义〉》,《北京大学教育评论》2010 年第 2 期。

④ 即“中西融通”“古今贯通”“科际会通”。参见董泽芳、胡春光:《从二元对立到多元综合——教育社会学方法论的历史演变》,《华中师范大学学报》(人文社会科学版)2006 年第 6 期。

⑤ 吴康宁从 2004 年反对“‘尊奉’西方话语、套解中国现实”而提倡扎根“本土境脉”,到 2008 年提出“‘建设适合于中国的教育社会学’的指导方针”,2009 年认同学科资源吸取方式上的“好猫论”,再到 2010 年提出“走向‘教育社会理论’”(强调教育社会学有必要因应人文社会学科之间日增的交叉、互涉、综合而兼容并蓄其他学科的滋养,以便为解释与“解决”当下中国教育现实问题作出更加“切实有效”的贡献),可视为“实用主义”(“问题中心”“综合论”“实效论”意义上)色彩渐浓的一个典例。分别参见吴康宁:《“有意义的”教育思想从何而来——由教育学界“尊奉”西方话语的现象引发的思考》,《教育研究》2004 年第 5 期;《当前我国教育社会学发展的三个基本问题》,《教育研究与实验》2008 年第 6 期;《我国教育社会学的三十年发展(1979—2008)》,《华东师范大学学报》(教育科学版)2009 年第 2 期;《“社会理论”的兴起对教育社会学意味着什么》,《教育研究与实验》2010 年第 4 期。

⑥ 马维娜:《教育社会学拓展的可能空间》,《北京师范大学学报》(社会科学版)2007 年第 3 期。

社会学”就占据了二战以前教育社会学的主流地位。① 受此影响，日本教育社会学在其初创阶段（1945—2954）的主导取向也是注重用社会学成果来解决教育实际问题的规范性教育社会学。② 我国自教育社会学草创至改革开放后重建的相当时期，“规范学科论”亦占有主导地位，而且至今强劲势头不减。另一方面，教育社会学在诞生不久就存在着“事实学科论”对“规范学科论”的抗争，直至取而代之成为主流。美国的安吉尔1928年首次提出与“educational sociology”相对的“sociology of education”③概念，后经布鲁克弗1949年“Sociology of Education：A Definition”④一文进一步阐述，直到大势所趋之下，创刊于1927年的*The Journal of Educational Sociology*杂志最终在1963年易名为*Sociology of Education*之际，事实学科论这一研究范式“终于退缩一隅”⑤。在中国，吴康宁《教育社会学》一书提出“教育社会学是教育学的基础学科”的观点，确立了事实学科论的凸显地位。⑥ 与此同时也应该注意到，无论是美国（如巴兰坦）还是日本（如清水义弘、柴野昌山），均有学者持折中的“事实与规范兼有学科论”。⑦ 我国更是如此，诸如“边际学科论”⑧与“边缘学科论”⑨、“综合学科论”（教育社会学乃交叉、边缘学科）⑩、“（社会学的

---

① 吴康宁：《教育社会学》，北京：人民教育出版社1998年版，第23—38页。

② 吴康宁：《当前我国教育社会学发展的三个基本问题》，《教育研究与实验》2008年第6期。

③ Robert C. Angell，“Science，Sociology，and Education，” *Journal of Educational Sociology*，1928，Vol.1，No.7，pp.406-413.

④ Wilbur B. Brookover，“Sociology of Education：A Definition，” *American Sociological Review*，1949，Vol.14，No.3，pp.407-411.

⑤ 吴康宁：《教育社会学》，北京：人民教育出版社1998年版，第10—31页。

⑥ 吴康宁：《教育社会学》，北京：人民教育出版社1998年版，第12页。

⑦ 吴康宁：《当前我国教育社会学发展的三个基本问题》，《教育研究与实验》2008年第6期；Yoshihiro Shimizu，“Trends in Educational Sociology in Japan，” *International Review of Education*，1972，Vol.18，No.1，pp.113-117；Takayasu Nakamura，“Sociologization，Pedagogization，and Resociologization：Has the post-war Japanese sociology of education suffered from the Galapagos syndrome?” *International Journal of Japanese Sociology*，2013，Vol.22，No.1，pp.67-68.

⑧ 林生传：《教育社会学》，台北：复文图书出版社1985年增订版，第2页。

⑨ 厉以贤：《试谈教育社会学的学科性质和研究对象》，《北京师范大学学报》（哲学社会科学版）1985年第2期；裴时英：《教育社会学》，天津：南开大学出版社1988年版，第1页。

⑩ 钱民辉：《教育社会学——现代性的思考与建构》，北京：北京大学出版社2004年版，第9页。

一门)具体学科+(教育学的一门)子学科论"①及"边缘+基础学科论"②等观点,均可视为"事实与规范兼有学科论"的变异体或改良式。而张人杰十年前就曾隐约表达③、新近更是明确提出,"我国教育社会学主流取向应当'重新作出抉择',如今看来,将'事实与规范兼有论'列为应有的一种主流取向似更合适"④。

(2)价值观。作为"纯粹主义"之一的规范学科论及其研究范式践行价值判断;作为"纯粹主义"之二的事实学科论奉行价值中立,将事实判断视为教育社会学的"学术底线"⑤。而作为"实用主义"的事实与规范兼有学科论则认同事实与价值结合论,提倡行动干预和实践应用的教育社会学。有学者经对我国当前一些文献检索和教育社会学主要会议的材料分析发现,作为应用研究的文献几乎占到了80%以上,研究者们所关注的现象多以当前的教育政策、教育改革、教育焦点问题为主⑥。而在欧美,"所有事实均负载理论"(all facts are theory - laden)、"没有研究能够价值中立"(no research can be value-free)的观念⑦在上个世纪七八十年代就十分盛行——至少遍及欧洲,(教育)社会学中的"纯粹"研究被其时变得既确定(established)又面临被废除(disestablished)的悖论所围困⑧——以致英国方法论学家哈默斯利说其"最

① 楚江亭:《教育社会学研究与发展的困境及应重视的问题》,《当代教育论坛》2003年第1期。

② 杨昌勇、郑淮:《教育社会学》,广州:广东人民出版社2005年版,第8页。

③ 张人杰:《中国大陆教育社会学的二十年建设(1979—2019年)》,《华东师范大学学报》(教育科学版)2001年第6期。

④ 张人杰:《教育社会学研究对象探索中需要澄清的三个问题》,《教育研究》2009年第9期。

⑤ 吴康宁:《当前我国教育社会学发展的三个基本问题》,《教育研究与实验》2008年第6期。

⑥ 钱民辉:《中国教育社会学研究的最新动向及评述》,《北京大学学报》(哲社版)2009年第3期。

⑦ 最终,将这两种观念比较系统地运用于教育研究特别是教育社会学研究而撰写专著的学者,当推美国的波普科维茨,见 Thomas S.Popkewitz, *Paradigm and Ideology in Educational Research: The Social Functions of the Intellectual*. London: Falmer Press, 1984。

⑧ John Eggleston, "Research in the Sociology of Education," *Paedagogica Europaea*, 1976, Vol. 11, No.1, pp.123-132.

近已成为教育社会学中的老生常谈”[1]。而今更有学者提出，教育研究乃是一种“知识的实用主义理论”（a pragmatic theory of knowledge）、一种并没有撇除价值偏见的旁观者理论（a spectator theory avoiding value bias）所形塑的“实用科学”（a practical science），即一种行动研究（a form of action research）[2]。某种意义上可以说，社会学的问题（特别是其经典的秩序与控制的问题）因而教育社会学的问题，就是价值的问题；“价值”，自始至终形塑着这门学科（values shape the discipline from beginning to end）。[3]

（3）研究取向。无论中外，教育社会学研究乃至整个教育科学的研究总体呈现由“学科体系”取向向“问题中心而方法多元（综合）”取向转移的特征。[4] 特别是在我国，重建以来的教育社会学研究，其总体性质已经历“两次转型”：从“学科概论性研究为主、分支领域性研究为辅”的阶段，到“学科概论性研究与分支领域性研究齐头并进”的阶段，再到“分支领域性研究为主、学科概论性研究为辅”的阶段[5]。在分支领域研究中，又已经并正在经历从“概论性研究为主、具体问题为辅”到“具体问题研究为主、概论性研究为辅”的转向[6]——而这第三次转型的显著特征就是：“从强分支领域到弱分支领域”“从有分支领域到无分支领域”，注重对我国具体教育问题的“跨分支领域的”“综合的”“融通的”“切实的”解释[7]，体现了“问题中心”“取法多元”的实用

---

① Martyn Hammersley, "The Good, the Bad and the Gullible," *British Journal of Sociology of Education*, 1985, Vol.6, No.2, p.243.

② John Elliott, "Educational Research as a Form of Democratic Rationality," *Journal of Philosophy of Education*, 2006, Vol.40, No.2, pp.169-185.

③ Alan Dawe, "The Two Sociologies," *The British Journal of Sociology*, 1970, Vol.21, No.2, pp.207-218.

④ 张斌贤：《从“学科体系时代”到“问题取向时代”——试论我国教育科学研究发展的趋势》，《教育科学》1997 年第 1 期；劳凯声：《中国教育学研究的问题转向——20 世纪 80 年代以来教育学发展的新生长点》，《教育研究》2004 年第 4 期；Alan R.Sadovnik, "Theory and Research in the Sociology of Education," In Alan R.Sadovnik (Eds.), *Sociology of Education: A Critical Reader*, 2nd Edition. New York & London: Routledge, 2011, pp.3-19.

⑤ 参见吴康宁：《现代教育社会学丛书》，北京：北京师范大学出版社 2003 年版，“总序”；《我国教育社会学的三十年发展（1970—2008）》，《华东师范大学学报》（教育科学版）2009 年第 2 期。

⑥ 吴康宁：《现代教育社会学丛书》，北京：北京师范大学出版社 2003 年版，“总序”。

⑦ 《社会学视野中的教育丛书》（吴康宁主编，南京：南京师范大学出版社 2006 年至今出版发行）或可视为其代表。

主义色彩和趋势。中国台湾学者张建成在考察国际教育社会学流变和智慧的基础上提出,未来的教育社会学研究须“加强本门同仁内部以及与其他领域学者之团队合作(以便‘将因方法而害目的的危险降到最低’)”及“加强实践的性格以促进理论与实际的整合”等注重教育实践与问题、采取综合方法的主张①。欧洲同仁亦指出,自教育社会学20世纪中叶通过摆脱功能主义的支配而发生历史转向以降,历史、社会、种族、性别问题及其与教育的紧密联系开始占据教育之社会学分析(sociological analysis of education)的要津②;而今,如果教育社会学不再于关键领域对主要教育、社会及经济问题作出重大贡献,将会面临失势的危险③。美国圣母大学教授莫琳·哈里楠继2000年为纪念对20世纪教育社会学产生深远影响的詹姆斯·科尔曼而编辑出版《教育社会学手册》④之后,新近又编撰出版了《教育社会学前沿》⑤,其中把泰半篇幅留给了全美知名社会科学家、历史学家、行政官员及教育家等非教育社会学家,以期用他们具有相当广度和深度的论文,为占据另一小半篇幅的教育社会学家的前沿研究(cutting-edge research)提供一个有趣的对比(an interesting counterpoint),哈里楠本人以“增进社会学研究与教育政策的互动”为题的首章昭然亮明了她及其同道“弥合研究与实践之间沟壑”⑥的一贯主张。面对俄罗斯举国没有一个教育社会学研究中心——包括那些运行于俄罗斯教育研究院和

---

① 张建成:《教育社会学的流变与智慧:由A.H.Halsey等人所编三本教育社会学文集谈起》,《外国中小学教育》2005年第3期。

② Mustafa Sever,“A Critical Look at the Theories of Sociology of Education,” *International Journal of Human Sciences*,2012,Vol.9,No.1,pp.650-671.

③ Hugh Lauder,Phillip Brown & A.H.Halsey,“Sociology of Education:A Critical History and Prospects for the Future,” *Oxford Review of Education*,2009,Vol.35,No.5,pp.569-585.

④ Maureen T. Hallinan, *Handbook of Sociology of Education*. New York: Kluwer Academic/Plenum Publishers,2000.

⑤ Maureen T.Hallinan, *Frontiers in Sociology of Education*.New York:Springer,2011.

⑥ Jr.Peter W. Cookson,“Closing the Rift between Scholarship and Practice,” *Educational Policy*,1987,Vol.1,No.3,pp.321-331;Alan R.Sadovnik,“Postmodernism and the Sociology of Education:Closing the Rift among Scholarship, Research, and Practice,” In George Noblit & William Pink (Eds.), *Continuity and Contradiction:The Futures of the Sociology of Education*.Cresskill,NJ:Hampton Press,1995;Maureen T.Hallinan,“Bridging the Gap between Research and Practice,” *Sociology of Education*,1996,Vol.69,Extra Issue:Special Issue on Sociology and Educational Policy:Bringing Scholarship and Practice Together,pp.131-134.

科学研究院的机构在内——对俄联邦教育与科学部实施的诸如统一国家考试、教育财政机制等重大改革问题作出及时反应（预测和效果分析）这一局面，俄罗斯学人于2009年举行全俄“教育与社会”圆桌会议，觉悟俄罗斯教育社会学需要重新思考其使命和理论，需要变得更多参与教育系统的改革。其中有学者严正指出，教育社会学在俄学术与高等教育空间中的位置，将取决于它是否一仍其旧地滞留于一种“纯科学”（pure science），搞成一种非常狭小圈子里的专家举行会议的场所；教育社会学的可能出路，是要确保在综合和大规模理论的基础上获得一种发展、并不断发展的社会技术（social technology）之品质，对教育政策等重大问题作出实际贡献。① 环球而视，问题中心、方法综合、关联实践至少是许多大国教育社会学研究的一大取向和趋势。

之所以在本部分的标题后面打上问号，是因为我们尚且有如下三则困惑需要讨论：

其一，实用主义的魅力与困惑

实用主义被推崇为证明混合方法和混合模型的应用具有确当性的最佳范式。其天生魅力在于：（1）它为我们提供了可以从哲学上将混合方法和混合模型设计的应用包容在一起的哲学范式（换句话说，它为混合方法论提供了哲学之根）；（2）它摆脱了应用那些曾引起无尽（也多为无用）的讨论和争辩的形而上学概念（如“真理”“现实”）；（3）它提出了一种非常可行和实用的研究哲学：研究你所感兴趣的和对你有意义的问题，应用你认为合适的不同方式去研究这些问题，并以能为你的价值观体系带来积极后果的方式使用这些研究的结果。

但从另一方面来讲，实用主义在研究问题上的“取我所需”——研究你所感兴趣的（有意思）、对你有意义的（好玩）或者你胜任研究的（所能）问题，在研究方法上的“法无定法”——应用你认为合适的不同方式去研究这些问题，以及在研究结果上的“为我所用”——以能为你的价值观体系带来积极后果的方式使用这些研究的结果（实乃希望研究结果与研究者的价值观体系相一

① “Methodological Problems of the Present－Day Sociology of Education：A Roundtable，” *Russian Education and Society*，2011，Vol.53，No.5，pp.61－74.

致)等等思想信条与行动准则,是无法令人信服地回答究竟如何处理研究中诸如预设与结论、理论与事实、主观与客观等一系列问题的;也难怪涂尔干当年批评说,实用主义过度强调了个体的心理方面而忽略了社会方面。当然,衡诸实用主义的理路,诸如定性与定量、归纳与演绎、主观与客观、事实与价值、个体与社会等等"二元关系"抑或"非此即彼",原本就是应该加以拒绝和抛弃的!"方法从之于问题""方法皆备于我,尽为我所用""有用即真理""确立更灵活的真理"……是实用主义响亮的口号。这类口号虽不无启发性与冲击力,但难免存在"留一半清醒留一半醉"式的无奈与自慰,也不脱"有了快感你就叫"式的痞子文化气息,更与"怎么搞都行"式的后学颓风半斤八两。

其二,"新动向"(事实判断)还是"新取向"(价值判断)?

所谓"从'纯粹主义'到'实用主义'"的研究方法论动向是实然还是应然?抑或基于实然的应然?如果基于实用主义的理脉来回答,那未必就能也不需要像小葱拌豆腐一样说得一清二楚。题目中"从××到××"句式,只是为了表达方便而已(当然我也承认有一种吸引眼球的"实用"考量),任何语词和表达都未免不是一种武断、简化乃至误导。这里只想强调指出两点:第一,是教育社会学方法论虽然在大体上不乏"从纯粹主义到实用主义"之历时性的端倪或趋势;但同时也有甚至更多的是二者共时性的交错、交织与交叉,于是,那种历时性的趋势大约也就是一种螺旋式的动向了。第二,究竟是事实判断抑或价值判断,问题十分繁复,这已经在第六章里专门探讨过①,这里只需要说明的是,本部分开篇提及涂尔干在法国索邦大学发表演讲、论证"社会学高出实用主义的地方",尽管他标举实证主义大旗和客观性原则,但当时他面对实用主义横扫法国知识界之际,其内心的主要关切,其实主要不是由于客观真理与知识本身,更主要的是由于他对其时法国由激烈的反对派对抗天主教会权力而引发的社会大动乱的忧心忡忡和对真理与知识的道德作用(moral role)的欲求,寄望由此发展出一种客观的基础(objective basis)以建立新的和

---

① 另可见拙文:《价值中立与价值关联的交织——教育社会学系学科性质的一个内在焦虑》,《教育研究》2010 年第 12 期;《事实学科论:教育社会学的"一个或所有"问题——围绕"价值中立"观念的一个元分析》,《高等教育研究》2013 年第 7 期。

谐秩序①。原来,涂尔干不过是举着实证主义和客观真理的大旗,伸张自己的价值和欲求罢了。

其三,教育社会学方法论还是社会(科)学方法论,国外的还是我国的?

有两个不得已的行文困惑也是需要提请读者指教的:一是能否从社会(科)学推导教育社会学?二是能否从国外(教育)社会学推导中国(教育)社会学?对于第一个问题的勉强回答是,从社会学乃至社会科学推导教育社会学,这本是本章所论走向实用主义之教育社会学的题中之义。对于第二个问题,能否容忍笔者大言不惭地以“立足中国、放眼世界”而聊以自慰?

---

① Steven Lukes, *Emile Durkheim: His Life and Work*. New York: Harper & Row, 1972; Michael Young & Johan Muller, "Truth and Truthfulness in the Sociology of Educational Knowledge," *Theory and Research in Education*, 2007, Vol.5, No.2, pp.173-201.

第十章　从“给定事实”到“话语建构”：迈向教育社会学的社会学

研究的主要目的并不是为了对思想家们所说或所认定的主题进行结论式的摘要……事实上，我们是在社会理论（theory）中进行研究，而不是对各种理论（theories）进行研究。其旨趣并不在于那些理论家作品中各个不同的命题，而是在于一个系统的理论推理体系。①

——塔尔科特·帕森斯：《社会行动的结构》

每一回你观察世界的角度有所移动时——无论是多么轻微的移动，你就会看到前此未曾看过的事物。②

——伊安·克莱伯：《当代社会理论》

“价值中立”作为韦伯个人纠结式的概念自出炉迄今，历经无穷争论和“为我所用”，却也在很大程度上成为社会学的一个“公理”，并成为教育社会学的“一个或所有”式问题及其“事实学科论”的安身立命之本。经对“事实学科论”及其“价值中立”方法论的元理论反思和话语分析发现，“事实学科”作为“事实学科论”的研究“结果”和“文本”，更多的是一种“话语建构”而非“给定实在”，并在教育社会学者个人理论体系之中及群体文本之间，呈现斑斑“修辞”印痕和逻辑“短路”。同理的反思亦可用于教育社会学“规范学科论”及“事实与规范兼有论”。本章如此分析和研究，旨在解答第六章所述“教育

① Talccot Parsons, *The Structure of Social Action*, Chicago: Free Press, 1949, preface, p.V.

② ［英］克莱伯（Ian Craib）：《当代社会理论》，廖立文译，台北：桂冠图书股份有限公司1986年版，第332页。

社会学学科性质的内在焦虑”这一基本学术问题,并尝试走向“反思教育社会学”①或曰“后教育社会学”②或曰“教育社会学的社会学”③。

一、“一个或所有问题”及其解法

第六章曾论及④,“价值中立”问题不啻为教育社会学学科性质的试金石,在关于教育社会学学科性质的三大论断中,“事实学科论”奉行事实判断,摒弃价值判断;“规范学科论”强调社会学知识在教育实践中的直接运用以及对教育行为进行价值判断,“事实与规范兼有论”则在价值判断与事实判断之间调和、折中抑或摇摆。正是“价值中立”与否这个“牵一发而动全身”的命题,从根本上牵掣乃至决定了迄今为止关于教育社会学研究对象、学科性质、研究方法论“是何、如何、奈何”等一系列的观点呈现与理论交锋。本章欲接着进一步往下追问并接着解答如下问题:秉持“价值中立”并以之为标识的“事实学科论”,又何尝不是教育社会学之“牵一发而动全身”的问题呢?这个问题,借用赵汀阳的话来说,乃是“一个或所有问题”——为了探讨清楚一个问题就不得不链接到所有问题,而所有问题又不得不被理解为一个问题,否则难以理解⑤。探及“事实学科论”,就不得不牵涉教育社会学学科性质其他诸论,不得不关联各论的研究对象说与研究方法论,不得不引出所谓教育社会学“主流取向”等一系列问题;而所有这些问题,又不得不归结于和溯源至“价

---

① 关于“反思教育社会学”的概念,借鉴了布迪厄的“反思社会学”。参见[法]皮埃尔·布迪厄、[美]华康德:《实践与反思:反思社会学引论》,李猛、李康译,北京:中央编译出版社2004年版。

② 关于“后教育社会学”的概念,借鉴了谢立中“后社会学”。参见谢立中:《后社会学》,北京:社会科学文献出版社2012年版。

③ 关于“教育社会学的社会学”(a sociology of the sociology of education)的概念,可参见Stephen J.Ball,“Some Sociologies of Education:A History of Problems and Places,and Segments and Gazes,”*The Sociological Review*,2008,Vo.56,No.4,pp.650-669.

④ 亦可见拙文:《价值中立与价值关联的交织——教育社会学学科性质的一个内在焦虑》,《教育研究》2010年第12期。

⑤ 赵汀阳:《一个或所有问题》,南昌:江西教育出版社1998年版。

值中立"这一个问题,不得不围绕"价值中立"进行分析,舍此不二法门,别无他途。

我国教育社会学"事实学科论"的代表,当推吴康宁著《教育社会学》①,因其"标志着我国教育社会学学科体系具有自身特色的系统化建构"②,也是"迄今为止教育社会学概论性著作中结构最合理、体系最完善的一部"③。的确,笔者保守评估,在该著诞生之后相当长时期乃至遥远的未来,学界虽可以"无视"(pretend not to see)抑或"小觑"(belittle)④之;但一俟真的面对,却无

---

① 吴康宁:《教育社会学》,北京:人民教育出版社 1998 年版。这里需要说明两点:

(1)该著关于教育社会学学科性质的"三点认识"(详见该书第 12—16 页),并未直接突出亮明作者坚持的是"事实学科论",而是提出了"中介学科论"(教育社会学是社会学与教育学的中介学科),并从反面说起,即通过说明"中介学科不是什么"来阐述和界定教育社会学"是什么"性质的学科——"中介学科不等于事实与规范兼有学科"。然观其具体所陈、该著形成过程之中作者发表的相关成果及其后续其他系列所论,我们可以明白无疑地判断:中介学科就是事实学科,甚至无妨套用作者的句式换个说法这么表达:"中介学科等于事实与规范兼有学科减去规范学科。"作者之所以标举(突出)"中介学科"而非"事实学科"为小标题,意在厘定教育社会学与教育学、社会学的学科关系观,完成教育社会学与社会学母子关系的重新厘定——教育社会学乃教育学的"母学科"而不是相反——之任务。

(2)在该著形成过程之中及其后,作者发表的相关成果及论说主要有:吴康宁:《简论教育社会学的学科性质》,《华中师范大学学报》(人文社会科学版)1998 年第 3 期;《社会学视野中的教育》,《教育研究与实验》2006 年第 4 期;《我国教育社会学的三十年发展(1979—2008)》,《华东师范大学学报》(教育科学版)2009 年第 2 期。

② 马和民、何芳:《中国教育社会学面临的问题及取舍》,《教育研究与实验》2007 年第 1 期。

③ 杜时忠、卢旭:《我国教育社会学研究的回顾与前瞻》,《高等教育研究》2004 年第 3 期。

④ 这里不妨也举一例。教育社会学者张人杰在总结中国大陆教育社会学(重建以来)的 20 年建设时,曾就该著的体系与学科框架评论道:此书(指吴康宁著《教育社会学》,人民教育出版社 1998 年版——笔者注,在本注释的余下部分,"此书"简称为"该著")"倒也真的是移植和应用外国教育社会学理论一例"[见张人杰:《中国大陆教育社会学的二十年建设(1979—2000 年)》,《华东师范大学学报》(教育科学版)2001 年第 6 期]。重回该著文本现场并检视其后的历史效应,我们不难发现,张人杰"移植应用说"难以成立,亦难令人信服。这是因为:

第一,该著的体系和学科架构系由其作者本人所创并首次付诸实施,唯非"全为作者独创",而是还受到了新崛通也[新堀通也本人只是"说到"类似思路但并未"做到",即并未真正按此思路具体构建教育社会学论著体系]的观点的启发而已(见该著"前言",第 2 页)。

第二,与张人杰的评判恰恰相反,该著作者吴康宁在受命撰写该著之际,对于"移植"和"应用"国外教育社会学理论,就持有"事先"的批评和忌讳;对于如何处理和把脉中国国情与国外学术前沿以及理论与实证的关系,就秉有科学的态度和筹划;对于如何克服和超越迄今为止诸多千篇一律、"如出一辙"的论著体系从而构建一个较为合理、相对"自圆其说"的教育社会学论著体系,就拥有自觉的担当和抱负;对于迄今尚未见有任何一个学者(包括新崛通也本人)真正按

法“绕过”乃至很难“超越”之。自其出版迄今，“事实学科论”及其相应的“社

此思路来具体构建教育社会学论著体系，而是舍此逻辑较为严谨之途去重复众人皆构之体系的艰难，就抱有“知难而进”的精神和信心。他在该著前言中明言：“然观（我国教育社会学）学科总体，仍处起步阶段。处于起步阶段的学科建设当有二忌：一忌盲目趋附国外取向，鹦鹉学舌，致使所谓研究成果实为编译制作；二忌片面强调‘民族特色’，自我封闭，致使所谓研究成果颇具井蛙之嫌。”为此，他自律三条撰著原则：“立足中国国情，理清基本问题；选择借鉴国外，展示学术前沿；把握学科特点，杂糅理论、实证。”他期望，“通过本书体系，能有助于我国教育社会学界尽快克服同时并存的‘洋云亦云’与‘封闭式乡土化’两种倾向”。

第三，作者吴康宁在该著中建构的体系，非但不是“移植”或“应用”新崛通也的观点，而且二者在教育社会学一些关键论题上存在很大区别乃至根本对立，荦荦大端者有三：（1）教育社会学的研究对象 vs 教育社会学论著的体系（架构）。新崛通也是从教育社会学“研究对象”的角度来谈教育与社会的关系，他对教育社会学研究对象的总体界定是“教育与社会的关系”，具体而言，他提出教育社会学有三个“研究对象”：其一是“作为社会现象的教育”，其二是“从社会到教育”，其三是“从教育到社会”（见该著“前言”第2、8页）。吴康宁则认为，上述第一大类的某些内容并不完全属于“关系”的范围，这三大类“研究对象”实际上是对于教育的社会性——他认为教育社会学的精髓在于承认教育是一种社会现象，具有明显的社会性——的一种逻辑区分。经过这样的重新认识与厘定，他形成如下基本思路：第一，作为一种社会子系统，教育系统的生存与运转，必受外部社会的制约；第二，作为一种特殊的社会子系统，教育系统当有其自身之结构与过程；第三，作为一种社会子系统，教育系统也必定会对外部社会有所影响。而这三个层面，理应各具一定的整体性。由此他建构了教育社会学的体系，依序由四部分组成：“教育社会学学科论”“教育的社会背景”“教育自身的社会系统”以及“教育的社会功能”。显然，前者“言及”的是教育社会学的“研究对象”，后者“构建”的则是教育社会学的“论著体系”。（2）教育社会学研究对象观的不同：关系说 vs 社会层面说。如上所述，新崛通也对教育社会学研究对象的总体界定是“教育与社会的关系”，具体包括“作为社会现象的教育”“从社会到教育”及“从教育到社会”三者。而吴康宁则认为，“教育与社会相互关系”本身并不是一个准确的概念，存在诸多无法圆通的问题，遂其另创“社会（学）研究层面”研究对象说，即“教育社会学虽然与其他教育学科同样研究教育现象或教育问题，但它只研究具有社会学意味的教育现象与教育问题，或者说它只研究教育现象或教育问题的社会层面”。（见该著，第6页。）（3）学科关系观的对立：母（学科）与子（学科）的倒置。新崛通也将社会学与教育学称之为教育社会学的夫学科与母学科——实乃学科关系观点上的“交叉学科论”或曰“边缘学科论”。吴康宁认为这种观点不能自圆其说，并另创“中介学科论”，其与这里的议题相关的要义是：第一，中介学科不等于“边缘学科”，因为教育社会学是社会学用于“教育领域”的产物，而非“教育学”与社会学结合或交叉所产生的“交叉学科”或“边缘（际）学科”；第二，教育社会学是社会学的特殊理论学科或分支社会学理论而不是其简单应用学科；第三，教育社会学是（作为“现代教育研究之学科”的）教育学的基础学科（母学科），而并非相反（正如新崛通也所言“教育学是教育社会学的母学科”），尽管作为独立学科的教育社会学产生于社会学与教育学之后，但它并不是这两门学科相结合的产物，而是社会学用于“教育领域”（而不是“教育学”）后的产物，所以，教育社会学成为教育学的“母学科”（是教育社会学给予教育学以理论滋养而不是相反）与教育学产生于教育社会学之前并不矛盾。

第四，十来年之后，张人杰先生本人在2006年教育社会学第九届年会（海南）开幕式发言时，

会层面"研究对象说,似日益成为教育社会学这门学科的一种"常理"和"常识",乃至成为教育社会学这门学科的"门牌号码"①。受"化熟为生"及"to denaturalize what is taken for granted"之社会学致思路数②的启迪,笔者有意尝试对此"一个或所有问题"进行叩问与反思。此为研究问题之交代。

如何叩问与反思?这涉及方法。从大的思路上讲,这里主要关注作为作者的(教育)社会学家[the sociologists of sociology(of education) as authors]及其论著(works),考察(教育)社会学家的知识主张及其文本是如何建构的。具体而言,本章将围绕"价值中立"进行一种元分析(A meta-analysis)。此处所说的元分析,除了用"抗固化"的社会学之思作底色而外,更主要的是以哲学追问的方式,辅以话语分析方法,进行一种反思性的理论分析,尝试走向"反思教育社会学"或曰"后教育社会学"③或曰"教育社会学的社会学"。

对(教育)社会学本身进行哲学追问与反思,不仅可能、必要,而且绕不过。环顾(教育)社会学之古今中外,无论是我国近代先贤把社会学视为"群学"④,

---

有感于"教育社会学研究对象(即教育社会学中普遍流行的"教育与社会的关系"研究对象说)尚不明确"(见张德祥、周润智:《高等教育社会学》,高等教育出版社 2002 年版,"序言")这一"行外的非客观批评"而发表了情理辩护。教育社会学的"门牌号码"究竟何在呢?痛定思痛,张人杰在《教育社会学研究对象探索中需要澄清的三个问题》(《教育研究》2009 年第 9 期)一文中推举(重申)吴康宁 1998 年《教育社会学》提出的"社会层面说"为判定标准或原则,认为"社会(学)研究层面"研究对象说——"教育社会学虽然与其他教育学科同样研究教育现象或教育问题,但它只研究教育现象或教育问题的社会层面"(见该著,第 6 页)——比"教育与社会的关系"研究对象说更直截了当,且更概念化。而"社会层面"这一教育社会学研究对象的界定,恰是吴康宁当初区别于新崛通也的"教育与社会的关系"研究对象说、而不是"移植"或"应用"之的结果;"社会层面说"恰是张人杰先生后来征用和据以克服、超越屡受诟病的、包括新崛通也本人等诸多社会学研究者都坚持的"教育与社会的关系说"。

① 张人杰:《教育社会学研究对象探索中需要澄清的三个问题》,《教育研究》2009 年第 9 期。

② 前者为笔者博士生导师吴康宁教授之经常教导,后者为笔者在 University of Wisconsin-Madison 做访问学者时联系导师 Thomas S.Popkewitz 教授所念兹在兹,二者所见略同,义理相通。

③ 笔者提出这两个概(观)念,受如下著作的启发:[法]皮埃尔·布迪厄、[美]华康德:《实践与反思:反思社会学引论》,李猛、李康译,北京:中央编译出版社 2004 年版;[美]理查德·罗蒂:《后哲学文化》,黄勇译,上海:上海译文出版社 2009 年版;谢立中:《后社会学》,北京:社会科学文献出版社 2012 年版。

④ [英]斯宾塞著《The Study of Sociology》,严复译作《群学肄言》,上海:上海文明编译局 1903 年版;陶孟和亦视社会学为"群学",见陶孟和:《社会与教育》,上海:商务印书馆 1934 年版,第 1 页。

还是当代学者提出社会学的学科之眼即为“人群差异”①；抑或欧美学者“社会学家所研究的是可能影响（某种社会现象的）‘群体’而不是可能影响‘个人’的原因（即迪尔凯姆所说的‘社会因素’——笔者注）”②，以及“个体方面的学习过程是教育心理学的核心，而社会方面的学习过程乃教育社会学的核心”③之类的灼见，均无以否认，（教育）社会学终究不脱离“人”的研究④，大抵是关于“人群”⑤的研究。而“只要是关于人的存在的研究，无论是哪一种学科，最后的问题都是哲学问题”⑥。这就难怪，诸如“××的哲学之根”乃至“××学的哲学之根”之类的论著，会不时涌现⑦；也难怪有学者判断：“我有一个预

① 吴康宁：《社会学视野中的教育》，《教育研究与实验》2006年第4期；《我国教育社会学的三十年发展（1979—2008）》，《华东师范大学学报》（教育科学版）2009年第2期。

② ［法］埃米尔·迪尔凯姆：《自杀论：社会学研究》，冯韵文译，北京：商务印书馆1996年版，第18页。

③ Charles A.Ellwood，“What Is Educational Sociology?”*Journal of Educational Sociology*，1927，Vol.1，No.1，p.27.

④ 以《自杀论》而彪炳社会学史册的迪尔凯姆，在该著“导论”中不惜笔墨专门界定和阐明了“自杀”的含义并对“动物自杀说”存疑，明言其研究“只考虑人类的自杀”。见［法］埃米尔·迪尔凯姆：《自杀论：社会学研究》，冯韵文译，北京：商务印书馆1996年版，第10页。

⑤ 尽管《国语·周语上》有云：“兽三为群，人三为众。”不过这是春秋之前的观念，到了战国，“君”已经成了“人群”的领导者——尽管“君”（“群”是“羊”字上面一个“君”）原本是牧羊人。（见易中天：《易中天中华史·国家》，杭州：浙江文艺出版社、北京：北京出版社2013年版，第47页。）我国社会学，在初输入时，就有“群学”或“人群学”之称。据孙本文考证，最早采用“社会学”一词者，当为谭嗣同的《仁学》；初用“群学”之名者，则为康有为，康氏于清光绪十七年（1891）讲学于广州万木草堂（号为长兴学舍），其“教育大纲”中列有“群学”之名，与“政治原理学”并重；而严复一方面区别区用“社会”与“人群”二词——仅视“社会”为“人群”的一种，因为“群”指一般人类结合，而“社会”仅指有组织的人群——，另方面又把斯宾塞的《社会学研究》译为《群学肄言》（1898），“未免稍有不合”。（见孙本文：《当代中国社会学》，北京：商务印书馆2011年版，第9—12页。）

⑥ 赵汀阳：《一个或所有问题》，南昌：江西教育出版社1998年版，第207页。

⑦ 譬如，可见 Henryk Misiak，*The Philosophical Roots of Scientific Psychology*. New York：Fordham University Press，1961；William Y. Adams. *The Philosophical Roots of Anthropology*. Stanford，CA：CSLI Publications，1998；Weihua Niu & Robert J.Sternberg，“The Philosophical Roots of Western and Eastern Conceptions of Creativity，”*Journal of Theoretical and Philosophical Psychology*，2006，Vol. 26，No.1-2，pp.18-38；David E.Ingersol，Richard K.Matthews & Davison Andrew，*The Philosophic Roots of Modern Ideology*：*Liberalism*，*Conservatism*，*Marxism*，*Fascism*，*Nazism*，*Islamism* - 4th Edition. New York：Sloan Publishing 等。这就难怪，哈金感慨于“有多少事情被说成是社会建构的”这一观念（idea）而专门撰著了《社会建构“什么”》一书。见 Ian Haching，*The Social Construction of WHAT?* Massachusetts：Harvard University Press，1999。

感,未来的人文社会科学各个学科将重新汇合为哲学,将要到哲学中去重新塑造,而不是继续像数百年来那样越来越脱离哲学、从哲学中独立出去”;“哲学不是在各种学科之外,而是在每一个学科之中的一种思想手法”。[①] 实际上,于此我们不该忘记近一个半世纪以来的三桩往事,桩桩事关社会学、教育社会学这对母子与哲学之间“剪不断、理还乱”的生死缠绵:一则“社会学”这个概念本身就是由身为法国实证主义哲学家的奥古斯特·孔德1838年在名为《实证哲学教程》一书中“铸造”[②]而成。二则1883年美国人沃德(Lester F.Ward)在其《社会动力学》一书中提出了“教育社会学”概念,纵论教育与社会进步的关系,而这是基于其“社会导进论”(认为教育在促进人类进步、建设美好社会中应起重要作用)这一哲学预设的——该书的标题及其自序昭然宣示,他将背负孔德的宏旨而成就一番大业:将哲学从霍布斯、洛克、伏尔泰等人的处于否定的(negative——请注意这个词的反义词就是孔德念叨的“positive”)、“纯粹静态阶段”(the purely static stage)的“死科学”(dead sciences),经由穆勒(John Mill)、斯宾塞、菲斯克(John Fiske)等人的仍处于否定的、“被动的动力阶段”(the passively dynamic stage),推向“主动的(活的)动力阶段”(the actively dynamic stage——请注意active这个词的近义词就是孔德的“positive”)[③];说白了,沃德这就是要成就孔德从“社会静力学”到“社会动力学”的教义和夙愿。三则,埃尔伍德(Charles A.Ellwood)早在1927年美国《教育社会学杂志》创刊号上就曾撰文《何谓教育社会学?》,直言不讳地宣称,他毋宁把“教育社会学”怀想为“教育的社会哲学”(That-a social philosophy of education-is indeed what I conceive educational sociology to be!)[④]。鉴此情循此理,本章拟对教育社会学进行一种哲学式的反思,尤其是追问其哲学之根与价值预设。

而这种哲学追问往往与话语分析(discourse analysis)方法紧密相伴。譬

① 赵汀阳:《一个或所有问题》,南昌:江西教育出版社1998年版,第205、207页。

② Auguste Comte, *The Positive Philosophy*, Vol 2.London: George Bell & Sons, 1896, p.168.

③ Lester F.Ward, *Dynamic Sociology: Or Applied Social Science, As Based Upon Statical Sociology and the Less Complex*, 2 Volumes.New York: Appleton and Company, 1883, preface.

④ Charles A.Ellwood, “What Is Educational Sociology?” *Journal of Educational Sociology*, 1927, Vol.1, No.1, p.30.

若玛丽安和路易斯《作为理论与方法的话语分析》一书,正是通过勾勒与探讨一些“哲学前提”(philosophical premises)进而达成话语分析的①。而应该看到的是,话语分析早已不只是语言学家和应用语言学家的园地,社会学、人类学、心理学等都不同程度地参与其中,使之日益成为名副其实的跨学科和超学科研究;话语分析的任务、方法和目的也因此日益多样化、多元化——随着近年来对话语分析主要任务的认识已经从最初研究“作为文本的语言”(language as text)转到了研究“使用中的语言”(language in use),话语分析也从最初仅对语言文本形式特征和组织结构进行“描写”,推进到了还要对文本可能或实际产生的意义进行解读“阐释”;而话语分析——特别是批判话语分析(Critical Discourse Analysis,CDA)——的目的,就是要改变甚至消除被认为是导致不真实的或歪曲的意识的条件,使此前被隐蔽的东西显现出来,进而开启个人或群体的反省过程。② 有学者更是杂糅传统话语分析之技巧、后现代思潮之“多元主义”而提出一种新的社会分析思路,即“多元话语分析”,呼吁在社会研究的对象和方法方面实现一种转换:一方面将研究对象从所谓的社会实在“本身”转换为对“社会实在”的话语建构过程,另一方面将研究方法从传统的实证主义方法、诠释学方法和批判方法转换为一种经多元主义改造过的话语分析方法,从而构想一种新的社会研究范式,这种范式“将把话语既当作主题又当作社会学分析的手段”。③ 本书将对上述方法有所借鉴,用以分析作为话语的“价值中立”及“事实学科论”。基于这样的问题意识及方法路径,以下拟从对教育社会学的基础学科——社会学及其“价值中立”原则的考察开始说起。

---

① Marianne Jørgensen & Louise Phillips, *Discourse Analysis as Theory and Method*. London: SAGE Publications Ltd,2002,preface.

② 许力生:《话语分析面面观——反思对批评话语的批评》,《浙江大学学报》(人文社会科学版)2013 年第 1 期。

③ 谢立中:《后社会学:探索与反思》,《社会学研究》2012 年第 1 期。

二、价值中立:“牛头人身”之怪的因与果

“价值中立”(wertfreiheit)这个被称为“弥诺陶洛斯”①(Minotaur,人身牛头怪物)的怪物,由“怪人”马克斯·韦伯(Max Weber,1864—1920)正式“杜撰”(coined)并成为其整个社会学的“立场的基础”②,后经美国著名社会学家帕森斯(Talcott Parsons)、米尔斯(C.Wright Mills)等人译介为英文(value-neutrality,或者是同样频繁使用的、更“可口的”的 value-freedom③)而风靡全球,近百年来经久不息。其怪至少有三:

一曰“人格矛盾”之怪。一方面,韦伯本人怀有民族沙文主义情结,在第一次世界大战中曾有一段年过半百尚“为德国的荣誉而战”的历史。在浩瀚的韦伯二手文献中,认真研究“政治人”韦伯并因而具有里程碑意义者沃尔夫冈·蒙森(Wofgang J.Mommsen,1930—2004)——凭借罗马史研究获得诺贝尔文学奖的特罗多尔·蒙森(Theodor Mommsen,1817—1903,也是韦伯的博士学位答辩委员会导师)的曾孙——在其全盘认识韦伯政治思考的权威著作《马克斯·韦伯与德国政治》中把韦伯一以贯之的民族主义和帝国主义立场称之为他的基本政治立场,并证明马克斯·韦伯支持议会民主程序是为了服务德意志民族国家的权力。④ 另一方面,在韦伯生活的年代,整个德国的社会科学被那些认为必须用讲演和著述捍卫德意志帝国事业的人所把持,他们进行研究的目的是所谓爱国主义和增加祖国的荣誉,韦伯对此却深感震惊,遂诉诸“价值中立”概念与原则,意欲驱逐别人社会学和经济学等经验科学中的道

---

① Alvin W.Gouldner,“Anti-Minotaur:The Myth of a Value-Free Sociology,” *Social Problems*, 1962,Vol.9,No.3,pp.199-213.

② Otto Stammer,*Max Weber and Sociology Today*.New York:Harper & Row Publishers,1971, p.32.

③ George Bisztray,“The Controversy over Value Neutrality in Sociology and Literature,” *Comparative Literature Studies*,1987,Vol.24,No.1,pp.40-57.

④ [德]沃尔夫冈·J.蒙森:《马克斯·韦伯与德国政治:1890—1920》,阎克文译,北京:中信出版社 2016 年版。

德和政治意图。这种人格分裂,恐怕不能用“韦伯宁可用身躯去捍卫德意志的利益,也不愿牺牲科学的价值中立性或纯洁性”①来进行同情性辩护与充分理解。

二曰“交叉感染”之怪。众所周知,德国人韦伯的“理解社会学”是以反实证主义方法论而彪炳社会学史册的。吊诡的是,韦伯“价值中立”概念的思想来源,恰是两个信奉实证主义的法国人:“社会学”的创始人暨实证主义的“助产婆”②孔德和社会学主义(实证主义)的“巨擘”③迪尔凯姆。前者只说不练,只系统阐释了实证主义原则——它实际上成了“价值中立”原则创设的“前提”④;后者既言且行,将老乡孔德的实证主义原则付诸实施,并发扬光大,所著《社会学方法的准则》堪称典例。这在后来招致 N.R.汉森、T.S.库恩、波普尔、霍克海默和费伊阿本德等其他人的激烈发对,他们以“一切观察都渗透着思想”来针锋相对孔德“使想象从属于观察”这种“价值中立”思想及其实践者迪尔凯姆。原本是反实证主义旗手的韦伯,却是第一个将实证主义社会学所倡导的客观性原则用“价值中立”一词明确表述出来,并且实际上也一直力图在上述两种观点中找到一种“平衡”⑤。这,也许是他出于心内纠结(民族沙文主义),也许是迫于身受困境(生活时代),也许是囿于内忧外困,也许是“韦伯宁可用身躯去捍卫德意志的利益(为德国荣誉参加一战),也不愿牺牲科学的价值中立性或纯洁性”所致?也许,也许……也许我们根本无法“实证”(借个符合此情此景的词!)为什么韦伯这样一个十分看重“理解”等主观性过程对“解释”人类社会行动的作用的学者,却为何激烈地捍卫“价值中立”的原则。兴许是学派、思想或者其他什么的“交叉感染”?⑥

---

① 周晓虹:《西方社会学历史与体系》第 1 卷《经典贡献》,上海:上海人民出版社 2002 年版,第 358 页。

② 周晓虹:《西方社会学历史与体系》第 1 卷《经典贡献》,上海:上海人民出版社 2002 年版,第 35 页。

③ 周晓虹:《西方社会学历史与体系》第 1 卷《经典贡献》,上海:上海人民出版社 2002 年版,第 233 页。

④ 周晓虹:《再论“价值中立”及其应用限度》,《学术月刊》2005 年第 8 期。

⑤ 周晓虹:《再论“价值中立”及其应用限度》,《学术月刊》2005 年第 8 期。

⑥ 关于韦伯“思想来源”的繁复而不一的争论,可见周晓虹:《西方社会学历史与体系》第 1 卷《经典贡献》,上海:上海人民出版社 2002 年版,第 389—393 页。

三曰“牛头人身”之怪。韦伯之“价值中立”,其因不详,“歧义”如雾霜,其形更“怪状”;后果则相当紧张,“引无数英雄竞折腰”,爱之者、恨之者、爱恨交加者应有尽有,且络绎不绝,连绵不断。以下逐次表来,唯所表有先有后、有详有略、有取有舍,万难“价值中立”。然为尊者(韦伯)讳,此处拟反其序,先陈其果,再倒叙其他,以示勉强而为的“价值中立”。

说其后果相当紧张,这既表现在“价值中立”观念的流传和影响久广,更表现在对它的褒贬不一和争论无穷。韦伯的“价值中立”原则在西方学术界历来备受关注,甚至在一些学术共同体中已成了某种不言自明的“公理”①。在韦伯去世后将近半个世纪之际,古尔德纳(Alvin W.Gouldner)就曾如是“控诉”:“无论如何,‘一种价值中立的社会学’的神话已经攻无不克。如今,社会学的所有大腕们(the powers),从帕森斯到伦德伯格,均已加入了一个心照不宣的联盟,由此将我们——特别是作为社会学家——牢牢地拴在这样的信条之上:‘你不应该对价值判断作出承诺’”;古尔德纳接着义愤填膺地反问:“有哪一本导论性的教科书,有哪一门基本原理的讲授课程,不在断言(affirm)或者暗示(imply)(价值中立)这一规则(rule)?”②然而,英年早逝的韦伯在世时曾纠结不断,身后也不得安宁,他既被尊奉为“社会学家的榜样和典范”③,也连同其“价值中立”的社会学一起被讥讽为一个“分裂的物种”(the cleft creature):“半人半牛”之怪物(half man and half bull,man-beast,i.e.Minotaur)。④撇开这种甚至有点针对韦伯本人的人身褒贬不论,由其“价值中立”原则引发的争论也此起彼伏、繁复无比、经久不衰。譬如在欧美,有1964年以帕森斯为代表的实证主义的拥戴者和以马尔库塞为代表的反实证主义者围绕“价值中立”原则在纪念韦伯诞辰100周年大会(德国海德堡大学)上展开的激烈论战;⑤

① 周晓虹:《再论“价值中立”及其应用限度》,《学术月刊》2005年第8期。

② Alvin W.Gouldner,“Anti-Minotaur:The Myth of a Value-Free Sociology,”*Social Problems*,1962,Vol.9,No.3,pp.199-213.

③ Donald G.Macrae,*Max Weber*.London:Fontana/Collins,1974,p.17.

④ Alvin W.Gouldner,“Anti-Minotaur:The Myth of a Value-Free Sociology,”*Social Problems*,1962,Vol.9,No.3,pp.199-213.

⑤ Otto Stammer,Ed.,*Max Weber and Sociology Today*.New York:Harper & Row Publishers,1971.

稍后,又有学者著书立说,放言不但要指出韦伯社会科学哲学的错误,更主要的是要纠正其错误①。在中国,“价值中立”原则也引起社会学“大腕们”的垂青与激烈争论,典例有三:赞同者如苏国勋,认为“将价值判断引入经验科学,尤其用含有价值判断意味的概念定义一门科学的对象,只会使科学蒙上主观信仰的色彩,最终损害科学认识的客观性”②。反对者如郑杭生,认为企图建立“价值中立”的社会学是不可能的,“它不能不是一种主观幻想”,强调“通过所谓的‘价值中立’不仅不能达到科学性,还会相反起十分有害的结果”,“科学性只有通过实事求是才能达到”,而“实事求是与价值中立二者都是规范性的东西,因此本身都是价值观”。③ 折中者如周晓虹,强调“有限度的价值中立”及其意义,“一方面,申明社会科学研究应该奉行有限度的价值中立原则,对保证社会科学研究的客观性和科学性不无意义;另一方面,申明绝对意义上的价值中立原则的不可行,不是证明将价值带入社会科学研究的正当性,而恰恰是为了提高对社会科学研究有可能受到各种主客观因素影响的警觉”④。

周晓虹“有限度的价值中立”也许是比较接近韦伯“本意”的一幅肖像。他试图公平地对待韦伯,认为韦伯不仅是“价值中立”的倡导者,同时也是“价值关联”(value-relevance/vertbeziehung)的拥护者:前者是就“研究过程”而言,后者是就“研究课题的选择”而论的。由此,“有限度的价值中立”的基本含义有二:其一,一旦科学家根据自己的价值观念选定了研究课题,他就必须停止使用自己或他人的价值观,而遵循他所发现的资料的引导。无论研究的结果对他或对其他什么人是否有利,他都不能将自己的价值观念强加于资料。从这个意义上说,从事科学研究的人,作为科学家应该受科学精神的支配。其二,既然(韦伯认为)事实世界和价值世界是两回事,就不能从“实然的判断”(what ‘is’)推导出“应然的判断”(what ‘should be’)。超越自己的本分去处

---

① W.G.Runciman, *The Critique of Max Weber's Philosophy of Social Science*.London:Cambridge University Press,1972.

② 苏国勋:《从社会史的角度看社会学的研究对象及其功能》,载陆学艺主编:《社会主义初级阶段中的社会学》,北京:知识出版社1989年版,第37页。

③ 郑杭生:《关于我的社会学定义——序董驹翔主编的〈社会学〉·答我的一些批评者》,《社会科学研究》1991年第4期。

④ 周晓虹:《再论“价值中立”及其应用限度》,《学术月刊》2005年第8期。

理价值评判问题,就会使科学丧失客观性,丧失最起码的尊严。①

但是,事情若果真像周晓虹先生说的这么轻巧和“小葱拌豆腐”一样清白,那何须引来那么多包括其本人在内的学术大腕参与论战?何来“有关韦伯的争议是一个极为复杂的议题”②之说?将韦伯称为“牛头怪兽”的古尔德纳仿佛一语中的:韦伯的神话(myth,毋宁翻译为“迷思”)在于“社会科学应该而且能够价值中立”(his myth was that social science should and could be value-free)。然而,“这头怪兽的巢穴,尽管只能通过一种走迷宫的逻辑(a labrynthian logic)方能抵达,而且只有那么几个有去无回的人造访过,却仍被很多社会学家视为圣地。尤其是随着社会学家年岁的增高,他们似乎强迫性地想前往朝圣,以表他们对价值与社会科学之间关系问题的敬重。”面对秉持社会学乃一门价值中立学科之观念的人,古尔德纳以类似于屈原“天问”的方式和不亚于“咬文嚼字”式的话语分析方法,追问他们信奉(believe)的究竟是什么,他以“价值中立”含混如雾霜一般的“歧义”昭示大家,“我们身陷迷魂阵”(we are in the presence of a group myth):③

> 信奉社会学是一门价值中立的学科,意味着实际上社会学确实是一门摆脱了价值的学科,并成功地排除了选题、研究及问题报告中的所有非科学的假设(all non-scientific assumptions)吗?还是意味着社会学应该如此那般?显然并非前者,我未见一个有如此信奉的社会学家能够完全排除非科学信仰于其科学工作之外;苟如此,社会学家信奉这种不可能的任务其道德可靠性的根据何在?
>
> 信奉社会学是一门价值中立的学科,意味着社会学家不能对、不对还是不该对事关其技术能力(scientific competence)范围之外的事情作出价值判断吗?但技术能力和作价值判断是何关系?如果技术能力的确为作

---

① 周晓虹:《西方社会学历史与体系》第1卷《经典贡献》,上海:上海人民出版社2002年版,第356—359页。

② 周晓虹:《西方社会学历史与体系》第1卷《经典贡献》,上海:上海人民出版社2002年版,第347页。

③ Alvin W.Gouldner,“Anti-Minotaur:The Myth of a Value-Free Sociology,”*Social Problems*,1962,Vol.9,No.3,pp.199-213.

价值判断提供了根由(warrant),那将没有什么东西阻止社会学家在其专业领域作出价值判断。相反,如果技术能力没为作价值判断提供根由,那么至少,社会学家和其他任何人一样是随意(free)进行价值判断;则其价值判断至少是和任何其他人,比如一个十二岁的孩童一样的。顺便一问,如果技术能力不为作价值判断提供根由,那是什么来提供?

信奉社会学是一门价值中立的学科,意味着社会学家是或应是冷漠于其工作的道德卷入(the moral implications)吗?意味着社会学家能够并且应该作出价值判断——只要他们谨慎指出这些价值判断有别于“纯”事实陈述吗?意味着社会学家不能逻辑地从事实推导出价值吗?意味着社会学家不或不该拥有或发表对其研究的一些东西的赞成或反对“意见”(feelings)吗?意味着社会学家在被问及时可以并应该该告知外行(laymen)有用的技术以实现其个人目的,而在不被问及时将一言不发吗?意味着社会学家应该从不主动言明外行所持信念,比如关于某些种族劣等的观念,是错误的——即使已了然这些信念与其学科的事实相矛盾?意味着社会学家应该从不说出,或者只在受邀时说出他们有专业发言权的公共行动的可能后果吗?意味着社会学家作为教师或作为研究者或兼而有之的角色时从不应该表达价值观念吗?信奉社会学是一门价值中立的学科,意味着社会学家无论是作为教师还是研究者,有权私下秘密而无权公然郑重地表达其价值观念吗?

纵起韦伯于地下,哪堪如此“天问”!也许,过世的只是韦伯本人,其“价值中立”原则自会有持续的后继信奉者。如此,值得追问的问题所剩有二:一为已经“盖棺”的韦伯,二为“价值中立”的后继者。

对于韦伯要追问的是:他为何倡导“价值中立”而又拥护“价值关联”,从而成为一个“牛头人之怪”,他为何沉溺于“事实与价值”“实然与应然”“能够与应该”等一对对类似的纠结?① 对此我们或许可以从其矛盾而痛苦、对立而

① 古尔德纳认为,从根儿上来说(at its deepest roots),韦伯道路上的价值中立社会学的神话,就是要试图在两种至关重要的西方传统的紧张之间进行裁定(adjudicate):在理性(reason)与信仰(faith)之间,在知识(knowledge)与感情(feeling)之间,在古典主义(classicism)和浪漫主义(romanticism)之间,在大脑(head)和心脏(heart)之间。见 Alvin W.Gouldner,“Anti-Minotaur:The Myth of a Value-Free Sociology,”*Social Problems*,1962,Vol.9,No.3,pp.199-213.

纠结、压抑而短暂的一生中略见蛛丝马迹：[1]韦伯原本就是由一对“对立的双亲”——其父信奉享乐主义的个人道德观，其母则恪守根深蒂固的加尔文教义务感——所生育，“对立的双亲都对年幼的韦伯产生了巨大的影响”，他生活在那个“蕴含着一股冲突的潜流”的中产阶级家庭，怀着“挥之不去的内心紧张”，命运多舛，备受煎熬。在他33岁生活刚刚扬起理想的风帆之时，一场急风暴雨来临，父母再次将他们的冲突潜流灌注到韦伯的生活之中，在一次激烈的父子冲突中，韦伯指责父亲对母亲过于粗野专横，以类似“俄狄浦斯情结”的故事逐父出门，被撵出门的老韦伯在旅游途中撒手西归，这彻底摧毁了韦伯的精神，痛苦或者说精神疾患持续6年。长期的“内心压抑”和他从母亲那里继承的“清教徒式的忘我工作”摧毁了韦伯的身体（或许还连带了其精神、思想？），终致56岁时英年早逝。这里是否可以说，韦伯的“家愁”加“国忧”连同其思想来源上的“交叉感染”，孕育出以“价值中立”为核心的社会学？

斯人已去，“盖棺”而难“定论”。往者不可谏，来者犹可追。半个世纪前古尔德纳就曾说，“离追问‘当今谁读马克斯·韦伯’这一问题为时不远了”[2]。现在，也许是时候或者早该是时候追问“谁在以韦伯的名义信奉价值中立的社会学”了。当问题的指针指向于此的时候，我们与古尔纳德感同身受：价值中立作为“韦伯高度个人化信念的酸楚措辞（an agonizing expression of a highly personal faith），他有切肤之感，也曾苦心探讨，如今已变成一个空心的教义问答书（a hollow catechism）、一个密码口令、一个不错的借口而无需严肃思考”；在社会科学中，这一概念的使用既服务于制度之需（如维持大学和新兴学科的凝聚与自治），也务于个人之求，人们根据自己的需要对其进行变形——对上帝的无知绝不是借口，但那是便利的——以致它已经日益成为一种不那么惹眼的专业地位的标记，高雅者的社团符号，绅士们关于“船不会触礁”的承诺，[3]诸

---

① 周晓虹：《西方社会学历史与体系》第1卷《经典贡献》，上海：上海人民出版社2002年版，第347—353页。

② Alvin W.Gouldner，“Anti-Minotaur：The Myth of a Value-Free Sociology，”*Social Problems*，1962，Vol.9，No.3，pp.199-213.

③ Alvin W.Gouldner，“Anti-Minotaur：The Myth of a Value-Free Sociology，”*Social Problems*，1962，Vol.9，No.3，pp.199-213.

如此类。韦伯"价值中立"与"价值关联"这对吊诡的捆绑(怪兽),约等于让人拔着自己的头发离开地球(联想到其"理想类型"的思想,也就不足为怪了),甚至连他自己也未能保证或难以保证即便是在资料解释时的价值中立性①,遑论研究课题选择时的价值偏好。就连标举实证主义大旗和客观性原则的涂尔干本人,当100多年前(1913—1914年)面对实用主义横扫法国知识界的局面时,他在法国索邦大学展开关于实用主义的系列演讲并集结成书《实用主义与社会学》,论证"社会学高出实用主义的地方",那就是:"社会学视角的优势,就在于能够促使我们去分析那些令人敬畏的事物,即真理"②;然而涂尔干内心的主要关切,其实主要不是由于真理与知识本身的缘故,更主要的是由于他对其时法国由激烈的反对派对抗天主教会权力而引发的社会大动乱的忧心忡忡和对真理与知识的道德作用(moral role)的欲求,寄望由此发展出一种客观的基础(objective basis)以建立新的和谐秩序③。

追根溯源来说,(西方)社会学原本就肇始于现代性危机(the crisis of modernity)——18和19世纪法国的政治革命和英国的工业革命而导致的旧制度的崩溃——而试图重建社会秩序(to reestablish the social order)④。在这个意义上,毋宁说社会学出生就是"社会医学",就是"现代性(治疗)之学"⑤,娘胎里就带有救赎的"价值"属性,注定难以成为价值中立之学。难怪有学者这

① W.G.Runciman,*The Critique of Max Weber's Philosophy of Social Science*.London:Cambridge University Press,1972,pp.50-52.

② [法]爱弥尔·涂尔干:《实用主义与社会学》,渠东译,上海:上海人民出版社2000年版,第28、111—114页。

③ Steven Lukes, *Emile Durkheim:His Life and Work*.New York:Harper & Row, 1972;Michael Young & Johan Muller,"Truth and Truthfulness in the Sociology of Educational Knowledge,"*Theory and Research in Education*,2007,Vol.5,No.2,pp.173-201.

④ Peter Wagner,"Historicizing the Social Project:Sociological Reasoning and the Problematique of Political Modernity,"In Fredrik Engelstad & Ragnvald Kalleberg ed,*Social Time and Social Change:Perspectives on Sociology and History*.Oslo Norway:Scandinavian University Press,1999,pp.233-250.

⑤ 难怪瓦格纳在撰写《现代性社会学》时提笔即诚惶诚恐地交代:"提出现代性社会学至多不过是同义反复,社会学如果不是尝试对现代社会的系统理解,还能是什么?"无独有偶,我国也有学者基于现代性而撰著《教育社会学》。分别见Peter Wagner,*A Sociology of Modernity:Liberty and Discipline*.London & New York:Routledge,1994;钱民辉:《教育社会学——现代性的思考与建构》,北京:北京大学出版社2004年版。

样评论:

> 无论西方社会学还是中国社会学,都是直面社会危机而诞生的。西方社会学诞生时面临的危机主要是阶级矛盾而引发的社会秩序紊乱,所以孔德为实证社会学提出的根本任务是重建社会秩序;中国社会学诞生时面临的社会危机主要是列强入侵而导致中华民族危亡,因此严复、康有为等人为中国社会学提出的根本任务是呼吁国民团结自强,实现民族复兴。毫无疑问,重建社会秩序和实现民族复兴都是明确的价值追求。就此而言,不仅西方社会学自诞生之日起就不是价值中立,而且中国社会学也更是表现出强烈的价值追求。在西方社会学和中国社会学后来的发展历史中,也找不到哪一个学术流派或哪一位社会学家是以价值中立的立场对待自身所处其中的现实社会或社会问题,所以韦伯主张的社会学研究的价值中立不过是一种不能实现的学术幻境。①

对此,"价值中立"的声称者焉能不知!韦伯"价值中立"这头怪兽早在其思想来源之一的迪尔凯姆那里就狡猾地留了一手,他在"进行完全客观的分析"前面悄然加了"力求"一词②;后来者如柯林斯、迪韦尔热等社会学家也都无其所奈而含糊其词地说社会学研究过程只是"更客观一些"或"尽可能的客观"③。同样,教育社会学家也大都如是说——譬如,美国学者萨多尼克(Alan R.Sadovnik)在为其主编的《教育社会学:批判读本》所著的导论中明言,教育社会学的研究结论是建立在"尽量客观和科学"(an attempt to be objective and scientific)的基础之上④;又譬如,我国学者吴康宁在其专著《教育社会学》中对"教育社会学"进行如下界定时,谨慎地在"事实"二字上打上了引号:"教育社会学是主要运用社会学原理与方法对教育现象或教育问题的社会层面进行

---

① 刘少杰:《中国社会学的价值追求与理论视野》,《吉林大学社会科学学报》2006 年第 6 期。

② [法]迪尔凯姆:《社会学研究方法论》,胡伟译,北京:华夏出版社 1988 年版,第 117 页。

③ [美]兰德尔·柯林斯、迈克尔·马科夫斯基:《发现社会之旅》,李霞译,北京:中华书局出版社 2006 年版,第 10 页;[法]莫里斯·迪韦尔热:《政治社会学——政治学要素》,杨祖功、王大东译,北京:华夏出版社 1987 年版,第 10 页。

④ Alan R.Sadovnik ed.,*Sociology of Education:A Critical Reader*.New York:Routledge,2011, introduction,p.XIV.

‘事实’研究的一门学科，是社会学与教育学的中介学科”①——并在实际的教育社会学研究中，屡屡呈现“拔着自己的头发离开地球”的焦灼状态。典例当推英国教育社会学名家麦克·扬（Michael F.D.Young），他于上世纪70年代因倡导知识的社会建构主义取向（the social constructivist approaches to knowledge）而开启了教育社会学的新方向——“新教育社会学”（the new sociology of education）②；而30余年后，他却标举“把知识带回来”的大旗，高调从社会建构主义转向社会实在论③，图谋解决新教育社会学当初未决（unresolved）乃至未言明（unaddressed）的事实与客观性问题（questions of truth and objectivity）——吊诡的是，他一面声言这并不是要解除（dismiss）新教育社会学对于真诚的承诺，另一面又用心良苦地迂回援引自实用主义奠基者詹姆斯（William James）和杜威（John Dewey）到实证主义社会学巨擘涂尔干（Émile Durkheim）及其继承者伯恩斯坦（Basil Bernstein）、再到当代欧陆人文哲学家卡西尔（Ernest Cassirer）等思想不无颉颃的学者们的观点之后宣布，解决问题的时机已经成熟，主要的选择就在于客观与反客观（between objectivity and antiobjectivity）之间：卡西尔的“符号客观性”（symbolic objectivity）思想能够就“真理”观念（事实）与“真诚”承诺（可达到事实）之间的紧张达成妥协条款（Cassirer's idea of “symbolic objectivity” can come to terms with the tension between the concept of truth and a commitment to “being truthful”）④。与他同样焦灼的是他的同道们：有的既赞同他“把知识带回来”又主张维持建构主义带来的必要的相对主义（necessary relativism）⑤；有的则干脆和稀泥地宣称，建构主义与实证主义有着比通常公认的要多得多的共同性，并提出用批判现实主义（critical real-

① 吴康宁：《教育社会学》，北京：人民教育出版社1998年版，第16页。

② Michael F.D.Young, *Knowledge and Control: new directions for the sociology of education*. London: Collier-Macmilan, 1971.

③ Michael F.D.Young, *Bringing Knowledge back in: from social constructivism to social realism in the sociology of education*. London: Routledge, 2008.

④ Michael Young & Johan Muller, “Truth and Truthfulness in the Sociology of Educational Knowledge,” *Theory and Research in Education*, 2007, Vol.5, No.2, pp.173-201.

⑤ Maria Balarin, “Post-structuralism, Realism and the Question of Knowledge in Educational Sociology: a derridian critique of social realism in education,” *Policy Futures in Education*, 2008, Vol.6, No.4, pp.507-527.

ism)作为共有的选项,以解决教育社会学长期聚讼纷纭而成为难题的问题,即“知识的问题”①。但不管怎样,“价值中立”这个韦伯的个人式“纠结”看上去已成为社会学及教育社会学一则不言自明的“公理”,一个被维持的“信条”,乃至一种为我所用的近乎万能的“话语”。

三、“事实学科”:事实判断,抑或话语建构

基于价值中立的“事实学科论”作为教育社会学之“一个或所有问题”,事关七寸,牵动全局。上文不惜笔墨追问教育社会学的基础学科社会学,特别是“价值中立”的社会学的前世今生,用意在于用一种“元”分析的考察为下文做铺垫。对于“价值中立”原则的坚持,关系“事实学科论”教育社会学的命脉,“事实学科论”强调教育社会学就其学科性质而言是一种“事实”研究,以社会和教育事实的“因果解释”为旨趣,从而有别于“教育学”特别是其分支学科如教学论、教育管理学等其他学科致力于“实践操作”的“规范”研究。然而,由上文可知,对于“价值中立”,无论是赞同、反驳还是爱恨交加,其实都不脱“价值”之争,实则万难“中立”。既如此,因“价值中立”而称义的“事实学科论”,其所论的“事实学科”究竟是一种“事实”抑或是一种“话语”就有待追问与反思。兹述如下三点。

其一,自教育社会学诞生迄今,“事实学科论”“规范学科论”及“事实与规范兼有论”均有人坚持并争论不断,中外皆然。这里不是要去评判“三论”的是非长短,而是要考察“三论”特别是“事实学科论”本身是否可能及如何建构的。经此追问则可发现有一点是确定无疑的,那就是:“三论”中的任何一论——比如“事实学科论”——都是研究者(社会学家、教育社会学家抑或其他教育社会学、教育学从业者等)“研究”出来的。换言之,“事实学科论”无疑也是一种“研究”,“事实学科”则是这种研究的一种“结论”和“文本”,而非迪

① Rob Moore,“Social Realism and the Problem of the Problem of Knowledge in the Sociology of Education,”*British Journal of Sociology of Education*,2013,Vol.34,No.3,pp.333-353.

尔凯姆意义上的完全独立于、外在于人们意志的"客观事实"。问题是,任何研究、任何研究的"结论"及"文本"归根结底都具有"假设"的属性,因为可以肯定的只是:"1.任何研究都不可能完全揭示'真相'。不管是量化研究,还是质性研究,归根到底都是'以假当真'('假设'的'假','真相'的'真')。我们的研究,是从'假设'到'假设',即以假设开始,到假设结束,尽管结束阶段的'假设'与开始阶段的'假设'在性质上不完全一样。2.我们的认识永远处于有待验证(进一步证实)的假设状态,我们永远也不可能完全验证假设。3.我们实际上总是在根据未必完全真实的原始材料生成未必完全可靠的研究结果,并总是在根据未必完全可靠的研究结果提出未必完全合理的研究结论"①。尤其是,基于"价值中立"的事实学科论所奉行的事实判断(追问"是什么")和因果关系(causality)解释,其哲学预设是存在因果规律(law of causality),其研究的旨趣也在于解释因果关系。问题是社会科学中"实际上根本就不存在什么规律",(教育)社会学研究无法断定"如果具备了条件 A,将不可避免地出现结果 B"(If A,then always B),至多也只能说明"如果具备了条件 A,有时候会产生结果 B"(If A,then sometimes B)——虽然"这几乎是一个没有什么用的说法",但是"没有更好的办法"②。即便"价值中立"的发明人韦伯也承认,社会学中的因果关系不是必然的,而只是一种"可能性"(probability)或是一种"机遇"(chance)③。由此可见,作为"事实学科论"(其他诸论亦然)之研究"结论"的"事实学科",未必就是"事实",至少不是"完全可靠的"事实。"事实学科"作为一种研究"结论"和"文本"是可以也应当予以反思和追问的。

其二,强调"事实学科"作为一种研究的"结论"及"文本",并非像某些人在解释"文本之外别无它物"一类的命题时所理解的那样,意味着在我们的主观意识和话语系统之外没有任何存在物,存在的只是一些用语言文字所构成

① 吴康宁:《在假设的世界中生存——关于人的一个假设》,《高等教育研究》2005 年第 9 期。

② Jon Elster, *Alchemies of the Mind: Rationality and the Emotions*. Cambridge University Press, 1999, pp.3-9

③ 周晓虹:《西方社会学历史与体系》第 1 卷《经典贡献》,上海:上海人民出版社 2002 年版,第 355 页。

的文本而已。而只是说,“我们对这个世界或这些存在物的一切经验、一切思考、一切言谈都不得不由一定的话语来实现、来达成;在我们的主观意识和话语系统之外存在着的那个世界如果有也只是一片混沌”,而“只有经过特定语词的‘切割’,这个本来混沌一片的世界才能够成为我们经验、思考和言说的具体‘对象’;又只有按照特定的陈述和修辞模式,这些具体‘对象’才能够进一步连接成一个具有丰富内容和情节的‘世界’;又只有按照特定的主题构成策略,这个‘世界’才能够转化成为我们在特定的时间、空间场域中加以经验、思考和言说的独特‘视域’”。① 具体而言,“事实学科论”是经由以下程序、策略及修辞得以达成的:②(1)秉承“社会学”特别是其“价值中立”社会学的纯正血统,认“社会学”为父而否“教育学”为母,强调“尽管作为独立学科的教育社会学产生于社会学与教育学之后,但它并不是这两门学科相结合的产物(因而不是教育学与社会学的‘交叉学科’),而是社会学用于‘教育领域’(而不是‘教育学’)后的产物”,所以,“‘在现代教育科学的意义上’,教育社会学成为教育学的‘母学科’(是教育社会学给予教育学以理论滋养而不是相反)与教育社会学产生于教育学之后并不矛盾”。(2)“事实学科论”的建构是出于“教育社会学”这门学科本身自立于学科之林的“需要”,因为教育社会学的历史,特别是美国教育社会学的历史之“经验表明”:“规范性教育社会学(educational sociology,规范学科论)实为教育学之‘变种’,其致命缺陷便在于将教育社会学与教育学混为一谈,从而在实际上取消了教育社会学的学科独立地位,失去了其存在的价值”。(3)鉴于上述两点,教育社会学必须坚守一条“学术底线”:那就是,就教育社会学的研究本身而言,其“本职任务”只有一个,即“揭示事实”,这就是教育社会学区别于教育学的一条“学术底线”;只有这种“本职工作”,才能确保教育社会学为教育学阐明教育实践规范提供社会学依据的基本任务。否则,倘若教育社会学不坚持“价值中立”原则而既揭示教育事实也阐明教育实践规范,那就变成了“不务正业”,并通过这种不务正

① 谢立中:《“中国社会”:给定实在,抑或话语建构——以毛泽东和梁漱溟之间的一个分歧为例》,《江海学刊》2008 年第 3 期。

② 除另有注明外,其他所引均参见吴康宁:《教育社会学》,北京:人民教育出版社 1998 年版,第 1—20 页。

业而使自身同教育学的关系变得混乱不堪，这既是“失职”，更会失去其“自身的独立性”以及它作为教育学之“基础学科”而存在的“合法性理由”，还可能导致在“揭示教育事实”与“阐明教育实践规范”之间的“御用”抑或循环论证。① 这就进一步反驳了“事实与兼有学科论”而完善了“事实学科论”。（4）以对“教育学”概念本身的一个前提性“思想切割”和“话语界定”以及一个学科关系观的“国际参照”来达成“事实学科论”的逻辑自洽，进而实现了教育社会学与教育学之间“母子关系”的“常人版”（即认为“教育学乃教育社会学的母学科”）与“事实学科论版”（即认为“教育社会学乃教育学的基础学科”）的翻转。这一切割和界定就是：“事实学科论”视域中的“教育学”，是指“以改变和优化教育实践为直接目的，对教育领域的各种规范加以专门的、系统研究的一门学科”。这一国际参照则是：“一般公认，进入 20 世纪五六十年代，教育社会学已与教育哲学及教育心理学并驾齐驱，成为教育学并驾齐驱的三大支柱和基础学科即母学科”。撇开“国际参照”不论，仅就“教育学”这一意涵的切割和界定而言，它未必就是（其他）教育学从业者们的公认的“事实”②，很大程度上只是“事实学科论”的一种界定和“话语”而已。试想，除了少数教育哲学的从业者声称其从事的教育哲学乃一种“价值”追问之学而外，有哪一门学科（比如教学论、教育管理学乃至“规范学科论”教育社会学）明言自己的研究及其“文本”所述不是“事实”呢？不是在竭力“晓之以理”呢？

其三，事实学科论“严丝合缝”话语体系中的斑斑“修辞”印痕和思想“短路”。要者有三：（1）环顾与“教育”相关的学科，唯（事实学科论意义上的）“教育社会学”（也许还有“教育经济学”？）以“价值中立”为安身立命之本和学科精神自居，以“事实判断”为学术底线和本职工作，这与“所有研究均具有‘假设’属性”这一判识之间不无短路之处，前已涉及，此不赘述。（2）“事实学科论”是由其“价值中立”研究方法论来确保的，并提出“社会层面”这一研究对象说，即其研究对象是具有“社会学意味”的教育现象或教育问题，或曰

① 吴康宁：《当前我国教育社会学发展的三个基本问题》，《教育研究与实验》2008 年第 6 期。

② 程天君、吴康宁：《中国高校哲学社会科学发展报告 1978—2008 · 教育学》，桂林：广西师范大学出版社 2008 年版，第 326 页。

研究教育现象或教育问题的“社会层面”;还提出了社会学的“学科之眼”——先为“社会公平”、后修正为“人群差异”——来进一步体现“具有社会学意味”的教育研究,因为“具有了这样的学科之眼,对于那些习以为常的‘(公共)社会产品’或有意为之的‘全称判断’,社会学则往往要发出‘谁的’疑问:譬如,‘医疗制度:谁的制度?’,‘税收政策:谁的政策?’‘市政建设:谁的建设?’‘学校文化:谁的文化?’等等。这种‘谁的’式发问,可以说是社会学的一种基本发问”。[①] 饶有趣味的是,把社会学的“学科之眼”从“社会公平”修正为“人群差异”,也许更多的是一种话语修辞——前者的“价值”色彩较浓厚,与“价值中立”色差对比稍显强烈,后者看上去比前者起码要“价值中立”许多。但究其实质则并无二致:“事实学科论”教育社会学之所以以“人群差异”的社会学视角去追问“谁的”,终极的“价值关怀”仍不脱为社会和教育弱势群体申言和张目。由此,“揭示”差异很大程度上即是在宣示“立场”,陈述“事实”很大程度上即是在伸张“价值”。无论看上去多么客观,“价值中立只是一个不可能的目标,尤其是在事关政治性(political nature)的研究中。无论承认与否,社会研究者都将不可避免地‘选边站队’(take sides)”[②]。(3)涉及“教育社会学学者群”之间的话语修辞印痕与逻辑“短路”。“价值中立”研究方法论、“社会层面”研究对象说、“教育社会学乃教育学之基础学科(而不是相反)”学科关系观以及“人群差异(社会公平)”学科之眼等诸要素,是“事实学科论”得以严丝合缝的有机要素和逻辑自洽的整体需求;[③]其中的关键或内核,就是“摒弃价值判断、奉行事实判断”的研究方法论,其他部分均需依循于此并由此决定、确保。[④] 然而,同样秉持“社会学精神”、奉行“价值中立”原则的其他教育社会学者,如日本前教育社会学会长新崛通也却认为社会学、教育学

① 吴康宁:《社会学视野中的教育》,《教育研究与实验》2006 年第 4 期;《我国教育社会学的三十年发展(1979—2008)》,《华东师范大学学报》(教育科学版)2009 年第 2 期。

② Kare Lumsden,“‘You Are What You Research’:researcher partisanship and the sociology of the ‘underdog’,”*Qualitative Research*,2013,Vol.13,No.1,pp.3-18.

③ 吴康宁:《教育社会学》,北京:人民教育出版社 1998 年版,第 1—20 页;《社会学视野中的教育》,《教育研究与实验》2006 年第 4 期;《我国教育社会学的三十年发展(1979—2008)》,《华东师范大学学报》(教育科学版)2009 年第 2 期。

④ 程天君:《价值中立与价值关联——教育社会学学科性质的一个内在焦虑》,《教育研究》2010 年第 12 期。

分别是教育社会学的“父学科”和“母学科”[①]而非认可“教育社会学乃教育学的母学科”，又如我国学者钱民辉则认为教育社会学乃一门交叉、边缘的综合性学科[②]——这或可视为“事实与规范兼有学科论”的变异体或改良式——而非认可“事实学科论”。再如极力推举“社会层面”研究对象说的张人杰先生却主张将“事实与规范兼有论”而非“事实学科论”列为教育社会学“应有的”主流取向。吊诡的是，他给出的理由恰恰在于，“所谓‘价值中立’只是一种虚假现象，想使研究更具‘客观性的’的‘事实学科论’事实上不能成立；同一逻辑的分析也适用于‘规范论’”[③]。更吊诡的是，既然“事实学科论”“规范学科论”事实上均不能成立而只剩下“事实与规范兼有论”这一孤说独论，那又何谈“主流取向”？这里，我们不仅看到了“事实学科”作为一种话语而被建构的“努力”，也发现了在个人体系之中及群体文本之间的“切割”“修辞”乃至“短路”，更可窥见“价值中立”原则牵一发而动全身的复杂而吊诡的效果。

四、朝向“反思教育社会学”

事实学科论所论的“事实学科”更多的是“话语”而非“事实”，而且也未达成话语共识。同理的分析也适用于“规范学科论”“事实与规范兼有论”（乃至其他社会科学之学科论）。本书的分析既不是要在教育社会学学科性质的“三论”中评长论短，也不是要将“三论”全部否定，而仅仅是以“事实学科论”为例，分析和反思迄今为止的教育社会学经典论说及其文本建构，特别对学科性质、研究方法论、研究对象观、学科视角说及（其与其他学科之间的）“学科关系说”等属于和涉及教育社会学学科论的原理性问题进行反思，尝试迈向一种“反思教育社会学”或曰“后教育社会学”。无疑，这里只是初步的分析和反思而已。限于篇幅，权将其作为“尾巴”。“尾巴不是结论，甚至不是尾声；

① 吴康宁：《教育社会学》，北京：人民教育出版社 1998 年版，第 16 页。

② 钱民辉：《教育社会学——现代性的思考与建构》，北京：北京大学出版社 2004 年版，第 9 页。

③ 张人杰：《教育社会学研究对象探索中需要澄清的三个问题》，《教育研究》2009 年第 9 期。

尾巴是个麻烦，是个开头"①。除却"篇幅所限"这个客观理由而外，另一个主观的考虑是，本书所秉持的是一种反思性分析，这种分析本身对于"理性建构"及"体系偏好"保有一定的谨慎和距离，故在反思之后并未着意建立一个新的"体系"。

虑及常有"圆满大结局"和"究竟怎么做"情结的读者，收笔之前尚需说明三点：一是笔者在开篇部分即言明本章拟致力于一种含有哲学反思的元分析，但笔者之所以没有一头扎进钻牛角尖式的哲学追问，既有"哲学问题不可能有最后的哲学问题"（无法追问到底）②这一客观上的智识限制，也有笔者对"哲学作用"之界限的警醒，一如方法学家哈默斯利恰好基于韦伯视角（a Weberian perspective）而提出的忠告，"哲学在社会和教育探究中既起一种基本的作用（an essential role），也有重大的局限（important limits）"③。二是本书初步提出的"反思教育社会学"或曰"后教育社会学"，暂无意追求一个与"教育社会学"完全相对的"后教育社会学"④，它更多的是一种思考方式，对"教育社会学"本身（包括作为作者的教育社会学者及其论著）进行研究和反思，用布迪厄的话来说，就是把教育社会学本身"对象化"——这何尝不是社会学的精神和要义所在呢？第三，本书的分析，特别是其中的话语分析，难免像诸多话语分析者一样，"倾向于选择使用（分析对象的）那些恰好是他们正在提防（warn against）的思想的可能性语言形式作例子来进行说明"⑤；对于"事实学科论"这一知识主张及其叙述策略和修辞方法的关注，也难免不招来"对于文本如何建构的过度关注——在现实中通常意味着哪怕一点点的关注——似乎是不健康的热衷：说得好些是浪费时间，说得严重些就是癔症"，以及"对知

---

① 赵汀阳：《一个或所有问题》，南昌：江西教育出版社 1998 年版，第 201 页。

② 赵汀阳：《一个或所有问题》，南昌：江西教育出版社 1998 年版，第 207 页。

③ Martyn Hammersley, "Philosophy's Contribution to Social Science Research on Education," *Journal of Philosophy of Education*, 2006, Vol.40, No.2, pp.273-286.

④ 有学者认为，"在当今世界，'后'这个词缀往往意味着：第一，与其所'后'的事物即使不完全对立，也当是有较大的不同；第二，虽然与其所'后'之物有较大不同，但该事物本身的最终形态又往往尚处在形成之中，难以确定，因而我们无法给它以一个比较确定的命名，只好含糊其词地以'后××'而称呼之"。见谢立中：《后社会学：探索与反思》，《社会学研究》2012 年第 1 期。

⑤ Michael Billig, "The Language of Critical Discourse Analysis: The Case of Nominalization," *Discourse & Society*, 2008, Vol.19, No.6, pp.783-800.

识主张推进方式的聚焦有损于我们认真对待这些主张的能力”①之类的指摘抑或不屑。但无论如何,笔者认为这类研究与分析仍是不无需要的;并且,笔者也不排斥被进一步反思和批评的可能,因为真正的反思(教育)社会学不应把自己豁免。

① Clifford Geertz, *Works and Lives: The Anthropologist as Author*. California: Stanford University Press, 1988, pp.1-2.

第十一章 从“教育/社会”学到“教育社会”学：教育社会学研究范式的转换

一门科学的进步，其标志是其研究的问题不再原封不动。①

——埃米尔·迪尔凯姆：《论自杀：社会学研究》

要改变我们学科思想理论的不确定状况，必须假以他途，而不是时日。②

——詹姆斯·B.鲁尔：《社会科学理论及其发展进步》

It is obvious that the world is becoming more educated; what is not so obvious is how much this revolutionizes human society.③

By David P.Baker, *The Schooled Society: The Educational Transformation of Global Culture*

教育社会学的经典理论，无论是功能论、冲突论、解释论抑或批判论，大约共享一个根本的思想前提或曰研究范式：那就是教育与社会二分，且教育从属于社会——可谓之“教育/社会”学，即研究“教育与社会关系”的社会学。这种范式的研究，在学理上产生教育社会学研究对象“关系说”之难题；在观念上产生教育乃社会“救星”（教育万能论）或“替罪羔羊”（教育无用论）之吊诡成见。本章通过历史考察和新制度主义理论检视可发现：教育与社会从来都

① ［法］埃米尔·迪尔凯姆：《论自杀：社会学研究》，冯云文译，北京：商务印书馆1996年版，序，第1页。

② ［美］詹姆斯·B.鲁尔：《社会科学理论及其发展进步》，郝名玮、章士嵘译，沈阳：辽宁教育出版社2004年版，第25页。

③ David P.Baker. *The Schooled Society: The Educational Transformation of Global Culture*. California: Stanford University Press, 2014, preface, p.xi.

是互嵌的,且教育日益成为型塑社会的主导与根本制度而非后者的“随从”和“反应”,以至“教育社会”业已浮现。由此,教育社会学研究范式的转移似也随之呼之欲出:即从“教育/社会”学到“教育社会”学。教育社会学研究对象、视角乃至范式的转换,或可破解教育社会学研究对象“关系说”之难题,亦可对“教育万能/无用论”“过度教育论”(文凭贬值论)“学校教育消亡论”等论说予以再思与清思。就此而论,本章可谓对第七章所提“教育社会学研究对象难题”这一基本学术问题的综合解答。

一、“关系说”:一个范式,一道难题

迄今为止的教育社会学,不管西方的还是中国的,无论传统的抑或新兴的,其主流的研究对象乃至学科性质界定便是:“教育社会学就是研究教育与社会关系的学科”(简称“关系说”)。① 由于不同学者关注的“教育”的层面不同,因而便存在着如下几种有所区别的“关系说”:②

其一是“教育制度与社会相互关系说”。如美国的布鲁克福(Brookover,W.B.)提出,教育社会学的研究内容可分为“教育制度与其他社会制度的关系”“学校与社区的交换关系”及“学校为一种社会体系”三部分③。英国的米切尔(Mitchell,G.D.A.)主张,“教育社会学通常是研究教育同社会其他大型制度(经济、政治、宗教和亲属)之间功能关系”④。苏联的 Φ.P.费里波夫认为,“教育社会学研究的对象,从广义上来说,就是研究教育制度和社会之间的相互关系与相互作用的问题”⑤。

---

① 程天君:《教育社会学就是研究“教育与社会关系”的学科吗——从“教学要点”到“教学难点”》,《教育研究与实验》2010 年第 4 期。

② 吴康宁:《教育社会学》,北京:人民教育出版社 1998 年版,第 2—5 页。

③ Wilbur B. Brookover. David Gottlieb. *A Sociology of Education*, 2nd *ed*. N. Y.: American Book Co., 1964. pp. 12-14.

④ [英]G.邓肯·米切尔主编:《新社会(科)学辞典》,蔡振扬译,上海:上海译文出版社 1987 年版,第 354 页。

⑤ [苏联]Φ.P.费里波夫:《教育社会学》,李震雷、徐景陵译,上海:华东师范大学出版社 1985 年版,第 14 页。

其二是“教育活动(过程)与社会相互关系说”。如前苏联《应用社会学辞典》“教育社会学”辞条即为:“教育社会学是研究与其他社会过程具有广泛联系的教育过程的规则、规律性和趋势的专门社会学理论。”①美国教育社会学家比德威尔(Bidwell,C.E.)与费雷德金(Friedkin,N.E.)亦提出,“教育社会学研究的核心是对教育活动的分析,即分析其形式与内容,其在宏观社会结构中所受制约及其对个人和群体的影响”②。

其三是“教育与社会相互关系说”。如中国台湾学者林清江在 1975 年出版的大学教科书《教育社会学》提出,“教育社会学是研究教育与社会之间交叉关系的学科”,它“探讨有关社会过程、社会结构、社会变迁与教育之间的关系……”③;数年之后,他推出了“完成心愿”的专著《教育社会学新论》,其副标题便是“我国社会与教育关系之研究”④。另一位中国台湾学者陈奎憙在其“最完备之教育社会学力作”《教育社会学》中则如此界定:“教育社会学系探讨教育与社会之间交互关系的科学。”⑤中国澳门学者黄素君亦认为,“教育社会学并非独立的生成物,作为研究教育与社会之关系的社会学科,它研究的对象不单是社会问题,而是强调教育与社会的互动关系和结果”⑥。

“关系说”不仅存在于上述学者著述的界定中,一项统计也表明,在 20 世纪 80 年代的英国《教育社会学期刊》和美国《教育社会学》这两份学术刊物中,主题为“教育与社会关系”(包括“社会化与教育”“社会结构与教育”“社会阶层化与教育”“社会问题与教育”“社会变迁与教育”等)的论文,占据前一刊物的近三分之一(29%)容量,占据后一刊物的泰半江山(52.9%)。⑦

---

① 张维仪:全国教育社会学专业委员会 1991 年交流材料。

② Charles E.Bidwell & Noah E.Friedkin.*The Sociology of Education*, in Neil J.Smelser(ed.), *Handbook of Sociology*, Newbury Park, CA: Sage, 1988.

③ 林清江:《教育社会学》,台北:台湾编译馆 1975 年版,第 21 页。

④ 林清江:《教育社会学新论——我国社会与教育关系之研究》,台北:五南图书 1981 年版。

⑤ 陈奎憙:《教育社会学》(修订四版,1980 年初版),台北:三民书局 2013 年版,第 15 页。

⑥ 黄素君:《澳门教育社会学的发展:基于教师教育脉络的探究》,2016 年 5 月,未刊稿,系该文作者为笔者主持的课题“中国教育社会学百年:历程、经验及前景”撰写的“澳门教育社会学发展”部分。

⑦ 李锦旭:《20 世纪 80 年代英美教育社会学的发展趋势:两份教育社会学期刊的分析比较》,《现代教育》1991 年第 2 期。

进一步观察可知,就传统的(educational sociology)和新兴的教育社会学(sociology of education)来看,"关系说"在新兴的教育社会学尤甚;就中和外来看,"关系说"在中国更浓。几个典例可资为证。据认为标志着我国教育社会学起点的第一本中文教育社会学著作的书名便是《社会与教育》①;学界之所以常把陶孟和这本《社会与教育》视为我国教育社会学诞生的标志,除了它提出"教育社会学"概念之外,更重要的理由就在于——正如其标题所示——它系统阐述了"教育与社会之关系",该书内容基本上可分为社会对教育的影响和教育对社会的作用两大部分。而将探讨"教育与社会的相互关系"作为研究对象这种观点,在中国大陆教育社会学恢复重建以来曾得到高度认同,在学科恢复期尤为明显。② 事实上,这也是迄今为止大多数学人在判定教育社会学研究对象、学科性质时最常见的一种说法,"关系说"普遍地存在于教育社会学有关的辞书、教材、专著以及冠以"教育社会学"之名的著述当中。③ 其中,教育社会学者谢维和就曾明言:"与其他学科相比,教育社会学独特之处在于它是通过教育与社会的关系来研究教育活动和教育现象的。"④而在我国广泛使用的"高等学校文科教材"《教育社会学》,在归结教育社会学的学科性质及其研究对象时强调:"我国所要建立的教育社会学,应从宏观方面研究教育与整体社会之间的关系及其功能;从中观方面研究教育与区域社会之间的功能性关系及学校内部的关系;从微观方面研究教育过程中有关社会学的问题。"⑤观乎全书,该教材的绝大部分章节均是在探讨宏观的社会整体、中观的区域社会与教育的关系问题,章目一律为"××与教育","关系说"的研究对象观跃然纸上。

总之,正如有学者总结的那样,尽管教育社会学自诞生以来,有关其研究

---

① 陶孟和:《社会与教育》,上海:商务印书馆1922年版。

② 董泽芳、张国强:《我国大陆教育社会学研究的特点与演变(1979—2005)——基于教育社会学重建以来概论性著作的文本分析》,《高等教育研究》2007年第7期。

③ 程天君:《教育社会学就是研究"教育与社会关系"的学科吗——从"教学要点"到"教学难点"》,《教育研究与实验》2010年第4期。

④ 全国教育科学规划领导小组办公室:《教育科研大家谈》,北京:教育科学出版社2007年版,第162页。

⑤ 鲁洁主编:《教育社会学》,北京:人民教育出版社2001年版(1990年初版),第27页。

对象的问题一直是众说纷纭、千姿百态、五花八门以至难以把握,但这些形形色色的“对象观”具有一个共同的特性,那就是它们无一不涉及“教育与社会的基本关系”,无论是宏观的还是微观的、历史的还是现实的、理论的还是实证的,研究者们着眼的都是教育与社会两个大系统之间相互作用、相互制约、相互促进的互动关系。① 这就难怪,英国知名教育社会学家罗伯·摩尔(Moore,R.)的力作“Education and Society:Issues and Explanations in the Sociology of Education”在译介到中文世界时,就被中国台湾学者径直翻译为“教育社会学”②。

凡此种种,我们可以看到一个清晰的等号,那就是:教育社会学=“教育+社会”学! 换言之,教育社会学就是研究“教育与社会”关系的社会学。“综观学科理论研究的现状和成果,目前在这一基本问题上逐渐形成这样一种普遍共识,即认为教育和社会的关系是教育社会学的研究对象”③。“关系说”,似已成为教育社会学研究的一种学科标识,一种范式,一种强范式。甚而至于,这种范式并非教育社会学所独有,而是遍及于教育学之中。正如有学者所言,“‘教育和社会’这一课题是教育学的当然‘势力范围’”④,“教育和社会关系是教育学中的核心理论问题之一”;惟“遗憾的是,我们的教育科学理论在把握教育和社会的关系上却存在不小的偏差,表现为孤守这样的一种分析模式:先把‘教育’从‘社会’中孤立出来,然后把其余的‘社会’划分为政治、经济、文化等,或分为生产力、生产关系等几大块,分别一一对应地谈教育和社会其他构成成分之间的关系”⑤。

为此,教育社会学界内外的学者都对“关系说”这一主导范式进行过质疑。

---

① 钱扑:《教育社会学的理论与实践》,桂林:广西教育出版社 2001 年版,第 43—44 页。

② Rob Moore.*Education and Society:Issues and Explanations in the Sociology of Education*,Cambridge:Polity Press Ltd.,2004.中译本为:Rob Moore 著:《教育社会学》,王瑞贤、王慧兰、陈正昌译,台北:学富文化事业有限公司 2008 年版。

③ 刘生全:《教育社会学研究什么——“关系说”的思考》,《唐山师专学报》1998 年第 1—2 期。

④ 刘生全:《教育社会学研究什么——“关系说”的思考》,《唐山师专学报》1998 年第 1—2 期。

⑤ 刘生全:《从边缘到中心——教育和社会关系的新思考》,《江西教育科研》1998 年第 2 期。

譬如，教育社会学者刘生全认为，“关系说”产生了三大难题：发生“学科纠纷”、难以形成较为严整的学科理论体系、不切合教育社会学学科发展的现状①。又譬如，针对“关系说”这种未及肯綮的界说，非教育社会学者潘懋元批评说：“教育社会学的研究对象尚不明确，从而与教育学及其各门分支学科颇多重复。”②

实际上，在此之前，吴康宁所著《教育社会学》（1998）一书就不仅对“关系说”提出了批评，而且还进行过建设性工作。他认为，区别于其他学科，教育社会学研究对象的特点在于它既姓“教”，又姓“社”，其要害之一就是要防止“窄化”研究对象，而“关系说”便恰恰“窄化”了教育社会学的研究对象：“教育制度与社会相互关系说”只关注教育的“静态”层面，将整体的、宏观的教育制度作为研究对象；“教育过程与社会相互关系说”则只探及教育的“动态”层面，将研究对象限定为教育的具体活动及其过程，两者虽都名为“教育社会学”，但前者实为“教育制度社会学”，后者实为“教育活动社会学”或“教育过程社会学”；相比起来，“教育与社会相互关系说”虽在总体上兼顾了静态与动态成分、宏观现象与微观现象，但“相互关系”本身并不是一个准确的概念，它（也）不能涵盖“相互关系说”本欲涵盖的一些内容，教育自身社会系统内部的许多现象，如师生互动、学生互动等，并不完全反映出教育与（外部）社会的关系，而是有其自身的一些逻辑与规律，且教育现象或教育问题是否只是宏观与微观两个大方面或大领域也是存疑和需要探讨的问题。为此，他提出了“社会层面说”③，即教育社会学研究的是特殊的教育现象或教育问题，即具有社会学意味的教育现象或教育问题，或者说是教育现象或教育问题的“社会层面”。然细查吴康宁提出“社会层面说”的《教育社会学》一书不难发现，其框架体系为“四编”，除首编“教育社会学学科论”外，其余三编依次为“教育的社会背景”“教育自身的社会系统”及“教育的社会功能”，这种颇似“投入——过程——产出”的逻辑与架构④，其内容虽说并不完全属于“关系”的范围，但

① 刘生全：《教育社会学研究什么——“关系说”的思考》，《唐山师专学报》1998 年第 1—2 期。

② 潘懋元：序言，载张德祥、周润智：《高等教育社会学》，北京：高等教育出版社 2002 年版。

③ 吴康宁：《教育社会学》，北京：人民教育出版社 1998 年版，第 5—9 页。

④ 李锦旭、张建成：《台湾教育社会学研究的回顾与前瞻》，载于《教育科学的国际化和本土化》，台北：台湾杨智文化事业有限公司 1999 年版，第 293 页。

依然透露着“关系说”的基本底色。[①] 其实,给予该著框架体系以启灵的日本教育社会学家新堀通也本人,对教育社会学研究对象的总体界定就是“教育与社会的关系”——包括“作为社会现象的教育”“从社会到教育”“从教育到社会”。[②]

面对“关系说”不断遭受的质疑,教育社会学界出现了两种交互式的回应。一是“辩护”,代表人物当推张人杰和钱民辉。面对质疑,张人杰坦承“关系说”确有不妥,认为用“教育与社会的关系”来界说的教育社会学研究对象不是“尚不明确”,而是“不甚明确”。为此,他推举(重申)前述吴康宁提出的“社会层面说”作为教育社会学的判定标准或原则,认为“社会层面说”比“关系说”更直截了当,且更概念化,强调教育社会学只研究教育中的社会层面才能有别于其他教育学科,而这一原则的实施是当务之急。[③]

另外一种回应便是,包括笔者在内的一些研究者认为,“关系说”既不足以示明教育社会学同教育政治学、教育经济学、教育文化学等学科的差异究竟何在,也难以申述教育社会学学科自立的过硬根由,教育社会学的研究对象有待明确乃至重写[④]。

对此,钱民辉则就“关系说”进行了前后不免矛盾的“强辩护”。一方面,他认为,随着社会的加快发展,特别是信息技术时代的来临,传统的教育社会学理论已经不能有效地解释教育与社会的关系问题;在教育社会学的“新时代”,从国外有关教育社会学家的研究动态来看,他们已经开始将教育社会学的研究对象确定为“教育与现代性”之关系的研究,也就是把教育社会学的宏观研究、中观研究和微观研究分别纳入到现代性工程中去,从动态中研究教育与现代化运动的关系,从静态中研究教育与现代性问题。[⑤] 为此,他断言:教

① 程天君:《中国教育社会学“学科论”百年概要》,《北京大学教育评论》2011 年第 4 期。

② 吴康宁:《教育社会学》,北京:人民教育出版社 1998 年版,前言第 2、8 页。

③ 张人杰:《教育社会学研究对象探索中需要澄清的三个问题》,《教育研究》2009 年第 9 期。

④ 程天君:《教育社会学就是研究“教育与社会关系”的学科吗——从“教学要点”到“教学难点”》,《教育研究与实验》2010 年第 4 期。

⑤ 钱民辉:《教育社会学——现代性的思考与建构》,北京:北京大学出版社 2004 年版,第 4—5 页。

育社会学在今天是研究什么的？就是“教育与现代性”的！不难发现，这个所谓的教育社会学的“新对象观”操持的实则还是“关系说”的老思路，“旧瓶装新酒”而已（用“教育与现代性”取代“教育与社会”）。另一方面，他又说：“在教育社会学建立之初，许多先驱就明确地知道研究教育是教育学的事情。而教育社会学研究什么呢？如果说过去没有说清楚，那么，现在我们有条件对前人的研究做出总结和概括。在检索和整理前人研究文献的基础上，我们发现，教育社会学在学理（应然）上是研究‘现代性’的。”为此，他确信：教育社会学的研究对象不是“尚不明确”，而是“甚为明确”，那就是他经过“层层推理”而得出的教育社会学区别于教育学其他学科的“关系说”，并试图在学理与致用、静态与动态、宏观与微观这“三大研究领域”进行分析和论证，以“重现关系说”，从而“证明”关于教育与社会的“关系说”贯穿在教育社会学这些研究中。他强调，“离开或者超越这种‘关系说’，就不是教育社会学了”。①

“关系说”的广泛存在也好，对它的质疑、辩护抑或改造也好，这本身就说明：“关系说”在成为教育社会学研究一个范式的同时，无疑也成了一道难题。有感于此，笔者在本书所做努力即为“重写”教育社会学研究对象、进而“改写”教育社会学研究范式②所作的一种尝试。这，既是同钱民辉先生“接着再

① 钱民辉：《“关系说”何以贯穿教育社会学的三大领域》，载钱民辉：《教育社会学研究：学科·学理·学术》，北京：社会科学文献出版社2014年版，第56—65页。

② 所谓“重写”“改写”教育社会学研究范式，并不是要否定、推翻抑或抛弃原先的范式，而只是尝试提供另一种（alternative）可能。这就需要对自然科学的“范式”与社会科学的“范式”之区别稍作说明。托马斯·库恩（Thomas Kuhn）在其关于范式的经典著作《科学革命的结构》（1970）中，把形成某种科学特色的基本观点，称为这些科学的范式（paradigm），如在自然科学史上，牛顿的力学、爱因斯坦的相对论、达尔文的进化论和哥白尼的太阳中心说等，都是自然科学的范式。库恩指出，范式通常会变得固若金汤，抗拒任何实质的改变；不过，当范式的缺陷随着时间推移变得越来越明显时，一个新的范式就会出现并取代旧的范式，譬如，太阳围绕地球转的观念后来被地球围绕太阳转的观念取而代之。而著有经典教材《社会研究方法》的著名社会学家艾尔·巴比（Earl Babbie）则指出，社会科学家也已经发展了很多解释社会行为的范式，但在社会科学中，范式更替的模式与库恩所说的自然科学并不相同：自然科学家相信一个范式取代另一个范式，代表了从错误观念到正确观念的转变（譬如，现在已经没有天文学家认为太阳是围绕地球转的）；至于社会科学，理论范式只有是否受欢迎的变化，很少会被完全抛弃，社会科学的每一种范式，都为关注人类社会生活提供了一种不同的方式，每一种都有独特的关于社会事实的假定，每个范式都提到了其他范式忽略的观点，同时，也都忽略了其他范式揭露的一些社会生活维

讲”，更是同他“对着讲”。尽管我与其学术观点不同，但这何尝不也是一种志同道异？诚如他所言，“对学科进行重新梳理和认识非常必要，这事关学科的存在和发展问题”①。心有戚戚焉者，尚有教育社会学者刘生全也曾说过，“关于教育社会学研究对象的探讨远未结束”②。

二、教育与社会“二分”：前因及其后果

“关系说”及以其为表征的主流教育社会学，其突出的特征也可以说其根本问题，在于“教育与社会”二分及其背后的“二分”思维。而这种“二分”思维的根源，早已蕴藏在教育社会学的经典理论之中。无论是功能论、冲突论、解释论（诠释论）抑或批判论，大约共享一个根本的思想前提：那就是“教育”与“社会”二分，且教育“从属于”社会。兹列表如下：

表 11-1　教育社会学经典理论与教育的目的与功能述略

	功能论	冲突论	诠释论	批判论
焦点	社会与文化体系，强调秩序与均衡如何维持。 目标是辨识社会体系的成分，描述体系如何运作，强调秩序与均衡如何维持、传递。	社会与文化体系，强调冲突与变迁而非秩序与维续。 目标是对于社会实在更真实的描述，包括解释变迁、社会混乱与冲突。	社会意义与实在的建构本质。 目标是了解人们如何建构意义，根据意义而行动。	社会、政治、经济压迫的根源；现有社会理论不足以改变人类情况。 目标是揭露压迫的根源，促进对压迫前因后果的理解，鼓励参与解放。

度。为此，对于社会科学而言，巴比建议，毋宁把每种范式当作理解社会的一扇窗户来看待，而不必管那种范式对或错。因为归根结底，范式本身没有对错之分；作为观察的方式，它们只有用处多少的区别。因此，我们不如听从巴比的良言，最好是尝试去发现这些范式可能带给你的益处。［参见［美］艾尔·巴比：《社会研究方法》第 8 版（上册），邱泽奇译，北京：华夏出版社 2000 年版，第 57 页。］总之，社会学中所说的“范式”更多的是美国社会学家瑞泽尔所说的“多重（元）范式”。（George Ritzer.*Sociology*：*A Multiple Paradigm Science*.Boston：Allyn and Bacon，1975.）

① 钱民辉：《“关系说”何以贯穿教育社会学的三大领域》，载钱民辉：《教育社会学研究：学科·学理·学术》，北京：社会科学文献出版社 2014 年版，第 57 页。

② 刘生全：《教育社会学研究什么——“关系说”的思考》，《唐山师专学报》1998 年第 1—2 期。

续表

	功能论	冲突论	诠释论	批判论
假定	每个社会体系必须经由结构与制度，执行生存所必需的某些功能。秩序与均衡是正常的，混乱与冲突是病态的。	冲突与变迁是社会体系中正常力量，并且能促进社会体系的健康发展。资源分配的不平等是社会冲突的主要根源。	意义是由社会互动建构而成的。实在不是事先假定好的、固定的；它以行动者的诠释为基础、随行动者与脉络而改变。	人基本是不自由的，身处在充满矛盾，以及权力、特权的不对称模式之中。传统的社会理论是由统治精英建构的，目的是维持社会中压迫的模式。
教育目的	智识目的(3)；政治目的(4)；经济目的(2)；社会目的(3)。	经济再制(社会结构)；文化再制(文化资本)；国家霸权再制(意识形态)。	教育知识的成层及分配(教育知识社会学)；学校与课堂生活过程乃有差别的互动过程(符号互动论)；规范运用和常识理解影响师生互动及学生成败(人种方法论)。①	批判论与再制论都同意，学校是用来帮助宰制团体维持权力地位，是为宰制阶级的利益服务；但强调个人也有力量建构自己的命运。
教育对于社会的作用观	视教育体系为一种社会结构。学校教育须强化既有的社会与政治秩序，其功能在于态度、价值、技能与规范等之世代传递。	学校复制既有社会阶级结构，维持一个依阶级、族群、性别而划分阶层之社会所需的分工制度，为优势团体的利益服务。	学校是情境中的人通过社会互动建构意义的地方。解释论以与冲突论的不同的方向和方法，即微观的质性分析，描述社会再制的过程究竟如何发生。	在宏观结构层次上，学校是运用宰制阶级的经济、文化与霸权资本，进行阶级再制的场所；在微观的层次上，如果学校教育过程中的人能够发展批判意识，那么学校就能成为社会变迁，而非社会再制的场所。

资料来源：除另有注明外，本表依据下著内容绘制而成：Kathleen Bennet deMarrais，Margaret D.leCompte 原著：《教育的社会学分析：学校运作之道》，林俊雯校译，台北：学富文化事业有限公司2007年版，第1—57页。

对上表进一步说明②可知，(1)功能论视教育体系为一种社会结构，其功

① 参见吴康宁：《教育社会学》，北京：人民教育出版社1998年版，第36—40页。

② 说明参考了Kathleen Bennet deMarrais、Margaret D.leCompte：《教育的社会学分析：学校运作之道》，林俊雯校译，台北：学富文化事业有限公司2007年版，第1—57页。

能在于态度、价值、技能与规范等之世代传递,主张学校教育必须强化既有的社会与政治秩序。这是典型的“教育从属于社会”的论断。(2)冲突论以三种再制模式解释学校如何强化不平等并维系阶级差异:经济再制在讨论职场与学校的结构关系;文化再制在观察学校与学生之文化及语言符码的关系;霸权再制在解释政府对学校政策与实际的影响。因此,冲突论与功能论所看到的学校教育目的大同小异,只是冲突论痛恨再制所造成的不平等而非理所当然地接受现状。冲突论与功能论均属“社会传递论”,都在处理学校教育的宏观层面或结构,及其在文化传递上的角色。两者的主要差别在于他们对传递的诠释:功能论者相信,社会大众对于社会信念与价值有一种潜在的良性共识,无所质疑;冲突论则批判此一假定,认为所谓的共识其实只是优势文化与社会团体所持的社会态度与价值,他们所关心的是学校如何复制既有的社会阶级结构,维持一个依阶级、族群、性别而划分阶层之社会所需的分工制度,为优势团体的利益服务。可见,冲突论的理论假设与思想前提亦是“教育从属于社会”,即教育乃经济、文化及霸权再制的工具,只是冲突论揭示和批判这种再制而不是像功能论一样欣然接受罢了。(3)一定意义上说,解释论其实是在接着讲冲突论“再制”的故事。冲突论发现,来自不同社会阶级的学生接受不同类型的学校教育,不过,冲突论者检视的是宏观、社会的层次,使用大规模的量化资料;解释论者则将重点转向学校与教室内的互动,进行微观的质性分析。解释研究受到各类再制研究的刺激,描述社会再制的过程究竟是怎样发生的。故此,在解释论的显微镜背后,还是“教育从属于社会”的逻辑。(4)批判论者与再制论者都同意,学校教育的目的是为宰制阶级的利益服务,只是批判论试图找到出路。批判论连接了冲突论对社会结构组织的关切及解释论对个人行动与信念的强调。冲突论关切社会不平等的来源,并认为这些来源在于经济与文化体系,它认为个人是消极的,个人的行动、信念、最终的社会地位是由社会所决定;相反地,解释论者认为,个人的行动与信念,加上他们的过往与当下环境,决定了社会。批判论向冲突论和解释论两派借用概念:保留冲突论的社会结构分析,以及对社会中不对称、压迫的关切;同时也检视个人如何以行动决定(至少是某种程度的决定)自己的命运。略微复杂与难为的是,批判论认为,在宏观结构层次上,学校是运用宰制阶级的经济、文化与霸权资本进行阶级再制的场所；在微观的层次上，如果学校教育过程中的人能够发展批判意识，那么学校就能成为促进社会变迁而非进行社会再制的场所。一言以蔽之，在批判论眼中，“教育仍从属于社会”，惟其希望教育过程中人能够发展批判意识进而促进社会转化和变迁，故此批判论又被称为与“社会传递论”对举的“社会转化论”。

由此可见，教育社会学功能论、冲突论、解释论及批判论这四大理论，虽然在研究方式和方法上经历了从宏观、量化到微观、质性的转变及综合，在研究旨趣上经历了“维持”（传递）到“揭示”（诠释）再到“批判”（转化）的流变及综合，但四大理论大约也共享一个根本的前提假设：那就是“教育”与“社会”二分，且更为主要的是，教育“从属于”社会。这便导致了经典的教育社会研究范式，可谓之“教育/社会”学，亦即研究“教育与社会关系”的社会学。

这种范式的教育社会学研究，产生两大方面的后果。

一方面，在学理上产生教育社会学研究对象“关系说”之难题、教育研究中“教育”与“社会”二分的难题、乃至社会科学研究中“二分”思维难题。对于这种“二分”，学界也坦承，这是一种没有办法的办法。譬如，吴康宁认为，这只是为了“认识的方便”而进行的一种“思想上的抽离”，并不得已时不时给出如下“解释和说明”：把“教育”与“社会”作为一对概念来谈论两者之间的关系，早已被人们视为不言自明、理所当然。但需要说明的是，教育或教育要素（学校、教师、学生、课程等等）都不是“非社会”之物，其本身就是社会的组成部分。现实中既不存在完全独立于“社会”之外的“教育”或“教育要素”，也不存在可将教育或教育要素“剔除”在外的“社会”。当我们谈论“教育与社会”“学校与社会”“教师与社会”之类的话题时，其实不过是为了认识方便起见，在思想上把“教育”“学校”“教师”等从社会系统中权且“抽离”出来，并权且将它们作为一个个“单独事项”，然后再去考察这些单独事项同把它们“剔除”在外的“其余的社会”（或曰“剩余社会”）之间的关系。①

又譬如，“关系说”的坚定捍卫者钱民辉，在其为“重现关系说”以便“证

---

① 吴康宁等：《课堂教学社会学》，南京：南京师范大学出版社 1999 年版，前言第 2 页；教育部哲学社会科学研究重大课题攻关项目课题组（吴康宁主持）：《“我国教育改革和发展的社会支持系统研究”投标评审书》（2012 年 3 月，未发表），第 26 页。

明”关于教育与社会的“关系说”贯穿在教育社会学“所有的研究”之中而撰写的撰文《“关系说”何以贯穿教育社会学的三大领域》中，一边采用“二分法”的逻辑，从学理与致用、静态与动态、宏观与微观这“三大研究领域”进行分析和论证，一边又煞有芥蒂而又无可奈何地对“二分法”进行解构性说明与循环再利用：一则，他在该文“学理与致用：‘关系说’是应然与实然的统一”一节的末尾这样写道，“笔者将上述分析分成学理与致用两个方面，其实，这两个方面在具体的研究中是很难分开的。如此做只是为了能更加清楚地说明‘关系说’在学理和致用方面是‘甚为明确’的”。二则，他在该文“静态与动态：结构与变迁中体现‘关系说’”一节的末尾也这样说道，“从单纯的社会静力学或社会动力学角度进行研究几乎是不可能的，上述的例子只是为了说明‘关系说’既体现在静态结构的分析中，又体现在动态变迁的研究中，许多研究其实都体现了这两个方面”。三则，在该文结语部分，他再次这样总结强调：“本文所例举的学理与致用、静态与动态、宏观与微观三组成对的范畴往往被认为是‘二元’对立的，但在实际的研究中它们常常是交织和综合在一起的。”①其实，正如学理与致用、静态与动态、宏观与微观这三组所谓“成对的范畴”并非“二元”对立、而是常常交织和搅和在一起的一样，教育与社会也并非截然“二分”的。

进一步来看，“关系说”及以之为表征的教育社会学主流研究范式至少面临如下三关难题：第一，“关系说”无法作为教育社会学的门牌号码和学科标识，因为教育与社会关系研究自古有之，远早于教育社会学的诞生。如以“关系说”为标识，就会把教育社会学的诞生时间无限推向远古。这就是为什么有人主张：若从较宽泛的意义上讲，可归入教育社会学的较早的一部著作应是朱元善 1917 年出版的《学校之社会训练》（商务印书馆），而不是 1922 年陶孟和著《社会与教育》（商务印书馆）。② 也正是基于这种“关系说”的逻辑，我国有学者认为教育社会学是在辛亥革命后从欧美传入中国的，此后，我国的教育家、社会学家、文艺家如蔡元培、陶行知、胡适、鲁迅、叶圣陶、费孝通、徐特立等

① 钱民辉：《“关系说”何以贯穿教育社会学的三大领域》，载钱民辉：《教育社会学研究：学科·学理·学术》，北京：社会科学文献出版社 2014 年版，第 56—65 页。

② 胡金平：《雷通群与中国教育社会学的学术传统》，《南京晓庄学院学报》2008 年第 2 期。

人,开始重视从教育的角度研究社会与从社会的角度研究教育了;甚至还认为,在中国古代的教育史上,虽然没有像欧美教育史上出现过系统的教育社会学的专著,但是许多“教育家”(原文如此)如孔子、墨子、孟子、董仲舒、王阳明、黄宗羲、顾炎武、康有为、梁启超等人,都十分重视教育问题与社会问题的内在联系,他们的论著中有着丰富的教育社会学的思想资料。① 无独有偶,在国外,正如日本的新堀通也(Shimbori)所指出,柏拉图就对教育的社会功能有深刻的洞察力,大多数教育家特别是夸美纽斯(Comenius)、卢梭(Rousseau)、费希特(Fichte)等均探讨教育与社会的关系,例如有学者甚至把德国教育社会学的起源追溯至诸如裴斯泰洛齐(Pestalozzi)、施莱尔马赫(Schleiermacher)和冯·斯泰因(von Stein)之类的人物。② 可见,若衡诸研究对象观上这种“关系说”来判别教育社会学(思想),就不免陷入把近代以来的“舶来品”教育社会学说成是我国“古已有之”的荒谬。第二,“教育与社会”中的“社会”实乃“剩余社会”,即撇除“教育”之外的“剩余物”,是个大杂烩,是个包含所谓政治、经济、文化等在内的筐。也正因为如此,问题便接踵而至。倘若教育社会学就是探讨教育与政治、经济、文化等其他社会现象、因素或领域的关系的学科;那么试问,教育政治学、教育经济学、教育文化学等又待怎讲? 况且,这个“剩余社会”中的“政治”“经济”“文化”等又是基于一个“两重剩余社会”的“剩余物”——即“政治”是相对于撇除“政治”“教育”之外的剩余社会而言的,“经济”是相对于撇除“经济”“教育”之外的剩余社会而言的,“文化”则是相对于撇除“文化”“教育”之外的剩余社会而言的,等等。如此循环解释,含混不清。第三,也是更麻烦的问题是,这个撇除教育之外的“剩余社会”,其中也含有教育,甚至其本身就有教育的成分、因素或功能,如政治、经济、文化、宗教等均具有教育意味,甚至其本身就是教育! 这便涉及教育与社会“互嵌”的思想,关于此点,容详下文。

---

① 韩钟文:《陶行知的教育社会学思想述评》,《上饶师范学院学报》1986 年第 1 期,第 47 页。持类似观点的还有中国台湾学者谢高桥,他在挖掘、整理中国古代教育社会学思想时发现,孔子及其同时代的思想家就注意到教育与社会的这种关系。参见谢高桥:《教育社会学》,台北:五南图书出版股份有限公司 2004 年版,第 53—60 页。

② Michiya Shimbori. *Sociology of Education*, International Review of Education, 1979, Vol.25, No.2/3, pp.93-41.

另一方面,这种“教育与社会”关系之范式的研究,在观念上产生教育乃社会“救星”(教育万能论)或“替罪羔羊”(教育无用论)之吊诡成见。“司空见惯(too often)而又吊诡的是,教育要么被视为救星(the savior),要么被视为后工业社会的替罪羔羊(the whipping boy)”:就“救星”一方面来说,人们常听说教育背负促进个人与社会发展(make the better individual and the better society)的期望,以至教育已经变成各类各种个人与社会问题的公认的主要方案(the accepted master solution);与此同时,一种对于教育及其在后工业社会中作用的不安也在一些领域存在着。①

“教育救星论”“教育批评(问责)论”抑或“兼有论”的主张者,于中外均不乏其人。在中国学界,一方面,有学者如劳凯声甚至认为,“中国教育学的理论体系起始于两个基本问题,即教育与社会发展的关系问题和教育与个人发展的关系问题。这两个基本问题又可以分解为教育与政治、教育与经济、教育与科学技术、教育与文化、教育与个人的社会化、教育与身心发展阶段、教育与个性特征的关系等一系列更为具体的问题”②。另一方面,亦有学者如石鸥则从“学校批评”看“学校不能承受之重”,认为对学校的尖锐批评源于对学校、教师的过度依赖,而本质上又是赋予学校不能承受之重造成的结果,呼吁对教育责任进行分担。③ 回顾中国的历史也可发现,一方面,从清末民初“经济救国”(洋务运动)、“政治救国”(百日维新)失败后寄望“教育救国”(废科举、兴学堂),到康有为办“万木草堂”、梁启超著《新民说》、严复倡“教育救国论”,再到陶行知创办晓庄学校、晏阳初致力“平民教育”,操持的均是“教育救亡”“教育强国”的逻辑。另一方面放眼当下的中国也不难发现,“知识改变命运”论④、新

① David P. Baker. *The Schooled Society: The Educational Transformation of Global Culture*. California: Stanford University Press, 2014, preface, pp. xii-xiii.

② 劳凯声:《中国教育学研究的问题转向——20世纪80年代以来教育学发展的新生长点》,《教育研究》2004年第4期。

③ 石鸥:《从学校批评看学校不能承受之重——兼论教育的责任分担》,《教育研究》2002年第1期。

④ 譬如,可见梁晨、张浩、李中清等:《无声的革命:北京大学、苏州大学学生社会来源研究(1949—2002)》,北京:生活·读书·新知三联书店2013年版;李春玲:《“80后”的教育经历与机会不平等——兼评〈无声的革命〉》,《中国社会科学》2014年第4期;应星、刘云杉:《“知识改变命运”还是“教育使人不被命运所摆布”》,《探索与争鸣》2015年第6期。

老“读书无用论”①、“寒门难出贵子说”②等聚讼纷纭。同时,教育亦成为举国讨伐的对象和众矢之的,说其为人人喊打的“过街老鼠”亦不为过。中国也许是这个世界上“教育批评”最盛的国度。

在西方,长期以来经济学家和其他社会科学家一直视教育为诸多社会挑战——包括生产力、不平等、经济增长、健康状况、人口过剩、政治参与、降低犯罪行为及福利短缺——的解决方案③。其中,教育“救星论”的头号人物当推《民主主义与教育》(1916)一书的作者杜威(John Dewey)。杜威心目中的教育目的便是:“民主的生活方式”和“科学的思想方法”④。杜威是以“反弹琵琶”的方式来求索教育目的的,即以“民主(良好的)社会”作为教育的依据与旨归。⑤ 他认为,教育乃民主社会的基本条件⑥,民主主义本身便是一个教育的原则,一个教育的方针和政策⑦。杜威的名言再清楚不过地表达了其“教育救星论”的思想:“如果没有我们通常所想的狭义的教育,没有我们所想的家庭教育和学校教育,民主主义便不能维持下去,更谈不到发展;教育不是唯一的工具,但它是第一的工具,首要的工具,最审慎的工具,通过这种工具,任何社会团体所珍视的价值,其所欲实现的目标,都被分配和提供给个人,让其思考、观察、判断和选择。”⑧杜威特地征用贺来斯·孟恩(Horace Mann)格言式

---

① 譬如,可见金克木:《古“读书无用论”》,《读书》1990年第5期;滕纯:《试析发展商品经济与“读书无用论”》,《中国教育学刊》1989年第1期;郝文武:《新读书无用论的根源及其消除》,《中国教育学刊》2009年第9期。

② 譬如,可见刘云杉:《“寒门难出贵子”:基础教育与高等教育的双重困境》,《中国社会科学报》2012年3月7日;陈宝泉:《“寒门难出贵子”误读教育公平》,《中国教育报》2011年8月31日。

③ A.H.Halsey,Hugh Lauder,Phillip Brown,and Amy Stuart Wells(eds.),*Education:Culture,Economy and Society*,Oxford University,1997,p.240.

④ 滕大春:《杜威和他的〈民主主义和教育〉》,载[美]约翰·杜威:《民主主义与教育》,王承绪译,北京:人民教育出版社2001年版,第22页。

⑤ 程天君:《“接班人”的诞生——学校中的政治仪式考察》,南京:南京师范大学出版社2008年版,第245页。

⑥ [美]西摩·马丁·李普塞特:《政治人——政治的社会基础》,张绍宗译,上海:上海人民出版社1997年版,第31页。

⑦ [美]约翰·杜威:《人的问题》,傅统先、邱椿译,上海:上海人民出版社1965年版,第25页。

⑧ [美]约翰·杜威:《人的问题》,傅统先、邱椿译,上海:上海人民出版社1965年版,第28页。

的语句来强调教育作为民主主义首要的、审慎的工具的地位:“教育是我们唯一的政治安全;在这个船以外只有洪水”,“公共学校是人类的最大发现,其他社会机关是医疗和补救的,这个机关是预防的和解毒的”。① 除杜威之外,美国的康茨(George Counts)和阿普尔(Michael W.Apple)、巴西的弗莱雷(Paulo Freire)及许多批判教育学(critical pedagogy)者都是国际教育社会学界“教育改造(拯救)社会”论的典型代表。②

在西方教育学特别是教育社会学史上,“反学校教育不新鲜,值得注意的是他们的思想含量”③。就此衡量,学校教育批判论的头号人物,当推上世纪六七十年代西方国家“去学校化社会”社会理论与教育思潮中“所涉领域最广、影响也最大”的代表人物伊万·伊利奇(Ivan Illich),其代表作《去学校化社会》(1971)④认为,学校制度乃是社会精神进一步蔓延、渗透于其他社会制度之中的主要原因,学校制度的逻辑业已成为其他社会制度的逻辑,现代社会的精神就是学校制度!他以嘲讽的口吻说道,在一个学校化世界(schooled world)里,老是少一张证照,永远需要专家的建议,一心往高学历爬……但是,学校无法提供所有的资源,学校窄化了我们汲取新知的源泉,唯有落实广泛的“学习网络(learning webs)”,才能让自我不再受学校化社会的宰制。另一个人物或可举柯林斯(Randall Collins),其名著《文凭社会》(1979)⑤一书认为,

---

① [美]约翰·杜威:《人的问题》,傅统先、邱椿译,上海:上海人民出版社1965年版,第34页。

② 分别可见George Counts.*Dare the Schools Build a New Social Order*? Carbondale,IL:South Illinois University Press,1932;Michael W.Apple.*Can Education Chang Society*? New York:Routledge,2013;Paulo.Pedagogy of the Oppressed,1970,NY:Contimuum.阿普尔在威斯康星大学麦迪逊分校为博、硕士研究生开设了《意识形态与课程》这门课程,在他为学生推荐的主要阅读书目中,一头一尾的两部著作分别就是康茨和他本人的上述两部著作,其“教育改造社会”的旨趣跃然纸上,在该门课程的研讨班上,他也常以社会活动家、行动者自居,而不屑于做一名非学院派知识分子或教授。见University of Wisconsin-Madison,Department of Curriculum and Instruction,Curriculum and Instruction 910-Spring 2012-2013,Ideology and Curriculum.

③ 郑也夫:《吾国教育病理》,北京:中信出版社2013年版,第151页。

④ [奥]伊万·伊利奇:《去学校化社会》,吴康宁译,台北:桂冠图书股份有限公司1992年版。

⑤ Randall Collins.*The Credential Society*:*An Historical Sociology of Education and Stratification*. New York:Academic Press,INC,1979.

文凭社会的到来看上去似乎打破了依靠世袭、家族血缘等关系获得高职位的局面,为底层阶级向上层阶级的流动提供了渠道,促进了社会进步与公平。但实则,文凭社会只是另一种形式的阶级再生产,并以更加隐蔽的方式进行。因为获得文凭、获得教育专利证书所必修的课程,需要相当多的费用和长时期的孕育过程,但这个过程所需要的智力成本较低,因此它并不适用于社会上的每一个阶级。它明显对于上层阶级是有优势的,而下层阶级由于金钱与精力的限制必将处于劣势地位。这种获取资源机会的不对等必将带来阶级的再生产。鉴于不断扩大的文凭制度使得文凭贬值,也不会改变种族团体内的阶层秩序,只会在越来越高的教育程度上复制新的秩序,故柯林斯赞同文凭废除主义(credential abolitionism)的政策主张。三十六年后,“当代反学校教育的代表人物”、有着三十年教龄的辞职教师并从此不倦地为学校改革而奔赴各地演说的约翰·盖托(John T.Gatto),出版了堪称伊利奇《去学校化社会》“姊妹篇”①的《上学真的有用吗?》一书,媒体对其盛赞道:“盖托的字句闪耀着真知灼见,如果让他当美国的教育部长,旧体制会被炸得片瓦无存!”②

而既把教育视为“罪魁祸首”又将之奉为“济世良药”者亦不乏其人,翘楚似非《大地在心:教育·环境·人类前景》(2004)一书的作者大卫·奥尔(David.W.Orr)莫属了。奥尔痛心于目前地球普遍的环境灾难,并相信其根源就在“我们教育的失败”。而与此同时,作为思想家、环境学者以及环保实践者,他在反思西方文明的历史与现状后,又提出“以教育拯救环境”的思想。在他眼中,可谓“成也教育败也教育”,所以他说了一句意味深长的话:“能挽救我们的不是教育,而是某种教育”③。在对“这一种教育”进行批判之后,他又认为“另一种教育”是文明的支点,是人类挽救环境与自救的起点。对教育进行深层改革,配合以政治和生活方式的改革,来解决人类目前所面临的生存危机,是该著的要旨所在。他形象地指出,正规教育,正如婚姻那样,是无法彻底

① 郑也夫:《吾国教育病理》,北京:中信出版社2013年版,第150—151页。

② [美]约翰·泰勒·盖托:《上学真的有用吗?》,汪小英译,北京:生活·读书·新知三联书店2010年版。

③ [美]大卫·W.奥尔:《大地在心:教育·环境·人类前景》,君健、叶阳译,北京:商务印书馆2013年版,第3页。

解决问题的不彻底的解决办法。①

虽然上述“救星”论与“替罪羔羊”论这对明显相互矛盾的观点吸引着我们的注意力,但是,潜意识之中它们却操持着关于教育与社会的相同的常规假设(routine assumption):教育盲目听从(blindly follow)社会的变化,并因此仅仅训练(或训导)个体在社会中的位置。然而,这种假设愈来愈不足以理解教育现象中日益增长的列阵(array)及其带来的冲击(impacts)②,这正是宾州大学教育与社会学教授大卫·贝克(David P.Baker)所致力的方向。

三、从“二分”到“互嵌”:试论“教育社会”

大卫·贝克所著《学校化社会》(schooled society,因大卫所说的学校——school包括了从幼儿园到大学乃至成人教育机构,故在本书中,笔者也将之译作且主要译作“教育社会”)一书试图阐明,广泛普及的教育及其培育的价值、理念和规范,把教育本身变成了一种强有力的主导制度(a robust primary institution),现如今,教育制度独特地型塑(shape)社会,远远胜于它对社会作出的反应(react to it)。的的确确,正是教育在型塑文化上的成功,才创造了教育亦“救星”亦“替罪羊”的串联(the tandem)形象:即对于教育的巨大世俗信仰伴随着未满足的挫折——尽管,这些不现实的巨大期待并非来自一种弱派生制度(教育);毋宁说,恰恰相反,教育是一种强派生制度。③

先按下贝克基于新制度主义理论对“教育社会”(the schooled society)的兴起及其后果的分析不表。这里,通过历史考察和检视不难发现:自有了人,便有社会;自有了人,便有教育,教育与社会从来都是互嵌的。对此,古今中外

① [美]大卫·W.奥尔:《大地在心:教育·环境·人类前景》,君健、叶阳译,北京:商务印书馆2013年版,“十周年版介绍”第2页。

② David P.Baker. *The Schooled Society: The Educational Transformation of Global Culture*. California: Stanford University Press, 2014, preface, p.xiii.

③ David P.Baker. *The Schooled Society: The Educational Transformation of Global Culture*. California: Stanford University Press, 2014, preface, p.xiii.

的学者，都不乏从“人与（其它）动物的区别”上着眼，阐述“人类与教育须臾不离”的道理。兹录制两例如下：

动物合乎规律地运用其所具有的各种能力，也就是说，以不会对自己产生危害的方式加以运用。因此动物是不需要保育的，至多是有食物、温暖和引导，或者一定的保护就够了。规训或训诫把动物性变成了人性。动物通过其本能已经是其全部，一个外在的理性已经把一切都安排好了。人却要运用自己的理性。他没有本能，而必须自己给自己的行为制定计划。但因为他不是一生下来就能这样做，而是生蛮地来到这个世界，所以就必须由别人来为他做这件事。教育是由前一代人对下一代人进行的。人是唯一必须受教育的被造物。人只有通过教育才能成为人，除了教育从他身上所造就出的东西外，他什么都不是。人只有通过人，通过同样受过教育的人，才能被教育。①

依康德之见，“教育是人的规定或定义”；“只有教育，才能将造物主给他配备的达致‘善’的所有禀赋实现出来，才能让他重回人的‘类’本质上去。”②一百多年后，埃尔伍德（Ellwood，C.A.）在美国《教育社会学期刊》（The Journal of Educational Sociology，1963 年易名为“Sociology of Education”）创刊号上撰文，阐述了所见略同的见解：人区别于动物在于文化，而所有文化均在于习得；人类群体（human groups）自始就是人类的（human），只因他们的行为和生活由学习过程所决定（dominated）。③ 康德《论教育学》出版（1803）两甲子后（1927），中国近代教育史学家舒新城在考察“教育的起源”时也表达了类似观点：

人类本是动物之一种。其他动物底生活虽然也与人类生活的性质相似，但他们因为幼稚期很短，甚至于无幼稚期，其先天的禀赋常足以支持生活，所以需要教育甚少（如鸟类），乃至于完全不需要（如昆虫类）。人

---

① ［德］伊曼纽尔·康德：《论教育学》，赵鹏译，上海：上海人民出版社 2005 年版，第 1—14 页。

② 渠敬东：《教育史研究中的总体史观与辩证法——涂尔干〈教育思想的演进〉的方法论意涵》，《北京大学教育评论》2015 年第 4 期。

③ Charles Ellwood. *What Is Educational Sociology*? The Journal of Educational Sociology，Vol.1，No.1，1927，pp.25-30.

> 类则因进化特高之故,幼稚期特长,先天的禀赋既不足以维持生活,后天的生活习惯,又须长者导率始能养成,于是教育因之而起。因为人当初生时,不能自由活动,一切生活上的供给均有赖于父母。后来能行走自如,而因人类不能如禽兽之穴居野处,与社会之组织复杂,亦不能独立自存。长者本存种的固有要求,希望幼者能继续生活,且能继续其生活的事业;幼者本自存的要求,亦望继续生长,且发扬光大其未来的生活。于是长者为满足其希望,常于有形之中将自己底生活方法传给幼者,幼者也就很自然参与长者底生活活动而习得自存的方法。这种直接参与无形影响的活动,就是教育的施受;而这些活动的目的都在使生活进步。所以我们说:教育是改进人生的活动。①

舒新城在这里从发生学上论述的"教育是改进人生的活动"之要旨,及其感慨——随着近代学校兴起,学校成了固定的教育场所后,"结果遂至学校教育不独与社会生活隔离,甚至于背道而驰",所以"本为人生而起与改进人生为目的的教育,到现在反得竭力提倡与生活接近"——不是本书关心的核心话题,但从他对教育起源的考察上可以看出,自打有了人类,教育与社会便相伴而生。借用"镶嵌"(embeddedness)理论②的话来说,教育一开始就深嵌于社会之中,而不可能真正脱嵌(disembedded)于社会之外;而"人类社会"之所以可能,端赖于教育,社会一开始便也镶嵌于教育之中,且社会须臾离不开教育。换言之,教育与社会,原初是"互嵌"的,而非"二分"的。

"关系说"的一个前提假设就是,教育与社会二分,且"教育"之外的"剩余社会"是"非教育"的社会。这就像丹尼尔·贝尔(Daniel Bell)将职业划分为第一产业、第二产业和第三产业(也就是农业、制造业和服务业)并依据此"三产业"的此消彼长(工业和农业部门衰落的同时服务性部门的经济正在扩张)而预测"后工业社会"③的来临这个观点容易遭遇攻击一样,其原因首先在于

---

① 舒新城:《教育通论》,福州:福建教育出版社 2006 年版,第 4—6 页。

② 关于"镶嵌"(embeddedness,又译"嵌入")理论,参见[英]卡尔·波兰尼:《大转型:我们时代的政治与经济起源》,冯刚、刘阳译,杭州:浙江人民出版社 2007 年版;[美]马克·格兰诺维特:《镶嵌:社会网络与经济行动》,罗家德译,北京:社会科学文献出版社 2007 年版。

③ [美]丹尼尔·贝尔:《后工业社会的来临——对社会预测的一项探索》,高铦等译,北京:新华出版社 1997 年版。

“服务业”是统计学家在经济领域统计工作分类中的“剩余部分”，统计学家把那些既不属于第一产业的职业门类，也不属于第二产业任何部门的职业类型，统统纳入服务业，那么服务业就成为“产业中的破旧袋子，但凡房地产、按摩院、交通、计算机室、公众管理和公众娱乐等之流的部门都可以纳入囊中”；仅仅因为便于统计而将第三产业与其他两类产业区分，这个“起步就误入歧途”，因为服务部门中会有许多商品生产者，而在第一和第二产业中也会有许多非生产者。①

同理，在“关系说”视野中，提走“教育”之后的“剩余社会”并非“非教育社会”，其中有很多“教育”因素和“教育”功能。上文考察的“原始教育”自不待言。即便现代社会中的政治、经济、文化、宗教等——即“关系说”眼中的“剩余社会”——无一不浸淫甚或饱含教育之韵味②。事实上，现代教育——依据涂尔干③（Durkheim，E.）的判断——其真正的起点可以追溯至早期基督教时期；而且，早期“教会教育”远非“社会”的随从，它为“现代社会”的形成创造了一种基质性的条件。这是因为，基督教实现了对罗马和日耳曼的“双重倒转”：

> 对于罗马的奢侈与颓坏，基督教从底层穷苦人的面向上构造了天国想象，将地上的沉沦世界转化为一种超越性的天城，由此为淳朴甚至有些粗朴的民风确立了存在的正当基础；而对于日耳曼人的野蛮和粗鄙，则提供了一种“道德上的抚慰”，一种教育意义上的证成。在宗教组织制度上，随后广泛兴起的隐修制正是这种教育的充分体现。从此以后，教育不再循着古典时代的那种样子，不再是希波克拉底或苏格拉底所推行的政治家或哲学家的职责，不再是罗马人通过法权、政体或玄思完成的工作，而是通过讲道和劝教的方式来履行，通过一种灵魂的隐修来实现。教育

① ［英］佛兰克·韦伯斯特：《信息社会理论》（第三版），曹晋等译，北京：北京大学出版社2011年版，第60—66页。

② 杰克斯就把家庭（home）、宗教（church）、学校和大学（school and university）均视为“作为社会要素的教育”（education as a social factor）的构成部分——或曰“教育机构”（educational agency），并逐一考察了各自的教育作用与功能。见 Leonard M.Jacks. *Education as a Social Factor*, NY：Routledge，1937/2014.

③ ［法］埃米尔·涂尔干：《教育思想的演进》，李康译，上海：上海人民出版社2003年版。

的场所也不再是剧场和街市,而是由教会演化而来的一种群体性的组织形态,人们聚集起来,受着同样的影响,寻找同样的灵魂救赎方向。教育,或确切地说通过一种特定的共同体生活来获得共同的精神,仿佛勾画出了现代社会之出现的原初胚芽。①

康德说,规训或训诫把动物性变成了人性:训诫是纯然否定性,也就是把那种野性从人身上去除的活动;与此同时,教导则是教育的肯定性部分。如果说,这段引文里所说的“讲道”“劝教”“灵魂的隐修”“灵魂救赎”等表达的是教育的肯定性部分,或者说,是从“正面”说近代教育的起源;那么,福柯(Foucault,M.)生前最后几年通过“往前逆推的谱系学”而继续其一生研究的总主题——“如何塑造主体”——则从“反面”亦即“自我技术”(自我改变自我)转向了对古代社会和中世纪的研究,从而完成了其“主体的塑造模式”研究从早期关注“真理的塑造”(人文科学将人同时建构为主体和客体)、“权力的塑造”(排斥权力塑造出疯癫,规训权力塑造出犯人),到后期关注“伦理的塑造”(自我塑造)的逆推历程,勾勒了自我技术从希腊时期到基督教时期的转变。“权力的塑造”和“伦理的塑造”都是支配技术,唯前者是支配他人的技术,是福柯对现代社会“外在权力改变自我”之支配技术的解读;后者则是支配自我的技术,是福柯对中古社会“自我改变自我”之支配技术的解读。这种支配他人的技术与支配自我的技术之间的接触,福柯称之为“治理术”。② 福柯意义上的“伦理的塑造”及其连带的对教育的“反面”言说,与上述对教育的“正面”言说可谓异曲同工,一正一反勾勒了现代教育的起点及其对现代社会的奠基性型塑。

当历史的时针从中古拨向近现代的时候,映入眼帘的是英国(教育)社会学家伯恩斯坦(Basil Bernstein)。从根本上说,伯恩斯坦正是追随涂尔干的脚步,把现代社会之“教育系统”(education system)看作前现代社会之“宗教系统”(religious systems)的等价物,二者既是符号(象征性)生产与控制(symbolic production and control)的基本位点(primary sites),也是变迁的潜在位点(po-

① 渠敬东:《教育史研究中的总体史观与辩证法——涂尔干〈教育思想的演进〉的方法论意涵》,《北京大学教育评论》2015 年第 4 期。

② [法]福柯著,汪民安编:《自我技术》,北京:北京大学出版社 2016 年版。

tential sites)[①]。进而，参透教育与所谓“社会”（特别是学科规训及其表征的人类历史）“谁主谁从”之问题者，当推霍斯金（Hoskin，K.W.）。当霍斯金在教育系找到第一份工作时，当时的教授把教育学定义为一种次等学科。在这种尴尬的刺激下，霍斯金认为只有扭转普遍把教育学看成次等学科的见解才有出路。而他的办法，并不是要把教育恢复为一门“学科”，而是要显示出其实所有学科都是以“教育”为缘起的。为此，他夺人眼球地为其《教育与学科规训制度的缘起》一文添加了一个迷人的副标题——“意想不到的逆转”[②]。在这篇雄文中，撇开霍斯金是否混淆了“教育”与“教育学”不谈，他的问题意识的确富有启发意义：何以学科规训发生在1750年至1850年之尤其是1750年到1800年之间？对此，霍斯金“哥伦布式”的新发现是：原因在于“教育远非从属者，反而是统领者”这一“意想不到”的逆转！学科规训制度的缘起，标志着历史延续性的中断的时刻，人们传统以来学习与求知的方法都割断了；或者是出于对“教育”不屑一顾的心态，或更多的是不将之认真对待，人们往往忽略了这种历史的中断在什么时候发生，为什么会发生。霍斯金正是紧紧抓住教育实践的力量和逻辑，考察了学科规训制度的缘起。他承继福柯知识—权力考古学之序曲，找到了权力和知识（究竟是什么因素，在某个特定时刻，能把附在某种知识上的权力形式带上前台，或者令某种形式的知识变得有权力?）之间的连接：教育实践方式！确如他的发现：立在我们面前的这个世界是一个“书写中心主义”的世界，也是个可算度的世界，在其中我们学以治学（to learn to learn）。而这个世界缘起于教育实践方式上区区三种小做法：书写、评分、考试。在过去的200多年来的时间里，正是“书写”“评分”“考试”这三种教育实践方式的结合，才使人类历史发生了重大变化乃至出现断裂。福柯《词与物》[③]（1966）就几个世纪以来（文艺复兴直至20世纪初）三个特定学术领域——话语、生物、货币价值本质问题——的历史发展进行了论述，指出

---

① Rob Moore. *Basil Bernstein：The Thinker and the Field*. Oxon & NY：Routledge，2013，p.13.

② 霍斯金：《教育与学科规训制度的缘起》，载［美］华勒斯坦等：《学科·知识·权力》，刘健之等编译，北京：生活·读书·新知三联书店1999年版，第45—52页。

③ ［法］米歇尔·福柯：《词与物——人文科学考古学》，莫伟民译，上海：上海三联书店2001年版。

这三个领域分别在18世纪晚期发生了转化:一般语法学、自然史、财富分析学等范畴的学术研究,分别让位给文字学、生物学、政治经济学。霍斯金继福柯知其“然”之后,“在与教育攸关的地方”探及其“所以然”的堂奥所在,这就是“三种新的教学场所”:研讨班(1760年间在德国大学界开始)是创办语言学的场所;实验室(法国大革命前在法国高等学府开始)是创办生物学的归宿;课室(1760年间在苏格兰的格拉斯哥大学开始)则是政治经济学的创立之地。原来,研讨班、实验室和课室是文科、科学和社会科学等学科的发源地!而且更重要的是,所有这些新的教学场所都出现了新的教育实践方式,亦即书写、评分和考试。由此可说,学科的诞生及其规训是学校之为学校、教育之为教育的必要条件,更是学校及其教育实践的产物;学科规训的缘起是胎就于教育实践方式以及相应的新教学场所的革新之中的。换言之,是教育者通过其教育实践方式的变革,首先催生了学科,进而铺就了通往学校逻辑之大道的基石,并亲自以专家的身份行走于其上的①。譬如,研讨班和文字学、实验室和科学、课室和经济学的铸就过程,是分别与可称之为学科之父的海因里希·海涅、加斯帕·蒙热以及亚当·斯密这三个教学法的开路人联系在一起的。是教育实践、进而学科、再进而学校和教育,型塑了社会和人类的历史。迄今的大量学科不过是在三大学科(自然、人文、社会科学)下的日益分类与不断细化,操持的逻辑一仍其旧。正如霍斯金在挖到了“学科规训”(discipline)的词源即“教育”——亦即“把‘学习’带进‘儿童’去”——之后所判称:“学科规训从来都负载着教育上难解的谜团,也就是既要生产及传授最佳的知识,又需要建立一个权力结构,以期可以控制学习者及令该种知识有效地被内化。在学科规训制度的年代,我们不过是以现代的严苛方式,活出这古代的吊诡而已。”②

当我们把目光投向中国社会的时候,一幅“教育社会”的图景仿佛更加鲜明。据何怀宏的见解,在封建时代的中国(西周至春秋战国),不是土地这一经济因素,而是血统这一自然因素更为优先,是“血而优则仕”“族而优则仕”,而非“士而优则仕”或“富而优则仕”,故此一时期乃是“世袭社会”。在春秋

① 程天君:《身份的转换:毕业典礼的学校逻辑》,《教育研究与实验》2009年第1期。

② 霍斯金:《教育与学科规训制度的缘起》,载[美]华勒斯坦等:《学科·知识·权力》,刘健之等编译,北京:生活·读书·新知三联书店1999年版,第79页。

战国之后至晚清两千多年的中国社会中，文化因素对社会等级分层的作用更加明显，社会实际上由一种“血而优则仕”转变成一种“学而优则仕”，到后期甚至变为一种“诗而优则仕”“文而优则仕”了，是为“选举社会”。“至圣先师”“百世师表”的孔子及其代表的文化和教育因素在这两种新旧社会嬗替中起到了承前启后的巨大作用：所谓“承前”，就是孔子基本继承了等级秩序这一古老的思想；所谓“启后”，就是孔子“有教无类”的思想和实践是对血统论的打破，塑造了后来中国社会等级流动开放的面貌。总之，等级阶层与流动结构是何怀宏把握中国传统社会形态的两个基本点，科举制度则是其连接点与维系所在。在中国几千年的传统社会中，由于有一种政治权力、经济财富与社会名望这三种主要价值资源连为一体的情况，而政治权力又是其中表现最突出的，所以“仕”成为主要的出路，对“仕”的强调可以说是一种数千年的一贯制。纵观自秦汉至晚清这两千多年的总趋势，古代选举在政治上和社会上的地位愈来愈重，最终达到了一个以“学而优则仕”为重心的“选举社会”。① 这个选举社会的核心，就是考试制度。在这个意义上，毋宁说，这种“选举社会”（考选社会）是一种“教育社会”。及至今日，当前中国高等教育机会分配中尽管存在出身的影响，但根本上仍秉持着能力评价的主导性标准，仍体现着绩能社会“唯才是举”的典型特征。②

近现代直至当代的中国社会，在一定意义上可以说是通过教育缔造的社会，也可以说是一个举世罕见“教育社会”。作为中国共产党和中华人民共和国的主要缔造者和领导人，毛泽东成功的主要策略之一就是不停地创办学校③；毛泽东执政后乃至其一生的努力也是打通学校和社会④。而改革开放后，计划生育开始成为基本国策。计划生育政策产生了独特的中国社会问题。

---

① 何怀宏：《世袭社会：西周至春秋社会形态研究》、《选举社会：秦汉至晚清社会形态研究》，北京：北京大学出版社 2011 年版。

② 刘精明：《能力与出身：高等教育入学机会分配的机制分析》，《中国社会科学》2014 年第 8 期。

③ 关于毛泽东创办学校的具体情况，可见汪东兴：《教育为兴国之本——回忆江西共产主义劳动大学》，《江西教育科研》1995 年第 1 期。

④ 杨念群：《五四九十周年祭：一个问题史的回溯与反思》，北京：世界图书出版公司 2009 年版，第 28 页。

首先,独生子女成为自地球上有人类这个物种以来所出现的一个从来没用过的“亚种”;而我们所有的教育理念、教育方法、教育手段都是针对有兄弟姐妹的孩子,但今天接受教育的主体对象已经是人类历史上从来没有出现过的亚种,①遂使举国面临“教育焦虑”。其次,正因为上文所述的中国两千多年的社会是一个“选举社会”,中国社会拥有着“西方无法比拟的垂直流动的阶梯”。但中国人在漫长的科场博弈——一方面,因考中举人和进士的超小概率,即令殷实之家也不会让其全部子弟扑向科举,另一方面,中举可以带给全家尊严和地位,贫寒之家也会节衣缩食选出一个子弟敲科举之门——中,形成了教育的“家庭分流”(不同于德国近现代教育的“制度分流”),即便是 1905 年废除科举后,求学和从业仍旧是中国多数家庭的并存选择。正是独生子女政策,改变了人口生态,灭绝了传统的家庭分流,中国当代教育的军备竞赛愈演愈烈的一个重大原因就是,我们失去了先人在漫长岁月中贯穿的“家庭分流”。② 于是便有第三,面对独生子女这个人类历史上从未有过的亚种,面对全家仅有的一个“金蛋”,几世同堂的家庭焉能不想方设法将之放入最好的篮子(考大学!考好大学!)中,“于是孩子的兴趣、能力、众多考生拥挤在独木桥上的后果,都不做考虑了;是人类,乃至动物的历史中不曾有过的超高风险感,统摄着中国的父母”③。中国的家庭,为了独生子女而孤注一掷于教育,遂使发生在中国的“中国的教育问题”愈演愈烈,终成教育的“中国问题”④。当下的教育,已然成为一个举国问题;当下的中国社会,俨然成了一个独特的“教育社会”。巧合的是,或许正是在这种背景下,有学者提出了“社会教育力”的概念和命题——即社会所具有的教育力量,强调社会不仅是影响和作用学校教育的外部力量,而且社会自身内含教育力量;承担教育责任是社会的“分内之事”⑤。

---

① 钱文忠:《教育,请别再以爱的名义对孩子让步》,第三届新东方家庭教育高峰论坛,2010 年 10 月 31 日。

② 参见郑也夫:《吾国教育病理》,北京:中信出版社 2013 年版,第 72—92 页。

③ 郑也夫:《吾国教育病理》,北京:中信出版社 2013 年版,第 88 页。

④ 秦晖:《教育有问题,但不是“教育问题”》,《学习时报》2011 年 6 月 9 日;葛剑雄:《中国的教育问题? 教育的中国问题?》,《光明日报》2014 年 1 月 6 日;吴康宁:《教育改革的“中国问题”》,南京:南京师范大学出版社 2015 年版。

⑤ 叶澜:《终身教育视界:当代中国社会教育力的凝聚与提升》,《中国教育科学》2016 年第 3 辑。

未来社会将是什么社会?如果说目前的世界只是一个"教育社会"(schooled society)业已浮现的世界的话;那么未来,特别是随着前述"教育革命"的继续而来的下一个五十年,人们能够很容易想象一个大多数人生活和工作其中的可称之为真正的"教育社会"的世界①。美国著名政治理论家艾米·古特曼(Amy Gutmann)也从政治哲学的角度阐发了未来的教育和社会情形。在其"被公认为继杜威《民主主义与教育》(1916年)之后对公民教育论题最为重要的文献"②《民主教育》(1987/1999年)一书③中,她通过解释柏拉图、洛克及密尔的著作而获得了三种都把教育问题(教育的目标、分配以及权威)看作是一个原则性政治理论一部分的流行理论,分别称为"家庭国家"(family state)、"家庭构成的国家"(the state of families)以及"个人构成的国家"(the state if individuals),各自蕴含着关于教育权威和教育主体的原则:"家庭国家"的支持者主张把教育权威完全置于集权国家之手;"家庭构成的国家"之支持者则将教育权威完全置于父母之手;"个体构成的国家"之支持者则主张最有可能实施"中立化"教育的教师和职业教育家应当成为最高的教育权威。基于"应当由谁来培养什么样的道德品格?"这一理路,古特曼批判了每个理论的偏颇之端,也吸收了每个理论的部分真理,从而为我们勾勒了未来社会暨"一个民主国家的教育"图景:

> 与家庭国家不同,一个民主国家承认通过父母的教育能够使特定的优良生活观念固化其所具有的价值。也与家庭构成的国家不同,一个民主的国家认识到职业教育权威之价值,即使孩子能够理解和估价与他们父母所偏好的生活方式不同的其他生活方式之价值。同样也与个体构成的国家不同,一个民主的国家承认政治教育的价值,即使孩子偏向于接受某些能与民主社会中对公民权利和责任的共享相融合的生活之价值。(第43页)

从中可以看到,一个民主的国家,也即未来社会,分明是一个"教育社

① David P.Baker.*The Schooled Society and Beyond*:*The Modernizing Role of Formal Education as an Iinstitution*.www.beyondcurrenthorizons.org.uk,April 2009,pp.2.5.

② 刘擎:《民主社会中的教育权威》,《社会学家茶座》2012年第3辑。

③ [美]艾米·古特曼:《民主教育》,杨伟清译,南京:译林出版社2010年版。

会”,其教育的主体和权威应该由国家、家庭和职业教育者——也就是全社会——共同担任和享有。

四、范式的转移:迈向“教育社会”学?

接续上文,述及大卫·贝克基于新制度主义理论对“教育社会”(the schooled society)的兴起及其效果的分析。贝克秉持教育社会学领域新制度主义开拓者约翰·迈耶(John W.Meyer)“教育作为一种制度的效果”①的研究宏旨,致力彻底重新评估(a radically new assessment)“过去一个半世纪里已然彻底改变(revolutionized)和彻底重塑了(thoroughly transformed)人类社会的教育革命”这一被低估的(under appreciated)的全球社会晚期现代和后工业形式的关键奠基性社会革命(a key founding social revolution of late modern and postindustrial forms of global society)的价值与威力。其力作《学校化社会》一书,颠覆了“教育适应和盲从社会”的常规假设(turns the assumption on its head)②,接着“迈耶假设”(Meyer's hypothesis)③——翻转(reverse)了“教育顺从社会”的传统关系观,而相反地认为“社会顺从教育”(society follows education)——的逻辑,续写了教育革命背后的真实故事:无所不在的巨大的教育扩张,俨然已将我们的世界转塑(transformed)为一个“教育社会”(a schooled society)。这是一种复杂的、非传统的、全新类型的人类社会,其中,教育(dimensions of education)之维触及(reach into)和改变了人类生活的几乎每一个方面;正式的教育——从早期的儿童教育到上游的大学直至终身学习项目——已经成为一种“扩散型的事业”(an extensive undertaking),以致社会被教育的逻辑与观念

① John W.Meyer.*The Effects of Education as an Institution*.The American Journal of Sociology, Vol.83,No.1,1977,pp.55-57.

② David P.Baker.*The Schooled Society*:*The Educational Transformation of Global Culture*.California:Stanford University Press,2014,preface,p.xiii.

③ David P.Baker.*The Future of the Schooled Society*:*The Transforming Culture if Education in Postindustrial Society*, in Maureen T.Hallinan(ed.).*Frontiers in the Sociology of Education*.Springer, 2011,pp.15.18.28.29.

所影响的程度,远远超出其他方面。简而言之,"教育社会"(a schooled society)不仅是这样一个社会:在其中,儿童和青年参加长时段的正规学校教育,成人的地位主要由学业成绩(academic outcomes)决定;而且也是这样一个社会:在其中,源自"作为一种社会制度的教育"的观念、价值和规范日益影响所有(其他)制度①。

贝克弃传统制度理论(original institutional theory,其本质上功能主义,essentially functionalism),而采新制度主义作为分析理论,紧握"主要社会制度(教育)是如何建构(constitute)社会、型塑(shape)日程生活、规导(dominate)社会行为与情感、影响社会意识经历的"这一突出问题意识,考察了教育革命的兴起及其后果。在新兴的"教育社会"里:

> 教育不仅转塑(transform)了个体——一项教育内部和其自身了不起的壮举(a considerable feat in and of itself)——,而且还产生了一种拥有建构新型思想、知识、专家、政治和宗教等合法权力的普遍教育文化(a widespread culture of education);它对个人成败重新界定;它为营利(profit-making)、职业(work)、职场(workplace)重树理念;它呈现了新的社会流动方式;它是通达人类资格能力窄波段的新特权,诸如此类,不胜枚举。与此同时,如同过去所有强力的(robust)社会和道德律令(orders)一样,新兴的教育社会(schooled society)斩无不获(take no prisoners):越来越多的情形是,一个人要么玩起教育的游戏,要么冒险以受伤的自我形象而被边缘化。同样地,教育社会已将那些理解许多生活要事(central things of life)的老旧而传统的方式挤出历史舞台(edge out),那些曾经有价值的生活方式因此销声匿迹。而因着教育的通用形式(the same general form)已几近笼罩环宇(surface most everywhere),文化转型和教育革命的需求遂成一种全球现象;不论好坏,教育革命建构并维持了关于全球文化的重要理解及其意义。②

---

① David P.Baker.*The Schooled Society and Beyond*:*The Modernizing Rrole of Formal Education as an Institution*.www.beyondcurrenthorizons.org.uk,April 2009,p.2.

② David P.Baker.*The Schooled Society*:*The Educational Transformation of Global Culture*.California:Stanford University Press,2014,preface,p.xii.

仅仅在150年前,世界绝大多数人口还是文盲。而仅仅在过去的一个半世纪里,或者说仅仅在跨越一个家庭四代人的时间里,正规教育便已从少数人的特殊经历演变成绝大部分人的家常便饭。而今,儿童青少年需要花费十三到十七年以上的光阴而长时间坐在课堂中进行学校教育的认知工作,这已是寻常之事。对此,贝克感叹,“这是一项举世瞩目的人类学变革”,这种“教育革命”是文化而非物质或政治现象——尽管它拥有巨大的物质和政治后果,教育是文化性的而非功能性的,是权威性的而非工具性的①;学校教育(schooling)已经成为一种全球制度②。发出同样感慨的,还有戴维斯(Davies,S.)和格皮(Guppy,N.),他们在伊利奇《去学校化社会》问世40年后这样说道:

> 今非昔比!在过去接连的(ensuing)数十年中,一种巨大的文化转型已把教育擢升(elevate)为一个我们社会关于出类拔萃(par excellence)的母体性圣像(motherhood icons)。如今谁还会呼吁去学校化(deschooling)呢?相反,没有人质疑对于正规教育的需求。每一个家庭都深寄厚望(pin the hopes)于孩子的教育成功,而这种成功决定着他们的命运。诸如吸毒、暴力以及非人道之类的社会问题,其救赎之道也经常寄望于课堂之中。学校开始于未曾有过的小小年纪(at ever-earlier ages),而且,伴随着“终身学习”和“普世的”(universal)中学后教育这些新兴的意识形态(emerging ideologies)把控了局面(take hold),它也许永无尽头(may never end)。越来越多的人争抢(clamour for)学校文凭。伊利奇糟糕的梦魇业已成真。③

其实,就在20世纪70年代“去学校化社会”思潮盛行之际,英国的沃德尔(Wardle,D.)基于对英格兰正规学校教育历史的考察,回应了当时“去学校化”争论,就出版了以“学校化社会的崛起”为题的著作。④ 尽管在伊利奇《去

---

① David P.Baker.*The Schooled Society*:*The Educational Transformation of Global Culture*.California:Stanford University Press,2014,pp.preface,xi.1.

② David P.Baker & Gerald K.LeTendre.*National Differences*,*Global Similarities*:*World Culture and the Future of Schooling*,California:Stanford University Press,2005.

③ Scott Davies & Neil Guppy.*The Schooled Society*:*An Introduction to the Sociology of Education*.Ontario:Oxford University Press Canada,2010,preface to the second edition,p.ix.

④ David Wardle.*The Rise of the Schooled Society*:*The History of Formal Schooling in England*.London:Routlege & Kegan Paul Ltd,1974.

学校化社会》问世(1971)三十六年后,盖托出版了其姊妹篇《上学真的有用吗?》(2007)一书;但在十年之前,沃德尔的同乡哈特利(Hartly,D.)却也出版了《再学校化社会》(1997)一书,其中他仅在一处提及伊利奇的"去学校化"思想,并就此写道:"很有可能,社会是、并将是'再学校化的'(re-schooled),而非'去学校化的'(de-schooled);并且这个过程照常会陷入民主主义和资本主义的各种竞争性宣称和复杂性之中。"①此言不差。是否要"去学校化"这一价值判断和论证不会停止,也不是本书的关切所在②,这里更想讲的是,一种新兴的"学校化社会"(或曰"教育社会"③)的实际存在,是不应有疑问的。其实,伊利奇"去学校化社会"(de-schooling society)的语义副本和逻辑前提就是:社会已然学校化(the schooled society)了;如此,才谈得上"去"学校化(deschooling)。总之,"教育成为人类社会中最大的部门和事业,且学制越来越长,(端)系文化传承之必要及所需传承的内容越来越多所致"④。

如此,一种"可能的"教育社会学研究范式即"'教育社会'学"亦呼之欲出。之所以在"可能的"一词上面加上引号(连同在本部分标题后面加上问号),是因为限于篇幅、更限于目前个人的能力,无法创制一种严格意义上的

---

① David Hartly.*Re-schooling Society*.London:Routlege Falmer,1997,p.155.

② 正如贝克所说,尽管有时它难免是夸大其词的(over-the-top)术语,但"教育社会"(schooled society)视角是一种科学探讨(scientific argument),而不是道德评估(moral assessment)。参见 David P.Baker.*The Schooled Society:The Educational Transformation of Global Culture*.California:Stanford University Press,2014,p.296.

③ 这里想再次补充说明,讨论"学校化社会"的学者所说的学校,大都包括各级学校,故本书中"学校化社会"即等于"教育社会"。譬如,沃尔德说,他所说的学校系指"任何水平的任何教育机构,包括大学"(见 David Wardle.*The Rise of the Schooled Society:The History of Formal Schooling in England*.London:Routlege & Kegan Paul Ltd,1974,p.viii.);又如,戴维斯和格皮认为,"学校"也渗入生活的其他领域,学校的形式在不断地扩展,从学前教育投大规模的中学后教育机构,从幼儿到长者,越来越多的人正在成为不同种类不同形式的学校教育的"学生"(见 Scoot Davies & Neil Guppy. *The Schooled Society: An Introduction to the Sociology of Education*. Ontario: Oxford University Press,preface to the second edition,p.ix.);又譬如,哈特利明言,其书名中的"学校"包含所有水平的教育,包括大学(见 David Hartly.*Re-schooling Society*.London:Routlege Falmer,1997,p.5.);最后,贝克反复强调,他所说的作为社会制度(或机构)的学校教育(schooling)包括从幼儿园到高等教育的学校(schools)、学院(colleges)及大学(universities),跨越幼儿园、本科教育、成人教育等全程(见 David P.Baker.*The Schooled Society:The Educational Transformation of Global Culture*.California:Stanford University Press,2014,pp.2.5.)。

④ 郑也夫:《文明是副产品》,北京:中信出版社 2015 年版,第 288 页。

或曰自然科学意义的“范式”，而只能回到本章开头部分便交代的——我们无妨借助巴比的建议与良言，把“范式”当作理解社会的一扇窗户来看待。这样说来，笔者本书所做的努力——论及教育社会学“研究范式”的转换——，至多不过是“循声开窗而望”罢了。“教育社会”(schooled society)这扇窗，是一种视角(the schooled society perspective)，而且是一种致力科学探讨(scientific argument)而非道德评估(moral assessment)的新视角①。

1. 一种新视角

新是与旧(传统)相较而言的。在传统(旧)的观点，或曰“教育/社会”学的视野中(见图 11-1②)，学校主要被视为社会的辅助角色(helping role)，教育多半是社会的再生产者(reproducer)。如图 11-1 所示，表示影响的主箭头是从社会(主)到学校(从)：教育仅仅起训练和供人以文凭以便“适合社会”(fit into society)。它同时假定，基于文凭而分配给成人的社会和经济地位在很大程度上是由其他社会制度而非教育决定的。在这一图景中，学校通过提供受“教育的人”而服务于社会的更大需要，即通过培养下一代而“再生产”(reproduce)了社会。总之，在这种传统的教育社会学观点中，社会为主、教育为从。教育只被视为一种“辅助性的”(helping)、“支持性的”(supportive)、“准备性的”(preparatory)、“次要的”(secondary)制度，它通过提供职业训练和社会化而使个体安置在和适应于一种特定的社会。这种传统的观点认为，正规教育再生产社会(reproduce society)，只有外部力量推动时教育才会随社会改变而改变。③

对比而言，在新制度主义的理论假设，或曰“教育社会”学视野中(图 11-2④)，教育已然发展到这一种程度和比例(proportion)：它业已成为一种独

---

① David P.Baker. *The Schooled Society*: *The Educational Transformation of Global Culture*. California: Stanford University Press, 2014, p.296.

② David P.Baker. *The Schooled Society*: *The Educational Transformation of Global Culture*. California: Stanford University Press, 2014, p.9.

③ David P.Baker. *The Schooled Society and Beyond*: *The Modernizing Role of Formal Education as an Institution*. www.beyondcurrenthorizons.org.uk, April 2009, p.5.

④ David P.Baker. *The Schooled Society*: *The Educational Transformation of Global Culture*. California: Stanford University Press, 2014, p.11.

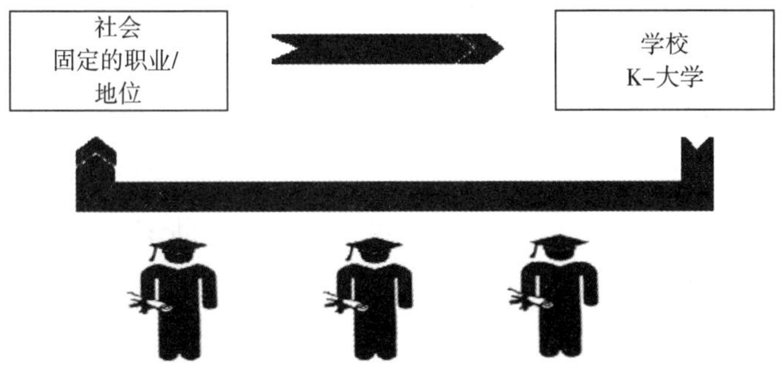

图 11-1　传统视角下教育与社会的关系

立的(separate)、不朽的(enduring)社会制度,因而教育革命社会性地创制(construct,produce,or create)了现代社会文化的重要构成而不再仅仅是再生产(reproduce)社会。

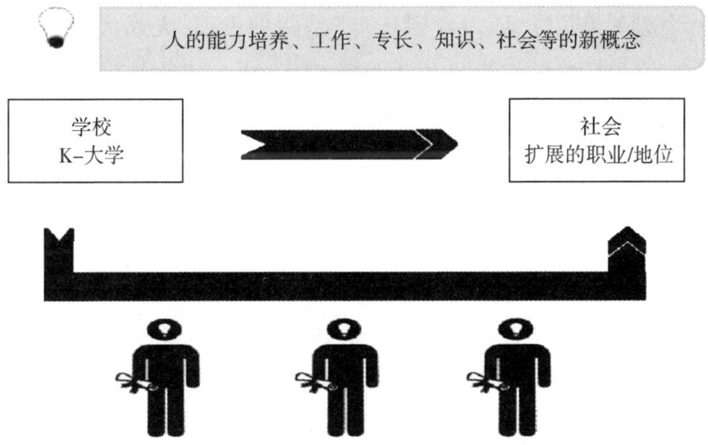

图 11-2　"教育社会"(新制度主义)视角下教育与社会的关系

如图 11-2 所示,与从教育到社会这一影响力箭头相伴而来的,是众多新型观念、人的能力以及变化着、扩展着的社会与经济地位。在这种新制度主义的观点中,教育为主、社会为从。教育远非一种"辅助性的"(helping)、"支持性的"(supportive)、"准备性的"(preparatory)、"次要的"(secondary)制度,而是一种"主要的"(primary)社会制度。由此,教育"决定着"(dominate)其他诸多制度和事业,例如家庭与育儿、职场与能力、政治与公民,乃至那些高度个人化的领域,例如人生的成功与失败;教育“转塑着”(transform)我们是谁、我们如何思考自己以及我们能够做什么;教育“创造着”(create)社会压力,迫使那些不遵从者去遵从“教育社会”的逻辑,使那些不能遵从者受到其惩罚;教育社会“型塑着”(shape)规范性的条件(normative restrictions),从而成为社会秩序的主宰。一言以蔽之,教育再不是再制着(reproduce)社会,而是创制着(produce)社会。①

2. 两种教育社会学

在这里,我们可以看到,不同于功能论、再生产理论、抵制理论、批判理论——在这些理论视野中,教育均被视为社会的随从,教育之于社会的关键词就是“再生产”(reproduction),至多是抵制抑或批判“再生产”——,新制度主义视野或曰“教育社会”视角倒转了“教育与社会”的关系,教育从“再生产”(reproduce)社会到“生产”(produce)社会。

“从社会到教育”与“从教育到社会”是两种思路,无妨大胆一点说,是两种范式。在前一种范式中,社会为主教育为从,社会是教育及教育研究的背景和归宿,这种研究产生的问题多是“教育问题”——至多是从社会的背景中寻找教育问题的原因,间或呼吁社会也来“支持”一下教育问题的解决。在一种范式中,教育为主社会为从,社会已然是一个“教育社会”,社会是何种模样何种德行,在很大程度上是由教育主导(dominate)、型塑(shape)和生产(produce)和创造(create)的。“以社会为主教育为从”进行的教育社会学研究与“以教育为主社会为从”进行的教育社会学研究,其实是两种教育社会学。这两种教育社会学,借用莫尔的话来说,生产两种知识,分别是:(1)在社会中有关教育的知识,以及(2)经由教育生产的有关社会的知识。前者可称为弱效应的社会学——一种为教育而进行的社会学(sociology for education);后者可称为强效应的社会学——教育的社会学(sociology of education)。② 拓展来看,“教育

① David P.Baker.*The Schooled Society and Beyond*:*The Modernizing Role of Formal Education as an Institution*.www.beyondcurrenthorizons.org.uk,April 2009,pp.1-24.

② Rob Moore 著:《教育社会学》,王瑞贤、王慧兰、陈正昌译,台北:学富文化事业有限公司 2008 年版,第 8、219 页;Rob Moore.*Basil Bernstein*:*the Thinker and the Field*.Oxon & NY:Routledge,2013,p.33.

与社会”关系——正如前文所述，它不仅仅是教育社会学独有的关切和范畴——的倒转，不仅有助于一种新的教育社会学研究范式的诞生，也有助于为教育研究打开新视野。在这个意义上讲，李政涛提出的“中国社会发展的‘教育尺度’”命题，就非同凡响了。他认为，代中国社会发展需要一把教育的尺度来衡量，并以此作为判断当前社会发展状态的基本标尺之一。诚如他言，“教育尺度”的引入将改变研究思路，带来新的思维方式；改变研究问题，拓展研究视野；改变研究立场，确立当代中国社会发展研究中的教育学立场。①

3. 三点启发和思考

从“教育/社会”学到“教育社会”学的转换，首先是教育社会学研究对象的转换，但它也涉及并必然紧跟着研究视角、研究方法和研究范式的转换。这一转换不乏启发意义，也有利于对教育社会学学科和理论命题，以及学校教育、教育功能等问题进行反思、清思和再思。略陈数例如下。

例 1：“关系说”反思

有别于“从社会到教育”的惯常教育社会学研究思路，贝克的研究为我们展示了“教育社会”的崛起（rise）及其效果（consequence）之图景，展现了“从教育到社会”致思学理。贝克《教育社会》②一书分两大部分，第一部分在考察了教育是如何成长为一种如今富有活力的制度——教育社会的根就生长在大学的历史发展之中，经过八百年历史发展的大学也许是后工业社会文化理解的唯一的最富动力的创造者——之后，第二部分则探索的是，如果教育是社会的一种主导的（primary）奠基性制度，那么它对其他“非教育制度”的影响何在？不过，这里的问题是，“教育社会”形成的前提是教育与社会互嵌，且教育不再从属于社会，而是型塑、主导社会的主要制度。但在分析教育型塑社会时，又不得不将教育与其他社会制度分开。可以说，教育与社会，原本难解难分；但在研究之时，又不得不分。尽管这仍不脱教育与社会“关系说”的窠臼，但此“关系说”已非彼“关系说”，谁主沉浮已然翻转，其中的理路是颠覆性的，

① 李政涛：《中国社会发展的“教育尺度”与教育基础》，《教育研究》2012 年第 3 期。

② David P. Baker. *The Schooled Society*: *The Educational Transformation of Global Culture*. California: Stanford University Press, 2014.

值得细细琢磨。杰克斯一语中的:如果说教育确是社会的功能(function)的话,那么社会是教育的功能也是千真万确的。正如社会决定着教育实践的内容和方法、对教育施以一定的限制,教育亦决定(determine)着社会形式、社会思想、社会态度和社会性情——唯教育为"明日"社会所做远大于教育为"今日"社会所做。①

例2:"学校教育消亡论""过度教育论""文凭贬值论"清思

对于"教育社会"(schooled society)的未来,有两种预估图景,预示着其两种截然相反的未来:②第一种是"过度教育图景"(the over-education scenario);第二种是"不断的教育扩张与教育社会加剧图景"(continued educational expansion and intensification of the schooled society)。第一种预估图景的关键命题和基本逻辑是:"过度教育的"(over-educated)人口和"通胀的学校教育"(inflated schooling)在经济上和社会上是"无效的"(inefficient),甚至对"社会凝聚"(social cohesion)是"危险的"(dangerous),是一大社会问题(a major social problem);因而,当正规式教育的扩张演化为一种教育上的空心身份竞争(an educational hollow status competition)之际,"逃离文凭主义"(runaway credentialism)便浮现了。显然,这样的推演逻辑,沿循的依然是传统的教育与社会关系(社会主导、教育顺从)肖像的路线。而根据新制度主义的理论视角暨第二种预估图景,无论此前还是今后,"过度教育"论关于未来的预测都是错误的,而且是严重的错误的,因为"过度教育"图景的每一个预测的反面却已然发生了③,教育革命已然转塑了职业文凭的整个制度——不是通过错误的或通胀的方式,而是依循"教育社会"自身的制度逻辑④。就像联合国教科文组织新近发布的《反思教育:向"全球共同利益"的理念转变?》所言,在数字化、

---

① Leonard M.Jacks. *Education as a Social Factor*, NY: Routledge, 1937/2014, p.3.

② David P.Baker. *The Schooled Society and Beyond: The Modernizing Role of Formal Education as an Institution*. www.beyondcurrenthorizons.org.uk, April 2009, pp.8-11.

③ 关于"过度教育"论的五个子预测均失败了,详见 David P.Baker. *The Schooled Society and Beyond: The Modernizing Role of Formal Education as an Institution*. www.beyondcurrenthorizons.org.uk, April 2009, pp.9-11.

④ David P.Baker. *The Future of the Schooled Society: The Transforming Culture if Education in Postindustrial Society*, in Maureen T.Hallinan (ed.). *Frontiers in the Sociology of Education*. Springer, 2011, p.26.

互联网时代,学校教育的重要性并没削弱,学校教育不会消亡;“教师职业会消亡”这种预测“已不再令人信服”①。

例3:“教育万能/无用论”“教育解放论”“教育压迫论”再思

如同任何一种社会类型——譬如丹尼尔·贝尔(Daniel Bell)所言“后工业社会”、弗兰克·韦伯斯特(Frank Webster)所言“信息社会”、让·鲍德里亚(Jean Baudrillard)所言“消费社会”等等②,不一而足——一样,“教育社会”也是一个中性词。在“教育社会”中,教育(学校)既非罪魁祸首和万恶之源,亦非济世良方和灵丹妙药,教育既不是万能的,也不是无用的。正如贝克所言21世纪初叶,无论好坏(for better or worse),过去一个半世纪以来的教育革命已然生产(construct)了支撑起人类社会(underpin human society)的绝大部分支配性(dominant)观念、信仰和人的能力③。贝克还提醒人们警惕,关于“教育社会”的讨论常常被错误的阐释,即人们在认为好事源于更多的学校教育的同时,也伴随着一种相反的争论,认为学校教育更多的是压迫性的(oppressive)。他指出,大多数“学校教育压迫论”(schooling-as-oppressive-always arguments)操持的依然是“教育顺从社会”(education follows society)的传统学校教育观点:既然社会是压迫性的,因此其学校教育也是压迫性的,以便为压迫性的社会秩序“准备”用人。而这种社会再生产理论,忽略了“作为一种社会制度的学校教育”对社会的生产——据此以观,学校教育,即便其真的如某些论者所言是压迫性的,那它也必然是压迫的根源(the root of oppression),而不是顺从社会(去“准备”压迫社会所需的用人)的结果。他还特别强调指出,“教育社会”有力地制造了社会压力,迫使那些不遵从者遵从教育社会的逻辑,使那些不能遵从者受到惩罚。君不见,在教育社会里,当一位青年无论由于什么原因在学校里的表现不成功时,其未来形象将变得黯

① 顾明远:《对教育本质的新认识》,《光明日报》2016年1月5日。

② 分别见[美]丹尼尔·贝尔:《后工业社会的来临》,高铦等译,北京:新华出版社1997年版;[英]弗兰克·韦伯斯特:《信息社会理论》(第3版),曹晋等译,北京:北京大学出版社2011年版;[法]让·鲍德里亚:《消费社会》,刘成富等译,南京:南京大学出版社2014年版。

③ David P.Baker.*The Future of the Schooled Society: The Transforming Culture if Education in Postindustrial Society*, in Maureen T.Hallinan (ed.). *Frontiers in the Sociology of Education*. Springer, 2011, p.15.

淡无光。[①] 在这个意义上，“知识改变命运”似乎是个永恒的真理，至少没有多少过硬的根由可以对其进行过多的质疑[②]。

结束行文之前，这里尤需补缀两点。

其一，据笔者耳闻、查验及目力所及，在学界较早使用“教育社会”这一“名称”者确为傅松涛教授。在其自称为“专著性教科书”的《教育社会学新论》里，他说，“《新论》……首次提出、说明并论证了新的教育社会学研究对象‘教育社会’，并对教育社会作为教育社会生产活动实体和作为教育社会生活活动实体（原文如此——笔者按）的双重性作了新颖独到的概括与分析”[③]。但通览该书，笔者自觉本书所言“教育社会”（schooled society）与傅氏所言“教育社会”在概念命题、分析视角、理论资源及研究旨趣等方面可谓风马牛不相及；如果硬要说相同之点，恐唯有“教育社会”四字耳。笔者旨在借助教育社会学中的新制度主义理论视角——特别是迈耶—贝克理路上的新制度主义理论视角，探讨最近一个半世纪以来以教育普及和全球化扩展、趋同为显著特征的“教育革命”所带来的一种全新的社会形态，即“教育社会”（a schooled society）的崛起及其效果；在此基础上，尝试提出一种新的教育社会学研究思路乃至范式，要津在于主张一种从“社会为主教育为从”到“教育为主社会为从”的致思路径的转换与翻转。而傅氏《教育社会学新论》一书对“教育社会”的界定则是“一个由教育职业活动作为连接纽带的现实生活人的联合实体”，即其所说的“业缘社会”（前揭书，第36—37页），且其操持的依旧是——也是笔者的问题意识所集中针对和所要克服的——“教育适应、顺从或再生产社会”的逻辑。诸如“促使‘教育社会子系统’与‘整个社会大系统’……尽快耦合、同构和接轨，以更好地主动‘适应’和积极推进当代中国社会……发展”，以及“教育和社会生活的规范与丰富”“教育和社会财富的生产与分配”“教育和社会成员的造就与流动”“教育和社会系统的整合与发展”“教育和社会运行导

---

① David P. Baker. *The Schooled Society and Beyond: The Modernizing Role of Formal Education as an Institution*. www.beyondcurrenthorizons.org.uk, April 2009, p.7.

② 刘云杉：《“知识改变命运”还是“教育使人不被命运所摆布”》，《探索与争鸣》2016年第5期。

③ 傅松涛：《教育社会学新论》，保定：河北大学出版社1997年版，前言，第3页。

向与调控”“教育和社会制度的复制与变革”“教育和社会文化的传播与创新”之类的表述，遍及《教育社会学新论》一书始终，甚至很多这样的表述本身就是该书章节目录的标题。

其二，本章看似在谈教育社会学的“研究对象”——从“教育/社会”到“教育社会”——，但副标题却使用了“教育社会学研究范式的转换”。笔者之所以甘冒看似“文题不符”之险、承受“勉为其难”之累，除了一点“迎难而上”的自觉而外，更多的还是想提请读者诸君勿忘何谓“范式”、尤其是何谓社会学意义上的“范式”这一精髓上来。于此，恐怕我们还是要回到美国社会学家瑞泽尔（Ritzer，G.），他于1975年提出了社会学“多重范式”概念与命题，并“获得了相当程度的认同”，且其本身也“成为一段时间社会学理论研究中一种新的分类‘范式’”①。瑞泽尔认为，“范式是存在于某一学科论域内关于研究对象的基本意向。它可以用来界定什么应该被研究、什么问题应该被提出、如何对问题进行质疑，以及在解释我们获得的答案时应该遵循什么样的规则”②。就此来看，舍去“研究对象”，“研究范式”也就无从谈起；而不上升到范式的意义上进行关照，“研究对象”也将苍白无力。换言之，谈研究对象，必然涉及研究视角、研究方法、研究思路，进而上升到或凝聚于“研究范式”。这，也许就是本章篇首所引迪尔凯姆的格言“一门科学的进步，其标志是其研究的问题不再原封不动”的精义所在吧。

---

①　周晓虹：《理论的邂逅：社会学与社会心理学的路径》，北京：北京大学出版社2014年版，第4—7页。

②　George Ritzer. *Sociology: A Multiple Paradigm Science*. Boston: Allyn and Bacon, 1975, p.7. 周晓虹：《理论的邂逅：社会学与社会心理学的路径》，北京：北京大学出版社2014年版，第6页。

附录I　中国台港澳教育社会学发展报告

附录I-1　中国台湾教育社会学六十年:1960至2010年代发展概述(张建成、李锦旭、郑英杰撰)

附录I-2　过渡中的教育社会学:中国香港教育社会学发展的叙事(曾荣光撰)

附录I-3　中国澳门教育社会学的发展:基于教师教育脉络的探究(黄素君撰)

附录Ⅰ-1 中国台湾教育社会学六十年：1960至2010年代发展概述

中国台湾教育社会学六十年：1960至2010年代发展概述

张建成（台湾师范大学教育学系教授）
李锦旭（屏东大学社会发展学系副教授）
郑英杰（台湾师范大学教育学系副教授）

摘 要：中国台湾教育社会学的学科建设工作，始于1960年代，发展至今，大致分为两个阶段：第一个阶段（1960—1999年）的工作，主要展现于教学与研究领域的开拓；第二个阶段（2000年迄今）的工作，主要得力于专业组织与期刊的推展。就教学与研究领域的开拓而言，1960年代为“萌芽期”，教育社会学成为专科以上学校正式的教学科目，学科于焉草创；1970至1980年代初为“奠基期”，学科架构于此大部划定，学风崇尚结构功能论与科学实证方法；1980年代中后期至20世纪末为“开展期”，从理论、方法，到人员、主题，皆趋多元，成果日丰。21世纪初，学会成立，定期举办论坛、发行期刊，扩大了学术交流的深度及广度，但学科造型大抵延续开展期之各项发展特征，无太大变化。2006年后，受师资培育机构缩减的影响，研究人力及成果数量下降，中国台湾教育社会学可谓进入“开展后期”，有待激发动能，求新求变。本文依次回顾上述各项发展后，尝试归纳学者意见，提出若干未来可行的努力方向。

一、前 言

一门学科的发展，如欲获得认可与尊重，通常有项必要条件，就是争取成为高等学府的专业教学科目或研究领域，如此方有可能创造机会，集结志同道合之士，持续投入各项教学与研究相关工作。而随着学科知识体系的不断充实，以及学科系统架构的日益完善，若能再进一步成立专业学术组织，发行专业学术期刊，则更有助于学科认同的凝聚、教研经验的交流以及学术社群的稳固。

五十多年来,中国台湾教育社会学的发展,形成两个前后连续、但各具特色的阶段。第一个阶段,始自 1960 年代,兴于 1970 年代,盛于 1980 年代末期解严开放之后的十余年间,主要的成果,见诸教育社会学本身教学与研究领域的逐步开拓,渐次成形。第二个阶段,发于千禧年的世纪之交,除了赓续前一阶段充实学科知识、完善学科架构之任务外,主要的成果,见诸教育社会学专业学术组织与期刊等支持系统之开启,以及这些系统所带动的研究交流与社群认同等功能。以下,爰以这两个阶段为准,整编本文作者已发表或已完成之相关文稿,就中国台湾教育社会学 1960 年至 2015 年之发展,做一回顾。

二、资料来源

关于中国台湾教育社会学第一个阶段(1960—1999)的发展,本文作者的相关研究成果如下:

1. 李锦旭与张建成(1999)。中国台湾教育社会学研究的回顾与前瞻。台湾师范大学教育学系国家教育讲座主编,教育科学的国际化与本土化,第 283—345 页。中国台北:扬智文化公司。

2. 张建成(2002b,12 月)。中国台湾教育社会学教科书的分析。发表于台湾师范大学主办"教育研究与实务的对话:回顾与展望"国际学术研讨会,2002 年 12 月 13—15 日,台北市。(暨同时举办之第八届台湾教育社会学论坛"教育研究与实务的对话:教育社会学的观点",Symposium:中国台湾教育社会学教学与研究的展望。)

3. Chang, J.C. and Zhang, R.(张建成与张人杰,2003).Constructing the sociology of education as a unique discipline: The cases of mainland China and Taiwan. In Torres, C.A. and Antikainen, A.(Eds.), *The international handbook on the sociology of education: An international assessment of new research and theory*, pp. 211-231. Lanham, Maryland: Rowman & Littlefield.

4. 张建成(2006)。教育社会学研究的趋势与议题。师铎,第二十二期,第 37—54 页。

这几篇论文,有关中国台湾教育社会学历史发展的记叙,基本都是以第一篇论文(李锦旭与张建成,1999)的论点为准,在行文的取材上,主要聚焦于大学院校里从事教育社会学之教学与研究工作，且具有代表性之人物的著作，包括他们发表的教科书、专书、论文等等。这样做是因为在一个尚无教育社会学专业组织，亦无教育社会学专业期刊的年代里，那些能够长期专注教育社会学相关工作的人员，是比较容易辨识的，并且由于持续的投入，他们的学术兴趣、观点与成果，也比较能够融入或引导整个教育社会学社群的发展，包括学科架构、研究主题、理论与方法取向等等。故就相对的重要性而言，其指标意义较高。

关于中国台湾教育社会学第二个阶段（2000—2015）的发展，本文作者的相关研究成果如下：

1. 张建成（2015，11 月）。2000—2015 中国台湾教育社会学的研究课题与成果（中国台湾教育社会学教科书的分析：2015 补辑）。发表于南京师范大学教育社会学研究中心主办“教育社会学工作坊”，2015 年 11 月 10 日在南京师范大学教育科学学院举行，江苏南京。

2. 张建成、郑英杰（2015，11 月）。2000—2015 中国台湾教育社会学的研究课题与成果（1999—2015 中国台湾教育社会学研究发展纪要）。发表于南京师范大学教育社会学研究中心主办“教育社会学工作坊”，2015 年 11 月 10 日在南京师范大学教育科学学院举行，江苏南京。

头一篇论文，是接续之前张建成（2002b）所做的分析，整理这个阶段主要“教学与研究人员”出版的教科书，据以补述 2000 至 2015 年中国台湾教育社会学整体学科架构的发展情形。后一篇论文，则是根据 2000 年成立之“中国台湾教育社会学学会”至 2015 年底为止所办理之历届论坛，以及所发行之《台湾教育社会学研究》各期论文，剖析中国台湾教育社会学在研究主题、理论与方法取向上的变化，以及中国台湾教育社会学界之国际化、本土化及境外交流情形。

由于以上的论文，内容多属既有事实或史料的记载，改写不易，故本文在重新整编之时，难免出现大段落或大篇幅之照搬、照录情事。而为行文便利，本文在照搬或照录作者本身之前述论文时，除非必要，将不逐一补注，情非得已，特此申明。至于前述论文可能存在的阙漏，本文将参照其他学者的论证，如翁福元（1999），汤梅英（1999），林生传（2002），谭光鼎（2002），姜添辉、许志庭、陈伯璋(2011)等,予以补充。

三、学科建设的第一阶段(1960—1999年):教学与研究领域的开拓

20世纪下半叶,中国台湾教育社会学第一个阶段的学科建设工作,由于有几个明显的转折,对此,学者通常都以分期的方式处理之,兹摘述如表I-1-1。如果我们仍以师范专科学校最先设置这门科目,作为中国台湾教育社会学教学与研究的起点,那么,统合中国台湾教育社会学跨入21世纪之后的发展情势,我们或可得到一个比较合于情理的分期方式:1960年代为萌芽期,1970至1980年代初期为奠基期,1980年代中后期至20世纪末(乃至21世纪初)为开展期。

表附I-1-1:20世纪下半叶中国台湾教育社会学的发展分期比较表

时期	翁福元(1999)	李锦旭、张建成(1999)	林生传(2002)	姜添辉、许志庭、陈伯璋(2011)
第一期	1945至1970年为承袭和误解阶段	1960至1972年为萌芽期	台湾光复到1970年为萌发期	1960至1970年代为拓荒期
第二期	1971至1986年为移植及引介国外理论阶段	1972至1980年代初期为奠基期	1970至1987年为扎根期	1980年代为扩张期
第三期	1987至1998年为多元发展阶段	1980年代中期至1990年代末期为转型期	1987年解严后至2000年为狂飙期	1990年代为快速扩张期

(一)萌芽期(1960年代)

20世纪的前五六十年间,中国台湾的教育社会学研究可说是处于几近空白的状态。直至1960年,原"教育部长"朱汇森(1911—2006)才扮演了推手的角色。时任台中师范专科学校校长的他,鉴于教育社会学对于师资训练的价值,乃于1960年参加师范专科学校课程之草拟工作时,建议将此科目列为必修学科,于是教育社会学不但有史以来第一次进入中国台湾的专科以上学校课程,也同时展开了它在中国台湾的教学与研究旅程。

当时,为了师专教学的需要,朱汇森(1963)编写了《教育社会学:教育社

会观的研究及其实施》一书，这是中国台湾本地首开先河的一本教育社会学教科书。后来，这门课交给尹蕴华担任，她为了升等的需要也撰述了一本《教育社会学》(1965)。同年，留学日本东京高等师范学校专攻教育，且曾在武昌中华大学和台湾省立师范学院讲授社会学的省立台北师专教授曹先锟，也由该校发行他的《教育社会学原理》(1965)一书(李锦旭、张建成，1999)。这三本书，可说是1960年代中国台湾较具代表性的三本教育社会学教科书。

一般而言，任何学科的教科书，通常在性质上都是引导学子入门的书籍。为达此一目的，某一学科在某一时期的教科书内容，尽管作者的观点可能互有出入，但他们通常也都会尽力反映该学科至当时为止所累积的研究成果以及所关切的研究课题。据此观察上述三本教科书，萌芽期的教学与研究发展，主要有几项特色(李锦旭、张建成，1999；张建成，2002及2015)：

第一，较为遵循规范取向的教育社会学(educational sociology)传统，意在“改善教育实际，提升教育效能，促进社会进步”。亦即，他们相当重视社会的稳定与进步，相信“教育是社会秩序的安定力，同时是社会进步的原动力”(曹先锟，1966：自序页1)。所以花了不少篇幅阐明维持社会秩序的“社会化”及“社会控制”功能，也很在意有碍“社会进步”或攸关社会变迁的社会问题。

第二，或许就是因为这些作者太过重视教育的“社会化”及“社会控制”功能，因此当他们讨论社会结构与教育的交互作用时，重点往往摆在家庭、社区、文化、政治(国家)的影响上，而忽略了经济发展的面向。甚至，即使他们大都倡言教育计划对于“社会进步”的功用(曹先锟，1966；尹蕴华，1965)，但书上所写的，若非空谈原则，就是流于制定计划的技术细节，未能深入体现教育计划的社会学或经济学基础。这对他们标榜社会进步的理想，未尝不是种缺憾。

第三，由于学科刚刚起步，他们唯恐读者缺乏普通社会学的知识，所以或列专章，或以融入各章的方式，扼要介绍了一些社会学的基本知识。可是这些知识，谈的大概都是社会的意义及性质、社会学的定义及史实、教育与社会的关系，以及学校内的社会关系等，而未着墨于不同理论学派的评述(汤梅英，1999)。

第四，中国台湾当年现成的社会调查研究资料，本就不多，也不尽适用(朱汇森，1965：自序页2)，加上主要的学者又鲜少从事实证的研究，以致萌芽期的教育社会学,即使多少体认到本身应有的科学性与证验性,但大都缺乏实地的研究资料作为佐证。这与当时西方的主流,颇有差距。

此外,翁福元(1999)的研究发现,1960 年代中国台湾对于教育社会学的认识,还不是很清晰,许多非此领域的作品,如福利国家、社会教育、社会中心教育、学校社会工作、改善社会风气、离婚问题、青年恋爱问题等,都收在《教育论文索引》的"教育社会学"学门之中,甚至有些心理学的内容也摆了进来。这些误解,最可能的原因,就是萌芽期的中国台湾教育社会学,由于正刚起步,学科地域模糊不清、学科架构空泛未定。

(二) 奠基期(1970 至 1980 **年代初期**)

进入 1970 年代,符合科学意义、重视证验取向的教育社会学(sociology of education),才算正式登上中国台湾的学术舞台。这个时期的代表人物,首推另一位原"教育部长"林清江(1940—1999),另外还有台湾师大教授陈奎憙及高雄师大教授林生传二人。林清江于 1970 年撰文指出,教育社会学的研究领域有五:社会过程与教育、社会结构与教育、社会变迁与教育、学校的社会结构及其与社区的关系、教学社会学。他在 1972 年大学教育系将此学科列为必修时出版的《教育社会学》一书,即根据这样的认识来铺陈,并加上一章说明教育社会学的意义、发展与研究方法论①。目前中国台湾的教育社会学工作者,大概都承认,这本书的问世,大抵划定了中国台湾教育社会学的学科架构,也带头开启了中国台湾教育社会学的证验性研究。

就学科架构的划定而言,不是说林清江所提的构想就此底定一切,而是说其后的教育社会学研究,大抵都是在这个基础上,或反映时代的走向,或根据学者的心得,进行加深加广的工作。

就证验性的研究取向而言,奠基期的学者不见得完全排斥规范性的研究,但是他们更为强调教育社会学的研究,必须符合科学化的趋势。

总的来说,中国台湾目前四五十岁以上年纪的教育社会学者,在其养成阶

---

① 林清江(1986:21-22)指出:教育社会学是研究教育与社会之间交互关系的科学。其由教育学家从事者,侧重规范性的研究,旨在导致社会行动;其由社会学家从事者,则侧重证验性的研究,旨在证实学理,建立社会理论。唯两类研究共同探讨有关社会过程、社会结构、社会变迁与教育之间的关系,并研究学校的社会结构、社会环境及教学社会学等课题。

段所读的教育社会学教科书，大概都是奠基期的几位代表人物的作品。其中流通较广的，主要是林清江（1972/1986 修正六版）的《教育社会学》、陈奎憙（1980）的《教育社会学》以及林生传（1982/2000 增修三版）的《教育社会学》。这几本教科书所反映之学科建设成果，较诸前期精进的地方大致有四（张建成，2002 及 2015）：

第一，学科造型日见清晰，学科架构也日见完备而有系统。

第二，学术取向日益浓厚，不但注意学科理论流派、方法论、未来发展趋势的讨论，著者立论时，也相当注意客观事实证据的搜集与整理。

第三，教育的功能日渐扩充，除社会化外，也强调选择与社会公平的功能，但主要还是从社会阶层、社会流动的观点，探讨教育机会均等理想的问题；同时，陈奎憙（1980）尚提出教育具有照顾、保护的功能。若将社会化、选择、照顾等三种功能整合起来，当可更为完整呈现前期作者所重视的社会控制或社会秩序议题。

第四，教育与经济的关系日趋重要，此一论点，加上本期作者更为周全地讨论社会结构与教育之关系以及社会变迁与教育之关系，或可弥补他们较少直接触及社会进步议题之不足。

（三）开展期（1980 年代中后期至 20 世纪末）

自 1980 年代中期之后，随着中国台湾本身的民主进展以及政治解严，社会运动风起云涌，各种（学术、文化）思潮竞相争艳，中国台湾教育社会学之教学与研究，也迈入了本文所谓的开展期。这个时期，本地培养的，以及海外归来的人才辈出，受到教育社会学吸引的年轻学人，也越来越多。汤梅英（1999）依据中央图书馆 1983 年开始建文件的论文资料索引，搜寻至 1999 年为止之教育社会学相关的学位论文（共 209 篇），发现 1987 年以后论文数量开始增加，及至 1990 年代，更呈稳定成长之势，每年皆有 10 篇以上。

因研究人力较前充裕，研究主题自然跟着增多增广，每个主题的探讨深度，也出现比较令人满意的发展。譬如，这时的学者，有人会在阶级之外，从族群或性别的角度去讨论教育阶层化的问题，有人会从教育知识社会学的观点去讨论课程的问题，有人会从批判的立场去讨论教育政策社会学的问题。陈奎憙（1998）所编的《现代教育社会学》一书中，就收录了这些新的研究主题。

如果说奠基期比较突出的研究重点,一是教育机会均等的问题,另一是有关教师角色与地位、学生文化、师生关系等教学社会学的问题,自 1980 年代中期至 20 世纪末之开展期,研究的主题已扩充为六类:(1)学科学术造型的省思;(2)社会结构、社会变迁与教育的关系;(3)教育阶层化(包括阶级、族群、性别);(4)教学社会学;(5)教育知识社会学(如课程社会学);(6)教育政策(含教育改革)社会学(李锦旭与张建成,1999)。

跟前期比较起来,此期的教育社会学,在学科造型上有两点最大的不同。第一,结构功能论不再独领风骚。第二,量化的实证研究不再一枝独秀。

面对此一空前蓬勃的景象,林生传(2002)以"狂飙"二字形容中国台湾教育社会学自 1987 年解严至 2000 年间的发展,他归结这段期间的具体方向包括:(1)继续证验教育社会学的研究,研究方法与过程更求精致,研究的主题并深入教育的历程,重视教育的阶层化和教育机会均等的探讨;(2)利用冲突论和批判论来研究教育的现象与问题,并与和谐理论分析的结果做比较:(3)开始尝试质的研究:(4)并用量与质的方法来分析教育的现象;(5)批判教育社会学的兴起;(6)利用内容分析法,分析中小学的教科书;(7)研究多元文化与两性平权教育;(8)若干社会学者加入教育社会学研究的行列①;(9)开始着手整合性质的大型研究;(10)对于中国台湾教育社会学的研究,开始省思其研究的方向、取向与内容主题的正当性与主体性(林生传,2002:11-12)。

至此,中国台湾教育社会学的学科架构,可谓充分反映了时代的需求,而更形完整。

小　结

综言之,中国台湾的教育社会学研究,经过 20 世纪下半叶的逐步拓展,已获致不少成果。根据前文的分析,可知中国台湾教育社会学在 1960 至 1999

---

① 中国台湾从事教育社会学教学与研究工作的学者,绝大多数都出身教育相关学科,具有教育相关学位,这主要是跟中小学师资培育机构自 1960 年代以来即设有"教育社会学"这门科目有关。而中国台湾一般大学院校的社会学系所,长期鲜有稳定开设这门课程者,因此以研究教育社会学为职志的社会学家,也就相对稀少。1997 年南华大学创立教育社会学研究所硕士班,算是比较特殊的情况,因为这是中国台湾唯一以教育社会学为名的研究所,且其师资阵容当中,比较多人具有社会学博士学位。不过,该所自 2012 年起并入该校应用社会学系,成为该系硕士班之一组,不免令人兴嗟。

年这个阶段的发展,又可分为三期:第一期是1960年代的萌芽期,彼时中国台湾的教育社会学,主要是应师资培育机构之教学所需,编写了几本教科书,尚乏稳固的学理及研究基础;第二期是1970年至1980年代初期的奠基期,中国台湾教育社会学之学科架构,于此大致确定,并以结构功能论及科学实证论主导相关研究之进行;第三期则为1980年代中期,特别是1987年解严开放迄20世纪结束,可称为开展期,此时中国台湾的教育社会学在理论、方法论及研究主题等方面,都有加深、加广的趋势。兹参照李锦旭、张建成(1999:331)的呈现模式,将20世纪下半叶中国台湾教育社会学的发展情形,总结如下:

表附Ⅰ-1-2:20世纪下半叶中国台湾教育社会学之学科建设过程与成果

分期	学科架构	理论取向	研究方法和方法论	研究主题
萌芽期(1960年代)	摸索	未明	科学意识初具	教学导向而非研究导向
奠基期(1970—1980年代初期)	划定(以林清江1972年之《教育社会学》为基准)	结构功能论	科学主义	广泛研究但不见得深入
开展期(1980年代中后期至20世纪末)	扩充新的架构(如陈奎憙1998年主编之《现代教育社会学》)	融入新的取向(如冲突论、解释论、批判论、后现代主义等)	多元化(如在实证量化研究外,出现以解释论为基础的质性研究)	继续深化旧主题并开拓新主题

四、学科建设的第二阶段(2000年迄今):专业组织与期刊的推动

时序进入21世纪,中国台湾教育社会学的发展,除了接续开展期的学科建设,进一步完善学科的架构与内容,使之更加周全细致外,主要的亮点,便是开设了专业的学术组织,以及透过这个组织所推动的各项工作及其成果。

中国台湾的教育社会学,在20世纪结束前,一直都没有属于自己的专业学术团体。惟自1980年代中后期以降,随着研究同道的快速增多,研究成果的推陈出新,大家日益觉得有必要筹组专属的学术团体,以进一步凝聚学术认同,切磋研究心得。1999年5月,在学界同仁的殷切期待下,中正大学教育学

院黄光雄院长大力促成了“第一届中国台湾教育社会学论坛”。嗣后，此一论坛形式之学术研讨会议，通过大家的共识，不但以半年（或至迟一年）一次的方式办理至今，同时也在这项自发性的基础上，学界同好众志成城地于2000年6月24日在台湾师范大学成立了“中国台湾教育社会学学会”，创会理事长为陈奎憙教授（历届理监事名单，详见附录一）。

学会成立后，除了一般性的会务活动之外，一方面接手“中国台湾教育社会学论坛”的业务，规划及协调论坛的举办事宜；另一方面成立“编辑委员会”（历届编辑委员名单，详见附录二），筹划《中国台湾教育社会学研究》半年刊之发行事宜，首期创刊号于2001年6月出版。这两个以文会友的平台，设置十多年来，不但促进了中国台湾教育社会学界内部的集思广益，同时也推动了中国台湾同仁与中国大陆、国际学界之多方交流。至此，中国台湾教育社会学在制度层面的学科建设工作，可说迈入一个新的里程。

兹将中国台湾教育社会学在2000至2015年的发展成果，分为学科造型、论坛、期刊三个部分，整理如下：

（一）学科造型

较诸开展期，中国台湾教育社会学在2000至2015年间的学科造型，其实变化不大。也就是说，就教学与研究领域的开拓而言，我们能看到的，多半就是学者们更深入的论证、补充各种不同的理论、方法与趋势，以及更细腻的充实整个学科架构、内容与研究主题。观察1999年之后出版的教科书，可以很清楚地看到这样的发展情势。基本上，若以陈奎憙（1998）主编的《现代教育社会学》为准，本期的教科书大都在该书建立的基础上，展现了很强的延续性：(1)多数的教科书都能涵盖和谐论、冲突论、解释论或互动论等不同的理论取向，以及量化与质性等不同研究方法；(2)多数的教科书在讨论社会公平的议题时，除了社会阶层或阶级之外，也都能注意性别与族群等因素的作用；(3)同时也有部分的教科书开始介绍法兰克福学派、女性主义、后现代主义之类的批判取向观点（陈添球，1999；钟红柱、曾火城、黄恒，2005；叶至诚，2006；谭光鼎，2010），以及课程社会学（陈添球，1999；郑世仁，2000；陈奎憙，2001；钟红柱、曾火城、黄恒，2005；谭光鼎，2010）、教育改革（郑世仁，2000；陈奎憙，2001；詹栋梁，2003；谭光鼎，2010；周新富，2013）等新兴议题。

尽管如此，中国台湾教育社会学的学科造型，至此并无根本的变动，因为上述各类知识内涵的开拓和累积，基本上展现的，仍是理论、方法论及研究课题朝向多元发展之局，此与开展期百花齐放的学科特征，几无二致。所以2000至2015年间，中国台湾教育社会学在教学与研究方面的表现，或可视为开展期在21世纪的延续或延伸，持续维持开展期的学科造型与风貌。

对此，学界或有不同的观察。例如，姜添辉、许志庭、陈伯璋（2011:432）便担忧这段期间“研究理论依据以左派思维为主，较少出现结构功能主义的文章”。本文以为，这样的见解或有过虑之处。因为自开展期以来，中国台湾教育社会学界陆续引进了许多新的观点，可是整体来看，结构功能论与科学实证论的学术传统，其实始终都在中国台湾教育社会学界拥有一席之地，从未因为有愈来愈多的人引用冲突论、批判论、互动论甚至女性主义、后现代主义、后殖民论述等较新的学术语言或概念做文章，就销声匿迹或被挤压到边缘地带。起码都还撑得起一个分庭抗礼的场面。

关于这点，可从既有的研究成果得到证明。首先，由期刊论文来看，参照本节后半对于《中国台湾教育社会学研究》这份期刊的分析，可知2001至2015年间，中国台湾学者发表于该刊之103篇教育社会学论文，在方法上，文献分析、量化分析、质性分析约各占三分之一，其中量化的实证研究共36篇，所占之比例还略高于其他两种方法（详见本文表I-1-8）。而在各篇论文之理论立场方面，本文附录五之1至九之2显示，跟冲突、批判有关的左派思维，大都见诸教育机会均等（阶级、性别方面）、课程社会学、学生文化、教育改革与教育政策以及理论流派评述等研究主题，例如教师社会学、教育机会均等（族群方面）、社会变迁与教育、社会结构与教育、教育制度与教育问题之类的研究主题，则不然，这些主题的期刊论文，跟结构功能、均衡稳定有关的想法，反而还多些。

其次，从专书来看，自开展期以来，中国台湾陆续发行了一些专书（萌芽期和奠基期的学者，出版的大都是教科书），包括20世纪陈伯璋（1985）的“潜在课程”研究、羊忆蓉（1994）的“教育与国家发展”研究、杨莹（1994a）的“教育机会均等”研究、黄毅志（1999）的“不公平社会阶层体系”研究，以及21世纪翟本瑞（2000）的“迎接信息时代的教育社会学反省”、姜添辉（2002）及张建成（2002a）各自的“批判教育社会学”、黄鸿文（2003）的“学生文化”、张德永（2003）的“成人教育社会学”、郭丁荧（2004）的“教师社会学”、翁福元（2007）的“教育政策社会学”、黄毅志（2011）的“教育地位取得”等等。这些专书的理论依据，并不必然都跟左派学说有关。其中“批判”或“左派”色彩比较鲜明的，主要是陈伯璋（1985）、姜添辉（2002）和张建成（2002a）等三人的著作，翟本瑞（2000）的作品，也较具冲突论的味道；余则有人遵循实证量化模式（杨莹，1994a；黄毅志，1999 及 2011），有人从事解释学派的微观研究（黄鸿文，2003），有人取法制度论（羊忆蓉，1994），亦有人做的是教育社会学分支学科的探讨，理论偏好未尽明显（张德永，2003；郭丁荧，2004；翁福元，2007）。

依此看来，左派或“批判取向”的中国台湾教育社会学研究，在百家争鸣的年头里，就算是个强而有力的参与者，但事实显示，其参与的力道尚不足以振臂一呼，八方响应。

综上以论，2000 至 2015 年中国台湾教育社会学的发展，大体上仍是承继开展期之学科造型，从理论、方法到研究主题，俱都展现新旧共存、多元并进的特征。也就是说，如同开展期一样，本阶段内，任何的理论、方法或研究主题，都有机会独树一帜，昭显风华；同时，却也没有任何的理论、方法或研究主题，可以冠绝群伦，独擅胜场①。

（二）“中国台湾教育社会学论坛”的成效

自 1999 年迄今，“中国台湾教育社会学论坛”已办理 21 届。各届论坛之举办时间、承办学校及主题，详见附录三。

历届论坛之举办，最主要的目的，在于提供一个稳定的学术交流平台，让从事教育社会学教学与研究工作的中国台湾同仁，就各该届论坛所设定之会议主题，广泛且深入地交换研究构想与心得。各届论坛之主题，相当程度地反映了当年中国台湾教育社会学界所关心的本土议题，因此提

① 众说纷纭的年代，本该思想活泼，言论畅通，可是言人人殊、莫衷一是久了，不论有否夹藏文人相轻、敝帚自珍的矛盾，整个时代都会显得绑手绑脚，难以大开大阖。21 世纪初期中国台湾的教育社会学研究，学科造型未见新貌，不排除也有这方面的原因。

会发表之各篇论文，基本上都可视为中国台湾教育社会学研究本土化成果。在这个主要目的之外，中国台湾教育社会学学会也期待透过论坛的举办，邀请中国大陆及外籍学者与会，既以促进两岸教育社会学研究之相互发明，复以加强中国台湾教育社会学界与国际学术社区之对话。以下将针对中国台湾教育社会学论坛在本土研究、两岸关系及国际化等三方面的成效，作一分析。

1. 本土研究

本文的替代策略，是以各届论坛的主题为准，加以分类、归纳，从而呈现这21届论坛在导引、建构中国台湾教育社会学之本土研究时，所关怀的重点与方向。由于有时论坛的主题可能不止一个，有时同一个主题又可能同时兼有几种性质，所以在分类统计的总次数上，可能会超过论坛的总届数(21)。

由表Ⅰ-1-3的分类来看，历届“中国台湾教育社会学论坛”的主题，大抵反映了各届论坛当年的时空背景及发展需求。主要有三：一是探讨社会变迁与教育的关系，共8届论坛以此为主题；二是探讨教育改革与发展的相关议题，也有8届以此为主题；三是探讨教育的社会功能，共有7届论坛以此为主题，其中又有5届比较聚焦于社会公平功能与教育机会均等的相关议题。

表附Ⅰ-1-3：1999至2015年历届中国台湾教育社会学论坛主题之分类

类别	届别	举办时间	该届论坛主题
1. 探讨社会变迁与教育的关系	6	2001.12	知识经济与教育发展：教育社会学的观点
	10	2004.05	变迁中的社会文化与入学制度改革
	11	2005.05	教育市场化、高等教育扩张与教育社会学理论反省
	15	2009.05	社会变迁与教育改革
	16	2010.05	风险、危机与教育公平
	17	2011.05	社会变迁与教师地位之转变
	18	2012.03	全球竞争力、社会正义与教育功能
	19	2013.06	教育与社会控制在全球时代的新关系

续表

类别	届别	举办时间	该届论坛主题
2.探讨教育改革与发展的相关议题	1	1999.05	教育改革
	3	2000.05	教育改革之教育社会学省思 21世纪教育发展新趋势之教育社会学研究
	5	2001.06	变迁中的台湾教育社会学与教育革新
	7	2002.06	教育政策的社会学分析
	9	2003.10	九年一贯课程中的教学变革:社会学的观点
	12	2006.05	教育改革的微观分析
	15	2009.05	社会变迁与教育改革
	21	2015.05	教育改革与异化、边缘化的新世代:教育社会学的观点
3.探讨教育的社会功能(尤其是社会公平功能与教育机会均等的相关议题)	2	1999.12	学校教育的社会功能
	4	2000.12	多元文化、身份认同与教育
	14	2008.05	重新省思教育不均等:弱势者的教育
	16	2010.05	风险、危机与教育公平
	18	2012.03	全球竞争力、社会正义与教育功能
	19	2013.06	教育与社会控制在全球时代的新关系
	20	2014.05	弱势学生、社会正义与教育机会均等:再思多元文化教育
4.探讨教育社会学的学科建设	3	2000.05	台湾教育社会学研究之省思
	5	2001.06	变迁中的台湾教育社会学与教育革新
	8	2002.12	教育研究与实务的对话
5.探讨社会结构与教育的关系	2	1999.12	国家与教育
	13	2007.05	地方、社区与教育实践之社会文化意义

2.两岸交流

“中国台湾教育社会学学会”成立后,在李锦旭的穿针引线下,于2000年11月19—23日首度组团参与“中国教育学会教育社会学专业委员会”在南京师范大学举行之第六届年会,团长为陈伯璋,团员包括张建成、谭光鼎、沈姗姗、李锦旭、王瑞贤、姜添辉等六人。该届之年会主题有二,一是教育社会学研究中的国际化与本土化，另一是教育社会学研究的方法论。会中，双方一致同意，为加强两岸日后交流，决定以来年互相派团（4至6人）参与对方之年会或论坛，与会期间，客方免缴会议相关费用，主方提供落地接待，并安排客方代表进行主题报告、大会发言、论文发表及参观等。迄今，双方依约往来密切，互有发明，惟近来两会之交往，似有趋缓之势，须加关注。表Ⅰ-1-4所列，为中国大陆之教育社会学专业委员会参与中国台湾教育社会学论坛之代表团名单及所发表之演讲或论文题目，供参。

表附Ⅰ-1-4："中国教育学会教育社会学专业委员会"参与"中国台湾教育社会学论坛"历届代表团资料

届别	年月	姓名	服务机构	专题讲演或论文发表题目
6	2001.12	王蕙	广东教育学院教育管理学系	知识经济对中国大陆学校德育的深层影响
		吴永军	南京师范大学教育科学学院	知识经济时代的课程改革
		张人杰	广州大学教育科学研究所	知识经济时代中的高等教育大众化：中国大陆个案
		董泽芳	荆州师范学院	知识经济与高等教育革新
		钱扑	上海师范大学教育科学研究所	知识经济背景下的人才观与教育革新
10	2004.05	张人杰	广州大学教育科学研究所	专题讲演：高校多元入学制度涵义之辨析——中国大陆个案
11	2005.05	陈文心	海南师范大学教育学系	高等教育市场化应重视引导社会之责任
		傅松涛	河北大学	试析高等教育产业化的特征与内容
		王守恒	安徽师范大学教育科学学院	高等教育市场化：矛盾与对策
		宋广文 苗洪霞	曲阜师范大学教育科学学院	论网络时代教师角色的转换
		郑淮	华南师范大学	学习社会中高校教师的角色转变
		史万兵	东北大学文法学院教育经济与管理研究所	高等教育市场的信息不对称与教育公平

续表

届别	年月	姓名	服务机构	专题讲演或论文发表题目
13	2007.05	贺晓星	南京大学 社会学系	山彦学校的故事:生活缀方运动的现代意义
		马和民	华东师范大学 教育学系	技术支持的家庭/学校/社区教育共同体论纲
		杨昌勇	曲阜师范大学 教育科学学院	公共关系理论视域下的学校与社区互动模式
		黄欣祥	海南师范学院 教育学系	自我教育与社区发展
		明庆华	湖北大学 教育学院 教育学系	农村社区教育与我国农民的社会化
14	2008.05	贺晓星	南京大学 社会学系	专题讲演:社会正义与弱势群体教育
15	2009.05	马和民	华东师范大学 教育学系	专题讲演:市场化与民主化:高等教育变革的两翼
		董泽芳	华中师范大学 教育学院	专题讲演:中国大陆人口问题与教育
		魏曼华	北京师范大学 教育学院	教育改革的历史教训:大跃进中的教育革命
		胡金平	南京师范大学 教育科学学院	新课程培训与小学教师的课堂行为
		马维娜	江苏省教育 科学研究院	学校教育改革:简单抑或复杂?
		周润智	沈阳师范大学	价值纷争与话语失和—教师专业发展观概述
		王彦 唐荣德	广西师范大学 教育科学学院	民族地区中小学教师的文化认同与教育变革之关系研究
17	2011.05	程天君	南京师范大学	任教学校:教师"专业化"的主要园地
		陈振中	广西师范大学	论教师角色的弥散性
		项亚光	上海师范大学 教育学院	教师专业发展与学校组之革新的探索——新基础教育和委托管理学校为分析案例
		蔡文伯 刘冲	石河子大学 师范学院	基于跨越式发展与长治久安的视角审视新疆特岗教师的地位

续表

届别	年月	姓名	服务机构	专题讲演或论文发表题目
19	2013.06	常亚慧	陕西师范大学教育学院	双轨复合运作:学校改革中的“国家”治理机制
		赵红霞	石河子大学师范学院	平等化与分殊化:家庭背景与学校质量对学业成绩的影响
21	2015.05	杜亮	北京师范大学教育基础理论研究院	跨文化遭遇与指向变革的教学

3. 国际化

“中国台湾教育社会学论坛”所推动之国际化工作,可分三个部分,第一是邀请国际知名学者与会发表专题演讲,第二是承办或参与“国际社会学学会教育社会学研究委员会”(Research Committee on Sociology of Education, International Sociological Association,以下简称 ISA-RC04)之学术活动,第三是与“日本教育社会学学会”(Japan Society of Educational Sociology,简称 JSES)建立交流关系。

“中国台湾教育社会学论坛”自第 2 届开始接洽国际知名学者,邀请与会发表专题演讲,分享研究心得,至今无辍。这些学者当中,不乏连教育社会学新进研究生都耳熟能详的人物,例如美国之 M. Apple, A. G. Dworkin, P. McLaren, C. A. Torres、英国之 M. Arnot, S. Ball, B. Davis, G. Whitty, M. Young、澳洲之 L.J.Saha 等人。

2012 年暑期,中国台湾教育社会学同仁复藉组团前往阿根廷布宜诺斯艾利斯参加第二届 ISA 社会学论坛之便,就近积极争取 2013 年 6 月第 19 届“中国台湾教育社会学论坛”同时挂名 RC04 之期中学术研讨会,交涉过程相当顺利,成功获得授权,并圆满办理完竣。对于“中国台湾教育社会学学会”及其学术活动来说,都提升不少国际知名度及能见度。

除了协办 ISA-RC04 的期中学术研讨会外,近年“中国台湾教育社会学学会”也积极组团参与 ISA 举办的相关学术活动。参与情形,摘述如表 I-1-5。

表附 I-1-5:“中国台湾教育社会学学会”参与“国际社会学学会”相关学术活动纪录

活动名称	时间	地点	场次主题与参与人员
The 2nd ISA Forum of Sociology	2012. Aug.1-4	阿根廷布宜诺斯艾利斯	主题:Twenty years of educational democratization in Taiwan:Forms and consequences 主持:张建成 论文发表:姜添辉、杨洲松、郑胜耀、李奉儒
			主题:Education:A catalyst for human development, sustainable equity and enduring redress. What does it mean for developing and under-developed countries in the global 21st century? 主持:S. Essack(Department of Higher Education, South Africa) 论文发表:庄胜义 其他 5 篇论文发表人,皆为外国学者,从略。
The 18th ISA World Congress of Sociology	2014. Jul.13-19	日本横滨	主题:Globalization, the state, social justice and education 主持:姜添辉、张建成 论文发表:李奉儒、庄胜义、杨洲松 其他 4 篇论文发表人,皆为外国学者,从略。
			主题:Educational reform for reducing social inequality in Mandarin-speaking(Chinese) societies 主持:李奉儒、张建成 论文发表:苏峰山、沈姗姗、姜添辉、郑胜耀、陈琦媛、林俊莹
			主题:Global educational expansion of secondary schools 主持:Hirofumi Taki(The University of Tokyo, Japan) 论文发表:刘语霏 其余论文发表人为外籍或中国香港学者,从略。
			主题:Enter the teacher Roundtable 论文发表:黄嘉莉 其余论文发表人为外籍,从略。
The 3rd ISA Forum of Sociology	2016. Jul.10-14	奥地利维也纳	主题:Competition, Competence and Educational Re-institutionalization in Confucian Cultural Countries 主持:李奉儒、张建成 论文发表:张志明、黄嘉莉、林郡雯、郑胜耀 & W. James Jacob、杨洲松、李奉儒、黄柏叡

续表

活动名称	时间	地点	场次主题与参与人员
The 3rd ISA Forum of Sociology	2016. Jul.10-14	奥地利维也纳	主题:Ethnic context(Roundtable) 论文发表:刘美慧 其余论文发表人为外籍,从略。
			主题:Higher education(Roundtable) 论文发表:陈琦媛 其余论文发表人为外籍,从略。

"中国台湾教育社会学学会"在推动两岸交流关系及参与国际学术社区之余,一直希望建立东亚地区教育社会学界的联系。三年来,日方已来访学、交流两次,中国台湾则往访一次,相关交流情形,详见表I-1-6及表I-1-7。

表附I-1-6:"日本教育社会学学会"参与"中国台湾教育社会学论坛"代表团资料

届别	年月	姓名	服务机构	专题讲演或论文发表题目
19	2013.06	加野芳正	香川大学	专题讲演:Sociological studies on manners
		相泽真一	中京大学	Japanese and Taiwanese educational achievements and the role of private high schools in the era of educational expansion: The case of two late-industrialized countries
		天童睦子	名城大学	Symbolic control and child-rearing strategies in Japan
		古贺正义	中央大学	Cross-national analysis of juvenile correctional education in Japan and the U.S.: through the comparison of teen peer courts in California and juvenile reformatory centers in Japan
21	2015.05	加野芳正	香川大学	专题讲演:Higher education policy and the academic profession
		山田浩之	广岛大学	专题讲演:Changing life and work of teachers in the era of distrust for education in Japan: after 2000
		白松贤	爱媛大学	"Classroom history" as a clinical research method for creative classroom management

表附 I-1-7:“中国台湾教育社会学学会”参与“日本教育社会学学会”第 66 届大会代表团资料

年月	姓名	服务机构	专题讲演或论文发表题目
2014.09.13	姜添辉	台南大学	专题讲演:Is the hegemonic position of American culture able to subjugate local cultures of importing countries? A constructive analysis on the phenomenon of cultural localization
	张建成	中国文化大学	专题讲演:Revisiting the multicultural predicaments
	梁忠铭	台东大学	台湾原住民教育政策之探究(日语发表)
	黄柏叡	中国文化大学	Teacher professional development governance in Taiwan
	李奉儒	中正大学	Corporatizing public universities in Taiwan:Globalization effects and problems faced

(三)《中国台湾教育社会学研究》期刊的成效

《中国台湾教育社会学研究》自 2001 年 6 月发行创刊号以来,一直维持一年两期、每期刊登 4 篇以上论文的半年刊形式。由于审查严谨,论文质量皆在一般水平之上,颇受学界好评,所以创刊三年后,立即进入 TSSCI 期刊之观察名单,三年观察期满,也立即获评为正式之 TSSCI 期刊。

截至 2015 年 12 月,《中国台湾教育社会学研究》已发行至第 15 卷第 2 期,共刊登 137 篇论文(如表 I-1-8)。在这 137 篇论文中,有外籍或中国大陆、中国港澳地区等学者投稿的 7 篇(详见附录四之 1),也有 27 篇教育社会学性质较弱之“非教社论文”①(详见附录四之 2)。由于本文旨在分析“中国台湾教育社会学”的发展大势,所以扣除这 34 篇论文后,所余的 103 篇论文,才是本文探讨的范围。

---

① 所谓教育社会学性质较弱之“非教社论文”,指的是该论文既未引用教育社会学经典著作及相关研究,也未介入教育社会学相关议题的讨论;或该论文虽有引用若干教育社会学经典著作、相关研究或专门术语,但研究发现与这类文献或术语的对话甚少,也未介入教育社会学相关议题的讨论。在这 27 篇“非教社论文”之中,有些比较属于教育行政领域,有些固然触及族群、性别的议题,但跟族群或性别“教育”的“社会学分析”较为无关,另外有些比较是劳动经济学或工作(职业)社会学的论文,甚至还有些社会哲学、科学教育史、生命教育之类的文章。

表附 I-1-8:《中国台湾教育社会学研究》创刊迄今刊登论文之属性统计表

年份	卷别	中国台湾之学者论文	中国台湾学者论文**						合计
			文献议题	量化研究	质性研究	质量兼用	小计	非教社论文	
2001	1		6	2	2	1	11	2	13
2002	2	1	5	1			6	5	12
2003	3	2	4	2	1		7		9
2004	4		2	4	1		7	2	9
2005	5	1	2	3	3		8	1	10
2006	6	1	1	2	2		5	2	8
2007	7		2	2	4		8	1	9
2008	8		2	3	1		6	2	8
2009	9			5	2		7	1	8
2010	10	1	2	2	3		7	2	10
2011	11		1	4	2		7	1	8
2012	12		3	2	2		7	2	9
2013	13		1	1	4		6	2	8
2014	14	1		1	2		3	4	8
2015	15		2	2	2	2	8		8
合计		7	33	36	31	3	103	27	137
% *		5.11	24.09	26.28	22.63	2.19	75.18	19.71	100

* %=各栏合计数÷最右栏之总合计数

* * 在“中国台湾学者论文”栏下的几个次字段,简要说明如下:

“文献议题”表示该栏之论文系采“文献回顾、分析暨议题讨论”之方式完成之;

“量化研究”表示该栏之论文系采“科学实证之量化统计方法”完成之;

“质性研究”表示该栏之论文系采“观察、访谈等质性研究方法”完成之;

“质量兼用”表示该栏之论文系兼采“质性方法”与“量化方法”完成之;

“非教社论文”表示该栏之论文系“教育社会学性质较弱”的论文。

首先,就研究方法来看,2001 至 2015 年间中国台湾学者所撰的 103 篇论文中,采用“文献回顾、分析暨议题讨论”(简称文献议题)之方式完成者,计 33 篇;采用“科学实证之量化统计方法”(简称量化研究)完成者,计 36 篇;采用“观察、访谈等质性研究方法”(简称质性研究)完成者,计 31 篇。比较起来,这三类论文之篇数,在数量上似乎差异不大,但在趋势上则显得“文献议题”之类的论文声势不如以往（2010—2015 计 9 篇，2009 之前为 24 篇），“量化研究”的论文近年也略为趋缓（2010—2015 计 12 篇，2009 之前为 24 篇），而“质性研究”的论文则在近年略占优势（2010—2015 计 15 篇，2009 之前为 16 篇）。表 I-1-8 还有一类“质量兼用”的论文，仅得 3 篇（刘正、李锦华，2001；杨巧玲，2015；王雅玄、黄嘉苹，2015），比例甚微①。

再从研究主题来看，这 103 篇论文大致可分成五个领域，篇数最多的是学校教育的社会学分析（35 篇）和教育的社会公平功能（33 篇），其次是社会环境与教育的关系（14 篇）和教育社会学的学科论（13 篇），相对较少的是教育系统的社会学分析（8 篇）。

小　结

综上所述，可知中国台湾教育社会学自 2000 年迄今之发展，较诸之前的“开展期”，学科造型并无太大的变化，主要仍是在“开展期”的基础上，继续加深加广中国台湾教育社会学的理论、方法论以及学科架构的内容而已。这段期间的学科建设，比较大的亮点，基本上是跟 2000 年 6 月“中国台湾教育社会学学会”成立后，一方面接手办理“中国台湾教育社会学论坛”，另一方面着手发行《中国台湾教育社会学研究》的会务推动有关。

“中国台湾教育社会学论坛”自 1999 至 2015 年间已办理 21 届，通过这些论坛及其外延的相关活动，我们可以看到中国台湾教育社会学界在促进两岸交流以及国际化方面，所作的努力和贡献；我们也可以看到中国台湾教育社会学界为呼应学术潮流并反映实践需求，透过论坛主题的商订与征稿，激发并导引中国台湾教育社会学的本土研究。由历届论坛的主题来看，关怀及讨论较多的，是“社会变迁与教育”“教育改革与发展”以及“社会公平与教育机会均等”的相关议题。

由于论坛的主题，系由“中国台湾教育社会学学会”之理监事会议征询各届论坛承办单位意见后，共同议定，并据以展开征稿程序，因此历届论坛的主题，遂难免与个别学者的专长与兴趣，有所落差。《中国台湾教育社会学研

① 虽然有的研究会以访谈的方式，搜集编制问卷题目的语料，可是其最终的研究发现与结论，却还是来自问卷调查之统计分析的结果，如郭丁荧（2003），对于这类论文，本文仍旧将之归为“量化研究”。

究》的发行，恰好补足这个缺口。作为一块自由投稿的园地，该刊之“编辑委员会”从不设定出刊主题，也从未依论坛主题来筛选稿件，是以所有通过严谨审查而获得刊登的论文，应该都是学者基于个人专长与兴趣所完成的心血。

《中国台湾教育社会学研究》，自2001年6月创刊至2015年底共发行15卷30期，刊登中国台湾学者发表的教育社会学论文计103篇。从前文的分析来看，在大的领域类别上，以“学校教育的社会学分析”“教育的社会公平功能”这两方面的论文居多，其余依次是“社会环境与教育的关系”“教育社会学的学科论”“教育系统的社会学分析”等方面的论文。若进一步依较为具体的分支项目来看，则各项目之论文篇数及其由多到寡之次序，如表Ⅰ-1-9所示。其中，论文发表篇数较多是（1）“学校教育的社会学分析”领域有关“教师”（16篇）、“课程”（12篇）的研究；（2）“教育的社会公平功能”领域有关“阶级/家庭社经地位”（15篇）、“族群”（9篇）、“性别”（8篇）的研究；（3）“教育社会学的学科论”领域有关“理论流派”（12篇）的研究；以及（4）“社会环境与教育的关系”有关“社会结构与教育”（9篇）、“社会变迁与教育”（5篇）的研究。

据此以观，《中国台湾教育社会学研究》所汇聚的研究主题，确与“中国台湾教育社会学论坛”有其不同之处，但这样的不同，不宜视为歧途异路，相反的，其间蕴含的应是相辅相成的作用。“中国台湾教育社会学论坛”反映的是时代的需求与关怀，《中国台湾教育社会学研究》展现的是学者的专长与兴趣，两相烘托，互为发明，光彩益盛。

表附Ⅰ-1-9:《中国台湾教育社会学研究》刊登论文按研究主题之分配情形

次序	论文篇数	研究主题	所属领域类别	备注
1	16	教师	学校教育的社会学分析	
2	15	阶级/家庭社经地位	教育的社会公平功能	
3	12	课程	学校教育的社会学分析	
4	12	理论流派	教育社会学的学科论	
5	9	社会结构与教育	社会环境与教育的关系	
6	9	族群	教育的社会公平功能	

续表

次序	论文篇数	研究主题	所属领域类别	备注
7	8	性别	教育的社会公平功能	
8	5	社会变迁与教育	社会环境与教育的关系	
9	5	学生	学校教育的社会学分析	
10	4	教育改革与教育政策	教育系统的社会学分析	
11	2	教育制度	教育系统的社会学分析	
12	2	教育问题	教育系统的社会学分析	
13	1	学科历史（中国台湾）	教育社会学的学科论	
14	1	阶级与性别	教育的社会公平功能	
15	1	学校文化	学校教育的社会学分析	
16	1	师生关系	学校教育的社会学分析	

五、挑战与对策

如前所述，中国台湾教育社会学的教学与研究工作，历经20世纪下半叶之萌芽、奠基和开展后，学科架构日益完整，自千禧年以来，又得“中国台湾教育社会学学会”在论坛和期刊方面之奥援，整体学科建设亦日趋完善。然而，事情的发展往往有些预料不到的因果状况，就在一切都像站稳脚步之际，姜添辉、许志庭、陈伯璋（2011）指出，2000—2006年间，中国台湾教育社会学达到快速扩张后的“饱和期”。他们的理由，主要是中国台湾高等教育机构及师资培育机构的扩张，至此力道转弱，造成大学院校之教育社会学教学及研究人员日趋“饱和”或“过剩”。参照他们的说法，张建成（2015）整理了一些相关的统计数据，也都显示中国台湾教育社会学发展的主客观条件，自2006年起确实有所限缩①。兹就这些统计数字，分析讨论中国台湾教育社会学近年遭遇的挑战如下：

（一）挑战

第一项统计数字，如表I-1-10，跟过去20年中国台湾师资培育机构数量的先涨后跌有关。1994年，中国台湾修法开放一般大学院校可和师范院校一

① 参见张建成（2015）之脚注7及相关附录统计表件。

样，设立教育学程培育中小学师资。斯后，包括培养幼教、小教、中教、特教之各类教育学程数，便呈直线上升之势，由1995年总计51个学程，快速增加至2004年120个、2005年119个之高峰；但2006年起，连续数年都出现大幅停办的情形，如2006年停办6个，2007年停办9个，2008年停办11个，至此，总数已降到100个以下。2009年至2011年的教育学程总数皆为89个，2012年至2013年又降为87个，由整个趋势来看，未来教育学程的总数恐会继续探底。

表附Ⅰ-1-10：1995年至2013年中国台湾地区大学（含师范）院校设立教育学程之增减情形

年度	1995	1996	1997	1998	1999	2000	2001
各类学程总数	51	58	62	71	74	94	107
较前一年度增减数	—	+7	+4	+9	+3	+20	+13
年度	**2002**	**2003**	**2004**	**2005**	**2006**	**2007**	**2008**
各类学程总数	115	117	120	119	113	104	93
较前一年度增减数	+8	+2	+3	−1	−6	−9	−11
年度	**2009**	**2010**	**2011**	**2012**	**2013**		
各类学程总数	89	89	89	87	87		
较前一年度增减数	−4	−0	−0	−2	−0		

资料来源：节录自张建成（2015，附录一）。

而教育学程之所以停办，主因在于制订师资培育开放政策之时，未能顾及人口结构的变化，所以过去的20年，一边是大学院校快速扩充培养中小学师资的各类教育学程，另一边却是中小学校遭受少子女化的冲击，学生数及班级数皆逐年递减，消化既有师资员额犹且不及，遑论进用新人。师资培育机构供过于求的结果，绩效欠佳或后势不再者，自然走上停办之路。

教育学程或师资培育机构之消长，对教育社会学（或其他也列入教育学程课表的教育学科）来说，意义重大。因为教育社会学在各类教育学程的课表里，都是必选的科目之一，故当大学及师范院校设立愈多的教育学程时，意味着教育社会学这门科目的授课时数，以及所需聘请的教育社会学教研人才，也就愈多。是以1990年代中国台湾教育社会学之蓬勃发展，多少与此有关。

而最近几年，当教育学程的需求走下坡时，各校“过剩”的教育社会学人力，便可能被迫释出或转行。

对此，张建成（2015）整理的第二项统计数字，乃跟中国台湾教育社会学学会的会员人数有关。本文根据中国台湾教育社会学学会秘书处提供之会员资料，修订张建成（2015）之统计结果如表I-1-11所示，中国台湾教育社会学学会自2000年6月成立后，会员人数由141人逐年增加，至2006年达到209人之高峰，在该年开始清查会费缴交情形后，2007年会员人数遽降至145人，其后逐年递降，最近三年（2013至2015）皆已降至百人以下。另由该表统计之大专院校教师会员人数来看，资料虽不齐全，但亦显示相同的趋势。这类主要从事教学与研究的人力，自2006年后亦逐年递减。推敲其中原因，非常可能就是教育学程总数连年下降之后，作为必选科目之教育社会学及其相关选修科目（如多元文化教育、性别教育、青少年研究等）之开课数，亦随之紧缩，连带削减了担任这类课程的教学与研究人力。

表附I-1-11：中国台湾教育社会学学会历年会员人数统计表

年度	会员总数（含团体会员）	大专院校教师会员人数（代表教学与研究人力）	备注
2000	141	无细部分类资料	2000.06.24学会成立
2001	154	无细部分类资料	
2002	135	无细部分类资料	
2003	167	无细部分类资料	
2004	196	无细部分类资料	
2005	197	110	
2006	209	107	开始除籍未缴会费会员
2007	145	101	
2008	136	97	
2009	124	无细部分类资料	
2010	108	75	
2011	105	70	
2012	100	无细部分类资料	
2013	94	无细部分类资料	

续表

年度	会员总数（含团体会员）	大专院校教师会员人数（代表教学与研究人力）	备注
2014	96	71	
2015	83	68	

资料来源：本文作者根据中国台湾教育社会学学会秘书处提供之会员资料，自行统计。

教学与研究人力的减少，不免影响研究产出或论文发表的数量。就中国台湾目前评等较高的（TSSCI）期刊来看，固定收录教育社会学论文的，除了新兴的《中国台湾教育社会学研究》外，大概就属老牌的《教育研究集刊》①。前文表Ⅰ-1-8之数据显示，《中国台湾教育社会学研究》自2001年创刊至今，除了2014年只刊登3篇教育社会学论文外，其余各年刊登之教育社会学论文大概都在6至8篇之间，状况大致持平，2006年之后并无显著衰减之情形。然而，《教育研究集刊》则不然。

表Ⅰ-1-12的统计结果，便跟《教育研究集刊》近十年来刊载的教育社会学论文有关。由台湾师大教育学系发行之《教育研究集刊》，多年来都是按照该系之四个学群②：教育哲史、教育社会学、课程与教学、教育政策与行政，筹组编辑委员会并公开征稿。理论上，每年每个学群类属的论文，平均应该各占25%上下。以此观察该刊发表之教育社会学论文，表Ⅰ-1-12显示，2000至2006年间，除了2005年外，每年都能达到该刊论文总数之25%或以上，之后则仅2011年达到31.25%、2008年达到23.53%，其余2007、2009、2012、2014等4年都是12.50%，2015为7.70%，2010年为6.25%，2013年甚至为0%。很明显的，《教育研究集刊》自2006年之后刊登的教育社会学论文数量，确有下滑之势。

① 其他的TSSCI刊物，如《当代教育研究》等，偶或刊载教育社会学论文，但都比较零星，无从显现具体趋势，故不列入本文讨论范围。另有一份非TSSCI的刊物，是南华大学2000年12月创刊之《教育与社会研究》半年刊。该刊每期刊登约3篇以上之论文，但因出刊时间未见稳定，所刊论文又非全属教育社会学范畴，并且2013年6月出版第26期后因学校政策改变而停刊，故亦不列入本文之分析范围。

② 台湾师大教育学系原先依专长将全系教师分为教育理论、课程与教学、教育行政与政策等三个学群，2004年教育理论学群再分成教育哲史、教育社会学两个学群，如此一共形成四个学群迄今。教育社会学学群成立后，自2006年起，博士班教育社会学组开始分组招生，每年招生3人，2009年起，硕士班亦实施分组招生，教育社会学组每年招生8人。

表附 I-1-12:2000—2015 年《教育研究集刊》论文篇数分类统计表

年份	篇数(a)	教育哲史	课程教学	政策行政	教育社会学				
					文献议题	量化研究	质性研究	小计(b)	%(b/a)
2000	17	1	4	5	5		2	7	41.18
2001	22	5	4	7	5	1		6	27.27
2002	32	7	8	9	6		2	8	25.00
2003	32	7	9	8	2	2	4	8	25.00
2004	28	4	7	9	3	2	3	8	28.57
2005	19	7	4	4	2	2		4	21.05
2006	21	5	4	6	1	3	2	6	28.57
2007	16	6	5	3	1	1		2	12.50
2008	17	7	2	4	1	2	1	4	23.53
2009	16	4	5	5		2		2	12.50
2010	16	6	1	8		1		1	6.25
2011	16	4	4	3	1	4		5	31.25
2012	16	5	4	5		1	1	2	12.50
2013	16	7	4	5				0	0
2014	16	3	6	5	1	1		2	12.50
2015	13	3	4	5		1		1	7.70
合计	313	81	75	91	28	23	15	66	21.09

资料来源:依张建成(2015,附录三)之资料,补正 2015 年之数据。

根据以上的分析,可知 21 世纪头 15 年的中国台湾教育社会学,原本发展顺遂,却不意遭受新生儿人口成长衰退、中小学师资培育过剩等结构力量的冲击,使得教育社会学相关工作职缺、从业人员、以及论文产能,在 2006 年前后达到高峰后,便出现明显缩减的趋势。就此来看,中国台湾教育社会学的发展好像碰到瓶颈,由盛转衰;可是量的减少,不必然代表质的下降。面对时代的挑战,2006 年迄今的中国台湾教育社会学,盖已处于"开展后期",如何善用自身的有利条件,厘整全局,俾以求新求变,更上层楼,是为当务之急。

（二）对策

任何时期,关心本身学科发展的学者,通常都会针对学科未来的动向或展望，提供建言，中国台湾教育社会学界亦然，自1990年代末期以来，不乏立足现在、回顾过去、放眼未来之作。兹举数例，表列如下：

表附Ⅰ-1-13：近年学界对于中国台湾教育社会学未来发展重点的建议

资料来源	内容概要
李锦旭、张建成（1999）	就学科架构、理论取向、研究方法和方法论、研究主题、国际化与本土化等方面，回顾中国台湾教育社会学的历史发展，并提出一些繁复但具理想色彩的前瞻性建议。
张建成（2001—2002）	邀请李锦旭、谭光鼎、许殷宏组成研究团队，在前文的基础上，更深入地剖析中国台湾教育社会学的发展脉络与成果，研究结论指出，未来中国台湾教育社会学的学科建设，应该加强四种对话关系①： （1）社会学家与教育学家的对话； （2）宏观取向与微观取向的对话； （3）量化研究与质性研究的对话； （4）国际化与本土化的对话。
林生传（2002）	于21世纪初回顾中国台湾教育社会学的历史后，对未来提出五点展望： （1）未来中国台湾教育社会学的发展，应由资讯社会、全球化教育、社会文化的主体性、教育改革等来思考研究的方向、内涵及方法； （2）教育社会学应该体察教育改革的需求，将研究深入教育历程、课程知识、教学互动与评量的分析与批判，以贡献教育的发展； （3）根据教育与社会文化的主体性，重视本土化的研究； （4）在研究方法与方法论方面，兼筹并用自然典范与实证典范、量的方法与质的方法以及描述、诠释与批判分析； （5）加强整合型研究的推行。
谭光鼎（2002）	参与张建成（2001—2002）主持的研究计划，访谈了12位（5女7男）中国台湾教育社会学具有代表性的学者，对于中国台湾教育社会学的未来发展，受访者的意见可归纳如下： （1）关于学科理论的发展，继功能、冲突、解释学派之后，近年虽大量引进新的学说，但普遍缺乏深思熟虑与批判反省，研究重点似有“今是昨非”的偏颇，并且研究结果在课程教学上的结合与应用，仍有待努力。未来教育社会学若要强化理论和贡献，须与社会学界有更多的合作。 （2）关于研究方法的发展，早期偏重量化，1980年代末以来，使用质性方法者居多。受访者认为，方法本无孰优孰劣的问题，关键在于何种方法最能适当达成研究目的，故建议研究人员质量并重，并加强各种方法的新知与训练。 （3）关于研究主题的发展，由于受到社会结构变化的影响，因此未来的主题将会朝向多样化发展，包括科技（资讯）社会问题、文化（社会学）研究问题、教育（政策）改革问题等。

① 张建成另与大陆学者张人杰教授合作探讨两岸教育社会学的学科进展，也提出相同的建议（Chang & Zhang，2003）。

续表

资料来源	内容概要
谭光鼎（2002）	（4）关于本土化的论题，一般的共识是研究主题的本土化，针对中国台湾情境特有的教育问题，如升学主义等，进行教育社会学分析。研究所用的理论或方法，或许不是来自本土，但本土特定主题的研究结果，可对既有理论与方法提出进一步的阐释，行有余力自然得以建构本土独特的理论与方法。
张建成（2006）	回顾中国台湾与西方的教育社会学发展后，对于未来的教育社会学研究，提出三点建议： （1）须加强本门同仁内部及其与其他领域学者之多种团队合作关系。 （2）须加强实践的性格，如投入“教育政策社会学”的研究，以促进理论与实际的整合。 （3）须赋予“文化”适当的理论位置，以增进我们对于结构与主体互动关系的了解。
姜添辉、许志庭、陈伯璋（2011）	回顾与肯定中国台湾教育社会学的进展之余，也指出一些值得思考的面向： （1）研究理论依据以左派思维为主，较少出现结构功能主义的文章，毕竟不同社会学思潮皆有其缺点，也是作为探索社会现象不同视角的依据，因此应有更多元化的理论思维取向①。 （2）本土化研究仍有待提升，中国台湾社会学界应积极针对本身文化属性进行在地化研究，以发展自身的理论体系，而非只是跟随西方理论。 （3）当前课程与教学、教育行政学等运用学科居于显学地位，因为这些学科能结合实务与政策面，所以影响力较大，或许中国台湾教育社会学界应思考如何结合实务与政策面，以发挥更大的影响力。

归纳起来，各方期许中国台湾教育社会学于21世纪百尺竿头更进一步的建议，可以分成四类：（1）学科建设须能反映社会变迁，根扎本土，接轨国际；（2）理论与方法务期多元并蓄，无所偏废；（3）研究主题力图深入教育实践的脉络与历程，结合学理和实务；（4）学术发展讲求集思广益，相互发明，整合型研究计划的推动，是可行方式之一。这四类建议，彼此纵横交织，首尾呼应，一门日趋成熟的社会学科，通常都具有这些特征，1980年代中后期以来的中国台湾教育社会学，也一直朝着这些方向迈进。惟迄今为止，成果算是差强人意，仍留下不少有待加强之处。

---

① 关于中国台湾教育社会学近年的理论取向，是否较为偏左的问题，本文第四节分析2000年以降中国台湾教育社会学之学科造型时，已提出不同的观点，请参酌。

1. 就学科建设之反映变迁、根扎本土、接轨国际而言

对此,1999 年开办之“中国台湾教育社会学论坛”,迄 2015 年已初步打下不错的基础。综观历届的论坛主题,讨论较多的是社会变迁与教育、教育改革与发展以及教育机会均等的相关议题,这些主题明显呼应了中国台湾教育兴革的时代趋势与本土需求。而借着历届论坛的举办,“中国台湾教育社会学学会”一方面邀请世界知名学者来台分享研究心得,增进国际交谊与了解,另一方面也顺利进入国际学术社区。今后,宜在这些基础上,再接再厉,并配合以下建议事项,进一步完善中国台湾教育社会学之本土研究,使之不论面对世界潮流或参与国际竞合,都能从容自在,悠然自得。

2. 就理论与方法之多元并蓄、无所偏废而言

中国台湾教育社会学的发展,自奠基期进入开展期后,不论理论或方法,都呈多元发展之势,不再一味独沽。中国台湾教育社会学未来的理论与方法,宜从理论着手,优先处理两个问题:

第一,中国台湾过去引自西方的理论,往往各有所执,若非有的钜观,有的微观,就是有的强调社会结构由上而下的影响力量,有的注重行动主体由下而上的行动能量,双方畛域分明,相持不下。然而教育制度本身,或教育实施的过程与内容,却有很多是处于宏观与微观的会合之处,或是交织社会结构与行动主体的互动作用。因此,西方从过去到现在有些统合色彩较浓的研究取向,如文化社会学、形态或历程社会学(figurational sociology or process sociology)、新功能论(neofunctionalism)等等,或有补偏救失之效,值得参考。

第二,中国台湾的教育社会学,过去一直忙于学习欧美,而无暇整理自己的理论或方法论。整体来看,这项工作,或可从华人社会与文化中的古典经籍入手,阐述前贤先哲的相关思想,映照当前教育社会学的研究理路(如谢高桥,2004,第二章第五节);也可从华人社会与文化中的当代论证去找灵感,如费孝通(1947/2006)研究乡土中国农村社会所提出的“差序格局说”,杨国枢、黄光国、杨中芳(2005)等人探索华人本土(化)心理学的架构与成果,甚至旅美华裔学者林南的“社会资本论”(Lin,2001)、中国华南学派的历史人类学取向等,皆可借镜。

3. 就研究主题之深入教育实践的脉络与历程，结合学理和实务而言

当学理跟实务出现落差时，根本的关键，应该在于学理当年生成的时空与实务现下应用的时空未尽相同。是以中国台湾的教育社会学研究，若能有系统地投入本地教育现场，深耕细耘，或许更能帮助我们抽丝剥茧，寻绎合用的本土学说或理论视角。

中国台湾教育社会学历来的理论依据，盖都来自欧美，如果说中国台湾本地的教育实践工作，有与西方社会相通之处，譬如近年新右派的教育改革，则参照欧美的相关学说，或无大碍。惟中国台湾本地的教育情境，由于文化背景的关系，一定有其独特之处，那么若是援引外来的理论或经验，便有时而穷。以一直很难找到适当英语译名的升学主义为例，西方的"人力资本""文凭社会"等概念，固可稍事铺陈，但更为精髓的，恐怕还是我们传统之"士大夫"观念及家族"面子"文化（汤梅英，1999）。

因此，中国台湾未来的教育社会学研究，如欲做得精到，便须加强自身的"本土实践性"，将研究的触角伸进本地教育实施的现场，从制度运作到人员互动的脉络与历程，探索政策、管理、课程、教学乃至整个教育系统或学校教育的现状与兴革。随着研究的展开，引证既有的外来理论或不可免，但重要的是，这些理论不该作为不可违逆的最高指导纲领，而应只是协助我们找到问题切入点的探针或引线。然后，从教育现场搜集来的量化或质性研究资料，在与既有理论进行对话的时候，切莫迷失主体，任凭宰制。也就是说，研究所得的数据，可能符应、也可能抵触既有的理论，不论何者，特别是那些抵触既有理论者，皆应置于我们自己的历史文化、社会脉络与教育情境当中，探赜索隐，必要时，得对照既有理论的说法，用以寻求各种合理或更为贴切的解释。由此而来的研究结论，可能支持既有的理论，也可能修正既有的理论，甚至可能形成全新而独特的理论①。但不论结果为何，学理与实务的统合都比较乐观可期。

---

① 本文第四节第三部分的分析显示，2001 年创刊之《中国台湾教育社会学研究》，至 2015 年底，中国台湾学者所发表之 103 篇教育社会学论文中，篇数最多的是"学校教育的社会学分析"（共 35 篇，其中有关"教师"的论文 16 篇、"课程"12 篇）和"教育的社会公平功能"（共 33 篇，其中有关"阶级/家庭社经地位"的论文 15 篇、"族群"9 篇、"性别"8 篇）。这些都可说是中国台湾本土的经验性研究，惜乎整体数量和"本土实践性"仍有不足，难以从中提炼坚实的本土观点或理论，须再强化。

这样的"本土实践性"，对内，可以促进中国台湾教育社会学研究的"实用性"与"亲民性"，吸引教育从业人员的注意与支持；对外，可以提升中国台湾教育社会学研究的"本事"与"底气"，增加参与国际学术社区的竞争力与影响力。而中国台湾教育社会学同仁由此而来的成就与信心，当可更进一步地催化整个学门的活力，助其永续发展。

4. 就整合型研究计划之集思广益、相互发明而言

所谓独学而无友，孤陋而寡闻，任何学科的发展，尤其到了内部分支日多、本位主义渐生之后，若不讲求团队合作，鼓励彼此切磋琢磨，难免发生以偏概全之弊。整合型研究计划的推动，具有致广大而尽精微的功能，有利学科之内以及学科之间进行跨领域、跨理论、跨方法之对话、交流与合作，透过集思广益、相互发明的过程，让研究的结果更为透彻，也更为周延。

中国台湾教育社会学界至今执行过两次整合型研究，一次是在1990年代上半由林清江领导的"教育机会均等"计划，另一次是在2000年代上半由陈伯璋领导的"教育改革"计划。两次研究都邀请了教育学及社会学出身的学者参与，各项子计划主持人的理论观点及研究方法也都互有不同，但这不但无碍，反倒有益整个研究的规划与执行。两次计划完成后，不仅相关研究成果有已撰成专文于重要期刊发表者，并且相关研究人员也有续就各该专题深入钻研者，例如参与第一次整合案，负责不同家庭背景子女受教机会差异的杨莹(1994b)和研究中国台湾土著教育成就的张建成(1994)，以及参与第二次整合案，分析解严后中国台湾课程改革论述的卯静儒、张建成(2005)、探讨社会领域教材内容之阶级取向的姜添辉、陈伯璋(2006)等。

惟这两次整合型计划结束至今，中国台湾教育社会学界一直显得相当沉默。其间，曾有同仁个别获邀参与一些名似教育社会学，如教育公平指标、弱势教育等，实则却是课程或行政研究取向较强、教育社会学只算陪衬的整合型计划，致其研究成果对于教育社会学的贡献，遂不是特别明确。鉴于整合型研究计划可以激发多方对话，促使不同之理论和方法发挥相辅相成的效果，协助厘清研究课题之全貌，故中国台湾的教育社会学界，宜在这个方面多加把劲。今后，或可透过学会的运作，商议主题，组织人力，有计划、有系列地推动能够落实"本土实践性"的整合型研究，引领中国台湾教育社会学走出一条兼具本

土特色与国际水平的学术道路。

六、结 语

综上所述,可知教育社会学在中国台湾的学科建设工作,自20世纪60年代以来,大致可分为四个时期:首先,是1960年代的“萌芽期”,尚乏特定的社会学理论或方法论基础,“规范取向”较强,意在改善教育实际,促进社会稳定和进步。其次,是1970年代至1980年代前半的“奠基期”,引进“科学取向”的教育社会学,据以布划学科架构,并从结构功能论的观点,运用实证或量化的数据,探讨教育与外在社会环境的关系,以及教育内部的社会结构与历程;此时,在社会稳定和进步之外,亦开始关心社会阶层与公平的议题。然后,是1980年代中至21世纪初的“开展期”,从理论到方法,都呈现“多元取向”的特色,研究主题更是因势利导,顺着可用的理论与方法,深入教育的每个场域。最后,从2006年以降,中国台湾的教育社会学研究,或已迈入“开展后期”;亦即,此时的学科造型,依旧维持开展期“多元取向”的特征,但因客观环境转变,限制了研究数量的发展,有待调整动能,透过研究质量的精进,寻求突破。

纵观中国台湾教育社会学的发展,最关键的影响因素,概有二端,一是中国台湾师资培育制度的变动,另一是“中国台湾教育社会学学会”的作用。1960年代的萌芽期和1970年代的奠基期,分别肇因于培养小学师资的师范专科学校,以及培养中学师资的师大院校,先后开设了教育社会学这门科目。而1990年代一片繁荣的开展期,以及2006年之后略见萧瑟的“开展后期”,则跟一般大学院校开办中小学师资培育学程的先盛后衰,脱不了关系。如果说师资培育制度的变动,是俯仰由人的外在影响力,那么“中国台湾教育社会学学会”便是操之在我的内在行动力。自2000年设立以来,“中国台湾教育社会学学会”借由团队力量,完成了许多个别学者无法独力做到的事,包括行之有年的论坛与期刊,难以取代的认同感与向心力,以及可持续发展的本土化与国际化学术交流平台。眼下,中国台湾教育社会学界身处不进则退的“开展后期”,面对时代的挑战,若能妥善引导“学会”团队合作,虚怀践履前述的建议对策,或有及早破茧而出之效。

本文概览了中国台湾教育社会学自1960至2015年的发展情形,并就其所遭受的挑战,提出了一些对策,敬祈方家一并指正。

参考文献:

曹先锟(1965/1966)。教育社会学原理。台北:台北师范专科学校。

陈伯璋(1985)。潜在课程研究。台北:五南。

陈伯璋(1988)。意识型态与教育。台北:师大书苑。

陈奎憙(1980)。教育社会学。台北:三民。

陈奎憙(1986)。教育社会学的发展趋势。台中师范专科学校校友会编辑小组编,学术与思想:教育科际整合研究,301—341页。台北:五南。(修正后改名〈教育社会学的理论发展〉,收入陈奎憙(1990),1—35页)。

陈奎憙(1990)。教育社会学研究。台北:师大书苑。

陈奎憙(2001)。教育社会学导论。台北:师大书苑。

陈奎憙编(1998)。现代教育社会学。台北:师大书苑。

陈奎憙、高强华、张铎严(1995)。教育社会学。台北:空中大学。

陈添球(1999)。教育社会学:知识使用取向。高雄:复文。

D.Blackledge & B.Hunt 著,李锦旭译(1987)。教育社会学理论。台北:桂冠。

费孝通(1947/2006)。乡土中国。上海:上海人民出版社。

郭丁荧(2003)。听话头,知话尾!小学教师的不合理意涵量表之发展及其核心概念之建构。台湾教育社会学研究,第三卷第一期,27—75页。

郭丁荧(2004)。教师图像:教师社会学研究。高雄:复文。

黄鸿文(2003)。国民中学学生文化之民族志研究。台北:学富。

黄毅志(1999/2002)。社会阶层、社会网络与主观意识:台湾地区不公平的社会阶层体系之延续。台北:巨流。

黄毅志(2011)。台湾的教育分流、劳力市场阶层结构与地位取得。台北:心理。

姜添辉(2002)。资本社会中的社会流动与学校体系:批判教育社会学的分析。台北:高等教育。

姜添辉(2010)。影响结构与施为之间互动关系的媒介物:小学教师的专业认同与文化知觉的分析。台湾教育社会学研究,第十卷第一期,1—43页。

姜添辉、陈伯璋(2006)。社会领域教材内容的阶级取向与合理化的转化策略之分析。当代教育研究,第十四卷第四期,29—61页。

姜添辉、许志庭、陈伯璋(2011)。台湾教育社会学发展的回顾。中国教育学会主编,百年教育的回顾:传承与创新,405—446 页。台北:学富。

李锦旭(1996)。中文教育社会学的回顾与展望。佛光学刊,创刊号,97—116 页。

李锦旭、张建成(1999)。台湾教育社会学研究的回顾与前瞻。台湾师范大学教育学系国家教育讲座主编,教育科学的国际化与本土化,283—345 页。台北:扬智。

林清江(1970)。教育社会学。载于云五社会科学大辞典第八册—教育学,23—46 页。台北:商务印书馆。

林清江(1972/1986)。教育社会学。台北:台湾书店。

林清江(1979)。从社会学观点论增进教学效率的途径。台湾师范大学教育研究所编,教育社会学,127—153 页。台北:伟文书局。

林清江(1981)。教育社会学新论:我国社会与教育关系之研究。台北:五南。

林清江(1996)。教学知识的社会学评析。收于林清江著,教育理念与教育发展,363—370 页。台北:五南。

林生传(1982/1994/2000)。教育社会学。高雄:复文(台北:巨流)。

林生传(2002)。台湾教育社会学的回顾与展望。台湾教育社会学研究,第二卷第一期,1—24 页。

刘正、李锦华(2001)。文凭主义的迷思:从劳工的薪资与雇主的征才谈起。台湾教育社会学研究,第一卷第二期,91—129 页。

卯静儒、张建成(2005)。在地化与全球化之间:解严后台湾课程改革论述的摆荡。台湾教育社会学研究,第五卷第一期,39—76 页。

谭光鼎(2002,12 月)。台湾教育社会学发展之历史社会学分析。发表于台湾师范大学主办"教育研究与实务的对话:回顾与展望"国际学术研讨会,2002 年 12 月 13—15 日,台北。(暨同时举办之第八届台湾教育社会学论坛"教育研究与实务的对话:教育社会学的观点",Symposium:台湾教育社会学教学与研究的展望。)

谭光鼎(2010)。教育社会学。台北:学富。

汤梅英(1999,5 月)。台湾教育社会学发展:回顾与前瞻。论文发表于第一届教育社会学论坛,中正大学教育学研究所承办,1999 年 5 月 15—16 日,台湾嘉义。会议手册 II-VII-1~II-VII-16。

王雅玄、黄嘉苹(2015)。谁有多元文化文本？台湾与香港国语教科书之文本比较。台湾教育社会学研究,第十五卷第二期,45—84 页。

翁福元(1999,5 月)。台湾近六十年来教育社会学发展之初步分析。论文发表于第一届教育社会学论坛,中正大学教育学研究所承办,1999 年 5 月 15—16 日,台湾嘉义。会议手册 II-V-1~II-V-12。

翁福元(2007)。教育政策社会学:教育政策与当代社会思潮之对话。台北:五南。

谢高桥(2004)。教育社会学。台北:五南。

杨国枢、黄光国、杨中芳编(2005)。华人本土心理学。台北:远流。

杨巧玲(2015)。边缘与跨界:中等师资培育性别教育课程知识/权力关系之女性主义分析。台湾教育社会学研究,第十五卷第二期,1—43 页。

羊忆蓉(1994)。教育与国家发展:台湾经验。台北:桂冠。

杨莹(1994a)。教育机会均等:教育社会学的探究。台北:师大书苑。

杨莹(1994b)。台湾地区不同家庭背景子女受教机会差异之研究。教育研究信息,第二卷第三期,1—22 页。

叶至诚(2006)。教育社会学。台北:威仕曼文化。

尹蕴华(1965)。教育社会学。台中:台中师范专科学校。

翟本瑞(2000)。教育与社会:迎接信息时代的教育社会学反省。台北:扬智。

詹栋梁(2003)。教育社会学。台北:五南。

张德永(2003/2005)。成人教育社会学研究:本土的观察与省思。台北:师大书苑。

张建成(1994)。教育扩展过程中台湾土著的教育成就。教育研究信息,第二卷第三期,23—37 页。

张建成(2001—2002)。台湾教育社会学研究的评析及其在教育学程“教育社会学”教学上的应用:研究成果报告。教育部顾问室专题研究计划。未出版。

张建成(2002a)。批判的教育社会学研究。台北:学富。

张建成(2002b,12 月)。台湾教育社会学教科书的分析。发表于台湾师范大学主办“教育研究与实务的对话:回顾与展望”国际学术研讨会,2002 年 12 月 13—15 日,台北。(暨同时举办之第八届台湾教育社会学论坛“教育研究与实务的对话:教育社会学的观点”,Symposium:台湾教育社会学教学与研究的展望。)

张建成(2004)。教育社会学的新视角:动态的文化观。张建成编,文化、人格与教育,153—180 页。台北:心理。

张建成(2006)。教育社会学研究的趋势与议题。师铎,第二十二期,37—54 页。

张建成(2015,11 月)。2000—2015 台湾教育社会学的研究课题与成果(台湾教育社会学教科书的分析:2015 补辑)。发表于南京师范大学教育社会学研究中心主办"教育社会学工作坊",2015 年 11 月 10 日在南京师范大学教育科学学院举行,江苏南京。

张建成、郑英杰(2015,11 月)。2000—2015 台湾教育社会学的研究课题与成果(1999—2015 台湾教育社会学研究发展纪要)。发表于南京师范大学教育社会学研究中心主办"教育社会学工作坊",2015 年 11 月 10 日在南京师范大学教育科学学院举行,江苏南京。

郑世仁(2000)。教育社会学导论。台北:五南。

钟红柱、曾火城、黄恒(2005)。教育社会学。台北:空中大学。

周新富(2013)。教育社会学。台北:五南。

朱汇森(1963/1965)。教育社会学:教育社会观的研究及其实施。台北:复兴。

Chang, J.C.& Zhang, R.(2003).Constructing the sociology of education as a unique discipline: the cases of Mainland China and Taiwan. In C. A. Torres & A. Antikainen (Eds.), *The international handbook on the sociology of education: an international assessment of new research and theory*, pp.211-231.Lanham, Maryland: Rowman & Littlefield.

Lin, N. (2001). *Social capital: A theory of social structure and action*. Cambridge: Cambridge University Press.

中国台湾教育社会学六十年：1960至2010年代发展概述之附录

附录一：中国台湾教育社会学学会历届理监事名单

届别	理事长	常务理事	理　事	常务监事	监事	秘书长
第一届 2000.07 —2002.06	陈奎憙	李锦旭 陈伯璋 齐力 苏峰山	卯静儒、沈姗姗、林彩岫、姜添辉、庄胜义、黄嘉雄、黄毅志、翟本瑞、戴晓霞、谭光鼎	林生传	吴家莹 马信行 张清溪 黄德祥	张建成
第二届 2002.07 —2004.06	林生传	李锦旭 陈伯璋 黄毅志 苏峰山	王丽云、沈姗姗、姜添辉、庄胜义、郭丁荧、杨莹、杨国赐、翟本瑞、齐力、谭光鼎	马信行	方德隆 张建成 黄宗显 蔡荣贵	钟蔚起
第三届 2004.07 —2006.06	陈伯璋	方德隆 沈姗姗 黄毅志 苏峰山	王瑞贤、卯静儒、李锦旭、姜添辉、庄胜义、郭丁荧、陈蜜桃、杨莹、谭光鼎、谢小芩	林生传	杨国赐 钟蔚起 蔡荣贵 林彩岫	张建成
第四届 2006.07 —2008.06	陈伯璋	李锦旭 沈姗姗 姜添辉 苏峰山	方德隆、王丽云、王瑞贤、卯静儒、李奉儒、庄胜义、黄鸿文、黄毅志、杨莹、谭光鼎	林生传	林明地 杨国赐 潘慧玲 蔡荣贵	张建成
第五届 2008.07 —2010.06	张建成	方德隆 李锦旭 沈姗姗 陈伯璋	王丽云、王瑞贤、卯静儒、李奉儒、庄胜义、黄鸿文、杨莹、刘美慧、谭光鼎、苏峰山	杨国赐	林生传 林明地 梁忠铭 蔡荣贵	姜添辉
第六届 2010.07 —2012.06	张建成	方德隆 杨莹 沈姗姗 陈伯璋	王慧兰、王瑞贤、卯静儒、李奉儒、李锦旭、庄胜义、杨洲松、刘美慧、谭光鼎、苏峰山	梁忠铭	林生传 林明地 杨国赐 蔡荣贵	姜添辉
第七届 2012.07 —2014.06	姜添辉	沈姗姗 陈伯璋 张建成 杨莹	方德隆、王慧兰、王瑞贤、李奉儒、李锦旭、庄胜义、黄鸿文、杨洲松、刘美慧、苏峰山	蔡荣贵	林生传 林明地 梁忠铭 杨国赐	许殷宏

续表

届别	理事长	常务理事	理　事	常务监事	监事	秘书长
第八届 2014.07 —2016.06	姜添辉	李奉儒 陈伯璋 张建成 杨莹	方德隆、王瑞贤、沈姗姗、李锦旭、庄胜义、黄鸿文、杨洲松、刘美慧、郑胜耀、苏峰山	杨国赐	林生传 林明地 梁忠铭 蔡荣贵	许殷宏

附录二:《中国台湾教育社会学研究》历届编辑委员名单

届别	总编辑	编辑委员	执行编辑
第一届 2000.07—2002.06	陈伯璋	王丽云、李锦旭、林生传、庄胜义、曾荣光、黄德祥、黄毅志、叶启政、苏峰山、M.W.Apple	王丽云 李锦旭
第二届 2002.07—2004.06	张建成	方德隆、王丽云、沈姗姗、李锦旭、姜添辉、郭丁荧、庄胜义、黄毅志、陈伯璋、苏峰山	方德隆 王丽云
第三届 2004.07—2006.06	方德隆	王瑞贤、王丽云、沈姗姗、李锦旭、姜添辉、郭丁荧、庄胜义、黄毅志、谢小芩、苏峰山	丘爱玲 汤仁燕
第四届 2006.07—2008.06	姜添辉	方德隆、王瑞贤、王丽云、沈姗姗、李奉儒、李锦旭、庄胜义、黄鸿文、杨莹、苏峰山	汤仁燕 许志庭
第五届 2008.07—2010.06	方德隆	王瑞贤、李奉儒、李锦旭、沈姗姗、庄胜义、姜添辉、黄毅志、翟本瑞、杨莹、苏峰山	周新富
第六届 2010.07—2012.06	黄鸿文	沈姗姗、周淑卿、姜添辉、纪金山、庄胜义、陈琬琪、陈丽华、程炳林、杨莹、刘美慧	汤仁燕 李玉馨
第七届 2012.07—2014.06	蔡荣贵	方德隆、沈姗姗、林彩岫、洪碧霞、李新乡、李锦旭、庄胜义、陈圣谟、陈丽华、黄财尉、黄嘉雄、黄鸿文、杨巧玲、杨莹、苏永明、戴晓霞	陈圣谟
第八届 2014.07—2016.06	蔡荣贵	方德隆、沈姗姗、林彩岫、洪碧霞、李新乡、李锦旭、庄胜义、陈丽华、黄财尉、黄嘉雄、黄鸿文、杨巧玲、杨莹、苏永明、戴晓霞	陈圣谟

附录三:历届“中国台湾教育社会学论坛”举办时间、会议主题及承办学校一览表

届别	时间	会议主题	承办学校
1	1999.05	教育改革	中正大学教育学研究所
2	1999.12	学校教育的社会功能 国家与教育	台湾师范大学教育学系

续表

届别	时间	会议主题	承办学校
3	2000.05	台湾教育社会学研究之省思 教育改革之教育社会学省思 21 世纪教育发展新趋势之教育社会学研究	南华大学教育社会学研究所、社会学研究所、应用社会学系
4 *	2000.12	多元文化、身份认同与教育	花莲师范学院多元文化教育研究所
5	2001.06	变迁中的台湾教育社会学与教育革新	台南师范学院国民教育研究所、初等教育学系、社会科教育学系
6	2001.12	知识经济与教育发展:教育社会学的观点	台湾师范大学教育学系
7	2002.06	教育政策的社会学分析	嘉义大学国民教育研究所
8	2002.12	教育研究与实务的对话	台湾师范大学教育学系
9	2003.10	九年一贯课程中的教学变革:社会学的观点	台中师范学院初等教育学系
10	2004.05	变迁中的社会文化与入学制度改革	高雄师范大学教育学系
11	2005.05	教育市场化、高等教育扩张与教育社会学理论反省	南华大学教育社会学研究所
12	2006.05	教育改革的微观分析	淡江大学教育政策与领导研究所、台湾师范大学教育学系
13	2007.05	地方、社区与教育实践之社会文化意义	屏东教育大学教育学系、致远管理学院、教育研究所
14	2008.05	重新省思教育不均等:弱势者的教育	中正大学教育学研究所
15	2009.05	社会变迁与教育改革	台南大学教育学系
16	2010.05	风险、危机与教育公平	高雄师范大学教育学系
17	2011.05	社会变迁与教师地位之转变	台东大学师范学院
18	2012.03	全球竞争力、社会正义与教育功能	台南大学教育学系
19 *	2013.06	教育与社会控制在全球时代的新关系	中国文化大学教育学院
20	2014.05	弱势学生、社会正义与教育机会均等:再思多元文化教育	台湾师范大学教育学系
21	2015.05	教育改革与异化、边缘化的新世代:教育社会学的观点	暨南国际大学教育学院
22 *	2016.05	教育卓越之后:教育社会学的观点	中正大学教育学研究所

* 当届论坛获“国际社会学学会教育社会学研究委员会”(简称 ISA-RC04)授权为该年在台举办之 ISA-RC04 Mid-term Conference。

附录四之1:《中国台湾教育社会学研究》历年刊登之境外学者论文

作者	年份	题　目	卷期	页码	备注
Hill, D.	2002	Global neoliberal capital, education policy and the growth of educational inequality	2(1)	233—267	英国
Antikainen, A.	2003	Life - histories of learners, the "learning society", and globalization: The case of Finland from an international perspective	3(1)	1—25	芬兰
张人杰	2003	论中国大陆公立学校的学费问题	3(1)	149—170	〃
Cole, M.	2005	Postmodernism, transmodernism and the United States empire: Some educational implications	5(1)	1—38	英国
贺晓星	2006	谁来教/如何教聋人最合适? 教师观点的社会学考察	6(2)	85—124	〃
谢均才	2010	谁的公民教育? 香港非政府组织的另类论述和实践	10(2)	1—39	中国香港
Dworkin, A.G. & Tobe, P.F.	2014	Globalization and education within a system of neoliberal accountability	14(2)	1—31	美国

注:2001—2015合计7篇。

附录四之2:《中国台湾教育社会学研究》历年刊登之"非教社论文"

作者	年份	题　目	卷期	页码	备注
张芳全 余民宁	2001	教育经费占国民生产毛额比率、国民所得、教育经费占政府支出比率之关联分析	1(1)	255—282	教育行政类
黄盈彰	2002	影响教师工作满意度之因果机制	2(1)	155—197	〃
刘镇宁	2002	学习型家庭教育方案之研究	2(1)	199—231	〃
林俊莹	2002	大学生的价值观、就学动机、社会网络与生活满意度关联性之研究:以台东师院为例	2(2)	63—99	〃
林俊莹 黄毅志	2006	社会网络与心理幸福因果关联的方向性之探讨:台东师院追踪调查资料的贯时性分析	6(1)	1—39	〃
江民瑜	2006	小学学生家长参与学校行政行为之影响机制探讨:以高雄县市为例	6(1)	41—81	〃

续表

作者	年份	题　目	卷期	页码	备注
王美玲	2014	日本不登校特区现况与核心理念实践	14(2)	73—107	〃
何青蓉 赵淑美	2004	民众对社区大学办学理念与特色的认同:一项调查结果的启示	4(1)	1—38	社区大学类
张德永	2009	社区大学核心理念实践之探究与检证	9(1)	135—174	〃
李天健	2010	社区大学知识解放理念的路线反思	10(2)	125—152	〃
徐敏雄	2012	从学习者到教学者角色转换历程之权力分析:三位社区大学肢体运动课程讲师的叙事研究	12(2)	123—161	〃
徐敏雄	2013	透过社会运动学习:万华社区大学讲师陈情行动历程之框架理论分析	13(2)	87—126	〃
张耀宗	2007	教育菁英 vs.传统菁英:日治时期教育影响下原住民领导机制的转变	7(1)	1—27	族群议题
顾瑜君	2008	台湾新移民之新教育观:以在地教师课程观点出发	8(1)	89—128	〃
郭俊岩	2011	全球化下低教育原住民回乡就业的漫漫长路:社区菁英的角度	11(1)	1—40	〃
林俊莹	2001	中小学教师婚姻配对模式的特性之研究	1(1)	181—208	性别议题
高佩瑶 王顺美	2014	日常环境风险因应的经验学习历程	14(1)	47—91	〃
杨幸真 游美惠	2014	台湾性别与情感教育研究之回顾分析:知识生产的挑战与展望	14(2)	109—163	〃
曾敏杰	2002	人力资本、劳力区隔与性别薪资歧视:蓝领与白领工作者的比较	2(1)	113—153	性别与劳动经济学
刘正 陈建州	2004	教育程度、家庭需求与就业历程:职业妇女的困境与抉择	4(1)	39—75	〃
曾敏杰 杜孟霖	2002	社会阶级与人格特质:职场社会化的中介角色	2(2)	101—152	工作(或职业)社会学
庄致嘉	2010	多多益善? 教育、年资与企业规模对生涯流动的影响	10(2)	85—123	〃

续表

作者	年份	题　目	卷期	页码	备注
吴靖国	2005	论《新科学》中的社会起源过程及其教育蕴义	5(2)	155—192	其他
傅丽玉	2008	美援时期西方科学与中国传统文化拉锯下的台湾科学教育	8(2)	115—134	〃
高国书 龙纪萱 施胜烽 卢煜炀	2013	善不善终对安宁工作者的新教育观:生命教育与工作调适的镶嵌	13(1)	117—185	〃
苏雅珍	2013	国民小学英语教科书中“世界观”议题之评析	13(2)	47—85	〃
陈鸿文	2014	度量化的身体:学校体适能检测的权力技术	14(1)	1—46	〃

注:2001—2015 合计 27 篇。

附录五之 1:《中国台湾教育社会学研究》有关“学校教育的社会学分析”之论文一览表

作者	年份	题　目	卷期	页码	备注
郭丁荧	2001	“盲、忙、茫、茫”让老师有志难伸?——台湾小学教师理想与实际角色知觉差距来源及相关因素之研究	1(1)	133—180	教师角色
郭丁荧	2003	听话头,知话尾!小学教师的不合理意涵量表之发展及其核心概念之建构	3(1)	27—75	〃
邓宗圣	2008	新闻论述中的“去体罚”与“好老师”——1952—2005 年联合新闻资料库内的规训意象	8(2)	87—113	〃
郭丁荧	2009	教师角色转化模式:以教师施为当作核心的历程	9(2)	1—36	〃
姜添辉	2001	评论马克思主义的普罗化观点及在教师专业与阶级意识的意义	1(2)	33—57	教师工作特质
赖威岑	2005	台湾地区中小学教师心理幸福特质之探讨:与其他职业的比较	5(1)	159—195	〃
李新乡	2010	教学卓越获奖团队表现与学校教师文化关联性之研究:以大一小学为例	10(2)	41—83	〃

续表

作者	年份	题　目	卷期	页码	备注
纪金山	2012	教师工作结果与其工作情境因素之影响——以 TEPS 第三和第四波高中职教师调查为例	12(2)	35—83	〃
孙志麟	2001	师资培育制度变革下职前教师的专业认同	1(2)	59—89	教师专业认同
黄彦超 翁福元	2009	台湾中部地区国民小学教师社会地位知觉与专业认同之研究	9(2)	37—78	〃
林益庆	2003	小学教师选择教职的理由之研究	3(1)	77—114	教职取得
纪金山	2005	教师背景与初职位置:中学教师背景特质对取得各类型教职位置的影响	5(2)	49—83	〃
李奉儒	2003	从教育改革的批判谈教师作为实践教育正义的能动者	3(2)	113—150	批判教学论
郭木山	2011	小学教师生活世界宰制与觉醒	11(2)	87—127	〃
杨幸真	2009	成为女性主义教师:身份认同与实践经验的意义探问	9(1)	1—40	教师性别 权力关系
李晓蓉	2015	小学职场的性别与权力:以台湾女性教师抗争为例	15(1)	1—42	〃
卯静儒	2001	台湾近十年来课程改革之政治社会学分析	1(1)	79—101	课程
魏宗明	2001	1949 年政府迁台后小学语文课程变迁之社会学分析	1(1)	103—131	〃
卯静儒	2002	认同政治与课程改革:以乡土课程为例的课程社会学分析	2(2)	1—26	〃
卯静儒 张建成	2005	在地化与全球化之间:解严后台湾课程改革论述的摆荡	5(1)	39—76	〃
王逸慧	2007	大学甄选入学制度之潜在课程研究	7(2)	39—81	〃
钟鸿铭	2008	课程研究:从再概念化到后再概念化及国际化	8(2)	1—45	〃
陈盈宏 张建成	2012	台湾小学社会科教科书中国族概念的变动	12(1)	119—162	〃
蔡伟铣	2012	动漫画运用在民主政治相关课程上的另类尝试:以《航海王》为例	12(2)	163—200	〃
林佳莹 刘美慧	2013	高中体育班的潜在课程	13(1)	43—78	〃

续表

作者	年份	题　目	卷期	页码	备注
王淑芬	2014	小学社会领域教科书政治军事类型人物学习内容之探究——以台湾史为例	14(1)	135—177	〃
杨巧玲	2015	边缘与跨界：中等师资培育性别教育课程知识/权力关系之女性主义分析	15(2)	1—43	〃
王雅玄 黄嘉莘	2015	谁有多元文化文本？台湾与香港国语教科书之文本比较	15(2)	45—84	〃
张建成	2004	国中生的流行文化：以漫画阅读及偶像崇拜为例	4(1)	149—465	学生流行文化
林昱瑄	2007	来自边缘的杂音：两位青少女哪吒的性别认同形构	7(2)	83—122	学生性别认同
黄鸿文 王心怡	2010	教育分流与性别再制：二班高中女生学生文化之民族志研究	10(1)	127—174	学生性别再制
邓宗圣	2011	学生投书中再现之教育问题与学生主体：1993—2009年之联合报民意论坛	11(1)	119—157	学生主体建构
谢志龙	2011	国中学生偏差行为之研究：社会资本的观点	11(2)	129—165	学生同侪网络
蔡荣贵 林士干	2006	小学五年级课堂内师生权力关系之研究	6(1)	109—147	师生关系
王耀庭	2011	现代性与学校文化变革研究新路径：学校后设文化取向	11(1)	77—117	学校文化

注：2001—2015合计35篇。

附录五之2：《中国台湾教育社会学研究》有关“学校教育的社会学分析”之论文研究主题、观点与方法(一)：教师与课程

年份	教师	课程	合计
2001	1量(自、教师角色差距及其相关因素) 1文(从教师专业之独特性评马克思主义的普罗化观点) 1质(职前教师的专业认同、师培制度变革)	1文(课程改革、文化霸权论与权力/知识共生关系) 1文(小学语文课程变迁、文化霸权论)	5(3文、1量、1质)
2002		1文(乡土课程、后结构/后现代的认同政治观)	1(1文、0量、0质)

续表

年份	教师	课程	合计
2003	1量(自、不合理之教师角色期望、概念架构及量表发展) 1量(自、小学教师选择教职的理由) 1文(由批判教学论谈教师角色)		3(1文、2量、0质)
2004			
2005	1量(资、社会网络与心理幸福的关联) 1量(自、教师背景特质对初职位置取得的影响)	1质(课程改革、政治本土化与经济全球化的论述分析)	3(0文、2量、1质)
2006			
2007		1质(大学甄选入学制度、潜在课程)	1(0文、0量、1质)
2008	1质(教师角色、新闻媒体之体罚论述所规训之教师身份认同)	1文(课程研究、从再概念化到后再概念化)	2(1文、0量、1质)
2009	1质(女性教师身份认同与实践、女性主义教育学) 1量(自、教师角色转化模式的因果模型) 1量(自、社会地位知觉与专业认同)		3(0文、2量、1质)
2010	1质(教师文化、校园伦理与专业合作)		1(0文、0量、1质)
2011	1质(教学生活世界的宰制与觉醒,批判教学论)		1(0文、0量、1质)
2012	1量(资、教师工作倦怠与工作情境的关联)	1量(档、国族概念的转变、小学社会科教科书之对应分析) 1质(图像化学习、动漫画作为民主政治相关课程之辅助教材)	3(0文、2量、1质)
2013		1质(高中体育班、潜在课程)	1(0文、0量、1质)
2014		1质(政治军事历史人物作为学习内容、小学社会领域教科书之文本内容分析)	1(0文、0量、1质)

续表

年份	教师	课程	合计
2015	1质(性别权力关系与女性教师抗争)	1质量(内容分析与个别访谈、师资培育之性别教育课程) 1质量(内容分析、小学国语教科书之多元文化文本)	3(0文、0量、1质、2质量)
合计	16(2文、8量、6质)	12(4文、1量、5质、2质量)	28(6文、9量、11质、2质量)

注:文:代表该论文之研究方法,属"文献议题";其后括号内之文字叙述,如"社会资本论",代表其立论基础。

量:代表该论文之研究方法,属"量化研究"。

其后括号内之第一个字,如为"自",代表自编调查工具;如为"资",代表运用既有之大型调查数据资料库;如为"元",代表该论文属于元分析或后设分析之研究模式;至于"档"字,代表该论文系针对特定档案文件进行内容分析,以及更进一步的量化处理。

再其后之文字叙述,如"社会资本论"或"原汉比较、家庭资源论",代表其立论基础,或加注研究对象之立论基础。

质:代表该论文之研究方法,属"质性研究";其后括号内之文字叙述,如"社会资本论"或"原汉比较、家庭资源论",代表其立论基础,或加注研究对象之立论基础。

质量:质量二字连用时,代表该论文兼用质性、量化两种方法。

附录五之3:《中国台湾教育社会学研究》有关"学校教育的社会学分析"之论文研究主题、观点与方法(二):学生、师生关系与学校文化

年份	学生	师生关系	学校文化	合计
2001				
2002				
2003				
2004	1质(学生流行文化、阶级与性别互动)			1(0文、0量、1质)
2005				
2006		1质(师生权力关系、学生所认可的教师权力)		1(0文、0量、1质)
2007	1质(叛逆青少女的性别认同、场域文化资本与规则)			1(0文、0量、1质)
2008				

续表

年份	学生	师生关系	学校文化	合计
2009				
2010	1质(高中女学生文化、性别再制)			1(0文、0量、1质)
2011	1质(考试与学生主体、学生报纸投书之论述分析) 1量(资、社会资本与偏差行为的关联)		1文(现代性与学校后设文化)	3(1文、1量、1质)
2012				
2013				
2014				
2015				
合计	5(0文、1量、4质)	1(0文、0量、1质)	1(1文、0量、0质)	7(1文、1量、5质)

注:有关本表各个细格所示之"文""量""质""自""资"等文字,以及括号内其他文字的说明,皆与附录五之2同。

附录六之1:《中国台湾教育社会学研究》有关"教育的社会公平功能"之论文一览表

作者	年份	题　目	卷期	页码	备注
周新富	2003	家庭社会资本组成构面及其与学习结果之关系	3(2)	85—112	阶级/家庭社经地位
黄新民	2004	不变的再制——以我国高中职入学制度之转变为例	4(1)	77—111	〃
周新富	2004	家庭社经地位、家长参与学习与国中生能力分组关系之研究	4(2)	113—153	〃
李敦仁 余民宁	2005	社经地位、手足数目、家庭教育资源与教育成就结构关系模式之验证:以TEPS数据库数据为例	5(2)	1—47	〃
陈儒晰 黄金花	2007	幼儿信息素养的教育社会学分析	7(2)	1—38	〃
周新富	2008	社会阶级对子女学业成就的影响——以家庭资源为分析架构	8(1)	1—43	〃

续表

作者	年份	题　目	卷期	页码	备注
林俊莹 黄毅志	2008	影响台湾地区学生学业成就的可能机制:结构方程模式的探究	8(1)	45—88	〃
许惠茹 洪志成	2010	“类能力分班”体制下教师工作经验之探究	10(1)	175—225	〃
黄毅志 巫有镒	2011	明星国中,是桥梁,还是彩虹?以台东县国二生检证 Coleman 的论点	11(1)	41—75	〃
王永慈 陈昭荣	2011	贫富家庭教育资源中财务资本之比较研究	11(2)	1—45	〃
王雅玄 陈静盈	2012	多元升学制度下的菁英生产:贵族习尚之学校实践	12(2)	85—122	〃
丁学勤 曾智丰	2013	影响国中阶段贫穷学生学业表现之因素探析——以台湾儿童暨家庭扶助基金会扶助对象为例	13(1)	1—42	〃
陈儒晰	2013	数字落差与数字机会对幼儿资讯教学活动的影响	13(1)	79—116	〃
谢志龙	2014	家长参与对国中学生教育成就之影响:社会资本的观点	14(1)	93—134	〃
张宜君 林宗弘	2015	台湾的高等教育扩张与阶级复制:混合效应维续的不平等	15(2)	85—129	〃
黄鸿文 武晓梅	2007	我们要识字:一群小学补校中高龄妇女学生的课程观	7(1)	69—110	性别与阶级
薛晓华	2001	性别平等教育推动中“平等”概念的反省	1(1)	49—78	性别/性倾向
张盈堃	2001	在教育场域中实践基进民主——以同志教师身份认同与抗拒实践为例	1(2)	131—169	〃
李鸿章	2002	教育程度、性别角色认知与家务分工、家庭决策的关联性之研究	2(2)	27—62	〃
杨巧玲	2005	性别化的兴趣与能力:高中学生类组选择之探究	5(2)	113—153	〃
杨樱华 游美惠	2006	女性军训教官的职场困境:以已婚育有子女者为例的性别分析	6(2)	125—161	〃
张盈堃	2007	学校场域中男性气概的阶层化:道德惶恐、酷儿与男性气概的危机	7(1)	147—189	〃
张德胜 王采薇	2009	大学生对于同志态度之研究:以一所教育大学为例	9(2)	115—150	〃

续表

作者	年份	题　目	卷期	页码	备注
彭莉惠 熊瑞梅 纪金山	2011	台湾高等教育扩张对职业成就的影响:世代、性别、性别化科系与初职社经地位的取得	11(2)	47—85	〃
杨肃栋	2001	学校、教师、家长与学生特质对原汉学业成就的影响——以台东县小学为例	1(1)	209—247	族群/原住民、汉人
释自淳 夏晓鹃	2003	识字与女性培力:以"外籍新娘识字班"为例	3(2)	41—84	族群/新移民
李鸿章	2006	台东县不同族群学童数学学业成就影响模式之探讨	6(2)	1—41	族群/原住民、汉人
巫有镒	2007	学校与非学校因素对台东县原、汉小学学生学业成就的影响	7(1)	29—67	〃
巫有镒 黄毅志	2009	山地原住民的成绩比平地原住民差吗？可能影响台东县原住民各族与汉人小学学生学业成绩差异的因果机制	9(1)	41—89	〃
谭光鼎 曾硕彦	2009	原住民社区本位学校的理想与实践——台湾原住民完全中学之分析	9(1)	91—134	〃
李新乡 吴裕圣	2012	族群、学习风格与 STS 教学对国中生自然与生活科技学习成效之影响——新住民子女是学习的弱势者吗?	12(2)	1—33	族群/新移民
许志庭	2013	学位论文形构南洋籍婚姻移民论述之分析	13(2)	1—45	〃
柯妧青	2015	从压迫到解放:南洋新移民女性自拍影片的反再现与实践	15(1)	89—131	〃

注:2001—2015 合计 33 篇。

附录六之 2:《中国台湾教育社会学研究》有关"教育的社会公平功能"之论文研究主题、观点与方法

年份	阶级	阶级与性别	性别	族群	合计
2001			1 文(女性主义) 1 质(异性恋霸权之批判教育学)	1 量(自、原汉比较、家庭资源论)	3(1 文、1 量、1 质)

续表

年份	阶级	阶级与性别	性别	族群	合计
2002			1量(资、性别家务分工)		1(0文、1量、0质)
2003	1文(社会资本论)			1质(外籍新娘、批判教育学之解放教育)	2(1文、0量、1质)
2004	1文(社会再制论) 1量(自、社会资本论)				2(1文、1量、0质)
2005	1量(资、社会再制论)		1质(性别政权机制)		2(0文、1量、1质)
2006			1质(父权社会)	1量(资、原汉比较、家庭资源论)	2(0文、1量、1质)
2007	1质(幼儿数位落差)	1质(高龄失学妇女)	1文(男性气概与恐同症)	1量(资、原汉比较、家庭资源论)	4(1文、1量、2质)
2008	1量(自、家庭资源论) 1量(资、家庭资源论)				2(0文、2量、0质)
2009			1量(自、同志友善校园)	1量(资、原汉比较、家庭资源论) 1质(原住民、社区本位教育)	3(0文、2量、1质)
2010	1质(能力分班)				1(0文、0量、1质)
2011	1量(资、社经背景论) 1量(资、家庭资源论)		1量(资、性别化科系)		3(0文、3量、0质)
2012	1质(菁英再制论)			1量(自、新住民子女、学习风格)	2(0文、1量、1质)
2013	1量(资、社会资本论) 1质(幼儿数位落差)			1质(外籍新娘、学位论文之论述分析)	3(0文、1量、2质)

续表

年份	阶级	阶级与性别	性别	族群	合计
2014	1量（资、社会资本论）				1(0文、1量、0质)
2015	1量（资、阶级复制）			1质（外籍新娘、女性主义之批判教育学）	2(0文、1量、1质)
合计	15(2文、9量、4质)	1(0文、0量、1质)	8(2文、3量、3质)	9(0文、5量、4质)	33(4文、17量、12质)

注：有关本表各个细格所示之“文”“量”“质”“自”“资”等文字，以及括号内其他文字的说明，皆与附录五之2同。

附录七之1：《中国台湾教育社会学研究》有关“社会变迁与教育”之论文一览表

作者	年份	题　目	卷期	页码	备注
戴晓霞	2002	从依赖和世界体系到全球化：观点的转变及其对高等教育的意义	2(1)	57—77	全球化
姜添辉	2012	全球化对国家角色的影响：1997—2007年英国新工党政府教改路线的剖析	12(1)	1—41	〃
洪如玉	2003	后资本主义社会知识经济领航下的教育反思——批判教育学取向	3(1)	115—148	知识经济
林生传 黄志坤	2007	知识经济社会中的教育功能	7(1)	111—146	〃
林永丰	2002	新经济对后期中等教育的影响——论普通与职业教育分流的转型趋势	2(1)	79—112	新经济

注：2001—2015合计5篇。

附录七之2：《中国台湾教育社会学研究》有关“社会变迁与教育”之论文研究主题、观点与方法

年份	全球化	新经济	知识经济	合计
2001				
2002	1文（高等教育、世界观点的转变）	1文（后期中等教育、科技化、全球化、信息化）		2(2文、0量、0质)

续表

年份	全球化	新经济	知识经济	合计
2003			1文（整体教育、后资本主义社会之批判教育学）	1（1文、0量、0质）
2004				
2005				
2006				
2007			1量（自、整体教育、教育的社会功能）	1（0文、1量、0质）
2008				
2009				
2010				
2011				
2012	1文（英国教育改革、国家理论）			1（1文、0量、0质）
2013				
2014				
2015				
合计	2（2文、0量、0质）	1（1文、0量、0质）	2（1文、1量、0质）	5（4文、1量、0质）

注：有关本表各个细格所示之"文""量""质""自""资"等文字，以及括号内其他文字的说明，皆与附录五之2同。

附录七之3：《中国台湾教育社会学研究》有关"社会结构与教育"之论文一览表

作者	年份	题　目	卷期	页码	备注
陈致嘉	2001	国家、教育与权力：马克思主义国家与教育关系理论的初步检视	1(1)	1—48	政治与教育
刘正 李锦华	2001	文凭主义的迷思：从劳工的薪资与雇主的征才谈起	1(2)	91—129	经济与教育
刘正 陈建州	2004	高等教育人力之供需与回馈的变迁：高教扩张前后的比较	4(2)	1—40	〃
黄毅志 林俊莹	2010	"教育与职业不相称"的新测量及其对工作收入、主观意识的影响	10(1)	45—83	〃
林大森	2010	台湾大学生毕业流向之初探	10(1)	85—125	〃

续表

作者	年份	题 目	卷期	页码	备注
洪嘉瑜 银庆贞 陶宏麟	2015	台湾女性大学毕业生“教育—工作不相称”对于薪资与工作满意度的影响	15(1)	43—87	〃
林俊莹	2004	社会网络与学校满意度之关联性:以高雄县市小学学生家长为例	4(1)	113—147	家庭与教育
吴璧如	2004	男性家长参与学校教育之实证研究	4(2)	71—112	〃
章胜杰 林烘煜	2009	家庭结构对子女学校中辍行为的影响:一个后设分析研究	9(2)	79—113	〃

注:2001—2015合计9篇。

附录七之4:《中国台湾教育社会学研究》有关“社会结构与教育”之论文研究主题、观点与方法

年份	政治与教育	经济与教育	家庭与教育	合计
2001	1文(评马克思主义的限制)	1质量(资、文凭主义与劳力市场)		2(1文、0量、0质、1质量)
2002				
2003				
2004		1量(资、高教扩张与人力供需)	1量(自、家长社会网络与学校满意度) 1量(自、男性家长参与子女学校教育)	3(0文、3量、0质)
2005				
2006				
2007				
2008				
2009			1量(元、家庭结构与中途辍学)	1(0文、1量、0质)
2010		1量(资、过量教育) 1量(资、高教扩张与毕业流向)		2(0文、2量、0质)
2011				
2012				

续表

年份	政治与教育	经济与教育	家庭与教育	合计
2013				
2014				
2015		1量(资、过量教育)		1(0文、0量、1质)
合计	1(1文、0量、0质)	5(0文、4量、0质、1质量)	3(0文、3量、0质)	9(1文、7量、0质、1质量)

注:有关本表各个细格所示之"文""量""质""自""资"等文字,以及括号内其他文字的说明,皆与附录五之2同。

附录八之1:《中国台湾教育社会学研究》有关"教育社会学学科论"之论文一览表

作者	年份	题　目	卷期	页码	备注
林生传	2002	台湾教育社会学的回顾与展望	2(1)	1—24	学科历史
王瑞贤	2001	从符号学分析——论皮亚杰、维高斯基与伯恩斯坦之研究	1(2)	1—31	理论流派
王瑞贤	2002	结构主义、符码理论与伯恩斯坦	2(1)	25—55	〃
游美惠	2004	多元文化与女性主义教育学:文献评析与议题深探	4(2)	41—69	〃
王慧兰	2005	批判教育学:权力抗争、文本政治和教育实践	5(2)	85—112	〃
黄柏叡	2006	教育批判研究的系谱学分析:一种后殖民的阅读	6(1)	83—107	〃
彭秉权	2007	翻译:Critical Pedagogy 本土实践的开始——不/只是个名义的问题	7(2)	123—161	〃
张淑媚	2008	评析德国教育学者 K. Mollenhauer(1928—1998)的批判教育学思想	8(1)	129—150	〃
姜添辉	2010	影响结构与施为之间互动关系的媒介物:小学教师的专业认同与文化知觉的分析	10(1)	1—43	〃
洪如玉	2012	安居与否?批判地方教育学与相关争议之探究	12(1)	43—73	〃
钟鸿铭	2012	教育与社会改革:George S. Counts 社会重建论的实践意涵	12(1)	75—118	〃
王瑞贤	2013	现代儿童形式的省思与新兴童年社会学之批判	13(2)	127—154	〃
单文经	2015	杜威社会控制主张的教育涵义	15(1)	133—174	〃

注:2001—2015 合计13篇。

附录八之2:《中国台湾教育社会学研究》有关"教育社会学学科论"之论文研究主题、观点与方法

年份	学科历史	中国台湾教育社会学之发展	理论流派	伯恩斯坦之符码理论	多元文化取向之女性主义教育学	女性主义的批判教育学	教育批判研究之系谱学分析	文化研究取向之批判教育学	德国批判教育学	结构与行动的互动关系	地方本位教育取向之批判教育学	社会重建论	晚期现代性取向之新兴童年社会学	杜威之社会控制论	合计
2001				1文											1文
2002		1文		1文											2文
2003															
2004					1文										1文
2005						1文									1文
2006							1文								1文
2007								1文							1文
2008									1文						1文
2009															
2010										1文					1文
2011															
2012											1文	1文			2文
2013													1文		1文
2014															
2015														1文	1文
合计		1文		2文	1文	1文	1文	1文	1文	1文	1文	1文	1文	1文	13文

注:有关本表各个细格所示之"文""量""质""自""资"等文字,以及括号内其他文字的说明,皆与附录五之2同。

附录九之1:《中国台湾教育社会学研究》有关“教育系统的社会学分析”之论文一览表

作者	年份	题　目	卷期	页码	备注
瞿海源	2003	追求高教育成就——清代及日据时期台湾教育制度与价值的分析	3(2)	1—39	教育制度
林民程	2010	科举文明:被视为台湾教育改革阻力的文化	10(1)	227—276	〃
谢卓君	2005	对师资培育政策中市场化论述的批判反省	5(1)	119—157	教育政策/教育改革
纪金山	2008	台湾师资培育制度改革论述的社会分析	8(2)	47—85	〃
刘国兆	2014	台湾“迈向顶尖大学”政策之论述分析	14(2)	33—71	〃
姜添辉	2015	台湾高等教育政策依循新自由主义的现象与缺失	15(2)	131—165	〃
黄毅志 陈怡靖	2005	台湾的升学问题:教育社会学理论与研究之检讨	5(1)	77—118	教育问题
林大森	2006	大学指定科目考试跨考数学议题之初探	6(2)	43—83	〃

注:2001—2015合计8篇。

附录九之2:《中国台湾教育社会学研究》有关“教育系统的社会学分析”之论文研究主题、观点与方法

年份	教育制度	教育改革与教育政策	教育问题	合计
2001				
2002				
2003	1文(国家教育制度与民间教育价值的互动)			1(1文、0量、0质)
2004				
2005		1质(师资培育政策、市场化论述分析)	1文(升学问题、教育扩张与经济发展、机会均等的关系)	2(1文、0量、1质)
2006			1量(资、跨考数学议题、升学考试公平性)	1(0文、1量、0质)

续表

年份	教育制度	教育改革与教育政策	教育问题	合计
2007				
2008		1量(档、师资培育制度、改革论述之对应分析)		1(0文、1量、0质)
2009				
2010	1文(科举文明与升学主义)			1(1文、0量、0质)
2011				
2012				
2013				
2014		1质(迈向顶尖大学、政策论述分析)		1(0文、0量、1质)
2015		1文(高等教育政策、对新自由主义的批判)		1(1文、0量、0质)
合计	2(2文、0量、0质)	4(1文、1量、2质)	2(1文、1量、0质)	8(4文、2量、2质)

注:有关本表各个细格所示之“文”“量”“质”“自”“资”等文字,以及括号内其他文字的说明,皆与附录五之2同。

附录I-2　过渡中的教育社会学:中国香港教育社会学发展的叙事

过渡中的教育社会学:中国香港教育社会学发展的叙事

曾荣光(香港中文大学教育行政与政策学系客座教授)

摘　要:教育社会学的历史发展,即使把叙述规限在特定的社会及指定的时段,始终是要处理一个庞杂的社会现象。本文作为一个考察及整理中国香港这个华人社会过去半个世纪以来，教育社会学这个研究领域及学科的历史发展的叙述，它无可避免地需要借助特定的概念框架及方法学取向，以协助对众多数据及事件加以选取、阐释、组织与排序，以期建构出一个恰当而又有条理的叙事(narrative)。据此，本文以下将由三个部分组成：一、透过参考欧美教育社会学者对所处社会及国家的教育社会学的历史发展的整理与叙述，本文将会建构一个，分析特定社会内教育社会学发展的概念架构。二、在应用历史学及社会学研究常用的叙事方法，本文会说明将采用的研究方法的步骤及分析工具。三、根据以上的概念架构及研究方法取向，本文将把过去半个世纪中国香港社会内，从事教育社会学研究与教学的工作者所进行的各种活动与实践，尝试整理出一个叙事来。

一、教育社会学发展的概念架构

在上世纪末至本世纪初，欧美教育社会学界不约而同地组织了数个有关二战后教育社会学发展的回顾讨论；例如，《教育社会学不列颠学报》(*British Journal of Sociology of Education*)就在1996年组织了一个名为教育社会学在国际视域(*The Sociology of Education in International Perspective*)的专辑，由来自六个国家的七位学者，各自对自己国家的教育社会学发展作出回顾与检讨。在上世纪90年代中，美国一群教育社会学者先后在两次美国教育研究学会(American Educational Research Association)的年会上，聚首一起探讨教育社会学作为一个研究领域的前景，结果就出版了一本论文集，名为《延续与矛盾：教育社会学的未来》(*Continuity and Contradiction*：*The Futures of the Sociology of Education*)(Pink & Noblit，1995)。至本世纪初，英国一群教育社会学者亦合作出版了一本论文集，名为《今日教育社会学》(*Sociology of Education Today*)(Demaine，2001)。最近，英国社会学学报《社会学评论》(*The Sociological Review*)在庆祝创刊一百周年的专辑，亦邀请了Stephen J.Ball代表教育社会学界撰写了一篇回顾与检讨英国教育社会学的论文。(Ball，2008)从上述一众欧美教育社会学界代表人物的检讨性文章中，我们大致可以理解得到教育社会学的“当今态势”(the state of the art)，同时亦可归纳出一些概念工具，作为描述中国香港教育社会学发展叙事的参考。

首先，在《教育社会学不列颠学报》专辑的首发论文中，Michael W.Apple

就写道:"'教育社会学在美国的现况是怎样?'要回答这个问题,不是一份容易的工作。"(Apple,1996,p.125)他继续指出:教育社会学作为社会学中的一个研究领域,"其发展并不是直线的,而是不规则和不相称的。发展过程中的重要特征就是决裂(the breaks),当中先前的传统会被新的问题与质疑(problematics)所打扰、替代及重组。在这些决裂中,无论是问题的提出或问题的回答方式都发生变化。"(p.126)

其次,Stephen J.Ball,伦敦大学教育学院 Karl Mannheim 讲座教育社会学教授,在《社会学评论》庆祝创刊一百周年的专辑中的回顾文章,他就这样描述教育社会学的现况:"根本就无法可以对教育社会学这个研究领域作单一简明而又整合的描述",个人可能做的只是"探讨在不同历史发展阶段突显过的混乱与冲突(turmoil and conflict)"。(Ball,2008,p.650)Ball 更引用前任 Karl Mannheim 讲座教授 Basil Bernstein 对知识的概念分类:"垂直型知识"(vertical knowledge)与"水平型知识"(horizontal knowledge);并指出教育社会学(亦适用于社会学本科)从来无法形成一垂直整合的知识系统与结构,有的只是平行而互不从属的议论群组,结果只形成一"碎片化(segmentalizing)的知识结构,而无法组成一内在的统合性(underlying unity)"。(Ball,2008,p.652)最后,Ball 更把在论文的题目用上"众数"的教育社会学(sociologies of education)。

同时,美国众教育社会学者在他们合著的文集《延续与矛盾》中,在副题《教育社会学的未来》中,未来(futures)一词也用上"众数"。事实上,文集中编者 George W.Noblit 及 William T.Pink 在他们的导论及论文中对美国过去一世纪教育社会学发展历史的描述就用上"竞争的洪流"(contest terrain),并把美国教育社会学的发展路径(paths),也用上"众数",并提出五条不同的路径;他们更指出:"提出这五条通往未来的路径或领域……是要说明这五者之间的边界无论在概念、方法学及实质上均常常互相混淆不清——就好像不同足印间交叉相遇(meander across each other),偶然或会殊途同归于共同的大方向。"(Noblit & Pink,1995,p.26)

最后,Michael W. Apple,Stephen J. Ball 联同巴西教育社会学者 Luis Armando Gandin(2010)在他们合编的一本《教育社会学国际手册》(*The Rout-*

ledge International Handbook of the Sociology of Education)中,在导论更开宗明义地声称:“教育社会学是一分散,混乱、动态、一定程度上更是难以理解、一贯地充满争论的研究领域。……教育社会学的产生是由不同而又分散的研究者、作者及教员,各自在本身的民族传统下对不同历史阶段进行研究及写作……而形成的一种理念与理论的流量(flow)。”(Apple, Ball & Gandin, 2010, p.1;亦可参考 Robertson, 2010)

总结以上教育社会学者对自身所处学科的描述,他们面对着的正是一充满矛盾、纷乱以至争斗的研究领域或甚只是一“洪流”与“流量”①。当他们尝试对这个领域的历史发展加以整理或总结,他们不约而同地运用了一些他们各自建构出来的概念工具或架构,来协助他们的检讨及叙事研究②。当中我们大致可归纳成以下几个概念,并应用它们作为从事有关香港教育社会学的历史发展的叙事研究。

(一) **脉络**(Context)

教育社会学作为一个应用社会学视域以研究社会内的一个主要社会制度——教育制度——的研究领域,它的发展必然是与该教育制度所处的社会有着不可分割的关联;因此,要理解教育社会学的发展历史,其中一个首要的概念工具就是当中这群从事教育社会学研究工作的研究员及其研究对象,他/它们所处的历史、社会脉络。事实上,上述各欧美教育社会学者在回顾及检讨自身的研究领域时,他们均不约而同地从他们所处的民族国家及历史脉络出发;其中特别是在上述(教育社会学不列颠学报)的专辑中的来自六个国家的七位学者的论述就至为明显。其中例如德国教育社会学者 Lynne Chisholm(1996)就以“一个单一的历史?”的问话作为她论文的题目,并探讨为何欧洲各国的教育社会学界(以至一般学术界)均是各自形成本国内的封闭

① 欧美学界对教育社会学所使用的谓词(predicates),有用上 subject(Banks, 1976), discipline(Noblit and Pink, 1995;Ball, 2008), field 或 field of study(Apple, 1996)以至 flow(Apple, Ball and Gandin, 2010);据此可分别译作学科、领域及流量。本文不打算对不同谓词作详细识别;只会视它们之间是一种范式组织程度(degree of paradigmatic organization)上的分别,即研究及教学活动的统合性(unity)、正规性(formality)以至同构型(homogeneity),其中由 discipline、subject、field、flow 的排列次序,可视为范式组织程度的由高至低。

② 见 Noblit and Pink, 1995;Apple, 1996;Dale, 2001;Ball, 2008;Apple, Ball and Gandin, 2010。

系统(closed system);她更以战后西德为例来说明教育社会学在德国的发展是受着本国政治、文化及学术传统的影响。造成战后德国教育社会学的独特性的历史及社会因素之一,就是纳粹德国遗留下来的一种教育作为政治操控的记忆与恐惧,致使教育学者与社会学者的互相猜疑及不信任。(Chisholm,1996,pp.209-210);其次,教育学专业传统在德国教育制度内的强大及主导地位,特别是在师资训练课程上,亦致使社会学(以至其他社会科学)难以在教育议论上有所发挥。另一个例子就是 Johan Muller 对南非教育社会学发展历史的分析(Muller,1996);其中 1990 年代种族隔离政策废除前后所代表的两个截然不同的政治特别是教育制度脉络,就衍生出两种教育社会学的发展轨迹。最后,即使是英、美两国战后的教育社会学发展亦明显受到本国政治、社会经济文化脉络的差异,而有着不同的发展方向;战后英国的教育制度主要是被阶层分隔议论所主导,政策上主要就表现在文法学校(grammar school)与综合学校(comprehensive school)之间的争议。(Bellaby,1977;Ford,1969;Halsey,1975)相反,在美国特别在 1960 年代,教育制度内的主要割裂与争议则是集中在种族(特别是黑白)分隔,政策议题以至教育研究议题上则聚焦在废除学校的种族分隔(school desegregation)。(Carnoy,1996,pp.127-149;Coleman,1990,Part 1-3)

(二)议题(Issue)

从不同民族国家及社会脉络衍生出来的另一个影响教育社会学发展的因素就是本国教育社会学者在其研究工作中必须响应的政策议题(policy issues)及研究课题(research questions)。例如在上述二战后德国的历史脉络下,其中一个重要的教育社会学研究议题就是如何通过教育(及广义的社会化〈Bildung〉),使德国未来的公民能走出纳粹德国的"意识形态化"的教育(Chrisholm,1996),及 Karl Jaspers 所谓的"德国人的罪疚"German guilt(Jasper,1948)的阴影;并重新建构德国人的身份认同。同理,在南非在"后种族隔离"的社会文化脉络下,重构"南非人"的共同身份及社群,就自然成为当地教育社会学者的重要研究课题。(Muller,1996)至于英、美在战后的一种福利国家的社会政治脉络下,涌现的一个主要的教育政策议题就是追求教育公平(educational equity)或更具体的教育机会均等(equality of educational opportunity)(Coleman,1968/1990);但由于上节所述两国社、经、文化脉络的差别,结果在英国的教育机会均等的研究议题就聚焦在阶层的机会差异上,其中最具代表性的教育社会学学者就是牛津大学教授 A. H. Halsey(Halsey,1975,1981);至于美国教育机会的政策研究则聚焦在种族间(特别是黑白间)的教育机会的差异上,其中代表人物就是社会学学者 James S.Coleman。(1990)

（三） **视域与取向**(Perspective & Approach)

在特定的时空脉络涌现出特定的议题以促使教育社会学者从事相关的研究工作,但接着影响教育社会学发展的因素就是,研究者透过什么概念以至理论的视域来看待及整理有关的议题,并应用什么方法学取向来研究有关的课题。事实上,在这方面的议论以至争论可以说就构成过去半个世纪教育社会学发展的主要动力与活动。例如近年从事总结二战后教育社会学发展历史的学者均多会追溯至 1977 年两位英、美学者的归类,当年 A.H.Halsey 与 Jerome Karabel 在他们编辑的文集的导言中,就把当年教育社会学的研究视域与取向分为以下五个方向:(1)功能主义(Functionalism);(2)人力资本经济理论(Economic Theory of Human Capital);(3)方法学的经验主义(Methodological Empiricism);(4)冲突理论(Conflict Theory);及(5)"新"教育社会学(the "New" Sociology of Education)(Karabel & Halsey,1977)。

继后,在 1995 年美国学者们则把他们的教育社会学的理论视域及研究取向归纳为另外五个路径(paths):(1)经验—分析路径(the Empirical-Analytical Path),(2)阐释路径(the Interpretive Path),(3)批判路径(the Critical Path),(4)政策路径(the Policy Path),及(5)后现代路径(the Postmodern Path)。(Noblit & Pink,1995)

（四） **位置**(Location)

当从事教育社会学研究的学者在所处的社会历史脉络,尝试响应特定的教育议题,并须要选取个人认为适切的理论视域及方法学取向时,另一个影响他的研究活动及实践的条件就是研究者所身处的制度及组织的位置。在众多教育社会学发展历史总结性讨论中,两个普遍地被认定一定程度上是对立的位置就是,身处于社会学学系的教育社会学学者,与身处在教育学院或师范训练学院的教育社会学者。(Bank,1976;Dale,2001)前者每被认定为在程度上较集中社会学本科的概念、理论以至知识体系的研究及发展工作;而后者则每被认定为,较聚焦于教师发展、教学实践及教育政策中教育社会学的应用。事实上在英、美的教育社会学发展历程中就曾出现过这两种组织位置的转移。例如在美国最早在1890年开设教育社会学学科的大学就是,纽约大学的教育学学院(School of Pedagogy);其后在1922年更在E.Goerge Payne领导下发展成教育社会学课程(a program in Educational Sociology)。至1927年9月Payne及该课程的教员更合力创办并出版了第一本第一期专业期刊《教育社会学学报》(*The Journal of Educational Sociology*)。但至1963年5月该学报就重新命名为《教育社会学》(*The Sociology of Education*),并把赞助机构亦转移到"美国社会学学会"(American Sociological Association)名下。有论者指出这次名称及所从属组织位置的改变就标示着美国教育社会学学科从"教育学者"(educationist)主导转变为"社会学学者"(sociologist)主导。(Banks,1976,p.2;Dodson,1963)此外,在英国教育社会学学科的发展过程则刚好与美国的取向相反,正如英国著名教育社会学者Olive Banks指出:"早期的教育社会学是稳固地扎根于社会学本科而非在教育科。"(Banks,1976,p.3)她强调即使在二战后"教育社会学仍未能得到教育学者的青睐,它甚少可以确立为师范训练学院或教育学系内的一个科目"。(Banks,1976,p.3)相反,教育社会学在英国的发展最初是立足于伦敦经济学院的社会学学系,而研究重点则着重宏观分析教育制度如何适应先进工业经济的发展。(Banks,1976,p.3;亦可参考Halsey,2004)及后至1960年代特别是1970年代初,伦敦教育学院(London Institute of Education)教员们领导掀起的"新"教育社会学("new" Sociology of education)运动,才把社会学学者与教育学者在教育社会学学科内的平衡扭转过来,并使教育社会学确立成为英国师范训练课程中的一个必要部分。(Banks,1976,p.3)时至今日,回顾教育社会学在这两种制度及组织位置的发展,已能平衡地各自发展出本身的特色及地位。一方面从社会学本身学科及学系出发,以发展与教育制度相关的概念与理论;另一方面又从教育学科,特别是教师发展、教学实践、学校组织领导、教育政策,发展出适切的专业知识与实践原则。

总结而言,在理解及整理特定社会在特地时段内的教育社会学的发展历程,我们大致可以借助以下概念及理论架构来协助整理有关的资料及研究课题:在特定时空内的从事教育社会学研究的学者是在怎样的历史社会“脉络”下,尝试响应怎样性质的教育“议题”?过程中他们选取了怎样的理论“视域”及方法学“取向”在进行他们的研究?过程中他们是身处在怎样性质的制度及组织“位置”以进行其研究以至教学工作?

二、教育社会学学科发展的方法学取向

方法学,根据美国著名社会学者 Paul Lazarsfeld 的界定,就是对具体已进行了的研究进行研究,并把它们所采用的研究的假设、设计、步骤与分析方法加以“编汇”(codification)(Lazarsfeld,1972,p.xi)。据此,从以上对欧美多位教育社会学者对本国教育社会学发展历程的回顾,我们大致亦可以从中“编汇”出他们所采用的研究方法取向。他们基本上都是进行本国教育社会学发展的历史研究,而且很大程度上他们均不约而同地采用了在历史研究方法中的一种可概称为“建构主义”(Constructionism)的方法学取向①。

“建构主义”作为历史研究方法学的一个取向,大致是源于19世纪末并发扬于20世纪,它主要是针对另一在19世纪盛行于德意志的历史研究方法取向,即以 Leopold von Ranke 为代表的现代历史科学(Modern Historical Science)亦可称为“重建构主义”(Reconstructionism)(Munslow,1997),这一取向是建基在三个基本方法学假设(Iggers,2005,p.3):(1)历史研究的成果可以如实地反映过去发生的事件的现实;即自然科学的实证主义所主张的“符应原则”(correspondence principle),研究成果与研究对象的现实是可以及应该完全相“符应”;(2)历史研究更可以对过去的人类行动(human action)背后的意图(intentionality)完整地反映在研究成果中;(3)这种历史研究取向是建基在一种单线度向(unitary dimension)的时间概念,即历史事件是先后次序形成一整合的历程(coherent sequence)。据此,重建构主义者相信历史是可以“重构”过去(history can reconstruct the past)。但20世纪以来在历史学及社会学研究中,不少学者均对这三个方法学假设提出质疑。例如,英国历史及哲学家

① 有关“建构主义”的讨论见 Munslow(1997)。Alun Munslow 把近代历史研究方法取向划分为“重建构主义”Reconstructionism、“建构主义”Constructionism、“去建构主义”Deconstructionism。亦可参考 Stanford(1986)及 Iggers(2005)。

R.G.Collingwood 就已不相信历史学家可以如实地、客观地把“过去”(the past)重新建构成“历史”;对他们来说历史只是“过去的知识”(knowledge of the past)(Collingwood,1994,p.363),而且这种知识是不可以像自然科学中的知识那样,可以与研究对象“完整地符应”(Completely Corresponded)。对建构主义历史学者而言,那些“过去的知识”只可以建基在过去人类社会活动及事件遗留下来的种种纪录,它们被统称为“sources”(历史材料或简称史料)(Collingwood,1994,pp.368-377;Howell and Prevenier,2001),因此“过去” 只能透过“史料”呈现在历史学者面前,更具体而言,是以一种“文本形式” 或“文学形式”呈现(representations in textual or literary forms),如文字、文物、遗迹等形式;据此,历史研究工作者就只能透过这些文本及文学的呈现形式,以“阐释”(interprete)可能乘载在其中的意义(Collingwood,1994,pp.377-390),继而尝试从中“建构” 起来的“过去的知识”却不可能等于“过去的真实”(actuality of the past)。因此,“建构主义” 历史学者之间只可以透过相互的“批判”,统称为“历史批判主义”(historical criticism)①,以不断改进他们建构出来的“过去的知识”的真实程度;据此,历史研究对建构主义历史学者而言就只可能是一个永无休止的工作(endless task)(Collingwood,1994,pp.392-393),过程中研究者只可以不断寻求更多更详尽的“史料”,并反复地审查及阐释,最后更要把客体化的(objectified)成果(一般是文字以至印行的物品〈objects〉),公开给其他同业相互作“历史批判”。

“建构主义”历史研究工作者在对种种文本及文学形式的呈现进行探究时,他们就有必要借助各种在语言学及文学研究发展出来的分析工具,因此而衍生出近年历史学研究中所谓“语言学转向”(linguistic turn)。(Clark,2004;Iggers,2005)据此,语言学研究中多个分析工具与概念就被引用到历史研究,例如:文本性(textuality)、脉络性(contextuality)、比喻(trope)、议论(discourse)、文学类型(literary genre)、叙事(narrative)等。本文主要应用的就是叙事研究。所谓叙事就是“把数据进行按时间先后次序的组织(organization in a chrono-

① 可参考:Ricoeur,1965,pp.21-77;Collingwood,1994,pp.377-390;Howell and Prevenier,2001。

logically sequential order),旨在把内容形成一单独而整合的故事(a single coherent story)。”(Stone,1979,p.3)

除了历史学者的贡献外,“建构主义”研究的另一个重要参与者就是社会学者,特别是历史社会学者①。其中尤以 Max Weber 的“比较历史研究”的贡献更为明显②。事实上,在整个“建构主义”的历史研究过程中,无论是史料的搜集、审查及筛选,历史意义的理解或阐释,以至叙事的建构,每每需要借助社会科学概念以至理论的引领、整理与统合。因为历史研究对象不竟就是:“人类在过去进行过的行动”(actions of human beings that have been done in the past)(Collingwood,1994,p.9)。首先,Max Weber 指出在无数的(infinite)行动及事件中,足以令历史学者愿意投放他们有限的(finite)精力灌着其中并加以研究的,它们必定要具备“文化的重要性/意义”(cultural significance)(Weber,1949,p.72);其次,那些成为历史学者选中进行研究的行动及事件大多数均不可能是一个单独的个人行动,这些行动者或参与者每每是归属于一些特定的社会群组?阶层?民族?政党分子?工会分子?学校内的教师与学生及其家长?第三,那些社会群组又在进行什么类别的行动?日常的生产活动抑或阶层斗争?民族解放运动?选举行动抑或暴力革命?根据指定课程进行教与学?参与考试及选拔的制度化程序?第四,这些行动及事件又从属于哪些脉络趋势?工业化?现代化?理性化?全球化?要回答这些问题,并赋予已选定进行研究的行动及事件实质的“文化意义”,历史研究者就无可避免地需要应用社会科学中无论是社会学、经济学、政治学或人类学的概念与理论,来整理他们的研究问题,引领他们的研究设计,指导其史料搜集、审查、理解及阐释,以至“建构”其叙事;总而言之,社会科学概念与理论就成为“建构主义”历史研究的重要组成部分;这就是部分论者所谓在 20 世纪兴起的历史研究中的“社会科学转向”(social-science turn)。(Iggers,1997)

总结而言,本研究的方法学取向就是以“建构主义”为视域的历史研究,其中更着重于历史社会学研究。据此,本研究的组成部分就包括:

---

① 有关历史社会学的讨论,可参考:Abrams,1982;Tilly,1981;1984;Smith,1991。

② 可参考:Weber,1949;Kalberg,1994;Ringer,1997。

1. 研究对象

作为一历史研究,研究对象自然就是在特定时空脉络下,“人类在过去已进行的行动”,具体而言,本研究的对象就是战后中国香港教育社会学学者已进行的有关教育社会学的研究、教学及出版的行动。

2. 研究的指引架构(Guiding Framework)

作为一历史社会学研究,本研究将会借助一些社会学者,即上节所介绍的教育社会学者,已经整理及运用过的概念工具,它们包括:

(1)脉络:这群教育社会学者身处于怎样的历史,政治、经济、社会脉络,及更重要的就是教育制度与政策的脉络?

(2)议题:这群教育社会学者在面对身处的脉络下所涌现的种种教育议题,他们选取了哪些(他们认为是具有“文化意义”)议题进行研究?

(3)视域与取向:这群教育社会学者在研究其已认定的议题时,他们采用了在教育社会学中哪些理论视域及方法学取向,以协助其研究工作?

(4)位置:这群教育社会学者在从事研究以至教学工作时,他们所处的制度及组织位置为何?在中国香港教育制度中他们每受雇于高等教育机构,特别是港府认可大学;其次,他们又每分别属于社会科学学院的社会学学系,或教育学院的学系。除了以上的正规组织(formal organizational)的职位,本研究亦会探讨其他有关的学术组织,如学会及学术期刊等。

3. 研究方法

在上述概念架构的指引下,并应用历史建构主义及特别是韦伯学派的历史社会学的方法及叙事研究方法①,本研究将首先从过去在中国香港从事教育社会学研究与教学活动与事件中,作“选择性的撷取”(selective appropriation);其次,所作的选择与撷取却不是任意的,而是在特定的“关系”(relationality)与“脉络”(contextuality)(包括概念与理论脉络)内,经过论证的撷取;其三,把这些经选择性地撷取的人、物、事加以时序性及关系性排列,使之呈现一种起承转合(即叙事研究中惯称的“因果的桥段化”〈clausal emplotment〉)及

① 有关历史研究中的叙事方法的讨论可参考:Stone,1979;White,1987;Somers and Gibson,1994。

整合的“故事结构”（storyline structure）以至“叙事”。据此，我们就可依循以上建立的概念来叙述中国香港教育社会学的发展。

三、中国香港教育社会学发展的叙事

二战后在中国香港从事教育社会学研究与教学的学者为数虽然不算太多，但若要从众多研究及教学活动与实践中，“建构”出一个恰当及整合的“叙事”来，以下的叙述就必须借助以上说明的概念架构与方法论取向的指引；据此，以下的叙述将分三个部分进行：（一）脉络；（二）议题、视域与取向；（三）位置。

（一）脉络

中国香港自1842年被割让成为不列颠帝国殖民地开始，就从一个南中国海岸的渔村发展至今日的一个国际城市；在这个过程中中国香港的人、物、事都不断地经历着一种“过渡”的旅程。首先，开埠以来至二战爆发，中国香港对大英帝国来说，就是一块踏脚石，以作为对华侵略的跳板；对移居中国香港的华人来说，中国香港最初就只是与洋人做买卖赚钱的地方，更大部分更是经过中国香港以“放洋”到“金山掘金”的一个出发点（a place of embarkation）（Siu and Ku，2008）；及后随着中国大陆局势动荡，特别是太平天国及中日战争，中国香港就更是大量华人南来避乱暂且栖身之地。其次，在二战后及特别是1949年新中国成立以后，大量华人的重新涌入，加上1950年朝鲜战争爆发，联合国对中国实施禁运，中国香港就与中国大陆隔绝起来，华人不再可以像以往自由进出边界。亦是自这时开始，中国香港才从一个“过客”的社会，慢慢安顿成为一个“本土”的社会；但在这块被称为“借来的时间及借来的地方”的城市（Hughes，1976），部分中国香港华人仍然会找寻移民外国的机会。第三个历史转折阶段就是从1982至1997年，随着1982年英首相戴卓尔夫人访华，九七回归就成为历史现实，从这时开始，中国香港社会又进入另一种的过渡；一方面，中国香港社会各种制度均必须经历从英国殖民地“过渡”成为中华人民共和国主权下的一个特别行政区；另一方面，对不少中国香港华人来说，他们心理上就开始回归祖国的“过渡”，又或就是努力找求移居外国的“过渡”。第四个历史阶段就自然是1997年7月1日至今，在这个阶段中国香港无论在社会制度上及市民实际生活习惯以至身份认同上，均开始进入“落实”

一国两制的“过渡”。

在这样一种不断过渡及移动(包括移出及移入)的社会历史脉络下,中国香港社会的文化打从开埠以来就是一种二元以至多元的文化脉络;从最早期的英国商人与传教士的文化与中国华南移民的文化的接触;到其后各国商人与其他国家的天主教与基督教传教士的移入,及历次中国不同省份华人移民(特别是 1949 年前后),结果中国香港的文化脉络就充积着各种的“离乡背井”(diasporic)但又“混杂”(hybrid)的文化(Riemenschnitter and Madsen, 2009);及 1997 年后及全球化影响下,中国香港社会的文化就更趋多元主义。(Mathews,2000;2011)

在二元以至多元的社会文化脉络下,中国香港教育无论在制度以至政策上,亦长期处于一种二元主义(dualism)的脉络与发展。自从 19 世纪中叶中国香港成为英帝国殖民地开始,中国香港的教育制度就是一种二元的结构,一方面是西方传教士开办的学校及其后中国香港殖民地政府开办的官立学校,另一方面就是本土传统中国的学塾教育。循着这两种教育制度结构更发展出各种教育政策的二元主义,例如教学语言政策、课程政策、升学以至社会阶层流动渠道。西方学制是以英语教学为主,课程在教会学校是以训练本土传教人员进入中国大陆传道,而官立学校则以“世俗教育”为重点,以训练殖民地官僚及外商买办为目标。至于传统中国学制,尤其在 20 世纪以前,授课语言就自然较注重中文及中国传统文化(四书五经)以准备学生回国内考科举。这样一种二元以至异化(异化于本土文化与社会结构)的教育制度,就正好代表英帝国在殖民地实施的一种所谓“包容”(accommodating)的学校教育制度与政策①。这种二元以至异化的特质,可以说是一直贯穿着中国香港的教育制度与政策脉络,并衍生出各种教育政策议题及研究课题,下节议题 1 与 2 的讨论,就是以这种二元及异化的制度结构为焦点。

中国香港教育制度脉络除了二元主义的结构特征外,另一制度特征就是不断扩展及普及化。在历次移民人口涌入均促使中国香港学校制度的扩张,

① 有关殖民地主义教育政策取向,一般概分为:法国及日本的同化 assimilation 取向,即把被殖民者同化入殖民者的文化;及英国的包容取向,即容取被殖民者文化及学校教育与殖民者的文化与学校教育并存;见 Foster,1965;Altbach and Kelly,1984;Kelly and Altbach,1984。

特别是在二战及1949年以后。随着学额的扩张,中国香港学校制度亦渐趋普及;例如在1972年政府实施小学免费普及教育,即为全港适龄学童提供六年免费小学教育,及至1978年则扩展至九年免费义务教育,而到了2004年则发展至十二年义务教育。同一时间大学教育亦从1911年政府资助设立香港大学,直至半个世纪后在1964年中国香港才增设香港中文大学,其后在1990年代初先后成立了香港科技大学(1991)及把四所过往专科以上院校升格为政府资助大学(理工大学、城市大学、浸会大学与岭南大学)。教育制度的扩张,一直都是教育社会学研究的重要议题,其中尤以教育机会增加带来教育成就以至社会成就均等化的议题就更备受关注;在中国香港,特别是在上世纪70年代后的教育的迅速扩展与普及,教育机会及社会机会均等化就自然成为本土教育社会学研究的重要议题。见下节议题3的讨论。

中国香港教育制度脉络还有第三个近年才出现的特征,就是在上世纪末出现的"教育改革"。事实上,自上世纪末叶,一种遍及全球的"教育改革"就成为世界先进国家的主要教育政策的议论题旨,这种被不少社会学者视为等同于18至19世纪工业化及理性科层化而掀起的全球性的教育改革,就在20世纪后半叶在全球化及信息科技化的带动下,席卷全球。在这个教育改革的全球浪潮下,中国香港这个开放的城市自然亦无可避免地卷入其中。但促使中国香港教育制度改革的另一个重要因素就自然是九七回归带来的全港各方面社会制度的"过渡"性改变,其中教育制度的改革自然就成为其中重要一环。事实上,自从1997年10月香港特区行政首长的第一份施政报告宣布将进行教育制度改革开始,中国香港教育制度就经历连续的改革,例如2000年的教育制度改革(教育统筹委员会,2000)及2001年的课程改革(课程发展议会,2001)。这些制度与政策上的改革,自然又引起本土教育研究包括教育社会学研究工作者的关注与议论。见下节议题4的讨论。

(二) 议题、视域与取向

教育社会学研究活动必然是衍生自与教育有关的社会问题(social problems)、政策议题(policy issues)以至研究课题(research questions);不同社会历史脉络与及教育制度所产生的问题、议题以至课题每每就有分别。根据以上有关中国香港社会过去在历史、社会文化及教育制度上的特征,本节将考察从中衍生出的几个较与上述脉络有适切关联的议题,其中不同社会学者更会从不同视域及取向以加以研究。以下就是其中四项。

1. 教学语言的议题

在中国香港这个二元结构的教育制度发展过程中,中文或英文作为教育语言一直都是其中一个最富争议性的政策议题以至研究课题。自 19 世纪,无论在印度、新马或中国香港,英帝国殖民地,教育的教学语言政策的主调都是源自著名的 1835 年“麦考利会议纪录”(Macaulay minutes),当年在有关印度学校教育应采用英语或印度本土语的争论中,T.B.Macaulay 就主张:“我们用有限的资源只可以教育一小撮充当我们与数以百万被我们统治的土著之间的传译者,这个阶层的人虽然血统及肤色是印度人,但品味、看法、道德及智力方面都是英国人。”(Macaulay,1835;quoted in Pennycock,1994,p.78)这种彻头彻尾的殖民地主义教育及语言政策,就一直主宰着这三个英国远东殖民地的教育制度发展。其中,在中国香港 1901 年发表的《教育报告》(Education Report),就清楚规定:“政府应鼓励及资助中英学校(Anglo-Chinese Schools)(即以英语为教学语言的学校)而非华文学校。”报告更指出:“从大英帝国利益着眼,中国香港政府应提供华人就学机会,使他们能以英语作为学习媒介和吸取西方知识……只要华人在接受英语教育后,对帝国产生好感,及使英语更为广泛传播,那么帝国在中国本土所得到的利益将会远远地超出这殖民地的教育经费。”(Education Report,1902;引用于郑艾伦等,1973,p.15)

据此,自 19 世纪以来英语教育就一直是港府资助学教育的主流。至上世纪 70 年代随着中国香港学校教育扩展特别是及 1978 年实施九年普及义务教育,英语作为中学的主导教学语言就受到挑战。其中对“英语——精英教育”的挑战主要是源自教学语言政策的界定框架(defining frame)的转移,即由 19 世纪殖民地主义的一种为维护及扩展大英帝国利益,转移到 20 世纪 70 年代回归到教育及学习效能的议题。例如一份在 1970 年代初引起广泛讨论的研究册子中,四位本土青年学者就提出质疑:“很多老师的英语也不是流利和正确,而学生也大都未有基本的英语能力,……强迫不熟悉英语的人用英语来教学。”他们更指出“这个现象相当畸形,……滑稽荒唐。”(郑艾伦等,1973,p.7)面对这个从教育角度界定的英语作为主导教学语言的政策议题,当年的中国香港政府的政策响应却是一种不置可否的态度,并把问题推给个别学校“自行作出决定”。[①] 这样一种自由放任让学校自决的政策态度就主宰了中国香港中学教学语言接近半个世纪,结果全港 90%的中学学位均号称是以英语教学[②];但事实上,所谓英语教学其实只是一种被嘲讽为“挂羊头卖狗肉”的中英混杂的教学语言。

直至九七回归后,特区政府推出“强力”教学语言指引,规定初中三年必须以“母语教学”,除非学校能收取大多数(80%)具备“用英语作为教学语言来学习的能力”的升中生。在 1998 年这一轮教学语言争论中,两种教育社会学视域及研究取向就分别对有关议题进行了研究。其一,就是蔡宝琼从“语言帝国主义”(Linguistic Imperialism)的视域所作的民族志研究(Choi,2003),她把有关政策视为一种“以英语作为筛选的政策”(English Language Selection Policy),只让“最好的学生可以用英语学习”;并论证这是一种“全为商界利益”(All for business)的狭隘“功利主义”(narrow utilitarianism)的政策取向,是违反“教育及社会文化价值”。其二,就是笔者以量化的学业成就为基础的实证研究,这个由政府招标及赞助的研究,对随机抽样的约三万名 1998 年和 1999 年(政策后)入读中学的两届学生进行了七年(整个中学阶段)的追踪研究;研究发现被教学语言分流到中中与英中的学生,他们在中五结业及中七大学入学试的成绩,均有显著分别。英中生考获大学入学资格的机会率是中中生的一倍。(Tsang,2011)。当把这研究结果放置在 21 世纪的中国香港社会(已从过去的制造业出口主导城市转型为国际金融服务业枢纽)的学校教育脉络,并从“后帝国英语”(post-imperial English)的视域(Fishman,1996a;1996b),把英语作为在全球化脉络下的一种社会资本,则学习英语不再被视为一种强制性的权力压迫,而是一种协作性赋权(collaborative empowerment)的过程;即非压制性的霸权,而是一种全球化社会资本的掌握与累积(Cummins,2001;曾,2011a,pp.167-170)。据此本人的政策建议就是:应从中央强制分隔的教学语言分流制度中释放出来,以校本方式为不同能力的学生提供不同水

① 见:中国香港政府,1974,第 2.16 段。

② 见 Education Department,1992;亦见于:曾荣光,1998,233 页。

平的双语教学,即一种多进路多出路的全民双语教学(bilingual education for all)。(曾,2011a,pp.122-159)①

2.《知识与控制》:课程政策的议题

1972年一群英国伦敦大学教育学院的教育社会学者合作出版了《知识与控制:教育社会学新方向》文集,结果就掀起了延续至今的一种教育社会学中的重要研究视域与取向,普遍称之为"新教育社会学"。这种视域就是质疑当年只集中研究学校教育中的结构与过程,而对过程中传递与确立了的课程内容与文化要素的作用,却视若无睹。若把这种可称为课程社会学的视域及研究取向,应用来观照中国香港的教育发展,则可体现出中国香港教育社会学发展历程中,第二个重要政策议题以至研究课题。这就是学校课程内容中所乘载、呈现以至彰显怎样的一种文化意义以至价值,而这些文化意义又合理化(legitimatized)了怎样的一种权力结构与社会管治方式。

在中国香港有关教学内容与政府管治的相关性的政策议题,可以说是历史悠久;特别是在殖民地时期,当中国香港政府的管治受到威胁时,这方面的教育政策议题就更受关注。事实上,在过去百多年的中国香港教育发展史,就至少有三个历史时刻,学校课程与教学内容就特别受到统治者的关注,并作出政策干预。

第一个历史时刻是,在20世纪初中国国内掀起的反帝国主义运动,对英国殖民地政府在中国香港的管治就造成冲击与挑战(Miners,1978)。自1911年辛亥革命及民国成立,加上继后的"五四运动"、上海"五卅惨案"、广州"沙基惨案";其直接结果就是在1925年6月在中国香港掀起为期一年多的"省港大罢工"。事后,中国香港政府就撰写了一份事件调查报告②,其中就强调,是次罢工的其中一个"罪恶根源"(root of the evil)就是中国香港的中文教育,报告认为在这些学校就读的学生受到了"不良"(undesirable)的影响与鼓动;

① 此外,有关中国香港教学语言的研究及讨论还有相当多,更多不是直接从教育社会学视域,故没有在内文讨论,例如,它们包括:Tsui, et al., 1999; Tsui, 2004; Tsui, 2007; Marsh, et al., 2000; Siu, 1992; So, 1989; So, 1992; Poon, 2000。

② The memorandum by R.H.Kotewall on the 1925 Strike and Boycott, dated 24 October 1925. Quoted in Sweeting, 1990, pp.399-403.

报告特别建议,“在整个中文教育制度内应加强儒家伦理的教育,因为儒家思想的教诲是对付布尔什维克主义的危害的最佳解药,儒家伦理肯定是最有效的保守力量及导人向善的最主要影响”(同上注)。所以,报告书建议:“精心设计的儒家思想教育,及它应用到现代公民处境的种种问题,应该在所有中国学生就读的学校内推行(同上注)”。当把以上一种教学与课程内容的政策建议放置回到20世纪初的中国大陆内文化脉络内,我们就更能明了,其中两种文化以至意识形态的对峙;即一种“五四运动”后的新文化运动、反封建以至“打倒孔家店”思潮,与鼓吹回归“儒家伦理教诲”的保守主义之间的对立;我们就更明白课程教学内容的选择与社会控制与政府管理的关系。

第二个历史时刻就是,在1950年代随着新中国成立、大量中国人涌入,及朝鲜战争爆发导致联合国对中国大陆实施禁运;连续事件又一次使中国香港殖民地政府陷入管治以至财政危机;结果教育特别是课程内容的干预,又再被用作解决有关政策议题的手段。这方面的政策议题就触发了两位本土学者的研究,其一是教育历史学者陆鸿基(1991)对《中国文化在香港课程:遗产与殖民主义》(*Chinese Culture in the Hong Kong Curriculum*:*Heritage and Colonialism*)的研究,其中他对1952年教育署成立的“中文研究委员会”的报告,就作了深入的文本分析,报告对中国香港当时中小学的中国语文、文学及历史科的课程作了详细的审察;陆指出:报告“强烈建议中文科应着重文化主义(culturalistic)的取向,以对抗当时充斥在中文教科书中的一种民族主义及革命狂热(nationalistic & revolutionary fervor)”。(Luk,1991,p.665)其中特别对中国历史科,陆指出报告书强调“应强调国际友好而不是仇恨(international goodwill rather than hatred)”。(Luk,1991,p.666)报告书特别举出“义和团”及“所谓鸦片战争”作乱为例,指责不应“诉诸爱国主义、狭隘民族主义及种族主义”以至“鼓吹仇外情绪”(报告书p.161,引自Luk,1991,p.666)。陆鸿基结论指出,报告书内容正反映一个“在共产主义威胁的暗影下,力求使中国文化及英国殖民主义一起共存”的管治心态。(Luk,1991,p.667)

另一个研究就是由笔者对20世纪中叶中国香港政府推出的“公民科”

(Civics)的文本分析(Tsang,1998)。在1948—1949年教育署年报特别加入一节“公民教育”(education for citizenship),并宣布在高中开设公民科(civics),更为中学教师提供公民教育师资培训,这些政策行动在近百年的殖民地教育史来说实属前所未有。(Tsang,1998)当我们把殖民地政府这些破天荒的教育以至课程政策举动,放置在20世纪中叶东亚的政治脉络内,我们就自然明白这些教育与课程举措实与当时高涨的冷战形势有着不可分割的关系;特别是当我们仔细分析1950年的高中公民科的内容就不难找到一种西方自由世界与共产主义阵型的对峙的冷战语调,公民科课程内容强调作为中国香港公民虽然“族裔上是属于中国,但政治上是在英国的统治”(The Hong Kong Certificate Syndicate,1950,p.47;quoted in Tsang,1998,p.238),在中国香港英治下,公民享有“公义的制度”“民主的新闻报导”“不受一党控制”;课程又要求学生把英国的民主社会主义及美国的资本主义与前苏联的共产主义分办清楚;更告诫学生不应抱有狭隘形式的民族主义,而应具备世界大同(cosmopolitan)的视野,并服膺于联合国及英联邦等国际组织。(Tsang,1998,pp.237-240)这样一种公民教育的课程内容就正好符合当年中国香港殖民政府管治下,中国香港这个正处于冷战阵型以至交战(朝鲜战争)双方最前线的城市的需要。

更值得一提的就是中国香港政府这个公民教育课程只采用了五年,至1957年公民科课程就把当中的冷战语调全面删除,到了1960年就更把公民科取消了,代以经济及公共事务科,其中至1975年“公民”的概念更被“青少年角式”所取代。(Tsang,1998,pp.240-243)结果,中国香港公民教育就经历一段长达近四分之一世纪的真空,并出现一种“不涉政治”的子民式教育(apolitical subject education)。(Tsang,1998,pp.240-243)

第三个呈现课程与管治以至“知识与控制”的议题的历史时刻就是,由1980年代中叶开始涌现的去殖民化及回归成为中国特别行政区的过程。从九七回归过渡这个议题衍生出来的教育政策议题以至其中一个重要研究课题就是,如何培养九七回归后坚持“一国两制”贯彻高度自治的香港市民?结果那个被尘封并束之高阁四分之一世纪的公民教育议题,又再次备受关注;甚至引发起多轮的公民教育的政策争议,同时亦促使不少学者特别是教育社会学学者提出研究课题并进行研究①。这接近三十年的争议根本不可能在这里一一陈述，但其中的转折仍然可以摘要地提出：其一就是政策议题与研究课题的焦点，从公民教育转移到国民教育。其二就是政策态度的转变，在九七回归前中国香港政府采取消极的、"指引"式的、由学校自决和渗透于各科的方式推行公民教育，九七回归后特区政府则积极地建议采取强制的必修科的政策，在中小学均全面实施的方式推行国民教育。其三就是民间社会的态度的转变，九七回归前民间社会对公民教育的态度是不积极，议论只发生在教育界内，虽然有建议把公民教育独立成科，但这政策立场亦未能成为教育界内的一致共识；到九七回归后民间社会参与"反国教"的运动就涉及学生、家长、政党，已非教育界内的议题。究其造成这些政府政策及民间态度的转变，基本上就是"知识与控制"的纠缠，这亦正是在中国香港从事教育社会学研究的学者，今后需要关注以至着力研究的课题。

3. 教育机会与社会机会均等化的议题

在中国香港这个不断发展的社会经济脉络，加上二战后迅速扩展以至普及化的教育脉络，教育社会学研究的其中一个焦点议题就必然是教育机会以至社会机会是否趋于均等？更具体而言，入学机会的增加是否会造就向上社会流动机会的增加？简而言之，就是教育社会学界一个恒久的课题：世袭与成就（ascription or achievement）之间，哪一项因素对教育以至社会成就产生更大的决定性影响？（Halsey，1977；Halsey，et al.，1980；Goldthrope，1997）

回答这些研究问题，在教育社会学以至社会学研究领域中每须建基在大规模社会调查所搜集得到的具代表性的数量，并采取不同年代群组数据作比较（Halsey，1980；Goldthrope，1980）或长时间的追踪研究所得数据（Swell，et al.，1980；Hauser，et al.，1983；Jenck，et al.，1983；Campbell，1983），作量化统计分析才可以得到答案。在中国香港 1990 年代以前有关资料数据并不存在，所以研究者只能利用政府发放的人口统计数据进行分析（Tang，1981；Tsang，1990；1992；1993；1994），但二手数据始终是有局限的（Chan，1995）。至本世

① 有关研究及讨论，例如：Tsang，1998；曾荣光，2011a，222－284；Lee，1999；Lee and Sweeting，2001；Tse，2007；谢均才，2011；梁恩荣，2011；梁恩荣、阮卫华，2011；梁恩荣、郑钰钿，1998。

纪初,中国香港社会学者开始作全港性一手数据搜集并研究,然而研究设计始终是只属“横截式”(cross sectional)的数据分析(Lui,2011),而无法反映在二战后变化迅速的社会经济结构下,不同年龄群(cohorts)在不同年代的社会流动机会的变化;特别是在学校教育扩展的不同阶段,教育普及化以至均等化对社会流动机会的影响。

话虽如此,但“横截式”一手及二手数据分析结果仍能提供二战后中国香港社会流动及教育机会均等状况的一些观察。首先,不同经验研究均发现,二战后中国香港并非如当年一般港人相信的社会神话那样,是一个充满“无限机会的地方”(a land of abundant opportunities),即社会流动机会并非绝对(perfect mobility),而是存在着一定程度上的“阶层继承”(class inheritance),而且阶层继承在高阶层中就更为显著;此外二战后的中国香港仍存在着一定程度的向上社会流动,尤其是“短距离的向上社会流动”就更为显著(Lui,2011;Tsang,1992;1994)。其次,教育成就对上述社会流动亦产生正向而显著的影响;即教育成就对个人的阶层终点(destination)(以个人职业地位作指标)是有显著而正面的影响(见图I-2-1,$+_1$),但阶层起点(以个人父母社会经济地位作指标)对个人教育成就亦产生显著而正面的影响(见图I-2-1,$+_2$);此外阶层起点对阶层终点虽亦有正面而显著影响,但强度上却不及前二者的影响(见图I-2-1,$+_3$)(Tsang,1993);结果显示,在成就(即以教育成就作指标)与世袭(即以阶层起点作指标)二者哪一个对个人社会流动机会具有更大影响的问题上,中国香港的发现大致是与A.H.Halsey的结论(Halsey,1977)一致,即成就与世袭之间,并不是非此即彼的现象,而是世袭是透过学业成就间接影响个人的社会流动机会。总结而言,二战后中国香港的阶层继承是间接地透过教育成就而完成,但由于缺乏年代群组的比较研究结果,我们是无法验证中国香港在1970年代以后的教育普及是否增加了教育成就在社会流动过程中的中介影响,以至减弱了阶层起点对阶层终点的直接影响。

4.21世纪教育改革的议题

九七回归后,首任特区行政长官董建华先生在1997年10月首份施政报告中,就宣布要进行“教育制度检讨”;继后,特区政府就先后在2000年公布《香港教育制度改革建议》(教统会,2000),并在2001年公布《学会学习:课程

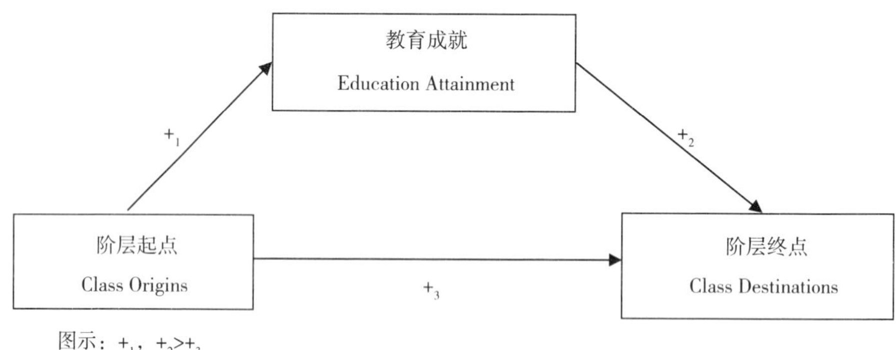

图附 I-2-1:教育成就与阶层流动关系径

发展路向》(课程发展议会,2001);这一轮被官方号称为"二十一世纪教育蓝图"的教改与课改,自然引起本土不少学者及论者的种种议论①,其中一个备受关注的议题就是对特区政府推行教改与课改的意图与原因的议论;其次就是对教改与课改的方向与方法的议论,第三就是改革具体措施的建议与批评;更重要但仍未见本港学者提出议论以至研究成果的就是,这些实施十多年的改革的成效如何?事实上,以上在上世纪末至本世纪初,中国香港两任政府连续的教育体制、课程与评估、学校管理等改革,实可以放置在过去三十年欧美教育社会学界(本文只讨论英语国家)对全球性教育改革研究与议论的热潮内去理解,当能有更透彻的理解。

在过去三十年一种全球性、甚至是"同构型"的教育改革,即 Ball 所谓的"范式的汇合"(paradigm convergence),差不多在主要先进国家同步地实施(Ball,1998;Dale,1999);而且这些教育改革均很大程度上声称是回应同样的一类社会变迁现象的论述。事实上,不同社会学者每制作不同的概念以至理论来描述这个现象,为方便讨论,本文将采用一较普遍的概念——全球化(Globalization)②。但即使在全球化这个概念下,也包罗着多个以至多层的意

① 部分议论见以下两文集:Mok and Chan,2002;曾荣光,2006;亦可参考:Cheng,2005;Choi,2005;Mok and Tan,2004;Morris and Scott,2010。

② 教改与全球化关系,在教育社会学领域近年著作确属汗牛充栋,其主要专著及文集例如:Apple, et al., 2005; Ball, 2012; Burbules and Torres, 2000; Dale, 2005; Lauder, et al., 2006; Popkewitz and Rizvi;2009;Rizvi and Lingard,2010;Spring,2009;Stromquist and Monkman,2000。

义,以下讨论将从三个度向(dimensions)以理解全球化这个现象。

第一个理解全球化的度向,可概括称之为“科技—社会”度向(techno-social dimension);它是指源自1970年代开始的一种信息科技的改进过程,随着计算机化、微电子化、全球通讯光纤化、信息数码化、通讯工具个人化及流运化……等连续的信息科技突破。(Castells,2002)更重要的就是这些信息科技改变了,甚至可以说是颠覆了,人类存在的两个重要坐标——时间与空间,就是把二者的距离大大“压缩”了(compressed);事实上,不少著名社会学者如Bauman,Castells及Giddens均把全球化界定为一种时、空压缩的过程①。随之而来就是“人际关系”(human relationship),这个社会学的基本分析单位的转变,简言之,它被“网络化”了,一方面被“密集化”(intensified),但另一方面却被“疏离化”(alienated),或用Giddens的说法是被“纯粹化”(purified)(Giddens,1991;1992)。另一种的改变就是社会组织(social organization),另一个社会学的基本分析单位的改变,简而言之,就是从过往的一种分科分层的“科层组织”(bureaucracy)转变为一种“灵活”(flexible)、“可变换”(convertible)、“分散”(diversified)的“网络组织”(network organization)(Castells,1996);结果就有学者宣称“世界是平坦的”(Friedman,2005)。上述一类对全球化的理解,大致可统称为全球化的“科技—社会”度向(techno-social dimension)的理解。

第二个理解全球化的度向,可称之为“经济—政治”度向(econ-political dimension),即聚焦在全球化引发的经济与政治的变革;其中最突显的变革莫过于,新自由主义(neo-liberalism)在经济及政治领域,取得支配性的议论地位,并把二战后盛行的福利国家的议论地位全面抵消了。新自由主义作为一种政治经济学的学说,是起源自20世纪特别是两位经济学者的主张:海耶克(Friedrich Heyak)与弗里德曼(Milton Freidman);他们分别在1974年及1976年获得诺贝尔经济学奖。作为一种政治经济学学说,它倡导的自由是一种“个人的企业家经营的自由”(individual entrepreneurial freedoms),而对这种自由的最重要制度保证就是:“私有产权(private property rights)、自由市场(free

---

① 见Bauman,1998a;Castells,1996;2002;Giddens,2003。

market)与自由贸易(free trade)"(Harvey,2005,p.2)。但一种政治经济学说可以转化为实际的政治—政策纲领,就主要是源自上述的一种把时空压缩的信息科技的突破,其结果就使商品交易特别是国际间的商品交易在时空两方面大大地频密化(intensified)(Harvey,2005);其次,在1980年代初英、美政府先后由保守党及共和党上台执政,加上1990年代初前苏联与东欧阵型解体,就更大大拓展了资本主义市场交易的空间;至此,资本主义的市场交易无论在速度与广度均获得前所未有的提升;结果新自由主义就得以成就成为一种"霸权式的议论模式"(hegemonic mode of discourse)(Harvey,2005,p.3)。新自由主义在公共政策(包括教育政策)的影响就是掀起所谓公共部门改革(public sector reform)的浪潮①;简言之,就是一方面在政治经济政策层面把20世纪以来一种主权国家、民族市场、财政主体、国际贸易、关税自决的常态,很大程度的削弱;另一方面就是把二战后福利国家奉行的公共服务(包括教育、医疗、房屋、交通、社会福利等)提供模式转向为私营化(privatization)、去管制(derelgulation)、引入市场竞争(market-competition)、增加受众的选择(如家长择校权),简言之,就是公共服务商品化(commodification)。上述一系列全球化在政经及公共政策上的改革,亦可被理解为全球化在"政治—经济"度向的表现。

第三个理解全球化的度向就是文化度向(cultural dimension);全球化、时空压缩的一个后果就是把以往散处于地球表面不同地域,经长时累积而成的文化传统、生活方式、道德价值系统的"共同体"(communities),瞬间地被压缩在一个对峙的平台。其后果首先就是,每一个文化传统都受到严厉的审问(interrogation),并必须作出深刻的反省及答辩,即社会学家Giddens所谓的"后传统社会"(post-traditional society)的现象(Giddens,1994)。其次,随着各种文化与生活方式的频密接触与交往,就必然产生种种"文化的混杂"(culture hybrids)以至"集锦并凑"(pastiche),结果就出现另一个重要的全球化文化现象"多元文化主义"(multiculturalism)②。最后,在"后传统社会"与"多元文化主义"的冲击,现代世界就同时出现几种显著的文化反应;例如"原

① 有关公共部门改革可参考:Clark el al.,2000;Jessop,1999;Lane,1997;Rhodes,1997。

② 文化混杂与全球化的关系,见Jameson,1984;Tomlinson,2007。

教旨主义"(fundamentalism)的兴起,根据 Giddens 的定义不同版本的原教旨主义,本质上都可视为一种对"后传统社会"的极端反应,一种回归及紧抱传统(特别是传统宗教传统)并拒绝与外界对话的一种文化态度(Giddens,1994);若原教旨主义是一种义无反顾地排拒全球化,另一种相反的反应就是"全球消费者主义"的一种全心全意地拥抱及沉溺在全球化浪潮中,即一种膜拜国际品牌的消费品、大众媒体(电影、电视)、消闲方式(主题公园、消费主义旅游)等,结果出现一种"去本土的"(de-indigenous)文化霸权及跨文化品牌的拜物主义①;第三种的文化反应就是个人的价值观念以至身份认同出现著名社会学者 Zygmunt Bauman 所谓被"液化"(liquidated),并出现道德恐慌与伦理虚无主义(moral panics and ethical hedonism)②。

面对以上三个全球化度向的种种变迁,教育作为现代社会一种重要社会制度,它会受到怎样的冲击,更重要的是它应作出怎样的响应?这自然就构成当今教育社会学的至关重要的研究课题。事实上,在过去四分之一个世纪教育社会学界无论在理论与研究均已取得丰硕的成果,这里只能择要地列举。

首先,"科技—社会"度向的全球化对教育制度所带来的变革,可以说是多方面而又极其深刻,同时自然亦引发出种种政策争议。首先,最早期的改革议题就是把信息科技(IT)引入教育领域特别是应用在课堂教与学③。其次,随着信息科技硬件的购置与软件的运用,信息科技教育改革的议题就进一步推进至更深层的教师与学生思维 mindsets 的改变,即"信息科技/计算机/信息素养"(IT literacy/computer literacy/information literacy)的培养,甚至是实施教师信息科技素养的"能力水平"(benchmanking)的测试④。其三,信息科技素

① 消费者主义与全球化的关系,见:Bauman,1998a,pp.77-102;1998b,pp.23-41;Bauman,2007;Buckingham,2011;Kenway and Bullen,2001;Goodman,2007;Ritzer,2007,pp.162-191。

② 英国著名社会学者 Zygmunt Bauman 出版了一连串关于全球化造成人类生活及社会被"液化"们著作:起源自 Bauman,1998a;2000;2005;2007;2011。有关道德恐慌与伦理虚无主义在全球化年代的讨论,见 Bauman,1993;1995;Cree,2015;Krinsky,2013;Souryal,2011,pp.166-170。

③ 有关讨论参考:Bok,1993;Cuban,2001;Meyrowitz,1996。

④ 早期计算机应用以至信息科技应用对"读写能力素养"literacy 的概念的影响,每停留在技术层面的掌栓,在中国香港教育政策就只提"计算机素养"、欧美则每用"信息科技素养"或"信息素养",见 Curriculum Development Council,1999;Robinson,2009;Walsh,2011;Walton and Pope,2011。

养的议论的进一步的发展就出现更深层的概念理解,即“媒体素养”(media literacy)、“多元媒体素养”(multimedia literacy)、“新素养”(new literacy)概念等的议论与研究;即信息科技的掌握与应用带来的变迁,其实是一种更深层次的人类认知的革命,即人类文明的载体(carriers)由过往的“文字”与“书籍”改变为“影像”“视屏”“互联网”,即所谓由“古腾堡(活版印刷)的星系”(the Gutenburg galaxy)转移至“互联网星系”(internet galaxy);结果人类接收讯息以至知识的方式就由顺序的行或列文字编排,转变为同步的图像由中心焦点向外扩散的影像画面①。其四,在书籍到视屏转变背后,更深刻的转变则是由文字表现的模拟性指涉(analogous reference),即文字的指涉对象是外在世界的模拟性实物;转变为视屏上影像所指涉的“数码化”的由0与1组合而成的“虚拟现实”(virtual reality)(Lankshear and Knobel,2011)。其五,数码化的指涉方式就彻底改变了知识的型态,据此,有学者就提出过去四百多年的“现代知识论”(modern epistemology)就开始被“数码知识论”(digital epistemology)挑战以至取代;当信息与知识的储存、取回、传递、传播被数码化后,知识就不再是分门别类地依层序系统(hierarchical system)般组织起来,即Hubert Dreyfus所谓的“旧图书馆文化”(old library culture);而转变通过“网络”(network)形式,灵活、平等、随意拼凑地组织起来的一种“超链接文化”(hyperlink culture)。② 在这样一种知识论的范式转移下,作为传递及散播知识的主要社会制度——教育制度,就必须作出响应,因此近四分之一世纪的教育改革中,其中一个重要议题就是课程改革。例如在英国的全国性课程改革、中国香港的《学会学习》的课程改革或中国大陆的课程改革,均掀起教育界以至社会公众激烈的争论,其中在英国教育社会学界更触发对1970年代兴起的“新教育社会学”或称课程社会学议题,重新热烈议论及进行研究,结果1970年代的课程研究中有关“本质主义”(essentialism)与“建构主义”(constructionism)的争

① 有关“读写能力素养”概念的更深层及多样性的讨论,可参考:Cope and Kalantzis for the New London Group(2000);Kress and van Leeuwen,1996;Lankshear and Knobel,2011;Lankshear and McLaren,1993;Macedo and Steinberg,2007。有关“古腾堡星系”转移至“互联网星系”的讨论可参考Castells,2002。

② 有关数码化对知识的影响,主要参考有:Bereiter,2002;Dreyfus,2001;Lankshear and Knobel,2011。

论又再被重新掀起①。"本质主义"就是从现代理性主义以至实证主义的知识论视域出发,主张各门学科知识是具有客观、固定以至不变的"本质"(essence)与结构,据此,学校课程中各学科的课程内容、组织以至教学程序与方法均具备客观的"本质性"(essential)的规律;这正是自20世纪以来全球学校课程沿用的一种分科分层分阶段的课程系统,即斯坦福大学教育社会学教授John W. Meyer及其一众弟子所倡导的学校课程的"世界文化"(world culture)(Meyer, 1992)。"建构主义"则源自1970年代兴起的"新教育社会学"视域,把学校课程视为"社会的建构"(social constructs),以至受政治、权力作用下的建构及"意识形态",其中著名课程社会学者Michael Apple(1979)的《课程与意识形态》(*Curriculum and Ideology*)就最具代表意义。在全球化信息科技冲击下而衍生的"数码知识论"课程改革就更进一步被"再建构"为一种强调"能力"(competence)、"共通能力"(generic skill)的学习过程,因此传递的各学科的课程结构与分类,均被"统整""综合"成"共通能力"、能力为本课程(competence-base curriculum),以至学习者中心课程(learner-centred curriculum),结果就出现著名教育社会学者Michael Young所谓的"疏散知识"(evacuation of knowledge)、"疏散内容"(evacuation of content)的课程,即一种"去知识""去内容"的空心化的课程(Young, 2012, p.142; Wheelahan, 2012)。在"本质主义"与"建构主义"以外,Michael Young及部分教育社会学者就应用科学哲学中的"批判真实主义"(critical realism)的视域,主张重新把知识(但不再是本质主义定义的知识)带回到学校课程内,并提出以"social realism"来研究课程改革。② 结果近年就成就了另一丰富及具启发性的研究及理论视域;可以预见这方向的教育社会学研究,可能成为未来的重要研究课题以至视域。在中国香港有关课程改革的方向,亦正是朝着"课程统整""共通能力"、打破传统学科的固定课程内容,并倡议"议题探究取向"的课程与学习;结果自然

① 当年有关争论见:Ping, 1972; Young, 1973; White and Young, 1975; 1976; Clark and Freeman, 1979; Clark and Freeman, 1979。

② 见Young, 2008;亦可参考:Maton, 2014; Maton and Moore, 2012; Wheelahan, 2010; Young and Lambert, 2014; Young and Muller, 2014; Young and Muller, 2016。

引起部分传统课程学者与教师的反对及争论①;在众说纷纭的争议中,新近发展的“社会真实主义”视域似乎仍未被引入到有关的争议中,这大致将会是中国香港教育社会学未来发展的一个重要的政策议题及研究课题。

其次,“经济—政治”度向的全球化,更具体而言,即新自由主义推动的公共部门改革,亦掀起另一度向的教育部门的改革;这方面的改革就主要体现在公营学校教育体制上的改革以至学校行政组织上的改革。其后果首先就是,自二战后欧美福利国家公共政策议论所建立的一种,以追求教育机会均等及减少依学能、种族或阶层作分化为目标的“综合学校”(comprehensive school)或“整合学校”(integrated school)体制,就被新自由主义的公营部门改革运动所瓦解。在提升国家的全球竞争力(global competitiveness)的口号下,追求卓越(excellence)就取代追求均等(equality),成为21世纪学校教育的首要任务;结构上,一种多类型办学、分化以至分层分等的学校体制,就取代了综合学校的体制;结果过往的均等化理想就被追求卓越的借口转变为依学能以至阶层分隔的分化以至分层的学制。然而,要彻底达致新自由主义者的构想的学校教育体制,教育改革就有必要进行更深层的连续结构改革,这连续的结构性改革可统称为“市场化”(marketization)或“类市场”(quasi-market)的改革②。要把二战后建立起的公立综合学校“再工程”(re-engineering)为一“类市场”的体系,这些连续结构性改革大致可归类为以下三方面:第一,就是创造一种学校教育服务的有效供应的改革,例如私营化、脱离(opting-out)公营体系、公立学校约章化(Charter School)、去管制(deregulation)、下放权力(devolution)、办学自主等,这一系列改革就把公营学校体制分化成为不同类别以至等级的学校服务供应者;继而更在这些不同类别学校之间引入各种竞争机制,结果就创造出有效的供应体制③。第二,就是学校教育服务的有效需求改革,其中最

① 可参考:曾荣光,2014;2011a,pp.285-304;黄显华,2006;郑钧杰、林智中,2006。

② 有关教育准市场及市场化可参考:Ball,2012;Chubb and Moe,1990;Lauder and Hughes,1999;Walford,1996。

③ 有关学校私营化见:Ball,2007;Levin,2001;Murphy,et al.,1998;Whitty,1998。权力下放见:Whitty,et al.,1998。美国约章学校讨论可参考:Carnoy,et al.,2005;Wells,2002;Finn,Jr.,et al.,2000。

根本的改革措施就是扩大家长的择校权，把政府统一分配学位的机制瓦解，其中“学券制”的政策争议最具代表意义①；在中国香港有关改革则有“直接资助学校”②。第三，在创造出有效的需求与供应机制以后，更重要的就是要创造可促进市场交易的交换媒介及市场信息；这可包括：一方面就是建立标准化、量化及可比较以至可换算的学生学业成绩以至学校表现的讯息，另一方面就是对学校运作进行类似商业机构的核数与基准（auditing & benchmarking）的管治③。在英国前者就是全国性评估及学校排行榜的政策，后者则是“教育标准办事处”（Office for Standards in Education）的设立及学校视学机制的实施；在香港特区教改前者就是引起不少争论的全港性系统评估、以至学校增值指标等机制的设立，后者则是整个学校质素保证机制、学校外评、自评等政策措施④。至此，整个学校体系“再工程”的各组件就相继建构完成，至于在这种新治理机制下的学校体制的效能就将成为今后教育研究包括教育社会学研究的重要课题。

最后，就文化度向全球化对教育制度的影响及其响应，在这方面的教育政策议题的发展及研究课题的形成与整理，可以说是在全球化三个度向中，发展最为纷乱和落后，这大致是源自世界各民族国家的本土文化及身份政治的构建（configuration）各有不同，因此，各自受全球化文化的碰撞与压缩的影响及所作的回应就各有不同。首先，在“后传统”的冲击下，例如中亚及中东地区伊斯兰国家的反应就出现较强烈抗拒，但对大多数西方自由民主资本主义国家而言，全球化所带来的传统文化冲击就相对较小。其二，在本土与全球之间的种种“混杂”以至“拼凑”的程度亦各有不同，例如对美国本身就是一个多元文化及多种族的移民社会，故其文化混杂及拼凑程度就至为普遍；加上美国社

---

① 有关家长择校讨论，可参考：Brighouse，2000；Levin，1983；Schneider，et al.，2000；Wolf，2003。有关学券讨论，可参考：Witte，2000；孔繁盛，1999。

② 有关直接资助学校讨论有：曾荣光，1998，pp.114-144；2011a，pp.54-77。

③ 有关学校表现标准化及市场信息化，可参考：Carnoy，et al.，2003；Popham，2004；Roger，1990；Sleeter，2007。有关学校表现的监控与审核，可参考：Gleeson and Husband，2001；Perryman，2006；Ranson，2003；Strathern，2000；Thrup and Willmott，2003，pp.12-31。

④ 有关香港特区增值指针及全港性系统评估政策的讨论见：曾荣光，2011a，pp.174-194；曾荣光，2016；学校质素保证视学的讨论见：曾荣光，2011a，pp.195-219。

会是不少全球化消费者主义文化的发源地,如麦当劳化、好莱坞化、迪斯尼化等,就自然成为全球资本主义消费者主义的文化“混杂”溶炉。其三,本土与全球文化的碰撞在政治上就出现另一种政治文化演变,在欧洲特别在东欧与巴尔干半岛,本土族裔的分离主义就在不少多民族国家内占上风,并发展成原有民族国家的向下解体为更分散的文化以至政治主体,但同时中西欧各民族国家则向上整合为泛欧洲的更大的文化以至政治实体。最后,以上各种文化、意义与价值系统的整合或离散,均最后凝结成各种形形色色的身份认同以至衍生出各“身份认同政治”(politics of identity)①。在教育政策上,要响应上述各种文化聚合或分散及身份政治的转移,各国政府均需要重新审视本身的公民教育、道德教育、宗教教育以至本国的历史教育。在中国香港过去二十多年环绕着公民教育、国民教育以至中国史、本土史教育的争议,就正好体现上述的种种文化碰撞与身份政治的张力,其中环绕着国民教育的争议以至抗争就至为显著②;这亦正好构成未来中国香港教育社会学研究课题的另一个发展方向。

以上有关二战后中国香港教育社会学相关的政策议题与研究课题,本文只能择选性的择其重要而又与中国香港特殊社会脉络有显著及适切相关四项来讨论及叙述;当中实绝无意图呈现中国香港教育社会学发展的全貌,更不敢说是过去历史的真实,只能说是一种事件、活动的叙事而已。

(三)位置

环绕着上节所列举的政策议题作出议论以至争论,并对相关的研究课题进行调查研究的众多本土教育社会学者,都是立足在特定的制度与组织,才得以从事这些活动,这就是本文的指引架构中的第四个部分——位置。在西方这些制度的位置就是高等教育机构特别是大学里的教学及研究机构。在教育社会学这学科中,相关的机构一般是分处于:综合大学里的社会学系,或大学内的师训机构如教育学院。在中国香港情况也没有例外。

中国香港最早有教育社会学学科开设的就是香港中文大学(简称“中

① 有关身份认同政治的讨论,自上世纪末开始涌现,见:Calhoun,1994;Appiah,1994;Habermas,1994;Taylor,1994;Fraser,1998;Parekh,2008。

② 可参考:曾荣光,2011b;2013。

大”)，这学科早在1964年已有开设，并是“中大”第一届学位考试(1964)的其中一份试卷，当年是用“educational sociology”的名称①。该科是由“中大”社会学系开设，而“中大”社会学系亦是中国香港最早设立的社会学系。它的前身是“中大”三所成员学院之一，崇基书院在1951年创立(李沛良，1998，p. 259)。而崇基书院则是由十三间国内基督教大学移居中国香港后合组而在1951年成立；十三所大学中的上海圣约翰大学则是全中国最早设立社会学课程的大学，早在1914年已开设社会学研究所(金耀基，1998，p.349)；这个传统就促成崇基学院在创校之初就设有社会学课程。及后“中大”另外两所创校成员学院联合书院及新亚书院亦先后在1956年及1959年开设社会学课程；亦是因此“中大”在1964年创立就设有社会学系以至有教育社会学学科的开设。而且教育社会学一科至今仍继续开办；该科的名称则在1971—1972年度改为“Sociology of Education”并沿用至今。②

至于香港大学(简称“港大”)虽然早在1911年成立，但一直没有设立社会科学学院，更没有社会学系。直至1967年才成立社会科学学院及社会学系，但直至1982—1983年度才开始设立“Sociology of Education”一科；该科在1998—1999年度改称为“Education and Teaching”，并沿用至今。③

此外，在1994年获得中国香港政府资助及升格为大学的专科以上院校中，其中浸会大学及岭南大学均设有社会学系，后者的名称是社会学与社会政策学系，但二者自1994年以来均没有开办教育社会学的科目。④ 中国香港高等师训机构起初(1950至1990年)是分成两个培训途径，其一是培训中学学位教师的机构，一直是附属于政府资助的大学，其主要任务是培训已拥有大学学位的人士教育专业知识，并颁授教育文凭使学员得到政府认可的教师专业资格。香港大学在1951年开始设立教育文凭课程，以培训中学学位教师；其后香港中文大学则在1965年开设教育文凭课程；直至1993年浸会大学亦加入教育文凭课程的师范教育。其二是培训小学及初中教师的专科以上院校，

① 见《香港中文大学学位/文凭考试试题1964》。香港：香港中文大学。

② 见《中文大学概览》(各年度)。香港：香港中文大学。

③ University of Hong Kong Calender.(various years).Hong Kong:University of Hong Kong。

④ 见有关院校有关年度概览。

最早称为师范专科学院，至 1994 年政府把当年的四所教育学院合并成为香港教育学院，并在 1996 年获准加入大学教育资助委员会成为资助院校，及至 2016 年初终获港府授予大学名衔，改名为香港教育大学。中、小学师资培训在院校间的分流亦在 1990 年代随着小学师资学位化政策实施而消失，至今中国香港的学位教师师资培训模式是采取两轨并行方式进行，其一是大学学位加教育文凭，其二是教育学士。

至于教育社会学在教师教育制度的发展，在 1990 年代以前主要是集中在“港大”与“中大”的教育学院。早在 1958—1959 年度港大的教育文凭课程就开设了教育社会学（Educational Sociology）一科；至 1975—1976 年度则合并成为教育心理与社会学（Psychology and Sociology of Education）；至 1981—1982 年度学科又改为 Sociology of Education and Comparative Study of System of Education，并沿用至今。至于“港大”教育学院的硕士及博士学位中亦有部分研究领域中是包括了教育社会学成分，例如现时在修课为本硕士课中就有《教育社会学：古典与近代理论》（*Sociology of Education：Classic and Contemporary Theories*）一科的开设，在研究为本的硕士与博士课程中亦有教育社会学的研究焦点。“中大”教育学院成立于 1965 年，提供教育文凭课程的培训，课程在 1969 年开始就开设了教育社会学一科，但自 1975 年后就停止开设该科，至 1985—1986 年度又重新开设，并成为必修科目，该科其后改名为：学校教育的结构与过程（Structure and Process of Schooling），并沿用至今。在 1993—1994 年度起教育硕士课程中亦开设有教育社会学专研范围并设有教育政策与社会（Education Policy and Society）一科，而哲学博士课程中在教育行政与政策研究范围内，亦设有教育社会学研究焦点。

至于浸会大学的教育学系，自 1993—1994 年亦有开办教育文凭课程以培训香港中小学教师，课程中亦有开设《教育的社会基础》（*Social Foundation of Education*）一科。至于硕士及博士课程中则未见有教育社会学专研的设立。

最后，在 2016 升格为香港教育大学，则自 1990 年代成立的香港教育学院就一直有提供师资训培课程，其中现时的教育文凭课程中就设有：《教育中的哲学与社会文化议题》（*Philosophical and Socio-Cultural Issues in Education*）一科，但在现时的教育与人类发展学院中所开办的硕士与博士课程中，则未见有设立教育社会学的专研焦点。

考察中国香港学者从事教育社会学研究活动的制度位置,除了大学的教研单位外,亦可从学会与学报的制度设立去考察,例如在美国社会学学会(American Sociological Association)内就设立有教育社会学的常设组别(section),并在该会出版的"官方学报",亦有其中一份是《教育社会学》(*Sociology of Education*)。其次,在英国的不列颠社会学学会(British Sociological Association)下亦有常设的教育研究小组(Education Study Group);至于《不列颠教育社会学学报》则不隶属于学会而是由独立编委会主持。第三,国际社会学学会(International Sociological Association)(由 UNESCO 在 1949 年成立)亦下设有教育社会学的研究委员会(Research Committee on Sociology of Education)。此外,《教育社会学国际研究》(*International Studies of Sociology of Education*)在 1991 年创刊的,则是一本由独立编委会主持的教育社会学期刊。相对而言,中国香港的教育社会学在学会组织及期刊出版两方面均仍未有任何组织发展。中国香港虽然有社会学学会的设立(早在 1966 年创立,至 1972 年就停止运作,及在 1998 年又重新运作,并延续至今),但属下却未有发展任何专研小组的设立。该会虽有自己的官方期刊,但在中国香港仍没有任何教育社会学的专门期刊的设立。

整体而言,从制度位置的考察,中国香港的教育社会学并不称得上蓬勃。在中国香港八所政府资助及认许的大学中,只有四所设有社会学系,其中更只有"中大"与"港大"两所有恒常地开设教育社会学科目。在四间设有师资培训部门(教育学院或教育学系)的大学内,虽在师训课程均有包含教育社会学的元素,但在硕士及博士课程中就只有"中大"及"港大"设有专门的研究焦点及开设有相关学科。而造成这种制度位置上发展落后的原因最有可能就是人数规模的问题,在一个不足八百万人口的城市,只有八所政府资助及认许的大学,其中从事教育社会学研究及教学的工作者,为数实属有限;因此若要拓展教育社会学研究的网络,想必需要本港教育社会学工作者们与邻近地区的同行进行网络联系(networking)以产生协同效应,据此,海峡两岸暨港澳教育社会学工作者在上述各制度位置协同组织起来,可能就是其中一个出路。

结　语

R.G.Collingwood,英国著名历史学者在《历史的理念》(*The Idea of History*)一书写道:“历史所为何事(What is history for)? ……我的答案就是历史是人类的自我知识(self-knowledge)。……认识你自己就是知道你可以做什么;但每个人得以知道自己可以做什么直至他作出了尝试;人类可以做什么唯一线索就是人类曾经做了些什么。历史的价值就是教导我们人类做了些什么,因而认识人类究竟是什么。”(Collingwood,1994,p.10)

过去半个世纪,一群从事教育社会学研究的工作者,在中国香港这个不断过渡的多元化城市,曾经对与本土相关的教育议题进行研究、议论与争辩;上文就是从脉络、议题、视域、取向及位置等度向,并应用历史社会学的建构主义的方法,尝试把有关的活动、实践与事件建构出一种叙事;但必须立刻指出,以上的叙事不可能亦不会声称是有关活动、实践与事件的全部,它只是笔者这个叙事者或说故事人,在选定的主题内,把经选择性地撷取的事件作桥段化的次序排列而得出的一种叙事或“故事情节”(storyline)而已。因此,它更不可能提供美国历史学家Hyden White所主张的一种“具道德意义的结局”(closure of moral meaning)(White,1987,p.22)。因此,唯一可以作结的就只是,以上是对“曾经做了些什么”的一种“自我认识”,以作为来者“可以做什么”的参考。

参考文献:

黄显华(2006)。(香港课程发展的知识基础:理论、参与和专业)。载曾荣光(编)。《二十一世纪教育蓝图? 香港特区教育改革议论》。香港:香港中文大学出版社。

教育统筹委员会(2000)。《香港教育制度改革建议》。香港:香港特区政府印务局。

金耀基(1998)。(社会学与中国现代化)。载乔健(编)。《社会学、人类学在中国的发展》。(页345—352)。香港:香港中文大学新亚书院。

课程发展议会(2001)。《学会学习——课程发展路向》。香港:香港特区政府印务局。

孔繁盛(1999)。《香港学校教育私营化:教育券方案》。香港:香港中文大学香港教育研究所教育政策研讨系列27。

李沛良(1998)。(九〇年代初期以前香港的社会学研究)。载乔健(编)。《社会学、人类学在中国的发展》。(页258—286)。香港:香港中文大学新亚书院。

梁恩荣、阮卫华(2011)。《公民教育,香港再造!:迎向新世代公民社会》。香港:印象文学:香港基督徒学会。

梁恩荣、郑钰钿(1998)。(编)《民族教育的路向:研究与反思》。香港:关注公民教育联席香港政府。(1974)。《一九七四年教育政策白皮书:香港未来十年内的中学教育》。香港:香港特区政府印务局。

梁恩荣(2011)。《转化公民:面向"一国两制"的公民教育》。香港:圆桌精英。

谢均才(2011)。(辨国族身份)。《教育学报》第39卷。第1—2期。页25—38。

谢锡金等(2004)。《母语教学的研究与实践》。香港:香港教育图书公司。曾荣光(1998)。《香港教育政策分析:社会学的视域》。香港:三联书店。

曾荣光(2006)。(编)《二十一世纪教育蓝图? 香港特区教育改革议论》。香港:香港中文大学出版社。

曾荣光(2011a)。《香港特区教育政策分析》。香港:三联书店。

曾荣光(2011b)。(香港特区国民教育的议论批判)。《教育学报》第39卷。第1—2期。页1—24。

曾荣光(2013)。(香港特区国民教育课程内容的偏差与缺失:《德育及国民教育科课程指引》的争议)。《教育政策研讨系列:76》。香港:香港中文大学香港教育研究所。

曾荣光(2014)。(确认高中通识科的时代与教育意义:课程社会学的分析)。《教育学报》第42卷。第1期。页141—160。

曾荣光(2016)。(《全港性系统评估检讨报告》的批判:政策评鉴的视域)。《教育学报》第44卷。第1期。页195—212。

郑艾伦,石镜泉,谢家驹,黄绍伦(1973)。《英文何价:教学媒介与香港教育:与社会人士报告书》。香港:Shum Sing Printing。

郑钧杰,林智中(2006)。(评香港课程改革二〇〇二:《学会学习》)。载曾荣光(编)。《二十一世纪教育蓝图? 香港特区教育改革议论》。香港:香港中文大学出版社。

Abram,P.(1982).*Historical Sociology*.Ithaca:Cornell University Press.

Altbach, P. G. and G. P. Kelly. (1984) (Eds.). *Education and the Colonial Experience*, 2nd edition.*London*:*Transaction Books.*

Apple,M.W.(1979).*Ideology and Curriculum*.London:Routledge.

Apple,M.W.(1996).Power,Meaning and Identity:Critical Sociology of Education in the United States.*British Journal of Sociology of Education*,17(2),125-144.

Apple,M.W.et al.(2005)(Eds.).*Globalizing Education*:*Policy*, *Pedagogies*, *and Politics*.New York:Peter Lang.

Apple,M. W., S. J. Ball and L. A. Gandin. (2010). Introduction: Mapping the Sociology of Education:Social context,power and knowledge.In M.W.Apple,S.J.Ball and L.A.Gandin(Eds.).*The Routledge International Hndbook of the Sociology of Education*(pp.1-11).London:Routledge.

Appiah,K.A.(1994).Identity,Authenticity,Survival:Multicultural Societies and Social Reproduction.In C.Taylor et al.Multiculturalism:Examining the Politics of Recognition.(pp.149-163).Princeton:Princeton University Press.

Ball,S.J.(1998).Big Policies/Small World:An Introduction to International Perspectives in Education Policy.*Comparative Education*,34(2),119-130.

Ball,S.J.(2007).*Education plc.*:*Understanding Private Sector Participation in Public Sector Education*.London:Routledge.

Ball,S.J.(2008).Some Sociologies of Education:A History of Problems and Places,and Segments and Gazes.*The Sociological Review*,56(4),650-669.

Ball,S.J.(2012).*Global education Inc.*:*New Policy Network and the Neo-liberal Imaginary*.London:Routledge.

Banks,O.(1976).*The sociology of Education*.London:B.T.Batsford.

Bauman,Z.(1993).Postmodern Ethics.Oxford:Blackwell.

Bauman,Z.(1995).Life in Fragments:Essays in Postmodern Morality.Oxford:Blackwell.

Bauman,Z.(1998a).*Globalization*:*The human consequences*.New York:Columbia

University Press.

Bauman,Z.(1998b).*Work,consumerism and the new poor*.Buckingham:Open University Press.

Bauman,Z.(2007).*Consuming life*.Cambridge:Polity.

Bauman,Z.(2011).*Culture in a liquid modern world*.Cambridge:Polity.

Bauman,Z.(2000).*Liquid modernity*.Cambridge:Polity.

Bauman,Z.(2005).*Liquid life*. Cambridge:Polity.

Bauman,Z.(2007).*Liquid Times:Living in the Age of Uncertainty*.Cambridge:Polity.

Bellaby,P.(1977).*The sociology of comprehensive schooling*.London:Methuen.

Bereiter,C.(2002).*Education and mind in the knowledge age*.New York:Routledge.

Brighouse,H.(2000).*School choice and social justice*.Oxford:Oxford University Press.

Brok,A.(1993).Technology in Education:An Historical Perspective.In R.Muffoletto,and N.N.Knupfer(Eds.)Computers in Education:Social,Political,and Historical Perspectives.(pp.71-90).Cresskill:Hampton Press.

Buckingham,D.(2011).*The material child:Growing up in consumer culture*.Cambridge:Polity Press.

Burbules,N.C.and C.A.Torres(2000)(Eds.).*Globalization and education:Critical perspectives*.New York:Routledge.

Calhoun,C.(1994)(Ed.).*Social Theory and the Politics of Identity*.Oxford:Blackwell.

Campbell,R.T.(1983).Status attainment research:End of the beginning or beginning of the end? *Sociology of Education*,56(1),47-62.

Carmnoy,M.(1996). *Faded dreams:The politics and economics of race in America*. Cambridge:Cambridge University Press.

Carnoy,M.(2000)."Globalization and education reform." pp.43-62.In N.P. Stromquist and K.Monkman(Eds.)*Globalization and education:Integration and contestation across cultures*.London:Rowman & Littlefield.

Carnoy, M., et al. (2003) (Eds.). *The new accountability: high schools and high-stakes testing*.New York:Routledge/Falmer.

Carnoy,M.,et al.(2005).*The Charter school dust-up:Examining the evidence on enrollment and achievement.* New York:Teacher College Press.

Castells,M.(1996).*The rise of network society.* Oxford:Blackwell.

Castells,M.(2002).*The internet galaxy:Reflection on the internet,business,and society*.Oxford:Oxford University Press.

Chan,T.W.(1995).*Intergenerational social mobility in Hong Kong:A review of recent studies*.Hong Kong:Hong Kong Institute of Asia-Pacific Studies,The Chinese University of Hong Kong.

Cheng,Y.C.(2005).Education reforms towards the Third Wave:The Case of Hong Kong.In Y.C.Cheng.In New Paradigm for Re-engineering Education:Globalization,Localization and Individualization.(pp.191-200).Dordrecht:Springer.

Chisholm,L.(1996).A singular history? The development of German perspectives on the social analysis of education.*British Journal of Sociology of Education*,17(2),197-211.

Choi,P.K.(2003).The best students will learn English:Ultra-utilitarianism and linguistic imperialism in education in post-1997 Hong Kong.*Journal of Education Policy*,18(6),673-694.

Choi,P. K.(2005). A critical evaluation of education reform in Hong Kong: Counting our losses to economic globalization.*International Studies in Sociology of Education*,15(3),237-255.

Clark, E. A.(2004). *History, theory, text: historians and the linguistic turn.* Cambridge:Harvard University Press.

Clark,J.and H.Freeman(1979).Michael Young's sociology of knowledge:Epistemological sense or non-sense? *Journal of Further and Higher Education*,Vol.3(1),No.2,pp.3-17.

Clark,J.and H.Freeman(1979).Michael Young's sociology of knowledge:Criticism of Philosophers of education reconsidered.*Journal of Further and Higher Education*,3(2),No.3,pp.11-23.

Clark,J.et al.(2000). *New managerialism,New Welfare?* London:Sage.

Coleman, J.S.(1990). *Equality and achievement in education*. Boulder: Westview.

Collingwood, R.G.(1994). *The idea of history*, revised edition. Oxford: Oxford University Press.

Cope, B. and M. Kalantzis for the New London Group(2000). *Multiliteracy: Literacy leaning and the Design of Social Future.* London: Routledge.

Cree, V., et al.(2015)(Eds.). *Revisiting moral panics.* Bristol: Polity.

Cuban, L.(2001). *Oversold and underused: Computers in the classroom*. Cambridge, Mass.: Harvard University Press.

Cummins, J.(2001). *Negotiating Identities: Education for Empowerment in a Diverse Society(Second Edition)*, Los Angeles: California Association for Bilingual Education.

Curriculum Development Council.(1999). Computer literacy: secondary 1-3. Hong Kong: Printing Dept.

Dale, R.(1999). Specifying globalization effects on national policy: A focus on the mechanism. *Journal of Education Policy*, 14(1): 1-17.

Dale, R.(2001). Shaping of the Sociology of Education over Half-a-Century. In J. Demaine(Ed.) *Sociology of Education Today* (pp.5-28). New York: Palgrave.

Dale, R.(2005). Globalization, Knowledge Economy and Comparative Education. *Comparative Education*, Vol.41, No.2. pp.117-149.

Demaine, J.(2011). *Sociology of Education Today*. New York: Palgrave.

Dodson, D.W.(1963). Valedictory. *The Journal of Educational Sociology*. 36(9), 407-409.

Dreyfus, H.L.(2009). *On the internet*, 2nd Edition. London: Routledge.

Education Department.(1992). *Enrollment Survey*. Hong Kong: Government Printer.

Ford, J.(1969). *Social class and the Comprehensive School*. London: Routledge & K Paul.

Foster, J.(1965). *Education and social change in Ghana*. Chicago: The Univ. of Chicago Press.

Finn, Jr., et al.(2000). *Charter Schools in Action: Renewing Public Education*. Princeton: Princeton University Press.

Fishman, J.A.(1996). Introduction: Some empirical and theoretical issues. In J.A.

Fishman, et al. (Eds.). *Post-Imperial English: Status Change in Former British and America Colonies*, 1940-1990. (pp.3-36). Berlin: Walter de Gruyter.

Fishman, J. A. (1996). Summary and interpretation: Post-imperial English 1940-1990. In J.A.Fishman, et al. (Eds.). *Post-Imperial English: Status Change in Former British and America Colonies*, 1940-1990. (pp. 623-641). Berlin: Walter de Gruyter.

Fraser, N. (1998). Social Justice in the Age of Identity Politics: Redistribution, Recognition, and Participation.. G.B.Peterson (Ed.) *The Tanner Lectures on Human Values*, Vol.19. (pp.1-67) Salt Lake City: University of Utah Press.

Friedman, T.L. (2005). *The World is flat: A brief history of the globalized world in the twenty-first century*. London: Allen Lane.

Gleeson, D. and C. Husbands. (2001) (Eds.) *The performing school: Managing, teaching, and learning in a performance culture*. London: Routledge/Falmer.

Giddens, A. (1991). *Modernity and self-Identity: Self and society in the late modern age*. Cambridge: Polity Press.

Giddens, A. (1992). *The transformation of intimacy: Sexuality, love, eroticism in modern society*. Stanford: Stanford University Press.

Giddens, A. (1994). Living in a post-traditional society. In U.Beck, A.Giddens and S.Lash. *Reflexive Modernization: Politics, Tradition and Aesthetics in the Modern Social Order*. (pp.56-109). Cambridge: Polity.

Giddens, A. (2003). *Runaway World: How globalisation is shaping our lives*. New York: Routledge.

Goodman, D.J. (2007). Globalization and Consumer Culture. In G. Ritzer (Ed.) *The Blackwell Companion to Globalization*. (pp.330-351) Malden, MA: Blackwell Publishing.

Goldthorpe, J. H. (1980). *Social mobility and social class structure in modern Britain*. Oxford: Clarendon Press.

Goldthorpe, John (1997). "Problem of 'meritocracy'". In A. H. Halsey et al. (Eds.) *Education, culture, economy and society*, (pp. 663-682). Oxford: Oxford University Press.

Habermas,J.(1994).Struggle for recognition in the democratic constitutional state. In C.Taylor et al.*Multiculturalism:Examining the politics of recognition.*(pp.107–148). Princeton:Princeton University Press.

Halsey, A. H. (1975). Sociology and the equality debate. *Oxford Review of Education*,1(1),9–23.

Halsey,A.H.(1977).Towards meritocracy? The case of Britain.pp.In J.Karabel and A.H.Halsey.(Eds.) *Power and ideology in education* (pp.73 – 186).New York: Oxford University Press.

Halsey,A.H.,et al.(1980).*Origins and destinations:Family,class,and education in modern Britain.*Oxford:Clarendon Press.

Halsey, A. H. (2004). *A history of sociology in Britain: Science, literature, and society.*Oxford:Oxfrod University Press.

Harvey,D.(2005).*A brief history of neoliberalism.*Oxford:Oxford University Press.

Hauser,R.M.,et al.(1983).A model of stratification with response error in social and psychological varaibles.*Sociology of Education*,56(1),20–26.

Howell,M.and W.Prevenier.(2001). *From reliable sources:An introduction to historical methods.*Ithaca:Cornell University Press.

Hughes,R.(1976).*Borrowed place,borrowed time:Hong Kong and its many faces*, 2nd Revised Edition.London:A.Deutsch.

Iggers, G. G. (2005). *Historiograpgy in the twentieth century: From scientific objectivity to the postmodern challenge.*Middletown,Conn:Wesleyan University.

Jaspers,K.(2000).*The question of German guilt.*New York:Fordham University Press.

Jameson,F.(1984).Postmodernism,or the Cultural Logic of Late Capitalism.*New Left Review*,146:53–92.

Jenck,C.,et al.(1983).The Wisconsin model of status attainment:A nation replication with improved measures of ability and ascription.*Sociology of Education*,56(1), 3–19.

Jessop,B.(1999).The changing governance of welfare:Recent trends in its primary functions,scale and models of coordination.*Social Policy and Administration*,33(4),

348-359.

Kalberg, S. (1994). *Max Weber's comparative-historical sociology*. Cambridge: Polity.

Karabel, J. and A. H. Halsey. (1977). Introduction: Educational research: A review and an inyerpretation. In J. Karabel and A. H. Halsey. (Eds.) *Power and ideology in education* (pp. 1-85). New York: Oxford University Press.

Kelly, G. P. and P. G. Altach. (1984). Introduction: The four faces of colonialism. In P. G. Altbach and G. P. Kelly. (Eds.) *Education and the colonial experience*, 2nd edition. London: Transaction Books.

Kenway, J. and E. Bullen. (2001). *Consuming children: education-entertainment-advertising*. Buckingham: Open university Press.

Kress, G. and T. van Leeuwen (1996). *Reading images: The grammar of visual design*. London: Routledge.

Krinsky, C. (2013) (Ed.) *The Ashgate research companion to moral panics*. Farnham: Ashgate.

Lane, J. E. (1997). *Public sector reform: Rationale, trends and problems*. London: Sage.

Lankshear, C. and P. L. McLaren (1993) (Eds.). *Critical literacy: politics, praxis, and the postmodern*. New York: State University of New York Press.

Lankshear, C. and M. Knobel (2011). *New Literacies: Everyday Practices and Social Learning*. Maidenhead: Open University Press.

Lauder, H. and D. Hughes. (1999). *Trading in futures: Why market in education don't work*. Buckingham: Open University Press.

Lauder, H. et al. (2006) (Eds.). *Education, globalization and social change*. Oxford: Oxfrod University Press.

Lazarsfeld, P. F. (1955). General introduction. In P. Lazarsfeld and M. Rosenberg (Eds.) *The language of social research*. (1-17). New York: The Free Press.

Lee, W. O. (1999). Controversies of civic education in political transition. In J. Torney-Purta, et al., (Eds.). *Civic education across countries: Twenty-four countries case studies from the IEA civic education project* (pp. 313-340). Amsterdam: International Association fot the Evaluation of Educational Achievement.

Lee, W. O. and A. Sweeting. (2001). Controversies in Hong Kong's political transition: Nationalism versus liberalism. In M. Bray and W. O. Lee (Eds.). *Education and political transition: Themes and experiences in East Asia*, 2nd edition. (pp. 101-121). Hong Kong: Comparative Education Research Centre, The University of Hong Kong.

Levin, H. W. (1983). Educational choice and the pains of democracy. In T. James and H. M. Levin (Eds.) *Public Dollars for Private Schools* (pp. 7-38). Philadelphia: Temple Univ. Press.

Levin, H. (2001) (Ed.). *Privatizing education: Can marketplace deliver choice, efficiency, equity, and social cohesion?* Boulder: Westview.

Lui, T. L. (2011). Changing opportunity structure: Political concerns and sociological observation. In S. W. K. Chiu and S. L. Wong (Eds.), *Hong Kong divided: Structures of social inequality in the twenty-first century*, (65-92). Hong Kong: Hong Kong Institute of Asia-Pacific Studies.

Luk, B. H. K. (1991). Chinese culture in the Hong Kong curriculum: Heritage and colonialism. *Comparative Educational Review*, 53(4), 650-668.

Macedo, D. and S. R. Steinberg. (2007) (Eds.). Media literacy: a reader. New York: Peter Lang.

Mathews, G. (2000). *Global culture/individual identity: Searching for home in the cultural supermarket*. London: Routledge.

Mathews, G. (2011). *Chungking Mansions, Hong Kong: Ghetto at the center of the world*. Hong Kong: Hong Kong University Press.

Maton, K. (2014). *Knowledge and knowers: Towards a realist sociology of education*. London: Routledge.

Maton, K. and R. Moore (2010) (Eds.). *Social realism, knowledge and the sociology of education: Coalition of themMind*. London: Continuum.

Marsh, H. W., et al. (2000). Late immersion and language instruction (English vs. Chinese) in Hong Kong high schools: Achievement growth in language and non-language subjects. *Harvard Educational Review*, 70(3), 302-346.

Meyer, J. W., et al. (1992). *School knowledge for the masses: World models and national primary curricular categories in the twentieth century*. Washington, D. C.: Falmer

Press.

Meyrowitz, J. (1996). Taking McLuhan and "medium theory" seriously: Technological change and the evolution of education.. In S.T.Kerr (Ed.) *Technology and the future of schooling: 95th yearbook of the National Society for the Study of Education.* (pp. 73-110). Chicago: The University of Chicago Press.

Miners, N. (1987). *Hong Kong under imperial rule*, 1912-1941. Hong Kong: Oxford University Press.

Mok, J. K. H. and D. K. K. Chan (2002) (Eds.). *Globalization and education: The quest for quality education in Hong Kong.* Hong Kong: Hong Kong University Press.

Mok, J.K.H. and J.Tan (2004). *Globalization and marketization in education: A comparative study of Hong Kong and Singapore.* Cheltenham: E.Elgar.

Morris, Paul and I. Scott (2010). Education reform and policy implementation in Hong Kong. *Journal of Education Policy*, 14(1), 71-84.

Muller, J. (1996). Dreams of wholeness and loss: Critical sociology of education in South Africa. *British Journal of Sociology of Education*, 17(2), 177-195.

Munslow, A. (1997). *Deconstructing history.* London: Routledge.

Muphy, J., et al. (1998). *Pathway to privatization in education.* Greenwich: Ablex.

Noblit, G.W. and W.T.Pink. (1995). Mapping the Alternative Paths of the Sociology of Education. In W.T.Pink and G.W.Noblit (Eds.). *Continuity and contradiction: The futures of the sociology of education* (pp.1-29). Cresskill, NJ: Hampton Press.

Pennycock, A. (1994). *The cultural politics of English as an international language.* London: Longman.

Pring, R. (1972). Knowledge out of control. *Education for Teaching*, 89, 19-28.

Pink, W.T. and G.W.Noblit (Eds.). *Continuity and contradiction: The futures of the sociology of education.* Cresskill, NJ: Hampton Press.

Poon, A. Y. K. (2000). *Medium of instruction: Policy and practice.* Lanham, Md.: University Press of America.

Popkewitz, T.S. and F.Rizvi (2009) (Eds.). *Gobalization and the study of education.* Malden: Blackwell.

Potter, W.J. (2004). *Theory of media literacy: a cognitive approach.* Thousand Oaks:

Sage Publications.

Perryman, J. (2006). "Panoptic performativity and school inspection regimes: Disciplinary mechanism and life under special measures." *Journal of Education Policy*, Vol. 21(3): 147-61.

Popham, W.J. (2004). America's "failing" fchools: How parents and teachers can cope with No Child Left Behind. New York: Routledge.

Parekh, B. (2008). *A new politics of identity: Political principles for an interdependent world*. New York: Palgrave Macmillan.

Ranson, S. (2003). Public accountability in the age of Neo-Liberal governance. *Journal of Education Policy*, 18(5): 459-480.

Ricoeur, P. (1965). *History and truth*. Evanston: Northwestern University Press.

Riemenschnitter, A. and D. L. Madsen. (2009) (Eds.). *Diaspora histories: Cultural archives of Chinese transnationalism*. Hong Kong: Hong Kong University Press.

Ringer, F. (1997). *Max Weber's methodology: Unification of the cultural and social sciences*. Cambridge: Harvard University Press.

Ritzer, G. (2007). *The Globalization of nothing* 2. Thousand Oaks: Pine Forge Press.

Rizvi, F. and B. Lingard. (2010). *Globalizing education policy*. New York: Routledge.

Robinson, H. M. (2009). *Emergent computer literacy: a developmental perspective*. New York: Routledge.

Rhodes, R.A.W. (1997). *Understanding governance: Policy network, governance, reflexivity and accountability*. Buckingham: Open University Press.

Robertson, S. (2010). "Spatializing" the sociology of education: Stand-points, entry-points and vantage-points. In M.W. Apple, S.J. Ball and L.A. Gandin (Eds.). *The Routledge international handbook of the sociology of education* (pp. 15-26). London: Routledge.

Roger, M. (1990). National assessment proposal: Analysis and debate. In M. Flude & m. Hammer (Eds.) *The Education Reform Act*, 1988: *Its origins and implication*. (pp. 37-49). London The Falmer Press.

Schneider, M. et al. (2000). *Choosing schools: Consumer choice and the quality of American schools*. Princeton: Princeton University Press.

Siu,P.K.and S.Y.Mak.(1992).*The relationship between the medium of instruction and the teaching activities in junior secondary classroom*. Hong Kong Educational Research Journa,20(2),101-111.

Siu,H.F.and Agnes S.Ku.(2008)(Eds.).*Hong Kong mobile:Making a global population*.Hong Kong:Hong Kong University Press.

Sleeter,C.(2007)(Ed.).*Facing accountability in education:Democracy and equity at risk*.New York:Teacher College Press.

Smith,D.(1991).*The rise of historical sociology*.Cambridge:Polity Press.

So, D. W. C. (1989). Implementing mother - tongue education amidst societal transition from diglossia to triglossia in Hong Kong.*Language and Education*, 31 (1) 29-44.

So,D.W.C.(1992).Language-based bifurcation of secondary education in Hong Kong:Past,present and future.In K.K.Luk.(Ed.).*Into the twenty-first century:Issues of language in education in Hong Kong*.(pp.69-95).Kong Kong: Linguistic Society in Hong Kong.

Somers,M.and G.D.Gibson(1994).Reclaiming the epistemological "other":Narrative and the social construction of identity. In C. Calhoun (Ed.) *Social Theory and the Politics of Identity*,(pp.37-99).Oxford:Blackwell.

Souryal,S.S.(2011).Ethics in criminal justice:in search of the truth.Burlington: Anderson.

Spring,J.(2009).*Globalization and Education*.New York:Routledge.

Stromquist,N.P.and K.Monkman.(2000)(Eds.).*Globalization and education:Integration and contestation across cultures*.London:Rowman & Littlefield.

Strathern,M.(2000).*Audit cultures:Anthropological studies in accountability,ethics and the academy*,edited by London:Routledge.

Sewell,W.H.,R.H.Hauser & W.C.Wolf(1980).Sex,schooling and occupational status.*American Journal of Sociology*,86,551-583.

Sweeting,A.(1990).*Education in Hong Kong pre*-1841-1941:*Fact and opinion*. Hong Kong:Hong Kong University.

Stone,L.(1979).The revival of narrative: Reflections on a new old history.*Past and Present*,85,3-24.

Tang,S.L.W.(1981).The differential educational attainment of children:an empirical study of Hong Kong.Ph.D.Thesis,Department of Education,The University of Chicago.

Taylor,C.(1994).The politics of recognition.In C.Taylor et al.*Multiculturalism:Examining the politics of recognition.*(pp.25-74).Princeton:Princeton University Press.

Thrupp,M. and M. Willmott.(2003). *Education management in managerialist times:Beyond the textual apologists.*Maidenhead:Open University Press.

Tilly,C.(1981).*As sociology meets history.*New York:Academic Press.

Tilly,C.(1984).*Big structures,large processes,huge comparisons.*New York:Russell Sage Foundation

Tomlinson,J.(2007).Cultural globalization.In G.Ritzer(Ed.)*The Blackwell companion to globalization.*(pp.352-366).Malden,MA:Blackwell Publishing.

Tse,T.K.C.(2007).Remaking Chinese identity:Hegemonic struggle over national education in post-colonial Hong Kong.*International Studies in Sociology of Education*,17(3),213-248.

Tsang,W.K.(1990).*Class structure and social mobility in Hong Kong:an analysis of the* 1981 *census data.*Ph.D.Thesis,Department of Sociology,The Chinese of Hong Kong.Hong Kong:The Chinese University of Hong Kong.

Tsang,W.K.(1992).*The class structure in Hong Kong.*Hong Kong:Hong Kong Institute of Asia-Pacific Studies,Chinese University of Hong Kong

Tsang,W.K.(1993).*Educational and early socioeconomic status attainment in Hong Kong.*Hong Kong:Hong Kong Institute of Asia-Pacific Studies,Chinese University of Hong Kong.

Tsang,W.K.(1994).Consolidation of a class structure-changes in the class structure ofHong Kong.In S.K.Lau et al.(Eds.)*Inequalities and development:social stratification in Chinese societies.*Hong Kong:Hong Kong Institute of Asia-Pacific Studies,Chinese University of Hong Kong.

Tsang,W.K.(1998).Patronage,domestication or empowerment? Citizenship development and citizenship education in Hong Kong.In O.Ichilov.(Ed.).*Citizenship and citi-*

zenship education in a changing world.(pp.221-253)London:Woburn Press.

Tsang,W.K.(2011a).English as cultural capital for educational advancement in a post-colonial society.In S.W.K.Chiu and S.L.Wong(Eds.),*Hong Kong divided:Structures of social inequality in the twenty-first century*,(93-134).Hong Kong:Hong Kong Institute of Asia-Pacific Studies.

Tsui,A.B.M.,et al.(1999).Which agenda? —Medium of instruction policy in post-1997 Hong Kong.*Language,culture and curriculum*,12(3),198-214.

Tsui,A.B.M.(2004).Medium of instruction in Hong Kong:One country,two system, whose language? In J.W.Tollefson and A.B.M.Tsui.(Eds.)*Medium of instruction policies:Which agenda? Whose agenda?* London:Lawrence Erlbaum Associations.

Walford,G.(1996)(Ed.).*School choice and the quasi-market*.Wallingford:Triangle Books.

Walsh,J.(2011).*Information literacy instruction:selecting an effective model*.Oxford:Chandos Publishing.

Walton,G. and A. Pope.(2011)(Eds.).*Information literacy:infiltrating the agenda,challenging minds*.Oxford:Chandos Publishing.

Weber,M.(1949).*The methodology of the social sciences*.New York:The Free Press.

Wells,A.S.(2000).Where neoliberal ideology meets social context:A Comparative analysis of U.S.charter schools and England's grant-maintained schools.In K.A.McClafferty,et al.,(Eds.)*Challenges of urban education:Sociological perspectives for the next century*(pp.99-126).New York:State University of New York Press.

Wells,A.S.(2002)(Ed.).*Where charter school policy fails:The problems of accountability and equity*.New York:Teacher College Press.

Wheelahan,L.(2010).*Why knowledge matters in curriculum:A social realist argument*.London:Routledge.

Wheelahan,L.(2012).The problem with competence-based training.In H.Lauder, et al.,(Eds.)*Educating foe the knowledge economy? Critical perspectives*.(pp.152-165).London:Routledge.

White,H.(1987).*The content of the form:Narrative discourse and historical repre-*

sentation.Baltimore:The John Hopkins University Press.

White, J. and M. F. D. Young (1975). The sociology of knowledge: A dialogue between John White and Michael Young, Part 1.*Education for Teaching*, 98, pp.4-13.

White, J. and M. F. D. Young (1976). The sociology of knowledge: A dialogue between John White and Michael Young, Part 2.*Education for Teaching*, 99, pp.50-58.

Whitty, G. (1998). Citizens or consumers? Continuity and change in contemporary education policy. In D.Carlson and M.W.Apple (Eds.), *Power/knowledge/pedagogy: The meaning of democratic education in unsettling times* (pp. 92 - 109). Boulder: Westview Press.

Whitty, G., et al. (1998). *Devolution and choice in education: The school, the state and the market*. Buckingham: Open University Press.

Witte, W.F. (2000). *The market approach to education: An analysis of America's first voucher program*. Princeton: Princeton University Press.

Wolf, A. (2003) (Eds.). *School choice: The moral debate*. Princeton: Princeton University Press.

Young, M.F.D. (1973). Taking sides against the probable problems of relativism and commitment in teaching and the sociology of education. *Educational Review*, 25, 210-222.

Young, M. (2012). Education, globalization and the voice of knowledge. In H. Lauder, et al., (Eds.) *Educating foe the knowledge economy? Critical perspectives.* (pp. 139-1151). London: Routledge.

Young, M.F.D. (2008). *Bringing knowledge back in: From social constructivism to social realism in the sociology of education*. London: Routledge.

Young, M. and D.Lambert (2014). *Knowledge and the future school: Curriculum and social justice*. London: Bloomsbury.

Young, M. and J. Muller (2014) (Eds.). *Knowledge, expertise and the professions*. London: Routledge.

Young, M. and J. Muller (2016). *Curriculum and the specialization of knowledge: Studies in the sociology of education.* London: Routledge.

附录I-3 中国澳门教育社会学的发展:基于教师教育脉络的探究

中国澳门教育社会学的发展:基于教师教育脉络的探究

黄素君(澳门大学教育学院副教授)

摘 要:中国澳门地区教育社会学学科的发展有其特殊性。受殖民统治及地理位置的影响,从过往至今一直承担着"中转站"的角色,因此在社会发展过程中折射出一种"流动"(fluid)和"非线性"(non-linear)的发展特质。教育与社会学的发展也呈现出"割裂"和"断层"(fragmented)的状态。教师教育是教育社会学学科发展的载体,本文透过对教师教育课程的检视,从中国澳门教师教育的陈述系统了解中国澳门教育社会学发展的图像,并且对教育社会学未来的发展提出了几点思考。

一、前 言

中国澳门地区的教育社会学的发展历程是一个错综复杂的议题。中国澳门被葡萄牙统治长达四百多年,伴随着四百余年殖民历史的苍茫烟雨,牵动了不少中西文化的激动与新生。早在15世纪,中国澳门已成为连接外国与中国内地的重要桥梁。在中国近代历史上,特别是抗战时期,中国澳门成为了很多精英汇集的避风港,在第二次世界大战期间,葡萄牙作为一个中立国家,其殖民地中国澳门便成为了很多人的庇护所。中国澳门受其地理位置的影响,从过往至今一直承担着"中转站"的角色,正因如此,在社会发展过程中形成了中西文化的多元汇集和沉淀,折射出一种"流动"(fluid)和"非线性"(non-linear)的发展特质。这些特质对中国澳门的社会发展起了决定性的影响,其"流动"和"非线性"的社会发展特质对于探究学科本土化的议题无疑是巨大的挑战,缘由有三:首先,中国澳门地方虽小,但自明朝起便作为中西文化的交汇点，亦是东亚地区中最古老的一个中西文化交融点，有数百年的中西文化沉淀，故此，研究“中国澳门教育社会学”这个比较“本土”（local）的议题是相当具有挑战性的，因为“本土”在中国澳门的情境中是一种“复合的文化”（mixed culture）产物。其次，中国澳门在近代发展史上扮演着一个人口迁移“中转站”的角色，不论是从中国内地迁徙至中国澳门，还是从外国取道中国澳门至中国内地，人口的变动直接增加了中国澳门人口的流动性。诸如抗战期间，为避战祸就有不少国人南下中国澳门，待抗战胜利及新中国成立以后，才纷纷从中国澳门折返中国内地，甚至 20 世纪的 60 及 70 年代，印度尼西亚和缅甸发生排华潮，不少华侨把中国澳门作为“避风港”，纷纷移民到中国澳门。这个“中转站”和“避风港”的角色反映着中国澳门人口的流动与周边国家和地区的政治及经济环境有着密切的关系。而流动的人口造就了中国澳门“本土化”非线性和不持续的社会发展特质。除了上述的两个因素以外，殖民国葡萄牙政府的政党更替也使得中国澳门的社会发展处于一种“割裂”和“断层”（fragmented）的状态，当中以教育的发展尤为显见。虽然中国澳门早在 16 世纪就开创了中国首所西式高等院校①，然而近代的高等教育却在 20 世纪 80 年代才真正发展起来，90 年代初才逐步形成系统，课程也偏向实用路线，欠缺对学科理论等探究。基于上述的三种历史原因和条件以及在中国百年教育社会学的研究议题下，探究中国澳门教育社会学发展历程既具有相当的难度，又具有十分重要的意义，因为它反映着学科的形成与社会互动的关系。事实上，通过对“在地化”（localised）教育社会学的发展进行探究，是对高等教育发展的一种检视和反思，是促进地区教育学术研究的一种动力，在当前高等教育迈向国际化论述的巨流中是一种觉醒，将“在地”与“国际”放在同等重要的位置。

如前文所言，探究中国澳门教育社会学学科论具有相当的难度。因此，本文以程天君（2011）于 2011 年发表的《中国教育社会学“学科论”百年概要》的两个基本论域中的学科历史和学科要素发展为重点，对中国澳门教育社会学

① 圣保禄学院（Colégio de São Paulo）是耶稣会在 16 世纪中国地区内创立的一间西式的高等院校，然历经火灾，加上 18 世纪中在欧洲多国的一连串的“反耶稣风潮”（suppression of the Society of Jesus），学院亦于 1762 年关闭。

的发展进行探究。本文共分为五节,第一节为前言,概述中国澳门的状况及有关中国澳门教育社会学学科论的条件;第二节以考古学的观点分析中国澳门教师教育的陈述系统,探讨中国澳门教育社会学的存在形态;第三节呈现了中国澳门教师教育的发展,从宏观层面展现教育社会学的政策环境;第四节是透过中国澳门教师教育课程的陈述系统检视教师教育的发展轨迹;第五节是教育社会学在教师教育中的定位及其未来发展的可能性。

二、考古学的观点

教育作为社会的产物,其发展与社会发展有着密切的关系,同时,教育社会学也是关注教育的学科,与教育的发展密不可分。有关中国教育社会学之发端及生成问题,不少学者已作出探讨,吴康宁(2009)主要从学科制度重建的方面去论述,回顾了1979—2008年期间中国教育社会学在高等教育中开设课程的情况,程天君(2011)则较为详细地探讨了教育社会学之学科性质、研究对象、理论框架以及学科制度的建立等议题。教育社会学并非独立的生成物,其作为研究教育与社会之关系的社会学科,研究的对象不单是社会问题,而是强调教育与社会的互动关系和结果。

教育社会学跟教师教育乃至教师专业密不可分。在教育专业中,教育社会学与教育史学、教育哲学和教育心理学合称为教育学之四大基础学科。改革开放以来,中国教育社会学的学科发展历经改变(刘精明,张丽,2008),由早期的传统或古典教育社会学(Educational Sociology)发展至后期的新的教育社会学(Sociology of Education);从关注“教育与社会系统之间的关系,侧重于对实际教育问题的解决”,转向“以社会学的方法研究教育议题,在内容上侧重于选择社会学的研究主题”,这些改变引进了更多元的视野进入教育的场景,促进了教育的专精化发展。事实上,学科与专业是一种相互依存,相互发展的关系(刘海燕,曾晓虹,2007),学科是专业发展的基础,专业则是学科承担人才培养的基地。教育社会学从过去至现在均呈现出学科与专业建设的孪生关系,同时也是教师专业培训的基础课程之一。因此,教师教育是了解教育社会学学科发展的一个重要的陈述系统。

过去数十载,中国大陆学者对中国教育社会学之“发端”的研究已投入不少功夫,然而此议题却仍是“一个不那么十分确定的问题”(程天君,2011)。

中国澳门作为一个“中转地”，与周边的地区互动频繁，加上区域狭小、人口规模小等限制，时至今日都未有庞大的研究团队投入有关学科“发端”之议题的研究，然而，这并不等于说教育社会学在学科发展上是裹足不前的。本文借用福柯（Michel Foucault）（1995）《知识考古学》（*The Archaeology of Knowledge*）的观点，通过教师教育课程探究中国澳门教育社会学学科的发展历程和未来可能的发展趋向。福柯（1995）在《知识考古学》中以一种崭新的形式去探掘知识在各种思想和制度下的关系和条件，打破了传统思想对历史的三种预设，即“起源性”（origin）、“连续性”（continuity）和“整体性”（totality）的迷思，并且提出了历史发展中“非连续性”的观点，以及在不同的时间和条件下如何形构了某种思想和制度，从而提出了“知识断层学”的论述。

福柯在《知识考古学》中关注话语（discourse）、知识、科学之间的相互关系。他认为知识是一种话语，而“话语即实践”（discourse as practice），并且提出实践的规则是科学建立不可欠缺的组成部分。话语形构（discursive formation）是指特定时空条件交错的陈述（statement）系统所展现出的一种规律（regularity）（Foucault，1995，pp.31－39），而当中陈述系统既能以独立或群组的形态存在，也可以是一群离散的系统态式。陈述（statement）作为话语的基本单位，其功能在于“把结构领域与可能统一模式领域的功能交叉结合，并以具体内容在时空中把它们揭示出来”（Foucault，1995，p.87）。总体而言，考古学理论有四点原则：一、考古学要确定的不是思维、描述、形态主题等在话语中暗藏或明露的议题，而是关于话语本身就是实践（discourses as practices）；二、考古学并不试图发现连续的和不知不觉的过渡，而是确定话语的特殊性（specificity）；三、考古学旨在确定话语实践的类型和规则；四、考古学并不试图捕捉一瞬间的想法或经验，而仅是一种重新书写的方式，对话语客体作系统性的描述（Foucault，1995，pp.138－140）。简言之，考古学的宗旨是梳理系统与系统的关系和规律以揭示其话语。

本文主要关心的是教师教育的知识体系之形构及其规律，并且通过探讨教师教育课程的系统陈述以及与教育社会学科的陈述系统间的关系和状况，以揭示教师教育自身的话语实践。诚如前言，教育社会学在学科发展上是相互紧扣的关系，因此在梳理教师教育课程的陈述时，笔者尝试将一系列分散的事件组合起来，例如不同大专院校开办师资课程的年份、课程性质和课程的内涵等等进行组合，以揭示教育社会学的学科“发展”和“演变”（Foucault，1995，pp.21-22）乃至未来可能发展的条件。

三、中国澳门教师教育发展概述

借用闫广芬和苌庆辉对于中国教育社会学发端的说法，他们认为某一学科的出现是特定的时代产物，其出现有相应的“运”——社会机遇，而其特质则是其相应的“命”——社会使命（闫广芬，苌庆辉，2008）。这种说法恰如其分地描述了近代中国澳门教师教育的萌生和教师专业的形成。早年中国澳门的师范教育正是受周边政治局面的影响而出现的。1937 年抗日战争爆发，由于当时葡萄牙政府和日本当局签订协议，日军不得入侵中国澳门，因此，大量中国内地及香港的难民纷纷逃至中国澳门，这是中国澳门近代教师教育的发端。由于中国澳门一直扮演着国外与中国内地的中转角色，因此其社会发展亦处于“流动”的发展动态中，地区的教育发展就是最好的佐证之一了。从 1842 年到 1999 年间，中国澳门从葡萄牙的殖民地转变成为海外省，最后变为葡萄牙领导下的中国领土（贝磊，古鼎仪，2005），葡萄牙在澳的殖民管治方针影响了中国澳门社会发展的同时，同样影响了中国澳门的教育发展。中国澳门的高等教育发展进程较为迟缓，这与葡萄牙的殖民管治方式分不开。回归以前，澳葡政府对教育关注不高，对教育采取“放任自流”的管治方式，由此形成了“大市场，小政府”的管理局面（Vong，2013）。自 1987 年中葡联合声明颁布后，中国澳门的教育掀起了广泛改革的浪潮。鉴于教育事业的落后与教育制度的不健全，1991 年澳葡政府颁发了第 11/91/M 号《澳门教育制度纲要》法律，此后中国澳门的教育制度才有了具体的法律规范，教师教育也是在这个脉络下发展起来的。

依照中国澳门学者老志钧对中国澳门师范课程的梳理，按时间维度可以分为五个阶段，即“由中国内地迁澳”“由中国香港迁澳”“由中国澳门开办”“由中国澳门教育当局和中国内地大学合办”及“由中国澳门的高等院校开办”，时间跨度由 20 世纪 30 年代末至 2009 年。这五个师范课程的发展阶段反映着一种“流动”的教师教育发展的论述，呈现出中国澳门近代教师教育的发展特质：（一）“漂流”的教师教育；（二）“非线性”的教师教育发展；（三）由

“零散”到规范的教师教育政策；（四）专业发展成为教师教育的主要论述等（黄素君，2014）。

（一）“漂流”的教师教育

中国澳门师范课程的开设始于20世纪50年代，这些课程有部分是中国内地南迁的，包括了1950年中山教育学院学系和华侨大学高等师范科，也有为培养官立葡文小学教师而开办的官立葡文小学师范课程，并且经葡萄牙共和国海外省部（Ministério do Ultramar）部核准开设（Ministério do Ultramar，2017）。这些外来的课程内容主要是依照其地区及国家“迁移”而来。1985年起由华南师范大学（下简称华南师大）在中国澳门开办的师资培训班，便是依国家高等教育的标准并且结合中国澳门本地的需要而开设，培训课程亦随之迁移过来了。

（二）非线性的教师教育发展

中国澳门每一波的教师教育发展都是在一些特别的社会经济脉络下而形构的。如早期国内外发生政治动荡，而恰好中国澳门作为殖民地因葡萄牙采取政治中立而免受战火影响，因此成为国内不少学府的“避风港”。新中国成立以后，国内环境好转，不少的师范学校逐渐离开中国澳门，人去楼空，社会对教师的需求成为重要的议题。有鉴于此，圣若瑟中学于1951（1951—2007）年开办的简易师范科因应了本地对教师的需求（老志钧，2009），此后几年，濠江中学、德明中学为了因应当时社会的需要也开设了师范班，但运作几年后课程亦已停办。其后，中国1978年推行改革开放政策，因家庭团聚等因素，促成中国澳门人口激增，直接为教育带来了压力，因此对教师需求甚殷，由此也直接促进了本地教师教育的发展。除了原来的圣若瑟的课程外，还增加了华南师大的课程，以及1990年代中期由中国澳门大学教育学院提供的课程，而当中以在职的教师资格“补充”的在职课程为主，职前的教师资格课程为辅。从上面的发展经历，不难看到中国澳门的教师教育在不同的阶段皆受当下的社会、历史、政治等诸多的条件而影响，这也正如福柯所言，是一种“外在性的意外”（exteriority of accidents）（Douchard，1977，p.147）。

（三）由“零散”到规范的教师教育政策

1991年的《澳门教育制度纲要法》，也称为教育的母法，是近代中国澳门教育发展历史上的一个里程碑,标志着中国澳门教育从“零散”迈向“规范”(normalised)和“协调”(coordinated)的状态。中国澳门的非高等教育中以私立学校居多,就读私立和公立学校的学生比例约为 95 : 5(澳门特别行政区政府教育暨青年局,2014)。《澳门教育制度纲要法》奠定了中国澳门教育的发展框架,创造了政府参与教育的空间,使规范的工作有法可依并且得以落实。教师教育也是在此母法下成为被规范的系统之一:1996 年中国澳门政府对私立学校教师提出了入职的要求(澳门特别行政区政府印务局,1996b),1997 年规范了教培师资的具体要求,包括了“专业领域之学术能力、教学能力以及适当之个人及公民教之培训等方面的专业要求”(澳门特别行政区政府印务局,1997a)。回归以后,特区政府加强对教育事务的参与,在教师的管理系统中采取了三个基本的策略:一、以教师的直接津贴①作为诱因,鼓励教师提升学历及专业技能(澳门特别行政区政府印务局,1984);二、将教师直接津贴改为“专业发展津贴”,鼓励教师终身学习;三、通过《非高等教育私立学校教学人员制度框架》(下称《私框》)规范教师专业(公立学校教师也有本身的职称),迈向官方专业主义(governmental professionalism)(Beck,2008)的制度,对教师教育的发展起了规范性作用。

(四) 专业发展成为教师教育的主要论述

中国澳门的教师教育由外地迁移至本土,继而发展。从回归前对入职私立学校教学人员的要求作出规范乃至回归后通过法律手段来作出规范,即利用《私框》加强对教师入职、晋升和专业发展的严谨要求。由 1985 年起至今高等院校的教师教育的发展已逾 30 年,由早期的“补充”性教师学历的功能为主,已慢慢地过渡成为以职前的师范课程为主,并且迈向了职后专业化的进程。《私框》中的专业论述跟教师晋升绑在一起,分为三个部分:即“服务时间”“工作表现评核”和“专业发展”。而“专业发展”又以培训为重点,可以包括“脱产进修、休教进修及校本培训”(澳门特别行政区政府印务局,2012)等方式,这些要求正折射出未来对教师教育的发展方向和需求。

---

① 教师直接的津贴乃 1984 年出现的,是政府对于当时任职于私立学校的教师工作和服务的支持和肯定。另外,当时任职教师的薪酬偏低,希望可以借津贴挽留教师。

从上面教师教育发展的概况而论，不难看出其“不连续”“决裂”“局限”“非顺序”和“转型”（Foucault，1995，p.21）等特质，这恰恰说明了中国澳门教师教育的进程不是一种连续的发展，而是在不同特殊的历史条件下形成的教师教育的话语。教师教育课程是教育社会学的载体，同理，通过探究教师教育的发展轨迹可以了解教师专业发展的进程，同时通过对教师教育课程的系统梳理，可以了解教育社会学学科发展的陈述和话语。

四、教师教育课程中教育社会学的陈述

教师教育是教育社会学学科发展的载体，因此，透过对教师教育课程的检视能对教育社会学的发展有更多的了解。回顾中国澳门教师教育的发展轨迹，由早期圣若瑟中学开办的中等教育的简易师范课程至 1990 年代中期的高等教育专科学位及教育学士、教师资格的证书课程到后来 1990 年代末开设的教育硕士以及教育博士等课程，无不突显了教师教育专业化的发展话语。教师教育的体系很广，本文主要通过教师入职资格的课程陈述探究教育社会学学科在教育专业中的定位问题。

福柯认为人们只有利用陈述数据或者话语事实的总汇，才能建立起某一个研究的系统，让这些失传的话语得以重现（Foucault，1995）。中国澳门教师教育的系统是多元的，多元的教育系统离不开院校的积极参与，依开办时间包括了以下院校：华南师范大学、澳门大学教育学院（下简称澳大）、澳门理工学院（下简称理工）、圣若瑟大学（前身为国际高等院校，下简称圣大）、城市大学（下简称城大，但主要设研究生课程）。事实上，不同院校的教师教育课程就是一个陈述教师专业的子系统，通过对不同子系统的陈述进行汇集，便可从中了解中国澳门教师专业发展的轨迹，同时也可以此分析教育社会学在中国澳门教师教育陈述系统中的定位为何。下面笔者将分别从高等教育专科课程、教育学士课程及学位后教育证书/文凭这三类教师课程中的教育社会学学分要求作出陈述，因为这三类的课程的学历为基本入职资格（澳门特别行政区政府印务局，2012）。

（一）高等专科教师课程

中国澳门初期形成的教师教育主要是从葡萄牙的师资培养制度中移植过来的。葡萄牙将师资培训分为两个层次，一是高等专科学位，毕业者可以任教

学前及小学教育；另一种是教育学士学位，毕业者可以任教中学。中国澳门早期的教师教育课程也参照此模式开办课程。以华南师范大学澳门班为例，在中国内地并没有“高等专科学位”的称号，为了切合中国澳门的法律及行政上的需要而开办此课程，课程分为两个阶段，第一阶段的三年颁发高等专科学位，第二阶段的两年是补充学士学位。华师大的课程其后在2011年（澳门特别行政区政府印务局，2011）及2014年（澳门特别行政区政府印务局，2014）作出了修订，专业课程总学分是128，而教育社会学是教育专业的必修科，占了6个学分，课程以面向在职人士为主，过去主要的服务对象为在职教师，现时则面向合资格的在职人士。

澳门大学是中国澳门最大的本地教师培训基地，主要培养学前、小学及中学（中、英、数专业）的教师①（University of Macau，2021）。1991年东亚大学易名为澳门大学，同年成立了法学院和教育学院。自1995年起开设了以葡语授课的学前教育（第245/95/M号训令）（澳门特别行政区政府印务局，1995a）和小学教育（第324/95/M号训令）（澳门特别行政区政府印务局，1995c）高等专科学位（Bacharelato），学制为3年。前者的毕业学分②要求是125，教育社会学科为必修科，占4学分；后者的毕业学分要求是141，教育社会学科为必修科，占3学分。同年亦开设了以中文为授课语言的学前教育及小学教育专科学位及学士补充课程（澳门特别行政区政府印务局，1995b），学制是5年，前3年是专科学位，后2年是学士学位。其毕业学分为144，教育社会学为必修学科，小学教育除了3个学分的教育社会学以外，还有一科“社会学入门”课程，而学前教育专业课程中，教育社会学占3学分。1996年对以中文为授课语言的学前及小学专业高等专科学位（第7/96/M号训令）（澳门特别行政区政府印务局，1996a）的课程规范作出修改，学制维持3年，毕业学分的要求分别是91.5和94.5，教育社会学为必修科，下调至1.5学分。

1997年，以葡语授课的学前教育（第165/97/M号训令）（澳门特别行政

---

① 澳葡政府（1999年回归前的管治政府）在1988年通过澳门基金会收购建于1981年的私立东亚大学。当时大学开设了文学院、工商管理学院、社会科学学院和科技学院。1989年，大学开办科技课程和教育课程。

② 一学分相当于每周上课一小学，一学期为15周。

区政府印务局,1997c)及小学教育(第166/97/M号训令)(澳门特别行政区政府印务局,1997d)高等专科学位也作出课程计划的调整,将毕业学分统一为145,教育社会学为必修科,占3学分。1998年,对以中文为授课语言的学前教育及小学教育专科学位及学士补充课程(第171/98/M号训令)(澳门特别行政区政府印务局,1998)作出了修订,统一了两个专业的毕业学分为145.5学分,因应教育当局对师培提出新的要求,加入了“道德及公民教育”学科,占1.5学分,而教育社会学由1996年原来的3学分减至1.5学分。

澳门理工学院以培养音乐、视觉艺术及体育专业的教师为主。自1993年起,理工学院成立视觉艺术学校,于1996年开设了三个高等专科专业,包括:视觉艺术(澳门特别行政区政府印务局,1996c)、在职体育教师体育及运动(澳门特别行政区政府印务局,1996e)和音乐教育专业(澳门特别行政区政府印务局,1996d),学制为3年,毕业学分要求分别是:96.5、91.5和147分。视觉艺术专业没有设置教育社会学;体育专业开设了“运动社会学”学科,占3学分;而音乐专业开设了教育社会学,列为必修科,占4学分。1997年,在职体育教师体育及运动的高等专科课程为了更能符合葡国及中华人民共和国开办之同类课程模式,作了课程上的修订(澳门特别行政区政府印务局,1997b),维持3年学制,毕业学分为119.5,“体育社会学”列为必修科,占3学分。2005年先后对视觉艺术(教育专业)高等专科学位课程(澳门特别行政区政府印务局,2005b)及音乐(教育专业)高等专科学位课程(澳门特别行政区政府印务局,2005a)作出修订,毕业总学分各为115和104,当中视觉艺术没有设置教育社会学及社会学的相关学科,而音乐专业则将原来的教育社会学剔除,改为“音乐社会学”,列为必修科,占2学分。这些专业属性的社会学是从社会发展的角度去探讨该学科和社会互动的关系和发展,与教育的关系并未很明显。

(二)教育学士学位课程

如前文所说,中国澳门1990年代教师教育的发展模式主要参照葡萄牙的系统,中学教育的师资培养主要是以修读学士学位为原则。因此,澳门大学在1996年开办了中学教育的课程,主要设置中、英、数三个专业(澳门特别行政区政府印务局,1996f),学制为4年,总毕业学分是153,教育社会学被列为必修科，占3学分。因应社会发展的需要，高等专科学位为在职教师补充学历，资培的重点亦由在职培训转移到职前培训，并且迈向学士学位化。2004年和2005年间，澳门大学将学前、小学（澳门特别行政区政府印务局，2005c）及中学专业（澳门特别行政区政府印务局，2004a）的毕业学分统一为144学分，而学前及小学专业改为四年学士课程，教育社会学课程被列为必修科，占3学分。2010年因澳门大学进行大学层次的课程改革，将整体毕业学分下调至135及136学分，其共四个教育专业：中文、英文、学前和小学教育专业（澳门特别行政区政府印务局，2010a）（澳门特别行政区政府印务局，2010b）（数学专业从教育学院转移至科技学院）。

理工学院的师培课程也于2009及2010年改为四年的学士制，因应不同学科其毕业学分也有区别，如：音乐专业的学分为138（澳门特别行政区政府印务局，2009a），体育专业的学分为144（澳门特别行政区政府印务局，2009b），视觉艺术专业为161（澳门特别行政区政府印务局，2010c）。在课程设置的版块上，这三个专业采取较为统一的方向，尤见于社会学及相关学科的设置上，例如：音乐教育专业开设了“音乐社会学”，列为必修科，占2学分；体育教育专业开设了“体育社会学”，列为必修科，占3学分；视觉艺术教育专业亦开设了“艺术社会学”，列为必修科，占2学分。

圣若瑟大学（前身为国际高等院校）是天主教大学。大学于2013年开办四年制的教育学士课程，包括幼儿教育、小学教育、基督宗教教育（中学教育）和英语（中学教育）等专业（澳门特别行政区政府印务局，2013c），授课语言为英文/中文/葡语，毕业学分是148，而“社会与教育”“社会学导论”和“澳门研究”课程各占3学分，被列为各专业的必修科。

（三）学位后证书课程

学位后教育文凭证书课程（Postgraduate Certificate in Education）主要为拥有学士学位而有志投身教育工作的人士修读，修读完一定的学分后可以任教学前、小学及中学的教育阶段。澳门大学在众多院校中最先开设这类课程，由于2013年之前的课程大纲无需通过政府的审批，因此学习计划是从大学每年出版的《学生手册》中整理出来。学位后课程于1994年推出，学制2年，总学分36，教育社会学为必修科，占3学分（澳门大学，1994）。由2002至2012年起,开办日间及晚间课程。而在 2013 年课程的最大改动是调整了总体的学分,学制由 2 年改为 1 年,并且将教育社会学改为选修科,而将“信息科技教育”改为必修科(澳门特别行政区政府印务局,2013a)。在 2015 年的修订课纲中,共三个专业课程,包括:中学教育、小学教育及学前教育,总学分由 2013 年的 30 学分减至 24 学分,在必修和选修科中各减去一科,将原来的“课程与教学论”在必修科中剔除,教育社会学跟 2013 年的修订一样,列为选修科(澳门特别行政区政府印务局,2013b)。

圣若瑟大学于 2004 年首先开设以英语授课的“教学专业资格学位后文凭课程”(澳门特别行政区政府印务局,2004b),学制 1 年,课程总学分是 36。文凭课程并没有开设教育社会学,但提供“社会学习环境及课堂生活”和“家庭、社群与学校”的学科,分别占 2 个学分和 1.5 个学分。2013 年对原来的学位后教育文凭课程作出了修订,将原来的 36 学分改为 30 学分,学制 1 年,授课语言为中文或英文,原来的“家庭、社群与学校”课程改为“家庭、社区与学校”课程,占 3 学分,列为必修科。2014 年,对原来 2013 年的“教学专业资格学位后文凭课程”作出修订,学制和学分不变,但是授课语言除原来的中英文外,增加了葡萄牙语,而“家庭、社区与学校”的课程仍被列为必修科,占 3 个学分。

通过对上述三类课程中的教育社会学的陈述之探讨,让我们理解到的不单是教育社会学的学科发展和演变过程,而是揭示出教师教育的实践话语:(1)课程的萌发取决于诸多外在的社会因素交叉而成:例如从起初“迁移”至发展“本土”的课程,皆反映着当下的特殊的社会条件(Foucault,1995,p. 139)。(2)不同院校参与的多元课程:“多元”不仅反映在课程由华师大、澳大、理工、圣大等不同的院校开办,而且授课语言包括了中、英、葡三种,课程既与国际接轨,同时也反映了地区独特的历史沉积。(3)流动的教师教育话语系统:若从 1985 年算起,在这 30 多年中的教师教育的课程话语因应不同时代的需求而处于不断改变和转型中,由早期以提供在职教师专业资格的补充性质,转至以职前为主的四年学士学位。而近年出现不同类别的学位教育证书课程,包括了小学及学前教育的课程,也是因应入学人口增加和推行小班化政策的影响,增加了对教师人数的需要。(4)教师资格并没有“统一”的话语系统:就以上不同院校的教师资格课程来看,毕业学分存在一定的差异,这种差异既陈述了一个较宽松的“专业话语”,同时也反映着院校间对教师专业并没有共同的理解,特别是对于教育专业的基础学科没有一致的看法,当中教育社会学在某些课程并非属于教育基础学科之一。(5)教师教育课程的学分呈递减趋势:课程学分递减和修读时间的减少在学位后的教育课程中尤为显著。澳门大学的课程从最早期的36学分,降至24学分,由2年学制转为1年,这是较为明显的改变。圣大的教育证书课程的学分也有所下调,由原来的36降至30学分。学分下调反映着教师入职的资格相比以前更为宽松,而修读时间上的减少,反映“生产”合格教师的周期缩短了,以配合市场的需要。(6)课程迈向学位化:中国澳门的教师课程的陈述从早期的中等师资课程发展至高等专科学位,以及学士学位,均展示出学位作为专业化的一个发展方向,然而就目前这种发展态势未必跟教师的专业化存在必然的关系,专业课程的改动也是为了针对市场上的需要而作出调整。若将学分减少的陈述与2000年后学位化的陈述并列而视,不难看出内部的矛盾,即专业化与修读学分成反比的吊诡现象。前文曾提及,教师教育与教师专业是孪生的关系,然而从上述课程的陈述和教师教育的话语而论,中国澳门的教师专业发展以学位化的方式进行,而入职教师资格呈现“浮动”的状态,根据市场需求而作出调节,换言之,这是一种市场导向的“专业”发展话语。

五、教育社会学在教师教育课程中的定位及未来的发展

上述三类教师入职培训课程中有关教育社会学的学分陈述是一个有趣的现象。教育社会学并不是独立于教育专业以外的一个学科,那么,它与教师教育和教育专业的关系如何呢?教育社会学学分的调整和分配,不单反映着教育社会学的“运命”(闫广芬,苌庆辉,2008)之说,也诉说着教师教育课程的专业性,以及教育专业主义的话语实践。

(一)教育社会学在教师教育课程中的定位

不少学者认为(Ballantine,1993,pp.3-4;Tropp,1956)教育社会学对于教师专业是极为重要的,因为教育社会学可以帮助准教育/教师探讨教育制度与其他社会制度的关系,促进教育与社会的互动,甚至了解社会上不同的族群及其文化的差异(Burtonwood,2002),为教育研究和教学工作带来实质性的帮助。然而,从中国澳门的教师教育课程调节中可以发现教育社会学在课程系

统中的尴尬地位，其往往会成为“被调节”的对象，那教育社会学在教师教育课程中的定位究竟为何呢？

1. 不同院校对教育社会学的重视程度存在差异

上述的三类课程均是教师入职准备（teacher preparation）的课程，早期的高等专科学位以“补充”学历为原则，但不同院校对教育社会学的重视程度并不一样。以高等专科教育为例，华师大的教育社会学学科分数占的比例较多（6 学分）也是最稳定的，原因之一可能是学习计划来自内地，而教育社会学在内地的大学相对受到重视。早期的理工学院课程，除了音乐专业设有教育社会学，占 4 学分外，其他的两个专业对此学科未见有足够的重视。而在新修订的四年教育学士课程中，音乐、视艺及体育均加入了 2 学分的相关社会学的课程。澳大课程中的教育社会学相对处于一个不稳定的发展状态中，例如同为高等专科学位，因授课课言不一，导致教育社会学占的学分也存在差异，有的占 4 学分，有的只占 1.5 学分。在新的本科课程中，教育社会学列为必修科，占 3 学分。但是，在学位后教育证书课程中，教育社会学却由必修科改为选修科，而将信息教育列为必修科目。至于圣大的课程设置中，教育证书课程虽然亦由原来的 36 学分下调至 30 学分，但是与教育社会学类似的“家庭、社区与学校”等科目仍然保留在必修课程之列，该大学 2013 年开办的教育学士学位课程中与教育社会学有关的共占 9 学分。

有关教师必备的知识，Shulman（1987）早年已有论述，指出“教育的背景，社会及文化”乃为教师所需的七项基础知识（knowledge base）之一。欧盟于 2011 年发布的《教师核心素养文献回顾：需求及发展》（*Literature Review Teachers' Core Competences：Requirement and Development*）汇集及总结了各地对于教师素养的文献及研究，文章指出教育的基础学科是教师的素养知识，而教师的素养知识包括了跨文化、历史、哲学、心理学及社会学的知识五类（Caena，2011）。然而在中国澳门，不同院校对于教育社会学的定位态度不一，反映着院校对于教师培训的理念有不同的理解，因而衍生出中国澳门教师教育的基础学科存在差异和不确定的特性，事实上也直接地反映着中国澳门教师专业内部并不完全存在共性，这不单纯成为教育社会学学科自身发展的一个阻碍，同时可能对于未来的教师专业发展构成了困难，不利于从“内涵”层面上推动教师专业发展的进程。

2. 被边缘化的教育社会学

如前文所言,中国澳门教育社会学与教育专业发展虽有“孪生”关系,然而却未能获得应有的重视,犹如“鸡肋”。过去,教育社会学处于入职教师准备课程的重要位置上,如今已变得可有可无。例如 1996/1998 年的高等专科学位课程规划中,因为要加入公民科,所以教育社会学由原来的 3 学分改为 1.5 学分;又如学位后课程中,在上世纪 90 年代时,教育社会学被列为必修科,但从 2012 年起改为选修科。这种对教育社会学学科的随意和随机性的调整、删除或替代,均没有足够的学理作支撑,这些恣意性的举措不仅不利于教育社会学学科的发展,而且对教育课程会造成巨大的伤害。学科作为教师教育系统的一部分,其发展趋势受诸多外在因素的影响,如与高度倡导以教师能力为本(competence-based)、实用主义(pragmatism)和工具主义(instrumentalism)等论述的兴起有关,这些论述对于结构性较强的学科出现了排他的情况。当然,在信息爆炸的时代,人类学习的方式也发生了改变,碎片化的讯息充斥或甚“取代”了知识,这些转变无疑对传统学科带来了挑战,甚至将之推向边缘化,而教育社会学在中国澳门亦有同样的发展趋势。此外,被边缘化的原因也可能跟现时教师的高度专业分工有关。过去,教师身兼“传道、授业、解惑”的综合性职能,随着分工愈趋精细,为教育工作带来了内涵上的改变,即教师只聚焦课堂的教学工作,而有关学生行为等问题可以由社工人员跟进,这种专精化的教学工作使教师对于社会与教育的关系处于一种疏离的状态,让教师的投入感相对降低。再者,不可否认地域、研究条件和资源对学科发展起着一定的作用。观乎中国大陆自 1989 年已经开始为教育社会学方面的博士开设相关课程,教育社会学的课程已从本科覆盖至研究生(吴康宁,2009)。但中国澳门目前尚未设置教育社会学的博士课程,中国大陆与中国澳门在教育社会学学科建设中的这种广泛与专精的区别,与地区的资源有关,具体而言,地域空间及资源等都是制约教育社会学的发展因素。

(二)教育社会学未来可能的发展

前文是中国澳门教育社会学在教师教育课程中的陈述。学科的发展除了与教师教育课程有关外,程天君教授(2011)所言的“学科要素”,即“研究对象、学科性质和方法论”也对学科发展起一定的作用。事实上，检视上述三个学科要素有必要从中国澳门的高校课程改革的趋势及教育研究生态的发展角度去理解，并且由此探讨社会学未来发展的可能性。

1. 大学课程改革的趋势

无论是中国澳门还是全球性的大学课程改革话语中，通识教育成为了一个发展的焦点和重点，在本科课程中占有一定的比重，然而从大学学分整体下调，以及增加通识课的比例来看，可发现专业学科的学时不断减少。这并不仅仅对教育社会学学科的发展带来影响，同时对一般结构严谨的学科也带来了冲击，这也是从“去学科化”走向“泛学科化”和“跨学科化”的发展。这种以培养学生能力为本的课程，强调学生的综合能力本无不可，但是站在学科独立发展的角度上来看，未必是有利的。从另一个角度看，教育社会学所涉及的内容和领域广泛，完全可以成为通识教育的一部分，让非教育专业的学生可以从中学习到社会和学校之间错综复杂的关系。比如说，澳大即将开设的教育全球化课程中就应该涵盖相当一部分教育社会学的内容，通过更加通俗和跨学科的学习，让各个专业的学生都能学习，遗憾的是这一点并不在学校行政层的日程上。

2. 研究生态的改变

在全球大学排名的论述下，“全球竞争力”(global competitiveness)及“能见度”(visibility)成为了不少大学的发展指标，引来不少学者诟病(Chou，2014)。然而，不少大学仍热衷于排名，纷纷加入生产学术论文的工场。为了增加出版，可以依循“多、快、好、省”的基本原则，即量要多，时间要少，符合引文基本原则和省力气等，这样无疑是配合了大学排名的游戏规则，但也就等于自动放弃了研究的自主权。任何不符合“多、快、好、省”的“生产”原则的研究都被边缘化或自我边缘化。这种论述，严重地扭曲了教育研究的生态，带来了一定的负面影响，更多教育工作者因此而更愿意投身大型的量化研究，这等于间接宣布质性研究没有获得同样的重视。此外，为了争取在国际期刊出版，采用英文书写是基本的要求之一，在书写语言上重英轻中，贬低了本土语言的价值，是研究上的一种殖民化(colonisation)，局限了研究生态的平衡发展。另外，研究主题符合国际期刊的期望也属考虑之列，如此也直接限制了研究主题,“鼓励”研究方法迈向单一化。

3. 国际比较教育的兴起

中国澳门近年进入了国际考试的年代,包括由 2003 年就开始的“国际学生能力评量计划”(Programme for International Student Assessment,简称 PISA),以及 2016 年参与的“全球学生阅读能力进展研究”计划(Progress in International Reading Literacy Study,简称 PIRLS),这些国际性的考试除了测评学生和评核教育制度的成效外,同时亦建立了庞大的数据库,为比较教育提供了更多的空间,特别是为“二次资料分析”(secondary data analysis)为学术研究提供了很大的“便利”,因为可以足不出户地埋头做研究。但是,不能忽视此类数据库在教育研究中所存在的隐患,较为单一化的量化研究以及一些“去情境化”(de-contextualised)的研究等正说明了其局限所在。

从高校的教育研究发展趋向,不难看出一种新的研究论述正在冒起中:大型数据的量化研究成为主流,跨国性/跨地域性的研究成为了研究的热点,“二元资料分析”的研究方法成为高校教育研究的必修科。建立在这一种工具价值取向的研究观点,研究的价值、方法及对象取决于出版结果,这些已严重扭曲了研究自身的意义和价值了。通过对中国澳门教育社会学学科的陈述,我们除了了解学科在教育系统内的发展外,对于现时的学科发展要素也有了一些基本的掌握。通过分析可知,中国澳门师范课程的设置,师资以及学科发展方面均呈现出国际视野大于本土化的发展模式。教育社会学的产生与发展都离不开社会和教育,其出现是互为依存的关系,同时,教育社会学的诞生与社会现象一致,表现为一种流动和移动关系。但是,在国际化的论述下,学科的这种流动和移动是不是有根的飘移?最终会成为国际的一分子,而非本土的一分子?以上种种的发展趋势对于未来中国澳门教育社会学的发展可能是挑战,也有可能是机遇。或许,通过中国澳门教育社会学学科的发展轨迹和路径,能为学科未来发展提出了一些思考,更重要的是能重新审视教育社会学与教育专业的现存关系以及应有的关系。

参考文献:

澳门大学.(1994).澳门大学学生手册(1994—1995).澳门:澳门大学.

澳门特别行政区政府教育暨青年局.(2014).教育数字概览.http://www.dsej.gov.mo/~webdsej/www/statisti/2014/index.html? timeis = Mon% 20Feb% 2015% 2014:52:55%20GMT+08:00%202016&&.

澳门特别行政区政府印务局.(1984).第 65/84/M 号法令.http://bo.io.gov.mo/bo/i/84/27/declei65_cn.asp.

澳门特别行政区政府印务局.(1995a).第 245/95/M 号训令.http://bo.io.gov.mo/bo/i/95/35/port245_cn.asp.

澳门特别行政区政府印务局.(1995b).第 247/95/M 号训令.http://bo.io.gov.mo/bo/i/95/35/port247_cn.asp.

澳门特别行政区政府印务局.(1995c).第 324/95/M 号训令.http://bo.io.gov.mo/bo/i/95/52/port324_cn.asp.

澳门特别行政区政府印务局.(1996a).第 7/96/M 号训令.http://bo.io.gov.mo/bo/i/96/03/port07_cn.asp.

澳门特别行政区政府印务局.(1996b).第 15/96/M 号训令.http://bo.io.gov.mo/bo/i/96/13/declei15_cn.asp.

澳门特别行政区政府印务局.(1996c).第 202/96/M 号训令.http://bo.io.gov.mo/bo/i/96/33/port202_cn.asp. http://images.io.gov.mo/bo/i/96/33/pt-202-96.pdf.

澳门特别行政区政府印务局.(1996d).第 204/96/M 号训令.http://images.io.gov.mo/bo/i/96/33/pt-204-96.pdf.

澳门特别行政区政府印务局.(1996e).第 205/96/M 号训令.http://bo.io.gov.mo/bo/i/96/33/port205_cn.asp.

澳门特别行政区政府印务局.(1996f).第 301/96/M 号训令.http://bo.io.gov.mo/bo/i/96/51/port301_cn.asp.

澳门特别行政区政府印务局.(1997a).第 41/97/M 号训令.http://bo.io.gov.mo/bo/i/97/38/declei41_cn.asp.

澳门特别行政区政府印务局.(1997b).第 96/97/M 号训令.http://bo.io.gov.mo/bo/i/97/18/port96_cn.asp.

澳门特别行政区政府印务局.(1997c).第 165/97/M 号训令.http://bo.io.gov.mo/bo/i/97/27/port165_cn.asp? mobile=1.

澳门特别行政区政府印务局.(1997d).第 166/97/M 号训令.http://bo.io.gov.mo/bo/i/97/27/port166_cn.asp.

澳门特别行政区政府印务局.(1998).第 171/98/M 号训令.http://bo.io.gov.mo/bo/i/98/30/port171_cn.asp.

澳门特别行政区政府印务局.(2004a).第 9/2004 号社会文化司司长批示.http://bo.io.gov.mo/bo/i/2004/07/despsasc_cn.asp#7.

澳门特别行政区政府印务局.(2004b).第 52/2004 号社会文化司司长批示.http://bo.io.gov.mo/bo/i/2004/28/despsasc_cn.asp#52

澳门特别行政区政府印务局.(2005a).第 41/2005 号社会文化司司长批示.http://bo.io.gov.mo/bo/i/2005/18/despsasc_cn.asp.

澳门特别行政区政府印务局.(2005b).第 58/2005 号社会文化司司长批示.http://bo.io.gov.mo/bo/i/2005/25/despsasc_cn.asp#58.

澳门特别行政区政府印务局.(2005c).第 121/2005 号社会文化司司长批示.http://bo.io.gov.mo/bo/i/2005/44/despsasc_cn.asp.

澳门特别行政区政府印务局.(2009a).第 35/2009 号社会文化司司长批示.http://bo.io.gov.mo/bo/i/2009/11/despsasc_cn.asp? mobile=1.

澳门特别行政区政府印务局.(2009b).第 317/2009 号行政长官批示.http://bo.io.gov.mo/bo/i/2009/34/despce_cn.asp#317.

澳门特别行政区政府印务局.(2010a).澳门特别行政区政府机关通告及公告.http://bo.io.gov.mo/bo/ii/2010/50/avisosoficiais_cn.asp#um4.

澳门特别行政区政府印务局.(2010b).澳门特别行政区政府机关通告及公告.http://bo.io.gov.mo/bo/ii/2010/50/avisosoficiais_cn.asp#um5.

澳门特别行政区政府印务局.(2010c).第 119/2010 号社会文化司司长批示.http://bo.io.gov.mo/bo/i/2010/36/despsasc_cn.asp? printer=1.

澳门特别行政区政府印务局.(2011).第 193/2011 号社会文化司司长批示.http://bo.io.gov.mo/bo/i/2011/48/despsasc_cn.asp#193.

澳门特别行政区政府印务局.(2012).第 3/2012 号法令非高等教育私立学校教学人员制度框架.http://bo.io.gov.mo/bo/i/2012/12/lei03_cn.asp? timeis=Mon%20Feb%2001%2016:13:39%20GMT+08:00%202016&&.

澳门特别行政区政府印务局.(2013a).澳门特别行政区政府机关通告及公

告,公报编号:9,第二组.http://bo.io.gov.mo/bo/ii/2013/09/avisosoficiais_cn.asp#um2.

澳门特别行政区政府印务局.(2013b).澳门特别行政区政府机关通告及公告,公报编号:37,第二组.http://bo.io.gov.mo/bo/ii/2013/09/avisosoficiais_cn.asp#um2.

澳门特别行政区政府印务局.(2013c).第172/2013号社会文化司司长批示.http://bo.io.gov.mo/bo/i/2013/28/despsasc_cn.asp#172.

澳门特别行政区政府印务局.(2014).第148/2014号社会文化司司长批示.http://bo.io.gov.mo/bo/i/2014/34/despsasc_cn.asp#148.

贝磊,古鼎仪.(2005).香港与澳门的教育与社会:从比较角度看延续与变化.台北:师大书苑.

程天君.(2011).中国教育社会学"学科论"百年概要.北京大学教育评论,9(04),154-188.

黄素君.(2014).澳门教师教育政策之考古及系谱研究.华南师范大学学报(社会科学版),(06),50-55.

老志钧.(2009).澳门圣若瑟教区中学的师范课程.张伟保主编,澳门教育史论文集(第一辑)(pp.211-230).北京:中国社会科学出版社.

刘海燕,曾晓红.(2007).学科与专业、学科建设与专业建设关系辨析.高等教育研究学报,30(04),29-31.

刘精明,张丽.(2008).改革开放三十年来我国教育社会学的发展.清华大学教育研究,29(06),1-9.

吴康宁.(2009).我国教育社会学的三十年发展(1979-2008).华东师范大学学报(教育科学版),27(02),1-20.

闫广芬,苌庆辉.(2008).中国教育社会学的发端——一种知识社会学的视角.河北师范大学学报(教育科学版),10(05),29-34.

Ballantine,J.H.(1993).*The Sciology of Eucation:A systematic Aalysis*(3rd ed.).NJ:Prentice Hall.

Beck,J.(2008).GovernmentalPofessionalism:Re-professionalizing or De-professionalizing Teachers in England? *British Journal of Educational Studies*,56(2),119-143.https://doi.org/10.1111/j.1467-8527.2008.00401.x.

Burtonwood, N. (2002). Anthropology, Sociology and thePeparation of Teachers for a Culturally plural Sciety. *Pedagogy, Culture and Society*, 10(3), 367-386.

Caena, F. (2011). *Literature Review Teachers' Core Competences: Requirement and Development.* European Commission. http://ec. europa. eu/education/policy/strategic-framework/doc/teacher-competences_en.pdf.

Chou, C. P. (Ed.). (2014) *The SSCI Syndrome in Higher education: A Local or Global Phenomenon.* Rotterdam/Boston/Taipei: Sense Publishers.

Minstério do Ultramar. (2017). Decreto 44240, Diario do Governo, 1.ª série N° 60, de 17.03.1962, Pág.253. https://dre.tretas.org/dre/271365/.

Douchard, D.F. (Ed.) (1977). *Language, Counter-memory, Practice: Selected essays and Interviews by Michel Foucault.* Blackwell: Oxford.

Foucault, M. (1995). *The Archaeology of Knowledge.* Routledge.

Shulman, L. S. (1987). Knowledge andTeaching: Foundations of the New Reform. *Harvard Educational Review*, 57(1), 1-22.

Tropp, A. (1956). TheRelevance of Sociology to the Training of Teachers and Social Workers. *Sociological Review*, 4(1), 27-32. DOI: 10. 1111/j. 1467-954X. 1956. tb03368.x.

University of Macau. (2021). http://www. umac. mo/about_UM/chi/about_UM_history.html.

Vong, S.K. (2013). Govern-mentality and eEducation Development in post-1999 Era in Macao. In P.T.J. Hsieh (Ed.), *Education in East Asia* (pp.79-102). UK: Bloomsbury Academic.

附录 II　中国大陆教育社会学简要讯息

附录 II-1　中国教育学会教育社会学专业委员会历届年会简况表

附录 II-2　中国社会学会教育社会学专业委员会历届年会简况表

附录 II-3　主要中文教育社会学著作目录

附录 II-4　主要中文教育社会学丛书目录

附录 II-5　主要中文教育社会学基本文选、辞书、手册目录

附录 II-6　主要中文教育社会学译著目录

附录 II-7-1　中国(大陆)主要高校教育社会学课程开设情况一览表

附录 II-7-2　民国时期教育社会学课程开设情况一览表

附录 II-1　中国教育学会教育社会学专业委员会历届年会简况表

届别	时间	地点及承办单位	会议主题	人数
第一届	1989 年 4 月	杭州　杭州大学	①教育社会学课程建设 ②教育问题的社会学分析 ③学科理论自身建设	40
第二届	1991 年 5 月	芜湖　安徽师范大学	①中小学生的学业成败:社会学分析 ②教育社会学的学科建设及今后研究重点	40
第三届	1993 年 5 月	桂林　广西师范大学	国家(地区)现代化与教育变革	40
第四届	1995 年 10 月	武汉　华中理工大学	社会转型时期的教育变革	30
第五届	1998 年 10 月	沈阳　沈阳师范学院	①教育与社会可持续发展 ②教育社会学学科发展	50
第六届	2000 年 10 月	南京　南京师范大学	教育社会学研究的国际化与本土化	60
第七届	2002 年 11 月	广州　广东教育学院、广州大学	①社会变迁中的教育公平问题 ②后现代主义与教育社会学	60
第八届	2004 年 6 月	曲阜　曲阜师范大学	①社会转型时期教育社会学的学科使命 ②当下知识分子的身份认同	50
第九届	2006 年 10 月	海口　海南师范大学	①中国教育社会学的学术传统与理论使命 ②教育改革的社会学分析	70
第十届	2008 年 11 月	桂林　广西师范大学	①教育社会学研究的反思 ②面向和谐社会的教育问题	80
第十一届	2010 年 9 月	石河子　石河子大学	①社会学视野中的学校文化 ②多元视角下的教育社会学研究	70
第十二届	2012 年 10 月	福州　福建师范大学	①教育社会学的传统与现代 ②教育质量与教育公平	80
第十三届	2014 年 9 月	长春　东北师范大学	①教育社会学的想象力 ②困境中的学校	75

续表

届别	时间	地点及承办单位	会议主题	人数
第十四届	2016 年 11 月	昆明　云南民族大学	①教育创造健康社会:涂尔干遗产与中国经验 ②教育社会学国际学术动态与前沿研究	100
第十五届	2018 年 10 月	南京　南京师范大学	①新时期的教育公平与学校变革 ②教育社会学:国际视野与跨学科比较	280
第十六届	2020 年 10 月	苏州　苏州大学	①教师的社会角色与社会支持 ②教育社会学与文化研究	150
第十七届	2022 年 12 月	广州　广州大学（线上会议）	①张人杰先生与教育社会学学科发展 ②社会变迁中的家庭与学校教育	3536

附录 II-2　中国社会学会教育社会学专业委员会历届年会简况表

届别	时间	地点及承办单位	会议主题	人数
第一届	1991 年 8 月	天津　大港区教委	①中国社会学会教育社会学研究会成立 ②教育综合化改革	132
第二届	1992 年 10 月	襄樊　市教委	①教育社会学学科建设与理论研究 ②社会环境与教育 ③社区企业教育	85
第三届	1993 年 10 月	北京　西城区教委	中国特色的社区教育理论与实践	116
第四届	1995 年 5 月	上海　普陀区教委	①教育与社会、社区的协调发展 ②社区教育学学科建设	87
第五届	1996 年 10 月	重庆　九龙坡教委	①社区教育与社区发展 ②教育社会学学科建设	162
第六届	1997 年 4 月	沙市　市教委	教育社会学视野中的社区教育与社区生活建设	98

续表

届别	时间	地点及承办单位	会议主题	人数
第七届	2000 年 4 月	扬州　扬州大学	①学习社会的建构 ②21 世纪教育与社会热点问题	73
第八届	2002 年 9 月	沈阳　沈阳师范大学	海峡两岸社区教育研讨会	110
第九届	2004 年 10 月	深圳　市教委	学习型城市(区)建设	135
第十届	2008 年 5 月	北京　海淀区教委	社区教育与终身学习	65
第十一届	2014 年 5 月	北京　北京物资学院	社会变革中的教育社会学建设	75
2014 年年会—论坛	2014 年 7 月	武汉　武汉大学 北京物资学院	年会主题　全面深化改革与社会治理现代化 论坛主题　教育改革中热点问题的社会学分析	1400 35
2015 年年会—论坛	2015 年 7 月	长沙　中南大学 北京舞蹈学院	年会主题　经济新常态下的社会改革与社会治理 论坛主题　考试招生制度改革与社会公平	1600 40
2016 年专委会年会	2016 年 10 月	曲阜　曲阜师范大学	①全面建成小康社会目标下教育与社会的关系研究 ②新的发展理念下教育质量与教育公平问题研究 ③教育社会学学科建设与学科发展研究	80
2017 年年会—论坛	2017 年 7 月	上海　上海大学 河北大学	年会主题　迈向共建共享的全面小康社会 论坛主题　共享发展与教育公平	1600 42
2018 年专委会年会	2018 年 10 月	哈尔滨　哈尔滨师范大学	年会主题　社会学视域下公平而有质量的教育	80
2019 年年会—论坛	2019 年 7 月	昆明　云南大学 河北师范大学	年会主题　回溯与前瞻　社会学与中国社会变迁 论坛主题　社会学视域下的教育变革	1700 50
2020 年专委会年会	2020 年 9 月	广州　华南师范大学	年会主题　教育治理的社会学研究	50
2021 年年会—论坛	2021 年 7 月	重庆　西南大学 首都师范大学	年会主题　社会现代化与中国特色社会主义社会学 论坛主题　社会学理论视野下的中国教育现代化	1600 40

续表

届别	时间	地点及承办单位	会议主题	人数
2022 年专委会年会	2022 年 7 月	大连　辽宁师范大学	年会主题　新发展理念视角下的教育社会学研究	60
说　明 自 2014 年始,中国社会学会教育社会学专业委员会为加强专委会与社会学会的学术活动联系,应社会学会逐年举办年会论坛办会模式和要求的调整,采取本年参加和举办社会学会年会—论坛、次年举办专委会年会的逐年办会模式,直接按年度年会依次排序,不再以届续名。				

注:傅松涛提供了本附录的信息。谨此致谢。

附录 II-3　主要中文教育社会学著作目录

序号	书　名	作者	出版社	时间
1	《社会与教育》	陶孟和	商务印书馆	1922
2	《社会学与教育》	厚　生	商务印书馆	1925
3	《学务调查》	程其保	商务印书馆	1930
4	《教育社会学》	雷通群	商务印书馆	1931
5	《教育调查》	邰爽秋	商务印书馆	1931
6	《社会化的教学法》	陈德征	商务印书馆	1931
7	《教育社会学通论》	沈冠群 吴同福	南京书店	1932
8	《教育社会学概论》	陈翊林	中华书局	1933
9	《教育社会学》	苏芗雨	人人书店	1934
10	《社会化的新教育》	钱歌川	中华书局	1934
11	《学校调查》	黄敬思	中华书局	1937
12	《教育社会学讲话》	陈科美	世界书局	1944
13	《教育社会学》	桂万宏 苏玉兰	天津人民出版社	1987
14	《人・关系・文化——教育社会学观略》	卫道治 沈煜峰	湖南教育出版社	1988

续表

序号	书 名	作者	出版社	时间
15	《教育社会学》	刘慧珍	辽宁教育出版社	1988
16	《教育社会学》	鲁 洁	人民教育出版社	1990
17	《教育功能论》	傅维利	辽宁教育出版社	1990
18	《教育与社会》	吴 铎 张人杰	中国科学技术出版社	1991
19	《教育社会学新论》	傅松涛	河北大学出版社	1997
20	《教育社会学》	金一鸣	江苏教育出版社	1998
21	《德育社会学》	鲁 洁	福建教育出版社	1988
22	《教育社会学》	吴康宁	人民教育出版社	1998
23	《教育社会学研究》	马和民 高旭平	上海教育出版社	1998
24	《村落中的“国家”:文化变迁中的乡村学校》	李书磊	浙江人民出版社	1999
25	《中国农村教育发展区域差异:24县调查》	马 戎 [加]龙山	福建教育出版社	1999
26	《中国农村教育问题研究》	马 戎 [加]龙山	福建教育出版社	2000
27	《教育活动中的社会学分析——一种教育社会学的研究》	谢维和	教育科学出版社	2000
28	《课堂秩序论》	李德显	广西师范大学出版社	2000
30	《教育社会学的理论与实践》	钱 扑	广西教育出版社	2001
31	《“教育革命”的历史考察:1966—1976》	程晋宽	福建教育出版社	2001
32	《教育社会学》	谢维和	台北:五南图书出版股份有限公司	2002
33	《高等教育社会学》	张德祥 周润智	高等教育出版社	2002
34	《知识演化与社会控制——中国教育知识史的比较社会学分析》	吴 刚	教育科学出版社	2002
35	《社区教育原理》	厉以贤	四川教育出版社	2003
36	《教育,在仪式中进行——摩梭人成年礼的教育人类学分析》	吴晓蓉	西南师范大学出版社	2003
37	《教育制度的生成与变革:新制度教育学论纲》	康永久	教育科学出版社	2003

续表

序号	书　名	作者	出版社	时间
38	《课程社会学研究》	吴康宁	江苏教育出版社	2004
39	《中国教育的城乡差异：一种文化再生产现象的分析》	余秀兰	教育科学出版社	2004
40	《教育空间中的话语冲突与悲剧——中国十一世纪的经验》	周　勇	教育科学出版社	2004
41	《新教育社会学：连续与断裂的学术历程》	杨昌勇	中国社会科学出版社	2004
42	《教育社会学》	杨昌勇 郑　淮	广东人民出版社	2005
43	《当代社会问题与青少年成长》	魏曼华	福建教育出版社	2005
44	《性别与教育》	郑新蓉	教育科学出版社	2005
45	《国家、社会阶层与教育：教育获得的社会学研究》	刘精明	中国人民大学出版社	2005
46	《教育分流论》	许庆豫 卢乃桂	江苏教育出版社	2005
47	《社会变迁与教师流动》	彭小虎	南京出版社	2005
48	《教育社会学研究》	邓和平	湖北人民出版社	2006
49	《现代社会中的人性与教育——以涂尔干社会理论为视角》	渠敬东	上海三联书店	2006
50	《中国教育公平的理想与现实》	杨东平	北京大学出版社	2006
51	《教师社会学导论》	王守恒	中国科学技术大学出版社	2007
52	《教育社会学》	胡春明	社会科学文献出版社	2007
53	《教育社会学与教师研究》	周　艳	华中科技大学出版社	2008
54	《别样童年：中国农村留守儿童》	叶敬忠 潘　璐	社会科学文献出版社	2008
55	《教育社会学》（修订版）	董泽芳	华中师范大学出版社	2009
56	《新编教育社会学》（第2版）	马和民 刘晓虹 何　芳	华东师范大学出版社	2009
57	《高等教育社会学》	王处辉 庞守兴	高等教育出版社	2009
58	《学前教育社会学》	王海英	江苏教育出版社	2009
59	《教育社会学》	缪建东	高等教育出版社	2009

续表

序号	书　名	作者	出版社	时间
60	《中国西部地区少数民族教育的发展》	马　戎 郭志刚	民族出版社	2009
61	《村落视野下的农村教育——以西南四村为例》	翁乃群	社会科学文献出版社	2009
62	《权力关系与师生交往》	余清臣	北京师范大学出版社	2009
63	《国家·独生子女·儿童观——对北京市儿童生活的调查研究》	[日] 林光江	新华出版社	2009
64	《教育·社会·人:厉以贤教育文集》	厉以贤	人民教育出版社	2010
65	《教育场域中的知识权力与精英学子》	周　勇	北京师范大学出版社	2010
66	《教育社会学》	徐　瑞 刘慧珍	北京大学出版社	2010
67	《城市化的孩子:农民工子女的身份生产与政治社会化》	熊易寒	上海人民出版社	2010
68	《在权力与权利之间:教育政治学导论》	蔡　春	北京师范大学出版社	2010
69	《教育社会学的前沿议题》	吴　刚	上海教育出版社	2011
70	《当代社会问题与青少年成长》	魏曼华	福建教育出版社	2011
71	《教育成层研究》	刘生全	教育科学出版社	2011
72	《常识的颠覆:学前教育市场化改革的社会学研究》	王海英	广西师范大学出版社	2010
73	《教育社会学》	闫旭蕾	高等教育出版社	2011
74	《理解困境:课程改革实施行为的新制度主义分析》	柯　政	教育科学出版社	2011
75	《中国近代教科书的启蒙价值》	吴小鸥	福建教育出版社	2011
76	《集体性知识:中国教育改革的社会学理论解释》	马维娜	广西师范大学出版社	2011
77	《在生活化的旗帜下:学校道德教育改革的社会学研究》	齐学红	广西师范大学出版社	2011
78	《精英的合法化危机:高等教育改革的社会学研究》	彭拥军	广西师范大学出版社	2011
79	《"教师教育"的诞生:教师培养权变迁的社会学研究》	杨　跃	广西师范大学出版社	2011

续表

序号	书　名	作者	出版社	时间
80	《情景逻辑:底层视域中的大学改革》	周元宽	广西师范大学出版社	2012
81	《教育·文本·弱势群体——社会学的探索》	贺晓星	中国社会科学出版社	2012
82	《教育与社会分层》	陈　卓	教育科学出版社	2012
83	《教育社会学视野下的教师流动》	薛正斌	甘肃人民出版社	2012
84	《教育成层论》	查啸虎	安徽师范大学出版社	2012
85	《农村教育的社会学研究》	李　锐	中国社会科学出版社	2013
86	《吾国教育病理》	郑也夫	中信出版社	2013
87	《女童教育公平与教育质量研究》	强海燕 郑新蓉	教育科学出版社	2013
88	《文化资本与教育不平等》	孙远太	知识产权出版社	2013
89	《科场现形记》	郑也夫	中信出版社	2014
90	《教育社会学研究:学科·学理·学术》	钱民辉	社会科学文献出版社	2014
91	《老年教育社会学》	张东平	同济大学出版社	2014
92	《思想政治教育的社会学研究》	杨　威	中国社会科学出版社	2014
93	《家庭教育社会学》	关　颖	教育科学出版社	2014
94	《价值选择与教育政治:阿普尔批判教育研究的实践逻辑》	王占魁	教育科学出版社	2014
95	《学生身体与教育真相》	熊和平	浙江大学出版社	2014
96	《教育改革的"中国问题"》	吴康宁	南京师范大学出版社	2015
97	《教育公平与社会分层》	刘精明	中国人民大学出版社	2015
98	《家庭—学校—工厂:中国社会阶层再生》	仇立平	中国社会科学出版社	2015
99	《制度如何制造不平等:一个北方城市贫困女性社会排斥的制度分析》	李　敏	中国社会科学出版社	2015
100	《中国农村教育阶层再生产功能的文化分析》	朱新卓	上海三联书店	2015
101	《教育社会学专题研究选集》	钱民辉	人民日报出版社	2016
102	《社会学视角下的中国教育改革》	高水红	教育科学出版社	2016

续表

序号	书　名	作者	出版社	时间
103	《近代中国教育社会学研究》	许刘英	中国社会科学出版社	2016
104	《教育社会学概论》(第四版)	钱民辉	北京大学出版社	2017
105	《家长、社区与新教育公平》	贺晓星等	南京师范大学出版社	2018
106	《新教育公平视野下的教师教育改革》	杨　跃	南京师范大学出版社	2018
107	《"读书的料"及其文化生产——当代农家子弟成长叙事研究》	程　猛	中国社会科学出版社	2018
108	《教育改革的社会支持》	吴康宁等	人民出版社	2019
109	《效率与公平——高等教育资源区域分布与协调发展研究》	谢维和 史静寰等	浙江教育出版社	2019
110	《新教育公平引论》	程天君等	南京师范大学出版社	2019
111	《社会学视野中的补习教育》	闫　闯	人民出版社	2019
112	《新教育公平视野下的学校再生产》	高水红	南京师范大学出版社	2020
113	《拉扯大的孩子:民间养育学的文化家谱》	安　超	中国社会科学出版社	2021
114	《中国乡村教师性别结构的变迁——一个基于县域的历史人类学研究》	武晓伟	社会科学文献出版社	2022

注:从书里的著作不再重复列入上表。

附录 II-4　主要中文教育社会学丛书目录

	书　名	作者	出版社	时间
教育社会学丛书(鲁洁、吴康宁主编)	《课堂教育社会学》	吴康宁	南京师范大学出版社	1999
	《课程社会学》	吴永军	南京师范大学出版社	1999
	《家庭教育社会学》	缪建东	南京师范大学出版社	1999
	《学校生活社会学》	刘云杉	南京师范大学出版社	2000

续表

	书　名	作者	出版社	时间
现代教育社会学研究丛书(吴康宁主编)	《必要的乌托邦:考选世界的社会学研究》	张行涛	北京师范大学出版社	2003
	《静悄悄的革命:日常生活的社会构建》	郭　华	北京师范大学出版社	2003
	《逃出束缚:赛博教育的社会学解读》	张义兵	北京师范大学出版社	2003
	《局外生存:相遇在学校场域》	马维娜	北京师范大学出版社	2003
	《理想的限度:学校教育的现实建构》	王有升	北京师范大学出版社	2003
	《真理的终结:科学课程的社会学释义》	楚江亭	北京师范大学出版社	2005
	《走在回家的路上:学校生活中的个人知识》	齐学红	北京师范大学出版社	2005
	《力量就是知识:教师职业文化的生产与再生产》	周润智	北京师范大学出版社	2005
	《从"启蒙者"到"专业人":中国现代化历程中的教师角色转变》	刘云杉	北京师范大学出版社	2006
	《从"仁"到"人":社会化危机及其出路》	马和民	北京师范大学出版社	2006
社会学视野中的教育丛书(吴康宁主编)	书　名	作者	出版社	时间
	《学术与政治之间的角色困顿——大学教师的社会学研究》	胡金平	南京师范大学出版社	2005
	《匿名权威与文化焦虑——大众培训的社会学研究》	杨　跃	南京师范大学出版社	2005
	《高贵与卑贱的距离——学校文化的社会学研究》	周宗伟	南京师范大学出版社	2006
	《国家的限度——"制度化"学校的社会逻辑》	庄西真	南京师范大学出版社	2006
	《教育中的"肉"与"灵"——身体社会学研究》	闫旭蕾	南京师范大学出版社	2007
	《共用知识空间——新课程改革行动案例研究》	高水红	南京师范大学出版社	2008

续表

	书　名	作者	出版社	时间
社会学视野中的教育丛书(吴康宁主编)	《意识形态与中国教育学——走向一种教育学的社会学研究》	刘　猛	南京师范大学出版社	2008
	《"接班人"的诞生——学校中的政治仪式考察》	程天君	南京师范大学出版社	2008
	《权力的滞聚与流散——地方政府教育治理模式变革的研究》	庄西真	南京师范大学出版社	2008
	《我们的"异托邦"——学校空间社会学研究》	石　艳	南京师范大学出版社	2009
	《一个称作单位的学校——基于对晋东M中学的实地调研》	王　晋	南京师范大学出版社	2012
教育与社会研究丛书(第一批)(程天君主编)	书　名	作者	出版社	时间
	《学校教育时间的社会逻辑》	桑志坚	南京师范大学出版社	2019
	《现代教育观念的乡村遭遇》	汤美娟	南京师范大学出版社	2019
	《社会结构与高等教育分流》	孙启进	南宁师范大学出版社	2020
	《童年观念的变迁:基于乡村民众的视角》	王友缘	南京师范大学出版社	2021
	《过程公平视域下教师行动逻辑研究》	崔　宇	南京师范大学出版社	2022
乡村教师口述史系列(第一批)(郑新蓉、胡艳主编)	书　名	作者	出版社	时间
	《开拓者的足迹——新中国第一代乡村教师口述史》	郑新蓉 武晓伟 熊和妮	广西教育出版社	2018
	《泥土上的脚印——新中国第二代乡村教师口述史》	胡　艳 沈晓燕	广西教育出版社	2018
	《大山里的开拓与守护——少数民族乡村教师口述史》	魏曼华 王成龙 阿呷热 哈莫	广西教育出版社	2018
	《撑起教育的半边天——乡村教师口述史》	张莉莉 张　燕	广西教育出版社	2018
	《回归与希望——乡村青年教师口述史》	杜　亮 王建伟	广西教育出版社	2018

续表

	书　名	作者	出版社	时间
高等教育与社会发展论丛（节选）（董泽芳主编）	《分化与选择：高等教育分流的理论与模式》	陶能祥等	华中师范大学出版社	2018
	《审思与重构：解读高等教育的性别符码》	王　俊	华中师范大学出版社	2018
	《规训与抗拒：教育社会学视野中的学校生活》	胡春光	华中师范大学出版社	2018
	《冲突与调适：社会转型中的大学教师角色》	熊德明	华中师范大学出版社	2018
	《分层与流动：高等教育分流的社会影响研究》	陈新忠	华中师范大学出版社	2018
	《现象与阐释：言语冲突下的课堂场域透视》	陈秀玲	华中师范大学出版社	2018
	《权力与机构：大学组织运行的社会学分析》	王彦斌	华中师范大学出版社	2018
	《失调与重构：高等教育功能的历史省思》	张国强	华中师范大学出版社	2018
	《制度与竞争：组织社会学视角下的大学趋同现象研究》	陈文娇	华中师范大学出版社	2018
	《疏离与回归：社会转型期高校师生冲突及调适》	郝朝晖	华中师范大学出版社	2018
	《选择与引导：大类招生背景下高校专业分流研究》	谭颖芳	华中师范大学出版社	2018
	《公平与质量：高等教育分流的目标追求》	董泽芳等	华中师范大学出版社	2019
	《现实与理想：高等教育过程公平研究》	王卫东等	华中师范大学出版社	2019
	《困境与突破：一流大学个性化人才培养模式研究》	王晓辉	华中师范大学出版社	2019
	《改革与探索：高校创新型人才培养的社会学分析》	袁　川	华中师范大学出版社	2019

注：董泽芳主编《高等教育与社会发展论丛》合计 32 部著作，笔者选取其中 15 部，视为“教育社会学”著作（如上表），妥当与否尚由读者评判。

附录 II-5　主要中文教育社会学基本文选、辞书、手册目录

序号	书　名	编者	出版社	时间
1	《日本高等教育社会学文集》	曲则生	百家出版社	1989
2	《国外教育社会学基本文选》	张人杰	华东师范大学出版社	1991 2009
3	《西方教育社会学文选》	厉以贤	五南图书出版公司	1992
4	《教育大词典·教育社会学分册》	顾明远 张人杰	上海教育出版社	1992
5	《社会科学争鸣大系(1949—1989)·教育学卷》 (教育社会学篇)	瞿葆奎 (吴　钢)	上海人民出版社	1992
6	《教育学文集第1卷　教育与教育学》 《教育学文集第2卷　教育与人的发展》 《教育学文集第3卷　教育与社会发展》	瞿葆奎	人民教育出版社	1993
7	《中国教育大系·教育社会学》	顾明远	湖北教育出版社	2004
8	《教育社会学手册》	[美]莫琳·T.哈里楠 傅松涛等译	华东师范大学出版社	2004
9	《二十世纪中国社会科学·教育学卷》("教育社会学")	叶　澜 (马和民)	上海人民出版社	2005
10	《教育大百科全书　第2卷·教育人类学、教育哲学、教育社会学、女性与教育、教育史》	[瑞典]T.胡森(Torsten Husen)、[德]T.N.波斯尔斯韦特(T. Neville Postlethwaite) 张斌贤等译	西南师范大学出版社 海南出版社	2006

续表

序号	书　名	编者	出版社	时间
11	《教育与社会：实践·反思·建构——博士沙龙百期集萃》	吴康宁	广西师范大学出版社	2008
12	《教育社会学：人物与思想》	谭光鼎 王丽云	华东师范大学出版社	2009
13	《西方民族社会学经典读本：种族与族群关系研究》	马　戎	北京大学出版社	2010
14	《教育大百科全书·教育社会学》	［澳］L.J.萨哈 刘慧珍译审	西南师范大学出版社	2011
15	《中国教育大百科全书·教育社会学》	顾明远	上海教育出版社	2012
16	《20世纪中国学术大典·教育学、心理学》（“教育社会学研究”条目）	顾明远 张厚粲 （余艳等）	福建教育出版社	2012
17	《西方教育社会学近著导读》	朱　洵	社会科学文献出版社	2015
18	《教育与社会：学科·记忆·梦想——教育社会学学术沙龙集萃（2007—2012）》	贺晓星	南京师范大学出版社	2016
19	《教育社会学学术沙龙集萃：教育与社会：阅读·思考·对话——教育社会学学术沙龙集萃（2009—2012）》	胡金平	南京师范大学出版社	2016
20	《教育与社会：视野　实践　主体（2013—2018）》	程天君	广西师范大学出版社	未出版
21	《教育与社会：知识　文化　国家（2013—2018）》	程天君	广西师范大学出版社	未出版

附录II-6　主要中文教育社会学译著目录

序号	著作名称	作者	译者	出版社	时间
1	《学校与社会》	［美］杜威	刘衡如	商务印书馆	1921
2	《明日之学校》	［美］杜威	朱经农 潘梓年	商务印书馆	1923

续表

序号	著作名称	作者	译者	出版社	时间
3	《初小社会化的学程》	[美]德尔满	郑国梁	商务印书馆	1923
4	《教育之社会原理述要》	[美]伯兹	刘建阳	商务印书馆	1925
5	《应用教育社会学》	[美]史密斯	陈启天	中华书局	1925
6	《民本主义与教育》	[美]杜威	邹恩润	商务印书馆	1929
7	《教育论》	[英]斯宾塞	任鸿隽	商务印书馆	1929
8	《道德教育论》	[法]涂尔干	崔载阳	民智书局	1930
9	《教育社会学之思潮》	[日]田制佐重	刘世尧 環家珍	商务印书馆	1932
10	《教育社会哲学》	[美]芬尼	余家菊	中华书局	1932
11	《教育社会学原论》	[美]彼得斯	鲁继曾	商务印书馆	1937
12	《教育环境学》	[日]细谷俊夫	雷通群	商务印书馆	1938
13	《教育与现代文明》	[美]克伯屈	孙承光	中华书局	1939
14	《社会学与教育》	[德]鲁塞克	许梦瀛	商务印书馆	1947
15	《教育社会学》	[苏]费里波夫	李振雷	华东师范大学出版社	1985
16	《当代教育社会学流派》	[英]戴维·布莱克莱吉等	王　波 陈方明	春秋出版社	1989
17	《日本教育社会学》	[日]友田滕正	于仁兰	春秋出版社	1989
18	《美国:经济生活与教育改革》	[美]鲍尔斯、金帝斯	王佩雄	上海教育出版社	1990
19	《班级社会学》	[日]片冈德雄	贺晓星	北京教育出版社	1993
20	《学科·知识·权力》	[美]华勒斯坦	刘健芝等	生活·读书·新知三联书店	1999
21	《教育社会学》	[苏]费里波夫	李震曾	华东师范大学出版社	1985
22	《环境教育的诞生》	[英]艾沃·F.古德森	贺晓星	华东师范大学出版社	2001
23	《学校社会学》	[法]玛丽·杜里·柏拉	汪　凌	华东师范大学出版社	2001
24	《被压迫者教育学》	[巴西]保罗·弗莱雷	顾建新	华东师范大学出版社	2001

续表

序号	著作名称	作者	译者	出版社	时间
25	《意识形态与课程》	[美]迈克尔·W.阿普尔	黄忠敬	华东师范大学出版社	2001
26	《知识与控制——教育社会学新探》	[美]麦克·F.D.扬	谢维和 朱旭东	华东师范大学出版社	2002
27	《跨越边界:文化工作者与教育政治学》	[美]亨利·A.吉罗克斯	刘惠珍 张　弛 黄宇红	华东师范大学出版社	2002
28	《再生产:一种教育系统理论的要点》	[法]P.布尔迪厄	邢克超	商务印书馆	2002
29	《继承人:大学生与文化》	[法]P.布尔迪厄	邢克超	商务印书馆	2002
30	《教育思想的演进》	[法]爱弥尔·涂尔干	李　康	上海人民出版社	2003
31	《教育改革:批判和后结构主义的视角》	[英]斯蒂芬·鲍尔	侯定凯	华东师范大学出版社	2003
32	《学校社会学》	[法]玛丽·杜里—柏拉阿涅斯·冯·让丹	汪　凌	华东师范大学出版社	2003
33	《未来的课程》	[美]麦克·F.D.扬	谢维和 王晓阳	华东师范大学出版社	2003
34	《政治与教育政策的制定——政策社会学探索》	[英]斯蒂芬·鲍尔	王玉秋 孙　益	华东师范大学出版社	2003
35	《官方知识——保守时代的民主教育》	[美]迈克尔·W.阿普尔	曲囡囡 刘明堂	华东师范大学出版社	2004
36	《教育社会学手册》	[美]莫琳·T.哈里楠	傅松涛 谭　斌 谢维和 等	华东师范大学出版社	2004
37	《国家精英:名牌大学与群体精神》	[法]P.布尔迪厄	杨亚平	商务印书馆	2004
38	《教科书政治学》	[美]迈克尔·W.阿普尔、L.克里斯蒂安·史密斯	侯定凯	华东师范大学出版社	2005

续表

序号	著作名称	作者	译者	出版社	时间
39	《教育社会学：一种系统分析法》	[美]珍妮·H.巴兰坦	朱志勇 范晓慧	凤凰传媒集团	2005
40	《高等教育中的潜在课程》	[美]马戈利斯	薛晓华	华东师范大学出版社	2005
41	《学校和课堂中的改革与抗拒——基础学校联合体的一项人种志考察》	[美]唐娜·伊·玛茜、帕特里克·杰·麦奎兰	白　芸	华东师范大学出版社	2005
42	《文化政治与教育》	[美]迈克尔·W.阿普尔	阎光才	教育科学出版社	2005
43	《道德教育》	[法]爱弥尔·涂尔干	陈光金等	上海人民出版社	2006
44	《学校与社会》	[美]沃尔特·范伯格、乔纳斯·F.索尔蒂斯	李奇等	教育科学出版社	2006
45	《高等教育公司：营利性大学的崛起》	[美]理查德·鲁克	于培文	北京大学出版社	2006
46	《国家与知识政治》	[美]迈克尔·W.阿普尔	黄忠敬 刘世清 王　琴	华东师范大学出版社	2007
47	《教育与权力》	[美]迈克尔·W.阿普尔	曲囡囡 刘明堂	华东师范大学出版社	2008
48	《教学与社会变革》	[美]珍妮·奥克斯、马丁·利普顿	程　亮 丰继平	辽宁大学出版社	2008
49	《学术资本主义：政治、政策和创业型大学》	[美]斯劳特、莱斯利	梁　晓 黎　丽	北京大学出版社	2008
50	《学术部落及其领地：知识探索与学科文化》	[英]比彻、特洛勒尔	唐跃勤 蒲茂华 陈洪捷	北京大学出版社	2008
51	《废墟中的大学》	[加]比尔·雷丁斯	郭　军	北京大学出版社	2008
52	《高等教育市场化的底线》	[美]大卫·科博	晓　征	北京大学出版社	2008

续表

序号	著作名称	作者	译者	出版社	时间
53	《教育的“正确”之路》	[美]迈克尔·W.阿普尔	黄忠敬	华东师范大学出版社	2008
54	《教育社会学》	[美]丹尼尔·U.莱文、瑞依娜·F.莱文	郭锋 黄雯 郭菲等	中国人民大学出版社	2010
55	《后现代大学来临》	[英]安东尼·史密斯· 弗兰克·韦伯斯特	侯定凯 赵叶珠	北京大学出版社	2010
56	《知识社会中的大学》	[英]杰勒德·德兰迪	黄建如	北京大学出版社	2010
57	《学校教师的社会学研究》	[美]丹·克莱门、特·劳蒂	饶从满 于兰等	人民出版社	2011
58	《智识生活社会学》	[美]史蒂夫·富勒	焦小婷	北京大学出版社	2011
59	《精英与权力》	[德]米切尔·哈特曼	霍艳芳	中国社会科学出版社	2011
60	《社会理论与教育:社会与文化再生产批判》	[加]蒙罗 [美]托雷斯	宇文利	上海人民出版社	2012
61	《全球危机、社会公平与教育》	[美]迈克尔·W.阿普尔	李慧敏	中国政法大学出版社	2012
62	《知识分子与社会》	[美]托马斯·索维尔	张亚月 梁兴国	中信出版社	2013
63	《学做工:工人阶级子弟为何继承父业》	[法]保罗·威利斯	秘舒 凌旻华	译林出版社	2013
64	《儿童的世纪——旧制度下的儿童和家庭生活》	[法]菲力浦·阿利埃斯	沈坚 朱晓罕	北京大学出版社	2013
65	《课程与学校教育的政治学——历史的视角》	[英]艾沃·古德森	黄力 杨灿君	教育科学出版社	2013
66	《高等教育社会学》	[美]帕翠西亚·刚伯特	朱志勇 范晓慧	北京大学出版社	2013

续表

序号	著作名称	作者	译者	出版社	时间
67	《大地在心：教育、环境、人类前景》	［美］威大卫·W.奥尔	苏　健 叶　阳	商务印书馆	2013
68	《教育、符号控制与认同》	［英］巴兹尔·伯恩斯坦	王小凤 王聪聪 李　京 孙　宇	中国人民大学出版社	2016
69	《童年社会学》	［美］威廉·A.科萨罗	张蓝予	黑龙江教育出版社	2016
70	《去学校化社会》	［美］伊万·伊利奇	吴康宁	中国轻工业出版社	2017
71	《后结构主义、政治与教育》	［新西兰］迈克尔·彼得斯	邵燕楠	北京师范大学出版社	2018
72	《文凭社会：教育与分层的历史社会学》	［美］兰德尔·柯林斯	刘　冉	北京大学出版社	2018
73	《日趋加大的差距：世界各地的教育不平等》	［美］保罗·阿特瓦尔、凯瑟琳·S.纽曼	张　兵	华东师范大学出版社	2018
74	《教育、公正与人之善：教育系统中的教育公平与教育平等》	［德］Kirsten Meyer	张　群 汪　雯 王　杰 王佩琪 田非儿	华东师范大学出版社	2018
75	《幻想公平》	［美］David. E.Cooper	李宏鸿	华东师范大学出版社	2018
76	《教育、平等和社会凝聚力：一种基于比较的分析》	［英］Andy Green，John Preston，Jan Germen Janmaat	赵　刚 庄国欧 姜志芳	华东师范大学出版社	2018
77	《科尔曼报告：教育机会公平》	［美］詹姆斯·S.科尔曼	汪幼枫	华东师范大学出版社	2019
78	《教育公平：范例与经验》	［加］Jody Heymann 等	陈　舒 袁文慧 王丽娜	华东师范大学出版社	2019

续表

序号	著作名称	作者	译者	出版社	时间
79	《学校与平等机会问题》	[美]Ludger, Woessmann, Paul, E., Peterson	杜振东	华东师范大学出版社	2019
80	《把知识带回来——教育社会学从建构主义到社会实在论的转向》	[英]迈克尔·扬	朱旭东 文雯 许甜等	教育科学出版社	2019
81	《教师与文本》	[美]迈克尔·W.阿普尔	杨跃	南京师范大学出版社	2019
82	《教育社会学——一种系统分析的方法(第八版)》	[美]詹妮·斯图伯、珍妮·H.巴兰坦、弗洛伊德·M.哈马克	苏尚锋	商务印书馆	2021

附录 II-7-1　中国(大陆)主要高校教育社会学课程开设情况一览表

(以学校拼音首字母排序)

学校	开课层级	开课院系	开课时段	课程名称	开课教师	主要教参
安徽师范大学	本科生	教育系/教育科学学院	1988 年至今	教育社会学、学校与社会、学前儿童社会教育	王守恒 查晓虎 李　卯	鲁洁主编:《教育社会学》;吴康宁著:《教育社会学》
	硕士生	教育科学学院	1999 年至今	教育社会学、课程与教学社会学、高等教育社会学专题	王守恒 查晓虎 周元宽	
北京大学	本科生	社会学系	2002 年至今	教育社会学思考	钱民辉	
	硕、博士生	社会学系(选课者最初由北大社会学系、教育学院扩大到所有文科院系)	1999 年至今	教育社会学专题研究	钱民辉	
	硕士生	社会学系	2010—2013	批判的教育社会学	郑也夫	
	硕士生	教育学院	2003 年至今	教育社会学	刘云杉 郭建如 田　玲	
				教育中的知识	刘云杉	
				知识分子理论与大学人的社会学分析	刘云杉	
	博士生	教育学院	2012 年至今	教育中的知识	刘云杉	
			2003 年至今	高深知识与高等教育(侧重知识社会学)	陈洪捷	

续表

学校	开课层级	开课院系	开课时段	课程名称	开课教师	主要教参
北京师范大学	本科生	教育学部	2010至2011年	The Sociology of Education（双语教育课程）	朱志勇	
			2014至2015年	教育与社区		
	硕士生（部分博士生参加）	教育管理学院/教育学部	2003年9月至今	教育社会学	楚江亭	吴康宁著:《教育社会学》;[美]波普诺著:《社会学》;张人杰主编:《教育社会学基本文选》等
	硕士生	教育学院/教育学部	2009年至今	教育社会学名著选读、教育人类学	杜亮 Paul Willis（英国）	
		教育学部	2012年至今	教育社会学研究专题:中小教师口述史	魏曼华 郑新蓉 张莉莉 杜亮	
		教育管理学院/高等教育管理研究中心	2008年2月28日至7月10日	高等教育社会学	朱志勇	[美]Gumport, P. J. 主编:《高等教育社会学》,(开课时用的是英文版);以及其它前沿60篇中文学术论文与13篇英文学术论文。

续表

学校	开课层级	开课院系	开课时段	课程名称	开课教师	主要教参
北京师范大学	硕士生	教育学部	2013 年秋季至今	Higher Education & Society, Policy and Governance(全英文课程)	朱志勇 David Turner(英国)	
			2010 年至今	学校管理:社会学视角	朱志勇 王　熙	
	博士生	教育学部	2014 年	教育人类学	杜　亮 Paul Willis(英国)	
重庆师范大学	本科生	教育科学学院	2009 年 3 月至今	教育社会学	胡之骐 胡春光	鲁洁主编:《教育社会学》;吴康宁著:《教育社会学》
	硕士生	教育科学学院	2009 年 9 月至今	教育社会学	胡之骐	
东北师范大学	本科生	教育学部	1984 年至今	教育社会学	韩文升 陈旭远 赵　岚 石　艳	鲁洁主编:《教育社会学》;吴康宁著:《教育社会学》
	硕士生	教育学部	2014 年至今	教育社会学专题研究	石　艳	
广州大学	本科生	广州师范学院教育学系(广州大学教育学院)	1996 至 2010 年	教育社会学	张人杰	鲁洁主编:《教育社会学》;张人杰:《教育与社会》
	硕士生	广州师范学院教育研究所	1996 至 2015 年	教育社会学	张人杰 周　燕	张人杰:《教育与社会》《大教育学》;吴康宁著:《教育社会学》

续表

学校	开课层级	开课院系	开课时段	课程名称	开课教师	主要教参
华东师范大学	硕士生	教育学系	1984 至 1994 1994 年至今	西方教育社会学、教育社会学	张人杰 马和民	
		国际比较教育研究所/教育高等研究院	1991 年至今	教育社会学前沿研究	吴　刚	
		教育高等研究院		教育文化与社会文献选读	周　勇	[英]斯道雷著:《文化理论与通俗文化导论》;吴康宁著:《教育社会学》
	博士生	教育学系	1991—1994 1994—2008 2008 年至今	西方教育社会学、教育社会学	张人杰 金一鸣 马和民	
		国际比较教育研究所/教育高等研究院	1998 年至今	教育社会学前沿研究	吴　刚	
		教育高等研究院		教育文化与社会文献选读	周　勇	[法]福柯著:《规训与惩罚》;杨德昌:《牯岭街少年杀人事件》(影片)

续表

学校	开课层级	开课院系	开课时段	课程名称	开课教师	主要教参
河南大学	本科生	教育科学学院(原教育系)	1984 年至今	教育社会学、教育人类学、教育文化学、教育公共关系学	程　凯 赵国权 王　晋 郝森林 赵红亚	鲁洁主编:《教育社会学》;吴康宁著:《教育社会学》;[德]武尔夫著:《教育人类学》;刁培萼著:《教育文化学》;刘健儿著:《教育公共关系学》
	硕士生	教育科学学院	2011 年 9 月至今	教育社会学专题研究	王　晋	吴康宁著:《教育社会学》
	博士生	教育科学学院	2014 年 2 月至今	教育社会学研究	王　晋	谭光鼎、王丽云主编:《教育社会学:人物与思想》
湖北大学	本科生	教育学院	1987 年至今	教育社会学	明庆华	鲁洁主编:《教育社会学》;吴康宁著:《教育社会学》;马和民著:《新编教育社会学》
	硕士生	教育学院	2008 年至今	教育社会学专题研究	明庆华	

续表

学校	开课层级	开课院系	开课时段	课程名称	开课教师	主要教参
湖南师范大学	本科生	教育系		教育社会学	石　鸥等	鲁洁主编:《教育社会学》
	硕士生	教育系		课程与教学论专业开课程与教学社会学(现已停开)、高等教育专业现开设“高等教育社会学”	石　鸥等	
	博士生	教育系		曾开设过“课程与教学社会学专题”,现停开	石　鸥	
海南师范大学	本科生	教育科学部	2002 年 9 月至今	教育社会学	陈文心 彭正文 聂永成	鲁洁主编、吴康宁副主编:《教育社会学》;吴康宁著:《教育社会学》;马和民主编:《新编教育社会学》;钱民辉著:《教育社会学概论》;徐瑞、刘慧珍著:《教育社会学》
	硕士生	教育与管理系	2008 年 1 月至今	教育社会学	郭永华 陈文心	吴康宁著:《教育社会学》

续表

学校	开课层级	开课院系	开课时段	课程名称	开课教师	主要教参
华南师范大学	本科生	教育学系	1986 年至今	教育社会学、教育人类学	刘正全 冯增俊 郑　淮 刘录护	吴康宁著:《教育社会学》;杨昌勇、郑淮著:《教育社会学》
	硕士生	教科院	2003 年至今	教育社会学研究、成人教育社会学	郑　淮	吴康宁著:《教育社会学》;杨昌勇、郑淮著:《教育社会学》
	博士生	教科院	2005 年至今	教育文化研究、教育社会学专题研究	董　标	
华中科技大学	硕士生	教育科学研究院	2003 年至今	教育社会学	周　艳	
华中师范大学	本科生	教育系/教育学院	1984 年 9 月至今	教育社会学	董泽芳 易东平 卢　旭 邹义欢 马红梅	鲁洁主编:《教育社会学》;董泽芳主编:《教育社会学》;吴康宁著:《教育社会学》
	硕士生	教育学院	1985 年 9 月至今	教育社会学	董泽芳 王　珺	
	博士生	教育学院	2002 年 9 月至今	高等教育与社会发展	董泽芳 王　珺	

续表

学校	开课层级	开课院系	开课时段	课程名称	开课教师	主要教参
江西师范大学	本科生	教育学院	2008年至今	教育社会学、教育与社会	田宗友 熊申宁	
	硕士生	教育学院	2009年至今	教育社会学专题研究	田宗友	
南昌大学	本科生	教育系	2003年至今	教育社会学	芦　苇 匡　维	吴康宁著:《教育社会学》
	硕士生	教育系	2012年至今	教育社会学	匡　维	
南京大学	本科生	教育科学与管理系(现在为“教育研究院”)	2007至2010年	教育社会学	余秀兰	
		社会学院	1998年至今	教育社会学	贺晓星	吴康宁著:《教育社会学》
	硕士生	高教所(现在为“教育研究院”)	1995年至今	教育社会学	余秀兰	
		社会学院	2001年至今	知识、教育与社会控制	贺晓星	
南京师范大学	本科生	教育科学学院	1982年2月至今	教育社会学 教育文化学 教育人类学	鲁　洁 杨祖耕 吴康宁 吴永军 齐学红 王有升 周宗伟 高水红 程天君 齐立旺	鲁洁主编:《教育社会学》;吴康宁著:《教育社会学》

续表

学校	开课层级	开课院系	开课时段	课程名称	开课教师	主要教参
南京师范大学	硕士生	教育科学学院	1984 年 9 月至今	教育社会学(概论) 课程社会学 教育与社会:经典选读	鲁　洁 吴康宁 吴永军 齐学红 周宗伟 高水红 程天君	
	博士生	教育科学学院	1990 年 2 月至今	教育社会学专题研究、教育社会学理论与教育、教育社会学前沿与经典	鲁　洁 吴康宁 程天君 齐学红	
内蒙古师范大学	本科生	教育科学学院	1993 年 9 月至今	教育社会学	王有亮 布　和 娜日苏 桑志坚 汤美娟	吴康宁著:《教育社会学》;钱民辉著:《教育社会学概论》
宁夏大学	本科生	教育学院	2007 年 9 月至今	教育社会学	王安全 张爱琴	鲁洁主编:《教育社会学》;吴康宁著:《教育社会学》
	硕士生	教育学院	2007 年 9 月至今	教育社会学	王安全	鲁洁主编:《教育社会学》;吴康宁著:《教育社会学》

续表

学校	开课层级	开课院系	开课时段	课程名称	开课教师	主要教参
清华大学	本科生	社会科学学院社会学系	2009年春至2010年春	教育社会学	刘精明	[美]J.H.巴兰坦著:《教育社会学:一种系统分析方法》
	硕士生	人文社会科学学院教育研究所(2003春—2012年春)、教育研究院(2012年春至今)	2003年春至2013年春	教育社会学	罗燕(03春—10春);谢维和、文雯(12春—13春)	谢维和著:《教育活动的社会学分析——一种教育社会学的研究》;张人杰主编:《国外教育社会学基本文选》;[美]莫琳·T.哈里楠主编:《教育社会学手册》
青海师范大学	本科生	教育学院	1985年至今	教育社会学、教育人类学、教育文化学	曹建平、武启云、马丽君、何波	鲁洁主编:《教育社会学》;冯增俊著:《教育人类学》;郑金洲著:《教育文化学》
	硕士生	教育学院	2004年至今	教育社会学、教育人类学、教育文化学	武启云、马丽君、何波	鲁洁主编:《教育社会学》;钱民辉著:《教育社会学》;冯增俊著:《教育人类学》;郑金洲著:《教育文化学》

续表

学校	开课层级	开课院系	开课时段	课程名称	开课教师	主要教参
四川师范大学	本科生	教育科学学院	2003 年 9 月至今	教育社会学	朱晟利 郑富兴 李　涯 卢德生	吴康宁著:《教育社会学》;鲁洁主编:《教育社会学》
	硕士生	教育科学学院	2006 年 9 月至今	教育社会学	郑富兴 赵兴民 卢德生	
山东师范大学	本科生	教育学院	1984(?)年至今	教育社会学	高旭平 刘　春 李长伟	鲁洁主编:《教育社会学》;吴康宁著:《教育社会学》
上海师范大学	本科生	教育学院	1984(?)年至今	教育社会学概论、教育社会学	杨祖宏 钱　扑 项亚光 施永达	鲁洁主编:《教育社会学》;钱扑主编:《教育社会的理论与实践》
	硕士生	教育学院	1979 年至今	教育社会学概论,教育社会学专题研究,教育社会学原理/社会教育研究/社会学视野下教育问题研究	杨祖宏 钱　扑 项亚光 施永达 陈焕章	
陕西师范大学	本科生	教育系(1986—1997)、教育科学学院(1998—2008)、教育学院(2009 年至今)	1986 年至今	教育社会学	冯利沙 胡春明 常亚慧	胡春明主编:《教育社会学》;鲁洁主编:《教育社会学》;吴康宁著:《教育社会学》

续表

学校	开课层级	开课院系	开课时段	课程名称	开课教师	主要教参
陕西师范大学	硕士生	教育科学学院/教育学院	2008年至今	教育社会学(概论)、课堂教学社会学、课程社会学、职业教育社会学、高等教育社会学	常亚慧	
天津大学	本科生	教育学院	2013年至今	教育社会学	闫广芬	
	硕士生			教育社会学	许艳丽	
武汉大学		教育学院	1999年至2013年(武大合并开设)	教育社会学专题研究	邓和平	
西北师范大学	本科生	教育科学学院/教育学院	1998—2000年 2004年至今	教育社会学	李瑾瑜 杨 军	
	硕士生	教育学院	2004年至今	教育社会学专题讲座	杨 军	
西南大学	本科生	教育学系/部	1982年2月至今	教育社会学	周 鸿 唐智松	任宝祥编写:《教育与社会》;吴康宁著:《教育社会学》;马和民著:《教育社会学研究》
	硕士生		1986年2月至今	教育社会学	任宝祥 杨昌勇 唐智松	

续表

学校	开课层级	开课院系	开课时段	课程名称	开课教师	主要教参
中国人民大学	本科生	教育学院	2012年至今	教育、文化与社会	张东辉	
	硕士生		2007年至今	教育社会学、教育社会学经典选读、质的研究方法	罗　云	

说明:(1)表格内容来自于对全国部分高校进行的问卷调查和后续补充调查,谨此对参与调查的同行表示感谢;(2)虽多次联络,部分高校或者部分高校的部分老师尚未反馈调查,有些信息可能需要核实、补充。

附录 II-7-2　民国时期教育社会学课程开设情况一览表

开课学校及系科		课程开设概况	开课教师	主要教参
公立大学	国立中央大学（南京高等师范学校、东南大学、第四中山大学、江苏大学）	南京高等师范学校 1918 年 6 月设置教育专修科，开设科目包括“教育社会学”等，是近代中国最早将教育社会学列入课程体系的高校。1922 年南高师改为东南大学。1927 年改组成第四中山大学，1928 年 2 月易名为江苏大学，1928 年 5 月又改为国立中央大学。1929 年 9 月至 1932 年 9 月于教育学院专设“教育社会学系”。 南京高等师范学校（1915.9—1921），后并入东南大学（1921—1927），又并入第四中山大学（1927—1928.2），后分别更名为江苏大学、国立中央大学（1928.2—1949.8）。开课院系分别为教育专修科（1915.9—1921）、教育科（1921—1927）、教育学院（1927—1949，其中 1929.9 至 1932.9 单独设立“教育社会学系”）。	许恪士	
			孟宪承（东南大学教育科任教）	
			廖世承（1920 年南京高等师范学校举办第一届暑假学校时，他曾担任“教育社会学”课程的讲授。）	
			赵廷为	雷通群著:《教育社会学》（上海：商务印书馆，1931 年版）
			罗廷光	陶孟和著:《社会与教育》（上海：商务印书馆，1922 年版）
		社会学系开设过“教育社会学”		

续表

开课学校及系科		课程开设概况	开课教师	主要教参
公立大学	国立北京大学	1922 年 6 月正式开设“教育社会学”课程。 20 世纪 20 年代曾分别在社会学系和教育学系开设“教育社会学”，但都是以选修课的形式开的，至 30 年代，在教育学系改为“必修”。	陶孟和 （1920 年— ）	
			吴俊升 （1931 年，获巴黎大学文科博士学位，同年秋回国任北京大学教授，讲授“教育社会学”等课程。）	其有关教育社会学的思想在其与王西征合著的《教育概论》（南京：中正书局，1935 年版）一书中展现。
	国立北平师范大学 （北京高等师范学校、北京师范大学）	1915 年，北京高等师范学校设立教育专攻科，是近代中国历史上第一个教育专业性教学及研究机构。1920 年，北高师设置教育研究科，规定两年时间内修完包括“教育社会学”在内的 24 门课程。在 1922 年“壬戌学制”颁布后，升格为北京师范大学，并于 1931 年与由北京女高师升格为女子师范大学合并成立北平师范大学。1924 年，北平师范大学成立教育系，教育社会学课程于 1928 年在教育系开始设置，直至 30 年代中期（1928 年和 1929 年作为“必修课”，其余都是“选修课”）。	余天休 （北京高等师范学校任教）	
	国立武汉大学	1930 年设立哲学教育系，一年后（1931 年）开设“教育社会学”课程。		

续表

开课学校及系科		课程开设概况	开课教师	主要教参
公立大学	国立中山大学（广东高等师范学校、广东大学）	教育学系成立于1927年秋，隶属于文学院（原称文史科，根据1929年4月修订的《国立中山大学规程》改称文科，1931年改称文学院），教育社会学被安排在学生第二年级首门“必修”课程中，每周2小时，共2学分。1928年初，该系设立教育学研究所，是国内最早设立的专门的教育研究机构。1935年，易名为教育研究所，分成教育学部和教育心理学部。研究所研究生入学资格只限于大学教育院系毕业生，两部研究生都应加学“高等教育社会学”等10余门课程。	雷通群（1932年—　）	雷通群著:《教育社会学》（上海：商务印书馆，1931年版）
			陈劭南	
		社会学系开设过“教育社会学”选修课。		
	国立暨南大学	教育学院将课程分为六类，教育社会学被归为“教育原理及教育史”类，每周授课3小时，占3学分。	陈科美	
	国立浙江大学	1928年筹设文理学院，1932年开设“教育社会学”课程。	庄泽宣（后赴广西大学任教）	
			孟宪承（浙江大学文理学院教育学系任教）	后来其教育社会学思想被收入其所著的《教育概论》（上海：商务印书馆，1936年版）一书中。

续表

开课学校及系科		课程开设概况	开课教师	主要教参
公立大学	国立四川大学（成都高等师范学校、成都师范大学、国立成都大学）		陈翊林（1929年起于国立成都大学任教）	《教育社会学概论》（上海：中华书局，1933年版）是他在国立成都大学（后并入四川大学）讲授“教育社会学”课程时所使用的教科书。
			张敷荣	
	四川省立教育学院（原西南师范大学前身，今西南大学）	教育系在1933年至1949年间，开设教育社会学课程	任宝祥	任宝祥编写《教育与社会》
	省立安徽大学	省立安徽大学哲学教育系，1929年10月开始开设“教育社会学”课程 教育学系课程分为七类，其中“教育社会学”属于“教育理论及概况类”。“教育社会学”为教育学系的“必修课”，每周教授3小时，共3学分。		
	河南大学	国立河南中山大学（1927–1930）、省立河南大学（1930–1942）、国立河南大学（1942–1948）。教育学系于1927年至1948年间开设教育社会学和社会学课程。	徐侍峰、常玉璋、孙德中、郑若谷	

续表

<table>
<tr><th colspan="2">开课学校及系科</th><th>课程开设概况</th><th>开课教师</th><th>主要教参</th></tr>
<tr><td rowspan="3">公立大学</td><td>广西大学</td><td></td><td>庄泽宣</td><td></td></tr>
<tr><td>燕京大学</td><td>社会学系开设过“教育社会学”必修课</td><td>廖泰初</td><td></td></tr>
<tr><td>国立社会教育学院</td><td>社会学系开设过“教育社会学”必修课</td><td></td><td></td></tr>
<tr><td rowspan="3">私立大学</td><td rowspan="3">厦门大学</td><td rowspan="2">1921 年建校之初，就设立“师范”“商科”两部。同年 11 月，“师范部”改为“教育学部”。1923 年 4 月又改为“教育科”，成为当时全校五个科之一。1924 年 6 月，“教育科”改称“教育学系”，并入文科。“教育学系”时期共开设“教育社会学”等 16 门课，学生于第四学年的第二学期必修，需修满三个“绩点”（即学分）。1926 年，教育学系又扩充独立成为“教育科”。1930年2月按照教育部《大学规程》要求改组成立了“教育学院”，1936 年教育学院被撤销。“教育社会学”是教育学院教育原理、教育心理、教育行政、教育方法四个学系的 11 门共同“普通必修课”之一，属于主干课程，是近代中国教育社会学课程设置史上开设学系最多的一次。</td><td>雷通群（1930—1932 年）</td><td>其讲义编成的《教育社会学》（上海：商务印书馆，1931 年版）是近代中国第一部冠以“教育社会学”书名的著作。</td></tr>
<tr><td>刘天予</td><td></td></tr>
<tr><td>社会学系曾开设“教育社会学”选修课</td><td></td><td></td></tr>
</table>

续表

开课学校及系科		课程开设概况	开课教师	主要教参
私立大学	大夏大学	脱胎于厦门大学。“教育科”是建校初就设立的五科之一。“教育社会学”被分别安排在“专科课程”中的“分组选修课程”中的第二组和第三组，即实际上意味着是在“中等教育系”和“教育行政系”中开设。1930年根据教育部《大学规程》规定，“教育科”易名为“教育学院”，在原有的教育心理、中等教育、教育行政三系之外，增设“社会教育系”，由著名社会教育专家马宗荣主持，社会教育系的必修课包括“教育社会学”在内共27门。自此，教育社会学课程同时在三个学系中开设。	陈科美	
			鲁继曾	翻译（美）彼得斯《教育社会学原论》(上海:商务印书馆,1937年版)
		社会学系曾开设“教育社会学”选修课		
教会大学	燕京大学	燕京大学立案后增设了“教育社会学”等多门专业基础学科。		
		每学年开设的必修类社会学课程多达20门左右。其中包括“教育社会学”。		
	金陵大学	30年代中期，金陵大学教育学系学生需要学习“教育社会学”等多门课程。		
		每学年开设的必修类社会学课程多达20门左右。其中包括“教育社会学”。		
	齐鲁大学	每学年开设的必修类社会学课程多达20门左右。其中包括“教育社会学”。		

续表

开课学校及系科		课程开设概况	开课教师	主要教参
教会大学	辅仁大学	20 年代在南京国民政府注册立案后，辅仁大学成立了教育学院，教育学系的学生四年中必修课包括“教育社会学”等几十门，“教育社会学”于第三学年必修。		
		每学年开设的必修类社会学课程多达 20 门左右。其中包括“教育社会学”。		
	沪江大学（上海浸会大学）	每学年开设的必修类社会学课程多达 20 门左右。其中包括“教育社会学”。		
中学及其他	江苏省立上海中学	1938 年 3 月—?	卢绍稷	课堂讲义后来编成《教育社会学》（上海：商务印书馆，1934 年版）一书。
	江苏全省师范讲习所联合会	发表以“教育社会学”为题的演讲，六小时，共六讲。	孟宪承	讲义编成《教育社会学讲义》于 1923 年由江苏全省师范讲习所联合会刊印。
	湖南第一师范学校	1920 年 9 月—1920 年底	余家菊	翻译（美）芬尼《教育社会哲学》（上海：中华书局，1933 年版）

后　　记

“岁月”是否“如歌”难说；“光阴”的确“似箭”！提笔写后记之时，时间已至2022年6月。我，不以个人意志为转移地踏上了五十岁的门槛，走完了“我的前半生”——假如用人们常说的虚拟语气“祝你长命百岁”来衡量。

回首“半百”人生，多少事，从来都是偶然的、被抛的与被动的：50年前，我——像每一个人一样——偶然被三亿分之一的概率撞上而被抛于人世；30年前的1991年，因高考严重失误和“不准复读”的母训而被迫去读了不理想的学校；20年前的2001年，在时刻警醒自己不要“误人子弟”而在某厂子弟中学奉献了八年青春后发觉，我那一届一届的学生多像威利斯《学做工》①里的“家伙”们一样其实是在“子弟误我”②，我又被迫辞职、别妻离女重返象牙塔开始读研生活。

也就是在读研一的2001年，我少有的主动一回：那便是选择了以“教育社会学”为学术志业，致信吴康宁老师，表达报考南京师范大学教育社会学方向的意念。

从研一时的2001年起，我开始了对教育社会学的阅读、思考和写作。10年前的2011年，我有幸获得全国百篇优秀博士学位论文作者专项资金资助项目“中国教育社会学百年：历程、经验及前景”，2017年又获得江苏省“333工

① ［英］保罗·威利斯：《学做工：工人阶级子弟为何继承父业》，秘舒、凌旻华译，南京：译林出版社2013年版。

② 当年笔者任教的子弟中学所属的某厂，是效益不错的大型上市企业，厂里有子弟幼儿园、中学、技校、医院、澡堂以及单独的北方暖气系统，很多人几世同堂于该厂，能够进厂工作是绝大多数学生的设想和人生道路。

程”一层次人才(中青年首席科学家)资助项目“海峡两岸暨港澳教育社会学学科发展研究”。尽管自那迄今的20年里我还从事了教育部哲学社会科学重大项目“我国教育改革和发展的社会支持系统研究”、江苏高校哲学社会科学优秀创新团队“新教育公平的理论建构与实践探索”等项目研究,也尽管此间吴康宁老师不止一次地提醒我“一个学者不能仅仅局限于所从事学科的理论与学科发展研究”;但对于教育社会学理论与学科发展研究,我始终情有独钟,长年投入了持续的精力,2013—2014威斯康辛大学麦迪逊校区为期一年的访学更是让我徜徉在教育社会学理论与学科研究的英文文献海洋里流连忘返。而今,拙著《中国教育社会学百年:学科、学术与学问》书稿杀青之际,不禁感慨:

相思二十载,磨剑亦满十。

满纸情欲滴,甘甜唯自知。

在项目研究和书稿撰写的过程之中,相关篇章在《教育研究》《高等教育研究》《北大教育评论》《华东师范大学学报(教科版)》《教育研究与实验》等刊物发表,感谢上述刊物及编者给予我的支持!一些导师把这些刊文列为研究生的阅读和研讨材料,不少读者反映“不太容易读懂”,一位年轻的导师告诉我:“每年教育社会学课开篇,都是读您这两篇文章①,每年读懂一点点(偷笑表情包)。”感谢读者的关注和反馈,我想说,读不懂不是读者的悲哀,而是我的骄傲——“我骄傲!”(小品演员孙涛的台词),是因为这些文字是我用心血写就。其中,既有九牛二虎之力,也有字斟句酌的推敲,更有绵延不断的思索。哪有那么容易读懂呢?

如前所述,从2011年项目立项到2022年春书稿定稿,经历了十载。这既有“其他项目”需要分散精力去研究这种客观上原因,也有潜意识里想等一等“2022年”这个在学界有最大认同度的中国教育社会学“百年”的时间节点。在这个意义上,我谨将此书献给中国教育社会学先驱陶孟和②先生和恩师吴

① 她指的是我发表在《北京大学教育评论》2011年第4期和2017年第2期上的《中国教育社会学“学科论”百年概要》《从“教育/社会”学到“教育社会”学——教育社会学研究范式的转换》这两篇文章。

② 通常,中国教育社会学的发端从陶孟和1922年所著《社会与教育》(商务印书馆)算起。

康宁先生。

也有个别学者认为,中国教育社会学可从朱元善1917年编辑出版的《学校之社会训练》(商务印书馆)算起①。正是基于这个观点,我曾有一个初步想法是在2017年出版此书,当时也烦劳吴康宁老师作了序。后因与中国台港澳三地同仁共襄江苏省“333工程”一层次人才(中青年首席科学家)资助项目“海峡两岸暨港澳教育社会学学科发展研究”之举时,出现了中国台港澳三地同仁提交各自书稿(见附录I)时间绵延和不一的意外情况,整部书稿未能于2017年付梓。冥冥之中,时间就来到了2022年——距陶孟和《社会与教育》一书1922年问世恰逢一百年。后来,对于书稿的主体(也就是中国大陆教育社会学)部分,我扼要补充更新了从2018年到2022年3月的材料,但限于个人精力和视野,可能挂一漏万,对于未能及时纳入拙著的作品,丝毫不表明其不重要,这是需要特别说明的。限于各自的繁务和“新冠肺炎疫情”的影响,中国台港澳三地的部分一仍其旧而未作补充新近材料,这也是需要说明的。当年“强人之难”而烦劳吴康宁老师所作之序,于今又烦劳他修订,因此该序的落款有两个时间,这仍是需要说明的。好在一切都告一段落了。期待读者批评指正。

程天君

2022年6月

于仙林见山书房

补记:遵编审之嘱,故将第四章部分内容单列为第五章教育社会学新时代发展趋势与未来展望(2012—2022),并扩充其内容。此谢。

2022年9月

① 胡金平:《雷通群与中国教育社会学的学术传统》,《南京晓庄学院学报》2008年第2期。

责任编辑：杨瑞勇
封面设计：徐　晖

图书在版编目(CIP)数据

中国教育社会学百年:学科、学术与学问/程天君 著. —北京:人民出版社,
2023.4
ISBN 978-7-01-025523-1

Ⅰ.①中… Ⅱ.①程… Ⅲ.①教育社会学-研究-中国 Ⅳ.①G40-052

中国国家版本馆 CIP 数据核字(2023)第 065877 号

中国教育社会学百年:学科、学术与学问

ZHONGGUO JIAOYU SHEHUIXUE BAINIAN XUEKE XUESHU YU XUEWEN

程天君　著

人民出版社 出版发行
(100706　北京市东城区隆福寺街 99 号)

中煤(北京)印务有限公司印刷　新华书店经销

2023 年 4 月第 1 版　2023 年 4 月北京第 1 次印刷
开本:710 毫米×1000 毫米 1/16　印张:34.75
字数:533 千字

ISBN 978-7-01-025523-1　定价:298.00 元

邮购地址 100706　北京市东城区隆福寺街 99 号
人民东方图书销售中心　电话 (010)65250042　65289539